1 MONTH OF
FREE
READING

at

www.ForgottenBooks.com

By purchasing this book you are eligible for one month membership to ForgottenBooks.com, giving you unlimited access to our entire collection of over 1,000,000 titles via our web site and mobile apps.

To claim your free month visit:

www.forgottenbooks.com/free1305277

ISBN 978-0-428-72751-2
PIBN 11305277

This book is a reproduction of an important historical work. Forgotten Books uses
state-of-the-art technology to digitally reconstruct the work, preserving the original format
whilst repairing imperfections present in the aged copy. In rare cases, an imperfection in
the original, such as a blemish or missing page, may be replicated in our edition. We do,
however, repair the vast majority of imperfections successfully; any imperfections that
remain are intentionally left to preserve the state of such historical works.

ALMANACH
ROYAL,
ANNÉE
M. DCC. LXXVIII.

PRÉSENTÉ

A SA MAJESTÉ
Pour la premiere fois en 1699;

MIS EN ORDRE, PUBLIÉ ET IMPRIMÉ

Par Le Breton, *Premier Imprimeur ordinaire du ROI*,

A PARIS, rue Hautefeuille, au coin de la rue des Deux Portes.

Avec Approbation et Privilege du Roi.

AVIS DE L'ÉDITEUR.

L E S Perſonnes qui prennent part à cet Ouvrage, ſont priées d'envoyer leurs Inſtructions ou Obſervations avant les dix premiers jours du mois d'Octobre, & de les adreſſer directement au ſieur LE BRETON, *rue Hautefeuille*, *au coin de la rue des Deux Portes*.

On prie auſſi le Lecteur de faire attention aux Obſervations, mises après la Table des Matieres, où ſe trouvent les mutations qui ſurviennent pendant l'impreſſion de cet Ouvrage.

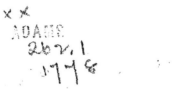

ÉPOQUES pour l'Année 1778.

ON compte depuis la création du Monde jusqu'à la venue de JESUS-CHRIST, 4000 ans.

Depuis le Déluge universel jusqu'à préfent, 4122 ans.

Depuis la Naiſſance de N. S. JESUS-CHRIST, 1778 ans.

Depuis la correction du Calendrier Grégorien, 196 ans.

Depuis l'origine de la Monarchie Françoiſe, 1358 ans.

Et du Regne de LOUIS ſeizieme du nom, Roi de France & de Navarre, la quatrieme année, à commencer du 10 Mai 1774.

COMPUT ECCLÉSIASTIQUE.

Nombre d'or,	12	Indiction,	xj.
Épacte,	1	Lettre Dominicale,	D.
Cycle ſolaire,	22		

FÉTES MOBILES.

La Septuagéſime,	le 15 Fév.	La Pentecôte,	le 7 Juin.
Les Cendres,	le 4 Mars.	La Trinité,	le 14 Juin.
PASQUES,	le 19 Avril.	La Fête-Dieu,	le 18 Juin.
Les Rogat. 25, 26 & 27 Mai.		L'Avent,	le 29 Novembre.
L'Aſcenſion,	le 28 Mai.		

LES QUATRE-TEMS.

Les 11, 13 & 14	Mars.	Les 16, 18 & 19	Septembre.
Les 10, 12 & 13	Juin.	Les 16, 18 & 19	Décembre.

LES DOUZE SIGNES DU ZODIAQUE.

♈ Le Bélier, *Aries.*	♎ La Balance, *Libra.*
♉ Le Taureau, *Taurus.*	♏ Le Scorpion, *Scorpio.*
♊ Les Gemeaux, *Gemini.*	♐ Le Sagittaire, *Sagittarius.*
♋ L'Ecreviſſe, *Cancer.*	♑ Le Capricorne, *Capricornus.*
♌ Le Lion, *Leo.*	♒ Le Verſeau, *Aquarius.*
♍ La Vierge, *Virgo.*	♓ Les Poiſſons, *Piſces.*

LES SEPT PLANETES.

♄ Saturne.	♀ Venus.
♃ Jupiter.	☿ Mercure.
♂ Mars.	☽ La Lune.
☉ Le Soleil.	

FIGURES DES LUNAISONS.

● Nouvelle Lune.	◉ Pleine Lune.
☽ Premier Quartier.	☾ Dernier Quartier.

LES QUATRE SAISONS
de l'Année 1778.

DU PRINTEMS.

LE commencement de cette Saison arrivera le 20 Mars, à 0 heure 8 minutes du soir, le Soleil entrant dans le figne du Bélier ♈ ; ce qui fait l'Equinoxe du Printems.

DE L'ÉTÉ.

Cette Saison commencera le 21 Juin, à 10 heures 20 minutes du matin, le Soleil entrant dans le figne de l'Ecrevisse ♋ ; ce qui fait le Solstice d'Eté.

DE L'AUTOMNE.

Le commencement de l'Automne arrivera le 22 Septembre, à 11 heures 51 minutes du soir, le Soleil entrant dans le figne de la Balance ♎ ; ce qui fait l'Equinoxe d'Automne.

DE L'HIVER.

L'Hiver 1777 commença le 21 Décembre à 10 heures 22 minutes du matin ; & celui de 1778 commencera le 21 Décembre à 4 heures 12 minutes du soir, le Soleil entrant dans le figne du Capricorne ♑ ; ce qui fait le Solstice d'Hiver.

DES ÉCLIPSES.

IL y aura cette année trois Eclipses, deux de Soleil & une de Lune. La première éclipse de Soleil & celle de Lune feront visibles à Paris.

La première Eclipse de Soleil le 24 Juin commencera à Paris à 3 heures 55 minutes 10 secondes du soir, son milieu à 4 heures 48 minutes 30 fecondes, fa fin à 5 heures 42 minutes, fa grandeur 6 doigts 20 minutes dans la partie méridionale du difque du Soleil. Cette éclipfe fera centrale & totale au lever du Soleil à l'occident de la Californie.

La feconde Eclipfe de Soleil le 18 Décembre ; cette Eclipfe fera centrale & annulaire au lever du Soleil vers l'extrémité orientale de la nouvelle Hollande dans la mer du Sud.

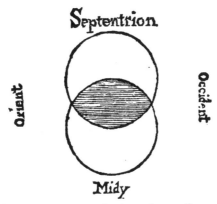

L'Eclipfe de Lune le 4 Décembre ; fera vifible à Paris & dans l'Amérique feptentrionale & méridionale, commencement à Paris à 4 heures 38 minutes 30 fecondes du matin, milieu 5 heures 49 minutes 20 fecondes, fin 7 heures 2 minutes 30 fecondes dans la partie boréale du difque lunaire, fa grandeur 6 doigts 12 minutes.

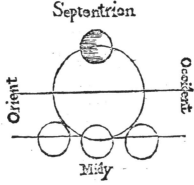

A iij

TABLE des heures, minutes & fecondes que doivent marquer en 1778 les horloges à pendule, réglées fur le moyen mouvement du Soleil, lorfqu'il eft midi vrai au Soleil.

Jours.	JANVIER. H.	M.	S.	FEVRIER. H.	M.	S.	MARS. H.	M.	S.	AVRIL. H.	M.	S.	MAI. H.	M.	S.	JUIN. H.	M.	S.	JUILLET. H.	M.	S.	AOUST. H.	M.	S.	SEPTEM. H.	M.	S.	OCTOB. H.	M.	S.	NOVEMB. H.	M.	S.	DECEMB. H.	M.	S.
1	0	4	14	0	14	6	0	12	37	0	3	53	11	56	50	11	57	22	0	3	20	0	5	52	11	59	41	11	49	34	11	43	47	11	49	31
2	0	4	42	0	14	14	0	12	25	0	3	34	11	56	43	11	57	31	0	3	31	0	5	48	11	59	31	11	49	15	11	43	46	11	49	54
3	0	5	10	0	14	20	0	12	12	0	3	16	11	56	36	11	57	41	0	3	42	0	5	44	11	59	20	11	48	57	11	43	47	11	50	18
4	0	5	37	0	14	24	0	11	58	0	2	58	11	56	30	11	57	51	0	3	53	0	5	39	11	58	58	11	48	39	11	43	48	11	50	42
5	0	6	4	0	14	30	0	11	44	0	2	40	11	56	24	11	58	1	0	4	4	0	5	33	11	58	25	11	48	21	11	43	50	11	51	8
6	0	6	30	0	14	34	0	11	30	0	2	23	11	56	19	11	58	11	0	4	14	0	5	27	11	58	2	11	48	4	11	43	52	11	51	33
7	0	6	56	0	14	37	0	11	15	0	2	4	11	56	15	11	58	22	0	4	25	0	5	20	11	57	45	11	47	47	11	43	56	11	52	0
8	0	7	22	0	14	39	0	11	0	0	1	48	11	56	11	11	58	33	0	4	33	0	5	12	11	57	45	11	47	30	11	44	1	11	52	26
9	0	7	46	0	14	40	0	10	45	0	1	31	11	56	7	11	58	44	0	4	42	0	5	2	11	57	29	11	47	14	11	44	6	11	52	53
10	0	8	11	0	14	41	0	10	29	0	1	14	11	56	5	11	58	57	0	4	51	0	4	56	11	56	44	11	46	58	11	44	12	11	53	21
11	0	8	35	0	14	40	0	10	13	0	0	58	11	56	2	11	59	8	0	4	59	0	4	47	11	56	23	11	46	44	11	45	7	11	53	49
12	0	8	58	0	14	38	0	9	56	0	0	42	11	56	1	11	59	21	0	5	7	0	4	37	11	56	3	11	46	29	11	45	14	11	54	17
13	0	9	20	0	14	35	0	9	40	0	0	26	11	56	0	11	59	33	0	5	14	0	4	28	11	55	41	11	46	15	11	45	32	11	54	45
14	0	9	42	0	14	32	0	9	22	0	0	10	11	55	59	11	59	48	0	5	21	0	4	16	11	55	20	11	46	2	11	45	46	11	55	14
15	0	10	3	0	14	21	0	9	3	11	59	55	11	55	59	0	0	8	0	5	27	0	4	0	11	55	0	11	45	48	11	46	4	11	55	44
16	0	10	24	0	14	28	0	8	48	11	58	50	11	56	0	0	0	21	0	5	33	0	3	53	11	54	54	11	45	36	11	46	16	11	56	7
17	0	10	43	0	14	23	0	8	30	11	59	26	11	56	6	0	0	34	0	5	39	0	3	40	11	54	31	11	45	24	11	46	30	11	56	42
18	0	11	2	0	14	17	0	8	12	11	59	12	11	56	8	0	0	46	0	5	44	0	3	28	11	53	56	11	45	13	11	46	41	11	57	12
19	0	11	21	0	14	11	0	7	54	11	58	57	11	56	11	0	0	58	0	5	48	0	3	16	11	53	12	11	45	2	11	46	49	11	57	42
20	0	11	41	0	14	4	0	7	35	11	58	44	11	56	16	0	1	9	0	5	52	0	3	0	11	52	32	11	44	52	11	46	57	11	58	12
21	0	12	1	0	13	58	0	7	17	11	58	32	11	56	30	0	1	20	0	5	55	0	2	45	11	51	54	11	44	43	11	47	25	11	58	42
22	0	12	19	0	13	50	0	6	59	11	58	20	11	56	36	0	1	32	0	6	0	0	2	28	11	51	11	11	44	34	11	47	44	11	59	12
23	0	12	37	0	13	42	0	6	41	11	58	8	11	56	43	0	1	44	0	6	8	0	2	10	11	51	0	11	44	26	11	48	1	11	59	42
24	0	12	54	0	13	32	0	6	26	11	57	57	11	56	49	0	1	56	0	6	14	0	1	54	11	50	32	11	44	18	11	48	15	0	0	11
25	0	13	11	0	13	22	0	6	3	11	57	46	11	56	57	0	2	8	0	6	21	0	1	36	11	50	12	11	44	12	11	48	26	0	0	42
26	0	13	19	0	13	12	0	5	44	11	57	35	11	56	36	0	1	9	0	6	28	0	1	28	11	50	11	11	44	6	11	47	44	0	1	12
27	0	13	30	0	13	3	0	5	25	11	57	16	11	56	43	0	1	32	0	6	8	0	1	8	11	50	0	11	44	1	11	48	25	0	1	42
28	0	13	40	0	12	49	0	5	48	11	57	57	11	56	43	0	1	44	0	6	8	0	0	54	11	50	0	11	43	53	11	48	26	0	2	11
29	0	13	40				0	4	30	11	56	57	11	56	43	0	2	56	0	5	8	0	0	36	11	49	12	11	43	11	11	48	42	0	2	40
30	0	13	59				0	4	11	11	56	14	11	57	57	0	3	8	0	5	55	0	0	18	11	49	53	11	43	48	11	49	12	0	3	8
31	0	13	59				0	4					11	57	14				0	5	55	0	0					11	43	48				0	3	38

EXPLICATION DE LA TABLE.

LEs révolutions journalieres des étoiles font d'égale durée; elles font chacune de 23 heures 56 minutes 4 fecondes. Les révolutions du Soleil feroient toujours de 24 heures o minutes o fecondes, fi elles étoient égales : mais elles font tantôt plus longues & tantôt plus courtes : l'excès ou le défaut eft ce qu'on nomme *équation*.

Une Pendule eft réglée fur *le moyen mouvement du Soleil*, ou fimplement fur *le moyen mouvement*, fi elle retarde toutes les 24 heurès de 3 minutes 56 fecondes fur le paffage d'une même étoile par le méridien, ou par un autre point quelconque vu d'un même endroit.

Une Pendule réglée de la forte étant mife tel jour qu'on voudra de l'année, à l'heure marquée par la table, vis-à-vis le jour où l'on eft dans l'inftant qu'il eft midi à une bonne méridienne, ou à un bon cadran folaire; cette pendule, dis-je, doit marquer tous les autres jours de l'année l'heure indiquée par la table dans l'inftant qu'il fera de même midi à la méridienne ou au cadran.

EXEMPLE.

Si une Pendule eft réglée fur le moyen mouvement du So- leil, & que le 1ᵉʳ de Janvier 1778 elle foit mife marquant o heures 4 minutes 14 fecondes, dans l'inftant qu'il eft midi à une méridienne ou cadran bien faits; cette pendule doit marquer o heures 14 minutes 6 fecondes le premier de Février, o heures 7 minutes 35 fecondes.le 20 Mars, 11 heures 55 minutes 59 fecondes le 15 Mai, &c.

Cela pofé, il eft aifé de voir combien les Pendules ou les montres bien réglées doivent avancer ou retarder dans tous les tems de l'année.

L'heure marquée par cette Pendule à quelque inftant que ce foit, eft ce qu'on nomme *le tems moyen*; l'heure marquée par les méridiennes & cadrans folaires faits par gens capables, eft *le tems vrai*.

JANVIER.

Ce nom vient de Janus, roi d'Italie, que la superstition a déifié,
& peint à double visage, parce qu'il changea la face des hommes,
de barbares les rendant polis, & qu'on le fit présider aux actions
qui ont souvent deux faces & deux rapports, au passé & à l'avenir.

Jours.	Sol. au ♒ le 19, à 8 h. 48 m. du matin.	Lune.	Phases de la Lune.
1	jeudi. *La Circoncision.*		
2	vend. S. Basile, Ev. & Doct. de l'Egl.	4	
3	sam. *Ste Génevieve, Vierge à Paris.*	5	
4	*Dim.* s. Rigobert, Evêq. de Reims.	6	
5	lundi s. Siméon Stylite.	7	
6	mardi L'EPIPHANIE.	8	Premier quartier le
7	merc. s. Theau, *Noces.*	9	6 à 8 h. 39 m.
8	jeudi. s. Lucien, Martyr à Beauv.	10	du mat. la lune
9	vend. s. Furcie, Abbé.	11	étant à 16 d. 14
10	sam. s. Odillon, Abbé.	12	m. du Bélier, ♈
11	*I. D. d'a. les Rois.* s. Paul, 1er Hermite.	13	
12	lundi s. Bon, Evêque.	14	
13	mardi s. Hilaire. *le Bap. de N. S.*	15	
14	merc. s. Felix de Nole, Confes.	16	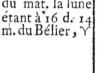 Pleine
15	jeudi s. Maur, Abbé en Anjou.	17	lune le 13
16	vend. s. Guillaume, Evêque.	18	à 1 h. 41 m. du
17	sam. s. Antoine, Pere des Cénobit.	19	matin, la lune
18	*II. Dim.* La Chaire s. Pierre à Rome.	20	étant à 22 d. 5
19	lundi s. Sulpice, Evêque. de B. ♒	21	min. de l'Ecre-
20	mardi s. Sébastien, M. à Rome.	22	visse, 69
21	merc. ste Agnès, V. & M. à Rome.	23	Dernier
22	jeudi s. Vincent, Mart. en Espagne.	24	quartier le
23	vend. s. Fabien, Pape.	25	20 à 1 h. 33 m.
24	sam. s. Babylas, Evêque & Martyr.	26	du soir, la lune
25	*III. Dim.* La Conversion de s. Paul.	27	étant à 0 d. 42
26	lundi ste Paule, Veuve.	28	min. du Scor-
27	mardi s. Julien, Evêque du Mans.	29	pion, ♏
28	merc. Le B. Emp. Ch. & s. Prix Ev.	30	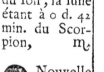 Nouvelle
29	jeudi s. François de Sales.	1	lune le 28
30	vend. ste Batilde, Reine de France.	2	à 3 h. 0 min. du
31	sam. ste Radegonde.	3	soir, la lune
		4	étant à 8 deg. 54 minutes du Verseau; ♒

JANVIER.

Janvier à 31 jours, la lune 30. Le 1ᵉʳ le jour eſt de 8 **heures** ſeize minutes, le 15 le jour 8 heures 38 m. Durant ce mois le jour augmente une d'heure 4 m. moitié le mat. & moitié le ſoir.

Jours.	Lever du Soleil.		Couch. du Soleil.		Déclinaiſ. du Soleil.		Lever de la Lune.		Couch. de la Lune.	
	H.	M.	H.	M.	Deg.	Min.	H.	M.	H.	M.
1	7	52	4	8	22	59	9 M.	47	6	44
2	7	52	4	8	22	54	10	20	7 S.	54
3	7	51	4	9	22	48	10	47	9	6
4	7	50	4	10	22	42	11	11	10	20
5	7	50	4	10	22	35	11	34	11	35
6	7	49	4	11	22	28	11	56	Matin.	
7	7	48	4	12	22	20	0 S.	21	0	50
8	7	48	4	12	22	12	0	45	2	9
9	7	47	4	13	22	3	1	17	3	27
10	7	46	4	14	21	54	1	55	4	46
11	7	45	4	15	21	45	2	54	6	1
12	7	44	4	16	21	35	3	44	7	7
13	7	43	4	17	21	25	4	49	8	3
14	7	42	4	18	21	14	6	2	8	46
15	7	41	4	19	21	3	7	17	9	21
16	7	40	4	21	20	52	8	21	9	49
17	7	39	4	22	20	40	9	37	10	13
18	7	38	4	23	20	28	10	43	10	33
19	7	36	4	24	20	15	11	49	10	52
20	7	35	4	25	20	2	Matin.		11	10
21	7	34	4	26	19	49	0	52	11	31
22	7	33	4	28	19	35	1	57	11	53
23	7	32	4	29	19	21	3	0	0 S.	19
24	7	30	4	30	19	6	4	3	0	52
25	7	29	4	32	18	52	5	2	1	30
26	7	27	4	33	18	36	6	2	2	18
27	7	26	4	35	18	21	6	52	3	15
28	7	24	4	36	18	5	7	35	4	21
29	7	23	4	37	17	49	8	12	5	33
30	7	22	4	39	17	33	8	42	6	47
31	7	20	4	40	17	16	9	9	8	3

FÉVRIER.

En latin Februarius, *qui signifie* purifier & faire des expiations, *ce qui se pratiquoit pendant douze jours :* Februare *vient aussi de* Februus, *ancien Dieu des morts, & pere de Pluton ; & peut-être de-là* febris, *fiévre, maladie qui envoie tant de sujets à ce Dieu.*

Jours.		Lune.	Phases de la Lune.
	Sol. aux ✕ le 18, à 11 h. 40 m. du soir.		
1	*IV Dim.* St Ignace, Evêque & M.	5	
2	lundi La Purification.	6	
3	mardi s. Blaise, Evêque & Martyr.	7	
4	merc. s. Vulgis, Abbé.	8	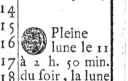 Premier
5	jeudi s^{te} Agathe, V. M. en Sicile.	9	quartier le
6	vend. s. Vaast, Evêque d'Arras.	10	4 à 4 h. 46 min.
7	sam. s. Amand, Evêque.	11	du soir, la lune
8	*V. Dim.* s. Jean de Matha, Prêtre.	12	étant à 16 deg.
9	lundi s^{te} Appoline, V.	13	4 minutes du
10	mardi s^{te} Scolastique, sœur de s. Ben.	14	Taureau, ♉
11	merc. s. Severin, Abbé.	15	
12	jeudi s^{te} Eulalie, V.	16	Pleine
13	vend. s. Lezin, Evêque.	17	lune le 11
14	sam. s. Valentin, M. 5 Plaies N.S.	18	à 2 h. 50 min.
15	*Dim. Septua.* s. Sifroi, Evêque.	19	du soir, la lune
16	lundi s^{te} Julienne, Vierge.	20	étant à 23 deg.
17	mardi s. Siméon Evêque.	21	4 m. du Lion, ♌
18	merc. s^t Eucher, Ev. d'Orléans. ✕	22	
19	jeudi s. Lomer, Pape.	23	Dernier
20	vend. s. Meraut, Ab. en Rouergue.	24	quartier le
21	sam. s^{te} Isabelle de France.	25	19 à 11 h. 0 m.
22	*Dim. Sexagésime.*	26	du mat. la lune
23	lundi s. Pierre d'Amiens.	27	étant à 0 deg.
24	mardi s. *Mathias, Apôtre.*	28	59 m. du Sagit-
25	merc. s. Taraise, Evêque.	29	taire, ♐
26	jeudi s^{te} Valburge, Vierge.	30	
27	vend. s^{te} Honorine, Vierge.	1	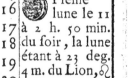 Nouvelle
28	sam. s. Romain, Abbé.	2	lune le 27
			à 4 h. 59 min.
			du mat. la lune
			étant à 8 deg.
	Epacte ·I·		45 minutes des
			Poissons, ✕

FEVRIER.

Février a 28 jours & la Lune 30. Le 1er le jour eſt de 9 h. 23 min. le 15 le jour eſt de 10 h. 5 m. Durant ce mois le jour augmente d'une h. 28 min. moitié le matin, moitié le ſoir.

Jours.	Lever du Soleil.		Couch. du Soleil.		Déclinaiſ. du Soleil.		Lever de la Lune.		Couch. de la Lune.	
	H.	M.	H.	M.	Deg.	Min.	H.	M.	H.	M.
1	7	19	4	42	16	59	9 M.31		9 S. 17	
2	7	17	4	43	16	41	9	53	10	33
3	7	16	4	45	16	24	10	16	11	50
4	7	14	4	47	16	6	10	42	Matin.	
5	7	13	4	48	15	48	11	10	1	7
6	7	11	4	50	15	29	11	45	2	25
7	7	9	4	51	15	10	0 S. 29		3	39
8	7	8	4	52	14	51	1	22	4	49
9	7	7	4	53	14	32	2	25	5	47
10	7	6	4	54	14	13	3	35	6	34
11	7	4	4	56	13	53	4	50	7	14
12	7	3	4	58	13	33	6	4	7	45
13	7	1	5	0	13	13	7	14	8	11
14	6	59	5	1	12	52	8	24	8	32
15	6	58	5	3	12	32	9	30	8	52
16	6	56	5	5	12	11	10	36	9	11
17	6	54	5	6	11	50	11	42	9	29
18	6	53	5	8	11	29	Matin.		9	53
19	6	51	5	10	11	7	0	47	10	18
20	6	49	5	11	10	46	1	50	10	48
21	6	47	5	13	10	24	2	52	11	22
22	6	46	5	15	10	2	3	50	0 S. 6	
23	6	44	5	17	9	40	4	44	1	0
24	6	42	5	18	9	18	5	29	2	2
25	6	40	5	20	8	56	6	8	3	13
26	6	39	5	22	8	34	6	40	4	26
27	6	37	5	24	8	11	7	13	5	44
28	6	35	5	26	7	48	7	35	7	3

MARS.

Du Dieu Mars, *cru pere de Romulus, qui peut-être par cette raison le mit le premier de l'année. Numa son succeſſeur mit Janvier. En ce mois l'on donnoit les étrennes, on renouveloit le feu sacré, & on offroit des sacrifices à la Déeſſe des années.*

Jours.	Sol. au ♈ le 20, à o h. 8 min. du mat.	Lune.	Phaſes de la Lune.
1	Dim. de la Quinquagéſime. s. Aubin.	3	
2	lundi s. Simplice, P.	4	
3	mardi ste Cunegonde.	5	
4	merc. Les Cendres. s. Caſimir, P. de P.	6	
5	jeudi s. Drauſin, Evêq. de Soiſſons.	7	
6	vend. s. Godegrand.	8	Premier
7	fam. stes Perpétue & Félicité, Mart.	9	quartier le 6 à o h. 19 m.
8	I. Dim. de Carême. Quadragéſime.	10	du mat. la lune
9	lundi s. Jean de Dieu, F. de la Ch.	11	étant à 15 deg.
10	mardi ste Françoiſe, Vierge.	12	35 min. des Gé-
11	merc. s. Doctrovée, A. Les 4 Tems.	13	meaux, ♊
12	jeudi Mémoire des 40 Martyrs.	14	
13	vend. s. Paul, I. Evêq. de Léon.	15	Pleine
14	fam. s. Léandre, Evêque de Sév.	16	lune le 13
15	II. Dim. Reminiſcere. s. Lubin, Ev.	17	à 5 h. 12 m. du matin, la lune
16	lundi ste Euſebie, Abbeſſe.	18	étant à 22 deg.
17	mardi st Zacharie, Pape.	19	45 min. de la
18	merc. ste Gertrude, Ab. de Niv.	20	Vierge, ♍
19	jeudi st Alexandre, Ev. d'Alexan.	21	Dernier
20	vend. s. Germanique. PRINT. ♈	22	quartier le
21	fam. s. Robert, Abbé.	23	21 à 7 h. 23 min.
22	III. Dim. Oculi.	24	du mat. la lune
23	lundi s. Euſebe, Evêque.	25	étant à o deg.
24	mardi ste Catherine, s. Agapet, Ev.	26	47 min. du Ca-
25	merc. L'ANNONCIATION.	27	pricorne, ♑
26	jeudi s. Gontran, Roi.	28	Nouvelle
27	vend. s. Ludger, Evêque.	29	lune le 28
28	fam. s. Rupert, Evêque.	1	à 4 h. 15 m. du soir, la lune
29	IV. Dim. Lætare.	2	étant à 8 deg. 4
30	lundi s. Rieul, Evêque.	3	minutes du Bé-
31	mardi s. Acaſe, Evêque.	4	lier, ♈

MARS.

Mars a 31 jours & la Lune 29. Le premier, le jour est de 10 h. 57 m. Le 15, le jour est de 11 h. 48 m. Durant ce mois le jour augmente 1 h. 48 m. moitié le matin & moitié le soir.

Jours.	Lever du Soleil.		Couch. du Soleil.		Déclinaif. du Soleil.		Lever de la Lune.		Couch. de la Lune.	
	H.	M.	H.	M.	Deg.	Min.	H.	M.	H.	M.
1	6	32	5	29	7	26	7	M. 59	8	s. 20
2	6	30	5	31	7	3	8	22	9	39
3	6	28	5	33	6	40	8	47	10	58
4	6	26	5	34	6	17	9	14	Matin.	
5	6	25	5	36	5	54	9	46	0	17
6	6	23	5	38	5	30	10	28	1	33
7	6	21	5	40	5	7	11	19	2	43
8	6	19	5	42	4	44	0	s. 17	3	45
9	6	17	5	44	4	20	1	23	4	37
10	6	15	5	45	3	57	2	37	5	17
11	6	14	5	47	3	33	3	51	5	45
12	6	12	5	49	3	10	5	1	6	16
13	6	10	5	51	2	46	6	11	6	39
14	6	8	5	53	2	22	7	19	7	0
15	6	6	5	54	1	59	8	26	7	19
16	6	5	5	56	1	35	9	33	7	39
17	6	3	5	58	1	11	10	39	8	1
18	6	1	6	0	0	48	11	43	8	24
19	5	59	6	2	0	24	Matin.		8	52
20	5	57	6	3	0	0	0	46	9	23
21	5	56	6	5	0	23	1	46	10	4
22	5	54	6	7	0	47	2	41	10	53
23	5	52	6	9	1	11	3	29	11	49
24	5	50	6	11	1	34	4	10	0	s. 56
25	5	48	6	12	1	58	4	45	2	8
26	5	47	6	14	2	21	5	15	3	25
27	5	45	6	16	2	45	5	42	4	43
28	5	43	6	18	3	8	6	5	6	4
29	5	41	6	20	3	32	6	29	7	26
30	5	40	6	21	3	55	6	55	8	49
31	5	38	6	23	4	18	7	23	10	11

AVRIL.

En latin Aprilis, *suivant* Varron, *d'*aprilis, *qui signifie apé-*
ritif, parce qu'alors la chaleur ouvre les pores & fait végéter la
nature, ou du grec aphrizo, *qui signifie écumer, parce que les*
plantes poussent leurs fleurs comme l'écume de leurs fruits.

Jours	Sol. au ♉ le 20°, à 0 h. 57 min. du soir.	Lune.	Phases de la Lune.
1	merc. S. Hugues, Evêque.	5	
2	jeudi s. François de Paule.	6	
3	vend. s. Richard, Ev. en Anglet.	7	
4	sam. st Ambroise, Evêq. de Milan	8	Premier
5	*Dim. de la Passion.* s. Zenon, M.	9	quartier le
6	lundi s. Prudence, Evêque.	10	4 à 8 h. 4 m. du matin, la lune
7	mardi s. Hégésippe.	11	étant à 14 deg.
8	merc. s. César de Bus.	12	38 min. de l'E-
9	jeudi. ste Godeberte, V. à Noyon.	13	crevisse, 69
10	vend. la Compassion de la Vierge.	14	
11	sam. s. Eustorge, Prêtre.	15	Pleine lune le 11
12	*D. des Rameaux.* ste Marie Cléophé.	16	à 8 h. 26 min.
13	lundi s. Crescent, Martyr.	17	du soir, la lune
14	mardi s. Procule, Evêque.	18	étant à 22 deg.
15	merc. s. Fructueux, Evêque.	19	0 m. de la Ba-
16	jeudi s. Paterne, Ev. d'Avranches.	20	lance, ♎
17	*Le Vendredi-Saint.*	21	
18	sam. s. Parfait, Pr. M. à Cordoue.	22	
19	*Le Dim. de* PASQUES.	23	
20	*lundi* s. Joseph, Ep. de la V. ☿	24	Dernier quartier le
21	*mardi* st Anselme, Evêque.	25	20 à 1 h. 4 min.
22	merc. ste Opportune, V. & Abbesse.	26	du mat. la lune
23	jeudi s. Georges, Mart. en Orient.	27	étant à 0 h. 0
24	vend. s. Dieu-Donné, Abbé.	28	minute du Ver-
25	sam. s. Annien, Evêque.	29	seau, ♒
26	*I. D. de Quasim.* s. Clet, Pape, M.	30	Nouvelle lune le 27
27	lundi s. Marc, Evang. *Abst.*	1	à 1 h. 14 m. du
28	mardi s. Rustique, Evêque.	2	matin, la lune
29	merc. ste Marie Egyptienne.	3	étant à 6 deg.
30	jeudi st Eutrope, Evêq. & Martyr.	4	49 minutes du Taureau, ♉

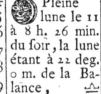

AVRIL.

Avril a 30 jours, la Lune 30. Le 1er le jour eft de 12 h. 49 m.
Le 15 le jour eft de 13 h. 40 m. Durant ce mois le jour augmente 1 h. 40 m. moitié le matin, moitié le foir.

Jours.	Lever du Soleil.		Couch. du Soleil.		Déclinaif. du Soleil.		Lever de la Lune.		Couch. de la Lune.	
	H.	M.	H.	M.	Deg.	Min.	H.	M.	H.	M.
1	5	36	6	25	4	41	7 M.	54	11 S.	31
2	5	34	6	27	5	4	8	33	Matin.	
3	5	32	6	29	5	27	9	20	0	45
4	5	31	6	30	5	50	10	18	1	51
5	5	29	6	32	6	13	11	24	2	44
6	5	27	6	34	6	36	0 S.	33	3	28
7	5	25	6	36	6	58	1	46	4	1
8	5	23	6	37	7	20	2	58	4	29
9	5	22	6	39	7	43	4	8	4	52
10	5	20	6	41	8	5	5	16	5	14
11	5	18	6	43	8	27	6	26	5	33
12	5	17	6	44	8	49	7	28	5	51
13	5	15	6	46	9	11	8	34	6	12
14	5	13	6	48	9	32	9	41	6	34
15	5	11	6	50	9	54	10	45	7	0
16	5	10	6	51	10	15	11	46	7	30
17	5	8	6	53	10	36	Matin.		8	7
18	5	6	6	55	10	57	0	42	8	51
19	5	4	6	57	11	18	1	32	9	43
20	5	3	6	58	11	38	2	14	10	44
21	5	1	7	0	11	59	2	56	11	54
22	4	59	7	2	12	19	3	23	1 S.	7
23	4	58	7	3	12	39	3	49	2	23
24	4	56	7	5	12	59	4	14	3	41
25	4	54	7	7	13	18	4	36	5	2
26	4	53	7	8	13	38	5	0	6	23
27	4	51	7	10	13	57	5	27	7	50
28	4	50	7	11	14	16	5	56	9	14
29	4	48	7	13	14	34	6	32	10	37
30	4	46	7	15	14	53	7	19	11	48

MAI.

En latin Maïus : on le nommoit ainsi chez les anciens peuples d'Italie, avant la fondation de Rome. Le nom de Maius est celui que plusieurs peuples donnoient à Jupiter, & quelquefois à Mercure, a causé de sa mere Maïa.

Jours	Sol. aux ♊ le 21, à 1 h. 35 m. du soir.	Lune	Phases de la Lune.
1	vend. *S. Jacq. s. Philippes, Apôt.*	5	
2	sam. s^t Athanase, Ev. d'Alex.	6	
3	*II. Dim.* L'Invention de la ste Cr.	7	Premier quartier le 3 à 4 h. 39 m. du soir, la lune étant à 13 deg. 15 m. du Lion, ♌
4	lundi ste Monique, Veuve.	8	
5	mardi s. Pie V. Pape.	9	
6	merc. S. JEAN PORTE-LATINE.	10	
7	jeudi ste Flavie, Vierge.	11	
8	vend. s. Elade, Evêque.	12	
9	sam. s. Grégoire de Naziance.	13	
10	*III. Dim.* s. Mammert, Ev. de V.	14	Pleine lune le 11 à 0 h. 11 m. du soir, la lune étant à 20 deg. 47 minutes du Scorpion, ♏
11	lundi s. Mayeul, Abbé.	15	
12	mardi s. Epiphane, Evêque.	16	
13	merc. s. Servais, Ev.	17	
14	jeudi s. Pacome, Abbé.	18	
15	vend. s. Libérateur, Mart.	19	
16	sam. s. Honoré, Evêque.	20	
17	*IV. Dim.* ste Restitute.	21	Dernier quartier le 19 à 2 h. 53 m. du soir, la lune étant à 28 deg. 27 mi. du Verseau, ♒
18	lundi s. Ery, Roi.	22	
19	mardi s. Yves, s. Pierre, Célestin.	23	
20	merc. s. Baudille, Martyr.	24	
21	jeudi s Hospice, Rec. ♊	25	
22	vend. ste Julie Vierge & Mart.	26	
23	sam. s. Didier, Evêque de Langres.	27	
24	*V. Dim.* s. Donat. & s. Rogat. MM.	28	
25	lundi *Les Rogat.* ste Quitteve, V.	29	Nouvelle lune le 26 à 8 h. 50 m. du matin, la lune étant à 5 degrés 5 minutes des Gemeaux, ♊
26	mardi s. Gan, Abbé.	1	
27	merc. s^t Hildevert, Ev. de Meaux.	2	
28	jeudi L'ASCENSION.	3	
29	vend. s. Cheron, Martyr.	4	
30	sam. s^t Germain, Evêq. de P.	5	
31	*VI. Dim.* ste Pétronille.	6	

MAI.

M A I.

Mai a 31 jours & la Lune 29. Le 1er le jour eft de 14 h. 23 m. Le 15 le jour eft de 15 h. 13 m. Durant ce mois le jour augmente 1 h. 16 m. moitié le matin, moitié le foir.

Jours.	Lever du Soleil.		Couch. du Soleil.		Déclinaif. du Soleil.		Lever de la Lune.		Couch. de la Lune.	
	H.	M.	H.	M.	Deg.	Min.	H.	M.	H.	M.
1	4	45	7	16	15	11	8 M.	16	Matin.	
2	4	43	7	18	15	29	9	18	0	49
3	4	42	7	19	15	47	10	29	1	36
4	4	40	7	21	16	4	11	41	2	13
5	4	39	7	22	16	21	0 Sr.	53	2	42
6	4	37	7	24	16	38	2	3	3	6
7	4	36	7	25	16	55	3	11	3	26
8	4	34	7	27	17	11	4	18	3	45
9	4	33	7	28	17	27	5	25	4	4
10	4	31	7	30	17	43	6	30	4	23
11	4	30	7	31	17	58	7	37	4	44
12	4	28	7	32	18	13	8	41	5	8
13	4	27	7	34	18	28	9	43	5	36
14	4	26	7	35	18	43	10	41	6	9
15	4	24	7	37	18	57	11	34	6	50
16	4	23	7	38	19	11	Matin.		7	40
17	4	22	7	39	19	24	0	18	8	37
18	4	20	7	40	19	38	0	55	9	42
19	4	19	7	42	19	51	1	30	10	51
20	4	18	7	43	20	3	1	54	0	1
21	4	17	7	44	20	16	2	17	1 Sr.	1
22	4	16	7	45	20	27	2	39	2	34
23	4	14	7	46	20	39	3	1	3	53
24	4	13	7	47	20	50	3	24	5	16
25	4	12	7	48	21	1	3	49	6	41
26	4	11	7	49	21	11	4	25	8	8
27	4	10	7	50	21	22	5	7	9	27
28	4	9	7	51	21	31	5	58	10	35
29	4	7	7	52	21	41	7	1	11	29
30	4	7	7	53	21	50	8	12	Matin.	
31	4	6	7	54	21	58	9	20	0	11

JUIN.

Junius, abrégé de Junonius, *qu'il avoit chez les peuples dont Rome s'est formée ; ou peut-être introduit en mémoire de Junius Brutus, lorsqu'ayant chassé les Tarquins, il vint sur le Mont Cœli en rendre graces à Carne, Déesse du cœur.*

Jours	Sol. au ♋ le 21, à 10 h. 20 m. du soir.	Lune.	Phases de la Lune.
1	lundi s. Probas, P.	7	
2	mardi s. Potin , Evêque.	8	
3	merc. ste Clotilde, R. de Fr.	9	Premier quartier le
4	jeudi st Marcellin , &c.	10	2 à 2 h. 42 min.
5	vend. s. Erasme, Evêque.	11	du mat. la lune
6	sam. s. Claude. *Vig. Jeûn.*	12	étant à 11 deg.
7	*Le Dim. de la* PENTECOTE.	13	33 minutes de
8	*Lundi* s. Médard, Evêque de Noyon.	14	la Vierge, ♍
9	*mardi* s. Gildard , Evêque.	15	
10	merc. s. Landry, Ev. *Les 4 Tems.*	16	Pleine
11	jeudi s. Barnabé, Apôt. des Gentils.	17	lune le 10
12	vend. s. Onuphre.	18	à 3 h. 56 min.
13	sam. s. Antoine de Pade.	19	du mat. la lune
14	*I. Dim. de la Trinité.*	20	étant à 19 deg.
15	lundi s Vite, Martyr.	21	15 min. du Sa-
16	mardi s. Fargeau & s. Fergeon.	22	gittaire, ♐
17	merc. s. Avit, Abbé au Perche.	23	Dernier
18	jeudi FESTE-DIEU, ste Marine, V.	24	quartier le
19	vend. s. Gervais, s. Protais, MM.	25	18 à 0 h. 49 m.
20	sam. s. Cyr & ste Julite.	26	du mat. la lune
21	*II. Dim.* s. Leufroy, Ab. L'ETE'. ♋	27	étant à 26 deg.
22	lundi s. Paulin , Evêque de Nôle.	28	45 minutes des
23	mardi s. Lanfranc de Pavie. *Jeûne.*	29	Poissons , ♓
24	merc. *La Nativ. de S. Jean-Baptiste.*	1	Nouvelle
25	jeudi Octave Fête-Dieu ,	2	lune le 24
26	vend. s. Babolein, Abbé.	3	à 3 h. 49 min.
27	sam. s. Jean, s. Paul, MM. *Jeûne.*	4	du soir, la lune
28	*III. Dim.* st Irenée, Evêq. & M.	5	étant à 3 deg.
29	lundi *S. Pierre & S. Paul, Ap.*	6	4 minutes de
30	mardi Commémorat. de s. Paul.	7	l'Ecrevisse , ♋

JUIN.

Juin a 30 jours & la Lune 29. Le 1er le jour eſt de 15 h. 50 m.
Le 15, le jour eſt de 16 h. 5 m. du 1 au 21 le jour augmente de 0 h.
16 m. m̃oit. le mat. moit. le ſoir, du 21 au 30 le jour décroît de 2 m.

Jours.	Lever du Soleil.		Couch. du Soleil.		Déclinaiſ. du Soleil.		Lever de la Lune.		Couch. de la Lune.	
	H.	M.	H.	M.	Deg.	Min.	H.	M.	H.	M.
1	4	5	7	55	22	7	10 M. 40		0 M. 44	
2	4	5	7	56	22	14	11	51	1	9
3	4	4	7	57	22	22	1	0	1	32
4	4	3	7	57	22	29	2 Sr. 8		1	51
5	4	2	7	58	22	36	3	14	2	8
6	4	2	7	59	22	42	4	19	2	27
7	4	1	7	59	22	48	5	26	2	48
8	4	0	8	0	22	53	6	29	3	9
9	4	0	8	0	22	59	7	33	3	36
10	3	59	8	1	23	3	8	32	4	6
11	3	59	8	1	23	8	9	27	4	45
12	3	59	8	2	23	11	10	15	5	33
13	3	58	8	2	23	15	10	54	6	28
14	3	58	8	2	23	18	11	26	7	29
15	3	58	8	3	23	21	11	54	8	35
16	3	57	8	3	23	23	Matin.		9	46
17	3	57	8	3	23	25	0	18	10	57
18	3	57	8	3	23	26	0	39	0 S. 10	
19	3	57	8	3	23	27	1	1	1	27
20	3	57	8	3	23	28	1	21	2	45
21	3	57	8	3	23	28	1	45	4	6
22	3	57	8	3	23	28	2	13	5	30
23	3	57	8	3	23	27	2	50	6	51
24	3	57	8	3	23	26	3	35	8	7
25	3	57	8	3	23	24	4	33	9	11
26	3	57	8	3	23	23	5	43	10	1
27	3	57	8	2	23	20	6	58	10	38
28	3	58	8	2	23	18	8	14	11	6
29	3	58	8	2	23	14	9	26	11	31
30	3	58	8	2	23	11	10	43	11	51

(Boréale. — colonne Déclinaiſ. du Soleil)

JUILLET.

Ainſi nommé par les ſoins & ſous le Conſulat de Marc-Antoine, pour honorer la naiſſance de Jules-Céſar, arrivée le 4 des Ides de ce mois. On le nommoit avant Quintilis*, étant le cinquieme dans le Calendrier de Romulus.*

Jours.	Sol. au ♌ le 22, à 9 h. 10 m. du matin.	Lune.	Phaſes de la Lune.
1	merc. S. Martial, Ev. de Limoges.	8	
2	jeudi La Viſitation de la Vierge.	9	Premier
3	vend. sᵗ Anatole, Ev. de Laodic.	10	quartier le
4	ſam. La Tranſlation de s. Martin.	11	1ᵉʳ à 2 h. 52 m.
5	*IV. Dim.* sᵗᵉ Zoé, Martyre à Rome.	12	du ſoir, la lune
6	lundi s. Tranquillin.	13	étant à 9 deg.
7	mardi s. Thomas de Cantorberi.	14	43 min. de la
8	merc. s. Non, Confeſſeur en Vexin.	15	Balance, ♎
9	jeudi sᵗ Ephrem, Diacre.	16	Pleine
10	vend. Les ſept Freres, Martyrs.	17	lune le 9
11	ſam. s. Benoît, Abbé.	18	à 6 h. 55 min.
12	*V. Dim.* s. Menou, Evêque.	19	du ſoir, la lune
13	lundi s. Turiaf, Evêque.	20	étant à 17 deg.
14	mardi s. Bonaventure, Evêque.	21	30 min. du Ca-
15	merc. sᵗ Etern, Evêque d'Evreux.	22	pricorne, ♑
16	jeudi s. Donnin, Martyr.	23	Dernier
17	vend. s. Sperat & ſes Compagn.	24	quartier le
18	ſam. s. Thomas d'Aquin, Doĉteur.	25	17 à 7 h. 53 m.
19	*VI. Dim.* s. Vincent de Paule, Prêt.	26	du mat. la lune
20	lundi s. Arnould, M. sᵗᵉ Marg.	27	étant à 24 deg.
21	mardi s. Viĉtor, Mart. à Marſ.	28	41 minutes du
22	merc. sᵗᵉ Marie Magdeleine. ♌	29	Belier, ♈
23	jeudi sᵗ Apollinaire, Ev. & Mart.	1	Nouvelle
24	vend. sᵗᵉ Suzanne, Vierge.	2	lune le 23
25	ſam. *S. Jacques, Ap.* s. *Chryſtoph.*	3	à 11 h. 20 min.
26	*VII. Dim.* La Tranſl. de s. Marcel.	4	du ſoir, la lune
27	lundi s. Coujat, Martyr.	5	étant à 1 deg. 2
28	mardi s. Joachim & sᵗᵉ Anne.	6	m. du Lion, ♌
29	merc. s. Loup, Evêque de Troyes.	7	Premier
30	jeudi s. Ignace de Loyola.	8	quartier le
31	vend. s. Germain d'Auxerre.	9	31 à 5 h. 45 min. du mat. la lune étant à 7 deg. 59 minutes du Scorpion, ♏

JUILLET.

Juillet a 31 jours & la Lune 29. Le 1er, le jour eſt de 16 h. 2 m. Le 15, le jour eſt de 15 h. 43 m. Durant ce mois le jour décroît de 0 h. 57 m. moitié le matin, moitié le ſoir.

Jours.	Lever du Soleil.		Couch. du Soleil.		Déclinaiſ. du Soleil.		Lever de la Lune.		Couch. de la Lune.	
	H.	M.	H.	M.	Deg.	Min.	H.	M.	H.	M.
I	3	59	8	1	23	7	11 M. 51		Matin.	
2	3	59	8	0	23	3	0 Sr. 58		0	12
3	4	0	8	0	22	58	2	5	0	29
4	4	0	7	59	22	53	3	11	0	48
5	4	1	7	59	22	47	4	15	1	9
6	4	1	7	58	22	41	5	19	1	34
7	4	2	7	58	22	35	6	19	2	2
8	4	2	7	57	22	28	7	16	2	38
9	4	3	7	57	22	21	8	6	3	23
10	4	4	7	56	22	14	8	48	4	16
11	4	5	7	55	22	6	9	25	5	17
12	4	6	7	54	21	58	9	53	6	23
13	4	6	7	53	21	49	10	19	7	33
14	4	7	7	52	21	40	10	42	8	44
15	4	8	7	51	21	31	11	3	9	56
16	4	9	7	50	21	21	11	23	11	10
17	4	10	7	49	21	11	11	44	0	25
18	4	11	7	48	21	0	Matin.		1 Sr. 42	
19	4	12	7	47	20	50	0	10	3	2
20	4	13	7	46	20	38	0	41	4	22
21	4	14	7	45	20	27	1	20	5	39
22	4	15	7	44	20	15	2	10	6	48
23	4	17	7	43	20	3	3	12	7	43
24	4	18	7	41	19	50	4	27	8	20
25	4	19	7	40	19	37	5	46	9	2
26	4	20	7	39	19	24	7	4	9	29
27	4	22	7	38	19	11	8	19	9	51
28	4	23	7	36	18	57	9	32	10	11
29	4	24	7	35	18	43	10	41	10	30
30	4	26	7	34	18	28	11	50	10	50
31	4	27	7	32	18	14	0 Sr. 56		11	10

B iij

AOUST.

Ce mois avoit un nom tiré de son rang, sçavoir Sextilis; *le Sénat, pour faire honneur à Auguste, qui avoit dans ce mois obtenu le Consulat avant l'âge, qui avoit triomphé trois fois & subjugué l'Egypte, le nomma* Augustus; *par corruption* Août.

Jours.	Sol. à la ♍ le 23, à 3 h. 28 m. du soir.	Lune.	Phases de la Lune.
1	sam. S. Pierre aux liens.	10	
2	*VIII. Dim.* Suscep. de la ste Croix.	11	
3	lundi Invention de st Etienne.	12	
4	mardi s. Dominiq. Inst. des Fr. Pr.	13	Pleine
5	merc. st Yon, Martyr à Châtres.	14	lune le 8
6	jeudi La Transfiguration de N. S.	15	à 8 h. 36 minu.
7	vend. Les 7 Freres Mach. s. Gaëtan.	16	du mat. la lune
8	sam. s. Justin, Martyr. *Vigile Jeû.*	17	étant à 15 deg.
9	*IX. Dim.* s. Spire.	18	46 min. du Verseau, ♒
10	lundi *S. Laurent, Martyr à Rome.*	19	
11	mardi Suscep. de la Cour. d'Epine.	20	
12	merc. s. Menge, Evêque.	21	Dernier
13	jeudi st Hippolyte, Martyr.	22	quartier le
14	vend. s. Radeg. *Vigil. Jeûne.*	23	15 à 1 h. 44 mi.
15	sam. *L'Assomption de la Vierge.*	24	du soir, la lune
16	*X. Dim.* s. Roch, Confesseur.	25	étant à 22 deg.
17	lundi s. Mammès, Martyr.	26	45 minutes du Taureau, ♉
18	mardi ste Hélene, Impératrice.	27	
19	merc. s. Magne, Evêque.	28	Nouvelle
20	jeudi s. Bernard, Abbé de Clairv.	29	lune le 22
21	vend. s. Privat, Evêque.	30	à 8 h. 11 m. du
22	sam. s. Symphorien, Martyr.	1	matin, la lune étant à 29 deg.
23	*XI. Dim.* s. Sidoine, Ev. de C. ♍	2	13 minutes du Lion, ♌
24	lundi *S. Barthelemy, Apôtre.*	3	
25	mardi *S. Louis, Roi de France.*	4	Premier
26	merc. s. Ouen, Evêque.	5	quartier le
27	jeudi s. Césaire, Evêque d'Arles.	6	29 à 11 h. 17 m.
28	vend. st Augustin, Ev. d'Hippone.	7	du soir, la lune
29	sam. Décolation de S. Jean.	8	étant à 6 deg. 35 m. du Sagittaire, ♐
30	*XII. Dim.* s. Fiacre, Solitaire.	9	
31	lundi st Ovide, st Médéric.	10	

AOUST.

Août a 31 jours & la Lune 30. Le 1er le jour est de 15 h. 3 m.
Le 15, le jour est de 14 h. 21 m. Durant ce mois le jour décroît
1 h. 36 m. moitié le matin, moitié le soir.

Jours.	Lever du Soleil.		Couch. du Soleil.		Déclinaiſ. du Soleil.		Lever de la Lune.		Couch. de la Lune.	
	H.	M.	H.	M.	Deg.	Min.	H.	M.	H.	M.
1	4	28	7	31	17	58	2 Sr.	3	11	34
2	4	30	7	30	17	43	3	7	Matin.	
3	4	31	7	28	17	28	4	9	0	2
4	4	33	7	27	17	12	5	8	0	35
5	4	34	7	25	16	55	6	2	1	18
6	4	35	7	24	16	39	6	46	2	8
7	4	37	7	22	16	22	7	25	3	5
8	4	38	7	21	16	5	7	57	4	12
9	4	40	7	19	15	48	8	24	5	23
10	4	41	7	18	15	30	8	48	6	35
11	4	43	7	16	15	13	9	9	7	48
12	4	45	7	15	14	55	9	30	9	2
13	4	46	7	13	14	36	9	51	10	17
14	4	48	7	11	14	18	10	15	11	33
15	4	49	7	10	13	59	10	41	C Sr.	51
16	4	51	7	8	13	40	11	17	2	9
17	4	53	7	7	13	21	Matin.		3	26
18	4	54	7	5	13	2	0	3	4	37
19	4	56	7	3	12	42	0	59	5	35
20	4	57	7	2	12	22	2	6	6	22
21	4	59	7	0	12	2	3	21	7	1
22	5	1	6	58	11	42	4	43	7	32
23	5	2	6	57	11	22	6	0	7	56
24	5	4	6	55	11	1	7	14	8	18
25	5	6	6	53	10	41	8	27	8	38
26	5	7	6	52	10	20	9	38	8	58
27	5	9	6	50	9	59	10	48	9	17
28	5	11	6	48	9	38	11	53	9	40
29	5	13	6	46	9	16	0 Sr.	59	10	6
30	5	14	6	45	8	55	2	5	10	38
31	5	16	6	43	8	33	3	5	11	16

SEPTEMBRE.

September, *par syncope de* septem ab imbre, *le septieme après les neiges*, *qui se divisoient en premieres & secondes neiges*; *ces noms populaires sont ceux des mois que quelques Auteurs ont retranchés mal-à-propos du Calendrier de Romulus.*

Jours.	Sol. à la ♎ le 22, à 11 h. 51 m. du mat.	Lune.	Phases de la Lune.
1	mardi S. Leu, Archevêq. de Sens.	11	
2	merc. s. Lazare, ressuscité par N. S.	12	
3	jeudi s. Grégoire le Grand, Pape.	13	
4	vend. s. Marcel, Martyr.	14	
5	sam. s. Antonin, Martyr.	15	
6	XIII. Dim. s. Euverte, Evêque.	16	Pleine lune le 6
7	lundi s. Cloud, Prêtre.	17	à 8 h. 54 min.
8	mardi La Nativité de la Vierge.	18	du soir, la lune
9	merc. st Omer, Evêq. de Terouane.	19	étant à 14 deg.
10	jeudi s. Nicolas de Tolentin.	20	16 minutes des
11	vend. s. Patient, Ev.	21	Poissons, ♓
12	sam. s. Jouvence, Ev.	22	Dernier
13	XIV. Dim. s. Maurille, Ev. d'Ang.	23	quartier le
14	lundi L'Exaltation de ste Croix.	24	13 à 7 h. 22 m.
15	mardi s. Corneille, Prêtre.	25	du soir, la lune
16	merc. Les 4 Tems. s. Cyprien, Ev.	26	étant à 2 deg.
17	jeudi s. Lambert, Ev.	27	1 minute des
18	vend. s. Jean Chrysostome.	28	Gemeaux, ♊
19	sam. ste Euphemie, V. Vig. Jeune.	29	Nouvelle
20	XV. Dim. s. Nicomede.	1	lune le 20
21	lundi S. Matthieu, Apôtre.	2	à 7 h. 28 min.
22	mardi s. Maurice. L'Aut. ♎	3	du soir, la lune
23	merc. ste Thecle, Vierge & Mart.	4	étant à 27 deg.
24	jeudi st Andoche, Prêtre.	5	51 minut. de la
25	vend. s. Firmin, Evêque & M.	6	Vierge, ♍
26	sam. s. Paxent, Martyr.	7	Premier
27	XVI. D. s. Côme, s. Damien, MM.	8	quartier le
28	lundi s. Ceran, Ev. de Paris.	9	28 à 6 h. 36 mi.
29	mardi S. Michel, Archange.	10	du soir, la lune
30	merc. s. Jerôme, Docteur de l'Egl.	11	étant à 5 deg. 40 min. du Capricorne, ♑

SEPTEMBRE.

Septembre a 30 jours & la Lune 29. Le 1er, le jour est de 13 h. 23 m. Le 15, le jour est de 12 h. 35 m. Durant ce mois le jour décroît 1 h. 42 m. moitié le matin, moitié le soir.

Jours.	Lever du Soleil. H.	M.	Couch. du Soleil. H.	M.	Déclinaiſ. du Soleil. Deg.		Min.	Lever de la Lune. H.	M.	Couch. de la Lune. H.	M.
1	5	18	6	41	8	Boréale.	11	4 Sr.	0	Matin.	
2	5	20	6	40	7		49	4	49	0	2
3	5	21	6	38	7		27	5	29	1	0
4	5	23	6	36	7		5	6	4	2	4
5	5	25	6	34	6		43	6	33	3	14
6	5	26	6	33	6		20	6	58	4	26
7	5	28	6	31	5		58	7	20	5	35
8	5	30	6	29	5		35	7	41	6	56
9	5	32	6	27	5		13	8	3	8	13
10	5	34	6	26	4		50	8	27	9	20
11	5	35	6	24	4		27	8	54	10	48
12	5	37	6	22	4		4	9	27	0 Sr.	9
13	5	39	6	20	3		41	10	7	1	26
14	5	41	6	18	3		18	10	59	2	37
15	5	42	6	17	2		55	Matin.		3	38
16	5	44	6	15	2		32	0	2	4	29
17	5	46	6	13	2		8	1	10	5	7
18	5	48	6	11	1		45	2	32	5	39
19	5	50	6	10	1		22	3	45	6	5
20	5	51	6	8	0		58	5	1	6	28
21	5	53	6	6	0		35	6	14	6	48
22	5	55	6	4	0		12	7	27	7	9
23	5	57	6	2	0	Auſtrale.	12	8	38	7	30
24	5	59	6	1	0		25	9	47	7	51
25	6	0	5	59	0		59	10	55	8	16
26	6	2	5	57	1		22	0 Sr.	1	8	44
27	6	4	5	55	1		45	1	3	9	20
28	6	6	5	53	2		9	2	1	10	4
29	6	7	5	52	2		32	2	52	10	55
30	6	9	5	50	2		36	3	36	11	54

OCTOBRE.

Octolober *tire son nom de la même source que le précédent : Do-mitien né dans ce mois voulut lui donner son nom, & à Septembre son surnom de* Germanicus, *parce que c'étoit le mois où il étoit parvenu à l'Empire ; ses vains projets périrent avec lui.*

Jours	Sol. au ♏ le 23, à 7 h. 42 m. du soir.	Lune	Phases de la Lune.
1	jeudi s. Remy, Evêque.	12	
2	vend. La Fête des ss. Anges Gard.	13	
3	sam. s. Denys l'Aréopag. Evêque.	14	
4	*XVII. Dim.* s. François d'Assise.	15	
5	lundi s^te Aure, V. & Abbesse.	16	
6	mardi s. Bruno, Inst. des Chart.	17	Pleine
7	merc. s. Serge & s. Bacque, MM.	18	lune le 6
8	jeudi s. Demetre, Martyr.	19	à 8 h. 13 min.
9	vend. *S. Denys, Ev. de Paris, M.*	20	du mat. la lune étant à 13 deg.
10	sam. s. Géréon, Martyr.	21	8 minu. du Bé-
11	*XVIII. Dim.* s. Nigaise.	22	lier, ♈
12	lundi s. Vilfrid, Evêque.	23	
13	mardi s. Edouard, Roi.	24	Dernier
14	merc. s. Calliste, Pape.	25	quartier le
15	jeudi s^te Thérese, Vierge.	26	13 à 2 h. 4 minu. du mat. la lune
16	vend. s. Gal, Abbé.	27	étant à 19 d. 49
17	sam. s. Cerbon, Evêque.	28	min. de l'Ecre-
18	*XIX. Dim.* s. Luc, Evangéliste.	29	visse, 69
19	lundi s. Savinien, Evêque.	30	
20	mardi s. Herbland, Abbé.	1	Nouvelle
21	merc. s^te Ursule, Vierge & Martyr.	2	lune le 20
22	jeudi s. Mellon, Ev. de Rouen.	3	à 9 h. 37 minut. du mat. la lune
23	vend. s. Hylarion, Abbé. ♏	4	étant à 27 deg. 5 minut. de la
24	sam. s. Magloire, Evêque.	5	Balance, ♎
25	*XX. Dim.* s. Crépin, s. Crép. MM.	6	
26	lundi s^te Celinie.	7	Premier
27	mardi s. Frumen. *Vig. Jeûne.*	8	quartier le
28	merc. *S. Simon, S. Jude, Apôtres.*	9	28 à 2 h. 4 min. du soir, la lune
29	jeudi s. Faron, Evêque.	10	étant à 5 deg.
30	vend. s. Lucain, Martyr.	11	15 mi. du Ver-
31	sam. s. Quentin, Martyr. *V. Jeû.*	12	seau, ♒

OCTOBRE.

Octobre a 31 jours & la Lune 30. Le 1er le jour est de 11 h. 37 m. Le 15, le jour est de 10 h. 47 m. Durant ce mois le jour décroît 1 h. 44 m. moitié le matin, moitié le soir.

Jours.	Lever du Soleil.		Couch. du Soleil.		Déclinaif. du Soleil.		Lever de la Lune.		Couch. de la Lune.	
	H.	M.	H.	M.	Deg.	Min.	H.	M.	H.	M.
1	6	11	5	48	3	19	4	Sr. 13	Matin.	
2	6	13	5	46	3	42	4	42	1	1
3	6	15	5	45	4	6	5	7	2	13
4	6	16	5	43	4	29	5	31	3	27
5	6	18	5	41	4	52	5	53	4	42
6	6	20	5	39	5	15	6	17	6	0
7	6	22	5	38	5	38	6	37	7	20
8	6	23	5	36	6	1	7	4	8	41
9	6	25	5	34	6	24	7	34	10	2
10	6	27	5	32	6	47	8	14	11	24
11	6	29	5	30	7	10	9	1	0 Sr.	40
12	6	31	5	29	7	32	10	0	1	45
13	6	32	5	27	7	55	11	11	2	38
14	6	34	5	25	8	17	Matin.		3	19
15	6	36	5	23	8	39	0	24	3	52
16	6	38	5	21	9	2	1	40	4	19
17	6	39	5	20	9	24	2	55	4	43
18	6	41	5	18	9	45	3	57	5	5
19	6	43	5	16	10	7	5	19	5	21
20	6	45	5	15	10	29	6	30	5	40
21	6	46	5	13	10	50	7	40	6	1
22	6	48	5	11	11	12	8	49	6	23
23	6	50	5	9	11	33	9	54	6	50
24	6	52	5	8	11	54	10	58	7	21
25	6	53	5	6	12	14	0 Sr.	0	8	2
26	6	55	5	4	12	35	0	54	8	48
27	6	57	5	3	12	55	1	40	9	46
28	6	58	5	1	13	16	2	19	10	50
29	7	0	4	59	13	36	2	50	11	57
30	7	2	4	58	13	55	3	16	Matin.	
31	7	3	4	56	14	15	3	39	1	9

NOVEMBRE.

November *est formé de ces mots*, novem ab imbre, *parce qu'il étoit le neuvieme depuis l'hiver. L'Empereur Commode essaya vainement de changer son nom & celui de Décembre.*

Jours	Sol. au ♓ le 22, à 3 h. 52 m. du soir.	Lune	Phases de la Lune.
1	*XXI. Dim.* LA TOUSSAINT.	13	
2	lundi *Les Morts.*	14	
3	mardi *S. Marcel, Ev. de Paris.*	15	
4	merc. s. Charles, Archev. de Milan.	16	Pleine
5	jeudi s. Euſtache.	17	lune le 4
6	vend. s. Léonard, Solitaire.	18	à 7 h. 5 minut.
7	ſam. s. Guénaud, Abbé.	19	du ſoir, la lune
8	*XXII. Dim.* Les ſaintes Reliques.	20	étant à 12 deg.
9	lundi s. Mathurin, Prêtre.	21	29 minutes du
10	mardi s. Léon Ier. Pape.	22	Taureau, ♉
11	merc. *S. Martin, Evêque de Tours.*	23	
12	jeudi s. Veran, s. René.	24	Dernier
13	vend. s. Gendulfe, Evêque.	25	quartier le
14	ſam. s. Martin, Pape.	26	11 à 10 h. 22 m.
15	*XXIII. Dim.* st Eugene, Martyr.	27	du mat. la lune
16	lundi s. Clair, Prêtre.	28	étant à 19 deg.
17	mardi st Agnan, Evêque d'Orléans.	29	10 minutes du
18	merc. ste Aude, Vierge.	30	Lion, ♌
19	jeudi ste Eliſabeth, Reine d'Hong.	1	Nouvelle
20	vend. s. Brice, Evêque de Tours.	2	lune le 19
21	ſam. La Préſent. de la Vierge.	3	à 2 h. 51 minut.
22	*XXIV. Dim.* ste Cécile, V. & M. ♓	4	du mat. la lune
23	lundi s. Clément, Pape.	5	étant à 26 d. 55
24	mardi s. Severin, Solitaire.	6	minu. du Scorpion, ♏
25	merc. ste Catherine, Vierge & Mart.	7	Premier
26	jeudi ste Génevieve des Ardens.	8	quartier le
27	vend. s. Vital & s. Agricole. MM.	9	27 à 7 h. 54 m.
28	ſam. s. Malo, Evêque. *Jeûne.*	10	du mat. la lune
29	*I. Dim.* de l'*Avent.*	11	étant à 5 deg.
30	lundi *St André, Apôtre.*	12	14 minutes des Poiſſons, ♓

NOVEMBRE.

Novembre a 30 jours & la Lune 30. Le 1er, le jour est de 9 h.
49 m. Le 15, le jour est de 9 h. 7 m. Durant ce mois le jour décroît 1 h. 18 m. moitié le matin, moitié le soir.

Jours.	Lever du Soleil.		Couch. du Soleil.		Déclinais. du Soleil.		Lever de la Lune.		Couch. de la Lune.	
	H.	M.	H.	M.	Deg.	Min.	H.	M.	H.	M.
1	7	5	4	54	14	34	3	59	2 M.	22
2	7	7	4	53	14	53	4 Sr.	20	3	38
3	7	8	4	51	15	12	4	42	4	56
4	7	10	4	50	15	31	5	6	6	21
5	7	11	4	48	15	49	5	34	7	41
6	7	13	4	46	16	7	6	10	9	5
7	7	14	4	45	16	25	6	56	10	27
8	7	16	4	43	16	42	7	54	11	38
9	7	18	4	42	17	0	9	1	0 Sr.	38
10	7	19	4	40	17	16	10	15	1	24
11	7	21	4	39	17	33	11	31	1	59
12	7	22	4	37	17	49	Matin.		2	27
13	7	23	4	36	18	5	0	45	2	40
14	7	24	4	35	18	21	1	59	3	10
15	7	26	4	33	18	37	3	10	3	28
16	7	28	4	32	18	52	4	21	3	48
17	7	29	4	30	19	6	5	28	4	4
18	7	30	4	29	19	21	6	34	4	22
19	7	32	4	28	19	35	7	49	4	48
20	7	33	4	27	19	48	8	47	5	19
21	7	34	4	25	20	2	9	50	5	57
22	7	36	4	24	20	15	10	46	6	40
23	7	37	4	23	20	27	11	35	7	33
24	7	38	4	22	20	39	0 Sr.	14	8	32
25	7	39	4	20	20	51	0	47	9	38
26	7	40	4	19	21	3	1	16	10	46
27	7	41	4	18	21	14	1	38	11	56
28	7	42	4	17	21	24	1	58	Matin.	
29	7	43	4	16	21	34	2	18	1	8
30	7	44	4	15	21	44	2	35	2	22

Australe. (in Déclinais. column)

DÉCEMBRE.

December, *abrégé de* decem ab imbre, *le dixieme depuis les neiges. L'année se comptoit, avant Romulus, par le tems des neiges, & depuis les neiges : on a distingué les mois par des noms différens, & transféré l'ordre ancien de l'année.*

Jours	Sol. au ♑ le 21, à 4 h. 12 m. du mat.	Lune	Phases de la Lune.
1	mardi s̄ᵗ Eloy, Evêque.	13	
2	merc. s. François Xavier, Prêtre.	14	
3	jeudi s. Fulgence, Evêque.	15	
4	vend. s. Mélacé, Ev. sᵗᵉ Barbe, V.	16	Pleine
5	sam. s. Sabas, Abbé en Palestine.	17	lune le 4
6	*II. Dim.* s. Nicolas, Ev. de Myre.	18	à 5 h. 41 min.
7	lundi sᵗᵉ Fare, Vierge.	19	du mat. la lune
8	mardi *La Conception de la Vierge.*	20	étant à 12 deg.
9	merc. sᵗᵉ. Leocade, Vierge.	21	15 minutes des Gemeaux, ♊
10	jeudi sᵗᵉ Valere, Vierge & Martyre.	22	
11	vend. s. Fuscien, Martyr à Amiens.	23	Dernier
12	sam. s. Damase, Pape.	24	quartier le
13	*III. Dim.* sᵗᵉ Luce, V. & M. à Syr.	25	10 à 10 h. 12 mi.
14	lundi s. Nicaise, Evêque.	26	du soir, la lune
15	mardi s. Maximin, Abbé.	27	étant à 19 deg.
16	merc. *Les 4 Tems.* s. Josse, Solitaire.	28	3 minu. de la Vierge, ♍
17	jeudi sᵗᵉ Olympiade, Vierge.	29	
18	vend. s. Gatien, Evêque.	1	Nouvelle
19	sam. s. Gombaud, Abbé.	2	lune le 18
20	*IV. Dim.* s. Zéphirin, Pape.	3	à 10 h. 14 min.
21	lundi *S. Thomas, Ap.* L'Hiv. ♑	4	du soir, la lune
22	mardi s. Chérémon, Evêque.	5	étant à 27 deg.
23	merc. sᵗᵉ Victoire, Vierge & Mart.	6	12 min. du Sagittaire, ♐
24	jeudi s. Hermin. *Vig. Jeûne.*	7	
25	vend. NOEL.	8	
26	sam. *S. Etienne, premier Martyr.*	9	Premier
27	*V. Dim. S. Jean l'Evangéliste, Apôtre.*	10	quartier le
28	lundi *Les SS. Innocens, Martyrs.*	11	26 à 11 h. 8 m.
29	mardi s. Ursin, Evêque.	12	du soir, la lune
30	merc. sᵗᵉ Colombe, Vierge.	13	étant à 5 deg. 23 minutes du Bélier, ♈
31	jeudi s. Sylvestre, Pape.	14	

DÉCEMBRE.

Décembre a 31 jours & la Lune 29. Le premier le jour eſt de 8 h. 29 m. Le 15, le jour eſt de 8 h. 12 m. du premier au 21, le jour décroît de 0 h. 19 m. moitié le matin, moitié le ſoir ; du 21 au 31, le jour augmente de 5 minut, moitié le matin, moitié le ſoir.

Jours,	Lever du Soleil.		Couch. du Soleil.		Déclinaiſ. du Soleil.		Lever de la Lune.		Couch. de la Lune.	
	H.	M.	H.	M.	Deg.	Min.	H.	M.	H.	M.
1	7	45	4	14	21	54	3	0	3 M. 40	
2	7	46	4	14	22	3	3 Sr. 25		5	2
3	7	47	4	13	22	11	3	56	6	25
4	7	48	4	12	22	19	4	34	7	51
5	7	49	4	11	22	27	5	28	9	9
6	7	49	4	10	22	34	6	33	10	15
7	7	50	4	10	22	41	7	48	11	10
8	7	51	4	9	22	47	9	6	11	51
9	7	51	4	8	22	53	10	23	0 Sr. 22	
10	7	52	4	7	22	59	11	40	0	46
11	7	52	4	7	23	4	Matin.		1	7
12	7	53	4	7	23	8	0	49	1	26
13	7	53	4	6	23	12	2	0	1	42
14	7	54	4	6	23	16	3	7	2	10
15	7	54	4	6	23	19	4	13	2	20
16	7	54	4	5	23	22	5	20	2	42
17	7	55	4	5	23	24	6	27	3	10
18	7	55	4	5	23	25	7	30	3	44
19	7	55	4	5	23	27	8	29	4	25
20	7	55	4	5	23	28	9	19	5	14
21	7	55	4	5	23	28	10	1	6	11
22	7	55	4	5	23	28	10	39	7	15
23	7	55	4	5	23	27	11	7	8	23
24	7	55	4	5	23	26	11	30	9	31
25	7	55	4	5	23	24	11	50	10	40
26	7	54	4	6	23	22	0 Sr. 9		11	52
27	7	54	4	6	23	20	0	28	Matin.	
28	7	54	4	6	23	17	0	48	1	4
29	7	54	4	6	23	13	1	10	2	21
30	7	53	4	7	23	10	1	37	3	41
31	7	53	4	8	23	5	2	10	5	4

ROIS ET REINES DE FRANCE

De la troifieme Race.

987. HUGUES CAPET.
Adélaïde de Guyenne.
996. ROBERT.
Berthe.
Conftance de Provence.
1031. HENRI Iᵉʳ.
Anne de Ruffie.
1060. PHILIPPE Iᵉʳ.
Berthe de Hollande.
1108. LOUIS VI, *le Gros.*
Adélaïde de Savoie.
1137. LOUIS VII, *le Jeune.*
Éléonore d'Aquitaine.
Conftance de Caftille.
Alix de Champagne.
1180. PHILIPPE II. *Augufte.*
Ifabelle de Hainault.
Inger de Dannemarck.
Agnès de Méranie.
1223. LOUIS VIII.
Blanche de Caftille.
1226. LOUIS IX. *Saint.*
Marguer. de Provence.
1270. PHILIPPE III, *le Hardi.*
Ifabelle d'Arragon.
Marie de Brabant.
1285. PHILIPPE IV, *le Bel.*
Jeanne de Navarre.
1314. LOUIS X, *Hutin.*
Marg. de Bourgogne.
Clémence de Hongrie.
1316. PHILIPPE V, *le Long.*
Jeanne de Bourgogne.
1322. CHARLES IV. *le Bel.*
Blanche de Bourgogne.
Marie de Luxembourg.
Jeanne d'Evreux.
1328. PHILIPPE VI, *de Valois.*
Jeanne de Bourgogne.
Blanche d'Evreux.

1350. JEAN.
Bonne de Luxembourg.
Jeanne de Boulogne.
1364. CHARLES V, *le Sage.*
Jeanne de Bourbon.
1380. CHARLES VI.
Ifabelle de Baviere.
1422. CHARLES VII.
Marie d'Anjou.
1461. LOUIS XI.
Marguerite d'Ecoffe.
Charlotte de Savoie.
1483. CHARLES VIII.
Anne de Bretagne.
1498. LOUIS XII.
Jeanne de France.
Anne de Bretagne.
Marie d'Angleterre.
1515. FRANÇOIS Iᵉʳ.
Claude de France.
Eléonore d'Autriche.
1547. HENRI II.
Catherine de Médicis.
1559. FRANÇOIS II.
Marie Stuard.
1560. CHARLES IX.
Elifabeth d'Autriche.
1574. HENRI III.
Louïfe de Lorraine.
1589. HENRI IV.
Marguerite de Valois.
Marie de Médicis.
1610. LOUIS XIII.
Anne d'Autriche.
1643. LOUIS XIV.
Marie Th. d'Autriche.
1715. LOUIS XV.
Marie de Pologne.
1774. LOUIS XVI.
Mar. Ant. de Lorraine,
Archiduc. d'Autriche.

NAISSANCES

NAISSANCES ET ALLIANCES

DES ROIS, REINES,

ET PRINCIPAUX PRINCES ET PRINCESSES DE L'EUROPE

DE FRANCE.

{ LOUIS XVI, *né* à Verfailles 23 Août 1754, nommé Duc de Berry, puis Dauphin 30 Décembre 1765, *marié* 16 Mai 1770, RÓI DE FRANCE ET DE NAVARRE 10 Mai 1774, facré & couronné à Reims 11 Juin 1775. MARIE ANTOINETTE JOSEPHE JEANNE de Lorraine, Archiduchéſſe d'Autriche, ſœur de l'Empereur, *née* à Vienne le 2 Novembre 1755, REINE DE FRANCE ET DE NAVARRE.

{ LOUIS STANISLAS XAVIER de France, Comte de Provence, (MONSIEUR), frere du Roi, *né* à Verſailles 17 Novembre 1755, *marié* 14 Mai 1771 à MARIE JOSEPHINE LOUISE de Savoie, Comteſſe de Provence, (MADAME), *née* 2 Septembre 1753.

{ CHARLES PHILIPPE de France, Comte d'Artois, frere du Roi, *né* à Verſailles 9 Octobre 1757, *marié* 16 Novembre 1773 à MARIE THÉRESE de Savoie, Comteſſe d'Artois, *née* 31 Janvier 1756.

N. De France, Duc d'Angoulême, fils de M. le Comte d'Artois, *né* à Verſailles 6 Août 1775.

N. De France, fille de M. le Comte d'Artois, (MADEMOISELLE), *née* 5 Août 1776.

MARIE ADÉLAÏDE CLOTILDE XAVIERE de France, *voyez* SAVOIE.

ÉLISABETH PHILIPPE MARIE HÉLENE de France, ſœur du Roi, *née* à Verſailles 3 Mai 1764.

MARIE ADÉLAÏDE de France, tante du Roi, *née* à Verſailles 23 Mars 1732.

VICTOIRE LOUISE MARIE THÉRESE de France, tante du Roi, *née* à Verſailles 11 Mai 1733.

1778.   C

SOPHIE PHILIPPINE ÉLISABETH JUSTINE de France, tante du Roi, née à Verfailles 27 Juillet 1734.

LOUISE MARIE de France, tante du Roi, née à Verfailles 15 Juillet 1737, Religieufe Carmélite premier Octobre 1771.

BRANCHE D'ORLÉANS.

LOUIS PHILIPPE d'Orléans, Duc d'Orléans, né à Verfailles 12 Mai 1725, marié 17 Décembre 1743 à Louife Henriette de Bourbon-Conti, veuf 9 Février 1759.

{ LOUIS PHILIPPE JOSEPH d'Orléans, Duc de Chartres, né à Saint-Cloud 13 Avril 1747, marié 5 Avril 1769, à LOUISE MARIE ADÉLAÏDE de Bourbon, fille de M. le Duc de Penthiévre, Duchesse de Chartres, née 13 Mars 1753.

N. d'Orléans, Duc de Valois, né 6 Octobre 1773.

N. d'Orléans, Duc de Montpenfier, né 3 Juillet 1775.

Nées 23 Août { N. Mademoifelle d'Orléans.
1777.   { N. Mademoifelle de Chartres.

BRANCHE DE BOURBON-CONDÉ.

LOUIS JOSEPH de Bourbon, Prince de Condé, né à Paris 9 Août 1736, marié 3 Mai 1753, à Charlotte Godefride Élifabeth de Rohan-Soubife, veuf 4 Mars 1760.

{ LOUIS HENRI JOSEPH de Bourbon-Condé, Duc de Bourbon, né 13 Avril 1756, marié 24 Avril 1770, à LOUISE MARIE THÉRÈSE BATILDE d'Orléans, née à Saint-Cloud 9 Juillet 1750, Duchesse de Bourbon.

N. De Bourbon-Condé, Duc d'Enghien, né à Chantilly 2 Août 1772.

LOUISE ADÉLAÏDE de Bourbon-Condé, fille du Prince de Condé, née 5 Octobre 1757.

BRANCHE DE BOURBON-CONTI.

{ LOUIS FRANÇOIS JOSEPH de Bourbon, Prince de Conti, né à Paris premier Septembre 1734, marié 7 Février 1759, à FORTUNÉE MARIE D'EST, Princesse de Conti, née 24 Novembre 1731.

LOUIS JEAN MARIE de Bourbon, Duc de Penthiévre, né à Rambouillet 16 Novembre 1725, marié 29 Décembre 1744 à Marie Thérèfe Félicité d'Eft, veuf 30 Avril 1754.

MARIE THÉRÈSE LOUISE DE SAVOIE-CARIGNAN, née 8 Septembre 1749, mariée 17 Janvier 1767 à Louis Alexandre Joſeph Staniſlas de Bourbon, Prince de Lamballe, veuve le 6 Mai 1768.

D'ESPAGNE.

CHARLES III: *né* 20 Janvier 1716, Roi des deux Siciles 15 Mai 1734, *marié* 19 Juin 1738 à Marie Amélie de Saxe, puis Roi d'Espagne & des Indes 10 Août 1759, *veuf* 27 Sep. 1760.

CHARLES ANTOINE PASCAL FRANÇOIS XAVIER JEAN NÉPOMUCÈNE JOSEPH JANVIER SÉRAPHIN DIEGUE Prince des Asturies, fils du Roi, *né* 11 Novembre 1748, *marié* 4 Septembre 1765 à
LOUISE MARIE THÉRESE de Parme, Princesse des Asturies, *née* 9 Décembre 1751.

CHARLOTTE JOACHIME, Infante d'Espagne fille du Prince des Asturies, *née* 25 Avril 1775.

MARIE-LOUISE-CHARLOTTE, Infante d'Espagne, seconde fille du Prince des Asturies, *née* 11 Septembre 1777.

GABRIEL ANTOINE FRANÇOIS-XAVIER JEAN NÉPOMU-CENE JOSEPH SÉRAPHIN PASCAL SAUVEUR, Infant d'Espagne, fils du Roi, *né* 12 Mai 1752.

ANTOINE PASCAL FRANÇOIS JEAN - NÉPOMUCENE ANIELLO RAYMOND SYLVESTRE, Infant d'Espagne, fils du Roi, *né* 31 Décembre 1755.

MARIE JOSEPHE, Infante d'Espagne, fille du Roi, *née* 16 Juillet 1744.

MARIE LOUISE, *voyez* TOSCANE.

LOUIS-ANTOINE-JACQUES, Infant d'Espagne, frere du Roi, *né* 25 Juillet 1727.

DES DEUX SICILES.

FERDINAND IV. Infant & fils du Roi d'Espagne, *né* 12 Janvier 1751, Roi de Naples & des deux Siciles 5 Octobre 1759, *marié* 7 Avril 1768 à
CHARLOTTE LOUISE de Lorraine, Archiduchesse d'Autriche, Reine de Naples & des deux Siciles, sœur de l'Empereur, *née* 13 Août 1752.

CHARLES-FRANÇOIS, Prince de Naples & des deux Siciles, *né* 4 Janvier 1775.

FRANÇOIS, Prince de Naples & des deux Siciles, *né* 19 Août 1777.

MARIE THÉRESE, Princesse de Naples & des Deux Siciles, *née* 6 Juin 1772.

MARIE LOUISE AMÉLIE, Princesse de Naples & des Deux Siciles, *née* 27 Juillet 1773.

MARIE ANNE JOSEPHE ANTOINETTE FRANÇOISE GAE-TANNE THÉRESE AMÉLIE CLÉMENTINE, Princesse de Naples & des Deux Siciles, *née* 23 Novembre 1775.

DE PORTUGAL.

{ MARIE FRANÇOISE ÉLISABETH de Portugal, *née* 21 Décembre 1734, Reine de Portugal & des Algarves 24 Février 1777, *mariée* 6 Juin 1760 à
DOM PIERRE, Roi de Portugal, *né* 5 Juillet 1717.

{ JOSEPH FRANÇOIS XAVIER, Prince du Bréfil, *né* 21 Août 1761, *mariée* 21 Février 1777 à
MARIE FRANÇOISE BÉNÉDICTINE, niéce du Roi, Princeſſe du Bréfil, *née* 25 Juillet 1746.

JEAN MARIE LOUIS JOSEPH FRANÇOIS XAVIER DE PAULE ANTOINE DOMINIQUE RAPHAEL, frere du Prince du Bréfil, *né* 13 Mai 1767.

MARIE ANNE VICTOIRE JOSEPHE FRANÇOISE XAVIERE DE PAULE ANTOINETTE JEANNE DOMINIQUE GABRIELLE, ſœur du Prince du Bréfil, *née* 15 Décembre 1768.

MARIE CLÉMENTINE FRANÇOISE XAVIERE DE PAULE ANNE JOSEPHE ANTOINETTE DOMINIQUE FÉLICIENNE JEANNE MICHELLE JULIENNE, ſœur du Prince du Bréfil, *née* 9 Juin 1774.

MARIE ANNE FRANÇOISE JOSEPHE RITE JEANNE de Portugal, niéce du Roi, *née* 8 Octobre 1736.

MARIE ANNE VICTOIRE d'Eſpagne, Reine douairiere de Portugal, *née* 31 Mars 1718, *mariée* 29 Janvier 1729, *veuve* 24 Février 1777 de Joſeph premier, Roi de Portugal.

D'ITALIE.

PIE VI, Jean-Ange Braſchy, né à Céſene 27 Décembre 1717, Cardinal 26 Avril 1773, élu Pape 15 Février 1775, ſacré & Couronné 22 Février 1775.

DE TOSCANE.

{ PIERRE LÉOPOLD JOSEPH de Lorraine, Archiduc d'Autriche, frere de l'Empereur, *né* 5 Mai 1747, Grand Duc de Toſcane 23 Août 1765, *marié* 16 Février 1765 à
MARIE LOUISE, Infante d'Eſpagne, Grande Ducheſſe de Toſcane, *née* 24 Novembre 1745.

FRANÇOIS JOSEPH CHARLES JEAN, Prince héréditaire, *né* 12 Février 1768.

FERDINAND JOSEPH JEAN, ſon frere, *né* 6 Mai 1769.

CHARLES LOUIS, ſon frere, *né* 5 Septembre 1771.

ALEXANDRE LÉOPOLD, ſon frere, *né* 14 Août 1772.

JOSEPH ANTOINE, ſon frere, *né* 9 Mars 1776.

MARIE THÉRESE JOSEPHE CHARLOTTE JEANNE, fa
fœur, *née* 14 Janvier 1767.
MARIE ANNE FERDINANDE JOSEPHE CHARLOTTE
JEANNE, fa fœur, *née* 21 Avril 1770.

DE PARME.

{ DON FERDINAND, Infant d'Efpagne, *né* 20 Janvier 1751,
Duc de Parme, de Plaifance & de Guaftalla, 18 Juillet
1765, *marié* 27 Juin 1769, à
MARIE AMÉLIE JOSEPHE JEANNE ANTOINETTE de
Lorraine, Archiduchesse d'Autriche, fœur de l'Empereur,
née 26 Février 1746.

LOUIS, Prince de Parme, *né* 5 Juillet 1774.
CAROLINE MARIE THÉRESE, fa fœur, *née* 22 Novembre
1770.
MARIE ANTOINETTE JOSEPHINE ANNE LOUISE VIN-
CENT MARGUERITE CATHERINE, fa fœur, *née* 28 No-
vembre 1774.
CHARLOTTE MARIE FERDINANDE THERESE ANNE
JOSEPHE JEANNE LOUISE VINCENZE ROZALIE, *née*
premier Septembre 1777.
LOUISE MARIE THÉRESE de Parme, *voyez* ESPAGNE.
THÉODORE de Heffe-Darmftad, Duchesse Douairiere de Guaf-
talla, *née* 6 Février 1706, *mariée* 23 Février 1727 à Antoine
Ferdinand Gonzague, *veuve* 19 Avril 1729.

DE MODENE.

FRANÇOIS MARIE d'Eft, *né* 2 Juillet 1698, *marié* 21 Juin 1720
à Charlotte Aglaé d'Orléans, Duc de Modene 26 Octobre
1737, *veuf* 19 Janvier 1761.

{ HERCULE RENAUD, Prince héréditaire de Modene, *né* 22
Novembre 1727, *marié* 29 Septembre 1741 à
MARIE THÉRESE CYBO, Duchesse de Maffa, *née* 29 Juin
1725.

MARIE BÉATRIX d'Eft, *voyez* ALLEMAGNE.
MATHILDE d'Eft, fille du Duc de Modene, *née* 7 Février 1729.
FORTUNÉE MARIE d'Eft, Princesse de Conti, *voyez*
FRANCE.
BÉNÉDICTINE ERNESTINE MARIE, fœur du Duc de Mo-
dene, *née* 18 Août 1697.
AMÉLIE JOSEPHE, fœur du Duc de Modene, *née* 28 Juillet 1699.

DE MALTE.

EMMANUEL DE ROHAN, *né* le 19 Avril 1725, élu Grand
Maitre le 12 Novembre 1775.

DE SAVOIE.

{ Victor Amédée Marie de Savoie, *né* 26 Juin 1726, Roi
de Sardaigne 20 Février 1773, *marié* 31 Mai 1750 à
Marie Antoinette Ferdinande d'Espagne, Reine de
Sardaigne, *née* 17 Novembre 1729.

{ Charles Emmanuel Ferdinand Marie, Prince de
Piémont, *né* 24 Mai 1751, marié 27 Août 1775 à
Marie Adélaïde Clotilde Xaviere de France,
Princesse de Piémont, *née* à Versailles, 23 Septembre 1759.

Victor Emmanuel de Savoie, Duc d'Aost, son frere, *né*
24 Juillet 1759.

Maurice Joseph Marie, son frere, Duc de Montferrat,
né 13 Septembre 1762.

Charles Félix Joseph Marie, Duc de Genevois, son
frere *né* 6 Avril 1765.

Joseph Benoît Marie Placide, Comte de Maurienne,
son frere, *né* 6 Octobre 1766.

Marie Joséphine Louise, *Voyez* FRANCE.

Marie Thérese, *Voyez* FRANCE.

Marie Charlotte Antoinette Adélaïde, sa sœur,
née 17 Janvier 1764.

{ Benoît Marie Maurice, Duc de Chablais, frere du Roi,
né 21 Juin 1741, *marié* 19 Mars 1775 à
Marie Anne Charlotte de Savoie, Duchesse de Chablais, *née* 17 Décembre 1757.

Éléonore Marie Thérese, sœur du Roi, *née* 28 Février
1728.

Marie Félicité, sœur du Roi, *née* 20 Mars 1730.

MAISON DE CARIGNAN, ISSUE DU DUC CHARLES
EMMANUEL, PREMIER DU NOM.

{ Louis Victor Amédée Joseph de Savoie, Prince de
Carignan, *né* à Paris 25 Septembre 1721, *marié* 4 Mai 1740, à
Christine Henriette de Hesse-Rhinfels, Princesse de
Carignan, *née* 21 Novembre 1717.

{ Victor Amédée, fils du Prince de Carignan, *né* 31 Octobre
1743, *marié* 18 Octobre 1768 à
Josephe Thérese de Lorraine, *née* 26 Août 1753.

Charles Emmanuel Ferdinand, fils du Prince Victor
Amédée, *né* 24 Octobre 1770.

Eugene Marie Louis, fils du Prince de Carignan, *né* 21
Octobre 1753.

Charlotte Marie Louise, fille du Prince de Carignan,
née 17 Août 1742.

LÉOPOLDINE MARIE, fille du Prince de Carignan, *née* 21 Décembre 1744, mariée au Prince d'Oria Pamphili.

GABRIELLE MARIE, fille du Prince de Carignan, *née* 17 Mars 1748, *mariée* en Juin 1769 au Prince de Lobkowitz.

CATHERINE MARIE LOUISE, fille du Prince de Carignan, *née* 4 Avril 1762.

D'ALLEMAGNE.

JOSEPH II. de Lorraine, Archiduc d'Autriche, *né* 13 Mars 1741, *marié* 6 Octobre 1760 à Isabelle de Parme, *veuf* 28 Novembre 1763, élu Roi des Romains 27 Mars 1764, couronné 3 Avril suivant, Empereur 18 Août 1765, Archiduc & Co-Régent des États d'Autriche, *remarié* 23 Janvier 1765 à Marie Josephe Antoinette de Baviere, *veuf* 28 Mai 1767.

MARIE THÉRESE WALPURGE AMÉLIE CHRISTINE. Archiducheffe d'Autriche, Impératrice-Douairiere, *née* 13 Mai 1717, Reine de Hongrie & Electrice de Bohème 20 Octobre 1740, *mariée* 12 Février 1736 à François I. du nom, *veuve* 18 Août 1765.

PIERRE LÉOPOLD JOSEPH, frere de l'Empereur, *voyez* TOSCANE.

FERDINAND CHARLES ANTOINE JOSEPH JEAN STANISLAS de Lorraine, frere de l'Empereur, Gouverneur de la Lombardie autrichienne, *né* premier Juin 1754, *marié* 15 Octobre 1771 à

MARIE BÉATRIX D'EST, fille du Prince héréditaire de Modene, *née* 7 Avril 1750.

MARIE THÉRESE JEANNE JOSEPHE, leur fille, *née* premier Novembre 1773.

MAXIMILIEN FRANÇOIS-XAVIER JOSEPH JEAN ANTOINE VINCESLAS de Lorraine, frere de l'Empereur, *né* 8 Déc. 1756, Coadjuteur, Grand Maitre de l'Ordre Teutonique en 1769.

MARIE ANNE JOSEPHE JEANNE ANTOINETTE de Lorraine, sœur de l'Empereur, *née* 6 Octobre 1738, Abbesse du noble Chapitre de Prague en 1765.

MARIE CHRISTINE JOSEPHE, sœur de l'Empereur, *v.* SAXE.

MARIE ÉLISABETH JOSEPHE JEANNE ANTOINETTE de Lorraine, sœur de l'Empereur, *née* 13 Août 1743.

MARIE AMÉLIE, *voyez* PARME.

CHARLOTTE LOUISE, *voyez* DEUX SICILES.

MARIE ANTOINETTE JOSEPHE JEANNE, sœur de l'Empereur, *née* 2 Novembre 1755, *voyez* FRANCE.

CHARLES ALEXANDRE de Lorraine, oncle de l'Empereur, Gouverneur des Pays-Bas, *né* 12 Décembre 1712, *marié* 7 Janvier 1744 à Marie Anne Éléonore Willemine Josephe, Archiducheffe d'Autriche, feconde fille de Charles VI. *veuf*

16 Décembre 1744, Grand-Maître de l'Ordre Teutonique en 1761.

ÉLECTEURS.

DE MAYENCE.

Frédéric Charles Joseph Baron d'Erthal, *né* 3 Janvier 1717, Electeur en 1774, facré Archevêque de Mayence & Evêque Prince de Worms 14 Mai 1775.

DE TREVES.

CLÉMENT VINCESLAS, Prince de Saxe, *né* 28 Septembre 1739, facré 10 Août 1766, Evêque d'Aufbourg 26 Avril 1769, Electeur & Archevêque de Treves Février 1768.

DE COLOGNE.

MAXIMILIEN FRÉDÉRIC de Kœnigfegg - Rothenfels, *né* 13 Mai 1708, Electeur & Archevêque de Cologne 6 Avril 1761, Evêque Prince de Munfter 22 Décembre 1762.

DE BOHEME, *Voyez* ALLEMAGNE.

DE BAVIERE.

{ MAXIMILIEN JOSEPH, Electeur Duc de Baviere, fils de feu Charles VII. *né* 28 Mars 1727, *marié* 8 Juillet 1747 à MARIE ANNE, Princeffe de Saxe, Electrice de Baviere, *née* 29 Août 1728.

MARIE ANNE JOSEPHE, Princeffe Palatine de Sultzbach, *née* 22 Juin 1722, *veuve* 6 Août 1770 de Clément François-de-Paule, Duc de Baviere.

DE SAXE.

{ FRÉDÉRIC AUGUSTE, *né* 23 Décembre 1750, Electeur de Saxe 17 Décembre 1763, *marié* 17 Janvier 1769 a MARIE AMÉLIE, Electrice de Saxe, fille de feu Frédéric, Prince de Deux-Ponts, *née* 10 Mai 1752.

CHARLES MAXIMILIEN MARIE JEAN - NEPOMUCENE LOUIS FRANÇOIS-XAVIER JANVIER, frere de l'Electeur de Saxe, *né* 24 Septembre 1752.

ANTOINE CLÉMENT, frere de l'Electeur de Saxe, *né* 27 Décembre 1755.

MAXIMILIEN MARIE, frere de l'Electeur de Saxe, *né* 13 Avril 1759.

MARIE AMÉLIE, fœur de l'Electeur de Saxe, *Voyez* DEUX-PONTS.

THÉRESE MARIE JOSEPHE ANNE ANTOINETTE WAL-PURGE IGNACE MAGDELEINE XAVIERE AUGUSTINE LOUISE FORTUNÉE, fœur de l'Electeur de Saxe, *née* 27 Février 1761.

MARIE ANTOINETTE de Baviere, fille du feu Empereur

‐ Charles VII. Electrice de Saxe, *née* 19 Juillet 1724, *veuve*
17 Décembre 1763 de Frédéric Chrétien Léopold, Electeur
de Saxe.

‐FRANÇOIS XAVIER AUGUSTE, Prince de Saxe, oncle de
l'Electeur, *né* 25 Août 1730.

{ CHARLES CHRÉTIEN, Prince de Saxe, Duc de Courlande,
né 13 Juillet 1733, *marié* à
FRANÇOISE DE CORVIN-KRASINSKA, Ducheſſe de Courlande, *née* 9 Mars 1742.

{ ALBERT CASIMIR IGNACE PIE FRANÇOIS-XAVIER,
Prince de Saxe-Teſchen, *né* 11 Juillet 1738, *marié* 8 Avril
1766 à
MARIE CHRISTINE JOSEPHE de Lorraine, Archiducheſſe
ſœur de l'Empereur, Ducheſſe de Saxe-Teſchen, *née* 13
Mai 1742.

MARIE CHRISTINE ANNE THÉRESE SALOMÉE EULALIE
XAVIERE, Princeſſe de Saxe, *née* 12 Février 1735, Abbeſſe
de Remiremont en 1764, tante de l'Electeur.

MARIE ÉLISABETH APOLLINE CASIMIRE FRANÇOISE
XAVIERE, Princeſſe de Saxe, *née* 9 Février 1736, tante de
l'Electeur.

MARIE CUNEGONDE HEDWIGE FRANÇOISE XAVIERE
FLORENCE, Princeſſe de Saxe, *née* 10 Novembre 1740,
Abbeſſe, Princeſſe de Thoren & d'Eſſen en 1776, tante de l'E-
lecteur.

DE BRANDEBOURG, *Voyez* PRUSSE.

PALATIN.

{ CHARLES THÉODORE, *né* 11 Décembre 1724, Prince de
Sultzbach 20 Juillet 1733, Électeur Palatin 4 Janvier 1743,
marié 17 Janvier 1742 à
MARIE ÉLISABETH ALOÏSE de Sultzbach, Électrice Palatine, *née* 17 Janvier 1721.

D'HANOVRE, *Voyez* ANGLETERRE.

PRINCES D'ALLEMAGNE.

Deux-Ponts.

{ CHARLES AUGUSTE, Prince Palatin, Duc de Deux-
Ponts, *né* 24 Octobre 1746, *marié* 12 Février 1774 à
MARIE AMÉLIE de Saxe, Princeſſe Palatine, de Deux-
Ponts, *née* 26 Septembre 1757.

CHARLES AUGUSTE FRÉDÉRIC, fils du Duc régnant de
Deux-Ponts, *né* 2 Mars 1776.

MAXIMILIEN JOSEPH, frere du Duc régnant, *né* 28 Mai 1756.

MARIE AMÉLIE, *née* 10 Mai 1752, *voyez* SAXE.

MARIE ANNE, fille du feu Prince Frédéric de Deux-Ponts, sœur du Duc regnant, *née* 18 Juillet 1753.

FRANÇOISE DOROTHÉE de Sultzbach, *née* 15 Juin 1724, *mariée* 5 Février 1746 à Frédéric, Prince Palatin de Deux-Ponts, pere du Duc régnant, *veuve* 15 Août 1767.

CHRISTINE CAROLINE, Princesse Palatine de Deux-Ponts, *née* 17 Novembre 1725, *mariée* 19 Août 1741 à Charles Augufte Frédéric Prince de Waldeck, *veuve* en Juillet 1763.

Birckenfeld-Gelnhaufen.

JEAN, Prince Palatin, Duc de Birckenfeld-Gelnhaufen, *né* 24 Mai 1698, *marié* en 1744 à SOPHIE de Daun, Duchesse de Birckenfeld-Gelnhaufen, *née* 29 Août 1719, *veuf* 19 Mars 1770.

JEAN CHARLES de Birckenfeld-Gelnhaufen, *né* 18 Septembre 1745.

GUILLAUME de Birckenfeld-Gelnhaufen, *né* 10 Novembre 1752.

Saxe-Weimar.

{ CHARLES AUGUSTE, Duc de Saxe-Weimar-Eifenack, *né* 3 Septembre 1757, *marié* en 1776 à
{ LOUISE, Princesse de Hesse-Darmstadt, *née* le 30 Janvier 1757.

FRÉDÉRIC FERDINAND, frere du précédent, *né* 8 Septembre 1758.

ANNE AMÉLIE de Brunfwick-Lunebourg, *veuve* d'Ernest Augufte, leur mere, *née* 24 Octobre 1739.

Saxe-Gotha.

{ LOUIS ERNEST, *né* 30 Janvier 1745, Duc de Saxe-Gotha
{ & Altembourg, 10 Mars 1772, *marié* le 21 Mars 1769 à
{ MARIE CHARLOTTE de Saxe-Meinungen, Duchesse de Saxe-Gotha, *née* 11 Septembre 1751.

ERNEST, Prince héréditaire, *né* 27 Février 1770.

ÉMILIE LÉOPOLD, Prince de Saxe-Gotha, *né* 23 Novembre 1772.

FRÉDÉRIC, Prince de Saxe-Gotha, *né* 28 Novembre 1774.

AUGUSTE, frere du Duc de Saxe-Gotha, *né* 14 Août 1747.

JEAN ADOLPHE, oncle du Duc regnant de Saxe-Gotha, *né* 18 Mai 1721.

Saxe-Meinungen.

AUGUSTE FRÉDÉRIC, Duc de Saxe-Meinungen, *né* 19 Novembre 1754.

GEORGES FRÉDÉRIC, Duc de Saxe-Meinungen, *né* 4 Février 1761.

CHARLOTTE AMÉLIE de Heſſe-Philipſthall , Ducheſſe de Saxe-Meinungen , *née* 11 Août 1730 , *mariée* 26 Septembre 1750 , à Antoine Ulric , Duc de Saxe-Meinungen , *veuve* 27 Janvier 1763.

Saxe-Hilburghauſen.

ERNEST FRÉDÉRIC, Duc de Saxe-Hilburghauſen , *né* 10 Juin 1727 , *marié* 1er Octobre 1749 , à Louiſe , ſœur du Roi de Dannemarck , *veuf* 1756 , *remarié* à Chriſtiane Sophie de Brandebourg-Bareith le 20 Janvier 1757 , *veuf* la même année , *remarié en troiſieme noces* à ERNESTINE AUGUSTE de Saxe-Weimar , Ducheſſe de Saxe-Hilburghauſen , *née* 5 Janvier 1740.

FRÉDÉRIC , Prince héréditaire de Saxe-Hilburghauſen , *né* 29 Avril 1763.

FRÉDÉRIC GUILLAUME , Prince de Saxe-Hilburghauſen , frere du Duc régnant , *né* 8 Octobre 1730.

JOSEPH FRÉDÉRIC GUILLAUME , grand oncle du Duc , *né* 5 Octobre, 1702.

Saxe-Cobourg.

ERNEST FRÉDÉRIC , Duc de Saxe-Cobourg-Saalfeld , *né* 8 Mars 1724 , *marié* le 23 Avril 1749 à SOPHIE ANTOINETTE de Brunſwick-Wolfembutel , Ducheſſe de Saxe-Cobourg-Saalfeld , *née* 23 Janvier 1724.

FRANÇOIS FRÉDÉRIC , Prince héréditaire de Saxe-Cobourg-Saalfeld , *né* 15 Juillet 1750 , *marié* en 1777 à ERNESTINE FRÉDÉRIQUE SOPHIE de Saxe-Hilburghauſen , *née* le 22 Février 1760.

LOUIS CHARLES , Prince de Saxe-Cobourg-Saalfeld , *né* 2 Janvier 1755.

CHRISTIAN FRANÇOIS , frere du Duc de Saxe-Cobourg-Saalfeld , *né* 15 Janvier 1730.

FRÉDÉRIC JOSIAS , frere du Duc de Saxe-Cobourg-Saalfeld , *né* 26 Décembre 1737.

ANNE SOPHIE de Schwartzbourg-Rudelſtat , *née* 9 Septembre 1700 , *veuve* 16 Sept. 1764 , de François Joſias , Duc de Saxe-Cobourg-Saalfeld.

Brandebourg-Anſpach.

CHRISTIAN FRÉDÉRIC ALEXANDRE , Margrave de Brandebourg-Anſpach , & de Culmbach depuis 1769 , *né* 24 Février 1736 , *marié* le 22 Octobre 1754 à FRÉDÉRIQUE CAROLINE , de Saxe-Cobourg-Saalfeld , Margrave de Brandebourg-Anſpach & de Culmbach , *née* 26 Juin 1735.

FRÉDÉRIQUE LOUISE de Pruſſe, Margrave, Douairiere d'Anſpach, *née* 28 Septembre 1714.

SOPHIE CHARLOTTE de Brunſwick-Wolfembutel, Douairiere de FRÉDÉRIC, Margrave de Brandebourg-Bareith, *née* 8 Octobre 1737, *veuve* 16 Février 1763.

VICTOIRE CHARLOTTE d'Anhalt-Schaumbourg, Margrave Douairiere de FRÉDÉRIC CHRISTIAN, dernier Margrave de Brandebourg-Bareith, *née* en 1732, *veuve* 20 Janvier 1769.

Brunſwick - Wolfembutel.

{ CHARLES de Brunſwick, Duc de Wolfembutel, *né* premier Août 1713, *marié* 2 Juillet 1733, à
PHILIPPINE CHARLOTTE de Pruſſe, *née* 13 Mars 1716.

{ CHARLES GUILLAUME, Prince héréditaire de Brunſwick-Wolfembutel, *né* 10 Octobre 1735, *marié* 16 Janvier 1764, à
AUGUSTINE, ſœur du Roi d'Angleterre, *née* 11 Août 1737.

CHARLES GEORGES AUGUSTE, fils du Prince héréditaire de Brunſwick-Wolfembutel, *né* à Londres le 8 Février 1766.

GEORGES GUILLAUME CHRISTIAN, ſecond fils du Prince héréditaire de Brunſwick, *né* 27 Juin 1769.

AUGUSTE, troiſieme fils du Prince héréditaire de Brunſwick, *né* 18 Août 1770.

GUILLAUME FRÉDÉRIC, quatrieme fils du Prince héréditaire, *né* 9 Octobre 1771.

AUGUSTE CAROLINE FRÉDÉRIQUE LOUISE, fille du Prince héréditaire, *née* 13 Décembre 1764.

CAROLINE AMÉLIE ÉLIZABETH, fille du Prince héréditaire, *née* 17 Mai 1768.

{ FRÉDÉRIC AUGUSTE, fils du Duc de Wolfembutel, *né* 29 Octobre 1740, *marié* 6 Septembre 1768, à
FRÉDÉRIQUE SOPHIE CHARLOTTE de Wirtemberg-Oëls, *née* premier Août 1751.

JULES LÉOPOLD, fils du précédent Duc de Wolfembutel, *né* 10 Octobre 1752.

{ ANTOINE ULRIC, frere du Duc régnant de Wolfembutel, *né* 28 Août 1714, *marié* le 14 Juillet 17. . . à
ANNE de Mecklenbourg, Régente de Ruſſie, *veuf* 18 Mars 1746.

N. Prince de Brunſwick, ſon fils, *né* en 1745.

N. de Brunſwick, ſon fils, *né* 9 Mars 1746.

LOUIS ERNEST, frere du Duc de Wolfembutel, *né* 25 Septembre 1718.

FERDINAND, frere du Duc, *né* 12 Janvier 1721.

Brunswick-Bevern.

AUGUSTE GUILLAUME de Brunswick, Duc de Bevern, *né* 10 Octobre 1715.

FRÉDÉRIC CHARLES, frere du Duc de Bevern, *né* 5 Avril 1729.

Mecklenbourg-Schwerin.

FRÉDÉRIC, Duc de Mecklenbourg-Schwerin, *né* 9 Novembre 1717, *marié* à

LOUISE FRÉDÉRIQUE de Wirtemberg-Stutgard, Duchesse de Mecklenbourg-Schwerin, *née* 3 Février 1722.

LOUIS, frere du Duc de Mecklenbourg-Schwerin, *né* 6 Août 1725, *marié* à

CHARLOTTE SOPHIE de Saxe-Cobourg-Saalfeld, *née* 24 Septembre 1731.

FRÉDÉRIC FRANÇOIS, Prince de Mecklenbourg-Schwerin, *né* 10 Décembre 1756, *marié* le 1775, à

LOUISE de Saxe-Gotha, *née* le 9 Mars 1756.

Mecklenbourg-Strélitz.

ADOLPHE FRÉDÉRIC IV. Duc de Mecklenbourg-Strélitz, *né* 5 Mai 1738.

CHARLES LOUIS FRÉDÉRIC, frere du précédent, *né* 10 Octobre 1741, *marié* le 18 Septembre 1768 à

FRÉDÉRIQUE CAROLINE de Hesse-Darmstadt, *née* 20 Août 1752.

ERNEST ALBERT, second frere, *né* 27 Août 1742.

GEORGES AUGUSTE, troisieme frere, *né* 16 Août 1748.

Wirtemberg-Suttgard.

CHARLES EUGENE, Duc de Wirtemberg-Stuttgard, *né* 11 Février 1728, *marié* 26 Septembre 1744 à

ÉLISABETH SOPHIE de Brandebourg-Bareith, *née* 30 Août 1732.

LOUIS EUGENE, frere du Duc, *né* 6 Janvier 1731, *marié* en 1762 à

SOPHIE ALBERTINE, Comtesse de Beichlingen, *née* 13 Décembre 1728.

FRÉDÉRIC EUGENE, frere du Duc, *né* 21 Janvier 1732, *marié* 29 Novembre 1754 à

FRÉDÉRIQUE DOROTHÉE de Brandebourg-Schwedt, *née* 18 Décembre 1736.

FRÉDÉRIC GUILLAUME, Prince de Wirtemberg, leur fils, *né* 7 Novembre 1754.

FRÉDÉRIC LOUIS, son frere, *né* 31 Août 1756.

FRÉDÉRIC EUGENE, son frere, *né* 21 Novembre 1758.

FRÉDÉRIC PHILIPPE, son frere, *né* 27 Décembre 1761.
FRÉDÉRIC AUGUSTE, son frere, *né* 21 Octobre 1763.
FRÉDÉRIC HENRI CHARLES, son frere, *né* 3 Mai 1770.
CHARLES ALEXANDRE FRÉDÉRIC, son frere, *né* 2 Jui
1771.
CHARLES FRÉDÉRIC, son frere, *né* 3 Juillet 1772.

Wirtemberg-Oëls.

{ CHARLES CHRISTIAN, Duc de Wirtemberg-Oëls, *né* 2
Octobre 1716, *marié* 28 Avril 1741 à
MARIE SOPHIE de Solms-Laubac, Duchesse de Wirten
berg-Oëls, *née* 3 Avril 1721.

FRÉDÉRIQUE SOPHIE CHARLOTTE, *voyez* WOLFEM
BUTEL.

Hesse-Cassel.

{ FRÉDÉRIC II. Landgrave de Hesse-Cassel, *né* 14 Août 1720
marié 17 Mai 1740 à Marie d'Angleterre, *veuf* 16 Janvie
1772, *remarié* 10 Janvier 1773 à
PHILIPPINE AUGUSTE AMÉLIE de Brandebourg-Schwedt
née 10 Octobre 1745.

{ GEORGES GUILLAUME, Prince héréditaire, Comte d
Hanau, *né* 3 Juin 1743, *marié* en 1764 à
GUILLELMINE CAROLINE, de Dannemarck, *née* 10 Juil
let 1747.

FRÉDÉRIC, fils du Prince Héréditaire, *né* 8 Août 1772.
N. second fils du Prince héréditaire, *né* en 1777.
MARIE FRÉDÉRIQUE, fille du Prince Héréditaire, *née* 1
Septembre 1768.
CAROLINE AMÉLIE, seconde fille, *née* 8 Juillet 1771.

{ CHARLES, second fils du Landgrave, Viceroi de Norwege
né 19 Décembre 1744, *marié* 30 Septembre 1766 à
LOUISE, de Dannemarck, *née* 30 Janvier 1750.

FRÉDÉRIC, leur fils, *né* 24 Mai 1771.
CHRISTIAN, frere du précédent, *né* le 14 Août 1776.
MARIE SOPHIE FRÉDÉRIQUE, *née* 28 Octobre 1767.
JULIENNE LOUISE AMÉLIE, *née* 19 Janvier 1773.
FRÉDÉRIC, fils du Landgrave de Hesse-Cassel, *né* 11 Sep
tembre 1747.

Hesse-Philipsthall.

{ GUILLAUME, Landgrave de Hesse-Philipsthall 7 Mai 1770
né 29 Août 1726, *marié* 26 Juin 1755 à
ULRIQUE ÉLÉONORE de Hesse-Philipsthall, *née* 27 Avr
1732.

CHARLES, Prince de Hesse-Philipsthall, *née* 8 Novemb. 175;

FRÉDÉRIC, frere du précédent, *né* 4 Septembre 1764.
GUILLAUME, frere du précédent, *né* 10 Octobre 1765.
LOUIS, frere du précédent, *né* 8 Octobre 1766.
ERNEST CONSTANT, frere du précédent, *né* 8 Août 1771.

Hesse-Rothembourg.

CONSTANTIN, Landgrave de Hesse-Rothembourg, *né* 21 Mai
1716, *marié* 25 Août 1745 à Marie Eve de Staremberg, *veuf*
13 Décembre 1773.
{ CHARLES EMMANUEL, Prince de Hesse-Rothembourg,
né 7 Juin 1746, *marié* premier Septembre 1771 à
LÉOPOLDINE ALDEGONDE de Lichtenstein, *née* 3 Janvier 1754.

CHRISTIAN, frere du précédent, *né* 30 Novembre 1750.
CHARLES CONSTANTIN, second frere, *né* 10 Janvier 1752.
ERNEST, troisieme frere, *né* 28 Septembre 1758.
{ ANNE VICTOIRE, niece du Landgrave de Hesse-Rotembourg, *née* 25 Février 1728, *mariée* 11 Décembre 1745 à
Charles, Prince de Rohan-Soubise, *né* 16 Juillet 1715.

Hesse-Darmstadt.

LOUIS, *né* 15 Décembre 1719, Landgrave de Hesse-Darmstadt 17 Octobre 1768, *marié* 11 Août 1741 à Christine Caroline de Deux-Ponts, veuf 30 Mars 1774.
{ LOUIS, Prince héréditaire de Hesse-Darmstadt, *né* 14 Juin
1753, *marié* en 1777 à
LOUISE HENRIETTE, fille du Prince Georges Guillaume,
de Hesse-Darmstadt, *née* 15 Février 1761.
FRÉDÉRIC LOUIS, frere du précédent, *né* 10 Juin 1759.
CHRISTIAN LOUIS, second frere, *né* 25 Novembre 1763.
{ GEORGES GUILLAUME, Prince de Hesse-Darmstadt, frere
du Landgrave, *né* 11 Juillet 1722, *marié* 15 Mars 1748 à
MARIE LOUISE ALBERTINE de Linange, Princesse de
Hesse, *née* 16 Mars 1729.

Hesse-Hombourg.

{ FRÉDÉRIC LOUIS, Landgrave de Hesse-Hombourg, *né* 30
Janvier 1748, *marié* 27 Septembre 1768 à
CAROLINE de Hesse-Darmstadt, *née* 2 Mars 1746.
FRÉDÉRIC LOUIS, Prince héréditaire, *né* 30 Juillet 1769.
LOUIS, son frere, *né* 29 Août 1770.

Bade-Dourlach & Baden.

{ CHARLES FRÉDÉRIC, Margrave de Bade-Dourlach, *né* 22
Novembre 1728, *marié* 22 Janvier 1751 à
CHARLOTTE LOUISE de Hesse-Darmstadt, Margrave de
Bade-Dourlach, *née* 11 Juillet 1723.

{ CHARLES LOUIS, Prince héréditaire, *né* 14 Février 1755,
marié en 1774 à
AMÉLIE de Hesse-Darmstadt, *née* 20 Juin 1754.

nées 14 { CATHERINE AMÉLIE CHRISTINE LOUISE,
Juillet { FRÉDÉRIQUE GUILLELMINE CAROLINE, filles
1776. { du Prince Héréditaire.

FRÉDÉRIC, Prince de Bade-Dourlach, frere du précédent,
né 29 Août 1756.

LOUIS GUILLAUME, second frere, *né* 9 Février 1763.

GUILLAUME LOUIS, frere du Margrave, *né* 14 Janvier 1732.

Holstein-Sunderbourg.

FRÉDÉRIC CHRISTIAN, Duc d'Holstein-Sunderbourg, *né* 6
Avril 1721, *marié* en 1762 à Charlotte Amélie de Holstein-
Ploën, *veuf* 19 Octobre 1770.

FRÉDÉRIC CHRISTIAN, Prince héréditaire, *né* 28 Septembre
1765.

FRÉDÉRIC CHARLES, son frere, *né* 8 Mars 1767.

CHRISTIAN AUGUSTE, son frere, *né* 9 Juillet 1768.

Holstein-Beck.

CHARLES AUGUSTE FRÉDÉRIC, Duc d'Holstein-Beck, *né*
30 Août 1757.

Holstein-Glukßourg.

{ FRÉDÉRIC HENRI, Duc de Holstein-Glukßourg, *né* 15
Mars 1747, *marié* 9 Août 1769 à
ANNE CAROLINE de Nassau-Saarbruck, Duchesse de Hol-
stein-Gluckßourg, *née* 31 Décembre 1751.

HENRIETTE AUGUSTINE de la Lippe-Dertmold, sa mere,
née 26 Mars 1725, *veuve* 18 Novembre 1766 de Frédéric, Duc
de Holstein-Glukßourg.

Holstein-Eutin.

{ FRÉDÉRIC AUGUSTE, Duc de Holstein-Gottorp-Olden-
bourg oncle du Roi de Suede, Évêque de Lubec, *né* 20
Septembre 1711, *marié* 21 Novembre 1752 à
FRÉDÉRIQUE ULRIQUE de Hesse-Cassel, *née* 31 Octobre
1722.

PIERRE, Prince de Holstein, *né* 3 Janvier 1754.

PIERRE, Coadjuteur de l'Evêché de Lubeck, *né* 17 Janvier
1755, neveu du Duc regnant.

Analth-Dessaw.

Anhalt-Deſſaw.

{LÉOPOLD FRÉDÉRIC FRANÇOIS, Prince d'Anhalt-Deſſaw,
né 10 Août 1740, *marié* 25 Juillet 1767 à.
LOUISE HENR. GUIL. de Schwedt, *née* 24 Septemb. 1750.

FRÉDÉRIC, Pr. héréd. d'Anhalt-Deſſaw, *né* 27 Décemb. 1769.
JEAN GEORGES, frere du précédent, *né* 28 Janvier 1748.
ALBERT FRÉDÉRIC, autre frere, *né* 22 Avril 1750.

Anhalt-Bernbourg.

FRÉDÉRIC ALBERT, *né* 15 Août 1735, Prince d'Anhalt-Bernbourg 18 Mai 1765, *marié* 4 Juin 1763, à Louiſe Albertine
de Holſtein-Ploën, *veuf* 9 Avril 1769.
ALEXIS FRÉDÉRIC, Prince héréditaire, *né* 12 Juin 1767.

Anhalt-Schaumbourg.

{CHARLES LOUIS, Prince d'Anhalt-Schaumbourg, *né* 16
Mai 1723, *marié* 16 Décembre 1765 à
ÉLÉONORE de Solms-Braunfels, *née* 22 Novembre 1734.

VICTOR CHARLES FRÉDÉRIC, Prince héréditaire, leur
fils, *né* 2 Novembre 1767.

Anhalt-Coëthen.

{CHARLES GEORGES, Prince d'Anhalt-Coëthen, *né* 15 Août
1730, *marié* 6 Juillet 1763 à
LOUISE CHARL. de Holſtein-Glukſbourg, *née* 5 Mars 1749.

AUGUSTE CHRISTIAN, Prince héréditaire d'Anhalt-Coëthen,
né 18 Novembre 1769.

Anhalt-Zerbſt.

{FRÉDÉRIC AUGUSTE, Prince d'Anhalt-Zerbſt, *né* 8 Août
1734, *marié* en Juin 1764 à
FRÉDÉRIQUE AUGUSTE SOPHIE ALBERTINE d'Anhalt-
Bernbourg, *née* 28 Août 1744.

·DE POLOGNE.

STANISLAS AUGUSTE PONIATOWSKI II. *né* 17 Janvier
1732, élu Roi de Pologne, Grand-Duc de Lithuanie 7 Septembre 1764, couronné 25 Novembre ſuivant.

DE PRUSSE.

{FRÉDÉRIC II. *né* 24 Janvier 1712, Électeur de Brande-
bourg & Roi de Pruſſe 31 Mai 1740, *marié* 12 Juin 1733 à
ÉLISABETH CHRISTINE de Brunſwick-Wolfembutel,
Élect. de Brandebourg & Reine de Pruſſe, *née* 8 Nov. 1715.

LOUISE AMÉLIE de Brunſwick-Wolfembutel, Princeſſe
de Pruſſe, *née* 29 Janvier 1722, *mariée* 6 Janvier 1742, à Au-
1778.   D

gufte Guillaume, Prince de Pruffe, aîné des freres du Roi, veuve 12 Juin 1758.

{ FRÉDÉRIC GUILLAUME, Prince de Pruffe, *né* 25 Septembre 1744, *marié* 12 Juillet 1765 à Élifabeth Chriftiane de Brunfwick-Wolfembutel, *remarié* le 15 Juillet 1769 à FRÉDÉRIQUE LOUISE de Heffe-Darmftadt, Princeffe de Pruffe, *née* 16 Octobre 1751.

FRÉDÉRIC GUILLAUME, fils du Pr. de Pruffe, *né* 3 Août 1770.

FRÉDÉRIC HENRI, fon frere, *né* 4 Novembre 1773.

FRÉDÉRIQUE CHARLOTTE ULRIQUE CATHERINE, fille du Prince de Pruffe, *née* 7 Mai 1767.

FRÉDÉRIQUE LOUISE, fille du Prince de Pruffe, *née* 18 Novembre 1774.

{ FRÉDÉRIC HENRI LOUIS, frere du Roi, *né* 18 Janvier 1726, *marié* 15 Juin 1752 à GUILLELMINE de Heffe-Caffel, *née* 23 Février 1726.

{ AUGUSTE FERDINAND, frere du Roi, *né* 23 Mai 1730, *marié* 27 Septembre 1755 à ANNE ÉLISABETH LOUISE de Brandebourg-Schwedt, *née* 22 Avril 1738.

LOUIS CHRISTIAN, fils du Prince Augufte Ferdinand, *né* 18 Novembre 1772.

FRÉDÉRIQUE LOUISE DOROTHÉE PHILIPPINE, fille du Prince Ferdinand, *née* 24 Mai 1770.

FRÉDÉRIQUE LOUISE, fœur du Roi, *née* 28 Sept. 1714, *mariée* 30 Mai 1729, à Charles Frédéric, Margrave de Brandebourg-Anfpach, *veuve* 3 Août 1757.

ANNE AMÉLIE, fœur du Roi, *née* 9 Novembre 1723, Abbéffe de Quedlinbourg.

{ HENRI FRÉDÉRIC, Margrave de Brandebourg-Schwedt, *né* 21 Août 1709, *marié* 13 Mars 1739 à LÉOPOLDINE MARIE d'Anhalt-Deffaw, *née* 18 Décem. 1716.

D'ANGLETERRE.

{ GEORGES III. *né* 4 Juin 1738, proclamé Roi d'Angleterre 26 Octobre 1760, & Électeur d'Hanovre, *marié* 8 Septembre 1761 à SOPHIE CHARLOTTE, Princeffe de Mecklembourg-Strélitz, Reine d'Angleterre, *née* 16 Mai 1744; couronnés 22 Septembre 1761.

GEORGES FRÉDÉRIC AUGUSTE, Prince de Galles, & Electoral d'Hanovre, *né* 12 Août 1762.

FRÉDÉRIC, *né* 16 Août 1763, Prince & Évêque d'Ofnabruck.

GUILLAUME HENRI, Duc de Lancaftre, *né* 21 Août 1765.
ÉDOUARD d'Angleterre, *né* 2 Novembre 1767.
ERNEST AUGUSTE d'Angleterre, *né* 5 Juin 1771.
AUGUSTE FRÉDÉRIC d'Angleterre, *né* 27 Janvier 1773.
ADOLPHE FRÉDÉRIC d'Angleterre, *né* 24 Février 1774.
CHARLOTTE AUGUSTE MATILDE, Princeffe d'Angleterre, *née* 29 Septembre 1766.
AUGUSTE SOPHIE, Princeffe d'Angleterre, *née* 8 Nov. 1768.
ÉLISABETH, Princeffe d'Angleterre, *née* 22 Mai 1770.
FRÉDÉRIQUE, Princeffe d'Angleterre, *née* 25 Avril 1776.
N. Princeffe d'Angleterre, *née* 3 Novembre 1777.
GUILLAUME HENRI, frere du Roi, *né* 25 Novembre 1743, Duc de Glocefter & d'Édimbourg 1764, *marié* à la Comteffe de Waldegfave.
GUILLAUME FRÉDÉRIC, fils du Duc de Glocefter, *né* 25 Janvier 1776.
SOPHIE MALTHIDE, fille du Duc de Glocefter, *née* 29 Mai 1773.
HENRI FRÉDÉRIC, frere du Roi, Duc de Cumberland, *né* 7 Novembre 1745, *marié* à Guillelmine, Comteffe d'Irnham.
AUGUSTINE, fœur du Roi, *voyez l'article* de Brunfwick-Wolfembutel à celui d'ALLEMAGNE.
AMÉLIE SOPHIE ÉLÉONORE, tante du Roi, *née* 16 Juin 1711.

{ CHARLES ÉDOUARD LOUIS PHILIPPE CASIMIR, fils de Jacques Stuard, *né* à Rome 31 Décembre 1720, *marié* à LOUISE MAXIMILIENNE CAROLINE EMMANUELLE, Princeffe de Stolberg-Guedern, *née* 20 Septembre 1752.

HENRI BENOIST MARIE CLÉMENT, fecond fils de Jacques Stuard, *né* 6 Mars 1725, Cardinal en 1747.

DE DANEMARCK.

CHRISTIAN VII. *né* 29 Janvier 1749, Roi de Danemarck & de Norwege 13 Janvier 1766, *marié* 8 Octobre 1766 à Caroline Matilde d'Angleterre, *veuf* 10 Mai 1775.
FRÉDÉRIC, Prince Royal de Danemarck, *né* 28 Janvier 1768.
LOUISE AUGUSTE, Princeffe de Danemarck, *née* 7 Juil. 1771.

{ FRÉDÉRIC, Prince de Danemarck, frere du Roi, *né* 11 Octobre 1753, *marié* 11 Octobre 1774 à SOPHIE-FRÉDÉRIQUE de Mecklembourg-Schwerin, *née* 24 Août 1758.

SOPHIE MAGDELEINE, Princeffe de Danemarck, *V.* SUEDE.
GUILLELMINE CAROLINE, *voyez* HESSE-CASSEL.
LOUISE, Princeffe de Danemarck, *voyez* HESSE-CASSEL.
CHARLOTTE-AMÉLIE, grande tante du Roi, *née* 6 Oct. 1706.

JULIE MARIE de Brunfwick de Wolfembutel, Reine Douai-riere, *née* 4 Septembre 1729, *mariée* 26 Juin 1752 à Frédé-ric V. *veuve* 13 Janvier 1766.

DE SUEDE.

{ GUSTAVE III. d'Holftein-Eutin, *né* 24 Janvier 1746, Roi de Suede 12 Février 1771, *marié* ... Octobre 1766 à
SOPHIE MAGDELEINE de Danemarck, Reine de Suede, *née* 3 Juillet 1746.

{ CHARLES, Prince de Suede, frere du Roi, Duc de Suder-manie, *né* 7 Octobre 1748, *marié* 7 Juillet 1774 à
HEDWIGE ÉLIZABETH CHARLOTTE de Holftein-Eutin, fille de l'Évêque de Lubeck, *née* 22 Mars 1759.

{ FRÉDÉRIC ADOLPHE, Prince de Suede, frere du Roi, Duc d'Oftrogothie, *né* 18 Juillet 1750, *marié* à
AUGUSTINE DOROTHÉE de Brunfwick-Wolfembutel, *née* 2 Octobre 1749.

SOPHIE ALBERTINE, Princeffe de Suede, fœur du Roi, *née* 8 Octobre 1753, Coadjutrice de l'Abbaye de Quedlin-bourg, en 1767.

LOUISE ULRIQUE, fœur du Roi de Pruffe, *née* 24 Juillet 1720, *veuve* 12 Février 1771 de Adolphe Frédéric, Roi de Suede.

DE RUSSIE, *ou* MOSCOVIE.

CATHERINE ALEXIEWNA II. *née* 2 Mai 1729, *mariée* 1er Septembre 1745 à Pierre III. Empereur, Impératrice & Au-tocratice de toutes les Ruffies 28 Juin 1762, *veuve* 28 Juillet 1762, couronnée à Mofcou 3 Octobre 1762.

{ PAUL PETROWITZ, fils de l'Impératrice, Grand Duc de Ruffie & de Holftein-Gottorp, *né* 1er Octobre 1754, *marié* 10 Octobre 1773 à Natalie Alexiewna de Heffe-d'Armftat, *veuf* 26 Avril 1776, *remarié* la même année à
MARIE FOEDEROWNA de Wurtemberg, *née* le 25 Octo-bre 1759.

DE TURQUIE.

ABDHUL-AHMET, *né* 20 Mars 1725, proclamé Grand Sultan 21 Janvier 1774, *couronné* 27 du même mois.

RÉPUBLIQUES.

VENISE.

ALOÏSE MOCÉNIGO, *né* 19 Mai 1701, *élu* Doge 19 Avril 1763.

PROVINCES-UNIES.

GUILLAUME, Prince de Naſſau-Dietz & Dillembourg, *né* 8 Mars 1748, Stathouder 22 Octobre 1751, *marié* 4 Octobre 1767 à
FRÉDÉRIQUE SOPHIE GUILLELMINE de Pruſſe, *née* 7 Août 1751.

GUILLAUME FRÉDÉRIC, fils du Prince Stathouder, *né* 14 Août 1772.

GUILLAUME GEORGES FRÉDÉRIC, ſecond fils du Prince Stathouder, *né* 15 Février 1774.

GÊNES.

JOSEPH LOMELLINO, élu Doge 10 Février 1777, couronné 6 Septembre ſuivant.

CARDINAUX qui compofent le facré Collége.

CARDINAUX ÉVÊQUES.

Création de Benoît XIV.

1747 JEan François Albani d'Urbin, né à *Rome* 26 Février 1720, *Doyen*.

1747 Henri Benoît Marie Clémènt, Duc d'York, né à *Rome* le 6 Mars 1725.

Création de Clément XIII.

1758 Charles Rezzonico, *Vénitien*, né le 25 Avril 1724.

1758 François Joachim de Pierre de Bernis, *François*, né 22 Mai 1715.

1759 Jérôme Spinola, *Génois*, né le 15 Octobre 1713.

1759 André Corfini, né *à Rome* 11 Juin 1735.

CARDINAUX PRÊTRES.

Création de Benoît XIV.

1743 Jofeph Pozzobonelli, *Milanois*, *Doyen*, né le 11 Août 1696.

1747 Charles Victor Amédé des Lances, *de Turin*, né 1er Septembre 1712.

1756 Paul d'Albert de Luynes, né *à Verfailles* 5 Janvier 1703.

Création de Clément XIII.

1759 Jofeph Marie Caftelli, *Milanois*, né 4 Octobre 1705.

1759 Gaétan Fantuzzi, *de Ravennes.*, né 1er Août 1708.

1759 Marc Antoine Colonna, *Romain*, né 16 Août 1724.

1761 Louis Conftantin Prince de Rohan, *Francois*, né 24 Mai 1697.

1766 Jean Octave Bufalini, né à Citta di Caftello, dans l'*Etat Eccléfiaftique*, 17 Janvier 1709.

1766 Jean Charles Bofchi, né à *Faenfe*, 9 Avril 1715.

1766 Louis Calini, du Diocèfe de *Brefcia*, né 18 Janvier 1696.

1766 Antoine Branciforte, né à *Palerme*, 28 Janvier 1711.

1766 Lazare Opitius Pallavicini, *Génois*, né 30 Octobre 1719.

1766 Vitaliane Borromeo, *Milanois*, né 3 Mars 1720.

1766 Pierre Pamphily, *Romain*, né 7 Décembre 1725.

Création de Clément XIV.

1770 Marius Marefofchi, né à *Macerata*, 10 Septembre 1714.

1770 Jean Cofme de Cunha, né à *Lifbonne* 27 Septembre 1715.

1770 Scipion Borghefe, né à *Rome*, 1er Avril 1734.

1771 Antoine Eugene Vifconti, né à *Milan*, 28 Décembre 1713.

1771 Bernardin Giraud, né à *Rome*, 14 Juillet 1721.

1771 Innocent Conti, né à *Rome*, 1er Février 1731.

1772 Leopold Erneft de Firmian, né à *Trente*, 11 Septembre 1708.

1773 Janvier Antoine de Simone, né à *Benevent*, 7 Septembre 1714.

1773 François Caraffa, *Napolitain*, né 29 Avril 1722.

1773 François Xavier de Zelada, né à *Rome*, 27 Août 1717.

Création de Pie VI.

1775 Léonard Antonelli, né à *Senigaglia*, 6 Novembre 1730

1775 Jean Charles Bandi, né à *Céfene*, le 17 Juillet 1709.

1775 François Marie Banditi, né à *Rimini*, le 9 Septembre 1706.

1775 Jean Thomas de Boxadors né à *Barcelone*, le 3 Avril 1703.

1776 Louis Valenti Gonzaga, né dans le Diocèfe de *Mantoue*, 9 Octobre 1725.

1776 Jean Archinto, né à *Milan*, 10 Août 1736.

1776 Guide Calcagnini, né à *Ferrare*, 25 Avril 1725.

1776 Ange Marie Durini, né à Milan 24 Mai 1725.

1777 Bernardin Honorati, né à *Jefy*, 17 Juillet 1724.

1777 Marc-Antoine Marcolini, né à *Fano*, 21 Novembre 1721.

1777 Guillaume Pallotta, né à *Macerata*, le . . .

CARDINAUX DIACRES.

Création d'Innocent XIII.

1721 Alexandre Albani, *Doyen*, né à *Urbin*, le 15 Octobre 1692.

Création de Benoît XIV.

1743 Dominique Orfini l'Aragon, *Napolitain*, né le 5 Juin 1719.

Création de Clément XIII.

1759 Jean Conftance Carraciolo, *Napolitain*, né le 19 Décembre 1715.

1763 André Negroni, *Romain*, né 2 Novembre 1710.

Création de Clément XIV.

1770 Jean-Baptifte Rezzonico, *Vénitien*, né le premier Juin 1740.

1770 Antoine Cafali, *Romain*, né 26 Mai 1715.

1770 Pafchal Aquaviva, *Napolitain*, né en 1719.

1773 François Delcy, né à *Sienne*, 6 Octobre 1707.

Création de Pie VI.

1775 Ignace Boncompagni Ludovifi, né à *Rome*, 18 Juin 1743.

1777 Grégoire Salviati, né à *Rome*, le 12 Décembre 1722.

LE CLERGÉ.

ARCHEVÊCHÉS ET ÉVÊCHÉS;
leur taxe en Cour de Rome, & leur revenu.

1746 PARIS, Chriſtophe de Beaumont, Comte de Lyon, né au Château de la Roque, Diocèſe de *Sarlat*, 26 Juillet 1703, ſacré Evêque de Bayonne 1741 le 24 Décembre, puis Archevêq. de Vienne en 1745; taxé 4283 florins, vaut par an 200 mille livrès,   *Cures* 492

1746 CHARTRES, Pierre Auguſtin Bernardin de Roſſet de Rocozel de Fleury, né au Château de Perignan, Diocèſe de *Narbonne*, 3 Mai 1717, ſacré 1746 16 Octobre; 4000 fl. 25000 l.   810

1759 MEAUX, Jean Louis de la Marthon de Cauſſade, né à *Périgueux*, en 1712, ſacré Evêque de Poitiers 1749 18 Mars; 2000 fl. 25000 liv.   210

1758 ORLEANS, Louis Sextius de Jarente de la Bruyere, né à *Aix* en 1706, ſacré Evêque de Digne 1747 27 Septembre; 2000 fl. 50000 liv.   212

1776 BLOIS, Alexandre François Amédé Adonis Anne Louis Joſeph de Lauzieres-Themines, né à *Montpellier* le 13 Janvier 1742, ſacré 6 Octobre 1776; 2533 fl. 24000 liv.   200

1758 LYON, Antoine de Malvin de Montazet, Comte de Lyon, du Diocèſe d'*Agen*, né en 1712, ſacré Evêque d'Autun 1748 25 Août; 3000 fl. 50000 liv.   764

1767 AUTUN, Yves Alexandre de Marbeuf, comte de Lyon, ancien Doyen, du Diocèſe de *Rennes*, né en 1732, ſacré 12 Juillet 1767, 4080 fl. 22000 liv.   610

1770 LANGRES, Céſar Guillaume de la Luzerne, né à *Paris* en 1738, ſacré 26 Août 1770; 9000 fl. 52000 liv.   600

1764 MACON, Gabriel François Moreau, né à *Paris* en 1713, ſacré Evêque de Vence 29 Avril 1759, nommé à Mâcon le 29 Novembre 1763; 1000 fl. 21000 liv.   268

1753 CHALONS-SUR-SAONE, Joſeph François Dandigné de la Chaſſe, né à *Rennes* 29 Janvier 1724, nommé à Saint-Pol de Léon en 1763, & ſacré le 21 Août de la même année, 700 fl. 20600 liv.   720

1776 DIJON, Jacques Joſeph François de Vogué, né à *Aubénas*, Diocèſe de Viviers, le 13 Avril 1740, ſacré le 9 Juin 1776; 1233 fl. 25000 liv.   154

Jean Denis de Vienne, né à *Saint Germain-en-Laye* le 16

Janvier 1739, facré Evêque de Sarept 14 Janvier 1776, *fuffragant de Lyon.*

1759 ROUEN, Dominique de la Rochefoucaud, du Diocèfe de *Mende*; né en 1713, facré Archevêque d'Alby 1747 29 Juin; 12000 fl. 100000 liv. *Cures* 1388

1776 BAYEUX, Jofeph Dominique de Cheylus, né à *Avignon* en 1719, facré Evêque de Tréguier le 25 Avril 1762, nommé à Cahors en 1766; 4433 fl. 90000 liv. 611

Pierre Jules Céfar de Rochechouart, né au Château de Montigny, Diocèfe d'*Oléans*, 8 Mars 1698, nommé Evêque d'Evreux, 1733, facré 1734 21 Mai, a donné fa démiffion en 1776.

1774 AVRANCHES, Auguftin Godart de Belbeuf, né . . . . facré 15 Mai 1774; 2500 fl. 22000 liv. 180

1773 EVREUX, François de Narbonne-Lara, né au Château d'Aubiac, Diocèfe de *Condom*, en 1720, nommé à l'Evêché de Gap en 1763, facré 25 Mars 1764; 2500 fl. 36000 liv. 485

Louis Albert de Lezé de Marnezia, Comte de Lyon, du Diocèfe de *Befançon*, né en 1707, facré Evêque d'Evreux 1759 6 Novembre, a donné fa démiffion en 1773.

1775 SÉEZ, Jean Baptifte Dupleffis d'Argentré, né au château Dupleffis, Diocefe de Rennes, le premier Novembre 1720, facré Évêque de Tagafte le 20 Mars 1774; 3000 fl. 16000 liv. 500

1761 LIZIEUX, Jacques Marie de Caritat de Condorcet, du Diocèfe de *Die*, né 11 Novembre 1703, facré le 28 Janvier 1741, nommé à Gap en 1741, à Auxerre en 1754; 4000 fl. 50000 liv. 586

1764 COUTANCES, Ange François de Talaru de Chalmazel, né au Château de Chauffin en Bourbonnois 14 Mai 1725, facré 10 Mars 1765; 2500 fl. 44000 liv. 450

1753 SENS, Paul d'Albert de Luynes, né à *Verfailles* 5 Janvier 1703, nommé Evêque de Bayeux en 1729, facré 25 Septembre de la même année, *Doyen* des Evêques de France, Cardinal en 1756, 6166 fl. 70000 liv. 674

1761 TROIES, Claude Mathias Jofeph de Barral, né à *Grenoble* 6 Septembre 1716, facré 1761 29 Mars; 2500 fl. 20000 liv. 417

Matthias Poncet de la Riviere, né à *Paris* en 1708, facré 1742 2 Septembre, a donné fa demiffion en 1758.

1761 AUXERRE, Jean-Baptifte Marie Champion de Cicé, né à *Rennes* 10 Février 1725, facré à Rome par le Pape, 1758 3 Septembre, nommé à Troyes 1758: 4400 fl. 50000 liv. 278

1751 NEVERS, Jean Antoine Tinfeau, né à *Befançon* en 1697,

facré Evêque du Belley 1745 12 Septembre, 2150 fl.
20000 liv. *Cures* 171

1777 BETHLÉEM, François Camille Duranti-Lironcourt , né
. . . . . . facré . . . . 33 fl. 1000 liv. Il
a fa réfidence auprès de Clamecy en Nivernois.

1777 REIMS, Alexandre Angélique de Taleyrand Périgord,
né à *Paris* en 1737, facré 26 Décembre 1766 Archevêque
de Trajanople , 4750 fl. 70000 l. 690

1764 SOISSONS, Henri Joseph Claude de Bourdeilles, né 7
Décembre 1720 , Diocèfe de *Saintes*, facré Evêque de
Tulles 12 Décembre 1762 , 2400 fl. 23000 liv. 450

1764 CHALONS-SUR-MARNE, Antoine Éléonor Léon le
Clerc de Juigné de Neuchelles, né à *Paris* en 1728,
facré 29 Avril 1764 ; 3000 fl. 27000 liv. 300

1777 LAON, Louis Hector Honoré Maxime de Sabran, né
dans le Diocèfe de Riés , 4 Décembre 1739, nommé
à l'Evêché de Nancy en 1774 ; 4000 fl. 30000 l. 420

☞ 1776 Charles Bernard Collin de Contriffon, du Diocèfe
de Toul, né 3 Août 1722 , facré Evêque des Termopyles 2 Avril 1775 : *Suffragant* de Laon.

1754 SENLIS, Jean Armand de Roquelaure, né à *Roquelaure*,
Diocèfe de *Rhodès*, en 1720, facré 1754 16 Juin ; 1257 fl.
18000 liv. 76

1772 BEAUVAIS, François Joseph de la Rochefoucaud-
Bayers, né à *Angoulême* en 1735 , facré le 22 Juin 1772 ;
4600 fl. 96000 liv. 592

1774 AMIENS, Louis Charles de Machault, né à *Paris* 29
Décembre 1737, facré Evêque d'Europée 15 Mars
1772 ; 4900 fl. 30000 liv. 734

1777 NOYON, Louis André de Grimaldi, né au Château de
Cagne, Diocèfe de *Vence*, 27 Décembre 1736, facré
Evêque du Mans 5 Juillet 1767 ; 3000 flor. 37000 l. 349

1743 BOULOGNE, François Joseph Gafton de Partz de Preffy ,
né au Château d'Efguires , Diocèfe de *Boulogne* , en
1712, facré 11 Août 1743 ; 1500 fl. 20000 liv. 404

1775 TOURS, François de Conzié , né en Breffe , Diocèfe de
Lyon, 18 Mars 1736 ; facré Evêque de Saint-Omer 17
Septembre 1769 ; 9500 flor. 86000 liv. 404

1767 LE MANS, ...
. . . .

2216 fl. 40000 liv. 770

1758 ANGERS, Jacques de Graffe, du Diocèfe de *Beauvais*,
né en 1720 , facré Evêque de Vence 23 Mars 1755 ;
1700 fl. 25000 liv 668

1769 RENNES, François Bareau de Girac , né à *Angoulême*

en 1732, facré Evêque de Saint-Brieux, 31 Août 1766 ;
1000 fl. 32000 liv. *Cures* 265

1775 NANTES, Jean Auguftin de Fretat de Sarra, né au château de Sarra 9 Fév. 1726, nommé à Treguier en 1773,
facré 22 Janvier 1774 ; 2000 fl. 44000 liv. 217

1773 QUIMPERCORENTIN, *ou* CORNOUAILLES, Touffaint
François Jofeph Conen de Saint-Luc, né à *Rennes* 17
Juillet 1724, facré 29 Août 1773 ; 1000 fl. 15000 l. 200

1775 VANNES, Sébaftien Michel Amelot, né à Angers le 5 Septembre 1741, facré 23 Avril 1775 ; 473 fl. 39000 liv. 160

1772 S. POL DE LEON, Jean François de la Marche, né au
Diocèfe de *Cornouailles* en 1722, facré 7 Septembre
1772 ; 800 fl. 25600 liv. 120

1775 TREGUIER, Jean Baptifte Jofeph de Luberfac, né à
Limoges 15 Janvier 1740, facré 6 Août 1775 ; 460 flor.
21000 liv. 130

1774 S. BRIEUX, Hugues François Regnault Bellefcize,
né en 1732 au Château de Bellefcize, Diocèfe de Lyon,
facré le 25 Juin 1775 ; 800 fl. 20000 liv. 138

1767 SAINT-MALO, Antoine Jofeph des Laurents, né à *Avignon* en 1718, facré 2 Août 1767 ; 1000 flor. 35000
liv. 200

1767 DOL, Urbain René de Hercé, né à *Mayenne* en 1726,
facré 5 Juillet 1767, 4000 fl. 22000 liv. 80

1757 BOURGES, Georges Louis Phelipeaux, du Diocéfe
d'*Orléans*, né 1729, facré 20 Novembre 1757 ; 6033 fl.
50000 liv. 800

1776 CLERMONT, François de Bonal, né au *Château de Bonal*,
Diocèfe d'Angers, 9 Mai 1734, facré le 6 Octobre
1776, 4550 flor. 15000 liv. 800

1758 LIMOGES, Louis Charles Dupleffis d'Argentré, né 1723
au Château *du Pleffis*, Diocèfe de *Rennes*, facré dans
la Chapelle du Roi 14 Janvier 1757 ; 1600 flor. 20000
liv. 900

Jean Gilles de Coëtlofquet, né 1699, facré 7 Février, 1740
a donné fa démiffion en 1758.

1774 LE PUY EN VELAY, Marie Jofeph de Galard de Terraube, du Diocèfe de *Leictour*, né 20 Mai 1736, facré
24 Juillet 1774 ; 3650 fl. 35000 liv. 156

1764 TULLES, Charles Jofeph Marius de Rafelis de Saint-Sauveur, du Diocèfe d'*Orange*, né en 1725, facré..Février
1765 ; 1400 fl. 20000 liv. 70

1776 SAINT-FLOUR, Marie-Anne-Hyppolite Hay de
Bonteville, né au Château *de Monbouan* 5 Août 1741,
facré 6 Octobre 1776 ; 900 fl. 12000 liv. 270

1764 ALBY, François Joachim de Pierre de Bernis, Comte de

Lyon , né 22 Mai 1715 au Château de Saint Marcel ,
Diocèfe de *Viviers*, facré 3 Août 1764, Cardinal 1758 ,
2000 fl. 120000 liv.   *Cures* 3271

1770 RHODÈS, Jérôme Marie Champion de Cicé, né à *Rennes*,
en 1735 , facré 27 Août 1770, 2326 fl. 50000 liv.   500

1773 CASTRES, Jean Marc de Royere, né au Château de Bu-
defol en Périgord , 27 Octobre 1727, facré Evêque de
Treguier 26 Avril 1767 , 2500 fl. 73000 liv.   1000

1776 CAHORS, Louis Marie de Nicolay , né à Montpellier 17
Février 1729, facré 9 Mars 1777, 1000 fl. 60000 liv. 423

1764 VABRES , Jean de la Croix de Caftries , du Diocèfe
d'*Uzès*, né en 1717, facré 1764, 1000 fl. 23000 liv.   150

1767 MENDE, Jean Arnauld de Caftellanne , né au Saint-Efprit, Diocèfe d'*Uzès*, 11 Décembre 1733, facré 14 Février 1768 , 3500 fl. 60000 liv.   208

1769 BORDEAUX , Ferdinand Maximilien Meriadec de
Rohan-Guemené , né à *Paris* le 7 Novembre 1738, facré le 8 Avril 1770, Grand Prevôt du Chapitre de Strafbourg., 4000 fl. 55000 liv.   400

1767 AGEN , Jean Louis Duffon de Bonnac, né à *Paris* en
1734, facré 14 Février 1768 , 2440 fl. 50000 liv.   400

1753 ANGOULÊME, Jofeph Amédée de Broglie , né à *Arles*
en 1710, facré 3 Mars 1754, 1000 fl. 20000 liv.   290

1763 SAINTES , Germain Chafteigner de la Chataigneraye ,
Comte de Lyon , du Diocèfe d'*Agen*, né en 1716, facré
25 Mars 1764 2000 fl. 21000 liv.   291

1759 POITIERS, Martial Louis de Beaupoil de Saint-Aulaire ,
du Diocèfe de *Limoges*, né en 1720, facré en 1759 le
13 Mai; 2800 fl. 30000 liv.   722

1773 PERIGUEUX , Emmanuel Louis de Groffolles de Flamarens, du Diocèfe de..... né ......: facré Evêque de
Quimpercorentin 18 Janvier 1772, 2590 fl. 43000 l.   400

1763 CONDOM , Alexandre Céfar d'Anteroche , du Diocèfe
de *Saint-Flour*, né en 1721 , facré 5 Juin 1763 ; 2500
fl. 70000 liv.   149

1777 SARLAT , Jofeph Anne Luc de Ponte d'Albaret, né à
Perpignan 18 Octobre 1736, facré le . . . . . .
750 fl. 16000 liv.   130

1768 LA ROCHELLE , François Jofeph Emmanuel de Cruffol
d'Uzès, né à *Paris* 4 Juin 1735, facré 17 Juillet 1768 ,
2000 fl. 64000 liv.   325

1775 LUÇON , Marie Charles Ifidore de Mercy , facré 18 Février 1776; 1000 fl. 35000 liv.   235

1776 AUCH, Claude Marc Antoine d'Apchon, né à *Montbrifon* en 1722, facré Evêque de Dijon 19 Octobre 1755;
10000 fl. 126000 liv.   372

1771 ACQS *ou* DAX, Charles Augufte le Quien de la Neuville, né à *Bordeaux* 25 Juillet 1728, facré le 25 Janvier 1772, 500 fl. 31000 liv.   *Cures* 196

Louis Marie de Suarés d'Aulan, né à *Avignon* 8 Novembre 1696, facré 2 Juin 1737, a donné fa démiffion en 1771.

1772 LEICTOUR, Louis Emmanuel de Cugnac, né au Diocèfe de *Cahors* en 1729, facré 7 Septembre 1772, 1600 fl. 66000 liv.   79

1763 COMMINGES, Charles Antoine Gabriel d'Ofmond de Medavy, Comte Lyon, du Diocèfe de *Séez*, né en 1723, facré premier Avril 1764, 4000 flor. 60000 liv.
200

1752 COUSERANS, Jofeph de Saint-André-Marnays de Vercel, né à *Paris*, 1713, facré 1752 22 Octobre, 1000 fl. 30000 liv.   82

1758 AIRE, Plaicard dé Raigecourt, né à *Nancy*, Diocèfe de *Toul*, en 1708, nommé Evêque d'Anvers 1746, facré à Meaux 1758 16 Avril, 1200 fl. 26500 liv.   210

1746 BAZAS, Jean-Baptifte Amédée de Grégoire de Saint-Sauveur, du Diocèfe de *Mende*, né en 1708, facré 1746 16 Octobre, 600 fl. 18000 liv.   150.

1769 TARBES, Michel François Coüet du Vivier de Lorry, né à *Metz* 1728, facré Evêque de Vence 1764 premier Mai, 1200 fl. 30000 liv.   140

1742 OLERON, François de Revol, du Diocefe de *Vienne en Dauphiné*, né au Château de Terre-Baffe en 1715, facré 1742 5 Août, 600 fl. 13000 liv.   280

1763 LESCAR, Marc Antoine de Noé, du Diocèfe de *la Rochelle*, né en 1724, facré 12 Juin 1763; 1300 fl. 27000 liv.   240

1774 BAYONNE, Julle Ferron de la Ferronnaye, né au Château de Saint-Mars-les-Ancenis, Diocèfe de *Nantes*, en 1735, nommé Évêque de Saint-Brieux 1769, facré 8 Avril 1770, 100 fl. 33000 liv.   50

1762 NARBONNE, Arthur Richard de Dillon, né à *Saint-Germain en Laye* en 1721, facré Evêque d'Évreux 1753 28 Octobre; Archevêque de Touloufe en 1758, 9000 fl. 160000 liv.   240

1771 BEZIERS, Aimard Claude de Nicolay, né à *Paris* en 1737, facré le 23 Septembre 1771, 2008 fl. 54000 l. 106

1759 AGDE, Charles François Siméon de Saint-Simon de Sandricourt, né à *Paris* en 1723, facré 1759 6 Mai, 1500 fl. 70000 liv.   19

1730 CARCASSONE, Armand Bazin de Bezons, né à *Paris* 30 Mars 1701, facré 14 Janvier 1731, 6000 fl. 35000 l. 96

1737 NISMES, Charles Prudent de Becdeliévre, né à *Nantes* en 1705, facré 10 Janvier 1738; 1200 fl. 26000 l. *Cures* 90

1774 MONTPELLIER, Jofeph François de Malıde, né à Paris 12 Juillet 1730, facré Evêque d'Avranches 31 Août 1766; 4000 fl. 44000 liv.　　　　　　　　　　　220

1750 LODEVE, Jean Felix Henri de Fumel, du Diocèfe de *Touloufe*, né en 1717, facré à Vannes 25 Mai 1750; 1060 fl. 26000 liv.　　　　　　　　　　　　　　　48

1736 UZÈS, Bonaventure Bauyn, du Diocèfe de *Dijon*, né 25 Novem. 1699, facré 24 Mars 1737; 1000 fl. 25000 l. 285

1769 SAINT-PONS DE TOMIERES, Louis Henri de Bruyere de Chalabre, né au Diocèfe de *Saint-Papoul* en 1731, facré en 1770; 3400 fl. 45000 liv.　　　　　40

1763 ALETH, Charles de la Cropte de Chanterac, du Diocèfe de *Périgueux*, né 1731, facré 19 Juin 1763; 1500 fl. 30000 liv.　　　　　　　　　　　　　80

1776 ALAIS, Pierre Marie Madeleine Cortois de Balore né à *Dijon* en 1734, facré en 1776; 500 fl. 16000 liv. 85

1764 TOULOUSE, Etienne Charles de Lomenie de Brienne, né à *Paris* en 1727, nommé Evêque de Condom 1760, facré 11 Janvier 1761, 5000 fl. 110000 liv.　　250

1762 MONTAUBAN, Anne François Victor le Tonnelier de Breteuil, né à *Paris* en 1726, facré 24 Février 1763; 2500 fl. 35000 liv.　　　　　　　　　93

1768 MIREPOIX, François Triftan de Cambon, né à *Touloufe* en 1716, facré 10 Juillet 1768; 2500 fl. 30000 liv. 60

1770 LAVAUR, Jean Antoine de Caftellanne, né .... au Diocèfe de *Trois-Châteaux*, facré le ... 2500 fl. 64000 liv.　　　　　　　　　　　　　　86

1771 RIEUX, Pierre Jofeph de Laftic, du Diocèfe de *Saint-Flour*, né en 1726, facré le 29 Juillet 1771; 2500 fl. 45000 liv.　　　　　　　　　　　　90

1771 LOMBEZ, Léon François Ferdinand de Salignac de la Motte-Fenelon, né à *la Haye* 30 Mai 1734, facré dans la Chapelle du Roi le 29 Déc. 1771; 2500 fl. 56000 l. 90

1774 SAINT-PAPOUL, Guillaume Jofeph d'Abzac, né au Château de Mayac, Diocèfe de *Périgueux*, 21 Janv. 1731, facré le 24 Mai 1775; 2500 fl. 45000 liv.　　36

1741 PAMIERS, Henri Gafton de Levis-Leran, né au Château de Leran, Diocèfe de *Mirepoix*, en 1713, facré 1742 11 Février; 2500 fl. 25000 liv.　　　　　100

1775 ARLES, Jean Marie Dulau, né au Château de la Cofte, Diocèfe de Périgueux, 30 Octobre 1738, facré premier Octobre 1775; 2008 fl. 42000 liv.　　　51

1755 MARSEILLE, Jean-Baptifte de Belloy, du Diocèfe de *Beauvais*, né en 1708, facré Evêque de Glandève 1752

30 Janvier; 700 fl. 30000 liv. *Cures* 28

1743 SAINT-PAUL-TROIS-CHATEAUX , Pierre François-Xavier de Reboul de Lambert, né à *Aix* en 1704, facré 17 Février 1744; 400 fl. 10000 liv. 34

1759 TOULON , Alexandre Lafcaris, né à Vintimille , près Nice, Diocèfe de *Marfeille*, en 1711, facré 12 Septembre 1759; 400 fl. 15000 l. 20

1770 AIX, Jean-de-Dieu Raymond de Boifgelin, né à *Rennes* 27 Février 1732, facré Evêque de Lavaur 28 Avril 1765; 2400 fl. 37400 liv. 80

1752 APT , Félicien Bocon de la Merliere, né à *Vienne en Dauphiné* en 1714, facré 4 Juin 1752 ; 250 fl. 9000 liv. 32

1772 RIEZ , François de Clugny, né au Diocèfe d'*Autun* en 1728, facré 12 Juin 1772 ; 850 fl. 19000 liv. 34

1766 FRÉJUS , Emmanuel François de Bauffet de Roquefort , né à *Marfeille* 24 Décembre 1731, facré 31 Août 1766; 1400 fl. 28000 liv. 67

1773 GAP , François Gafpard de Jouffroy de Gouffans, né au Château de Gouffans , Diocèfe de *Befançon*, 15 Août 1723 , facré 20 Mars 1774; 1400 fl. 30000 liv. 221

1764 SISTERON , Louis Jerôme de Suffren de Saint-Tropez , du Diocèfe d'*Arles*, né en 1722 , facré 30 Septembre 1764; 800 fl. 15000 liv. 50

1774 VIENNE, Jean Georges le Franc de Pompignan , né à *Montauban* 22 Février 1715 , facré 11 Août 1743 , nommé Evêque du Puy en Vélay en 1742 ; 1854 fl. 35000 liv. 355

* *Il a pour Suffragans , hors du Royaume, les Evêchés de* Genève *& de* Saint-Jean de Maurienne.

1771 GRENOBLE, Jean de Cairol de Madaillan, né dans le Diocèfe de *Narbonne* en 1712, facré Evêque de Sarept 3 Août 1761, nommé Evêque de Vence 1769; 1088 fl. 34000 liv. 304

1748 VIVIERS, Jofeph Rolin de Mons, né à *Aix* en 1715, facré 6 Octobre 1748 ; 4400 fl. 30000 liv. 300

1771 VALENCE, Fiacre François de Grave , né dans le Diocèfe de *Bordeaux* 6 Janvier 1724, facré le 26 Avril 1772; 2389 fl. 16000 liv. 140

1741 DIE, Georges Alexis de Plan des Augiers, né à *Digne* 10 Juillet 1709, facré 1742 20 Février; 2126 fl. 15000 l. 70

1767 EMBRUN , Pierre Louis de Leyffin, né à *Aofte en Dauphiné* 1724, facré 20 Juin 1767 ; 2400 fl. 30000 liv. 121

☞ Bernardin François Fouquet, né à *Rennes* en 1705 , nommé Archevêque d'Embrun en 1740 , facré 8 Janvier 1741, a donné fa démiffion en 1767, *Cures.* 70

1758 DIGNE, Pierre Paul du Caylar, du Diocèse de *Riez*, né
en 1716, facré 1758 16 Avril; 400 fl. 10000 liv.　32

1752 GRASSE, François d'Etienne de Saint-Jean de Pruniere,
du Diocèse de *Gap*, né 1718, facré 20 Mai 1753; 424 fl.
15000 liv.　22

1771 VENCE, Antoine René de Bardonnenche, né .... facré
15 Mars 1772; 200 fl. 1200 liv.　23

1771 GLANDEVE, Henri Hachette des Portes, né .... facré
Evêque de Sidon 31 Août 1755; 400 fl. 10000 liv.　56

☞ Gafpard Brunet de Treffemannes, du Diocèse de *Riez*, né
en 1721, facré 29 Oct. 1755, a donné fa démiffion en 1771.

1773 SENEZ, Jean Baptifte Charles Marie de Beauvais, né à
Cherbourg, Diocefe de Coutances, le 10 Décembre
1731, facré 20 Mars 1774; 300 fl. 10700 liv.　32

Dans le nombre des Diocèses du Royaume, il y en a douze
qui ne font point réputés du Clergé de France; ils n'ont aucune
part au gouvernement temporel du Clergé de France : maïs
ils font chacun féparément, ou bien conjointement avec les
États de leur Province, leur don gratuit : ces Diocèfes font,

1741 SAINT-CLAUDE, *fuffragant de Lyon*, Jofeph de Mellet de
Fargues, Comte de Lyon, né au Château de Fargues,
Diocèfe de *Saint-Flour*, en 1708, facré premier Evêque
de Saint-Claude 1741 5 Août; 1500 fl. 27000 liv.

Les trois Evéchés fuivans font fuffragans de Trèves.

1760 METS, Louis Jofeph de Montmorency de Laval, né à
Baycler, Diocèfe d'*Angouléme* en 1724, nommé Evêque
d'Orléans en 1753, facré 1754 10 Février, nommé à
l'Evêché de Condom 1757; 6000 fl. 120000 liv.　613

1773 TOUL, Etienne François-Xavier Defmichels de Cham-
porcin, du Diocèfe de *Digne*, né en 1721, facré Evêque
de Senez le 17 Juin 1771; 2500 fl. 37000 liv.　1700

1769 VERDUN, Henri Louis Defnos, né en 1716 au Diocèfe du
Mans, facré Evêque de Rennes 16 Août 1761; 4466 fl.
74500 liv.　350

1777 NANCY, Louis Apollinaire de la Tour Dupin, Comte de
Montauban, né à Paris le 13 Janvier 1744.

1777 SAINT DIEZ, Barthelemi Louis Martin de Chaumont
de la Galaifiere, né à Paris 24 Août 1737, facré 21
Septembre 1777; 142 fl. 30000 liv.

1743 PERPIGNAN, *fuffragant de Narbonne*, Charles François
Alexandre de Cardevac de Gouy d'Avrincourt, né au
Château de Bonchy, Diocèfe de *Noyon*, en 1698, facré
1744 17 Février, 1500 fl. 18000 liv.

1774 ORANGE, *fuffragant d'Arles*, Guillaume Louis du Tillet,
né au Château de Montramé en *Brie* 21 Févr. 1730,
facré

facré 17 Juillet 1774; 408 fl. 18000 liv. *Cures* 186
☞ Louis Chomel, ancien Évêque, né à *Paris* en 1688, facré 1721 25 Juillet, a donné fa démiffion en 1731.

1774 BESANÇON, Raymond de Durfort, né au château de la Roque, du Diocèfe de *Cahors*, 10 Août 1725, facré Evêque d'Avranches 8 Septembre 1764, nommé Évêque de Montpellier en 1766; 1023 fl. 54000 liv. 838
☞ Claude Ignace de Franchet de Ran, né en 1722, facré à Befançon 23 Mai 1756, Evêque de Rhofy en Syrie, *fuffragant de Befançon.*

1751 BELLEY EN BUGEY, *fuffragant de Befançon*, Gabriel Cortois de Quincey, né en 1714, facré 1751 22 Août; 333 fl. 10000 liv. -212

Befançon a encore deux autres fuffragans, mais hors du Royaume, qui font Bâfle & Lauzanne.

1774 CAMBRAY, Henri Marie Bernardin de Roffet de Ceilhes de Fleury, du Diocèfe de *Narbonne*, né 26 Août 1718, facré Archevêque de Tours 20 Juin 1751; 6000 fl. 200000 liv. 508
☞ 1760 Albert Simon Daigneville de Millancourt, facré Evêque d'Amycles 1760 23 Novembre, *fuffragant de Cambray.*

1769 ARRAS, Louis de Conzié, né en Breffe, Diocèfe de *Lyon*, 13 Mars 1732, facré Evêque de Saint-Omer 11 Mai 1766; 4000 fl. 60000 liv. 400

1774 SAINT-OMER, Jéan Augufte de Chaftenet de Puyfégur, né 11 Octobre 1740, dans le Diocèfe d'*Alby*, facré le 29 Juin 1774; 1000 fl. 50000 liv. 211

Cambray a encore deux autres fuffragans, mais hors du Royaume, qui font Tournay & Namur.

1756 STRASBOURG, *fuffragant de Mayence*, le Prince Louis Conftantin de Rohan, né à *Paris* 24 Mai 1697, facré 1757 6 Mars, Cardinal 1761; 2500 fl. 400000 liv.

1760 Le Prince Louis René Edouard de Rohan-Guémené, grand Aumônier de France, premier Novembre 1777, Commandeur de l'Ordre du Saint Efprit, *Coadjuteur*, né à *Paris* 25 Septembre 1734, facré Evêque de Canople, vulgairement Bochir en Égypte, 18 Mai 1760.

1760 Touffaint Duvernin, Evêque d'Adras en Égypte, *fuffragant de Straf bourg*, facré en 1757.

ÉVÊCHÉS DE L'ISLE DE CORSE.

Suffragans de l'Archevêché de Pife en Tofcane.

1759 AJACCIO, Benoît Antoine Doria, né 20 Novembre 1778. E

1722 dans le Diocèse de *Mariana*, sacré Evêque 28 Mai 1759; 500 fl. 18000 liv.

1772 SAGONE, François Mathieu Guasco, né 21 Novembre 1720 dans le Diocèse de *Mariana*, sacré Evêque de Nebbio, 6 Août 1770; 66 fl. ⅔, 10000 liv.

1770 ALERIA, Jean Joseph Marie de Guernes, né en 1722 dans le Diocèse de *Limoges*, sacré Evêque 6 Août 1770 500 fl. 18000 liv.

Suffragans de l'Archevêché de Gênes.

1775 MARIANA & ACCIA *réunis*, François Citadella, né . . . sacré 30 Mai 1773, nommé Evêque de Nebbio en 1772; 87 fl. ⅔, 15000 liv.

1775 NEBBIO, ... de Santini 66 fl. ⅔, 4000 liv.

AGENS GÉNÉRAUX DU CLERGÉ.

1775 M. l'Abbé de la Rochefoucaud, Conseiller du Roi en son Conseil d'Etat, rue de la Chaise, fauxbourg Saint Germain.

1775 M. l'Abbé de Jarente, Conseiller du Roi en son Conseil d'État, rue de Grenelle près la rue des Saints Peres.

Receveur Général du Clergé.

1739 M. Bollioud de Saint-Julien, rue d'Artois, près le Boulevart.

1765 M. Bollioud fils, *en survivance*, même demeure.

Avocats du Clergé, Messieurs,

Terasson, rue Serpente.

L'Abbé Rat de Mondon, au College royal.

Laget-Bardelin, rue de la Harpe, vis-à-vis celle des Cordeliers.

Vulpian, rue Christine.

Avocats aux Conseils.

M. Brunet, rue Coquilliere, près Saint Eustache.

M. Rigault, rue Hautefeuille, au coin de celle des Deux-Portes.

Secrétaire & Garde des Archives du Clergé.

M. Duchesne, rue Saint-André, vis-à-vis la rue Gist-le-cœur.

M. Armand, *Huissier*, à l'Abbaye Saint Germain-des-Prés.

M. Bonifay, *en survivance*, rue Grange-Bateliere.

Guineuf, *Courier du Clergé*, rue de Richelieu, place Sorbonne.

Guineuf jeune, *en survivance*, même demeure.

Guillieaumont, *Tapissier*, rue Saint Jacques.

Il y a en France *dix-huit* Archevêchés & *cent seize* Evêchés, non comprise l'ile de Corse, auxquels le Roi nomme, ainsi qu'à un très-grand nombre d'Abbayes & de Prieurés.

La feuille des Bénéfices se présente au Roi quand il vaque ou vient à vaquer quelques Bénéfices. Sa Majesté s'est décidé à y nommer :

1777 M. l'Evêque d'Autun, au Palais Abbatial de Saint Germain-des-Prés, *ou* à la Cour.

Secrétaire.

M. l'Abbé Frémont, chez M. l'Evêque d'Autun.

Il y a dans ce Royaume 250 Commanderies de l'Ordre de Saint Jean de Jérusalem, dit *de Malte*, & autrefois *de Rhodes ;* savoir 200 pour les Chevaliers, & 50 tant pour les Chapelains que pour les Servans d'Armes. Dans le nombre des Commanderies de Chevaliers, sont compris six Grands-Prieurés & quatre Bailliages, dignités affectées aux Grands-Croix.

M. Desprez, *Imprimeur du Roi & du Clergé*, rue Saint Jacques.

ABBAYES ET ABBÉS Commendataires,

Leur taxe en Cour de Rome, & leur revenu.

A, *signifie que l'Abbaye est de l'Ordre de S. Augustin ;* B, *de l'Ordre de S. Benoît ;* C, *de Cîteaux ;* P, *de Prémontré ;* S, *séculier.*

Nom.	Abb.	Titul.	Dioc.	Flor.	Revenu.	Ordre.
17..	*A*bbecourt, de Tilly,	*Chartres,*	24 fl.	6000 l.		P
1766	*A*cey, du Chaylar,	*Besançon,*	80 fl.	6000 liv.		C
1768	*Ahun*, de Nesmond,	*Limoges,*	200 fl.	3000 liv.		B
1762	*Aiguebelle*, de Peiner,	*Saint-Paul-Trois-Châteaux,*	250 fl. 3000 liv.			C
1760	*Aiguevive*, Noguier,	*Tours,*	120 fl.	2100 liv.		A
1759	*Airvaux*, Stoupy,	*la Rochelle,*	350 fl.	5000 liv.		A
1758	*Aisnay*, de Jarente,	*Lyon,*	317 fl.	31000 liv.		S
1765	*Ambournay*, de Murat,	*Lyon,*	473 fl.	15000 liv.		B
1751	*Anchin*, le Cardinal d'Yorck,	*Arras,*	4000 fl.	70000 liv.		B
1748	*Andres*, de Montagu,	*Boulogne,*	50 fl.	3000 liv.		B
1748	*Angle*, Pavée,	*Poitiers,*	223 fl.	2000 liv.		A
1770	*Angles*, de Sineti,	*Luçon,*	180 fl.	3000 liv.		A
1753	*Aniane*, l'Evêque de Mâcon,	*Montpellier,*	813 fl.	12000 liv.		B
1765	*Ardennes*, de Boothe,	*Bayeux,*	100 fl.	11000 liv.		P
1761	*Ardorel*, Barbier de Lescouet,	Comte de Lyon,	*Câstres,* 33 fl.	3000 liv.		C
1776	*Arles*, de Caux,	*Perpignan,*	400 fl.	8800 liv.		B
1738	*Arthoux*, Romatet,	*Acqs,*	24 flor.	1500 liv.		P
1772	*Aubepierre*, De Verdun,	*Limoges,*	66 fl.	3000 liv.		C

Nom. Abb. *Titul.* Dioc. *Flor.* Revenu. *Ordre.*

1759 *Auberive*, l'Evêque de Meaux, *Langres*, 24 fl. 16000 liv. C

1753 *Aubeterre*, Defeconzac, *Perigueux;* 24 fl. 1800 liv. C

1777 *Aubignac*, Dupont de Compiegne, *Bourges*, 33 fl. 1800 l. C

1766 *Aulnay*, Blacon, *Bayeux*, 475 fl. 8700 liv. C

1755 *Aumale;* dé Savàry de Breves, *Rouen*, 100 fl. 5000 liv. B

1752 *Aurillac*, l'Evêque de Troyes, *Saint-Flour*, 2000 fl. 9000 liv. S

1775 *Autrey*, l'Evêque de Saint Diez, *Toul*, 24 fl. 4000 liv. A

1750 *B Aigne*, de Berthon de Crillon, *Saintes*, 500 fl. 7000 l. B

1767 *B Balerne*, l'Evêque de Rhofy en Syrie, *Befançon*, 233 fl. 6000 liv. C

1746 *Barbeaux*, de Raftignac, *Sens*, 800 fl. 14000 liv. C

17.... *Barberie*, de Cayron, *Bayeux*, 60 fl. 13000 liv. *Cl.*

1762 *Bardoue*, de Lordat, *Aufch*, 1500 fl. 10000 liv. C

1769 *Barzelles*, Bethify de Mezieres, *Bourges*, 60 fl. 7000 liv. C

1762 *Baffac*, de Saint Marfault, *Saintes*, 240 fl. 3500 liv. B

1759 *Baffefontaine*, l'Archevêque de Touloufe, *Troyes*, 24 fl. 3200 liv. P

1773 *Baugerais*, Fremyn de Fontenille, *Tours*, 24 fl. 2000 l. C

1766 *Baume-les-Moines*, de la Fàre, *Befançon*, 566 fl. 13000 l. S

1766 *Beaubec*, D. Dortigue; *Rouen;* 400 fl. 20000 liv. *Cl.*

1773 *Beaugency*, de Luker, *Orléans*, 75 fl. 6100 liv. A

1755 *Beaulieu*, de Molen de Mons, *Boulogne*, 24 fl. 3000 liv. A

1769 *Beaulieu*, Micolon de Blanval, *Tours*, 108 fl. 6000 liv. B

1755 *Beaulieu*, de Poutual, *Saint-Malo*, 200 fl. 1900 liv. A

1747 *Beaulieu*, de Fay de Maubourg, Comte de Lyon, *le Mans*, 112 fl. 9000 liv. A

1768 *Beaulieu*, de Polignac, *Limoges*, 400 fl. 4000 liv. B

1773 *Beaulieu*, l'ancien Evêque d'Evreux, *Verdun*, 500 fl. 23000 liv. B

1733 *Beaulieu*, Savary, *Langres;* 24 fl. 5500 liv. C

1739 *Beaulieu*, de Groffoles de Sàint-André, *Rhodez*, 200 fl. 3500 liv. C

1746 *Beauport*, de Fumal, *Saint-Brieux*, 1000 fl. 9000 liv. P

1771 *Beaupré*, l'Evêque d'Evreux, *Beauvais*, 700 fl. 14000 l. C

1775 *Beaupré*, Dom de Maflin, *Toul*, 166 fl. 15000 liv. C

1742 *Begard*, de la Galaifiere, *Treguier*, 700 fl. 9000 liv. C

17.... *Belchamp*, de Boufflers, *Toul*, 350 fl. 12000 liv. A

1772 *Belle-Aigue*, du Bouis, *Clermont*, 200 fl. 3000 liv. C

1754 *Bellefontaine*, de Laage, *la Rochelle*, 80 fl. 4000 liv. B

1753 *Belleperche*, de Montlezun, *Montauban*, 600 fl. 12000 liv. C

1774 *Bellétoile*, de Ruallem, *Bayeux*, 66 fl. 3000 liv. P

1767 *Belval*, Duchatel, *Reims*, 350 fl. 12000 liv. P

Nom. Abb. Titul. Dioc. Flor. Revenu. Ordre.

1756 *Bellevaux*, de Chaffois, *Nevers*, 100 fl. 1500 liv. P

1731 *Bellevaux*, l'ancien Evêque d'Evreux, *Befançon*, 100 fl.
6000 liv. A

1762 *Belleville*, de la Goutte, *Lyon*, 220 fl. 4000 liv. C

1759 *Bellozane*, le Rat, *Rouen*, 24 fl. 3000 liv. P

1775 *Benevent*, de Chabannes, Comte de Lyon, *Limoges*, 350 fl.
12000 liv. A

1754 *Bernay*, de Poudenx, *Lizieux*, 1200 fl. 22000 liv. B

1773 *Beuil*, Romanet, *Limoges*, 93 fl. 1100 liv. C

1774 *Billon*, Moly de Brezol, *Befançon*, 24 fl. 4000 liv. C

1743 *Bithaine*, l'Evêque de Nevers, *Befançon*, 24 fl. 4500 l. C

1774 *Blanche-Couronne*, de la Tour, *Nantes*, 100 fl. 6000
liv. B

1766 *Blanche-Lande*, l'Evêque de Coutances, *Coutances*, 200 fl.
8000 liv. C

1777 *Blafimont*, de Chapelain, *Bazas*, 196 fl. 1500 liv. B

* *Bocherville*, en Economats, *Rouen*, 133 fl. 16000 liv. B

1775 *Boheries*, de Bayanne, *Laon*, 50 fl. 22000 liv. C

1777 *Bois-Aubry*, de Bonifent, *Tours*, 24 fl. 1300 liv. B

1774 *Bois-Grofland*, Ganeau, *Lucon*, 80 fl. 2000 liv. C

1777 *Bolbonne*, de Montefquiou, *Mirepoix*, 1200 fl. 17000 l. C

1767 *Bonfay*, de Tournet, *Toul*, 24 fl. 2500 liv. P

1776 *Bonlieu*, D'Eftrées, *Limoges*, 100 fl. 2400 liv. C

1757 *Bonlieu*, Guerin, *Bordeaux*, 57 fl. 2000 liv. C

1776 *Bonnecombe*, du Cheylar, *Rhodez*, 2076 fl. 20000 liv. C

1757 *Bonnefont*, Marquet de Villefond, *Comminges*, 1000 fl.
7000 liv. C

1769 *Bonnefontaine*, l'Evêque de Nantes, *Reims*, 24 fl. 4700 l. C

1777 *Bonneval de Saint-Florentin*, le Cornu de Baliviere, *Chartres*, 606 fl. 10500 liv. B

1769 *Bonneval*, Pommyer, *Rhodez*, 700 fl. 16000 liv. C

1752 *Bonnevaux*, Frottier de la Cofte, *Poitiers*, 133 fl. 2500
liv. C

1775 *Bonnevaux*, Sigorgne, *Vienne*, 300 fl. 5300 liv. C

1745 *Bonport*, de Chabannes, *Evreux*, 1000 fl. 18000 liv. C

1776 *Bonrepos*, Colin de la Biochays, *Quimper*, 66 fl. 10000
liv. C

1757 *Boquien*, le Mintier, *Saint-Brieux*, 24 fl. 1400 liv. C

1771 *Bofcaudon*, d'Agay, *Embrun*, 358 fl. 8600 liv. B

1729 *Bofchaud*, de Pons, *Perigueux*, 78 fl. 1500 liv. C

1771 *Bouillas*, de Pellegrin, *Aufch*, 60 fl. 3600 l. C

1761 *Boulencourt*, l'Evêque de Lavaur, *Troyes*, 24 fl. 7500 l. C

1760 *Bouras*, Dailly de Saint-Vidal, *Auxerre*, 1800 liv. C

1750 *Bourgueil*, l'Evêque de Saintes, *Angers*, 710 fl. 16000
liv. B

Nom. Abb. *Titul.* Dioc. *Flor.* Revenu. *Ordre.*

1770 *Bournet*, de Chaylan de Moriez, *Angoulême*, 300 fl. 1700 liv. **B**

1767 *Bouzonville*, de Lamberty, *Metz*, 300 fl. 18000 liv. **B**

17.... *Braisne*, ... , *Soiſſons*, 500 fl. 7000 liv. **P**

1758 *Brantôme*, Bertin, *Perigueux*, 400 fl. 3600 liv. **B**

1762 *Breteuil*, de Sainte-Aldegonde, *Beauvais*, 600 fl. 20000 liv. **B**

1753 *Breuil-Benoiſt*, Peguillem de Larbouſt, *Evreux*, 24 fl. 6000 liv. **C**

1733 *Breuil-Herbaud*, du Soulier, *Lucon*, 133 fl. 6000 liv. **B**

17.... *Brignon*, de Saint Martin, *Poitiers*, 50 fl. 2000 liv. **B**

17.... *Bucilly*, Godart, *Laon*, 24 fl. 6000 liv. **P**

1737 *Buzay*, l'Evêque de Chartres, *Nantes*, 66 fl. 40000 liv. **C**

1772 C *Adouin*, Piroux, *Sarlat*, 500 fl. 6000 l. **C**

1751 C *Calers*, Guyonnet de Monbalen, *Rieux*, 300 fl. 4600 l. **C**

1771 *Candeil*, Deslac du Bouſquet d'Arcambal, *Alby*, 1000 fl. 15000 l. **C**

1742 *Carnoet*, Reignon du Page, *Quimper*, 50 fl. 3500 l. **C**

1760 *Cellefrouin*, de Meric de Montgazin, *Angoulême*, 66 fl. 1100 l. **A**

1771 *Celles*, l'Evêque de St Flour, *Poitiers*, 500 fl. 14000 l. **A**

1772 *Cercamp*, l'Archevêque de Trajanople, *Amiens*, 24 fl. 30000 liv. **C**

1767 *Cercanceaux*, de Mouchet de Villedieu, *Sens*, 200 fl. 2300 l. **C**

1727 *Cerisy*, le Cardinal de Luynes, *Bayeux*, 1500 fl. 16000 l. **B**

1748 Cîteaux, Trouvé, Chalon-ſur-Saone, 608 fl. 120000 l. **C**

* *Chaáge*, en Economats, *Meaux*, 24 fl. 10200 l. **A**

* *Chaâlis*, en Economats, *Senlis*, 266 fl. 36000 l. **C**

17.... *Chaloché*, Couteaud, *Angers*, 133 fl. 4000 liv. **P**

1764 *Chalivoy*, Mallet, *Bourges*, 24 fl. 2000 l. **C**

1768 *Chambon*, Riballier, *Poitiers*, 100 fl. 3500 l. **B**

* *Chambons*, en Economats, *Viviers*, 80 fl. 14200 l. **C**

1760 *Chambrefontaine*, l'Evêque de Noyon, *Meaux*, 24 fl. 6500 liv. **P**

1767 *Champagne*, de Ravel, *du Mans*, 83 fl. 7000 l. **C**

1760 *Chantemerle*, l'Évêque de Rhodès, *Troyes*, 24 fl. 3000 l. **A**

1769 *Charon*, Le Blanc, *la Rochelle*, 66 fl. 3000 l. **C**

1759 *Charroux*, Montmorillon, Comte de Lyon, *Poitiers*, 300 fl. 6000 l. **B**

1754 *Chartreuve*, Lefevre, *Soiſſons*, 24 fl. 4000 l. **P**

1772 *Chaſtres*, De Saint-Pierre, *Saintes*, 100 fl. 1800 l. **A**

1767 *Chaſtres*, de Raymond, *Perigueux*, 24 fl. 1400 l. **A**

Nom. Abb. *Titul.* Dioc. *Flor.* Revenu. *Ordre·*

1773 *Châteaudun*, de Lironcourt, *Chartres*, 200 fl. 4500 l.   A
1771 *Château-Landon*, de Trécourt, *Sens*, 600 fl. 2500 l.   A
1772 *Chatrices*, de Toulouze-Lautrec, *Châlons-fur-Marne*, ...
    fl. 15000 l.   A
1774 *Chaumes*, Rigaud, *Sens*, 100 fl. 8900 l.   B
1732 *Chaumont*, l'Ancien Evêque d'Orange, *Reims*, 80 fl.
    10000 l.   P
1767 *Chaumoufey*, de Baffompierre, *Toul*, 127 fl. 7000 l.   A
1776 *Chéery*, d'Ecquevilly, *Reims*, 300 fl. 6000 l.   C
1765 *Cheminon*, le Prince Evêque de Liége, *Châlons-fur-Marne*,
    8000 l.   C
1772 *Cherbourg*, de Bayanne, *Coutances*, 600 fl. 14000 l.   A
1757 *Cherlieu*, Ancien Evêque de Troyes, *Befançon*, 177 fl.
    20000 l.   B
1775 *Chezal*, de Hercé, *Bourges*, 300 fl. 3000 l.   B
1755 *Chezy*, Thierry, *Soiffons*, 500 fl. 6000 l.   C
1753 *Chors*, de Gourmont de Laval, *Autun*, 250 fl. 2000 l.   B
1772 *Claire - Fontaine*, l'Evêque d'Adras, *Chartres*, 100 flor.
    3000 l.   A
1768 *Claire-Fontaine*, Dofmond, *Befançon*, 50 fl. 5000 l.   C
1771 *Clairfaix*, de Leftocq, *Amiens*, 66 fl. 4000 l.   S
1768 Clairlieu, D. Haboury, Toul, 24 fl. 6000 l.   C
1775 *Clairmont*, de Florence, *du Mans*, 266 fl. 17000 l.   C
1761 Clairvaux, le Bloy, Langres, 3808 fl. 90000 l.   C
1765 *Claufonne*, De la Villette, *Gap*, 24 fl. 600 l.   B
1757 *Cluny*, l'Archevêque de Rouen, *Mâcon*, 8000 flor.
    50000 l.   B
1753 *Coetmaloën*, l'Evêque de Saint-Malo, *Quimper*, 100 fl.
    4000 l.   C
1741 *Combelongue*, d'Arbaud de Jouques, *Conferans*, 460 fl.
    3200 l.   P
1764 *Conches*, l'Evêque de Belley, *Evreux*, 500 fl. 27000 l.   B
1754 *Conques*, d'Ahemar de Panat, *Rhodez*, 626 fl. 10000 l.   S
1756 *Corbie*, le Cardinal de Luynes, *Amiens*, 6000 fl. 85000 l.   B
1774 *Corbigny*, de Roux de Bonneval, *Autun*, 400 fl. 7000 l.   B
1766 *Cormeilles*, l'Evêque de Marfeille, *Lizieux*, 200 flor.
    18000 l.   B
1747 *Cormery*, de la Clue, *Tours*, 200 fl. 4270 l.   B
1766 *Corneville*, de Gamanfon, *Rouen*, 24 fl. 5000 l.   A
1761 *Coulomb*, de Sahuguet d'Efpagnac, *Chartres*, 803 flor.
    11000 l.   B
1770 *Crefpin*, Dom Aybert Spildooren, *Cambray*, 383 flor.
    15000 l.   B
1752 *Cruas*, Dargens de Boyer d'Eguilles, *Viviérs*, 400 flor.
    4000 l.   B

Nom.   Abb.   *Titul.*   Dioc.   *Flor.*   Revenu.   *Ordre.*

1745 D *Ilo*, de Breves, *Sens*, 24 fl. 1200 l.   P
17 .. D *Domevre*, Tholier, *Toul*, 300 fl. 6000 l.   A
* *Dommerie d'Aubrac*, en Economats, *Rhodez*, 500 fl.
    40000 l.   A
1775 *Doudeauville*, de Lanfac, *Boulogne*, 80 fl. 1100 l.   A
1762 *Doué*, Dom Mocquet, *Puy*, 80 fl. 4000 l.   P
1763 *Du Bourg*, de Coëtmadeu, *Nantes*, 66 fl. 1800 l.   A
1717 E *Aulnes*, de Foucaud, *Touloufe*, 220 fl. 2900 l.   C
1744 E *Ebreuil*, de Sade, *Clermont*, 396 fl. 3000 l.   B
1772 Ecurey, D. Moyria, *Toul*, 24 fl. 7000 l.   C
1740 *Elan*, l'Archevêque de Narbonne, *Reims*, 200 flor.
    7500 l.   C
1774 *Efchalis*, de Mauroux, *Sens*, 24 fl. 7500 l.   C
1777 *Efpernay*, de Lefcure, *Reims*, 33 fl. 5500 l.   A
1777 *Effey*, Dupleix de Cadignan, *Agen*, 800 fl. 1800 l.   B
1775 *Effomes*, Deshaifes, *Soiffons*, 24 fl. 4000 l.   A
1771 *Evron*, Dupleffis d'Argentré, *du Mans*, 320 fl. 6900 l.   B
17.... F *Ecamp*, ... , *Rouen*, 8000 flor.
    80000 l.   B
1771 *Fémy*, de Vendomois de Saint-Aubin, *Cambray*, 24 flor.
    12000 liv.   B
1776 *Fenieres*, le Conte, *Clermont*, 150 fl. 5000 l.   C
1749 *Ferrieres*, Onic, *Sens*, 800 fl. 5500 l.   C
1775 *Ferrieres*, de Salving de Boiffieu, *Poitiers*, 60 fl. 3500 l.   B
1767 *Feuillans*, D. Dorat, triennal, Rieux, 200 fl. 15000 l.   C
1749 *Figeac*, l'Evêque de Toulon, *Cahors*, 2000 fl. 15000 l.   B
1767 *Flabemont*, Le Begue, *Toul*, 24 fl. 8000 l.   C
1757 *Flaran*, l'Evêque de Fréjus, *Aufch*, 66 fl. 2600 l.   P
1737 *Flavigny*, de Piolenc, *Autun*, 1000 fl. 3200 l.   B
1754 *Foigny*, l'Evêque de Vabres, *Laon*, 600 fl. 21500 l.   C
1752 *Fontainedaniel*, de Galliffet, *du Mans*, 166 fl. 8000 l.   C
1758 *Fontainejean*, Mehé d'Anqueville, *Sens*, 100 fl. 2000
    liv.   A
1774 *Fontaine-le-Comte*, Oroux, *Poitiers*, 66 fl. 3000 l.   A
1772 *Fontaines-Blanches*, du Chaftel, *Tours*, 33 fl. 7000 l.   C
1772 *Fontdouce*, de Segonzac, *Saintes*, 144 fl. 4000 l.   B
* *Fonteaude*, en Economats, *S. Pons*, 300 fl. 5000 l.   P
1774 *Fontenay*, de Vogué, *Autun*, 200 fl. 8000 l.   C
1775 *Fontenay*, de Montazet, *Bayeux*, 750 flor. 11500 l.   B
1736 *Fontenelles*, de Valcourt, *Luçon*, 80 fl. 2500 l.   A
1736 *Fontfroide*, l'Evêque d'Angers, *Narbonne*, 2000 flor.
    11000 l.   C
1772 *Fontgombaud*, de la Pie, *Bourges*, 200 fl. 3300 l.   B
1757 *Fontguillem*, Culture, *Bazas*, 66 fl. 2200 l.   C
1776 *Fontmorigny*, de Cordon, *Bourges*, 200 fl. 6000 l.   C

Nom. Abb. *Titul.* Dioc. *Flor.* Revenu. *Ordre.*

1776 *Fores Montier*, Mouchet de Villedieu, *Amiens*, 300 fl. 6000 l.   B

1775 *Foucarmont*, de Laurencin, *Rouen*, 50 fl. 12000 liv.   C

1754 *Franquevaux*, de Rochemer d'Aigremont, *Nifmes*, 40 fl. 2400 l.   C

17..*Friftrof*, D. de Turique, Metz, 24 fl. 6000 l.   C

1775 *Froidmont*, l'Evêque de Rennes, *Beauvais*, 133 flor. 40000 l,   C

1752 **G** *Aillac*, de Laftic, *Alby*, 506 fl. 5000 l.   B

1773 **G** *Gaftines*, Pourteiron, *Tours*, 50 fl. 4500 l.   A

1754 *Genefton*, Lefranc de Fontaine, *Nantes*, 50 fl. 1200 l.   C

1762 *Genlis*, de la Galaiziere, *Noyon*, 24 fl. 2000 l.   P

1761 *Gimont*, le Comte de Scey, *Auch*, 633 fl. 8500 l.   C

1776 *Goille*, de l'Aubepin, *Befancon*, 66 fl. 3000 l.   A

1771 *Gorze*, le Cardinal Giraud, *Metz*, 1500 fl. 50000 l,   S

1761 *Gondon*, de Coquet, *Agen*, 120 fl. 1500 l.   C

1765 *Grandchamp*, Arnaud, *Chartres*, 24 fl. 2600 l.   P

1748 Grandmont, Mondain de la Maifonrouge, *Limoges*, 1500 fl. 23000 l.

1766 *Grandfelve*, de Véri, *Touloufe*, 4000 fl. 20000 l.   C

1757 *Greftain*, de Boifmont, *Lizieux*, 150 fl. 7000 l.   B

1760 *Gué de l'Aunay*, de Chabannes, *du Mans*, 3000 l.   B

1765 *Guiftres*, ..., *Bordeaux*, 66 fl. 4000 l.   B

1771 **H** *Ambie*, de la Prune - Montbrun, *Coutances*, 72 fl. 7500 l.   A

17.... *Hargien*, ..., *Metz*, 1500 fl. 14000 l.   C

1756 *Hafnon*, de Larnould, *Arras*, 2000 fl. 50000 l.   B

1775 *Hautefontaine*, Berthelot, *Châlons-fur-Marne*, 33 flor. 5300 l,   C

1769 *Hautefeille*, de Montauban, *Toul*, 350 fl. 15000 l.   C

* *Hautvilliers*, en Economats, *Reims*, 700 fl. 26000 l.   B

1776 *Herïvaux*, d'Albignac de Caftelnau, *Paris*, 71 fl. 15000 l. A

1764 *Hermieres*, De Montjouvan, Comte de Lyon, *Paris*, 233 fl. 2700 l.   P

1762 *Honnecourt*, De Laizer de Siougeat, *Cambray*, 33 flor. flor. 5000 l.   B

1770 *Huiron*, Le Crene de Kerbolo, *Châlons-fur-Marne*, 330 3500 liv.   B

1757 *Humblieres*, Prince Camille de Rohan, *Noyon*, 400 flor. 18000 l.   B

1775 *Hyverneaux*, Boutouillic, *Paris*, 66 fl. 1800 l.   A

17.. **J** *Endure*, Alliot, *Toul*, 24 fl. 3000 l.   P

1777 **J** *Igny*, de Coucy, *Reims*, 500 fl. 1400 l.   C

1777 *Joncele*, de Bauffet, *Beziers*, 500 fl. 4000 liv.   P

1767 *Jofaphat*, l'Evêque de Nancy, *Chartres*, 200 fl. 4300 l. B

Nom. Abb. *Titul.* Dioc. *Flor.* Revenu. *Ordre.*

1776 *Joüy*, de Benoît de la Prunarede, *Sens*, 500 fl. 18000 l. C

1767 *Jovillier*, Goy, *Toul*, 24 fl. 3000 l.   P

1759 *Iſſoire*, de Retz de Fraiſſinet, *Clermont*, 200 fl. 1200 l.   B

1769 *Iſſoudun*, de Sade de Meziere, *Bourges*, 50 fl. 5900 l.   A

1760 *Jumiéges*, de Lorraine, *Rouen*, 2300 fl. 40000 l.   B

1769 *Juſtemont*, de Marnezia, *Metz*, 73 fl. 4000 l.   P

1774 *Ivry*, l'Archevêque d'Arles , *Evreux*, 66 fl. 2400 l.   B

1758 *Kemperlay*, Berthelot, *Quimpercorentin*, 221 fl. 7500 l. B

1770 *L A Boiſſiere*, de Saluces , *Angers*, 93 fl. 2000 l.   C

1769 *L'Abſie*, de Chalabre, *la Rochelle*, 100 fl. 9000 l.   B

1758 *La Buſſiere*, Paris, *Autun*, 133 fl. 7500 l.   C

1738 *La Caignotte*, l'ancien Evêque d'Acqs, *Acqs*, 33 fl. 2000 l. B

1753 *La Capelle*, l'Evêque de Mirepoix , *Touloufe*, 300 flor.
     4000 l.   P

1758 *La Cafe-Dieu*, de Vienne, *Auch*, 618 fl. 3000 l.   P

17.. *La Celle*, unie à l'Evêché de Troyes, *Troyes*, 1000 flor.
     7000 liv.   B

1740 *La Cell-Saint-Hilaire*, d'Arimont de Bonlieu, *Poitiers*,
     133 fl. 1200 l.   A

1756 *La Chaife-Dieu*, l'Evêque de Canople , Coadjuteur de
     Straſbourg, *Clermont*, 3136 fl. 20000 l.   B

1774 *La Chalade*, Tudert, *Verdun* , 216 flor. 10000 l.   C

1753 *La Chapelle*, Gouault, *Troyes*, 24 fl. 3000 l.   P

1754 *La Charité*, de Breteuil, *Befançon*, 120 fl. 12000 l.   C

1768 *La Chaſſaigne*, l'Evêque du Puy, *Lyon* , 60 fl. 6500 l. C

1746 *La Chaume*, de Poly de Saint-Thiebault, *Nantes*, 66 fl.
     2000 l.   B

1753 *La Clarté-Dieu*, de la Cofte, *Tours*, 100 fl. 2500 l.   C

1763 *La Cour-Dieu*, l'ancien Evêque de S. Pol de Léon, *Orléans*,
     125 fl. 8000 l.   C

1774 *La Couronne* , Gafton de Pollier, *Angouléme* , 174 fl.
     5000 l.   A

1767 *La Couture*, l'ancien Archevêque d'Embrun , *du Mans*,
     300 fl. 19000 l.   B

1757 *La Crefte*, de Chabannes, Comte de Lyon, *Langres* , 200
     fl. 12000 l.   C

1770 *La Croix Saint-Leufroy*, de Foy, *Evreux*, 250 fl. 16000 l. B

1765 *La Faife*, De Guyonnet de Montbalen, *Bordeaux*, 400 fl.
     4500 l.   C

1772 *La Frenade*, Maury, *Saintes*, 200 fl. 2300 l.   C

1764 La Ferté-Canabelin, *régulier*, Châlons-fur-Saone, 450 fl.
     33000 l.   C

1770 *La Garde-Dieu*, de Malartic, *Cahors*, 500 fl. 4000 l.   C

1770 *La Grace-Dieu*, de Vareilles, *la Rochelle*, 80 fl. 5700 l. C

1721 *La Grace-Dieu*, Jennet, *Befançon*, 24 fl. 4000 l.   C

Nom. Abb. *Titul.*, Dioc. *Flor.* Revenu. *Ordre.*

1721 *La Graffe*, l'Evêque de Carcaffonne, *Carcaffonne*, 4633 fl. 18000 l. B

1773 *La Grenetiere*, l'Evêque de Tréguier, *Luçon*, 200 fl, 10000 liv. B

1774 *La Honce*, de Spens, *Bayonne*, 24 fl. 3000 l. P

1776 *La Mellerayé*, Je Mintier, *Nantes*, 106 fl. 3000 l. C

1760 *La Mercy-Dieu*, Guygard de Jons, *Poitiers*, 50 fl. 1490 l. C

1776 *Landais*, de Seguiran, *Bourges*, 200 fl. 3500 l. C

1745 *Landeveneck*, l'Evêque d'Auxerre, *Quimper*, 120 flor. 6500 l. B

1766 *Langonet*, l'Evêque de Quimpercorentin, *Quimper*, 66 fl. 6000 liv. C

1743 *Lannoy*, de la Rue de la Lannoy, *Beauvais*, 24 fl. 7000 l. C

1754 *La Noé*, Biandos, *Evreux*, 120 fl. 7000 l. C

1731 *Lantenac*, de Kerbringal, *Saint-Brieux*, 80 fl. 4300 l. B

1767 *Lanvaux*, Guillot de Montjoie, *Vannes*, 33 fl. 1600 l. B

1769 *La Pelice*, Desfontaines, *du Mans*, 66 fl. 8500 l. C

1773 *La Peyroufe*, de la Laurencie de Villeneuve, *Perigueux*, 200 fl. 4500 l. B

1752 *La Reau*, de Mazancourt de Viviers, *Poitiers*, 100 fl. 4800 l. A

1769 *La Réaule*, de Nogués, *Lefcar*, 133 fl. 5200 l. B

1761 *La Réole*, de Charite, *Tarbes*, 50 fl. 3000 l. B

17.... *La Rivour*, ... *Troyes*, 24 fl. 10000 l. C

1742 *La Roche*, de la Clüe, *Paris*, 24 fl. 1500 l. A

1747 *La Roë*, de Lancry de Pronleroy, *Angers*, 83 fl. 4500 l. A

1755 *Laffée en Brignon*, d'Ethy de Milly, *Poitiers*, 50 flor. 2000 l. B

1753 *La Trinité de Vendôme*, l'Evêque de Soiffons, *Blois*, 2000 fl. 15000 l. B

1775 *La Valaffe*, du Chilleau, *Rouen*, 100 fl. 20000 l. C

1765 *La Vernuce*, de Palerne, *Bourges*, 50 fl. 5300 l. A

1761 *La Victoire*, l'Evêque de Senlis, *Senlis*, 88 fl. 24000 l. C

1750 *La Vieuville*, l'Archevêque de Befançon, *Dol*, 166 flor. 5000 l. C

1748 *L'Aumône*, d'Antragues, *Blois*, 100 fl. 4500 l. C

* *Le Bec*, en Economats, *Rouen*, 3000 fl. 30000 l. C

1742 *Le Bouchet*, de la Batiffe, *Clermont*, 100 fl. 1600 l. B

1752 *L'Efcal-Dieu*, Malromé, *Tarbes*, 450 fl. 5000 l. C

1733 *L'Efpau*, du Hardas d'Hauteville, *le Mans*, 100 flor. 6000 l. A

1773 *Le Gard*, l'Evêque d'Arras, *Amiens*, 24 fl. 25000 l. C

1774 *Le Jard*, Vermont, *Sens*, 225 fl. 4000 l. A

1746 *Le Mas d'Azil*, de Montlezun, *Rieux*, 600 fl. 5000 l. B

Nom. Abb. *Titul.* Dioc. *Flor.* Revenu. *Ordre.*

1772 *Le Mas-Garnier*, l'Evêque d'Acqs , *Touloufe*, 600 flor. 8500 l.   B

1772 *Leoncel*, de Moncroc, *Valence*, 66 fl. 4500 l.   C

1749 *Le Perray-Neuf*, d'Heliot, *Angers*, 24 fl. 4000 l.   P

1760 *Les Alleuds*, de Graves, *Poitiers*, 120 fl. 3000 l.   B

1727 *Les Cannes*, ancien Archevêque d'Embrun, *Narbonne*, 800 fl. 3000 l.   B

1743 *Les Châteliers*, de Chateignier de Rouvres, *Poitiers*, 300 fl. 12000 l.   C

1754 *Les Roches*, Adam , *Auxerre*, 24 fl. 3000 l.   C

1774 *Leffay*, l'Archevêque de Befançon , *Coutances* , 600 flor. 28000 l.   B

1750 *L'Efterp*, Payan, *Limoges*, 500 fl. 2000 l.   A

1759 *L'Eftoile*, de la Corne de Chapt , *Poitiers*, 60 fl. 3000 l.   C

1767 *Létanche*, Tenodel , *Verdun*, 24 fl. 3000 l.   P

1772 *Le Thoronet*, de Flamarens, *Fréjus*, 400 fl. 8500 l.   C

1753 *Lezat*, l'Evêque de Meaux, *Rieux*, 1000 fl. 14000 l.   B

1748 *Licques*, d'Inteville, *Boulogne*, 24 fl. 5000 l.   B

. . . . *Lieffies*, ... *Cambray*, 24 flor. 25000 liv.   B

1766 *Lieucroiffant*, l'Evêque de Gap , *Befançon*, 24 fl. 3000 liv.   C

1764 *Lieu-Dieu*, de Béon, *Amiens*, 24 fl. 4600 l.   C

1771 *Lieu-Dieu en Jard*, de Jarente , *Luçon*, 150 fl. 10000 l.   P

1752 *Lieu-Reftauré*, Garnier, *Soiffons*, 24 fl. 4000 l.   P

1774 *L'Ifle-Chauvet*, de Caqueray , *Luçon*, 50 fl. 4000 l.   B

1759 *L'Ifle de Médoc*, l'Evêque de Bazas , *Bordeaux*, 160 fl. 4000 l.   A

1722 *L'Ifle-Dieu*, de la Rue , *Rouen*, 126 fl. 3500 l.   P

1769 *Livry*, de Breteuil, *Paris*, 24 fl. 4500 l.   A

1763 *Loc-Dieu*, Gafton, *Rhodez*, 240 fl. 4500 l.   C

1762 *Longeville*, de Boufflers, *Metz*, 340 fl. 15000 l.   B

1764 *Longuay*, de Planc de Beaumelle, *Langres*, 24 fl. 7200 liv.   C

1758 *Longvay*, de Feitis de Saint-Capraife, *Reims*, 24 fl. 2500 l. P

1759 *Longues*, l'Evêque de Leiétour , *Bayeux*, 200 fl. 5000 l.   B

1765 *Longvilliers*, d'Arvillars, *Boulogne*, 44 fl. 12500 l.   C

1776 *Longpont*, de Saint Marfault , *Soiffons*, 550 fl. 20000 l. C

1758 *Lonlay*, de Clery de Serans, *du Mans*, 250 fl. 4500 l.   B

1775 *L'Oroy*, Marchand, *Bourges*, 60 fl. 6000 l.   C

1763 *Lorroux*, Desbrieres, *Angers*, 250 fl. 6300 l.   C

1767 *Lunéville*, Mathy, *Toul*, . . . fl. 12000 l.   A

1774 *Lure*, de Beaumont, *Sifteron*, 24 fl. 2500 l.   B

1762 *Luxeuil*, de Clermont - Tonnerre , *Befancon*, 600 flor. 23000 l.   B

1734 *Lyre*, le Cardinal de Rohan, *Evreux*, 500 fl. 17000 l.   B

Nom. Abb. *Titul.* Dioc: *Flor.* Revenu. *Ordre.*

1770 *M Acheret*, Eloy, *Troyes*, 24 fl. 3200 l. Ordre de Gram.
1755 *Madion*, d'Heriffon, *Saintes*, 24 fl. 1200 l. B

1748 *Maifieres*, de Romilley, *Châlons-fur-Saône*, 320 fl.
17000 l. C

1753 *Manlieu*, de Laizer de Siougeat, *Clermont*, 321 flor.
3500 l. B

1771 *Marcheroux*, Foffard, *Rouen*, 24 fl. 1700 l. P

1773 *Marfillac*, le Cardinal de Zelada, *Cahors*, 156 fl. 15600
liv. B

1732 *Maffay*, Jubert de Bouville, *Bourges*, 120 fl. 5000 l. B

1771 *Mauleon*, Lambert, *la Rochelle*, 100 fl. 6000 l. A

1764 *Maurs*, de Sennezergues, *Saint-Flour*, 200 fl. 4000 l. B

1757 *Mauzac*, de Rafe, *Clermont*, 200 fl. 6000 l. B

1732 *Maymac*, de Saint-Val, *Limoges*, 150 fl. 2000 l. B

1775 *Mazan*, l'Evêque de Sifteron, *Viviers*, 150 flor. 9500
liv. C

1776 *Mégemont*, de Cledat, *Clermont*, 33 fl. 1500 l. C

1765 *Menat*, Urvoy, *Clermont*, 200 fl. 6500 l. B

1762 Metloch, D. le Jeune Trève, 500 fl. 30000 l. B

1765 *Miferay*, de Fraigne, *Bourges*, 150 fl. 2100 l. A

1766 *Moiremont*, de Villeneuve d'Anfonis, *Chalons-fur-Marne*,
600 fl. 8000 l. B

1775 *Moiffac*, l'Archev. de Touloufe, *Cahors*, 4000 fl. 80000 l. S

1764 *Molefme*, Terray, *Langres*, 4000 fl. 18000 l. B

1761 *Molóme*, d'Herbouville, *Langres*, 300 fl. 6500 l. B

1764 *Monftier en Argonne*, l'Archevêque de Lyon, *Châlons-fur-Marne*, 58 fl. 25000 l. C

1764 *Monftier-en-Der*, l'Evêque de Châlons-fur-Marne, *Châlons-fur-Marne*, 300 fl. 25000 l. B

1772 *Monftier-neuf*, de Creffac, *Poitiers*, 700 fl. 10000 l. B

1776 *Montbenoit*, de Saint Pern, *Befançon*, 200 flor. 10000
liv. A

1763 *Montdée*, Raffin, *Lizieux*, 24 fl. 14000 l. P

1771 *Montebourg*, l'Evêque de Coutances, *Coutances*, 606 fl.
32000 l. B

1721 *Montfort la Canne*, de Champlais, *Saint-Malo*, 105 flor.
2500 l. A

1761 *Montmajour*, l'Evêque de Canople, Coadjuteur de Strafbourg, *Arles*, 1759 fl. 20000 l. B

1771 *Montmorel*, de Pontevès, *Avranches*, 143 fl. 9000 l. A

1754 *Montolieu*, de Bellegarde, Comte de Lyon, *Carcaffonne*,
1000 fl. 3800 l. B

1768 *Montpeyroux*, de Perthuis, *Clermont*, 250 fl. 3500 l. C

1768 *Mont Sainte-Marie*, Farjonel d'Hauterive, *Befançon*, 250
fl. 12000 l. C

Nom.   Abb.   *Titul.*   Dioc.   *Flor.*   Revenu.   *Ordre.*

* *Mont Saint-Michel*, en Economats , *Avranches* , 400 fl. 24000 l.   B

1775 *Mont Saint-Quentin* , l'Archevêque de Bordeaux , *Noyon* , 400 fl. 21000 l.   B

1770 *Montier-Ramey* , l'Evêque de Tulles , *Troyes* , 2000 flor. 23900 l.   B

1772 *Moreaux* , Bruneau , *Poitiers* , 24 fl. 2000 l.   B

1776 *Moreilles* , de Fontanges , *la Rochelle* , 24 flor. 9000 liv.   C

1759 *Moreuil* , d'Inguimbert , *Amiens* , 200 fl. 5000 l.   B

1755 *Mores* , d'Helyot , *Langres* , 24 fl. 4000 l.   C

1774 *Morigny* , de Montagnac , *Sens* , 465 fl. 9200 l.   B

1753 Morimond , Thirion , Langres , 1400 fl. 15000 l.   C

1756 *Mortemer* , l'Evêque de Langres , *Rouen* , 33 fl. 11000 l.   C

1759 *Mouzon* , l'Archevêque de Bordeaux , *Reims* , 850 fl. 20000 l.   B

17.. *Moyenmoutier* , D. Barois , *Toul* , 200 fl. 18000 l.   P.

1765 *Mureaux* , de Condillac , *Toul* , 200 fl. 8000 l.   P

1767 N Ancy , D. Pierson , Toul , ... fl. 12000 l.   B

* N *Nanteuil*, unie au Séminaire de Poitiers,233 fl.5000 l. B

1773 *Nantz* , de Boiffe , *Vabres* , 200 fl. 6000 l.   B

1777 *Neaufle-le-vieux* , de Langlade , *Chartres* , 120 fl. 5500 l.   B

1745 *Nesle-la-Reposte* , du Barail , *Troyes* , 100 fl. 3000 l.   B

1763 *Niœuil*, la Roche-Ponciez , *la Rochelle* , 200 fl. 3000 l.   A

1759 *Nisors*, l'Evêque de Rieux , *Comminges* , 24 fl. 3000 l.   C

1759 *Noaillé*, de la Ville de Mirmont , *Poitiers* , 300 fl. 6700 l.   B

1759 *Noirlac* , l'Evêque de Treguier , *Bourges* , 33 fl. 3700 l.   C

1757 *Notre-Dame de Châtillon* , le Bafcle d'Argenteuil , *Langres* , 500 fl. 6500 l.   A

1733 *Notre-Dame de Dalon* , Certain , *Limoges* , 450 fl. 3500 l.   C

1739 *Notre-Dame de Gourdon* , Varaire de Montmilan , *Cahors* , 66 fl. 1500 l.   C

1745 *Notre-Dame de Ham* , l'Evêque de Boulogne , *Noyon* , 800 fl. 18000 l.   A

1772 *Notre-Dame de la Blanche* , de Lanty , *Luçon* , 133 flor. 11000 l.   C

1738 *Notre-Dame de Landeve* , de Saint-Didier , *Reims* , 24 fl. 2300 liv.   A

1763 *Notre-Dame de la Prée* , de Boquemener , Evêque d'Apollonie , *Bourges* , 600 fl. 4000 l.   C

1748 *Notre-Dame de Nogent* , Poulle , *Laon* , 66 fl. 9800 l.   B

1774 *Notre-Dame de Sauve-Majeure*, Taillefer, *Bordeaux*, 830 fl. 14000 l.   B

1774 *Notre-Dame des Vertus* , du Bouzet , *Châlons-fur-Marne* , 300 fl. 5000 l.   A

Nom. Abb. *Titul.* Dioc. *Flor.* Revenu. *Ordre.*

1773 *Notre-Dame d'Eu*, l'Evêque de Châlons-fur-Saône, *Rouen*,
 166 fl. 7000 l.   A

1743 *Notre-Dame du Palais*, de Sahuguet d'Efpagnac, *Limoges*,
 130 fl. 1400 l.   C

1742 *Notre-Dame du Val*, Defcars, *Bayeux*, 60 fl. 3000 l.   A

1776 *Notre-Dame de Saint-Martin de Châteauroux*, de la Cour-
 maynard, *Bourges*, 124 fl. 1000 l.   B

1761 *Noyers*, l'Evêque de Dol, *Tours*, 300 fl. 2000 l.   B

1769 **O** *Bazine*, de Saint-Marfault, *Limoges*, 1000 flor.
  10200 l.   C

1754 *Oigny*, Bouettin, *Autun*, 53 fl. 7500 l.   A

1748 *Olivet*, l'Evêque de Sées, *Bourges*, 120 fl. 2500 l.   C

1751 *Orbais*, du Bourg, *Soiſſons*, 550 fl. 4000 l.   B

1753 *Orbeſtier*, l'Evêque de Tulles, *Luçon*, 80 fl. 5000 l.   B

1777 *Ourcamp*, l'Evêque d'Autun, *Noyon*, 1800 fl. 40000 l.   C

1772 **P** *Aimpont*, Dall de Tromellin, *Saint-Malo*, 108 fl.
  6000 l.   A

1734 *Pebrac*, Couturier de Fournoüe, *Saint-Flour*, 103 flor.
 2400 l.   A

1753 *Perignac*, Paſſelaigne, *Agen*, 70 fl. 3700 l.   C

1745 *Perſeigne*, de Commelles, *du Mans*, 73 fl. 2500 liv.   C

1759 *Peſſan*, l'Evêque de Gap, *Auch*, 150 fl. 3000 l.   S

1769 *Pleine-Selve*, de Graves, *Bordeaux*, 24 fl. 1200 l.   P

1777 *Pleinpied*, de Maufoud, *Bourges*, 107 fl. 3400 l.   A

1762 *Pont-à-Mouſſon*, Breton, *Metz*, 200 fl. 8000 l.   P

1741 *Pontaut*, l'Evêque d'Oleron, *Aire*, 50 fl. 5200 l.   C

1752 *Pontron*, Blondel, *Angers*, 100 fl. 6000 l.   C

1777 *Pornid*, du Pargo, *Nantes*, 133 fl. 2000 l.   A

1758 *Poultieres*, Richard de Saint-Nom, *Langres*, 200 fl. 7000
 liv.   B

1769 Pontigny, Dom Chanlatte, Auxerre, 300 fl. 28000 l.   A

 * *Preaux*, en Economats, *Lizieux*, 700 fl. 25000 l.   B

1739 *Prébenoiſt*, de Beaupuid, *Limoges*, 65 fl. 900 l.   C

1769 Prémontré, Manoury, Laon, 2250 fl. 45000 l.   A

1763 *Prully*, l'Archevêque d'Auch, *Sens*, 200 fl. 15000 l.   C

1765 *Preuilly*, de Galles, *Tours*, 100 fl. 2500 l.   B

1766 *Puyferrand*, Taurin, *Bourges*, 33 fl. 2200 l.   A

1768 **Q** *Uarante*, de Montagnac, *Narbonne*, 500 fl. 2400 l. A

1775 **Q** Quinçay, de Buiſſy, *Poitiers*, 250 fl. 5000 l.   B

1768 *Quincy*, Seguin, *Langres*, 250 fl. 2000 l.   C

1767 **R** *Angeval*, Moreau, *Toul*, 24 fl. 6000 l.   P

1738 **R** *Rebais*, l'Archevêque de Cambray, *Meaux*, 333 fl.
 17000 liy.   P

1763 *Reclus*, de Ventoux, *Troyes*, 24 fl. 3000 l.   C

1747 *Redon*, l'Evêque de Verdun, *Vannes*, 526 fl. 14800   B

Nom. Abb. Titul. Dioc. Flor. Revenu. Ordre.

1758 *Relecq*, du Vivier de Lanfac, Comte de Lyon, *S. Pol de Léon*, 150 fl. 12000 l.   C

1773 *Reffons*, de l'Efcure, *Rouen*, 73 fl. 3500 l.   B

1768 *Ribemont*, l'Evêque de Soiffons, *Laon*, 200 fl. 10000 l.   P

1767 *Rieval*, Cordier, *Toul*, 24 fl. 3000 liv.   P

1754 *Rigny*, du Chaftel, *Auxerre*, 24 fl. 8000 l.   C

1763 *Rillé-les-Fougeres*, l'Olivier de Tronjoly, *Rennes*, 133 fl. 7000 l.   A

1776 *Rofieres*, Des Marais, *Befançon*, 90 fl. 10000 l.   C

1736 *Royaumont*, l'Archevêque de Cambray, *Beauvais*, 268 fl. 18000 l.   C

1763 *Ablonceaux*, de Duglas, *Saintes*, 1000 fl. 6500 l.   A

1760 S. *Acheuil*, Le Gros, *Amiens*, 180 fl. 5000 l.   A

1774 *S. Allyre*, Gafton de Pollier, *Clermont*, 110 fl. 11000 l.   B

1771 *S. Amable de Riom*, de Riolz, *Clermont*, 150 fl. 1500 l.   S

1755 *S. Amand*, le Cardinal d'York, *Tournay*, 300 fl. 60000 l.   C

1751 *S. Amand de Coly*, Vaffal de la Quézie, *Sarlat*, 400 fl. 1800 liv.   A

1758 *S. Amand de Boix*, de Saluces, *Angoulême*, 180 fl. 3000 l.   S

1759 *S. Ambroife*, l'Evêque de Clermont, *Bourges*, 175 fl. 3500 l.   A

1740 *S. André*, le Comte de Scey, *Clermont*, 100 flor. 4000 liv.   P

1773 *S. André de Villeneuve*, l'Evêque de Grenoble, *Avignon*, 446 fl. 15000 l.   B

1705 *S. André du Jau*, Xaupi, *Perpignan*, 100 fl. 800 l.   B

* *S. André en Goufern*, en Economats, *Séez*, 120 flor. 16000 liv.   C

17.... *S. André le Bas*, ... , *Vienne*, 200 fl. 1500 l.   B

1768 *S. Aphrodife*, Maillé de la Tour-Landry, *Beziers*, 3400 l.   B

1775 *S. Arnould*, l'Evêque de Metz, *Metz*, 1400 fl. 30000 l.   B

1719 *S. Aftier*, du Plancher, *Périgueux*, 24 fl. 1600 l.

1767 *S. Aubin*, l'Evêque d'Angers, *Angers*, 750 flor. 14000 liv.   B

1764 *S. Aubin des Bois*, l'Evêque de Saint Pol de Léon, *Saint Brieux*, 66 fl. 2700 l.   C

1763 *S. Auguftin*, Véry, *Limoges*, 300 fl. 3000 l.   B

1762 *S. Avold*, de la Galaifiere, *Metz*, 300 fl. 12000 l.   B

1772 *S. Barthelemy*, d'Allerey, *Noyon*, 24 fl. 9000 l.   A

17.... *S. Bafle*, ... *Reims*, 750 fl. 9500 l.   B

S. Benigne, unie à l'Evêché de Dijon, *Dijon*, 2000 fl. 16000 l.   B

17. . *S. Benoît en Voipure*, D. Alliot, *Metz*, 200 fl. 10000 l.   C

* *S. Benoît*, unie à l'Archevêché de Bourges, *Orléans*, 2000 fl. 23000 l.   B

1773

Nom. Abb. *Titul.* Dioc. *Flor.* Revenu. *Ordre.*

1773 *S. Bertin*, d'Allefnes, *Saint-Omer*, 2000 fl. 25000 l. B

1723 *S. Calés*, de Vichy-Chamron, *du Mans*, 250 fl. 7500 l. B

1747 *S. Chaffre*, l'Archévêque de Vienne, *du Puy*, 500 flor. 10000 l. B

1752 *S. Chignan*, Péguilhem de Larbouft, *Saint-Pons*, 400 fl. 8000 l. B

1758 *S. Cheron*, Riviere, *Chartres*, 120 fl. 2500 l. A

1774 *S. Clément*, Fumée, *Metz*, 233 fl. 17800 l. B

1771 *S. Crefpin en Chaye*, de Montbourg, *Soiffons*, 208 fl. 4000 liv. A

1758 *S. Crefpin le Grand*, de Dampierre, *Soiffons*, 1650 fl. 10000 l. B

1775 *S. Cybar*, de Chabans, *Angouléme*, 500 fl. 6000 l. B

1763 *S. Cyprien*, de Lantillac, *Poitiers*, 66 fl. 4700 l. B

1775 *S. Denys*, Talleyrand-Perigort, *Reims*, 900 fl. 24000 l. A

1756 *Ste Colombe*, de Livry, Evêque de Callinique, *Sens*, 1000 fl. 6500 l. B

1776 *Ste Croix*, de la Rochefoucault-Magnac, *Bordeaux*, 500 fl. 15000 l. B

1762 *Ste Croix de Quinkamp*, de la Freflòniere, *Tréguier*, 108 fl. 4000 l. A

1761 *S. Eloy de Noyon*, de Breteuil, *Noyon*, 3000 fl. 24000 l. B

1757 *S. Eloy Fontaine*, Tudert, *Noyon*, 750 fl. 7500 l. A

1749 *S. Epvre*, le Cardinal de Rohan, *Toul*, 130 fl. 35000 l. B

1777 *S. Etienne de Caen*, l'Archevêque de Narbonne, *Bayeux*, 1060 flor. 75000 l. B

1751 *S. Etienne de Vaux*, de Termes, *Saintes*, 150 fl. 1700 l. B

1769 *S. Evroul*, l'Evêque de Rennes, *Lizieux*, 850 fl. 39000 l. B

1774 *S. Eufebe*, de Monteil, *Apt*, 200 fl. 3000 l. B

1774 *S. Euverte*, de Cefarges, *Orléans*, 500 fl. 8000 l. A

1772 *Ste* Génevieve à Paris, Revoir, triennal, 800 fl. 65000 l. A

1768 *Ste Marguerite*, de Marfangy, *Autun*, 24 fl. 3100 l. A

1760 *S. Faron*, de Soutlanges, *Meaux*, 1200 fl. 20000 l. B

1745 *S. Ferme*, de Batz Delapeyre, *Bazas*, 400 fl. 8000 l. B

1767 *S. Florent*, de Beliardy, *Angers*, 3000 fl. 12000 l. B

1769 *S. Fulcien*, d'Aligre, *Amiens*, 200 fl. 8000 l. B

1777 *S. Genou*, Bonal, *Bourges*, 200 fl. 2000 l. B

1763 *S. Georges des Bois*, de Pujols, *du Mans*, 116 fl. 1200 l. A

1766 *S. Georges-fur-Loire*, de Salles, *Angers*, 136 fl. 4900 l. A

* *S. Germain des Prez*, en Économats, *Paris*, 4000 flor. 130000 l. B

1761 *S. Germain*, l'Evêque de Sées, *Auxerre*, 500 fl. 8000 l. B

1768 *S. Germer*, l'Evêq. de Senlis, *Beauvais*, 1000 fl. 24000 l. B

1771 *S. Gilbert de Neuf-Fontaines*, de Beaupoil de Saint-Aulaire, *Clermont*, 150 fl. 3000 l. P

Nom.   Abb.   *Titul.*   Dioc.   *Flor.*   Revenu.   *Ordre.*

1763 *S. Gildas des Bois*, de Valory la Pomeraye, *Nantes*, 90 fl.
    3500 l.   B
 * *S. Gildas de Ruys*, unie à l'Evêché de Vannes, *Vannes*,
    123 fl. 8600 l.   B
1774 *S. Gilles*, l'Archevêque d'Aix, *Nîmes*, 800 fl. 21000 l. S
1770 *S. Guilain du Desert*, de Bayanne, *Lodeve*, 600 fl. 4500
    liv.   B
1772 *S. Hilaire*, de Combettes, *Carcassonne*, 450 fl. 2400 l.   B
1752 *S. Honorat de Lerins*, l'Evêque d'Orléans, *Grasse*, 100 fl.
    12000 l.   B
1764 *S. Jacques*, Guillot de Mondesir, *Beziers*, 153 fl. 1600 l.   A
1731 *S. Jacques de Provins*, Mercier, *Sens*, 250 fl. 7000 l.   A
1772 *S. Jacut*, l'Evêque de Saint-Malo, *Dol*, 228 fl. 6400 l.   B
 * *S. Jean*, unie à l'Ecole Militaire, *Laon*, 3000 fl. 25000
    liv.   B
1760 *S. Jean*, de Crillon, *Amiens*, 200 fl. 26000 l.   P
1774 *S. Jean d'Angely*, l'Evêque de Limoges, *Saintes*, 1333 fl.
    12000 liv.   B
1777 *S. Jean de Falaise*, d'Estocquois de Schulemberg, *Séez*,
    300 fl. 6000 l.   P
1731 *S. Jean des Prés*, de Brilhac, *Saint-Malo*, 100 fl. 4000 l. A
1766 *S. Jean des Vignes*, l'Archevêque de Narbonne, *Soissons*,
    1250 fl. 30000 l.   A
1763 *S. Jean en Vallée*, Dromgold, *Chartres*, 400 fl. 4500 l.   A
1764 *S. Josse-sur-Mer*, de Modene, *Amiens*, 200 fl. 5500 l.   B
17.... *S. Jouin-les-Marnes*, unie au Chapitre d'Amboise, *Poi-
    tiers*, 520 fl. 8000 l.   B
1754 *S. Just*, d'Harambures, *Beauvais*, 24 fl. 10000 l.   P
1753 *S. Laon de Thouars*, de Buffy, *Poitiers*, 170 fl. 2700 l.   A
1769 *S. Laurent des Aubats*, d'Archambault, *Auxerre*, 133 fl.
    2000 l.   A
1773 *S. Léon*, de Damas, *Toul*, 24 fl. 6400 l.   A
1759 *S. Léonard de Chaume*, Dupuy de Montmejean, *la Rochelle*,
    24 fl. 1800 l.   C
1748 *S. Liguaire*, Rabereul, *Saintes*, 150 fl. 10000 l.   B
1737 *S. Lo*, le Baron de Halleberg, *Coutances*, 300 fl. 8000 l.   A
1757 *S. Loup*, de Radonvilliers, *Troyes*, 600 fl. 12000 l.   A
1766 *S. Lucien*, l'Archevêque de Bourges, *Beauvais*, 3000 fl.
    26000 liv.   B
1739 *S. Mahé*, l'ancien Evêque de Saint-Pol de Léon, *Saint-
    Pol de Léon*, 300 fl. 3500 l.   B
1772 *S. Maixant*, l'Archevêque d'Aix, *Poitiers*, 1226 fl.
    14000 l.   B
1763 *S. Mansuy*, Bertin, *Toul*, 233 fl. 20000 l.   B
1777 *S. Marcel*, Haugard, *Cahors*, 50 fl. 2000 l.   C

| *Nom.* | Abb. | *Titul.* | Dioc. | *Flor.* | Revenu. | *Ordre.* |

1771 S. Marien, Clémenceau, *Auxerre*, 200 fl. 4000 l. — P

1750 S. Martial, de Montefquiou, *Limoges*, 1132 fl. 5200 l. S

1746 S. Martin, l'Evêque de Belley, *Autun*, 316 fl. 4500 l. B

1762 S. Martin de Pontoife, Gaſton de Maſtin, *Rouen*, 500 fl. 15000 l. B

1750 S. Martin, de Gaſcq, *Nevers*, 100 fl. 2000 l. B

1754 S. Martin des Aires, l'Evêque de Tarbes, *Troyes*, 160 fl. 2000 l. A

1763 S. Martin, de Foy, *Sées*, 350 fl. 20000 l. B

1772 S. Maur, de Crequy, *Angers*, 150 fl. 6000 l. B

1767 S. Maurin, de Cremeaux d'Antragues, *Agen*, 100 fl. 4000 l. B

1756 S. Médard, le Cardinal de Bernis, *Soiffons*, 2200 fl. 40000 l. B

1771 S. Méen, des Cognets, *Saint-Malo*, 200 fl. 7000 l. B

* *S. Melaine*, unie à l'Evêché de Rennes, *Rennes*, 1016 fl. 10000 l. B

1773 S. Menge, ou *S. Mefmie*, de Rys, *Châlons-ſur-Marne*, 800 fl. 7000 l. A

1773 S. Mefmin, de Chapt de Raſtignac, *Orléans*, 200 fl. 12000 l. B

1763 S. Michel de Tonnerre, de Narbonne-Lara, *Langres*, 228 fl. 4000 l. B

1772 S. Michel en Thiérache, de Narbonne-Lara, *Laon*, 500 fl. 15000 l. B

1777 S. Mihiel, l'Evêque de Saint-Diez, *Verdun*, 300 fl. 30000 l. B

1772 S. Nicolas des Prés, de la Frelonniere, *Verdun*, 24 fl. 4400 liv. A

1772 S. Nicolas, de Moſtuejouls, *Angers*, 450 fl. 16600 l. B

1760 S. Nicolas des Bois, Dumeſnil de Saint-Didier, *Laon*, 80 fl. 16000 l. B

1777 S. Ouen, l'Archevêque de Bourges, *Rouen*, 4000 flor. 45000 l. B

1759 S. Paul, Ancien Evêque de Limoges, *Verdun*, 200 fl. 22000 l. P

1755 S. Paul, Gou, *Sens*, 24 fl. 1000 l. P

1733 S. Paul, Boiffeau, *Befançon*, 700 fl. 15000 l. A

1769 S. Pé de Genéres, de Sarlabous, *Tarbes*, 300 fl. 3700 l. B

1764 S. Pierre, de Stoupy, *Châlons-ſur-Saône*, 300 flor. 6500 liv. B

1768 S. Pierre, de Mauroy, *Auxerre*, 66 fl. 1800 l. A

1738 S. Pierre aux Monts, l'Evêque d'Aire, *Châlons-ſur-Marne*, 1300 fl. 9000 l. B

1772 S. Pierre de Vienne, l'Evêque de Saint Brieux, *Vienne*, 11000 l. B

Nom. Abb.   *Titul.*   Dioc. *Flor.* Revenu. *Ordre*

1773 *S. Pierre de Lagny*, l'Evêque de Meaux, *Paris*, 1300 fl. 12800 l.   B

1771 *S. Pierre de Melun*, de Clermont-Tonnerre, *Sens*, 800 fl. 8000 l.   B

1762 *S. Pierre en Vallée*, de Veri, *Chartres*, 500 fl. 15000 l.   B

1768 *S. Pierre-fur-Dive*, de Sainte-Aldegonde, *Séez*, 800 fl. 12000 l.   B

1765 *S. Policarpe*, de Gohin, *Narbonne*, 300 fl. 4000 l.   B

1768 *S. Prix*, de Goyon, *Noyon*, 133 fl. 10000 l.   B

1774 *S. Quentin*, de Béon, *Beauvais*, 500 fl. 10000 l.   A

1776 *S. Quentin en l'Ifle*, de Taleyrand Périgord, .Archevêque de Reims, *Noyon*, 1000 fl. 29000 l.   B

1775 *S. Rambert*, de la Croix, *Lyon*, 250 fl. 5700 l.   B

* *S. Remy*, unie à l'archevêché de Reims, *Reims*, 5382 fl. 32000 l.   B

1759 *S. Rigaud*, Defpiard, *Mâcon*, 200 fl. 3000 l.   B

* *S. Riquier*, en Économats, *Amiens*, 4000 fl. 28000 l.   B

1742 *S. Romain de Blaye*, l'Evêque de Couferans, *Bordeaux*, 600 fl. 4000 l.   A

1761 S. Ruf, Tardivon, Valence, 300 fl. 10000 l.   A

1746 *S. Satur*, de Veri, *Bourges*, 731 fl. 7000 l.   A

1769 *S. Savin*, de S. Hilaire, *Poitiers*, 150 fl. 8800 l.   B

1729 *S. Savin de Lavedan*, de Montlezun, *Tarbes*, 300 fl. 2400 l. B

1773 *S. Sauve*, de Malvoifin, *Amiens*, 250 fl. 6600 l.   B

1770 *S. Sauveur*, de Leyffen, *Lodeve*, 400 fl. 3000 l.   B

1763 *S. Sauveur de Blaye*, de Pingon de Prangin, Comte de Lyon, *Bordeaux*; 400 fl. 4000 l.   B

1762 *S. Sauveur de l'Etoile*, Chilliaux Deffieux, *Blois*, 24 fl. 2000 l.   P

1761 *S. Sauveur de Vertus*, de Pradine, *Châlons-fur-Marne*, 300 fl. 2000 l.   B

1766 *S. Sauveur-le-Vicomte*, l'Evêque de Béziers, *Coutances*, 250 fl. 19000 l.   B

1771 *S. Seine*, de Luzine, *Dijon*, 500 fl. 12000 l.   B

1746 *S. Serge*, d'Hérouville, *Angers*, 526 fl. 8000 l.   B

17.... *S. Sernin*, ... *Touloufe*, 4000 fl. 22000 l.   A

1747 *S. Sever*; d'Anneville de Chifrevaft, *Coutances*, 500 fl. 5500 l.   B

1775 *S. Sever*, l'Evêque de Bayonne, *Aire*, 600 fl. 10000 l. B

1736 *S. Sever de Ruftan*, de Noguez, *Tarbes*, 133 fl. 2500 l. B

1758 *S. Severin*, de la Noüe, *Poitiers*, 160 fl. 2500 l.   A

1759 *S. Spire de Corbeil*, Fitz-Harris, *Paris*, 24 fl. 1000 l. S

1763 *S. Sulpice - les - Bourges*, le Noir, *Bourges*, 400 fl. 12000 liv.   B

1773 *S. Syphorien*, l'Evêque de Blois, *Beauvais*, 312 fl. 8000 l. B

Nom. Abb. *Titul.* Dioc. *Flor.* Revenu. *Ordre.*

1775 *S. Syphorien*, de Polignac, *Mets*, 451 fl. 16000 l.   B

1753 *S. Taurin*, l'Evêque de Poitiers, *Evreux*, 1144 fl. 12000 livres.   B

1740 *S. Thibery*, de Crillon, *Agde*, 1090 fl. 3700 l.   B

1756 *S. Vaaſt*, de Briois d'Hulluch, *Arras*, 4000 fl. 40000 l.   B

   *   *S. Valery*, en Economats, *Amiens*, 2712 fl. 18000 l.   B

1757 *S. Vandrille*, l'Evêque d'Orléans, *Rouen*, 4000 fl. 55000 livres.   B

1764 *S. Victor*, l'Archevêque de Lyon, *Paris*, 100 fl. 45000 livres.   A

1751 *S. Victor*, l'Abbé de Lorraine, *Marſeille*, 1850 fl. 46000 livres.   B

1739 *S. Victor en Caux*, Teriſſe, *Rouen*, 300 fl. 5500 l.   A

   ⁂   *S. Vincent*, en Economats, *Laon*, 1000 fl. 19000 l.   B

1765 *S. Vincent*, de Moſtuejouls, *Senlis*, 24 fl. 7000 l.   A

   *   *S. Vincent*, en Economats, *Metz*, 400 flor. 25000 l.   B

1768 *S. Vincent*, Deſcars, *Beſançon*, 52 fl. 6000 liv.   B

1759 *S. Vincent aux Bois*, André, *Chartres*, 60 fl. 2500 l.   A

1749 *S. Vincent de Bourg*, Dhuart, *Bordeaux*, 100 fl. 2000 l.   A

1773 *S. Vincent du Luc*, de Maillé de la Tour-Landry, *Oleron*, 150 fl. 6900 l.   B

1763 *S. Vincent*, l'Evêque d'Orléans, *le Mans*, 300 fl. 20000 l.   B

1776 *S. Voluſien de Foix*, d'Oſmond, *Pamiers*, 833 fl. 11500 liv.   A

1758 *S. Urbain*, l'Evêque de Digne, *Châlons-ſur-Marne*, 1000 fl. 14000 l.   B

1767 *S. Wullemer*, du Maſnadau, *Boulogne*, 66 fl. 1800 l.   A

1746 *Samer*, Tanneguy du Châtel, *Boulogne*, 24 fl. 9000 l.   B

1762 *Sandras*, de Guain de Linart, *Alais*, 200 fl. 4000 l.   B

1771 *Saramont*, de Vicques, *Auch*, 50 fl. 5800 l.   B

1747 *Saubalade*, Damou, *Leſcar*, 66 fl. 5200 l.   C

1745 *Savigny*, d'Aydie, *Avranches*, 750 fl. 18000 l.   C

1761 *Savigny*, l'Evêque de Riez, *Lyon*, 500 fl. 11000 l.   B

1770 *Sauve*, de la Villevieille, *Alais*, 300 fl. 6000 l.   B

1755 *Scellieres*, Mignot, *Troyes*, 24 fl. 4000 l.   C

1764 *Selincourt*, Taſcher, *Amiens*, 200 fl. 7500 l.   P

1729 *Senanque*, Pins de Roquefort, *Cavaillon*, 300 flor. 2800 livres.   B

1742 *Septfontaines*, de la Roche, *Langres*, 24 fl. 1200 l.   P

1767 *Septfontaines*, de Saint-Val, *Reims*, 300 fl. 3900 l.   P

1750 *Serry*, l'Evêque d'Aleth, *Amiens*, 24 fl. 5000 l.   P

1777 *Signy*, l'Abbé de Bourbon, *Reims*, 800 fl. 50000 liv.   C

1776 *Silly*, de Pradel, *Séez*, 700 fl. 6000 l.   P

1735 *Silvanez*, Boſquet, *Vabres*, 300 fl. 1400 l.   C

1756 *Simorre*, l'Evêque de Leſcar, *Auch*, 300 fl. 5800 l.   B

Nom. Abb.   *Titul.*   Dioc. *Flor.* Revenu. *Ordre.*

1751 *Solignac*, Girard, *Limoges*, 406 fl. 2300 l.   B
1771 *Sordes*, l'Evêque de Grenoble, *Acqs*, 150 fl. 10000 l.   B
1740 *Soreze*, Dagay de Mion, *Lavaur*, 1300 fl. 11000 l.   B
1777 *Souillac*, de Saint-Georges, *Sarlat*, 33 fl. 3500 l.   B
1740 *Stulzbronn*, l'Evêque des Termopyles, *Metz*, 80 fl. 8000 l.   C
1760 *Sully*, de Molen, *Tours*, 110 fl. 4500 l.   B
1746 *T'Almond*, Ponnat, *Luçon*, 150 fl. 4000 l.   B
1777   *Tafque*, de Barthel-Thermes, *Tarbes*, 50 fl. 6000 l.   B
1719 *Terraſſon*, du Sault, *Sarlat*, 300 fl. 7400 l.   B
1737 *Thenailles*, Dandlau, *Laon*, 24 fl. 8000 l.   P
1766 *Theulley*, de Pontbriant, *Dijon*, 38 fl. 8000 l.   C
1769 *Tholey*, de Salabert, *Treves*, 200 fl. 20000 l.   B
1776 *Tiers*, de Saint Didier, *Clermont*, 108 fl. 4000 l.   B
1771 *Tiron*, de Vermont, *Chartres*, 500 fl. 12000 l.   B
1758 *Tironneau*, de Saint-Simon, *du Mans*, 73 fl. 5000 l.   C
1761 *Tonnay-Charente*, Solon, *Saintes*, 24 fl. 1600 l.   B
1770 *Torigny*, de la Noüe, *Bayeux*, 24 fl. 3500 l.   C
1745 *Tournus*, l'ancien Evêque de Limoges, *Châlons-ſur-Saône*, 1000 fl. 27000 l.   B
1774 *Tourtoirac*, de Paty, *Perigueux*, 120 fl. 4000 l.   B
1768 *Touſſains*, de Chamillard, *Châlons-ſur-Marne*, 606 fl. 9000 liv.   A
1737 *Touſſains*, Grandhomme de Gizeaux, *Angers*, 90 fl. 3500 liv.   A
1758 *Tréport*, le Comte de Lagnafco, *Rouen*, 500 fl. 9500 l.   B
1764 *Trifay*, de la Roche-Saint-André, *Luçon*, 63 fl. 4500 liv.   C
1773 *Troarn*, Terray, *Bayeux*, 1200 fl. 50000 l.   B
1776 *Tronchet*, M. de Boifbilly, *Dol*, 58 fl. 2300 l.   B
1758 *Trois-Fontaines*, le Cardinal de Bernis, *Châlons-ſur-Marne*, 40 fl. 50000 l.   C
1733 *Turpenay*, Pineau de Viennay, *Tours*, 100 fl. 2500 l.   B
1777 *V'Aaft*, Piochau, *du Mans*, 33 fl. 2500 l.   A
1777   *Val-Benoît*, de Beaulieu, *Lyon*, 66 fl. 1200 l.   C
1772 *Valbonne*, de Bretonneau, *Perpignan*, 50 fl. 1200   C
1770 *Val-Chrétien*, Daymard, *Soiſſons*, 24 fl. 2600 l.   P
1736 *Valcroiſſant*, de Maliſſoles, *Die*, 79 fl. 800 l.   C
1744 *Valence*, de la Villevieille, *Poitiers*, 200 fl. 2300 l.   C
1763 *Vallemont*, Desforges, *Rouen*, 24 fl. 8000 l.   B
1741 *Valleroy*, Chamillard, *Reims*, 400 fl. 12000 l.   C
1726 *Vallette*, Néez, *Tulles*, 160 fl. 2200 l.   B
1774 *Valloires*, l'Evêque d'Amiens, *Amiens*, 33 fl. 20000 l.   C
1776 *Valmagne*, de Jouffroy d'Abbans, *Agde*, 1400 fl. 12000 l.   C
1767 *Valricher*, de Colbert, *Bayeux*, 24 fl. 4000 l.   C
1743 *Valfainte*, de Novy, *Apt*, 33 fl. 1700 l.   C

Nom. Abb.   *Titul.*   Dioc. *Flor.* , Revenu. *Ordre:*

1737 *Val-Secret*, le Clerc, *Soiſſons*, 500 fl. 4000 l.   **· ·**

1775 *Varennes*, Bourehcot, *Bourges*, 60 fl. 2400 l.   **C**

1770 *Vaulluiſant*, l'Archevêque d'Aix, *Sens*, 200 fl. 16000 l. **C**

1769 *Vaux en'Ornois*, de Gaſton, *Toul*, 150 fl. 11500 l.   **C**

1766 *Vaux de Cernay*, l'Evêque de Limoges, *Paris*, 33 fl. 16000
    livres.   **C**

1748 *Vermand*, l'Evêque de Glandeve, *Noyon*, 33 fl. 6000 l. **P**

1720 *Vertuil*, de Courtavel, *Bordeaux*, 125 fl. 6500 l. · **A**

1769 *Véʒelay*, d'Argenteuil, *Autun*, 1500 fl. 20000 l.   **S**

1760 *Vierʒon*, le Corgne de Launay, *Bourges*, 208 fl. 1200 l. **B**

1776 *Vigʒois*, de Valory, *Limoges*, 170 fl. 3000 l.   **B**

1750 *Ville-Dieu*, de la Roche-Saint-André, *Acqs*, 33 fl. 3000
    livres.   **P**

1752 *Villemagne*, de Boizay-Courcenay, *Beʒiers*, 400 fl. 2700
    livres.   **B**

1754 *Villeloin*, de Rigault, *Tours*, 120 fl. 4000 l.   **B**

1733 *Villelongue*, de Novy, *Carcaſſone*, 300 fl. 1200 l.   **C**

1771 *Villeneuve*, de Radonvilliers, *Nantes*, 108 fl. 10000 l. **C**

1774 *Villers-Bettnac*, le Prince Camille de Rohan, *Metʒ*, 24 fl.
    27400 l.   **C**

1769 *Uſerche*, de Joſſinau de Tourdonet, *Limoges*, 505 fl. 6000 l. **S**

ABBAYES DE FILLES.

Nom. Abb. ·   *Meſdames.*   Dioc. *Revenu.* Ordres.

1770 *Abbaye-aux-Bois*, de Chabrillant, *Paris*, 23000 l. **C**

1771 *Allois*, Faye de Villoutraix, *Limoges*, 2000 l.   **B**

1762 *Almeneches*, de Saint-Aignan, *Séeʒ*, 9000 l.   **B**

1769 *Amour-Dieu*, de Landre, *Soiſſons*, 5000 l.   **C**

1770 *Andlau*, de Flachs-Landen, *Straſbourg*, 16000 l.   **B**

1764 *Annay*, de Briſſœuil, *Arras*,   **C**

1765 *Annecy*, d'Hacqueville, *Châlons-ſur-Marne*, 8000 l. **B**

1767 *Arciſſe*, de Barneval, *Chartres*, 5000 l.   **B**

1771 *Argenſolles*, de la Mock, *Soiſſons*, 7000 l.   **C**

1776 *Avenay*, Deſpiés, *Reims*, 25000 l.   **B**

1771 *Aveſne*, de Monchy, *Arras*, 10000 l.   **B**

1718 *Barre (la)*, Jamin de Saint - Victor, *Soiſſons*, 4500
    livres.   **B**

1774 *Batant*, Dagay, *Beſançon*, 3000 l.   **C**

1773 *Baulme-les-Dames*, de Mouchet de Laubeſpin, *Beſançon*,
    7000 l.   **B**

1727 *Beaucaire*, de Leſpine, *Nîmes*,   **B**

1769 *Beaulieu*, de Mortagne de Landas, *Arras*, 8000 l. **A**

1757 *Beaumont*, de Lentillac, *Clermont*, 7000 l.   **B**

Nom.	Abb.	Mesdames.	Dioc.	Revenu.	Ordre.

1772 *Beaumont*, de la Guiche, *Tours*, 35.000 l.　B
1768 *Beaupré*, des Ruelles, *Saint-Omer*, 7000 l.　C
1765 *Beauvoir*, de Montigny, *Bourges*, 5000 l.　C
1743 *Bellecombe*, de Grezolles, *le Puy*, 5000 l.　C
1774 *Bémont*, Esmangart, *Langres*, 4500 l.　C
1757 *Bénisson-Dieu*, de Jarente, *Lyon*, 9000 l.　C
1777 *Benois-Vaux*, Devaux-d'Achy, *Toul*, 4000 l.　C
1765 *Bertaucourt*, de Carondelet, *Amiens*, 5000 l.　B
1770 *Biblisheim*, Streng, *Strasbourg*, ... liv.　B
1767 *Bival*, de Sarcus, *Rouen*, 5000 l.　B
1767 *Blanche*, O Brien de Lismore, *Avranches*, 8000 l.　C
1766 *Blandeques*, de Foy, *Saint-Omer*, 7000 l.　C
1776 *Blesle*, de Molen de Saint Poncy, *Saint-Flour*, 4000 l. C
1764 *Bondeville*, de Fontenailles, *Rouen*, 5000 l.　C
1738 *Bonlieu*, Darcy, *Lyon*, 8000 l.　C
1746 *Bonlieu*, de Girois, *le Mans*, 1400 l.　C
1758 *Bonnesaigne*, transféré à Brives en Bas-Limosin, d'Ussel,
　　Limoges, 4000 l.　B
1773 *Bons*, de Marron, *le Bellay*, 4000 l.　C
1768 *Bourbourg*, de Coupigny d'Hénu, *Saint-Omer*, 10000 l. B
1773 *Bouxierres-aux-Dames*, de Messey, *Toul*, 3500 l.　S
1735 *Braille*, du Beron, *Arras*, 6000 l.　C
1751 *Braghac*, d'Auzers, *Clermont*, 5000 l.　B
17... *Brienne*, ... *Lyon*, 3000 l.　B
1758 *Bussiere*, de Brie d'Arcy, *Bourges*, 4000 l.　C
1759 *Buque* (le), d'Aubusson, *Perigueux*, 2000 l.　B
17.. *Calvaire*, (le) à la Ferre. . . . .
1762 *Catherine* (*Sainte*), de la Salle, *Apt*, 2000 l.　A
1767 *Chaillot*, Baudon, *Paris*, 5000 l.　A
1739 *Charenton*, de Montgon, *Bourges*,　B
1776 *Chaseaux*, de Savaron, *Lyon*, 3000 l.　B
1742 *Chateau-Chalon*, de Vatteville, *Besançon*, 5000 l.　B
1734 *Chelles*, de Clermont Gessan, *Paris*, 30000 l.　B
1756 *Cordillon*, d'Anneville, *Bayeux*, 10000 l.　B
1776 *Crisenon*, de Mouchet, *Auxerre*, 7000 l.　B
1771 *Cusset*, de Tane, *Clermont*, 6000 l.　B
1752 *Denaing*, de Petrieux, *Arras*, 20000 l.　B
1777 *Des Hayes*, de Buffevent, *Grenoble*, 9000 l.　C
1776 *Doullens*, Demascrany, *Amiens* . . . .　B
1773 *Du Puy d'Orbe*, de Tilly, *Langres*, 2000 l.　B
1767 *Epinal*, de Spada, *Toul*, 12000 l.　S
　　Espagne, voyez *Villancourt*.
1759 *Essay*, de Beauville, *Séez*, 5000 l.　C
1773 *Estival en Charnye*, de Bernard de Courmesnil, *le Mans*,
　　8000 l.　B

Nom.	Abb.	Mesdames	Dioc.	Revenu.	Ordre.

1755 *Estrun*, de Geneviere de Samette, *Arras*, 22000 l. **B**

1742 **F**'*Ace (la Sainte-)*, d'Havrincourt, *Laon*, 8000 l. **C**

17.. Farmontier, de Durfort, *Meaux*, 20000 l. **B**

1772 *Favas*, Baſtard d'Aubaire, *Toulouſe*, 5000 l. **C**

1760 *Felixpreʒ*, près Givet, de Ratzky.

1767 *Fervaques*, du Mouriez, *Noyon*, 7000 l. **C**

1776 *Flines*, de Sainte Aldegonde, *Arras*, 50000 l. **C**

1774 *Fontaine d'Alais*, de Ganges, *Alais*, **C**

1777 *Fontaine-Guerard*, de Radepont, *Rouen*, 6000 l. **C**

1765 *Fontenelle*, Bonnaire, *Cambray*, 10000 l. **C**

1766 *Fontevrault*, de Pardailhan d'Antin, *Poitiérs*, 80000 l. **B**

1762 *Fontgouffier*, de Lemmari, *Sarlat*, 3500 l. **A**

1759 *Gercy, unie a l'Abbaye d'Iſſy*, de Braques, *Paris*, 6000 l. **B**

17.. **G** *If*, ... *Paris*, 9000 l. **B**

1722 *Gigean, unie à Geniéʒ*, de Villars la Farre, *Montpellier*, 13000 l. **B**

Gillenghem, ... *Cambray*, 15000 l. **B**

1751 *Gomerfontaine*, de Nadaillac, *Rouen*, 6000 l. **C**

1772 **H** *Ieres*, de Grille, *Toulon*, 4500 l. **C**

1770 *Hieres*, de Franlieu, *Paris*, 10000 l. **B**

1757 **J** *Ouarre*, de Montmorin, *Meaux*, 50000 l. **B**

Iſſy, voyez *Gercy*.

1711 *Juvigny*, Alexis Magdelaine de Vaſſinhac-Imecourt : 1772 Victoire Louiſe de Vaſſinhac-Imecourt, *Coadjutrice*, *Trèves*, 10000 l. **C**

1759 **K** *Erlot*, de Quelen, *Quimper*, 7000 l. **C**

1763 **L** *A Bourdiliere*, de la-Roche-Menou, *Tours*, **C**

La Celle, ... *Aix*, **B**

17.. *La Déſerte*, de Montjouvent, *Lyon*, 8000 l. **B**

17.... *La Ferté ſur Oiſe*, ... *Laon*, 10090 l.

La Ferté, ... *Nîmes*, 1000 l.

1776 *La Joye*, de la Bourdonnaye, *Vannes*, 8000 l. **C**

La Joye-lès-Nemours, réunie à *Villiers*.

1742 *Lancharre*, du Tavanne, *Châlon-ſur-Saône*, 7000 l. **B**

1760 *La Regle*, de Boisjoland, *Limoges*, 14000 l. **B**

17.. *La Scauve, unie à l'Abbaye de Clavas*, le *Puy*, 4000 l. **C**

1753 *La Trinité de Caen*, Belſunce Caſtelmoront, *Bayeux*, 55000 l. **B**

1763 *Laval Breſſieux*, de Boiſſac, *Vienne*, 5500 l. **C**

1766 *La Vaſſin*, de la Salle, *Clermont*, 1000 l. **C**

1775 *La Virginité*, de Murat, *le Mans*, 4500 l. **C**

1759 *Leau Notre-Dame*, de Vauldrey, *Chartres*, 5000 l. **C**

1757 *Le Lys*, de Laizer de Siougeat, *Sens*, 17000 l. **C**

1757 *Le Queſnoy*, de Biache, *Cambray*, 10000 l. **A**

Nom. Abb. *Mesdames* Dioc. *Revenu.* · *Ordres*

1774 *Le Reconfort*, de Combes de Bresloles, *Auxerre*, 5000 livres. C

Le Refuge, ... *Cambray*, 7000 l. C

1762 *Le Ronceray*, d'Aubeterre, *Angers*, 25000 l. B

1720 *Le Sauffois*, de Coupigny, *Cambray*, 7000 l. C

1777 *Les Chafes*, de la Rochelambert, *Saint-Flour*, 6000 l. C

17.. *L'Eclache*, de la Roche du Ronfet, *Clermont*, 6000 l. C

1766 *Les Clairets*, de Portebife, *Chartres*, 28000 l. C

1770 *Les Ifles d'Auxerre*, de Bufferan, *Auxerre*, 2500 l. C

1764 *Les Prez*, de Maez, *Arras*, 6000 l. C

1767 *L'Etanche*, de Gondrecourt, *Toul*, 10000 l. C

1765 *Le Tréfor*, Damian du Vernegue, *Rouen*, 11000 l. C

1767 *Le Val de Grace*, Phelippes, *Paris*, 20000 l. B

1762 *Le Vergier*, Lacaire, *Cambray*, 7000 l. C

1770 *Le Vivier*, de Coupigny, *Arras*, 29000 l. C

1773 *Leyme*, du Garric d'Ozech, *Cahors*, 4000 l. C

1757 *Lieu-Dieu*, de Pignerol, *Autun*, C

1766 *Lieu-Notre-Dame*, la Salle de Rochemore, *Orléans*, 8000 l. C

1758 *Lieu-Notre-Dame*, Reynier de Droué, *Lyon*, 3500 l. C

1771 *Ligueux*, de la Marthonie de Cauffade, *Perigueux*, 8000 livres. B

1742 *L'Olive*, de Braffeur, *Cambray*, C

1762 *Lons-le-Saunier*, de Montigny, *Befançon*, 2000 l. C

1771 **M**Alnoue, de Saillans l'aînée, *Paris*, 8000 l. B

1766 Marquette, de Franqueville, *Tournay*, 50000 livres. C

1774 *Maubeuge*, de Lannoy, *Cambray*, 7000 l. B

1765 *Maubuiffon*, de Pontevès, *Paris*, 25000 l. C

1768 *Mercoïre*, de Gregoire de Saint-Sauveur, *le Puy*, 5000 livres. C

1765 *Migette*, Franchel de Ranchot, *Befançon*, 400 l. Cl

1762 *Molaize*, Mangot, *Châlon en Bourgogne*, 6000 l. C

1775 *Monchy-Humieres*, du Paffage, *Limoges*, ... C

1777 *Moncé*, de Cangey, *Tours*, 4500 l. C

1769 *Montigny*, Tricornot du Trambloy, *Befançon*, 3500 l. C

1763 *Montivilliers*, de Conti Hargicourt, *Rouen*, 10000 l. B

1760 *Montmartre*, de Laval-Montmorency, *Paris*, 18000 livres. B

1763 *Mont de Sion*, de Gafparis, *Marfeille*, 3000 liv. C

1773 *Montreuil-les-Dames*, ou *la Sainte-Face*, d'Havrincourt, *Laon*, 10000 liv. C

1745 *Mouchy le Perreux*, de Montbel, *Beauvais*, 7000 l. C

1767 *Montfort d'Alençon*, Vielchâtel de Mardilly, *Séez*, 4000 livres. B

| Nom. | Abb. | Mesdames. | Dioc. | Revenu. | Ordre. |

1747 *N*Eubourg, de Marsenac, *Evreux*, 6000 l.　B
17 .. Neufchâteau, Clariste de Mussey, *Toul.*
1760 *Nidoiseau*, de Scepeaux, *Angers*, 1000 l.　　　B
1760 *Noningues*, de Pardaillan, *Vabres*, 10000 l.　　C
1761 *Notre-Dame*, de Bouillé, *Meaux*, 9000 l.　　A
1769 *Notre-Dame*, de Saillans, *Nevers*,　　　　B
1741 *Notre-Dame*, de Parabere, *Saintes*, 60000 l.　B
1766 *Notre-Dame de Roye*, de Roussi de la Rochefoucaud,
　　・ *Soissons*, 50000 l.　　　　　　　　　　　B
1756 *Notre-Dame*, de Montmorin, *Troyes*, 8000 l.　B
1773 *Notre-Dame de la Pomeraye*, de Vessais du Puy d'An-
　　ché, *Sens*, 9000 l.　　　　　　　　　　　　B
17 .. *Notre-Dame de la Paix*, ... *Cambray*, 8000 l.　B
1740 *Notre-Dame de Montons*, de Coetlogon, *Avranches*, 5000
　　livres.　　　　　　　　　　　　　　　　　C
1766 *Notre-Dame des Anges*, Houel de la Roche-Bernard,
　　・ *Coutances*, 4000 l.　　　　　　　　　　B
1765 *Notre-Dame des Colonnes*, de Virieu, *Vienne*,　B
1773 *Notre-Dame de Protection*, Romé de Vernouillet, *Cou-*
　　tances, 4000 l.　　　　　　　　　　　　B
1777 *Notre-Dame des Prez*, de Saulger, *Troyes*, 2500 l.　B
　　Notre-Dame des Prez, Houzé, *Tournay*,　　A
1776 *Notre-Dame du Pré*, ou *Saint Désir*, de Crequy, *Lizieux*,
　　5000 l.　　　　　　　　　　　　　　　B
1771 *O*Llieux (des), de Monteil, *Narbonne*, 4000 l.　G
　　Oraison-Dieu, unie à Salinque de Touloufe.
1761 *Origny*, de Sabran, *Laon*, 12000 l.　　　　B
1757 *Ottmarsheim*, de Flaxland, *Basle*,
1761 *P*Acy, Drouy, *Evreux*, 14000 l.　　　　　B
1743 Panthemont, de Bithisy de Mezieres, *Paris*, 10000
　　liv.　　　　　　　　　　　　　　　　　C
1744 *Paraclet*, de Mailly, *Amiens*, 10000 l.　　　C
1768 *Paraclet*, (le), ou *la Sainte Trinité*, de la Rochefou-
　　caud-Momont, *Troyes*, 20000 l.
1770 *Parc-aux-Dames*, de Clermont d'Amboise, *Senlis*, 12000
　　livres.　　　　　　　　　　　　　　　　C
1758 *Perray*, de Gourcy, *Angers*, 3500 l.　　　　C
1764 *Pont-aux-Dames*, de Fontenilles, *Meaux*, 12000 l.　C
1769 *Port-Royal*, de Montperoux, *Paris*, 12000 l.　C
1766 *Poulangy*, de Vaudraye, *Langres*, 6000 l.　　B
1763 *Poussey*, de Bassompierre, *Toul*, 8000 l.　　S
17 .. *Pralon*, ... *Langres*, 7500 l.　　　　　B
1760 *Preaux*, de Gimel, *Lizieux*, 10000 l.　　　B
　　*R*Anteaulme, ... *Auxerre*, 5000 l.　　　B
1763 Ravensberg, de Scodt, de *Saint-Omer*, 5000 l.　C

Nom. Abb. *Mefdames* Dioc. *Revenu.* *Ordre.*

1773 *Remiremont.*, la Princeffe Chriftine de Saxe, *Toul*, 30000
livres. S

Rieunette, réunie à *Saint Bernard de Lombez.*

Rougemont, unie à *Saint Julien de Dijon*, *Langres.* B

1764 *Royal-Lieu*, de Soutlanges, *Soiffons*, 7000 l. B

1771 **S**aint *Amant*, de la Baume de Suze, *Rouen*, 13000,
livres. B

1771 *S. Andoche*, de Vienne, *Autun*, 10000 l. B

1773 *S. André-le-Haut*, de Virieu de Beauvoir, *Vienne*, B

1760 *S. Antoine des Champs*, de Beauvau Craon, *Paris*, 40000
livres. C

1771 *S. Avit*, de Fonterailles, *Chartres*, 10000 l. B

1760 *S. Auftreberte de Montreuil*, de la Javeliere, *Amiens*,
12000 l. B

1760 *S. Auxone*, de Civerac, *Angoulême*, 14000 l. B

1766 *S. Bernard*, de Béon, *Lombez*, 4000 l. C

1763 *S. Bernard lès-Bayonne*, de Membrede, *Acqs*, 5000 l. C

1775 *S. Céfaire*, Moreton de Chabrillan, *Arles*, 10000 l. B

1756 *S. Corentin*, de Boiffe, *Chartres*, 3000 l. B

1750 *S. Cyr au Val de Gallic*, de Molitar, *Chartres*, 10000 l. B

S. Defir. Voyez *Notre-Dame du Pré.*

S. Dizier, réunie à Saint Jacques de Vitry. C

Ste Claire, de Simiane de Gordes, *Arles*, 4000 l. F

1742 *Ste Claire*, de Langhac, *Clermont*, 3000 l. F

1771 *Ste Claire d'Annonay*, de Vaux, *Vienne*, 4000 l. F

Ste Claire d'Aubenas, de Croville, *Viviers*, F

1732 *Ste Claire d'Azille*, de Maupeou d'Ableiges, *Narbonne*,
4000 l. F

Ste Claire de Milan, de Rupé, *Rhodès*, F

17.. *Ste Claire de Pont-à-Mouffon*, de l'étroite obfervance,
de Vizay, *Toul.*

1724 *Ste Claire de Montigny*, de Monnier, *Befançon*, 3500 l. F

1761 *Ste Croix*, de Vercel, *Apt*, 3500 l. C

1742 *Ste Croix*, Defcars, *Poitiers*, 20000 l. B

1768 *Ste Hoïlde*, Duprat, *Toul*, 8000 l. C

1765 *Ste Menoux*, de Sainte-Hermine, *Bourges*, 10000 l. B

1767 *Ste Perine de la Villette*, Baudon, *Paris*, 5000 l. A

1767 *St Efprit*, de Cabrairolles, *Beziers*, 8000 l. A

1749 *St Etienne*, de Grieu, *Reims*, 12000 l. A

St Geniez, Voyez *Gigean.*

1741 *St George*, de Chaumont-Guitry, *Rennes*, 20000 l. B

1761 *Ste Gloffinde*, de Choifeul-Beaupré, *Metz*, 29000 l. B

1713 *St Honorat*, de Charnifay, L. *Meaux*, 7000 l. B

1770 *St Honoré de Tarafcon*, de Merle de Beauchamp, *Avignon*, 5000 l. B

| *Nom.* | Abb. | *Mefdames* | Dioc. | *Revenu.* | *Ordre.* |

1762 *St Jacques de Vitry*, réunie à *Saint Diȝier*, du Hamel, *Châlons-fur-Marne*, 9000 l.   C

1757 *St Jean des Choux*, Bender, *Strafbourg*,   C

1774 *St Jean de Bonneval-leȝ-Thouars*, de Montbas, *Poitiers*, 12000 l.   B

1771 *St Jean du Buits*, de Narbonne-Pelet, *Saint-Flour*, 3000 l. B

1749 *St Jean le Grand*, de Beck, *Autun*, 6000 l.   B

1776 *St Julien*, Galard de Bearn, *Auxerre*, 6000 l.   B

1770 *St Julien*, Thiard de Biffy, *Dijon*, 6000 l.   B

1730 *St Julien du Pré*, de Saint-Simon, *le Mans*, 20000 l. B

1751 *St Juft de Romans*, de Beaumont, *Vienne*, 4000 l.   C

1761 *St Laurent*, de Laftic, *Bourges*, 9000 l.   B

     St Laurent, ... *Comminges*, 2000 l.   B

1741 *St Louis de Vernon*, de Sailly, *Evreux*, 25000 l.   A

1754 *St Louis de Royal-Lieu*, de Soutlange, *Soiffons*, 7000 l. B

1760 *St Louis*, de Choifeul Stainville, *Metȝ*,   S

1775 *St Loup*, de Baynac, *Orléans*, 8000 l.   C

17.. *St Martin-les-Boruc*, Tauxier de Valzibert, *Beauvais*. B

1742 *St Nicolas de Verneuil*, de Reffy, *Evreux*, 6000 l.   B

1774 *St Paul*, le Tonnelier de Breteuil, *Soiffons*, 6000 livres.   B

1751 *St Paul de Beauvais*, Dauvet, *Beauvais*, 16000 l.   B

1772 *St Paul de Beaurepaire*, Fay de Maubourg, *Vienne*, 6000 livres.   C

1772 *St Pierre*, de Monteynard, *Lyon*, 40000 l.   B

1719 *St Pierre*, de la Farre, *le Puy*, 6000 l.   B

1762 *St Pierre*, de Themines, *Reims*, 30000 l.   B

1749 *St Remy*, de Chanut, *Soiffons*, 10000 l.   B

1771 *St Remy des Landes*, transféré à *Louye*, *près Dourdan*, du Portal, *Chartres*, 4000 l.   B

1762 *St Saens*, de Moy de Saint-Agnan, *Rouen*, 14000 l. B

1743 *St Sauveur*, de la Rochefoucaud, *Evreux*, 10000 l. B

1763 *St Sauveur*, de Suarès d'Aulan, *Marfeille*, 6000 l. B

1771 *St Sernin*, de la Rochelambert, *Rhodeȝ*, 12000 l. B

1710 *St Sigifmon*, de Lalande, *Acqs*, 3000 l.   B

1776 *St Sulpice*, de Verdiere, *Rennes*, 8000 l.   B

1742 *Salinques*, de Montillet, *Touloufe*, 6000 l.   C

1766 *Sauvebenifte*, de Fumel, *le Puy*, 6000 l.   C

1771 *Sauvoir*, de Préaudeau, *Laon*, 4000 l.   C

1770 *Seȝane*, de Blaccons, *Troyes*, 6000 l.   B

1770 *Soyon*, de Saffenage, *Valence*, 5000 l.   B

1773 *V*Al-Sauve, de Piegon, *Ufeȝ*, 5000 l.   C

1762 *V* Vergaville, de Muffey, *Metȝ*, 12000 l.   B

1757 *Vernaifon*, de Montenard, *Valence*, 4000 l.   C

1762 *Vic-les-Capdenac*, de Sediere, *Cahors*,   C

Nom.   Abb.   *Mefdames*   Dioc.   · *Revenu.*   *Ordre.*

1774 *Villemur*, de Koyere, *Caftres*, 6000 l.   B
1776 *Vignats*, de Saint Denis de Verraine, *Séez*, 5000 l.   B
1768 *Vigniognoul*, de Forefta de Colongue, *Montpellier*, 6000 liv.   C
1762 *Villechaffon*, réunie au *Prieuré de Moret*, de Gouys Dar- cis, *Sens*, 5000 l.   B
1761 *Villancourt*, réunie à *Efpagne*, Feydeau, *Amiens*, 8000 liv.   C
1776 *Villers-Canivet*, Beaudot de Senneville, *Séez*, 16000 l. C
1767 *Villiers*, réunie à *La Joie-les-Nemours*, de Barbançon, *Sens*, 6000 l.   C
17.. *Voifins*, de Fours, *Orléans*, 4300 l.   C

1741 ***W*** Oëftines, Prevoft, *Saint-Omer*,

ÉGLISE DE PARIS.

M Onfeigneur L'ARCHEVÊQUE.

Grands Vicaires de Mgr l'Archevêque.
M. Le Corgne de Launay.
M. de l'Ecluze.

CHAPITRE DE L'ÉGLISE DE PARIS.

MESSIEURS,

1733 De Tudert, *Doyen* 1769.
1773 D'Aymard, *Chantre* 1773.
1769 Le Corgne de Launay, *Archidiacre de Paris* 1761.
1761 De Malaret, *Archidiacre de Jofas* 1762.
1766 Defplaffes, *Archidiacre de Brie* 1771.
1748 Jeanfon, *Souchantre* 1752.
1739 Thierry, *Chancelier* 1736.
1758 De Meromont, *Pénitencier* 1757.

Chanoines Prêtres, MESSIEURS,

1738 Farjonel d'Hauterive.
1745 Guillot de Monjoye.
1749 Morin du Marais.
1743 De Ricouart d'Hérou- ville.
1750 Lucas, *Intendant des cen- fives & prépofé pour en- faifiner tous les contrats.*
1758 Rivière, *Théologal* 1759.

1759 Brémont.
1759 De Montagu.
1757 De Loftanges.
1761 Baillard du Pinet.
1761 D'Enguillaucourt.
1751 Bochart de Champigny.
1762 Camiaille.
1762 Delamare.
1756 Radix.

1763 Robinault du Boisbaffet,
   Agent du Chapitre.
1759 De Beaumont d'Auti-
   champ.
1764 D'Eu de Montdenoix.
1759 De Roux de Bonneval.
1769 Le Blanc.
1769 Bergier.
1770 De Tilly-Blaru.
1770 De la Fage.
1771 De l'Eclufe.
1771 Chevalier.
1769 De Beaumont.
1771 Pey.

1771 Adhenet.
1772 Marion.
1772 Palerne.
1770 Bulté.
1772 De Reclefne de Lyonne.
1772 De Mondran.
1773 De Chazal.
1773 Chillaud Deffieux.
1774 Viet.
1774 Melon de Pradou.
1776 Guillot de Mondefir.
1776 Cochu.
1776 Sahuguet d'Armazit d'Efpagnac.

Chanoines Diacres.

1743 Delon , *Chambrier du* 1748 Lagau.
Chapitre.

Chanoines Soudiacres , MESSIEURS,

1748 De Vienne.

Sécrétaire du Chapitre.

1777 M. Buée.

Chanoines Honoraires , MESSIEURS,

1728 Bauyn , Evêque d'Uzès.
1732 Couet.
1733 De Roffet de Fleury ,
   Archevêque de Cam-
   bray.
1737 Moreau , Ev. de Mâcon.
1747 Urvoy.
1748 De Riquet de Caraman.
1754 De la Luzerne , Evêque
   Duc de Langres.

1755 De Cugnac , Evêque de
   Leictour.
1758 Salignac de la Motte-Fenelon, Evêque de Lom-
   bez.
1758 Nicolay , Evêque de Beziers.
1764 De Luker.
1758 De Galard de Terraube ,
   Evêque du Puy.

Vicaires Perpétuels dans l'Eglife de Paris.

MESSIEURS ,

1743 DE la Frenaye , de Saint Denis de la Chartre.
1738 Le Roux, de Saint Victor.
1777 Larcena , de Saint Martin des Champs.
1766 De la Foffe, de Saint Marcel.
1738 Grifel , de Saint Germain l'Auxerrois.

Principaux Officiers-Clercs , Meffieurs ,

Mortier , *Tréforier.*   Le Pitre , *Chefcier.*

Marguilliers Lais & perpétuels, Messieurs,

DE Sobrécaffas, rue Perpignan en la Cité.
Hauduroy, rue Simon-le-Franc, quartier Saint Merry.
Angard, rue & à l'entrée du Fauxbourg Saint Denis.
Barbier, rue Gift-le-cœur.

Principaux Officiers Lais du Chapitre de Paris, Messieurs,

Marin, *Receveur général.*
Bezard, *Receveur des Drois seigneu-*
riaux.
Chevreuil pere, *Archiviste.*
Chevreuil fils, *Commis aux Archives.*
Laurent, *chargé des Affaires.*
} Cloître   Notre-Dame
près le puits.

Bruflé, *Procureur au Parlement,*
Chappe, *Procureur au Châtelet,*
} Cloître Notre-Dame.

Parvy, parvis Notre-Dame.
Boulland, *Architecte, Juré-Expert,* cloître
Notre-Dame
} *Inspecteurs des Bâ-*
timens.

Les Filles de M. l'Archevéque., Messieurs.

Saint Marcel,   1769 **L**'Ancien Evêq. de Troyes, *Doyen.*
Saint Honoré,   1776 Le Chevalier, *Chantre.*
Sainte Opportune,   1776 Pion, *Chefcier - Curé.*

Les quatre Filles de Notre-Dame, Messieurs.

Saint Etienne des Grès, 1755 Sepher, *Chefcier.*
Saint Benoît,   1732 Paignon, *l'ancien Chanoine.*
Saint Merry,   1773 De Viennet, *Chefcier-Curé.*
                        1733 Roffignol, *l'ancien Chanoine.*

---

*Chanoines de la Sainte-Chapelle de Paris, fondée par S. Louis
en 1242.*

MESSIEURS,

1739 **D**E Vichy-Chamron,   1757 Morand.
Tréforier.   1758 D'Aubignan.
1756 De Perthuis, *Chantre* en 1761 Pourteiron L.
    1770.   1761 De Montal.
1744 Digaultray.   1762 Le Gros, L. *Receveur.*
1749 De Conty-Hargicourt.   1769 Ravoft d'Ombreval.

                                           1771

1771 Le Gros. 1775 Boitel.
1774 Pourteiron J.
1725 M. Mercier, *Chanbine Honoraire.*

Jurifdiction contentieufe de M. le Tréforier.

M. l'Abbé Rat de Mondon, *Official*, Avocat au Parlement
& du Clergé de France, au Collége Royal.
M. l'Abbé Louvel, *Promoteur*, petite rue Saint Roch, près
la rue Poiffonniere.
M. le Canut, *Greffier*, cour du Palais.
Foreftier, *Huiffier-Appariteur*, cour du Palais.

Chanoines de la Sainte-Chapelle de Vincennes, fondée par
Charles V. en 1379, confirmés par Charles VI. en 1387.

MESSIEURS,

1765 BAftid de la Vernhe,   1766 Leroux.
     Tréforier.   1769 Baderon.
1763 Jourdan de Saint-Sau-   1770 Courtade.
     veur, *Chantre* 1766.   1771 Garnier.
1725 Boulé.   1773 Bimont.
1730 Laifné.   1774 Bayle.
1742 De Luzy.   1775 Hurbec.
1755 Alibert.

Vicaires Capitulans.

1766 Lacquayrie.   1771 Renouard.
1768 Pialat.

Jurifdiction contentieufe de M. le Tréforier.
Officialité de la Tréforerie.

M. l'Abbé Riguet, *Official*, rue de Gaillon.
M. l'Abbé de Foy, *Promoteur*, rue Traverfiere Saint-Honoré.
M. l'Abbé de Cambefort, *Greffier*, rue Saint-Honoré.

Bailliage de la Tréforerie.

Me Boyfou, Avocat au Parlement, *Bailli*, rue des Bernar-
dins.
Me Benoît, Avocat au Parlement, *Procureur Fifcal*, rue des
Foffés de M. le Prince.
M. Capelle, *Greffier.*
M. Vallet, *Huiffier-Prifeur*, rue de la Vieille Monnoie.

Les droits de l'Officialité & du Bailliage de la Tréforerie de
Vincennes, font confirmés par un Arrêt du Parlement de 1714.
Le Bailliage eft immédiat au Parlement.

1778   G

C U R É S   D E   P A R I S.

E N   L A   C I T É

PAROISSES.   *Messieurs,*

1461 *LA Madeleine,*   { 1764 Daniel Pierre Denoux, *Archiprêtre.*

1638 *S. Germain le Vieux,*   1773 Pierre Guillaume le Cordier.

1107 *S. Pierre aux Bœufs*   1769 Julien Briere.

1200 *S. Landry,*   { 1767 René Victor Bouthet de la Richardiere.

1197 *Ste Croix,*   1754 Nicolas Brumant.

1107 *S. Pierre des Arcis,*   { 1774 Roch Damien Dubertrand, *à S. Hilaire en* 1772.

1138 *S. Barthelemi,*   1758 Bernardin Garat.

x. f. *Ste Marine,*   1770 Jean Gilbert Segaud.

E N   L A   V I L L E.

vj^e f. *S. Germain de l'Auxerrois,*   { 1758 Remi Chapeau, *à S. Barthelemi en* 1756.

.... *S. Euſtache,*   { 1771 Jean Jacques Poupart, *à S. Martin en* 1760.

1633 *S. Roch,*   1749 Jean-Baptiſte Marduel.

1673 *N. D. de Bonne Nouvelle,*   { 1768 Jean Tiburce de Puibuſque.

1617 *S. Leu,*   { 1774 Etienne Joſeph le Clerc, *à S. Pierre-des-Arcis en* 1772.

.... *Les SS. Innocens,*   1775 Brice Rebour.

853 *Ste Opportune,*   1763 Antoine Claude Pion.

x. f. *S. Jacques de la Boucherie.*   { 1770 Nicolas Morel.

1200 *S. Meri,*   1773 Louis Viennet.

1260 *S. Joſſe,*   1753 Jean-Baptiſte Beſſon.

1315 *S. Jacques de l'Hôpital.*   { 1773 Pierre la Houde de Chemery, *& Tréſorier.*

.... *S. Nicolas des Champs,*   1767 Jean Etienne Parent.

.... *S. Sauveur,*   1764 Antoine Jacquin de la Roche.

1113 *S. Jean en Greve,*   { 1770 Marc Louis Royer, *aux SS. Innocens en* 1759.

vj^e f. *S. Gervais,*   1761 Rolland Thomas Bouillerot.

xij. f. *S. Paul,*   1777 Pierre-Louis Boſſu.

1623 *S. Louis en l'Iſle,*   1759 Jean Thomas Aubry.

EN L'UNIVERSITÉ.

xje s. *S. Severin*, { 1776 Philippe Cantuel de Blémur, *Archiprêtre.*

1243 *S. Nicolas du Char-donnet*, { 1777 Jean François Brunet.

xiij s. *S. Etienne du Mont*, { 1772 François Gabriel Secrée de Penvern.

1185 *S. Benoît*, 1762 François Nicolas Brocas.

1158 *S. Hilaire*, 1774 Jacques Henri Durville.

1212 *S. Côme*, 1760 Jean François de la Roue.

1212 *S. André*, { 1774 Eléonore Marie Desbois de Rochefort.

1308 *S. Jean du Cardinal le Moine*, { 1738 Charles Paul de Saint-Paul, *Doyen.*

..... *S. Victor*, { 1771 Claude Louis François De-laulne.

AUX FAUXBOURGS.

xve s. *S. Martin, Cloître S. Marcel*, { 1776 Jean Gilbert Segaud, *à Ste Marine* en 1770.

..... *S. Médard*, 1742 Pierre Hardy de Levaré.

x. s. *S. Hippolyte*, { 1769 Jean Joseph Guillaume Bruté.

1633 *S. Jacques du Haut-pas*, { 1757 Jean Denis Cochin.

..... *S. Sulpice*, { 1777 Jean Joseph Faydit de Terf-sac.

1180 *S. Laurent*, 1776 Louis Joseph Demoy.

1712 *Ste Marguerite*, { 1743 Charles Bernardin Laugier de Beaurecueil.

1639 *La Madeleine de la Villévêque*, { 1746 Louis Charles Cathlin.

..... *S. Philippe, du Roule*, 1770 Joseph Charfoulot.

..... *S. Pierre de Chaillot*, 1768 Jacques Michel Beniere.

1674 *S. Louis des Invalides*, 1777 Joachim Comte.

Le Gros-Cail-lou, 1777 Bernardin Garat.

EN LA BANLIEUE ECCLÉSIASTIQUE.

S. Pierre de Montmartre, { 1761 Jean François Aimard Pichon.

S. Lambert de Vaugirard, 1747 Antoine Roussel.

La Chapelle S. Denis, 1765 Jean Philippe Masse.

La Villette S. Lazare, 1747 Georges Nicolas Nouvelet.

S. Germain de Charonne, 1774 Joseph Estard.

Notre-Dame d'Auteuil, 1761 Joseph Barré.

N. Dame de Boulogne,   1744 Charles François, Henoque.
S. Médard de Clichy,   1763 Louis-Michel Charles.
S. Jacques de Montrouge,   1768 François Richard.
S. Martin de Villiers la G.   1761 Luc Mathieu Mignot.
Passy,   1773 Clément Nogueres.
Notre-Dame de S. Pierre de }
  Conflans,   } 1756 Louis Guillaume Laborne.

LIEUX EXCEPTÉS DE L'ORDINAIRE.

... S. Jean-Baptiste & S. } 1758 Louis Desharbes.
    Denis,   } 1772 Nicolas Remi Blondeau.
1245 La Ste Chapelle,   1774 Joseph-Louis Marnat.
.... Le Temple,   1741 Cloud.
xij.l. S. Jean de Latran, 1760 Huot.
xiij.l. Les Quinze-vingts, 1752 De Mouricaud, Chefcier.
.... S. Syphorien, dans }
   l'enclos de S. Ger- } 1763 Dom Heulland, Bénédictin.
  main-des-Prez,   }

L'OFFICIALITÉ MÉTROPOLITAINE DE PARIS.

MESSIEURS,

R Obinault du Boisbasset, Chanoine de l'Eglise de Paris, *Official*, cloître Notre-Dame.
Jolly, *Vicegérent*, en Sorbonne.
De la Hogue, Chanoine de Saint Honoré, *Promoteur*, cloître Saint Honoré.
Gandolph, *Vice-Promoteur*, en Sorbonne.
Me Bruflé, *Greffier*, cloître Notre-Dame.

Procureurs, Maîtres,

Bouttin, rue de Biévre.
Collot, cul-de-fac Sainte-Marine.
Chappe, cloître Notre-Dame, derriere le Chapitre.

Huiffier-Appariteur en l'Officialité.

Couchot, rue de la Parcheminerie.

Ce Tribunal connoît des caufes portées par appel, des jugemens rendus en l'Officialité Diocéfaine & aux Officialités de Chartres, de Meaux, Orléans & Blois.

Les audiences tiennent le Mardi & Vendredi à dix heures du matin, vaquent du 8 Septembre au lendemain de Saint Martin.

L'OFFICIALITÉ DIOCÉSAINE DE PARIS.

Adhenet, Chanoine de l'Eglife de Paris , *Official* , cloître Notre-Dame.
Chevreuil, *Vice-Gérent*, en Sorbonne.
Du Voifin, *Promoteur*, en Sorbonne.
Vidal, *Vice-Promoteur*, première cour de l'Archevêché.
Dudemaine, *Vice-Promoteur*, en Sorbonne.
Me Gueullette, *Greffier*, cloître Notre-Dame.

Les Procureurs & Huiffier font les mêmes que pour l'Officialité Métropolitaine.

Les jours d'audience, le Mercredi & le Samedi à dix heures du matin.

Ce Tribunal connoît des oppofitions aux Publications des Bans de mariage, & de célébration d'iceux, & nullités des mariages, des droits & honoraires des Curés ou Eccléfiaftiques , & autres matieres énoncées dans le *Traité*, par Decombe.

Goigoux, *Concierge des Prifons*, aux Prifons.

BAILLIAGE DE LA DUCHÉ-PAIRIE DE L'ARCHEVÊCHÉ DE PARIS.

M. Laget-Bardelin, Avocat au Parlement , *Bailli* , rue de la Harpe, vis-à-vis la rue des Cordeliers.
M. Jurien, Procureur au Châtelet, *Procureur Fifcal Ducal*, rue de la Harpe, vis-à-vis celle des deux Portes.
Me Dupy, Procureur au Châtelet, *Greffier*, rue de Biévre.

Procureurs, Maîtres,
{ Bouttin, rue de Biévre.
De Sainte-Marte, Parvis Notre-Dame.
Collot, cul-de-fac Sainte-Marine.
Chappe, cloître Notre-Dame, derriere le Chapitre.

Couchot, *Huiffier Audiencier*, rue de la Harpe, près la rue de la Parcheminerie.
Rigaux, *Huiffier Prifeur*, rue Bourtibourg.
Goigoux, *Concierge des Prifons*, aux Prifons.

Mrs { Cochu, *Médecin*, rue des Poulies.
Picquet , *Chirurgien* , rue des Foffés Saint-Germain l'Auxerrois.

Les Audiences fe tiennent le Lundi à midi, dans l'Auditoire de l'Officialité.

Officialité du Chapitre de l'Eglife de Paris.

M. de Malaret , Archidiacre de Jofas , *Official.*
M. Riviere, Théologal , *Vicegérent.*
M. de Palerne, Chanoine, *Promoteur.*
} Cloître-Notre-Dame.

G iij

M. de Gaulle, *Greffier*, rue & vis-à-vis Saint Severin.
M. Fauveau, *Appariteur*, cloître Notre-Dame.

BAILLIAGE DE LA BARRE DU CHAPITRE DE L'ÉGLISE DE PARIS, *ressortissant nuement au Parlement.*

M. le Bailli connoît en premiere instance, de toutes les causes civiles, criminelles & de police, dans toute l'étendue du cloître & terrein, même dans l'intérieur de l'église; & aussi des droits seigneuriaux dépendans de la censive de Messieurs,

Messieurs,

Douet d'Arcq, *Bailli*, Avocat au Parlement, cl. Notre-Dame.
Cothereau, *Avocat, Lieutenant*, cloître Notre-Dame.
Bruslé, *Procureur Fiscal*, Procureur au Parlement, cloître Notre-Dame.
De Gaulle, *Greffier*, rue & vis-à-vis Saint Severin.
Grossy, *Huissier-Priseur*, rue Froidmanteau, près le Palais Royal.
Fauveau, *Huissier-Appariteur*, cloître Notre-Dame.

Les Audiences se tiennent le Lundi, à trois heures de relevée, en l'Auditoire, cloître & près le puits de Notre-Dame.

Jurisdiction de M. le Chantre, voyez son Ressort, pag. 591.

Cette Jurisdiction connoît de tout ce qui concerne les petites Ecoles de la Ville, Cité, Université, Fauxbourgs & Banlieue.
M. d'Aymard, *Juge, Collateur & Directeur des petites Ecoles*, cloître Notre-Dame.
M. de Bremont, Chanoine de l'Eglise de Paris, *Vicegérent.*
M. Cloquette, *Promoteur*, Vicaire de la Madeleine en la Cité.
Me Ingret, *Greffier*, rue & vis-à-vis l'hôtel Serpente.
Dupont, *Clerc*, Parvis Notre-Dame.
L'appel des Sentences de M. le Chantre va immédiatement au Parlement.

Les Audiences se tiennent le Jeudi à trois heures après midi.

BUREAUX Ecclésiastiques Généraux & particuliers.

IL y a en France huit Bureaux Généraux, ou Chambres Ecclésiastiques Supérieures, qui jugent souverainement & en dernier ressort, toutes les Causes & Procès qui leur sont portés par appel des Diocèses ressortissans à ces huit Bureaux, qui sont Paris, Lyon, Rouen, Tours, Bordeaux, Bourges, Toulouse & Aix en Provence.

Tous les Evêchés ou Diocèses de France ressortissent par appel à ces huit Bureaux, suivant la répartition qui en a été faite par les Edits & Lettres-Patentes des Rois, & s'appellent *Bureaux diocésains.*

Les Diocèfes reffortiffans au Bureau Général de Paris, font Paris, Sens, Orléans, Chartres, Meaux, Auxerre, Blois, Troyes, Reims, Laon, Châlons, Beauvais, Noyon, Soiffons, Amiens, Boulogne, Senlis & Nevers.

Chambre Eccléfiaftique du Diocèfe de Paris.

C'eft au Bureau Diocéfain de Paris, qu'on impofe toutes les taxes du Diocèfe, & qu'on juge toutes les Caufes en première inftance.

Ce Bureau fe tient dans la Salle de l'Archevêché, & eft compofé de Mgr. l'Archevêque qui y préfide comme Chef, des Députés, & d'un Syndic; favoir,

Mgr. l'Archevêque.

MESSIEURS,

Tudert, Doyen & Chanoine de l'Eglife de Paris, Confeiller d'honneur au Parlement, cloître Notre-Dame.

Farjonel d'Hauterive, Chanoine de l'Eglife de Paris, Confeiller de Grand'Chambre, cloître Notre-Dame.

Le Chevalier, Chantre & Chanoine de Saint Honoré.

Briere, Curé de Saint Pierre aux Bœufs.

Morin du Marais, Chanoine de l'Eglife de Paris, *Syndic*, au cloître.

De la Touche, Chanoine de St Honoré, *Greffier*, à l'Archevêché.

Dom Gillot, Général des R. P. Bénédictins, à l'Abbaye Saint Germain.

Receveur des Décimes & autres Impofitions du Clergé du Diocèfe de Paris.

M. Brillon Duperon, rue Saint Sauveur, près la rue des deux Portes.

Bureau des Infinuations Eccléfiaftiques.

Me Chauveau, *Greffier*, rue des Marmouzets, vis-à-vis la rue Saint Landry.

CHAMBRE SOUVERAINE DU CLERGÉ DE FRANCE.

Confeillers au Parlement, Meffieurs,

L'Abbé de Sahuguet d'Efpagnac, quai Malaquais, au coin de la rue des Saints-Peres.

L'Abbé Le Noir, rue d'Anjou, au Marais.

L'Abbé Pommyer, rue de Bracq.

Confeillers-Commiffaires Députés des Diocèfes;
MESSIEURS les Abbés,

1754 12 Déc. Reims, De Lattaignan, Chanoine de Reims, Doyen, rue Saint Sébaftien, Pont aux Choux.

1755 25 Mars, Noyon, Durand, Chanoine de Saint-Quentin, quai & place de Conti.

1759 17 Mars. Soiffons, Auoert, Chanoine de Soiffons, rue du Fauxbourg Saint Honoré, hôtel de la Vaupaliere.

1762 14 Juill. Nevers, Mignot, Chanoine de Nevers, rue de la Harpe, vis-à-vis la Sorbonne.

1762 30 Août. Senlis, Debar, Chanoine Dignitaire, Grand Vicaire de Bordeaux, rue du Temple.

1762 2 Déc. Auxerre, Seconds, Chanoine d'Auxerre, Principal du Collége du Pleffis, rue Saint Jacques.

1764 6 Juin. Laon, D'Elvincourt, Archidiacre & Vicaire Général de Laon, rue Férou, près Saint Sulpice.

1767 19 Juin. Chartres, Ravot d'Ombreval, Chanoine de la Sainte Chapelle, cour de la premiere Préfidence.

1771 18 Déc. Sens, Leftoré, Vicaire Général du Diocèfe de Sens, rue Saint Dominique, près l'hôtel de Luynes.

1772 26 Févr. Meaux, Grain de Saint-Marceau, Aumonier de Madame, Grand-Vicaire & Chanoine de Meaux, rue des Saints Peres, chez M. l'Evêque de Meaux.

1772 14 Mars. Troyes, Bofc, Chanoine de Troyes, rue Poiffonniere, près le Boulevart.

1772 20 Mai. Paris, De Malaret, Chanoine de l'Eglife de Paris, cloître Notre-Dame.

1772 20 Mai. Boulogne, Pourteiron, Chanoine de la Sainte Chapelle, cour du Palais.

1772 28 Juin. Beauvais, Chanony, Chanoine de Beauvais, rue neuve Saint Auguftin, hôtel de Gèvres.

1774 18 Mai. Châlons, Foucher, au Collège de Navarre.

1775 15 Janv. Blois, Gourcy, Vicaire Général du Diocèfe de Bordeaux, rue de Louis le Grand.

17 . . . . Orléans,

1777 25 Juin, Amiens, Prevoft de Montaubert, Chanoine de l'Eglife d'Amiens, rue Saint Honoré, vis-à-vis les Capucins.

Deftocquois de Schulemberg, Commandeur de l'Ordre de Saint Lazare, Promoteur Général, rue Patourelle au Marais.

Dufranc, *Greffier*, cour du Palais.

Guenet, *Huiſſier*, rue de la vieille Draperie, au coin de la rue Saint Eloi, chez le Notaire.

Toutes les expéditions de la Chambre ſont portées au Greffe de M. Dufranc.

Greffier des Domaines des Gens de Mainmorte du Diocèſe de Paris.

M. Gaye, rue Saint Sauveur, près la rue des deux Portes, maiſon de M. Brillon Duperon.

Toutes les Communautés Séculieres & Régulieres, de l'un & l'autre ſexe, Bénéficiers & autres Gens de Mainmorte du Diocèſe de Paris, ſont obligés de faire enregiſtrer dans ledit Bureau, tous les dix ans, la déclaration de tous leurs Biens & Revenus, ſuivant les Edits & Réglemens qui l'ont ainſi ordonné, & d'en payer les droits ; comme auſſi les Fermiers des biens des Gens de Mainmorte ſont obligés de faire enregiſtrer leurs baux audit Greffe, à leurs frais.

Me Thierry, *Procureur du même Bureau*; rue de la Bucherie.

Directeur Général des Œconomats, & des Revenus de la Régie des Biens des Religionnaires fugitifs.

M. Feydeau de Marville, Conſeiller d'État ordinaire, & au Conſeil Royal, rue de Verneuil, Fauxbourg Saint Germain.

Œconome Général du Clergé:

M. Marchal de Sainſcey, rue des Foſſés Montmartre.
M. Marchal de Sainſcey fils, *en ſurvivance*, même demeure.

SUPÉRIEURS DES SÉMINAIRES DE PARIS.

Année de fondation.	Séminaires.	Meſſieurs,
1618	S. Magloire, *porte Saint Jacques*,	De Saint-Simon.
1642	S. Sulpice, *vis-à-vis l'Egliſe*,	Le Gallic.
1644	S. Nicolas du Chardonnet,	Deſtregard.
xvij ſ.	Les Bons Enfans, *Porte Saint Victor*,	Couſin.
1663	Les Miſſions Etrangeres, *rue du Bac Fauxbourg Saint-Germain*,	De Burgue-rieu.
xvij ſ.	S. Louis, *rue d'Enfer S. Michel*,	Garrel.
1633	La Ste Famille, *dite des Trente-Trois, Montagne Sainte Geneviève*,	Gros.
xvij ſ.	Les Anglois, *rue des Poſtes*,	Howard.
....	Les Ecoſſois, *rue des Foſſés Saint Victor*,	Gordon.
....	La petite Communauté de S. Nicolas,	Hure.
1703	Le S. Eſprit & l'Immaculée Conception, *rue des Poſtes, près l'Eſtrapade*,	Becquet.
....	S. Marcel du Cloître,	Vincent.

Avocats au Parlement, Conseillers du Roi Expéditionnaires de Cour de Rome & Légations, MESSIEURS,

1738 DEsbriere, *Doyen*, rue des Prouvaires, vis-à-vis le Magasin de Montpellier.

1750 Brunet, *premier Syndic*, rue Coquilliere, près St Euftache.

1753 Gromaire de la Bapomerie, rue Saint Honoré, aux Écuries du Roi.

1755 Petit Dharcourt, rue Saint Honoré, près la rue de l'Echelle.

1756 Le Prieur, rue des petits Carreaux, près la rue Thévenot.

1756 Rouftain de Baroliere, rue Dauphine.

1758 Richer, rue & vis-à-vis les petits Auguftins.

1762 Stocard, rue Montmartre, près Saint Jofeph.

1764 De Launay, rue des Gravilliers, près la rue des Vertus.

1765 De Creffac, rue d'Anjou, près la rue Dauphine.

1765 Marchand, *Tréforier, deuxieme Syndic*, rue du Petit Bourbon, au coin de la rue de Tournon, *à Pâques*, rue Hautefeuille, vis-à vis les Prémontrés.

1767 Baffuel du Vignois, rue Saint Magloire, vis-à-vis la Tour.

1768 Colloz, rue de Verneuil, au coin de la rue de Beaune.

1769 Loyfon, rue des Blanc-Manteaux, près celle du Puits.

1769 Regnaud, rue des trois Pavillons, au Marais.

1769 Godot, rue neuve des Petits-Champs, près la re de Gaillon.

1770 Rotrou, rue Saint-Chriftophe, parvis Notre-Dame.

1775 Bénard, rue Charlot, au Marais.

1776 Voifin rue des Maçons près la Sorbonne.

1730 Marchand pere, *vétéran & ancien Doyen*, rue du Petit-Bourbon, au coin de la rue de Tournon, *à Pâques*, rue Hautefeuille, vis-à-vis les Prémontrés.

1748 Malherbe, Procureur Général de la Chambre de la Marée, *vétéran*, rue des Lions Saint-Paul.

HOPITAUX DE PARIS.

L'Hôtel-Dieu eft gouverné pour le Spirituel par Messieurs du Chapitre de l'Eglife de Paris, qui font:

M. de Tudert, *Doyen.*

M. Riviere, Chanoine & *Théologat.*

M. Melon de Pradou, Chanoine.

Il y a pour l'intérieur de la Maifon, M. Géry, *Maître au Spirituel.*

Chefs de l'Administration du Temporel.

M. l'Archevêque de Paris.
M. le Premier Président.
M. le Premier Président de la Chambre des Comptes.
M. le Premier Président de la Cour des Aides.
M. le Procureur Général.
M. le Prévôt des Marchands.
M. le Lieutenant Général de Police.

Administrateurs, Messieurs.

De Tiliere, *Doyen*, Substitut de M. le Procureur Général, rue Saint André-des-Arts.

Durant, ancien Tréforier de France, rue Payenne.

De Lambon, Avocat au Parlement, rue Saint Jacques.

Le Coulteux de Verron, ancien Tréforier de France, place royale.

Dupont, Lieutenant Particulier au Châtelet, rue du Doyenné.

De Neuville, Fermier général, place de Louis le Grand.

Marchais de Migneaux, Avocat général honoraire des Eaux & Forêts, & Correcteur des Comptes, quai de Bourbon, île Notre Dame.

Marrier de Voffery, Conseiller du Roi & Contrôleur honoraire en fa Cour des Monnoies, vieille rue du Temple.

De Tiliere, Conseiller à la Cour des Aides, rue Saint André.

Boullenois, Correcteur de la Chambre des Comptes, rue d'Enfer Saint Michel.

Mopinot, Conseiller au Châtelet, rue Thibotodé, ancien hôtel de la Direction des Monnoies.

Brochant, *Receveur général charitable*, Marchand fourniffant la Maifon du Roi, rue des foffés Saint Germain l'Auxerrois.

Varin, *Greffier*, Parvis Notre-Dame, au Bureau dudit Hôtel-Dieu.

Poultier, *Notaire* dudit Hôtel-Dieu, rue Saint-Martin, vis-à-vis la rue Grenier Saint-Lazare.

Lafnier, *Procureur au Parlement*, rue de la Bucherie, vis à-vis les Ecoles de Médecine.

Guichard, *Procureur au Châtelet*, & de l'Hôtel-Dieu, rue de la vieille Monnoie.

Maillet, *Receveur de l'Hôpital des Incurables*, audit Hôpital.

Médecins Penfionnaires de l'Hôtel-Dieu, Messieurs,

Dejean, rue du Coq Saint Jean.

Belletefte, au Collège de Louis le Grand.

Majault, rue Chriftine.   Denis, près celle aux Ours.
Doulcet, rue Chriftine.   Danié Defpatureaux, rue des
Rouffin de Montabourg, rue S.   vieilles Audriettes.

Médecin ordinaire,

M. Solier de la Romillais, rue des Francs-Bourgeois, au Marais

Médecin expectant,

M. Mallet, rue des Barres.

M. Duhaume, rue Quincampoix, *Surnuméraire.*

M. Cochu, *Médecin Honoraire.*

M. Moreau, *Chirurgien Major,* à l'Hôtel-Dieu.
Ferrand, *eu furvivance,* rue Mazarine ou à l'Hôtel-Dieu.

Meffieurs les Adminiftrateurs s'affemblent deux fois la femaine : fçavoir, les Mercredis à trois heures du foir alternativement au Palais Archiépifcopal, & en leur Bureau ordinaire
Parvis Notre-Dame ; & le Vendredi à onze heures du matin,
au Bureau.

Le domicile de l'Hôtel-Dieu eft au Bureau, Parvis Notre-
Dame, où fe doivent faire les Significations, les jours de Mercredis de relevée & Vendredi matin, & dans le tems que Meffieurs les Adminiftrateurs font affemblés, & non les autres
jours, *à peine de nullité.*

☞ On ne paye audit Bureau que les Jeudis & Samedis
matin feulement.

GRAND BUREAU DES PAUVRES.

LE grand Bureau a droit de lever tous les ans à Paris une
taxe d'aumône pour les Pauvres, fur les Princes, Seigneurs,
Bourgeois, Artifans & autres Habitans, de quelque qualité
qu'ils foient, Gens d'Eglife, Communautés Eccléfiaftiques &
Laïques, Bureaux, Compagnies, &c. n'y ayant d'exempts que
les Pauvres feulement.

Pour quoi il y a Jurifdiction & Huiffiers, tant pour faire les
taxes, que pour contraindre les refufans de payer, & ceux
qui étant nommés Commiffaires des Pauvres, refufent d'en
accepter & faire les fonctions.

Le grand Bureau eft dans la Place de Grève ; les Affemblées fe tiennent les Lundis non fêtés, à deux heures après
midi, où les Significations doivent être faite dans le tems que
Meffieurs les Adminiftrateurs font affemblés, & non les autres
jours ; *fous peine de nullité.*

M. le Procureur Général, *Chef unique,* rue de la Planche,
fauxbourg Saint Germain.

M. de Tiliere, l'un de ses Substituts, rue St André-des-Arts, préside en son absence.

Me Richer, Greffier & Receveur général, au grand Bureau, Place de Grève.

HOPITAL DES PETITES-MAISONS.

L'Hôpital des Petites-Maisons, n'est qu'un même Etablissement avec le grand Bureau : il est fondé pour quatre cens pauvres qui y sont reçus de toutes les paroisses, mais de l'aumône du grand Bureau seulement, & ce par ordre d'âge, suivant le rôle sur lequel ne sont compris que les pauvres du grand Bureau âgés de soixante-dix ans & au-dessus. Les Administrateurs s'assemblent les Jeudis non fêtés, à huit heures du matin ; & en cas de fête, la veille ou le lendemain, à la même heure.

ADMINISTRATEURS.

M. le Procureur Général, Chef.

M. De Tiliere, l'un de ses Substituts, préside en son absence.

Messieurs,

Nau, ancien Juge-Consul, rue des Fontaines, près le Temple.

Millot, ancien Consul, rue Salle-au-Comte, près le cul-de-sac Beaufort.

Desprez, Imprimeur du Roi & du Clergé de France, rue Saint-Jacques.

Richard, ancien Juge-Consul, rue de la Juiverie.

Vancquetin, ancien Juge-Consul, rue Saint-Jacques, vis-à-vis la rue des Mathurins.

Robert, ancien Garde du Corps de la Mercerie, cour de Lamoignon au Palais.

De Saintjean, ancien Consul, rue de Montreuil, fauxbourg Saint Antoine.

Officiers, Messieurs,

Me Richer, Greffier & Receveur-général, au grand Bureau, Place de Grève.

Richer, Notaire, rue Saint Severin.

Gérardin, Procureur au Châtelet, rue du petit Bourbon, près Saint Sulpice.

Huissiers.

Grossy, Huissier-Priseur, rue Le Moine, rue Saint Martin, Froidmanteau.   vis-à-vis la rue aux Ours.

Méleçot, rue du fauxbourg S. Pourillé, cour du Palais, hô Martin.   tel de la Tréforerie.

Guillemard, rue de la Calandre. Masson, rue Saint André.

Gourfaud, Chirurgien, aux Petites-Maisons.

Les fignifications doivent être faite au grand Bureau, les Lundis de relevée, dans le tems que Meffieurs les Adminiftrateurs font affemblés, & non les autres jours, *à peine de nullité.*

HÔPITAL DE LA TRINITÉ.

CEt Hôpital eft rue St Denis : il eft fondé pour de petits enfans, garçons & filles, nés de Paris, orphelins de pere ou de mère feulement, valides & non incommodés, & du nombre des pauvres enfans qui font à l'aumône du grand Bureau ; favoir cent Garçons & trente-fix filles, ils n'y font admis qu'à neuf ans & par ordre d'âge, fuivant le rôle, ils font tous deftinés à apprendre des métiers. Les Ouvriers de tous arts & métiers, fans exception, qui enfeignent lefdits enfans, font pour leur récompenfe reçus Maitres à Paris, & leurs enfans & ceux dudit Hôpital jouiffent de la qualité de fils de Maitres.

ADMINISTRATEURS.

M. le Procureur Général, *Chef.*

M. Moreau, Procureur du Roi au Châtelet, *préfide en fon abfence.*

Meffieurs,

Nau, ancien Juge-Conful, rue des Fontaines, près le Temple.

Millot, ancien Conful, rue Salle-au-Comte, près le cul-de-fac Beaufort.

Defprez, Imprimeur du Roi & du Clergé de France, rue Saint Jacques.

Richard, ancien Juge-Conful, rue de la Juiverie.

Vancquetin, ancien Juge-Conful, rue Saint Jacques vis-à-vis la rue des Mathurins.

Robert, ancien Garde du Corps de la Mercerie, Cour de la Moignon au Palais.

Officiers, Maitres,

Richer, *Greffier & Receveur général,* Place de Grève, au grand Bureau des Pauvres.

Richer, *Notaire,* rue Saint Severin.

Gérardin, *Procureur au Châtelet,* rue du petit Bourbon, près Saint Sulpice.

Gavory, *Commis du Greffe, & Huiffier dudit Hôpital,* rue de la Chaife, Fauxbourg Saint Germain.

Le Bureau tient fes Affemblées le Mardi à deux heures, excepté les Fêtes, où les fignifications doivent être faites dans le tems que Meffieurs les Adminiftrateurs font affemblés, & non les autres jours, *fous peine de nullité.*

HOPITAL ROYAL DES QUINZE-VINGTS.

M. Le Prince Louis de Rohan-Guémené , Grand Aumônier de France, *Supérieur Général*, en Cour.

Gouverneurs & Administrateurs, MESSIEURS,

L'Abbé Farjonel d'Hauterive, Conseiller de Grand'Chambre ,
Vicaire Général, préside en cette qualité & en l'absence de
M. le Grand Aumônier de France , cloître Notre-Dame.

Pean de Mosnac , Maître des Comptes, rue des Jeûneurs.

Ameline de Quincy , Correcteur des Comptes , vieille rue du
Temple, près le cul-de-sac d'Argenson.

Moreau , Procureur du Roi , rue de l'Egoût , près la Place
Royale.

Henry, Secrétaire du Roi , Greffier en Chef de la Chambre
des Comptes, quai de la Tournelle, vis-à-vis le Pont.

Mrs { Maynier, *Maître & Administrateur.*
{ Laugier, *Ministre.* } Enclos dudit
Mrs { Bresse, *Greffier.* } Hôpital.
{ Cornuau, *Receveur.*

Mrs { Dupré L. *Notaire* au Châtelet & dudit Hôpital, rue
{ Saint Honoré.
{ Heuvrard, *Procureur* dudit Hôpital, rue Bourtibourg.

Me Courlesvaux L. *Procureur au Châtelet* & dudit Hôpital, rue
du Coq Saint Honoré.

HOPITAL GÉNÉRAL.

LEs Chefs de la Direction de l'Hôpital Général sont les
mêmes que ceux de l'Hôtel-Dieu.

M. de Malbosc , *Recteur pour le Spirituel.*

ADMINISTRATEURS, MESSIEURS.

Debonnaire, Procureur général au Grand Conseil, *Doyen*, rue
Vivienne.

Gondouin, Secrétaire du Roi, rue Portefoin.

De la Chaussée, Intéressé dans les Fermes du Roi, rue Neuve
des Petits Champs.

Millin, Conseiller honoraire en la Cour des Monnoies, rue de la
Colombe , près Notre-Dame.

De Cuisy, Secrétaire du Roi, ancien Fermier Général , rue de
Cléry.

Mazieres, Fermier Général , rue des Vieilles Audriettes,

De Vin, Secrétaire du Roi, ancien Conful, rue Neuve Saint Merry.

Joffon, Auditeur des Comptes, rue des Lions Saint Paul.

D'Outremont, Avocat au Parlement, rue Bourtibourg, ancien Hôtel d'Argouges.

Bafly, Contrôleur général des Reftes de la Chambre des Comptes & des Bons d'Etat du Confeil, ancien Echevin, rue du Jardinet.

Vieillard, ancien Echevin, Payeur des Rentes, rue Grange-Batelliere.

Henry, Secrétaire du Roi, Greffier en Chef de la Chambre des Comptes, quai de la Tournelle, vis-à-vis le Pont.

Laget Bardelin, ancien Avocat au Parlement, rue de la Harpe, vis-à-vis celle des Cordeliers.

De Saint-Amand, Secrétaire du Roi, Fermier Général, rue Saint Marc.

Brac de la Perriere, Fermier Général, rue Therefe.

Cochin, Payeur des Rentes, rue Saint Jacques, vis-à-vis le petit Marché, & au mois *de Juillet*, quai de la Tournelle.

Defplaces de Montgobert, Payeur des Rentes, rue d'Enfer, près le Luxembourg.

De Pontieux, *Receveur charitable*, rue de la grande Truanderie.

Le Bureau de l'Adminiftration eft à la Pitié, rue Saint Victor.

Le Bureau de la Caiffe générale eft dans la maifon du St Efprit, place de Grève, & eft ouvert les Mercredi & Samedi matin.

Safferie, *Greffier de la Direction de l'Hôpital Général*, à la Pitié, où eft le domicile du Bureau.

Officiers de la Direction, Messieurs,

Marguet, Avocat au Parlement, rue de Bourbon, île S. Louis.

De la Mothe, Avocat aux Confeils, rue du Battoir.

Picquais, Notaire, rue de la Monnoie.

Bruflé, Procureur au Parlement, cloître Notre-Dame, derrière le Chapitre.

Chappe, Procureur au Châtelet, cloître Notre-Dame.

Safferie, J. *Agent des Affaires & Garde des Archives*, à la Pitié.

Ribert, premier Huiffier de la Connétablie, *Huiffier de l'Hôpital*, rue Saint Julien-le-Pauvre.

Gaullard, *Médecin*, rue Tiron Saint Antoine.

Brun, *Chirurgien en Chef* des Maifons de l'Hôpital Général, à la Pitié.

Maifons Hofpitalieres des Femmes.

LEs Hofpitalieres de la place Royale; les Hofpitalieres de la Raquette, Fauxbourg S. Antoine; les Hofpitalieres de S. Julien & Ste Bafiliffe, rue Mouffetard, Fauxbourg S. Marceau;

ceau; l'Hôpital Sainte Catherine, rue Saint Denis; l'Hôpital Saint Gervais, dit *Sainte Anaftafie*, vieille rue du Temple; &

L Hôpital des cent Filles de Notre-Dame de la Miféricorde, établi rue Cenfier, Fauxbourg Saint Marcel, fondé par *M. Antoine Séguier, Préfident à Mortier au Parlement de Paris,* pour y élever depuis fix à fept ans jufqu'à vingt-cinq, cent pauvres orphelines, & les y entretenir décemment.

Chefs de l'Adminiftration.

M. le Premier Préfident.

M. le Procureur Général.

M. Seguier, Avocat général, rue du Hazard Richelieu.

Adminiftrateurs, Messieurs,

Le Corgne de Launay, Prêtre, Docteur de la Maifon & Société de Sorbonne, Archidiacre & Chanoine de l'Eglife de Paris, cloître Notre-Dame.

De Neuville, Fermier Général, place de Louis le Grand.

Charlier, ancien Echevin, Notaire honoraire, Confeiller au Confeil de Monfieur, rue des Mauvaifes Paroles.

De Haran-Borda, rue neuve des Capucines.

Gilbert de Voifins, Préfident à Mortier, rue d'Enfer Sᵗ Michel.

Guyard, Avocat au Parlement, *Receveur dudit Hôpital & Greffier*, rue de la Harpe, vis-à-vis Saint Côme.

Maître & Adminiftrateur de l'Hôpital de Sainte-Catherine.

M. Roffignol, Chanoine du Saint Sépulcre, au cloître.

Receveur de l'Hôpital des Enfans-Trouvés.

M. Duchefne, rue des Marmouzets.

Receveur de l'Hôpital du Saint Efprit.

M. Duchefne, fils, rue des vieilles Garnifons.

Il y a encore pour la Tour Saint Bernard, qui eft la Prifon des Galériens.

M. de Mauperché, rue des Bons Enfans Richelieu.

M. Pia, *Receveur charitable des Revenus des Galériens*, rue des grands Auguftins, hôtel Saint Cyr.

Il eft encore à Paris beaucoup d'autres fecours, comme la célebre Maifon de la Charité, Fauxbourg Saint Germain; les Enfans-Trouvés, rue Saint Antoine, & près Notre-Dame, auxquels on vient de réunir les revenus des Enfans-Rouges, ci-devant au Marais; l'Hôpital du Saint Efprit, place de Grève.

Avis aux Perfonnes charitables.

Les revenus des Prifonniers font devenus fi modiques, que

malgré les bonnes intentions des Dames de Charité, lefdits Prifonniers font privés de fecours, pour exciter en leur faveur la confiance des Perfonnes bienfaifantes, un Citoyen a bien voulu accepter le titre de *Tréforier Charitable & Receveur des revenus des Prifonniers.*

M. Defpeignes, *Tréforier & Receveur charitable*, quai de l'Horloge du Palais, fous l'Arcade de la Cour de Lamoignon.

PRINCES, SEIGNEURS, ET PAIRS

de France, fuivant le rang qu'ils ont au Parlement.

PRINCES DU SANG.

M. Le Duc d'Orléans, au Palais Royal.
M. le Duc de Chartres, au Palais Royal.
M. le Prince de Condé, au Palais de Bourbon.
M. le Duc de Bourbon, au Palais de Bourbon.
M. le Prince de Conti, rue de Grenelle.

M. le Duc de Penthiévre, en fon hôtel, place des Victoires.

PAIRS ECCLÉSIASTIQUES ET PRÉLATS.

M. de Talleyrand-Périgord, *non encore reçu*, *Archevéque Duc de Reims*, rue Saint Dominique, près Belle-Chaffe.

M. de Sabran, *non encore reçu*, *Evéque Duc de Laon*, grande rue du Fauxbourg Saint Honoré.

M. de la Luzerne, *Evéque Duc de Langres*, rue des Blanc-Manteaux.

M. de la Rochefoucaud, *Evéque Comte de Beauvais*, rue Saint Dominique, fauxbourg Saint Germain.

M. de Juigné, *Evéque Comte de Châlons-fur-Marne*, rue de Thorigny, au Marais.

M de Grimaldi, *non encore reçu*, *Evéque Comte de Noyon*, rue Saint Dominique.

DUCS ET PAIRS LAÏQUES, SUIVANT LEUR SÉANCE AU PARLEMENT.

1572 M. le Duc d'Uzès, né premier Janvier 1728, à l'hôtel d'Uzès, porte Montmartre.

1582 M. le Duc d'Elbeuf, *Prince de Lambefc*, *non encore reçu*, né 28 Septembre 1751, place du petit Carroufel.

1595 M. le Duc de Montbazon, *Prince de Rohan*, né 25 Mars 1726, place Royale.

1599 M. le Duc de Thouars, *Duc de la Trémoille*, né 5 Février 1737, rue Sainte-Avoye.

1606 M. le Duc de Sully, *Duc de Béthune*, né 18 Août 1730, rue Saint Guillaume.

1619 M. le Duc de Luynes, né 4 Novembre 1748, rue Saint Dominique.

1620 M. le Maréchal Duc de Brissac, né 12 Octobre 1698, rue Cassette, Fauxbourg Saint Germain.

1631 M. le Maréchal Duc de Richelieu, né 13 Mars 1696, rue neuve Saint Augustin.

1634 M. le Duc de Fronsac, né 4 Février 1736, boulevart de la porte Saint Honoré.

* { 1652 M. le Duc d'Albret, *Duc de Bouillon, non encore recu*, né 26 Janvier 1728, quai Malaquais.
{ 1652 M. le Duc de Rohan, né 17 Janvier 1710, rue de Varenne.

1662 M. le Duc de Piney, *Duc de Luxembourg*, né 15 Octobre 1738, à l'Arsenal.

1663 M. le Duc de Grammont, né 19 Avril 1722, rue de Clichy.

1663 M. le Duc de Villeroy, né 8 Octobre 1731, rue de Bourbon, Fauxbourg Saint Germain.

1663 M. le Duc de Mortemart, né 8 Février 1752, rue Saint Guillaume, Fauxbourg Saint Germain.

1663 M. le Duc de Saint-Aignan, *non encore reçu*, né 2 Août 1766, rue de Grenelle, fauxbourg Saint Germain.

1663 M. le Duc de Gesvres, né 9 Mai 1733, rue neuve Saint Augustin.

1663 M. le Maréchal Duc de Noailles, né 21 Avril 1713, rue S. Honoré.

1665 M. le Duc d'Aumont, né 28 Août 1709, place de Louis XV, du côté du Cours.

1690 M. le Duc de Béthune-Charost, *Duc de Charost*, né premier Juillet 1738, rue Pot-de-Fer, Fauxbourg Saint Germain.

1690 M. le Duc de Saint-Cloud, *Archevêque de Paris*, en son Palais Archiépiscopal.

1710 M. le Maréchal Duc d'Harcourt, né 2 Avril 1701, rue de l'Université.

1710 M. le Maréchal Duc de Fitz-James, né 4 Novembre 1712, rue Saint-Florentin, près la place de Louis XV.

1711 M. le Duc de Chaulnes, *non encore reçu*, né 18 Novembre 1741, boulevart de la porte Saint Michel.

1714 M. le Maréchal Duc de Rohan-Rohan, *Prince de Soubise*, né 16 Juillet 1715, rue de Paradis, au Marais.

1716 M. le Duc de Villars - Brancas, *Duc de Brancas*,

* Quant au rang de MM. d'Albret & de Rohan, nous nous y conformerons, lorsque la difficulté qu'ils ont à cette occasion, sera décidée.

H ij

né 5 Mai 1714, rue de Provence, vis-à-vis l'hôtel de Monteffon.

1716 M. le Duc de Valentinois, *Prince de Monaco*, né 10 Septembre 1720, rue de Varenne Fauxbourg Saint Germain, & par fa démiffion, M. le Duc de Valentinois, *non encore reçu*, né 17 Mai 1758, au même hôtel.

1721 M. le Duc de Nivernois, né 16 Décembre 1716, rue de Tournon.

1723 M. le Maréchal Duc de Biron, né 2 Février 1701, rue de Varenne, près la barriere.

1723 M. le Duc de la Valliere, né 9 Octobre 1708, rue du Bacq, Fauxbourg Saint Germain.

1731 M. le Duc d'Aiguillon, né 31 Juillet 1720, rue de l'Univerfité.

1736 M. le Duc de Fleury, né 27 Septembre 1715, rue de Bourbon, près le palais Bourbon.

1757 M. le Maréchal Duc de Duras, né 19 Décembre 1715, grande rue du Fauxbourg Saint Honoré.

1759 M. le Duc de la Vauguyon, né 31 Juillet 1746, rue des Rofiers, Fauxbourg Saint Germain.

1759 M. le Duc de Choifeul, né 28 Juin 1719, rue de Richelieu, vis-à-vis la rue Saint Marc.

1762 M. le Duc de Praflin, né 15 Août 1712, rue de Bourbon, Fauxbourg Saint Germain.

1770 M. le Duc de la Rochefoucaud, né 11 Juillet 1743, rue de Seine, Fauxbourg Saint Germain.

1775 M. le Maréchal Duc de Clermont-Tonnerre, né 19 Août 1688, rue Saint Dominique, fauxbourg Saint Germain.

1777 M. le Duc d'Aubigny, *Duc de Richemont*, *non encore reçu*, né 3 Mars 1735, rue Saint Dominique, Fauxbourg Saint Germain.

Ducs Héréditaires non Pairs, vérifiés au Parlement.

1696 M. le Duc de Boutteville, né 20 Février 1697, à l'Arfenal.

1742 M. le Maréchal Duc de Broglie, né 19 Octobre 1718, rue de l'Univerfité, Fauxbourg Saint Germain.

1747 M. le Duc de Coigny, né 28 Mars 1737, rue Saint Nicaife.

1758 M. le Duc d'Eftiffac, né 22 Septembre 1695, rue de Varenne.

1758 M. le Duc de Laval-Montmorency, né 21 Septembre 1723, rue Notre-Dame des Champs.

1766 M. de Roffet de Fleury, Archevêque Duc de Cambray, au Louvre, cour des Princes.

1767 M. le Duc de Montmorency, né en 1732, rue Saint Marc.

1769 M le Duc de Beaumont, Prince de Tingry, né 30 Novembre 1713, rue de Varenne, Fauxbourg Saint Germain.

1773 M. le Duc de Lorges, né en 1746, rue de Seves, vis-à-vis les Incurables.

1773 M. le Duc de Croï d'Havré, né le 12 Octobre 1744, rue du Bacq, Fauxbourg Saint-Germain.

1774 M. le Duc de Villequier-Aumont, né en 1736, rue neuve des Capucines.

1777 M. le Duc du Chatelet, né 10 Novembre 1727, rue & barriere de Grenelle.

Ducs à Brevets ou Brevets d'honneur.

M. le Duc de Mazarin, né 5 Août 1732, quai des Théatins.

M. le Duc de Lauraguais, né 3 Juillet 1733, rue Bergere.

M. le Duc d'Ayen, né 26 Octobre 1739, rue Saint Honoré, Hôtel de Noailles.

M. le Duc d'Harcourt, né 12 Janv. 1726, rue de l'Univerfité.

M. le Duc de Gontaut, né 8 Septembre 1708, rue de Richelieu, vis-à-vis la rue Saint Marc.

M. le Duc de Duras, né 28 Août 1741, rue de l'Univerfité.

M. le Duc de Choifeul, né 18 Août 1735, rue de Bourbon, près la rue du Bacq, Fauxbourg Saint Germain.

M. le Duc de Lefparre, né 17 Septembre 1746, rue neuve du Luxembourg.

M. le Duc de Lauzun, né 15 Avril 1747, place de Louis le Grand.

M. le Duc de Fitz-James, né 26 Novembre 1743, rue Saint Florentin, près la place de Louis XV.

M. le Prince de Solre, né 10 Décembre 1743, rue du Regard.

M. le Duc de Laval, né 22 Janvier 1747, rue Notre-Dame des Champs.

M. le Duc de Liancourt, né 11 Janvier 1747, rue de Varenne, Fauxbourg Saint Germain.

M. le Duc de Chabot, né 20 Avril 1733, rue de Seine, hôtel de la Rochefoucaud.

M. le Prince de Poix, né 22 Novembre 1752, rue de l'Univerfité, hôtel de Noailles.

M. le Marquis de Fleury, né 30 Mars 1750, rue de Bourbon, du côté des Invalides.

M. le Prince de Montmorency, né 20 Mars 1737, au coin de la chauffée d'Antin & de la rue Baffe-du-Rempart.

M. le Duc de Civrac, né 19 Mars 1716, au vieux Louvre, ou à la Cour.

M. le Comte de la Tour-d'Auvergne, né 10 Août 1720, rue de Bourbon, Fauxbourg Saint Germain.

M. le Comte de la Tour-d'Auvergne, né 20 Novembre 1770, rue de Bourbon, Fauxbourg Saint-Germain.

M. le Duc de Guines, ... quai de Conti.

M. le Duc de Mailly, né 28 Novembre 1744, rue de l'Université.

MARÉCHAUX DE FRANCE,

Inftitués par Philippe II. furnommé Augufte, *en* 1185.

1747 17 *Septembre.*

M. De Clermont-Tonnerre, PREMIER, *chez qui fe tient le Tribunal*, rue Saint Dominique, Fauxbourg Saint Germain.

1747 11 *Octobre.*

M. de Richelieu, rue neuve Saint Auguftin.

1757 24 *Février.*

M. de Biron, près la barriere de la rue de Varenne.

1758 15 *Mars.*

M. de Bercheny, né 3 Août 1689, rue Taranne, Hôtel de la Force.

1758 24 *Août.*

M. de Contades, né en Octobre 1704, rue d'Anjou, Fauxbourg Saint Honoré.

1758 19 *Octobre.*

M. de Soubife, rue de Paradis.

1759 16 *Décembre.*

M. de Broglie, rue de l'Univerfité, Fauxbourg Saint Germain.

1768 2 *Janvier.*

M. de Briffac, rue Caffette, Fauxbourg Saint Germain.

1775 30 *Mars.*

M. d'Harcourt, rue de l'Univerfité.

M. de Noailles, rue Saint Honoré.

M. de Fitz-James, rue de Grenelle, fauxbourg St Germain.

M. de Mouchy, rue de l'Univerfité.

M. de Duras, grande rue du Fauxbourg Saint Honoré.

Secrétaire Général de Meffieurs les Maréchaux de France.

M. Gondot, Commiffaire ordinaire des Guerres, au petit hôtel de Biron, rue de Varenne.

M. de la Croix, Commiffaire des Guerres des Chevaux-Légers de la Garde du Roi, *adjoint*, rue neuve des Petits Champs, au coin de la rue Sainte Anne.

LIEUTENANS GÉNÉRAUX DES ARMÉES DU ROI,

Créés par Louis XIII en 1633.

M. 1743 20 *Février.*
Le Comte de Marcieu.
M. des Granges.

1744 2 *Mai.*
M. le Marquis de la Ravoye.
M. le Duc de Boutteville.
M. le Comte de Langeron.
M. le Duc d'Orléans.
M. le Duc de Penthiévre.

1745 1er *Mai.*
M. le Comte de la Riviere.
M. le Marquis de Jumilhac.

1748 1er *Janvier.*
M. le Comte de Mauroy.
M. le Marquis de Monconfeil.
M. le Duc d'Aumont.

1748 10 *Mai.*
. le Marquis de Mezieres.
M le Comte de Treffan.
M. le Marquis de Pont-Saint-Pierre.
M. le Marquis de Sourches.
M. le Vicomte de Canillac.
M. le Comte de Saulx - Tavannes.
M. le Prince de Tingry.
M. le Duc de Fleury.
M. le Comte de Maillebois.
M. le Duc de Praflin.
M. le Marquis d'Auger.
M. le Baron de Montmorency.
M. le Marquis de Roncherolles.
M. le Comte de Rochechouart.
M. le Marquis de Montmorin.
M. le Comte d'Hérouville.
M. le Duc de Brancas.
M. le Marquis d'Hericy d'Eftrehan.
M. le Comte de Mailly.
M. le Comte de Coëtlogon.

M. le Comte de Montboiffier.
M. le Marquis de la Salle.
M. le Marquis de Beaupreau.
M. le Marquis de Grammont.
M. le Duc de Gontaut-Biron.
M. le Vicomte de Vaudreuil.
M. le Comte de St Germain.

1749 25 *Août.*
M. le Chevalier d'Aultanne.
M. le Marquis de Cernay.

1750 6 *Juin.*
M. le Vicomte de Narbonne-Pelet.

1757 1er *Janvier.*
M. le Prince Louis de Wirtemberg.

1758 1er *Mai.*
le Comte de Moncan.
le Marquis de Crillon.
le Comte d'Affry.
le Chevalier du Chaftelet.
le Marquis de Poyanne.
le Marquis de Montmort.
M. le Marquis d'Aubeterre.
M. le Duc d'Aiguillon.

1758 6 *Juin.*
M. le Prince de Marfan.

1758 11 *Août.*
M. le Prince de Condé.
M. le Prince de Conti.
M. le Comte de Luface.

1758 5 *Novembre.*
M. le Marquis de Voyer d'Argenfon.

1758 28 *Décembre.*
M. le Comte de Vogué.
M. le Prince de Beauvau.
M. le Marquis de Caftries.

1759 10 *Février.*
M. le Marquis de Monteynard.

H iiij

1759 1ᵉʳ *Juillet.*

M. le Comte de Solms.

1759 17 *Décembre.*

M. le Comte de Vercel.

´. Reding de Ribberegg.

. le Marquis de la Ferriere.

. le Comte de Jonfac.

M. de Caftella.

M. de Boccard.

M. le Marquis Dauvet.

M. le Marquis de Dreux.

M. le Marquis Deffales.

M. le Duc de Croï.

M. le Marquis de Puyfegur.

M. le Cᵗᵉ de Champignelles.

M. de Beaufobre.

M. le Marquis de Brancas.

M. le Marquis de Saint-Chamans.

M. le Duc de Laval.

M. le Comte de Vaux.

M. le Comte de Pons Saint Maurice.

M. le Comte de Maupeou.

M. le Duc de Choifeul.

M. le Marquis de Bethune.

1760 18 *Mai.*

M. le Marquis de Segur.

M. le Comte de Broglie.

M. le Comte de Choifeul-Stainville.

1761 10 *Février.*

M. le Marquis de Lévis.

1762 25 *Juillet.*

M. le Chevalier de Nugent.

M. le Marquis de Saint-Simon.

M. le Comte Foucquet.

M. le Marquis de Bonnac.

M. le Marquis de Rocquépine.

M. le Marquis de Monti.

M. le Marquis de Traifnel.

M. le Comte d'Egmont Pignatelli.

M. le Chevalier de Redmont.

M. le Comte de Chabo.

M. le Baron de Befenval.

M. le Comte de Clermont-Tonnerre.

1759 17 *Décembre.*

M. le Comte de Balleroy.

M. le Comte de Waldner.

M. le Comte de Mérinville.

M. le Marquis de Roftaing.

M. le Chᵉʳ de Beauteville.

M. le Marquis de Bezons.

M. le Marquis de Langeron.

M. le Duc d'Harcourt-Lillebonne.

M. le Marquis de la Chaftre.

M. le Comte de la Cheze.

M. le Baron d'Obenheim.

M. de la Morliere.

M. le Baron du Blaifel.

M. le Comte de Choifeul-Beaupré.

M. de Gayon.

M. le Marquis de Vifé.

M. le Comte de Biffy.

M. le Comte d'Efpiés.

M. le Prince de Robecq.

M. de Bourcet.

M. de Filley de la Côte.

M. le Baron de Wurmfer.

M. le Marquis de Pufignieu.

M. le Marquis de Lugeac.

M. le Prince de Rohan-Montbafon.

M. le Comte de Thiard.

M. le Comte d'Eftaing.

1763 20 *Juin.*

M. le Baron de Luckner.

1765 19 *Juillet.*

M. le Prince d'Ánhalt-Coëther.

M. de Gribeauval.

1767 16 *Avril.*

M. le Chevalier de Vogué.

M. le Chevalier de Saint-Sauveur.

M. le Marquis de Sefmaifons.

M. le Bailli de Champignelles.

M. le Vicomte de Ségur-Cabanac.

M. de Peſtallozzy.

1768 1ᵉʳ *Janvier.*

M. Pheiffer de Wyher.

1768 23 *Octobre.*
M. le Comte de Marbeuf.
1771 16 *Avril.*
M. le Comte d'Heſſenſtein.

MARÉCHAUX DE CAMP.

Créés par Henri IV. en 1598.

1734 1ᵉʳ *Août.*
M. le Marquis d'Oyſe-Bran-
cas.
1738 1ᵉʳ *Mars.*
M. le Marquis de Janſon.
1740 1ᵉʳ *Janvier.*
M. le Marquis de Briſay.
1743 20 *Février.*
M. le Comte de Vichy-Cham-
ron.
1745 1ᵉʳ *Mai.*
M. le Marquis de Vaſſé.
1748 1ᵉʳ *Janvier.*
M. le Marquis de Valence.
M. le Marquis de Caſtelanne.
M. le Marquis de Rannes.
M. le Comte de Damas de
Ruffey.
1748 10 *Mai.*
M. le Comte de Banne.
Mylord Dunkell.
M. le Comte d'Entragues.
M. de Villars-Chandieu.
M. le Marquis d'Asfeld.
M. le Prince de Monaco.
M. le Comte de Sparre.
M. le Comte d'Eſtourmel.
M. le Duc de Bouillon.
1749 25 *Août.*
M. le Marquis de Leyde.
1758 1ᵉʳ *Mai.*
M. le Chᵉʳ de Montbarey.
M. le Comte de Polignac.
M. le Comte de Chabannes.
M. le Marquis de Carvoiſin.

M. le Chevalier de Croiſmare.
M. le Marquis de Bellefont.
1759 10 *Février.*
M. Settiez.
M. le Comte de Béthune.
M. le Marqˢ de Gouy d'Arcy.
M. de Bergeret.
M. Vaucreſſon de Cormain-
ville.
M. le Marquis de Bacqueville.
M. le Marquis de Soyecourt.
M. le Marquis de Saluces.
M. le Marquis d'Ecquevilly.
M. de Voiſenon.
M. le Comte de Vienne.
M. le Marquis de Baſſompierre.
M. le Comte de Grammont.
M. le Marquis de Lemps.
M. le Vicomte de Valfons de
Sebourg.
M. le Chevalier de Mezieres.
M. le Marquis d'Amezaga.
1759 1ᵉʳ *Avril.*
M. Klingemberg.
1761 20 *Février.*
M. le Baron d'Eſpagnac.
M. de la Fargue.
M. le Baron d'Erlach de Rig-
giſberg.
M. le Baron de Wangen.
M. d'Invillier.
M. du Plouy.
M. de Bois-Denemetz.
M. de Blangis.
M. de Tourville.
M. de Rivray.

M. le Marquis de Rochegude.
M. le Marquis Defpiés.
M. le Chevalier de la Ferriere.
M. le Comte de Poudens.
M. de Pujol.
M. le Comte Louis. Drumont de Melfort.
M. le Chevalier de Fleury.
M. le Marquis de Soify.
M. le Marquis de Goyon de Marcé.
M. le Marquis de Cambis.
M. le Comte Turpin de Criffé.
M. de Lariviere de Coincy.
M. le Marquis de Scepeaux.
M. le Comte de Lannoy.
M. le Marquis de Chaftellard.
M. le Comte de Goyon de Vauduraud.
M. le Comte d'Argouges.
M. le Marquis d'Offun.
M. Rouillé, Marquis du Coudray.
M. le Comte de Flavigny.
M. le Marquis de Talaru.
M. le Comte de Nadaillac.
M. le Marquis de la Roche-Aymon.
M. le Comte de Valence.
M. le Comte de Carcado.
M. le Chevalier de Groffoles.
M. le Comte d'Auteuil.
M. le Marquis de Courcy.
M. Darbonnier de Dizy.
M. le Duc de Fronfac.
M. le Comte de Perigord, Prince de Chalais.
M. le Prince de Rohan Rochefort.
M. le Comte de Rochambeau.
M. le Duc de Coigny.
M. le Duc du Chaftelet.
M. le Comte de Caraman.
M. le Baron de Scheffer.
M. le Chevalier de Lemps.
M. le Marq. de Montalambert.

M. le Comte de Thiange.
M. le Comte de Montazet.
M. Pinon, Marquis de Saint-Georges.
M. du Poral.
M. le Marquis d'Herouville.
M. le Comte de Melfort.
M. le Chevalier de Chantilly.
M. le Comte d'Houdetot.
M. le Cte de Bourbon-Buffet.
M. le Comte de Blot.
M. le Marquis de Gouvernet.
M. le Duc d'Uzès.
M. le Marquis de Beuvron.
M. le Comte de Scey-Mont-belliard.
M. le Marquis de Belmont.
M. le Prince de Montbarey.
M. le Marquis de Monteil.
M. le Comte d'Apchon.
M. le Baron de Diefbach de Belleroche.
M. le Chevalier de Saint-Pern.
M. le Comte de la Tour-d'Auvergne.
M. le Marquis de Marbeuf.
M. le Vicomte d'Efclignac.
M. Rheingraff de Stein, Comte de Salm.
M. le Marquis de Marcieu.
M. le Comte de Poly.
M. Taboureau de Villepatour.
M. Baratier de Saint-Auban.

1762 21 *Février.*
M. Jenner.
1762 23 *Mars.*
M. Eftavayé de Montet.
1762 1er *Avril.*
M. de Martanges.
1762 25 *Juillet.*
M. le Baron de Zurlauben.
M. le Chevalier de Saint-Simon.
M. Hebert.
M. le Marquis de Bouville.

M. le Comte d'Anteroche.

M. le Marquis de Saint - Herem.

M. le Chevalier d'Ally.

M. le Marquis de Caftelanne.

M. de la Trefne.

M. le Comte de Stralenheim.

M. le Marquis de Cruffol-d'Amboife.

M. le Comte d'Airly Ogilvy.

M. le Marquis de Vaubecourt.

M. le Baron de Zuchmantel.

M. le Comte de Brienne.

M. le Comte d'Efparbés.

M. de la Porterie.

M. Timbrune, Chevalier de Valence.

M. le Marquis de Juigné.

M. de Vault.

M. le Marquis de Fumel.

M. Efprit de Saint-André.

M. de Pradel.

M. la Roque de Frugy.

M. de Chaulieu.

M. de Boifclaireau.

M. le Comte de Hallweil.

M. de Roquemaure.

M. le Vicomte de Barrin.

M. le Comte de Montreuil.

M. le Marquis de Torcy.

M. le Marquis de Sablé.

M. le Marquis de Morbecq.

M. le Marquis de Molac.

M. le Comte de Narbonne.

M. le Marquis de Clermont-Tonnerre.

M. le Marquis de Chaftellux-Rouffillon.

M. le Duc de Mazarin.

M. de la Source.

M. le Comte de Jaucourt.

M. le Comte de Morangiés.

M. le Duc de Montmorency.

M. le Comte de Barrin.

M. le Comte de Sommyevre.

M. le Marquis de Mefmes.

M. le Comte d'Archiac.

M. le Comte de Puyfégur.

M. le Marquis de Timbrune.

M. le Comte de la Feronnays.

M. le Comte de la Tour-du-Pin de Paulin.

M. le Comte de Chabrillant.

M. le Comte Deffales.

M. le Comte de Valbelle.

M. le Duc de Villeroy.

M. le Marquis de Lufignem.

M. le Duc de Chabot.

M. de Surlaville.

M. le Prince de Naffau-Oufingue.

le Marquis de Conflans.

le Comte de Durfort.

M. le Comte de Schonberg.

M. le Comte de Choifeul-la-Baume.

M. le Comte Wall.

M. le Vicomte de Sarsfield.

M. de Grandmaifon.

1764 2 *Décembre.*

M. le Comte de Nolivos.

1765 1er *Juin.*

M. de Buffy, Marquis de Cafteldau.

1765 27 *Novembre.*

M. de Saint-Waft.

1767 16 *Avril.*

M. le Comte de Langhac.

M. le Marquis de Floreffac.

M. de Cherifey.

M. le Marquis de la Billarderie.

M. de Caffini.

M. de Moriolles.

M. de Coëtrieux.

M. de Surbeck.

M. le Marquis de Moneftay.

M. de Pronleroy.

M. le Marquis d'Hallot.

M. le Comte de Mathan.

M. Durat.

M. le Comte de la Cofte.
M. de Latour.
M. d'Hallebout.
M. le Comte de Montbel.
M. le Comte de Trazégnies.
M. le Comte de Rougé.
M. d'Avifart de Saint-Girons.
M. d'Héricourt.
M. le Marquis d'Ambly.
M. de Nanthiat.
M. Larcher.
M. de Guibert, Comte du Saint Empire.
M. de Caftillon, Baron de Saint-Victor.
M. de Saint-Victor, Lieutenant de Roi à Strafbourg.
M. le Marquis de Briqueville.
M. le Chevalier de Saint-Mauris.

1768 29 *Janvier.*
M. d'Altermatt.

1768 20 *Avril.*
M. le Marquis de Peruffe d'Efcars.
M. de Beaufire.
M. de Loyauté.
M. le Comte de Narbonne-Pelet.
M. le Baron du Goulet.
M. du Molard.
M. du Rozel de Beaumanoir.
M. le Marquis du Sauzay.
M. de Coffigny.

1768 12 *Novembre.*
M. le Vicomte de Cambis d'Orfan.

1769 9 *Juillet.*
M. le Prince de Beauffremont.

1770 3 *Janvier.*
M. de Chalabre.
M. le Chevalier d'Amfreville.
M. le Comte de Rateliff.
M. de Loffendiere.
M. Millo.

M. le Comte d'Elva.
M. le Marquis de Noé.
M. le Chevalier d'Argence.
M. de Cafteras.
M. Gelb.
M. de Chalut.
M. le Chevalier de Scepeaux.
M. Levignem.
M. de Fargès.
M. Chevalier.
M. de Chaumont de Rizay, Baron de Rivray.
M. le Comte de Balincourt.
M. le Comte de Beauvilliers.
M. de Pontecoulan.
M. le Comte de Jumilhac.
M. de Nozieres.
M. le Marquis de la Vaupahere.
M. le Comte de Guergorlay.
M. le Comte de Teffé.
M. le Duc de la Trémoille.
M. le Chevalier d'Arcy.
M. le Chevalier de la Billarderie.
M. le Marquis de Chamborant.
M. le Marquis de la Grange.
M. le Comte de Saluces.
M. le Comte du Roure.
M. le Comte de Talleyrand.
M. le Vicomte de Beaune.
M. le Marquis d'Entragues.
M. le Duc d'Ayen.
M. le Duc de Villequier.
M. le Comte de Bulkeley.
M. de Touftain.
M. Dangé d'Orfay.
M. le Baron de Falckenhayn.
M. de Muralt.
M. le Comte de Laftic.
M. le Comte de Montrevel.
M. le Comte Donnezan.
M. le Baron de Schwengsfeld.
M, le Baron de Schonberg.
M. de Greaulme.
M. Defmazis de Brieres.

M. Haumont.

M. de Verdiere.

M. le Marquis de Choiseul-Beaupré.

M. de Breande.

M. le Baron de Wimpffen.

M. le Comte de la Luzerne.

M. le Duc de Guines.

M. le Vicomte de Choiseul.

M. le Comte de la Blache.

M. le Vicomte de Noé.

M. le Marquis de Mailliardor.

M. le Marquis de Ray.

M. Poisson de Malvoisin.

M. le Comte d'Hauffonville.

M. le Marquis de Pons.

M. le Baron d'Eptingen.

M. le Chevalier de Jumilhac.

M. le Marquis de Touftain de Viray.

M. le Marquis d'Hericy-Vauffieux.

M. le Prince de Montmorency.

M. le Comte de Grave.

M. le Baron de Viomefnil.

M. le Comte de Maulevrier-Langeron.

M. le Comte de Courten.

M. de Comeiras.

M. le Marquis de Jaucourt.

M. de Sombreuil.

M. le Baron de Grandpré.

M. de Fontette.

M. le Vicomte de Béon.

M. Merlet.

M. le Chevalier d'Efpinchal.

M. le Marquis de Saumery-Piffons.

. de Bonneval.

. de Verteuil.

. d'Hartmannis.

M. le Comte de Thorane.

M. le Comte de Maillé-la-Tour-Landry.

M. d'Aulbonne.

M. le Comte de Sparre.

M. le Marquis de Langhac.

M. le Duc de Charoft.

M. le Chevalier de Durfort.

M. le Comte de Blangis.

M. le Comte d'Efpinchal.

M. le Comte de Preiffac.

M. le Marquis de Miran.

M. le Comte de Loftanges.

M. Betagh.

M. le Comte de Saint-Chamans.

M. le Comte de Fougieres.

M. le Comte de Rouault.

M. le Marquis de Caftelanne.

1770 12 *Novembre.*

M. d'Argout.

1770 16 *Décembre.*

M. Creagh.

1771 15 *Février.*

M. de Couet.

1771 16 *Octobre.*

M. le Prince de Naffau-Saarbruck.

1776.

M. le Baron de Bon.

1777.

M. le Marquis de Bouillé.

BRIGADIERS D'INFANTERIE,

Créés par Louis XIV. en 1668.

1721 3 *Avril.*

M. le Chevalier de Brancas de Courbons.

1734 20 *Février.*

M. le Duc d'Eftiffac.

1740 1er *Janvier.*

M. le Duc de la Valliere.

1743 20 *Février.*

M. le Duc de Nivernois.

M. le Duc de Rohan-Chabot.

1744 2 *Mai.*
M. le Chevalier de Vaſtan.

1745 1ᵉʳ *Mai.*
M. le Duc de Grammont.

1747 20 *Mars.*
M. le Vicomte de la Charce.
M. le Baron d'Eſclimeux.
M. de Cabalzar.

1747 27 *Juillet.*
M. le Chevalier d'Apremont.

1748 1ᵉʳ *Janvier.*
M. le Comte de Montche-
.vreuil.
M. le Chevalier de Bela.

1748 10 *Mai.*
M. le Baron de Beſenwalz.
M. le Comte de Ferſen.
M. de la Grandville.
M. le Marquis de Sailly.
M. le Baron de Bergh.
M. Lalive de Pailly.
M. le Chevalier de Bye.
M. de la Coſte.
M. de Boiſrenard.
M. de Bourgmary.
M. Stuart.
M. Raulin de Belval.
M. de la Roche Saint-André.
M. Dallart.
M. de Blanzy.

1756 23 *Juillet.*
M. le Marquis de Mirepoix.
M. le Chevalier de Clermont-
d'Amboiſe.

1756 19 *Novembre.*
M. de Lally.

1758 3 *Février.*
M. le Prince de Craon.

1758 1ᵉʳ *Mai.*
M. Conrad-Bély-de-Belfort.
M. Girardier.

1758 22 *Juillet.*
M. de Vigneux.

1759 10 *Février.*
M. le Chevalier de Champignelles.

M. le Marquis de Contades.

1761 20 *Février.*
M. le Baron de Wuimſer.
M. le Baron de Vierzet.
M. Duvillars.
M. de Caſtella.

1762 2 *Mars.*
M. Geoffré.

1762 25 *Juillet.*
M. Schneider de Wartenſée.
M. de Sabrevois de Biſſey.
M. le Comte de Courten.
M. de Gironde.
M. Virieu de Beauvoir.
M. Eſcher de Luches.

1763 12 *Novembre.*
M. Klingsport.

1764 11 *Octobre.*
M. le Marquis Turgot.

1766 12 *Septembre.*
M. Martines.

1766 15 *Octobre.*
M. d'Aſton.

1767 16 *Avril.*
M. Techterman.
M. d'Erlach.
M. de Marſay.
M. de Graſſe.
M. de Villers.
M. de Salis de Samade.
M. le Marquis de Thiboutot.
M. de la Pelouze.
M. Chevalier de Hault de Ma-
lavillers.
M. de Champagné.
M. le Comte le Camus.
M. le Baron Lamy du Châtel.
M. Lullin de Châteauvieux.
M. le Vicomte de Coulogne
Châteaufer.
M. Law de Lauriſton.
M. d'Aumont.
M. de la Bartette.
M. le Chevalier d'Ambly.
M. de Remuſat.

1768 18 *Juin.*

M. Amedroz.
M. de Moges.
M. d'Offranville.
M. le Comte Baudouin.
M. de Bombelles.
M. le Marquis de Duras.
M. le Marquis de la Tour-du-
Pin.
M. de Gauville.
M. le Chevalier de la Feron-
nays.
M. le Baron de Saint-Mars.
M. le Baron de Salis de Mar-
cheleins.
M. Fourcroy.
M. de Pujol.

1768 12 *Novembre.*

M. de Villejouin.
M. de la Salle.
M. le Vicomte de Choiseul.

1768 26 *Décembre.*

M. de Courvoisié.

1769 22 *Janvier.*

M. le Comte de Chamiffot.
M. le Comte de Lannoy.
M. le Duc de Luxembourg.
M. le Comte de Boifgelin.
M. le Marquis du Tillet.
M. de Bougainville.
M. le Marquis de Tavannes.
M. le Duc de Fitz-James.
M. le Comte de Choifeul-
Meufe.
M. le Chevalier de Chaftellux.
M. le Comte de Peyre.
M. le Comte de Chabannes.
M. le Chevalier de Balleroy.
M. le Comte de Beaumont.
M. le Comte Dulau.
M. le Marquis de Champagne.
M. de Rome.
M. Montaut de Montberault.
M. le Vicomte de Puyfégur.
M. Baudouin.
M. Altermatt.

M. le Marquis de Caufans.

M. Noguès Daffat.

M. le Marquis de la Roche-lambert.

M. le Comte d'Hodicq.

M. le Marquis de la Rochefou-caud-Bayers.

M. le Marquis de Tilly.

M. de Verton.

M. le Marquis d'Eflacs-d'Ar-cambal.

M. le Chevalier de Gomer.

M. le Comte de Roftaing.

M. dé Beauvoir.

M. Vaublanc.

M. de Marillac.

M. de Romans.

M. Chevrieres.

M. Dampus.

M. Dantin de Saint-Pé.

M. De la Cofte.

M. Du Valès.

M. Phiffer.

M. Des Garets.

1769 9 *Juillet.*

M. de Fiedmont.

1770 3 *Janvier.*

M. le Baron de l'Hôpital-Galluci.

M. le Comte de Lowendal.

M. de Dampierre.

M. le Chevalier de Mefmes.

M. le Marquis de Saint-Simon Maubleru.

M. le Comte d'Erbach-Schoen-berg.

M. Dupleix du Pernan.

M. le Marquis de Medonchel.

M. le Comte Dauvet.

M. Vigier.

M. le Comte de Murinais.

M. le Chevalier de Waldner.

M. de la Paufe.

M. le Comte de Mauroy.

M. le Marquis de Mithon.

M. Gontaut de Saint-Geniès.

M. le Chevalier de Hautoy.

M. le Marquis de Sorans.

M. le Vicomte de la Tour-du-Pin de la Charce.

M. le Comte de Damas de Crux.

M. le Marquis de Seignelay.

M. le Comte d'Hautefeuille.

M. le Comte de Wittgenftein.

M. le Comte de Cely.

M. le Baron de Flachslande.

M. le Prince Camille de Ro-han.

M. Durand.

M. Carles.

M. le Comte de Viofmenil.

M. le Comte de Wargemont.

M. le Chevalier de Breteuil.

M. D'Harambure.

M. le Marquis de Crenolle.

M. le Chevalier de Tailley-rand.

M. le Marquis de Fremeur.

M. d'Hemel.

M. le Comte de Berenger.

M. de Miromefnil.

M. de Sionville.

M. de Bellecombe.

M. Maret d'Aigremont.

M. le Baron de Juigné.

M. de Bizemont.

M. le Comte de Malartic.

M. le Baron Conftant Rebe-que.

M. de Roffillon.

M. de Saint-Michel.

M. de Voifins.

M. le Chevalier de Saint-Marc.

M. le Duc.

M. de Bron.

M. Perrin des Almons.

M. la Mortiere.

M. d'Uzech.

M. la Barthe.

M. de Boiftel.

M.

M. de Caux.
M. d'Aubigny.
M. de Caux de Blaquetot.
M. de Damoifeau.
M. d'Hartmannis.
M. Rayne de Cantis.
M. de Moyenneville.
M. de Reit.erwald.
M. de Raincourt.
M. de Champagny.
M. de Leotaud Donine.
M. de Brienne.
M. du Bayet.
M. le Chevalier de Sainte-Al=
degonde.
M. Souyn des Tournelles.

1770 17 *Juin.*
M. le Chevalier de l'Efpinaffe.
M. Berthier.

M. du Chemin.
M. du Rofcoat.
M. Bryan.
M. Dangeac.

1770 4 *Août.*
M. de Banafton.

1770 16 *Octobre.*
M. Dupleffis le Goux.

1770 12 *Novembre.*
M. Hopkins.
M. de Sonnenberg.
M. de la Houliere.
M. le Vicomte de Foucault.
M. de Frimont.
M. Middes.
M. la Foreft-Divonne.

1772 24 *Mars.*
M. de Choify.
M. de Galibert.

BRIGADIERS DE CAVALERIE,

Créés par Louis XIV. en 1667.

1742 20 *Février.*
M. le Comte de Priego.

1743 20 *Février.*
M. le Chevalier d'Autichamp.

1744 2 *Mai.*
M. le Marquis de Toulongeon.

1745 1er *Mai.*
M. le Baron d'Andlau.
M. de Maifoncelle.

1746 6 *Octobre.*
M. le Marquis de Sourdis.

1747 20 *Mars.*
M. de Charleval.
M. le Comte de Selles.
M. de Marfay.
M. de Varax.
M. le Comte de Saint-Martin.

1748 1er *Janvier.*
M. le Comte de Talleyrand.
M. de Polleresky.
M. de Maifons.
1778.

1748 10 *Mai.*
M. le Chevalier d'Ormeffon.
M. le Chevalier de Laftic.
M. Rheingraff de Greweilher.
M. le Marquis Defrolands.
M. le Comte de Querhoent-
Coëtenfao.
M. de Ferrary.

1758 1er *Mai.*
M. le Marquis de Laubefpine.

1758 22 *Juillet.*
M. le Comte de Dampierre.

1759 10 *Février.*
M. le Vicomte de Sabran.
M. de Bonnaire.
M. le Comte de Clermont-
Montoifon.
M. le Comte de Valentinois.
M. de Keravel.
M. Nordmann.

1761 20 *Février.*
M. le Marquis de Laubefpin.
M. le Chevalier de la Guiche.

I

M. de Saint-Aftier.

1762 25 *Juillet.*

M. Geraldin.

M. le Comte de Marainville._

M. le Chevalier de Lifle.

M. le Baillif Menager.

M. de Réalle.

1767 16 *Avril.*

M. le Comte Mazancourt.

M. le Comte de Pracontal.

M. le Marquis de Montillet.

M. le Marquis d'Evry.

M. le Marquis de Monchenu.

M. le Marquis de Flers.

M. le Chevalier d'Havrin-
court.

M. de Prifye.

M. le Marquis d'Argenteuil.

M. de Montgardé.

M. le Chevalier de Flahault
de la Billarderie.

M. le Comte de Rochefort.

M. le Marquis de Barbantanne.

M. le Marquis de Janfon.

M. le Marquis de Montmo-
rency-Laval.

M. le Chevalier de Montaigu.

M. le Chevalier de Solages.

M. de Cambon.

M. de Montefquiou.

M. le Baron de Livron.

M. de Panat.

M. le Chevalier de Villers.

1768 1er *Janvier.*

M. le Baron de Jakubowsky.

M. Gondrecourt.

1768 20 *Avril.*

M. le Chevalier de Goyon.

M. Schwartz.

M. le Marquis de Damas.

M. le Baron de Breteuil.

* M. le Vicomte de la Rochefoucaud.

M. le Marquis de Serent.

* M. le Duc de Coffé.

M. le Comte de l'Aigle.

M. le Marquis de Tourny.

M. le Comte de Vogué.

M. le Comte de Vibraye.

M. le Comte de Gaucourt.

M. Fraguier.

M. Dumont.

M. de Vieuville.

M. de Saint-Mars.

M. le Chevalier de Rofny-
vinen.

1768 18 *Juin.*

M. le Comte de Merle.

M. Mazieres.

M. Girardot.

M. de Fontanges.

M. de Bauffan.

M. Bally de Perce.

M. le Comte de Vintimille.

M. le Comte de Sainte-Aldegonde.

M. le Comte de Berigny.

1768 12 *Décembre.*

M. Pernot.

1768 26 *Novembre.*

M. le Chevalier de Tudert.

1769 22 *Janvier.*

M. le Chevalier de Ville-
franche.

M. le Baron d'Orbs.

M. le Roy de Lencheres.

1769 9 *Juillet.*

M. de Porte.

M. de Bouffannelle.

** Le 26 Octobre **1771**, le Roi a accordé le grade de Maréchal de Camp à
MM. le Vicomte de la Rochefoucaud & le Duc de Coffé, à condition qu'ils ne
prendront, parmi les Maréchaux de Camps qui feront faits à la première promo-
tion, que le rang qu'ils tiennent en qualité de Brigadiers.

1770 3 *Janvier.*

M. le Chevalier de la Fare.
M. le Comte de Perſan.
M. le Marquis de Chambray.
M. le Baron de Battincourt.
M. du Tillet, Marquis de Varenne.
M. de Laſtic.
M. la Granche de Noue.
M. le Baron de Choiſeul-Buſfiere.
M. des Guyons.
M. d'Ormancey.
M. de Noſvielle.
M. le Marquis de Flamarens.
M. le Marquis de Lambertie.
M. le Marquis d'Houdetot.
M. le Chevalier de Beaujeu.
M. le Chevalier Meſnard de Cleſles.
M. le Comte de Sabran.
M. le Comte de Mellet de Neuſwic.
M. le Vicomte de Rochechouart.

M. le Cᵗᵉ de Peruſſe d'Eſcars.
M. le Comte de Saint-Prieſt.
M. Daureville.
M. le Marquis de Mornay.
M. le Comte de Chabannois.
M. le Vicomte de la Riviere.
M. le Comte d'Eſterhazy.
M. le Marquis d'Autichamp.
M. Yvel.
M. le Marquis de Lambert.
M. le Comte d'Eſſoffy de Czerneck.
M. de Cahuzac.
M. le Comte de Brion.
M. du Montier.
M. de Raincour.

1770 4 *Août.*
M. l'Enfant.

1770 12 *Novembre.*
M. le Marquis de Montlezun.

1771 6 *Janvier.*
M. le Chevalier de Launac.

1773 21 *Juillet.*
M. le Baron de Tott.

BRIGADIERS DE DRAGONS,

Créés par Louis XIV. en 1667.

1748 1ᵉʳ *Janvier.*
M. le Comte de Caſtelanne.
M. de Fontés.
M. de Marmier.

1748 10 *Mai.*
M. le Marquis de la Blache.
M. Deſangles.

1761 20 *Février.*
M. de Souvigny.

1762 25 *Juillet.*
M. de la Chaſſagne.

1767 16 *Avril.*
M. de Chateaurenard.

1768 20 *Avril.*
M. le Comte de Coigny.
M. le Comte de Flamarens.

M. le Comte de Bernis.
M. le Marquis de Caraman.
M. Chollet.
M. Lefévre.
M. Cellier.
M. Palys.
M. de Behague.

1768 18 *Juin.*
M. le Comte de Crillon.
M. le Comte d'Olonne.
M. le Comte de Machault.
M. le Marquis de Damás d'Antelezy.
M. le Marquis de Ville.
M. Rideberg.

1769 22 *Janvier.*
M. le Chevalier de Monteil.
1770 3 *Janvier.*
M. Comte le de Tillieres.
M. de Cavanac.
M. le Comte de Vaudreuil.
M. le Comte de Touloufe-Lautrec.

M. le Marquis de Créquy.
M. le Marq. de Saint-Mexent.
M. de Guintrand.
1770 17 *Juin.*
M. de Colliquet.
M. de Chazal.
1770 12 *Novembre.*
M. de la Roziere.

MARINE, *créée & rétablie par Louis XIV. en 1669.*

1734 **M.** Le Duc de Penthievre, *Amiral.*

Vice-Amiraux, créés par le même Édit de 1669.

1756 M. le Maréchal de Conflans-Brienne.
1770 M. le Comte d'Aché.
1777 M. le Comte d'Eftaing.
1777 M. le Prince de Bauffremont-Liftenois.

Lieutenans Généraux des Armées Navales.

1764 M. le Comte d'Aubigny.
1766 M. le Comte de Roquefeuil, *Infpecteur des Troupes du Corps Royal d'Infanterie & de l'Artillerie de la Marine.*
1769 M. le Marquis de Saint-Aignan, *Commandant la Marine à Toulon.*
1769 M. le Comte de Coufages-la-Rochefoucaud.
1769 M. le Prince de Montbafon.
1771 M. le Vicomte de Morogues.
1775 M. de Maurville.
1777 M. le Duc de Chartres.
1777 M. le Bailli de Raimond d'Eaux.
1777 M. le Comte d'Orvilliers, *Commandant à Breft.*
1777 M. le Comte du Chaffaut de Befné.

Chefs d'Efcadre des Armées Navales.

1767.
M. Mercier.
M. le Comte de Breugnon.

1771.
M. de la Touche, *Commandant la Marine à Rochefort.*
M. Dabon.

M. le Chevalier Foucquet.
M. le Vicomte de Roquefeuil, *Capitaine des Gardes du Pavillon.*
M. de la Jonquiere-Taffanel.
M. Voutron.
M. de Broves, *Infpecteur des Claffes de Levant.*

1776.

M. de la Prevalaye, *Directeur général du Port de Brest.*
M. Guichon.
M. de Sade.
M. le Bailli Desnos.
M. la Touche-Tréville, *Inspecteur des Classes du Ponent.*
M. de la Carry, *Directeur général du Port de Rochefort.*
M. Deshayes de Cry.

M. Faucher.
M. le Chevalier du Dresnay des-Roches.
M. le Chevalier Forbin-d'Oppede.
M. le Chevalier Fabry, *Directeur général du Port de Toulon.*
M. le Vicomte de Rochechouart.
M. le Chevalier d'Arzac de Ternay.

Gouverneurs Généraux & Commandans particuliers dans les Colonies.

1777 *Saint-Domingue, & autres Isles Françoises de l'Amérique sous le Vent,* M. le Comte d'Argoult, Maréchal de Camp, *Gouverneur général.*

1777 *La Martinique & autres Isles du Vent,* M. le Marquis de Bouillé, Brigadier des Armées du Roi, *Gouverneur général.*

1775 *La Guadeloupe,* M. Darbaud de Jouques, Capitaine de Vaisseau, *Gouverneur général.*

1774 *Sainte-Lucie,* M. de Joubert, Brigadier d'Infante *Commandant particulier.*

1765 *Isle de Cayenne, & Guyanne Françoise,* M. de Fiedmont, Brigadier d'Infanterie, *Gouverneur.*

1771 *Isles de France & de Bourbon,* M. Guiran de la Brillane, *Gouverneur général.*

1773 *Isle de Bourbon,* M. le Vicomte de Souilhac, Capitaine de Vaisseau, *Commandant particulier.*

1777 *Pondichéry,* M. de Bellecombe, Maréchal de Camp, *Gouverneur général,* de l'établissement François dans l'Inde.

1777 *Isle de Gorée & dépendances,* M. Armeni de Paradis, *Commandant & Administrateur.*

Secrétaire Général de la Marine.

1757 M. Blanchebarbe de Grandbourg, rue de la Feuillade.

Intendans de la Marine & leurs Départemens.

Paris,
{ 1749 M. Hocquart, Conseiller d'État, *ayant l'Inspection générale des Classes.*
1764 M. Rodier, *en survivance avec exercice.*
1760 M. Pellerin, *Intendant des Armées navales.*

Toulon, 1776 M. Prévôt de la Croix.
Brest, 1776 M. de la Porte.
Rochefort, 1776 M. Marchais.

I iij

Intendans & Commissaires Généraux ou ordinaires, Ordonnateurs dans les Colonies.

1773 *Saint-Domingue & autres Iles Françoises de l'Amérique sous le Vent,* M. de Vaivres, *Intendant.*

1771 *Cap François,* M. Caignet de Léiter, *Commissaire général des Colonies, Ordonnateur.*

1771 *La Martinique & autres Isles Françoises du Vent,* M. le Président Tascher, *Intendant.*

1775 *La Guadeloupe,* M. le Président de Peynier, *Intendant.*

1776 *Isle de Cayenne & Guyanne Françoise,* M. Malouet, *Commissaire général des Colonies, Ordonnateur.*

1776 *Isles de France & de Bourbon,* M. Fouçault, *Commissaire général des Colonies, faisant fonctions d'Intendant.*

1777 *Isle de Bourbon,* M. de Courcy, *Commissaire général des Colonies, Ordonnateur.*

1777 *Pondichéry,* M. Cheyreau, *faisant fonctions de Commissaire général.*

Inspecteur de la Marine.

Paris, 1739 M. Duhamel de Monceau, quai d'Anjou en l'île.

GOUVERNEURS ET LIEUTENANS GÉNÉRAUX

DES PROVINCES DU ROYAUME.

Gouverneurs. *Lieutenans Généraux.*

VILLE, PREVÔTÉ ET VICOMTÉ DE PARIS.

1771 M. Le Duc de Coffé, *Gouv. & Lieutenant Général.*

M. . . . . , *Lieutenant Général au Gouvernement de Paris.*

ISLE DE FRANCE.

1766 M. le Duc de Gefvres.

M. le Duc de Lauzun.
M. le Marquis de Gouy.
M. le Comte de Gouy, *en furv.*
M. le Marquis d'Arbouville.

PICARDIE.

1769 M. le Comte de Périgord, *Gouverneur & Lieutenant Général.*

Picardie & Boulonnois.
M. le Duc de Charoft.
Bailliages de Roye, Péronne & Montdidier.
M. le Marquis de Feuquieres.
Vermandois & Thierrache.
M. le Vicomte de la Maillardiere.

FLANDRE ET HAINAUT.

1751 M. le Maréchal de Soubife.

M. le Prince de Tingry.

CHAMPAGNE ET BRIE.

1769 M. le Duc de Bourbon, *Gouverneur & Lieutenant Général.*

Langres, Troyes & Séranne.
M. le Marquis d'Argenteuil.
Bailliage de Reims.
M. le Marquis d'Ecquevilly.
Bailliage de Vitry & Bailliage de Chaumont.
M. le Marquis de Choifeul-la-Baume.
Bailliage de Méaux, Provins & Château-Thierry.
M. le Marquis de Parcy.

I iiij

Gouverneurs. · Lieutenans Gén.raux.

METZ ET PAYS MESSIN, VERDUN ET VERDUNOIS, OU ÉVÊCHÉS.

Pays Meſſin.

1771 M. le Maréchal Duc de Broglie. } M. le Comte Foucquet.

Verdunois.

M. de Noinville.

LORRAINE ET BARROIS.

1737 M. le Duc de Fleury.   M. le Duc de Nivernois.

TOUL ET TOULOIS.

1763 M. le Marquis de Lugeac, *Gouv. & Lieutenant Général.* } M. des Chenays.

ALSACE.

1762 M. le Duc d'Aiguillon. { M. le Marquis de Paulmy. M. le Marquis de Vogué.

FRANCHE-COMTÉ OU COMTÉ DE BOURGOGNE.

1770 M. le Marl Duc de Duras.   M. le Duc de Lorges.

DUCHÉ DE BOURGOGNE.

1754 M. le Prince de Condé, *Gouverneur & Lieutenant Général.* {

Dijonnois, Bailliage de la Montagne, Comté d'Auxonne & Bar-ſur-Seine.
M. le Cte de Saulx-Tavannes.
Bailliage d'Autun, de Sémur & d'Auxerre.
M. le Marquis de la Valette.
Chálonnois.
M. le Comte de Monteynard.
Charolois.
M. le Marquis de Gouvernet.
Máconnois.
M. le Marquis d'Entragues.
Breſſe, Bugey, Valromey & Gex.
M. le Marquis de Sade.

LYONNOIS, FOREZ ET BEAUJOLOIS.

1763 M. le Duc de Villeroi, *Gouv. & Lieutenant Général.* } M. le Marquis de Caſtries. M. le Comte de Fumel.

Gouverneurs.   *Lieutenans Généraux.*

DAUPHINÉ.

1747 M. le Duc d'Orléans , *Gouverneur & Lieutenant Général.*
{ M. le Maréchal Duc de Clermont Tonnerre.
M. le Comte de Clermont-Tonnerre , *er. survivance.*

PAYS ET COMTÉ DE PROVENCE.

1770 M. le Prince de Marsan , *Gouv. & Lieutenant Général.* } M. le Marquis de Brancas.

MONACO.

M. le Prince Monaco , Souverain , en est toujours Gouverneur.

LANGUEDOC.

1775 M. le Maréchal Duc de Biron.
{ *Haut Languedoc.*
M. le Comte de Caraman.
Bas Languedoc.
M. le Marquis de Billy.
Cévennes & Pays y joints.
M. le Duc de Gontaut.

COMTÉ DE ROUSSILLON.

1766 M. le Maréchal Duc de Noailles.
1770 M. le Duc d'Ayen , *en survivance.*
{ M. le Comte de Mailly.
M. le Duc de Mailly , *en survivance.*

HAUTE ET BASSE NAVARRE ET BÉARN.

1745 M. le Duc de Grammont, *Gouv. & Lieutenant Général.* } M. le Marquis de Louvois.

GUYENNE ET GASCOGNE.

1755 M. le Maréchal Duc de Richelieu , *Gouv. & Lieutenant Général.*
{ *Haute Guyenne.*
M. le Marquis de Conflans.
Basse Guyenne.
M. le Maréchal de Mouchy.
M. le Vicomte de Noailles , *en survivance.*

BRETAGNE.

1737 M. le Duc de Penthiévre, *Gouv. & Lieutenant Général.*
{ *Comté Nantois.*
M. le Duc d'Aiguillon.
Les Evéchés.
M. le Duc de Praslin.

Gouverneurs.   *Lieutenans Généraux.*

NORMANDIE.

1775 M. le Duc d'Harcourt, *Gouverneur Général & Commandant.* } M. le Duc de Valentinois.

LE HAVRE DE GRACE.

1773 M. le Comte de Buzançois, *Gouvern. & Lieutenant Général.*

ARTOIS.

1765 M. le Marquis de Lévis.   M. le Comte de Chabo.

BOULONNOIS.

1754 M. le Duc d'Aumont.
1770 M. le Duc de Villequier, *en furvivance.*

PRINCIPAUTÉ DE SEDAN.

M. le Duc de Laval.
M. le Marquis de Laval , *en furvivance.*

NIVERNOIS.

1768 M. le Duc de Nivernois & *Gouverneur particulier* de la ville de Nevers.

BOURBONNOIS.

1754 M. le Comte de Peyre.   M. le Comte de Fougieres.

HAUT ET BAS BERRY.

1771 M. le Prince de Conti.   M. de Montaignac.

AUVERGNE.

1776 M. le Duc de Bouillon. *Gouverneur & Lieutenant général.* } *Haute Auvergne.* M. le Duc de Caylus. *Baffe Auvergne.* M. le Vicomte de Beaune.

FOIX, DONEZAN ET ANDORE.

1753 M. le Marquis de Ségur.   M. le Marquis d'Uffon.

HAUT ET BAS LIMOSIN.

1734 M. le Maréchal Duc de Filtz-James.
1768 M. le Duc de Filtz-James, *en furvivance.* } M. le Marquis d'Efcars.

HAUTE ET BASSE MARCHE.

1752 M. le Marquis de la Salle.   M. le Marquis de Floreffac.

ANGOUMOIS ET SAINTONGE.

1753 M. le Duc d'Uzès, *Gouv. & Lieutenant Général.* } M. le Marquis de Montalambert.

Gouverneurs.   Lieutenans Généraux.

LA ROCHELLE ET PAYS D'AUNIS.

1771 M. le Duc de Laval , } M. le Marquis de Flamarens.
Gouv. & Lieutenant Général. }

POITOU.

       { *Haut Poitou,*
1776 M. le Duc de Chartres, } M. le Marquis de Verac.
. *Gouv. & Lieutenant Général.* }   *Bas Poitou.*
       { M. le Marquis de Beuvron,

SAUMUR ET SAUMUROIS.

1770 M. le Comte de Broglie.   M. le Marquis de Scepeaux.

ANJOU.

1761 M. le Prince de Lambefc.   M. le Marquis de Beaupreau.

TOURAINE.

1760 M. le Duc de Choifeul , } M. le Marquis de Voyer d'Ar-
Gouv. & Lieutenant Général. } genfon.

MAINE , PERCHE ET COMTÉ DE LAVAL.

1766 M. le Comte de Mellet, } M. le Comte de Teffé, Grand
. *Gouverneur Général.*   } d'Efpagne.

ORLÉANOIS.

1757 M. le Comte Charles de {   *Orléannois & Beauce.*
Rochechouart – Fau- } M. le Marquis de Marigny.
doas , *Gouverneur &* }   *Pays Chartrain.*
Lieutenant Général.   } M. de Brifey , Comte de De-
1765 M. le Comte Louis de }   nonville.
Rochechouart, *en fur-* }   *Le Bléfois.*
vivance.   { M. le Comte de Durfort,

ISLE DE CORSE.

1772 M. le Marquis de Mon- }
teynard, *Gouv. & Lieu-* } M. le Comte de Marbeuf.
tenant Général.   }

GOUVERNEURS DES MAISONS ROYALES.

Verfailles , Marly & dépendances.

M. Le Prince de Poix , *Gouverneur.*
. M. le Maréchal de Mouchy , *Survivancier & Adjoint ,*
rue de l'Univerfité.

Saint - Germain en Laye.

M. le Maréchal Duc de Noailles.
M. le Duc d'Ayen, *en survivance.* } rue Saint Honoré.

Compiegne.
M. le Duc de Laval, rue Notre-Dame des Champs.
La Muette, Madrid & Bois de Boulogne.
. M. le Maréchal Prince de Soubise.

Fontainebleau.
M. le Marquis de Montmorin, rue des Champs Élisées, près la place.
M. le Comte de Montmorin, *en survivance.*

Chambord.
M. le Marquis de Saumery-Piffons.
Blois. M. le Marquis de Marigny.
Meudon, Bellevue & dépendances. M. le Marquis de Champcenetz, au Louvre.
M. le Marquis de Champcenetz son fils, *en survivance.*
Vincennes. M. le Marquis de Voyer d'Argenson, rue des bons Enfans.
Montceaux. M. le Duc de Gesvres, rue neuve Saint Augustin.
Choisy-le-Roi. M. le Duc de Coigny, rue Saint Nicaise.
Saint-Hubert. M. le Duc de Duras.
M. le Maréchal de Mouchy, *Survivancier & Adjoint au Gouvernement de Saint-Hubert*, rue de l'Université.
Le Palais des Tuileries. M. le Marquis de Champcenetz, *pour M. son fils.*
Le Louvre. M. de Marchais, au Louvre. M. de la Borde, *en survivance.*
Le Palais du Luxembourg. M. le Comte de Modene, Gentilhomme d'honneur de MONSIEUR.

GARDE-MEUBLE DE LA COURONNE.

1758 M. De Fontanieu, Chevalier de Saint Louis, *Intendant & Contrôleur Général des Meubles de la Couronne*, hôtel du Garde-meuble, rue Saint Florentin.

1764 M. Randon de Pommery, *Garde général des Meubles de la Couronne, & Garde-Meuble particulier des Châteaux de Compiegne & Fontainebleau*, rue Royale, place de Louis XV, à l'Hôtel du Garde-meuble.

1777 M. Beauchesne de Mondragon fils, *en survivance*, même hôtel.

1769 M. Randon de la Tour, *en furvivance*, même hôtel.
M. du Ruiffeau, *premier Commis*, même hôtel.
M. Defochés, *en furvivance*, même hôtel.
M. Ribadeau Duclos, *Chirurgien*, rue de Richelieu.

Gardes-Meubles particuliers des Maifons Royales ,Meffieurs ,

Fortin, à Verfailles.   Lougrois, à la Muette.
Le Gendre, à Trianon.   Filleul Beaugé, à Choifi.
Eftachon, à Marly.   Monteuvis, à Meudon.
Vienne, à St Germain-en-Laye. Blanchet, à Saint-Hubert.

Le Garde-Meuble eft ouvert au Public, le deuxieme mardi de chaque mois, à compter du mardi après la *Quafimodo*, jufqu'au fecond mardi de Novembre inclufivement.

GOUVERNEMENT DE L'HÔTEL ROYAL DES INVALIDES.

Bâti & fondé par Louis XIV. en 1674.

1777 **M.** Le Prince de Montbarey, Secrétaire d'Etat, ayant le département de la Guerre, *Directeur & Adminiftrateur général*, rue Saint Dominique, vis-à-vis Belle-Chaffe.

Gouverneur.

1766 M. le Baron d'Efpagnac, Maréchal de Camp, Commandeur de l'Ordre Royal & Militaire de Saint Louis, Infpecteur général des Compagnies détachées de l'Hôtel.

Directeur.

1776 M. de la Ponce, Commiffaire des Guerres, à l'hôtel.

Etat Major, Meffieurs,

1767 De Gilibert de Merilhac, Chevalier de Saint Louis , Lieutenant-Colonel , *Major.*
1776 Doney, Chevalier de Saint Louis, *Capitaine, premier Aide-Major.*
1776 Pean de la Janniere, *Capitaine, deuxieme Aide-Major.*
1776 Sandral de Beauregard, *Capitaine, troifieme Aide-Major.*
1777 De la Douchetiere, *Capitaine, quatrieme Aide-Major*
1776 De la Pommeraye, Chevalier de Saint Louis, *Capitaine vétéran ,* confervant les honneurs.

Tréforier de l'Hôtel.

1764. M. de Freminville , à l'hôtel.

Secrétaire général Garde des Archives.

1764 M. Hecquet, à l'hôtel.

MESSIEURS,

1742 Munier, *Médecin*, à l'hôtel.
1770 Munier, fils ainé, *en survivance*, à l'hôtel.
1761 Sabatier, Membre de l'Académie des Sciences, *Chirurgien Major*, à l'hôtel.
17.. Regnaud, Notaire au Châtelet de Paris, rue des Fossés Montmartre.

ÉCOLE ROYALE MILITAIRE.

M. Le Prince de Montbarey, Secrétaire d'Etat de la Guerre, Surintendant.

M. le Marquis de Timbrune-Valence, Maréchal de Camp, *Inspecteur général, Commandant*, à l'hôtel.

M. le Chevalier de Keralio, Colonel d'Infanterie, *sous-inspecteur général, Commandant*, à l'hôtel.

M. le Baron de Moyria, Lieutenant-Colonel de Cavalerie, *Capitaine Commandant la Compagnie de Cadets Gentilhommes*, à l'hôtel.

M. de la Noix, Major d'Infanterie, *Aide-Major de l'hôtel*, à l'hôtel.

M. de Gourdon, Capitaine d'Infanterie, *premier Sous-Aide-Major*, à l'hôtel.

M. de Pernon, Capitaine d'Infanterie, *second Sous-Aide-Major*, à l'hôtel.

M. Duboys, Commissaire des Guerres, *Directeur général des Affaires*, à l'hôtel.

M. Dupré Laourens, *Secrétaire du Conseil, Garde des Archives*, à l'hôtel.

M. de Biercourt, *Trésorier général*, à l'hôtel de la Force, rue des Balets.

M. Pelé, *Contrôleur*, à l'hôtel.

M. Macmahon, *Médecin*, à l'hôtel.

M. Garré, *Chirurgien-Major*, rue de Bourbon, fauxbourg Saint Germain.

M. d'Hozier de Sérigny, Chevalier-Grand-Croix Honoraire de l'Ordre Royal de Saint Maurice de Sardaigne, Juge d'Armes de la Nobleſſe de France, & en cette qualité *Commiſſaire du Roi pour certifier à Sa Majeſté la Nobleſſe des Eleves de l'Ecole Royale Militaire*, vieille rue du Temple.

GOUVERNEMENT DU CHATEAU ROYAL DE LA BASTILLE.

1776 **M.** Le Marquis de Launay, *Capitaine & Gouverneur.*
1761 Le Comte de Jumillac de Cubjac, *Capitaine & Gouverneur, en ſurvivance.*
1768 M. le Chevalier de Saint-Sauveur, *Lieutenant pour le Roi.*
1749 M. Chevalier, *Major.*
1775 M. le Bailli de Gallardon, *Adjoint & en ſurvivance.*
M. . . . . . , *Aide-Major.*
1765 M. Larcher d'Aubancourt, *Ingénieur en chef & Directeur des Fortifications.*
1768 M. Delon de Laſſaigne, *Médecin du Roi*, rue des Marais, fauxbourg Saint Germain.
1750 M. le Cocq, *Chirurgien & Apothicaire Major.*
1737 M. Eſchinard, *Chapelain du Château.*
1764 M. Taaff de Gaydon, *Conféſſeur.*
Garde des Archives des Châteaux Royaux de la Baſtille & de Vincennes.
1774 M. Duval, ...
M. Boucher, *Commis auxdites Archives*, rue Plâtriere.
1774 M. Chenon pere, Commiſſaire de la Police, rue Baillette.
1755 M. Le Faivre, *Entrepreneur des Bâtimens du Roi & du Château de la Baſtille*, rue Simon-le-Franc.

ARSENAL.

1772 **M.** Le Marquis de Paulmy, Miniſtre d'Etat, *Bailli d'Epée & Gouverneur.*

C O L O N E L S '　G É N É R A U X.

Colonel Général des Suiſſes & Grifons.

1771 $\mathbb{M}$ONSEIGNEUR LE COMTE D'ARTOIS.
1772 M. de Martanges, Maréchal de Camp, *Secrétaire général des Suiſſes & Grifons*, rue de Mouceaux, barriere du Roule Saint Honoré.

ÉTAT MAJOR GÉNÉR. DE LA CAVALERIE LÉGERE.

1759 *Colonel Général*, M. le Marquis de Bethune, Lieutenant-Général, rue Saint Honoré, vis-à-vis les Capucins.
1759 *Meſtre de Camp Général*, M. le Marquis de Caſtries, Lieutenant Général, rue de Varennes, Fauxbourg Saint Germain.
1759 *Commiſſaire Général*, M. le Marquis de Beuvron, Maréchal de Camp, rue de Grenelle, Fauxbourg Saint Germain.
1772 M. Dedelay de la Garde de Blanc - Mefnil, *Maréchal général des Logis*, place de Louis le Grand.
1771 M. Rouillé des Fontaines, *Maréchal des Logis*, rue. . . . .

1770 M. Robert de Fremuſſon, *Secrétaire général*, rue de Varennes, aux Ecuries de la Reine.

Les S^{rs} { 1755 Truchet du Fey, *Prévôt de la Cavalerie*, à Fontainebleau.
1752 Pitre de la Roche, *Lieutenant*, rue Froidmanteau.

ÉTAT MAJOR GÉNÉRAL DES DRAGONS.

1771 *Colonel Général*, M. le Duc de Coigny, Maréchal de Camp., rue Saint Nicaife.
1771 *Meſtre de Camp Général*, M. le Duc de Luynes, rue Saint Dominique, Fauxbourg Saint Germain.
1773 De la Miniere, *Secrétaire Général*, rue Saint Nicaife.

Maréchaux Généraux des Logis des Camps & Armées du Roi.
1767 M. de Collange, rang de Colonel, rue de Richelieu.
1769 M. Le Tourneur, rue de Paradis.
1770 M. de la Roziere, Brigadier de Dragons, rue . . . . .
1772 M. le Marquis de Bievre, rue du Sentier.
1773 M. de Roiſſy, quai Malaquais, à côté de l'Hôtel de Bouillon.

CHEVALIERS,

CHEVALIERS, COMMANDEURS,

ET OFFICIERS DE L'ORDRE DU SAINT-ESPRIT;

Suivant leur Réception,

Inſtitué par Henri III, Roi de France & de Pologne, le 31 Décembre 1578 & premier Janvier 1579.

LE ROI.

1724 3 Juin.

M. Le Maréchal Duc de Clermont-Tonnerre, rue Saint Dominique, hôtel de Matignon.

1729 premier Janvier.

M. le Maréchal Duc de Richelieu, ruë neuve Saint Auguſtin, vis-à-vis la rue d'Antin.

1729 25 Avril.

LE ROI D'ESPAGNE.

1740 5 Juin.

M. le Duc d'Orléans, au Palais Royal.

1742 2 Février.

M. le Duc de Penthiévre, en ſon hôtel, place des Victoires.

1744 premier Janvier.

M. le Maréchal Duc de Briſſac, rüe Caſſette, Fauxbourg Saint Germain.

M. le Maréchal Duc de Biron, barriere de la rüe de Varenne.

1745 2 Février.

M. le Duc d'Aumont, place de Louis XV.

1747 premier Janvier.

M. le Marquis de Saint-George, Prince d'Ardore, en Sicile.

1748 premier Janvier.

M. le Duc de Saint-Cloud, Archevêque de Paris, en ſon palais Archiépiſcopal.

1749 2 Février.

M. le Maréchal Duc de Noailles, rue Saint Honoré, à l'hôtel de Noailles.

M. le Duc d'Eſtiſſac, rue de Varenne, Fauxbourg Saint Germain.

1749 25 *Mai.*

M. le,Duc de la Valliere , rue du Bacq , Fauxbourg Saint Germain.

M. le Baron de Montmorency., rue de Bourbon , près la rue des Saints Peres.

1750 17 *Mai.*

M. le Prince de Conti , rue de Grenelle , Fauxbourg Saint Germain.

1752 2 *Février.*

M. le Prince de Condé , au palais de Bourbon.

1752 21 *Mai.*

M. le Duc de Nivernois , rue de Tournon.

1753 2 *Février.*

M. le Duc de Fleury , rue de Bourbon, Fauxbourg Saint Germain.

1753 10 *Juin.*

M. le Cardinal de Rohan , Evêque de Strasbourg., rue de Varenne, Fauxbourg Saint Germain.

1756 2 *Février.*

M. le Prince de Marfan , rue Taranne.

M. le Maréchal Duc d'Harcourt , rue de l'Université , Fauxbourg Saint Germain.

M. le Maréchal Duc de Filtz-James , rue Saint-Florentin , près la place de Louis XV.

M. le Duc d'Aiguillon , rue de l'Université ; Fauxbourg Saint Germain.

1756 6 *Juin.*

M. le Marquis de Saint-Vital , *à Parme.*

1757 *premier Janvier.*

M. le Comte de Bafchy , rue Saint Dominique , Fauxbourg Saint Germain.

1757 2 *Février.*

M. le Prince de Beauvau , grande rue du Fauxbourg Saint Honoré.

M. le Duc de Gontaut , rue de Richelieu.

M. le Comte de Maillebois , rue de Grenelle , près Panthemont.

M. le Marquis de Bethune , rue du Fauxbourg Saint Honoré.

M. le Marquis d'Aubeterre , rue d'Artois.

M. le Comte de Broglie , rue Saint Dominique , Fauxbourg Saint Germain.

1757 29 *Mai.*

M. le Duc de Choiseul , rue de Richelieu , près la rue Saint Marc.

1758 14 *Mai.*

M. le Cardinal de Bernis, Archevêque d'Alby, Miniftre du Roi, à Rome.

1759 *premier Janvier.*

M. le Cardinal de Luynes, rue Saint Dominique, Fauxbourg-Saint Germain.

1759 2 *Février.*

M. le Maréchal de Contades, hôtel de Contades, rue d'Anjou, Fauxbourg Saint Honoré.

M. le Comte de Rochechouart , rue Saint Dominique, Fauxbourg Saint Germain.

M. le Duc de Croï, rue du Regard, derriere les Carmes Déchauffés.

1760 18.*Mai.*

LE PRINCE DES ASTURIES.

1760 21 *Juillet.*

DON LOUIS, Infant d'Efpagne.

1760 8 *Septembre.*

LE ROI DES DEUX SICILES.

1761 10 *Mai.*

M. l'Evêque d'Orléans.

1762 *premier Janvier.*

M. le Duc de Praflin, rue de Bourbon, Fauxbourg Saint Germain, près la rue du Bacq.

1762 2 *Février.*

M. le Maréchal Duc de Broglie, rue de Varenne, Fauxbourg Saint Germain.

M. le Duc de Grimaldi, en Efpagne.

1762 30 *Mai.*

M. le Duc de Chartres , au Palais Royal.

M. le Marquis de Caftriés, rue de Varenne, Fauxbourg Saint Germain.

1762 25 *Août.*

DON FERDINAND, Infant d'Efpagne, Duc de Parme, &c.

1764 2 *Février.*

M. le Comte de Saulx-Tavannes, à la Cour, ou rue des Rofiers, Fauxbourg Saint Germain.

K ij

1764 10 Juin.

M. le Duc du Châtelet, rue de Grenelle près la barriere.

1767 premier Janvier.

M. le Comte d'Estaing, rue Saint Honoré, au coin de la rue Saint Florentin.

1767 7 Juin.

MONSIEUR.

M. le Maréchal Duc de Duras, grande rue du Fauxb. St Honoré.
M. le Maréchal Duc de Mouchy, rue de l'Université, ou à la Cour.
M. le Comte de Perigord, à la Cour, ou rue de l'Université.
M. le Marquis de Brancas, rue de Tournon.
M. le Prince de Tingry, rue de Varenne.
M. le Marquis de Poyanne, grande rue du Fauxbourg Saint Honoré.
M. le Comte de Pons Saint Maurice, au Palais Royal.
M. le Marquis de Ségur, rue Saint Florentin.

1771 premier Janvier.

M. LE COMTE D'ARTOIS.

1773 premier Janvier.

M. le Duc de Bourbon, au palais de Bourbon.
M. le Duc de Villeroy, rue de Bourbon, Fauxbourg Saint Germain.
M. le Marquis de Sourches, rue Taranne.
M. le Marquis de Montmorin, rue des Champs Elifées.

1776 premier Janvier.

M. de Coëtlosquet, ancien Évêque de Limoges, à la Cour ou à l'Abbaye Saint Victor.
M. l'Archevêque de Narbonne, rue du Bacq, près la rue de Varenne.
M. le Marquis de la Roche-Aymon, rue . . . .
M. le Comte de Talleyrand, rue de l'Université, près Belle Chasse.
M. le Vicomte de la Rochefoucaud, rue de la Chaife, fauxbourg Saint Germain.
M. le Vicomte de Talaru, rue de Menars.

1776 26 Mai.

M. le Duc d'Uzès, rue & porte Montmartre.
M. le Duc de Coſſé, rue de Grenelle, fauxbourg St Germain.
M. le Comte de Teſſé, rue de Varennes.
M. le Comte de Mailly, rue de l'Université.
M. le Comte de Montboiſſier, place Royale.

} M. le Marquis de Levis , rue des Saints Peres, ou à la Cour.

M. le Marquis de Beuvron, rue de Grenelle, fauxbourg Saint Germain.

M. le Baron de Breteuil , Ambaffadeur à Vienne.

M. le Duc de Civrac, au Louvre ou à Verfailles.

1777 premier Janvier.

M. le Prince de Lambefc, cour du Grand Ecuyer, près les Tuileries.

M. le Duc de Coigny, rue Saint Nicaife.

1777 2 Février.

M. le Duc de Villequier , rue des Capucines.

M. le Marquis de Polignac, rue d'Anjou, fauxbourg Saint Honoré.

M. le Marquis de Berenger, rue de Grenelle, près la Croix-Rouge.

1777 9 Novembre.

M. le Prince Louis de Rohan-Guemené , Grand Aumônier de France.

CHEVALIERS ADMIS ET NON ENCORE REÇUS.

1746 premier Janvier.

M. le Duc de Modene.

1756 2 Février.

M. le Prince Louis de Wirtemberg.

1757 29 Mai.

M. le Marquis d'Offun , rue . . . . a

1761 2 Février.

DON GABRIEL, Infant d'Efpagne.

1767 7 Juin.

DON ANTOINE, Infant d'Efpagne.

1768 premier Janvier.

Le Prince de Paleftrine, à Rome.

1777 18 Mai.

M. le Comte d'Aranda , Ambaffadeur Extraordinaire & Plénipotentiaire de Sa Majefté Catholique le Roi d'Efpagne, rue neuve des petits Champs, hôtel de Montmartel.

PRÉLAT NOMMÉ ET NON ENCORE REÇU.

1777 18 Mai.

M. l'Evêque de Chartres.

GRANDS OFFICIERS COMMANDEURS.

1770 M. l'Archevêque de Bourges, *Chancelier & Surintendant des Finances de l'Ordre* , rue des Saints Peres, Fauxbourg Saint Germain.

K iij

1772 M. D'Aguesseau, *Doyen du Conseil*, Conseiller d'Etat ordinaire, & au Conseil des Dépêches, & au Conseil Royal de Commerce, *Prévôt Maître des Cérémonies*, rue Saint Dominique, Fauxbourg Saint Germain.

1763 M. Bertin, Ministre & Secrétaire d'Etat, *Grand Trésorier*, rue des Capucines.

1774 M. le Comte de Vergennes, Ministre & Secrétaire d'Etat, *Secrétaire*, à la Cour, quai des Théatins.

Officiers qui ne sont pas Commandeurs.

1758 M. Bertin, Conseiller d'État, Trésorier des Parties Casuelles, *Intendant*, rue d'Anjou, au Marais.

Les Srs {
1772 Chérin, *Généalogiste*, & *Historiographe*, rue des Augustins Saint André.
1760 Chendret du Bouchoir, *Herault*, rue neuve des Petits Champs, près la rue de Gaillon.
1770 Chendret de Verigny, *en surviv.* même demeure.
1768 Caterbi, *Huissier*, à Versailles.

Trésoriers du Marc d'Or.

Les Srs {
Caron, *alternatif & quatriennal*, rue Poissonniere, vis-à-vis les Menus.
Tronchin, *ancien & triennal*, rue de Richelieu, vis-à-vis la rue de Menars.

Ces deux Officiers payent les Rentes assignées sur l'Ordre du Saint-Esprit, viageres & perpétuelles. M. Caron, *les années paires* ; M. Tronchin, *les années impaires.*

Contrôleurs.

Les Srs {
Le Seurre, *ancien & triennal*, rue des vieux Augustins.
Gaucherel, *alternatif & quatriennal*, rue Beautreillis.

Garde des Rôles & Secrétaire de la Chancellerie.

Le Sr Mandonnet, à l'Imprimerie Royale.

CHEVALIERS DE L'ORDRE DE S. MICHEL,

Institué par Louis XI à Amboise le premier Août 1469.

LE ROI.

742 M. Le Marquis de Roux, Conseiller d'Etat, *Doyen*, à Marseille.

1743 M. Coulon de la Grange-aux-Bois, Grand-Maître des Eaux & Forêts de Metz & Frontieres de Champagne, à Charleville.

1745 M. Perrotin de Barmont, Conseiller du Roi en ses Conseils, Maître des Comptes, vieille rue du Temple.

1749 M. Pichàut de la Martiniere, Conseiller d'État, Premier Chirurgien du Roi, en Cour.

1756 M. Faucher, C^re des Guerres, à la Réolle-sur-Garonne.

1756 M. Perier, ci-devant premier Commis des Bâtimens de Sa Majesté, place du vieux Louvre.

1756 M. Collet, Secrétaire du Cabinet de feu Madame Infante Duchesse de Parme, *Secrétaire de l'Ordre*, rue de l'Orangerie, à Versailles.

1757 M. Balanda Sicard, Juge Royal au Bailliage de Perpignan, à Perpignan.

1757 M. Soufflot, Contrôleur des Bâtimens de la ville de Lyon, à l'Orangerie des Tuileries.

1757 M. Cochin, Graveur ordinaire du Roi, Garde des Desseins du Cabinet de Sa Majesté, Secrétaire perpétuel de l'Académie de Peinture & Sculpture, aux Galeries du Louvre.

1757 M. Flachat de Saint-Bonet, ancien Prevôt des Marchands de la Ville de Lyon, à Lyon.

1758 M. Maritz, Inspecteur général des Fontes & Forges de l'Artillerie de France, en Espagne.

1758 M. de l'Ecluse de la Chaussée, Doyen des Députés du Commerce, rue du Hazard Richelieu.

1758 M. le Comte de Toustain-de-Richebourg, Chevalier de Saint Louis, Major d'Infanterie, Lieutenant des Maréchaux de France, au pays de Caux, Associé titulaire de l'Académie des Sciences de Rouen, à Harfleur.

1758 M. Cochon Dupuis, de la Faculté de Paris, premier Médecin de la Marine du Roi, à Rochefort.

1760 M. Richard d'Uberherrn, premier Médecin des Armées du Roi, Inspecteur des Hôpitaux Militaires, rue Saint Honoré, vis-à-vis Saint Roch.

1761 M. Jourdain, Lieutenant Général au Siége de l'Amirauté de Brest.

1761 M. Daudé ; Vicomte d'Alzon, Subdélégué de l'Intendance de Languedoc, au Vigan.

1761 M. de Boquenem de Meriendal, Maire Royal de Sarre-Louis.

1761 M. Cromot du Bourg, Conseiller d'État, Surintendant des Finances de MONSIEUR, rue Cadet.

1762 M. de Maziere de Saint Marcel, Lieutenant Général honoraire au Bailliage de Vienne.

1762 M. Pierre, premier Peintre du Roi & de Monseigneur le Duc d'Orléans, au Louvre.

1762 M. Faget, Avocat au Parlement de Toulouse, & ancien Capitoul.

1762 M. Varenne, Receveur général des Finances des États de Bretagne, rue de Bondy.

1763 M. Brocnier, Conful en Portugal, ci-devant Secrétaire d'Ambaffade du Roi à la Cour de Parme.

1763 M. Mercier, ancien Echevin, rue Saint Germain l'Auxerrois.

1763 M. Babille, Avocat au Parlement, ancien Echevin, rue Saint André des Arts.

1763 M. Perronnet, premier Ingénieur des Ponts & Chauffées de France, rue de la Perle, au Marais.

1763 M. Berthier, Capitaine d'Infanterie, Gouverneur des Hôtels de la Guerre, de la Marine, & des Affaires Etrangeres, à Verfailles.

1763 M. Micque, premier Architecte du Roi, à Verfailles.

1765 M. du Parc Poulain, Profeffeur Royal en Droit François, à Rennes.

1765 M. Roffignol, Conful de France, en Ruffie.

1765 M. Françœur, Surintendant de la Mufique du Roi, rue Saint Nicaife.

1765 M. le Noir, Tréforier général des offrandes, aumônes & bonnes œuvres du Roi, rue de Clery, près celle Montmartre.

1765 M. Marion, Député du Commerce pour la Ville de Paris, rue Thérèfe, vis-à-vis la rue de Ventadour.

1765 M. Brianciaux de Milleville, Secrétaire du Roi, à Dunkerque.

1765 M. Quevanne, rue de la Monnoie.

1767 M. Daprés de Mannevillette, Capitaine des Vaiffeaux de la Compagnie des Indes, Correfpondant de l'Académie Royale des Sciences.

1768 M. Guérin, ancien Chirurgien Major des Moufquetaires de la feconde Compagnie, rue de la Marche, au Marais.

1768 M. Coppens d'Herfin, Lieutenant Civil & Criminel à l'Amirauté de Dunkerque, à Dunkerque.

1768 M. Benoift, Secrétaire de M. le Duc de Penthievre, à l'Hôtel de Touloufe.

1768 M. Fabry, Subdélégué, dans le Pays de Gex.

1768 M. Cliquot de Blervache, Infpecteur Général du Commerce, rue de la Sourdiere.

1768 M. Rouffel, Garde des Archives du Domaine du Roi pour la Province de Languedoc, à Montpellier.

1769 M. Bouvart, Médecin de la Faculté de Paris, rue de Richelieu, vis-à-vis la Bibliotheque.

1769 M. Poiffonnier des Perrieres, ancien Médecin du Roi de quartier, rue de la Verrerie.

1769 M. Clairain des Lauriers, Ingénieur Conſtructeur en Chef de la Marine, à Rochefort.

1769 M. Pigal, Sculpteur du Roi, à la Barriere-Blanche.

1769 M. Jardin, Directeur des Bâtimens du Roi de Dane-marck, rue du Doyenné.

1769 M. Moreau de la Rochette, Inſpecteur des Pépinieres du Royaume, à Melun.

1773 M. Tillet, Commiſſaire du Roi pour les Eſſais & Affina-ges du Royaume, Hôtel des Monnoies.

1773 M. Gendrier, Inſpecteur des Ponts & Chauſſées, rue de Bondy.

1773 M. Sorbet, ancien Chirurgien Major de la premiere Com-pagnie des Mouſquetaires, rue de l'Univerſité, vis-à-vis l'hôtel Daligre.

1773 M. Deſmaiſons, de l'Académie d'Architecture, rue de Verneuil, près la rue de Beaune.

1773 M. Challe, Deſſinateur de la Chambre du Roi, rue Poiſ-ſonniere, au coin de la rue Bergere.

1773 M. Lalouette, Médecin de la Faculté de Paris, rue Ja-cob, près la rue Saint Benoît.

1775 M. Poivre, ci-devant Commiſſaire ordonnateur de la Ma-rine & faiſant les fonctions d'Intendant aux iſles de France, admis dès 1767.

1775 M. Delaunay Deſlandes, Directeur général de la manu-facture royale des glaces de Saint Gobin, à Saint Gobin.

1775 M. Gauthier, Chirurgien ordinaire de MONSIEUR, & Chirurgien major des Chevaux-Légers de la garde du Roi, à Verſailles.

1775 M. Bauregard, Tréſorier général des Etats de Bretagne, rue de Richelieu, près le Palais Royale.

1775 M. du Morey, Ingénieur ordinaire du Roi, & en Chef des États de Bourgogne.

1775 M. de la Salle, Deſſinateur & Fabricant, Penſionnaire du Roi, à Lyon.

1775 M. Morat, Directeur général des Pompes du Roi, rue de la Juſſienne.

1775 M. Berenger, Commiſſaire d'Artillerie, à Douay.

1775 M. Boucher, premier Ingénieur des turcies & levées, vieille rue du Temple, vis-à-vis l'hôtel de la Tour-du-Pin.

1775 M. Sylveſtre, Maître à deſſiner des Princes, à Verſailles.

1775 M. Grignon, Correſpondant de l'Académie des Scien-ces & Membre de l'Académie de Chalons, à Saint Dizier.

1776 M. Durand, Entrepreneur des fortifications de la Ville de Douay, & Capitaine des Eleves de la même Ville & du Fort de Scarpe, à Douay.

1777 M. Hallé, Peintre ordinaire du Roi, cloître St Benoît
1777 M. Ardant, Négociant à Limoges, à Limoges.
1777 M. Moreau, Chirurgien de l'Hôtel-Dieu, à l'Hôtel-Dieu.

Chevaliers admis & non reçus.

M. le Baron d'Olne, Seigneur de Saint Hadelen, à Liége.
M. Petitot, premier Architecte du Duc de Parme.
M. Goudart, Directeur des Manufactures d'Aubenas.
M. de Saizieux, Consul à Tunis.
M. Gatty, Médecin Consultant du Roi, Inspecteur des Hôpi-
- taux Militaires en Corse, Professeur de Médecine en l'U-
- niversité de Pise.
M. Larchevêque, Sculpteur du Roi de Suede, & Directeur
de son Académie de Sculpture.
M. Deformets d'Oroix.
M. Vien, Peintre, Directeur de l'Académie de France, à
Rome.

GRANDS D'ESPAGNE.

M. Le Maréchal Duc de Mouchy, rue de l'Université.
M. le Duc de Nivernois, rue de Tournon.
M. le Duc de Valentinois, rue de Varennes, Fauxbourg Saint
Germain.
M. le Marquis de Brancas, rue de Tournon.
M. le Comte de la Marck, Prince d'Aremberg, rue de Gre-
nelle, près la Croix Rouge.
M. le Comte d'Egmont Pignatelli, rue de Louis le Grand.
M. le Duc d'Havré & de Croï, rue du Bacq, Fauxb. St Germain.
M. le Duc de Croï, rue du Regard.
M. le Prince de Robecq, rue du Regard, Fauxb. St Germain.
M. le Prince de Beauvau, rue d'Anjou, Fauxbourg St Honoré.
M. le Comte de Tessé, rue de Varenne, Fauxbourg St Germain.
M. le Prince de Chimay, rue & porte Saint Honoré.
M. le Comte de Perigord, Prince de Chalais, à la Cour.
M. le Marquis d'Hautefort, rue de Bourbon, fauxbourg Saint
Germain.
M. le Prince de Ghistelle, rue de Varenne, Fauxb. S. Germain.
M. le Comte de Buzançois, rue Ste Avoye, Hôtel de Beauvilliers.
M. le Marquis d'Ossun, rue . . . .
M. le Duc de Cailus, rue des Sts Peres, près la rue de Grenelle.
M. le Marquis de Saint-Simon, rue des Saints-Peres, en
face de la rue Taranne.

CHEVALIERS DE L'ORDRE DE LA TOISON D'OR QUI SONT EN FRANCE,

Inſtitué par Philippe le Bon, Duc de Bourgogne, l'an 1409. *Il eſt tombé dans la Maiſon d'Autriche par Marie Henriette de Bourgogne, par qui les Rois d'Eſpagne ſont devenus Chefs & Souverains de cet Ordre.*

1761 LE ROI.
1761 M. le COMTE D'ARTOIS.
1767 MONSIEUR.
1740 M. le Duc de Penthiévre èn ſon hôtel, Place des Victoires.
1745 M. le Duc de Villars, Duc de Brancas, grande rue du Fauxbourg Saint Honoré, près l'égoût.
1746 M. le Maréchal Duc de Mouchy, rue de l'Univerſité.
1752 M. le Duc d'Orléans, au Palais Royal.
1761 M. le Duc de Choifeul, rue de Richelieu.
1764 M. le Comte d'Egmont-Pignatelli, rue de Louis le Grand.
1771 M. le Maréchal Duc de Duras, grande rue du Fauxbourg Saint Honoré.

GRANDS-CROIX, COMMANDEURS,

& Officiers de l'Ordre Royal & Militaire de S. Louis.

Inſtitué par Louis XIV en Avril 1693 , *& confirmé par Louis XV en* 1719.

GRANDS-CROIX DU SERVICE DE TERRE.

1745 M Le Vicomte de Vaudreuil, Lieutenant Général.
1745 M. M. le Comte de Marcieu, Lieutenant Général.
1753 M. le Maréchal de Berchény, Lieutenant Général.
1756 M. le Comte de la Riviere, } Lieutenans
1761 M. le Marquis de Montmort, } Généraux.
1763 M. le Chevalier de Montbarey, Maréchal de Camp.
1764 M. le Chevalier de Beauteville,
1766 M. le Marquis de Cernay,
1766 M. le Comte de Moncan,
1766 M. le Baron de Befenval,
1766 M. le Comte de Coetlogon, } Lieutenans
1768 M. le Comte de Vaux, } Généraux.
1769 M. de Caſtella,
1770 M. de Bourcet,
1771 M. le Marquis de Lugeac,

1771 M. le Comte de Rochambeau,
1772 M. le Comte de Narbonne-Pelet-Fritzlard, } Maréchaux de Camp.
1773 M. Pinon, Marquis de Saint-Georges,
1773 M. le Comte de Chabo,
1774 M. le Comte de la Cheze, } Lieutenans Généraux.
1774 M. le Marquis Dauvet,
1776 M. de Gribeauval,
1776 M. le Comte de Thiange, } Maréchaux de Camp.
1777 M. le Marquis de Talaru,

GRANDS-CROIX DU SERVICE DE MER.

1763 M. le Marquis de Vaudreuil-Cavagnal, ci-devant Gouverneur au Canada.
1766 M. le Comte d'Aché, Vice-Amiral du Ponent.
1773 M. le Comte d'Aubigny, Lieutenant Général des Armées Navales.
1775 M. Duchaffault de Befné, Lieutenant général des Armées Navales.

COMMANDEURS DU SERVICE DE TERRE.

1752 M. le Comte de Sparre, } Maréchaux de Camp.
1753 M. le Chevalier de Croifmare,
1756 M. le Marquis de Monteynard, Lieutenant Général.
1761 M. le Comte d'Archiac, Maréchal de Camp.
1761 M. le Marquis de Puyfégur, Lieutenant Général.
1761 M. le Marquis de Fumel,
1761 M. de Diefback de Belleroche, } Maréchaux de Camp.
1763 M. le Comte de Durfort,
1763 M. de Filley de la Côte, Lieutenant Général.
1766 M. le Comte de Courten, Maréchal de Camp.
1766 M. le Marquis de Marbeuf, Lieutenant Général.
1766 M. le Marquis Ericourt, Lieutenant - Cólonel du Régiment du Roi.
1766 M. de Guibert, Comte du St Empire, Maréchal de Camp.
1766 M. de Saint-Victor, Maréchal de Camp, Lieutenant de Roi à Strasbourg.
1766 M. le Baron de Zuchmantel, Maréchal de Camp.
1768 M. le Marquis de Roftaing, Lieutenant Général.
1769 M. le Baron d'Efpagnac, Maréchal de Camp, Gouverneur de l'Hôtel Royal des Invalides.
1769 M. le Comte de Nolivos, Maréchal de Camp.
1770 M. le Comte d'Efpiés, Lieutenant Général.
1771 M. le Comte de Montazet, } Maréchaux de Camp.
1771 M. le Marquis du Sauzay,
1771 M. le Comte d'Auger, Lieutenant Général.

le Comte de Puyfégur,   ⎱ Maréchaux
le Marquis de Ray,   ⎰ de Camp.
le Marquis de Tourny, Brigadier des Armées du Roi.
le Marquis Deffalles, Lieutenant Général.
le Comte de Turpin de Criffé,   ⎱ Maréchaux
le Comte de Flavigny,   ⎰ de Camp.
Taboureau de Villepatour,   ⎫
Baratier de Saint-Auban,   ⎬ Maréchaux
le Baron de Viomefnil,   ⎪ de Camp.
M. le Vicomte de Valfons de Sebourg,   ⎭
M. le Marquis de Lemps,   ⎱ Maréchaux
M. le Marquis de Pontécoulant,   ⎰ de Camp.
M. le Marquis de Vifé, Lieutenant général.
M. Dupleffis le Goux, Brigadier des Armées du Roi.
M. le Comte de Vercel, Lieutenant général.
M. le Marquis de la Cofte, Maréchal de Camp.
M. le Marquis de Pufignieu,   ⎫
M. le Chevalier de Redmont,   ⎬ Lieutenans
M. le Baron du Blaifél,   ⎭ Généraux.
M. de Choify, Brigadier des Armées du Roi.
M. le Chevalier de Saint Sauveur,   ⎱ Lieutenans
M. le Marquis de Gayon,   ⎰ Généraux.
M. Drummond de Melfort,   ⎫
M. le Baron de Wimpffen,   ⎪
M. du Rozel de Baumanoir,   ⎬ Maréchaux
M. le Marquis de la Grange,   ⎪ de Camp.
M. le Baron du Goulet,   ⎭

COMMANDEURS DU SERVICE DE MER.

M. le Marquis du Quefne-Menneville, ancien Lieutenant
Général des Armées Navales
M. le Vicomte de Roquefeuil, Lieutenant Général des
Armées Navales.
M. de Maurville, Lieutenant Général des Armées Na-
vales.
M. le Comte de Coufage la Rochefoucaud, Lieutenant
Général des Armées Navales.
M. de Broyes, Chef d'Efcadre.
M. le Chévalier de Fabry, Chef d'Efcadre.
M. le Marquis de Saint-Aignan, Lieutenant Général des
Armées Navales.
M. d'Orvilliers, Lieutenant Général des Armées Navales
M. de la Touche, Chef d'Efcadre.
M. le Comte de Breugnon, Chef d'Efcadre,
M. Dabon, Chef d'Efcadre.

OFFICIERS GRANDS-CROIX.

Chancelier-Garde des Sceaux.

1771 M. Lefévre de Caumartin, Maître des Requêtes Honoraire, Intendant de Flandre & Artois.

Chancelier Garde des Sceaux honoraire.

1749 M. le Marquis de Paulmy, Miniftre d'État, Chancelier de la Reine à l'Arfenal.

Prévôt-Maître des Cérémonies.

1776 M. Rigoley, Baron d'Ogny, Intendant général des Poftes, rue Coqhéron.

Prevôt-Maîtres des Cérémonies, Honoraires.

1758 M. le Marquis de Boulainviller, Prevôt de Paris, Lieutenant de Roi de l'Ifle de France, rue Notre-Dame des Victoires.

1771 M. Rouillé d'Orfeuil, Maître des Requêtes Honoraire, Intendant de la Province & frontiere de Champagne.

Secrétaire-Greffier.

1767 M. Foullon, rue Saint Honoré, près les Jacobins.

Secrétaire Greffier Honoraire.

1754 M. Bernage de Vaux, Confeiller d'Etat, rue des SS. PP.

AUTRES OFFICIERS,

Intendant.

1773 M. Marie, au Louvre.

Honoraires.

1757 M. Duvaudier, re de la Verrerie, vis-à-vis la re du Cocq.
1773 M. Papillon de la Ferté, rue Bergere.

Tréforiers.

1776 De Serilly, vieille rue du Temple, *en exercice*
1777.

1765 Mrs De Boullongne, rue du Bacq, vis-à-vis les Jacobins, en exercice 1779.

1773 Baudard de Saint-James, rue neuve Saint Euftache, en exercice 1778.

Honoraires.

1764 M. Bergeret, rue du Temple, au coin du Boulevart.
1771 M. de Beaujon, grande rue du Fauxbourg Saint Honoré.
1771 M. de Sellé de la Garejade, rue Sainte Anne, butte Saint Roch.

Contrôleurs.

1773 {De la Salle, rue de Grenelle Saint Germain, à l'hôtel de Senecterre.
Mrs
1774 {Tortilliere.
1774 {Claverie de Banniere, rue. . .

Honoraires {
1762 Pichot de Poidaviniere, rue de Berry, au Marais.
1762 Saint-Ean de Salaberry, Place Royale.
1769 De Fumeron de Verrieres.
1773 De la Ponce, à l'Hôtel Royal des Invalides.

Garde des Archives.

1772 M. Joque-des-Ormeaux, rue de Grenelle, près celle des Saints Peres.

1750 M. Marie, *honoraire*, au Louvre.

Heraults.

1768 {Farcy de Saint-Marc, Officier, Penfionnaire du Roi, rue des deux Portes Saint Sauveur.
Mrs
1773 {Martinot, rue neuve Saint Eustache.

Honoraires.

1758 M. de Chennevieres, à Verfailles.
1761 M. de Lachaud, rue neuve Saint Eustache.
1764 Le sieur Jourdain, *Scelleur*, à l'Arsenal.
1772 Le sieur Perard, *Avertisseur*, rue Sainte Avoye.

ORDRES Royaux, Militaires & Hospitaliers de Saint Lazare de Jérusalem & de Notre-Dame du Mont-Carmel.

On fixe la fondation de l'Ordre de Saint Lazare de Jérusalem avant 1060, tems des premieres Croifades. Louis VII. amena en France les premiers Chevaliers de Saint Lazare en 1154. Louis IX. Saint, ramena ce qui restoit de ces Chevaliers en 1251. Henri IV. unit cet Ordre à celui de Notre-Dame du Mont-Carmel, qu'il venoit d'instituer, le 31 Octobre 1608. Ces Ordres ont été confirmés par Louis XIV. en 1664, & de nouveau par Louis XV en 1722, 1757 & 1770.

LE ROI.

Grand-Maître & Chef Général.

MONSIEUR.

Grands Officiers & Commandeurs composant le Conseil de l'Ordre
M. le Marquis de Paulmy, Ministre d'Etat, Commandeur des

Ordres du Roi, Grand-Croix & Chancelier honoraire de l'Ordre de Saint-Louis, &c. *Chancelier & Garde des Sceaux*, à l'Arſenal.

M. le Comte de Bombelle, *Prévôt & Maître des Cérémonies*, rue Saint Dominique, vis-à-vis Belle-chaſſe.

M. de Lattaignant, Comte de Bainville, *Tréſorier Général*, rue du Pas de la Mule, près la Place Royale.

M. Dorat de Chameulles, *Secrétaire Général*, rᵉ du Roi de Sicile.

M. Meſnard de Chouzy, Miniſtre Plénipotentiaire auprès du Cercle de Franconie.

M. l'Abbé de Schulemberg, Commandeur Eccléſiaſtique, rue Patourel.

M. le Chevalier d'Arcy, rue du Fauxbourg du Roule.

M. le Comte d'Angiviller, rue de l'Oratoire.

M. le Chevalier de la Ferriere, rue & Porte Montmartre.

M. l'Abbé de Lattaignant, Commandeur Eccléſiaſtique, rue Saint Sébaſtien, Pont-aux-Choux.

AUTRES OFFICIERS, *Meſſieurs,*

Chérin, *Généalogiſte*, rue des Auguſtins Saint André.

Hecquet, *Agent des affaires de l'Ordre*, à l'Hôtel Royal des Invalides.

Soyer, *Prépoſé à la garde des Archives*, à l'Arſenal.

Durouvoy, *principal Commis du Greffe*, rue Saint Martin, près Saint Merry.

Ferès, *Hérault, Roi d'Armes, & Garde armorial*, à Verſailles.

Huiſſiers, Mrs { Gagny, rue Saint Florentin.
Lemaire, grande rue du fauxbourg S. Honoré.
Campan, *en ſurvivance*, à Verſailles.

M. Gaultier de Sibert, *Hiſtoriographe*, de l'Académie Royale des Inſcriptions & Belles-Lettres, Commiſſaire au Tréſor des Chartes de la Couronne, rue des Quatre-Vents.

ORDRE DU MÉRITE MILITAIRE,

Inſtitué par Louis XV. 10 Mars 1759, en faveur des Officiers nés en pays où la Religion Proteſtante eſt établie. Comme l'Ordre de Saint Louis, cet Ordre a trois Dignités.

Grands-Croix.

1759 M. Le Comte de Waldner, Lieutenant Général.

1763 M. le Baron de Wurmſer, Lieutenant Général.

1770 M. le Prince d'Anhalt-Coëthen, Lieutenant Général.

1770 M. le Baron d'Erlach de Riggiſberg, *ſurnuméraire*, Maréchal de Camp.

Commandeurs.

Commandeurs.

1759 M. Jenner, Maréchal de Camp.
1772 M le Baron de Stralenheim, Maréchal de Camp.
1772 M. le Baron de Falkenhayn, Maréchal de Camp.
1777 M. le Baron de Salis Mayenfeldt, Brigadier d'Infanterie.

Secrétaire Interpréte.

M. le Baron de Dietrich, à Strasbourg.
M. le Baron de Dietrich, pere, *honoraire,* à Strasbourg.

Le Cordon de cet Ordre est bleu foncé sans être ondé. La Croix est d'or : sur un côté est une épée en pal, avec la légende *pro virtute bellicâ ;* sur le revers une couronne de laurier, & cette légende, *Ludovicus XV. instituit* 1759.

MINISTRES DU ROI,

En Pays Etrangers.

M. Le Cardinal de Bernis, Ministre du Roi *à Rome.*
M. le Baron de Breteuil, Ambassadeur Extraordinaire près *l'Empereur & l'Impératrice Reine de Hongrie & de Bohéme.*
M. le Comte de Saint-Priest, Ambassadeur à *la Porte.*
M. le Comte de Montmorin, Ambassadeur Extraordinaire & Plénipotentiaire près *Sa Majesté Catholique.*
M. le Marquis de Noailles, Ambassadeur près *Sa Majesté Britannique.*
M. le Marquis de Clermont d'Amboise, Ambassadeur Extraordinaire près *le Roi des deux Siciles.*
M. le Baron de Choiseul, Ambassadeur près le *Roi de Sardaigne.*
M. le Comte d'Usson, Ambassadeur près le *Roi de Suede.*
M. le Baron de Zuckmantel, Ambassadeur près leurs *Majestés très-Fidelles.*
M. le Président de Vergennes, Ambassadeur près la *République de Venise.*
M. le Duc de la Vauguyon, Ambassadeur auprès des *Etats Généraux des Provinces Unies.*
M. le Vicomte de Polignac, Ambassadeur en *Suisse.*
M. le Marquis de Monteil, Envoyé Extraordinaire auprès de la *République de Génes.*
M. le Chevalier de la Luzerne, Envoyé Extraordinaire près *l'Electeur de Baviere.*

1778   **L.**

M. le Marquis de Pons, Miniftre Plénipotentiaire près le *Roi de Pruffe.*

M. le Marquis de Verac, Miniftre Plénipotentiaire près le *Roi de Dannemarck.*

M. le Marquis de Juigné, Miniftre Plénipotentiaire près *l'Impératrice de Ruffie.*

M. le Marquis de Claufonnette, Miniftre Plénipotentiaire près *l'Electeur de Mayence.*

M. . . . . , Miniftre Plénipotentiaire près *l'Electeur de Treves.*

M. le Comte de Montezan, Miniftre Plénipotentiaire près *l'Electeur de Cologne.*

M. le Marquis d'Entraigues-Latis, Miniftre Plénipotentiaire près *l'Electeur de Saxe.*

M. O-Dunne, Miniftre Plénipotentiaire près *l'Electeur Palatin.*

M. le Comte O-Kelly, Miniftre Plénipotentiaire près le *Duc de Deux-Ponts.*

M. le Comte de Grais, Miniftre Plénipotentiaire près le *Landgrave de Heffe-Caffel.*

M. le Vicomte de Vibraye, Miniftre Plénipotentiaire près le *Duc de Wirtemberg*, & Miniftre près le *Cercle de Suabe.*

M. le Baron de la Houze, Miniftre Plénipotentiaire du Roi près, les Princes & Etats du *Cercle de la Baffe Saxe.*

M. le Comte de Flavigny, Miniftre Plénipotentiaire près l'Infant d'Efpagne Dom Ferdinand, *Duc de Parme, &c.* . .

M. le Marquis de Barbantane, Miniftre Plénipotentiaire près l'Archiduc Léopold, *Grand-Duc de Tofcane.*

M. le Comte d'Adhemar, Miniftre Plénipotentiaire du Roi à *Bruxelles.*

M. le Marquis de Bombelle, Miniftre du Roi près la *Diete générale de l'Empire.*

M. Sabatier de Cabre, Miniftre Plénipotentiaire, près le *Prince Évéque de Liege.*

M. Mefnard de Choufy, Miniftre Plénipotentiaire auprès du *Cercle de Franconie.*

M. Hennin, Réfident à *Genève.*

M. de Pons, Réfident à *Dantzick.*

M. Barotzi, Réfident à *Francfort-fur-le-Mein.*

M. le Chevalier des Pennes, Chargé des Affaires du Roi à *Malte.*

M. le Baron de Salis de Marfchlins, chargé des Affaires du Roi près *les Ligues Grifes.*

M. de Chaignon, Chargé des Affaires du Roi près la *République de Valais.*

MINISTRES DES COURS ÉTRANGERES

Réfidens près le Roi.

M. Le Prince Doria Pamphili, Archevêque de Séleucie, *Nonce ordinaire du Pape*, hôtel de Broglie, rue Saint Dominique, Fauxbourg Saint Germain.

M. le Comte de Mercy-Argenteau, Ambassadeur de *l'Empereur & de Sa Majesté Impériale, Royale & Apostolique l'Impéra-trice Reine de Hongrie & de Bohême*, au petit Luxembourg.

M. le Comte d'Aranda, Ambassadeur Extraordinaire & Pléni-potentiaire de *Sa Majesté Catholique le Roi d'Espagne*, rue neuve des petits Champs, Hôtel de Montmartel.

M. le Marquis de Caraccioli, Ambassadeur Extraordinaire du *Roi des deux Siciles*, rue Montmartre, près l'Hôtel d'Uzès.

M. le Vicomte de Stormont, Ambassadeur Extraordinaire & Plénipotentiaire du *Roi de la Grande Bretagne*, rue neuve Saint Augustin, hôtel de Deux-Ponts.

M. le Comte de Scarnafis, Ambassadeur du *Roi de Sardaigne*, rue du Cherchemidi, au coin de la rue du Regard.

M. le Comte de Souza de Coutinho, Ambassadeur *de leurs Majestés très-Fidelles*, rue du Fauxbourg Saint Honoré.

M. le Comte de Creutz, Ambassadeur Extraordinaire du *Roi de Suede*, rue de Grenelle Saint Germain, vis-à-vis l'hôtel de Conti.

M. le Chevalier Zéno, Ambassadeur de la *République de Venise*, rue de Bondy.

M. L'Estevenon de Berkenroode, Ambassadeur dés Etats Géné-raux des *Provinces-Unies*, rue d'Anjou, Fauxb. St Honoré.

M. le Bailli de Breteuil, Ambassadeur de la Religion de *Malte*, rue . . . .

M. le Baron de Blôme, Envoyé Extraordinaire du *Roi de Da-nemarck*, quai des Théatins, hôtel de Beauffremont.

M. le Prince Bariatinski, Ministre Plénipotentiaire de *l'Impéra-trice de Russie*, hôtel de Lévi, au coin du Boulevart de la rue de Grammont.

M. le Baron de Goltz, Ministre Plénipotentiaire du *Roi de Prusse*, rue du Bacq, près l'hôtel de la Valliere.

M. le Comte de la Noue-Vieux-Pont Ministre Plénipotentiaire de *l'Electeur de Cologne*, rue du Sépulcre, Fauxbourg Saint Germain.

M. le Comte de Sickingen, Ministre Plénipotentiaire de *l'Electeur Palatin*, barriere du Roule.

M. le Comte d'Argental, Ministre Plénipotentiaire de l'Infant d'Efpagne *Don Ferdinand, Duc de Parme*, quai d'Orçay.

M. le Marquis de Spinola, Miniftre Plénipotentiaire de la *République de Gênes*, rue de Varennes, fauxbourg Saint Germain.

M. de Pachelbel, Miniftre Plénipotentiaire du *Duc de Deux-Ponts*, & chargé des Affaires du *Landgrave de Heffe - Darmftadt*, rue Bautreillis, près l'Arfenal.

M. le Baron de Grimm, Miniftre Plénipotentiaire du *Duc de Saxe-Gotha*, Chauffée d'Antin près le boulevart.

M. le Baron de Thun, Miniftre Plénipotentiaire du *Duc de Wirtemberg*, chauffée d'Antin.

M. le Baron de Boden, Miniftre Plénipotentiaire du *Landegrave de Heffe Caffel*, rue . . . . , ou à Chaillot.

M. l'Abbé Contry, Miniftre du *Duc de Modène*, rue de Séve, vis-à-vis l'Abbaye-aux-Bois.

M. l'Abbé de Raze, Miniftre du *Prince Evêque de Bâle*, rue des Filles Saint Thomas, au coin de la rue de Richelieu.

M. D'Arget, Miniftre du *Prince Evêque de Liege, &, du Prince Evêque de Spire*, rue Vivienne.

M. Wolff, chargé des Affaires de l'*Electeur de Treves*, rue neuve des petits Champs, au coin de la rue Saint Roch.

M. Dageville, chargé des Affaires du *Prince de Naffau-Saarbruck*, cour du vieux Louvre.

M. D'Hugier, Agent des *Villes Anféatiques*, rue Saint Thomas du Louvre.

Introducteurs des Ambaffadeurs.

M. de Lalive de la Briche, rue de la Villévêque, *Semeftre de Janvier*.

M. Tolozan, rue du grand Chantier au Marais, *Semeftre de Juillet*.

Secrétaire ordinaire du Roi pour la conduite des Ambaffadeurs.

M. de Séqueville, rue Saint Honoré, vis-à-vis la rue Saint Florentin.

MAISON DU ROI.

CHAPELLE.

Grand Aumônier.

1777 M. Le Prince Louis Rohan de Guémené.

Premier Aumônier.

1764 M. l'Evêque de Senlis.

Aumônier ordinaire.

1776 Le Conu de Baliviere.

Maître de l'Oratoire.

1769 M. l'Abbé de Cefarge.
1764 M. l'Abbé Maudoux, *Confesseur.*

Aumôniers par quartier, Messieurs,

Les Abbés de Narbonne-Lara, de Gain de Montaignac, de Castelnau d'Albignac, de Beaumont, Moreton de Chabrillant, de Vesins, de Castelanne, & de Vintimille
M. . . . . , *Chapelain ordinaire.*

Chapelains par quartiers, Messieurs.

L'Abbé Busnel.	L'Abbé Beranger.
L'Abbé du Pujet.	L'Abbé de Blanchemain.
L'Abbé Frottier.	L'Abbé Clédat des Mazeaux.
L'Abbé Oroux.	L'Abbé Dupont de Compiegne.

Grand-Maître.

1740 M. le Prince de Condé.
1770 M. le Duc de Bourbon, *en survivance.*

Grand Chambellan.

1775 M. le Prince de Rohan Guémené.
1771 M. le Duc de Bouillon *en survivance.*

Premiers Gentilshommes de la Chambre.

1723 M. le Duc d'Aumont, *d'année en* 1778.
1762 M. le Duc de Villequier, *en survivance.*
1741 M. le Duc de Fleury.
1744 M. le Maréchal Duc de Richelieu.
1756 M. le Duc de Fronfac, *en survivance.*
1757 M. le Maréchal Duc de Duras.

Grand-Maître de la Garderobe.

1758 M. le Duc d'Estissac.
1768 M. le Duc de Liancourt, *en survivance.*

Maîtres de la Garderobe.

1760 M. le Comte de Boifgelin.
1773 M. le Marquis de Chauvelin.

Capitaines des Gardes du Corps.

1759 M. le Duc d'Ayen.   } Quartier de
                                          Janvier.

1757 M. le Prince de Beauvau.   } Avril.
1774 M. le Prince de Poix, *en furvivance.*
1758 M. le Duc de Villeroy.   Juillet.
1764 M. le Prince de Tingry.   } Octobre.
1767 M. le Chev. de Luxembourg, *en furvivance.* }

Capitaine-Colonel des Cent-Suiffes.

1734 M. le Marquis de Courtenvaux.
1766 M. le Duc de Coffé, *en furvivance.*

Grand Ecuyer.

1761 M. le Prince de Lambefc.

Premier Ecuyer.

1774 M. le Duc de Coigny.
1773 M. Malbec de Montjoc, Marquis de Briges, *Premier Ecuyer en la grande Ecurie.*
1765 M. le Marquis d'Heudreville, *Ecuyer ordinaire du Roi.*

Premier Pannetier.

1732 M. le Maréchal Duc de Briffac.

Premier Echanfon.

1756 M. le Marquis de Verneuil.

Premier Tranchant.

1720 M. le Marquis de la Chenaye.

Grand Véneur.

1737 M. le Duc de Penthiévre.

Grand Fauconnier.

1748 M. le Duc de la Valliere.
1765 M. le Marquis d'Entrague, *en furvivance.*

Grand Louvetier.

1753 M. le Comte de Flamarens.

Grand Maréchal des Logis.

1771 M. le Marquis de la Suze.
1775 M. d'Alhiaud, Baron d'Entrechaux, *Capitaine général des Guides des Camps & Armées du Roi.*

Grand Prévôt.

1719 M. le Marquis de Sourches.
1770 M. le Marquis de Tourzel, *en furvivance.*

Premier Maître d'Hôtel.

1769 M. le Comte d'Efcars.

Maître d'Hôtel ordinaire.

17.... M. le Marquis de Montdragon.

Capitaine des Gardes de la Porte du Roi.

1777 M. le Marquis de Sablé.

Capitaine-Lieutenant des Gendarmes de la Garde.

1734 M. le Maréchal Prince de Soubife.
1767 M. le Prince de Rohan-Guémené, *en furvivance.*

Capitaine-Lieutenant des Chevau-Légers de la Garde.

1769 M. le Duc d'Aiguillon.

Colonel des Gardes Françoifes.

1745 M. le Maréchal Duc de Biron.

Colonel Général des Suiffes & Grifons, voy. COLONELS GÉN.

Grand-Maître des Cérémonies.

1754 M. le Marquis de Dreux.

Maître des Cérémonies.

17.... M. Defgranges.
1758 M. Lalleman de Nantouillet, *en furvivance.*
1767 M. Urbain de Watronville, *Aide des Cérémonies.*
1760 M. Bronod de la Haye, Chevalier, *Roi d'Armes de France.*

Secrétaires de la Chambre & du Cabinet.

1768 M. de Palerme.
1771 M. le Clerc.
1771 M. le Clerc des Sept-Chefnes, *en furviv.*

1769 M. Darboulin.
1772 M. de Bougainville, *en furvivance.*
1772 M. Marye.

Lecteurs de la Chambre & du Cabinet.

1768 M. Chalut de Verin.
M. Chalut fon frere, *en furvivance.*

1769 M. de Senac.
1775 M. de Vaines.

M. Paillaffon,
1777 M. Rochon, } *Ecrivains du Cabinet.*

MAISON DE LA REINE.

CHEF DU CONSEIL ET SURINTENDANTE.

1775 MADAME la Princeſſe de LAMBALLE.

Dame d'Honneur.

1775 Madame la Princeſſe de Chimay.

Dame d'Atours.

1775 Madame la Ducheſſe de Mailly.

Dames du Palais.

1750 Madame la Marquiſe de Talleyrand.
1751 Madame la Comteſſe de Grammont.
1759 Madame la Comteſſe de Tavannes.
1763 Madame la Comteſſe d'Adhémar.
1766 Madame la Ducheſſe de Chaulnes.
1767 Madame la Ducheſſe de Duras.
1770 Madame la Marquiſe de Tonnerre.
1770 Madame la Ducheſſe de Beauvilliers.
1770 Madame la Ducheſſe de Choiſeul.
1771 Madame la Ducheſſe de Luxembourg.
1775 Madame la Ducheſſe de Luynes.
1775 Madame la Marquiſe de la Roche-Aymon.

CHAPELLE.

Grand Aumônier.

1774 M. l'Evêque de Chartres, Commandeur de l'Ordre du Saint-Eſprit.

Premier Aumônier.

1774 M. l'Evêque Duc de Laon.

Aumônier ordinaire.

1775 M. l'Abbé du Chaylard.
1770 M. l'Abbé Maudoux, *Confeſſeur.*
1775 M. l'Abbé Duchatel, *avec brevet de conſervation des honneurs du ſervice d'Aumônier ordinaire.*

Aumôniers par quartier.

1763 M. l'Abbé du Chillo.
1771 M. l'Abbé de Fontanges.

1775 M. l'Abbé Mouſtier de Mérinville.
1776 M. l'Abbé de Coucy.

Chevalier d'honneur.

1755 M. le Comte de Saulx-Tavannes, Lieutenant-Général des Armées du Roi, Chevalier des Ordres de Sa Majesté.

1771 M. le Comte de Tavannes, Brigadier des Armées du Roi, *en survivance.*

Premier Écuyer.

1742 M. le Comte de Teffé, Grand d'Espagne & Chevalier des Ordres de Sa Majesté.

1776 M. le Comte de Polignac, *en survivance.*

1775 M. de Genouilly, *Écuyer Commandant.*

1775 M. de Salvert, *Écuyer Cavalcadour.*

Écuyer ordinaire.

1774 M. Petit de Vievigne.

M. Fournier de la Chateigneraye, *a confervé les honneus du fervice.*

Écuyers par quartier, Meffieurs.

1771 De Vallans.	1775 De Billy.
1772 De Folny.	1775 De Parny des Falines.

Meffieurs Defains & de Langle, *ont confervé les honneurs du fervice.*

Premier Maître d'Hôtel.

1763 M. le Vicomte de Talaru.

17.. M. le Marquis de Talaru, *en survivance.*

Maître d'Hôtel ordinaire.

1763 M. de Chalut, Maréchal des Camps & Armées du Roi.

1767 M. Chalut de Verin, *en survivance.*

Contrôleurs Généraux par Semestre.

1750 M. Mercier de Saint-Vigor.

1750 M. Mercier de la Source.

Maître de la Garderobe.

1777 M. Poujaud.

1771 M. de la Morliere fils, *honoraire.*

Lecteur.

1774 M. l'Abbé de Vermond.

Bibliothécaire.

1774 M. Moreau, Historiographe de France.

1775 M. Despriez, Secrétaire de la Surintendance.

1775 M. de Meroger, Commis du Sécrétariat des Commande-mens de la Reine, *chargé du renvoi* des placets préfentés à Sa Majeſté.

CONSEIL DE LA REINE.

CHEF DU CONSEIL ET SURINTENDANTE.

1775 MADAME la Princeffe de LAMBALLE.

Chancelier.

1775 M. le Marquis de Paulmy, Miniftre d'Etat, à l'Arfenal.

Surintendant des Finances, Domaines & Affaires.

1775 M. Bertier, Intendant de la Généralité de Paris, rue de Vendôme.

17.. M. le Preftre de Châteaugiron, honoraire, rue du Parc Royal.

Secrétaires des Commandemens.

1771 M. Le Clerc, fils, rue Poiffonniere, pour, les années paires.

1771 M. Le Clerc, pere, en furvivance, rue de Grammont.

1777 M. Augeard, boulevart Montmartre, pour les années impaires.

1771 M. de Montullé, honoraire, rue du Cherchemidi.

1777 M. Lalive de la Briche, honoraire, rue de la Villévêque.

1772 M. Pauly, Secrétaire ordinaire.

Intendant de la Maifon & Général des Finances.

1770 M. Gabriel de Saint-Charles.

Tréforier Général.

1766 M. Randon de Latour, au Garde-Meuble, place de Louis XV.

Maîtres des Requêtes.

1774 M. Tiquet, à Péronne.

1774 M. Defprés, rue neuve des Capucines.

1774 M. Brunet, rue Coqüilliere.

1774 M. Limanton, rue Pavée Saint André.

1774 M. Mayou d'Aunoy, Procureur Général, rue Bardubec.

1774 M. Lelarge, Avocat Général, rue des grands Auguftins.

Secrétaires du Confeil & des Finances.

1774 M. Ferès, } à Verfailles.
1774 M. Thibaud, }

1766 M. Moët, Secrétaire Interprete, à Verfailles, rüe Dauphine.

1750 M. de Bernage de Saint-Illiers, Garde des Livres & Papiers du Confeil, à Verfailles.

1760 M. Henry, Agent & Solliciteur des Affaires, quai de la Tournelle.

1768 M. Lemaire, Chauffe-Cire.

1774 M. Chaffeloup de la Motte, Huiffier du Confeil.

MAISON DE MONSIEUR.

Premier Aumônier.

1771 **M.** L'ancien Evêque de Limoges, Commandeur de l'Ordre du Saint-Esprit, ayant la feuille des bénéfices de l'apanage du Prince.

1771 M. l'Evêque de Sées, *en survivance.*

1771 M. l'Abbé d'Archiac de Saint-Simon, *Maître de l'Oratoire.*

1771 M. l'Abbé de Cusaque, *Aumônier ordinaire.*

Aumôniers par quartier. Messieurs.

1771 Les Abbés de Pradel, de Reclesne de Lyonnes, Carbonnieres de Saint-Brice, & de Besplas.

1771 M. l'Abbé Maudoux, *Confesseur.*

Chapelain ordinaire.

1771 M. l'Abbé Girard, *Secrétaire de la feuille des Bénéfices de l'Apanage du Prince.*

1771 M. l'Abbé de Ballias, *en survivance.*

Premiers Gentilshommes de la Chambre.

1771 M. le Duc de Laval.

1771 M. le Vicomte de Laval, son fils, *en survivance.*

17... M. le Marquis de Noailles.

Gentilshommes d'Honneur.

1771 M. le Vicomte de Virieu.

1771 M. le Marquis de Montbel.

1771 M. le Vicomte de Bernis.

1771 M. le Marquis de la Châtre.

1771 M. le Comte du Lau.

1771 M. le Comte de Sparre.

1771 M. le Comte de Modène.

1771 M. le Marquis de Fumel.

1771 M. le Marquis de Donnissan.

1771 M. le Chevalier de Cossé.

1777 M. le Comte de Damas.

Premiers Chambellans.

1771 M. le Comte d'Ourches.

17.... M. le Comte d'Ourches, fils, *en survivance.*

17.... M. le Marquis de d'Abos.

Gentilshommes de la Chambre.

1771 M. le Comte de Manasdau.

1771 M. Hay de la Rairie.

17.... M. le Comte de Mesnard.

1771 M. de la Porte du Theil.

1771 M. le Comte de Bruet.

1771 M. le Marquis de la Tafte.

1771 M. le Chevalier de Brachet.

1771 M. de Cargouet.

Maîtres de la Garderobe.

1771 M. le Comte de Crenay.
1771 M. le Marquis d'Avaray.

Premier Maître d'Hôtel.

17.... M. le Marquis de Sinetty.

17.... M. le Marquis du Muy ,
17.... M. le Marquis de Créqui ,   } *exercent par Commiſſion*

Premier Ecuyer.

1771 M. le Marquis de Montefquiou.

Premier Marechal des Logis.

17.... M. le Baron de Pont-Labbé.
1771, M. le Chevalier Mefnard de Clefles ; *Honoraire.*

Capitaines des Gardes du Corps.

1771 M. le Marquis de Levis.
1771 M. le Comte de Chabrillant.

Capitaine-Colonel des Suiffes de la Garde.

1777 M. le Prince de Saint Mauvis.
1771 M. le Prince de Montbarey , *en furvivance.*

Capitaine des Gardes de la Porte.

• 1777 M. le Comte de Mefnard.

Premier Véneur , & Confervateur Général des Chaffes des Forêt de l'Apanage.

17.... M. le Comte de Bottel-Quintin.

Premier Fauconnier & Chef des Oifeaux du Cabinet.

17.... M. le Baron de Cadignan.

Capitaine des Levrettes de la Chambre.

17.... M. le Comte Collier de la Marliere.

Capitaine des Chaffes , & Confervateur général des Chaffes des Plaines de l'Apanage.

1771 M. le Marquis de Gauville.

Tréforier Général de la Maifon Militaire

1774 M. Rouffel, vieille rue du Temple.

Commiffaire des Guerres , à la nomination de MONSIEUR.

1774 M. de Rouffiere, Ordonnateur employé dans la géné ralité de Paris.

B A S T I M E N S.

1771 *Sur-Intendant,* M. Cromot du Bourg, Confeiller d'Etat

1777 M. Valdec de Leſſart, Maître des Requêtes, *adjoint*, rue du Sentier.

Premier Architecte & Intendant, M. Chalgrin, rue neuve des Petits-Champs.

1775 *Contrôleur des Bâtimens & Jardins*, M. Bourgeois de Saint-Pierre, rue de la Harpe.

17.... M. de Paris, *Expert ordinaire & Vérificateur*, rue du Hazard, Richelieu.

1771 M. l'Abbé Pichon, Hiſtoriographe, rue de la Harpe.

CONSEIL DE MONSIEUR.

Chancelier Garde des Sceaux , Chef du Conſeil.

M D'Orceau, Baron de Fontette, Marquis de Tilly d'Orceau, Conſeiller d'État, Maître des Requêtes Honoraire, rue de Bourbon, près la rue de Bellechaſſe, Fauxbourg Saint Germain.

Surintendant des Finances, Bâtimens, Arts & Jardins.

M. de Cromot du Bourg, Conſeiller d'Etat, rue Cadet.

M. Valdec de Leſſart, Maître des Requêtes, rue du Sentier, *adjoint.*

Secrétaires des Commandemens, Maiſon, Domaines & Finances, & du Cabinet.

M. Girard du Mesjan, rue Saint Marc. ⎫ Leur bureau chez M. du
M. Taillepied de la Garenne, rue de ⎬ Mesjean.
Richelieu, près le Boulevart. ⎭

Premier Conſeiller.

M. Moreau , Hiſtoriographe de France , place Vendôme.

Contrôleur Général des Finances.

M. de Petigny, rue neuve des Petits-Champs, près la rue d'Antin, *ou* en Cour.

Intendans des Maiſon, Domaines & Finances.

M. Gerbier de la Maſſilaye, quai des Théatins.

M. Gamard, rue des Barres.

M. Racine, au pavillon des quatre Nations.

Intendant, Contrôleur Général de l'Argenterie, Menus-Plaiſirs & Affaires de la Chambre, Ecurie & Garderobes.

M. Papillon de la Ferté, rue Bergere.

M. Papillon d'Auteroche, *en ſurvivance*, rue Bergere.

Conseillers.

M. Charlier, rue des Mauvaises Paroles.

M. de Querbeuf, rue de Bourbon Villeneuve, au coin de la rue Saint Philippe.

M. Boudot, rue de la Tisseranderie.

M. Petigny de Saint Romain, rue Traisnée.

M. Anneix de Souvenel, rue Saint Joseph, *surnuméraire.*

Maîtres des Requêtes.

M. Anneix de Souvenel, rue Saint Joseph.

M. Beasse de la Brosse, rue Royale, porte Saint Honoré.

M. de Sibas.

M. Brodon, rue Saint André des Arts, vis-à-vis la rue Mâcon.

M. l'Abbé de Limon, rue & porte Saint Honoré.

M. Malafait, rue Coquillière.

M. l'Abbé Bouiffet, Chanoine de Bayeux, rue de Bourbon, Fauxbourg Saint Germain.

M. Dufour, rue des Juifs.

M. L'Abbé Grellet, à Versailles.

Procureur Général.

M. Loyseau de Berenger, place Vendôme.

Avocat Général.

M. Guichard, rue de la Verrerie, près celle de Mouffy.

Avocat au Conseil Privé.

M. Dubois Martin, rue de Savoie.

Avocats Consultans.

M. Target, rue Sainte Croix de la Bretonnerie.

M. Laget-Bardelin, rue de la Harpe, vis-à-vis la rue des Cordeliers.

M. Ferey, cloître Notre-Dame.

Avocat au Parlement.

M. l'Abbé Rat de Mondon, au Collége Royal.

Procureur au Parlement.

M. Dorival, rue de Savoie.

Procureur à la Chambre des Comptes.

M. Loliée, rue du Temple, au coin de la rue de Montmorency.

Secrétaires du Conseil.

M. Boizard, chez M. de Fontette.

M. de Bard, rue de Beauregard.

Audiencier Garde des Rôles de la Chancellerie.

M. Moët, à Versailles, rue Dauphine; *à Paris*, chez M. de Fontette.

Agent des Affaires.

M. Harisson de Gomery, cour des Jacobins de la rue Saint Honoré.

Garde des Archives.

M. Brenier, au Luxembourg.

Chauffe-cire.

M. le Maire, rue & près la porte Saint Honoré.
M. le Ligois, *par commission*, chez M. de Fontette.

Huissiers du Conseil.

M. Courterot.
M. Colin.
M. le Ligois, *par commission.*

MAISON DE MADAME.

Premier Aumônier.

M. L'Abbé de Mostuejouls.

Aumônier ordinaire.

M. l'Abbé de Poudens.
M. l'Abbé de Florance, *en survivance.*
M. l'Abbé Bergier, *Confesseur.*

Aumôniers par quartier.

Messieurs les Abbés de Siougeat, de Murat, de Noguez, & de Maillan.
M. l'Abbé de Scullemberg, Commandeur de l'Ordre de Saint Lazare, *honoraire.*

Dame d'Honneur.

Madame la Duchesse de la Vauguyon.

Dame d'Atours.

Madame la Duchesse de Lesparre.

Dames pour accompagner MADAME.

Madame la Comtesse du Roure.
Madame la Marquise de Pons.
Madame la Comtesse de Beaumont.
Madame la Comtesse d'Hautefort.
Madame la Marquise de Rozen.
Madame la Comtesse de la Tour-d'Auvergne.
Madame la Vicomtesse de Narbonne-Pelet.

Madame la Ducheſſe de Caylus.
Madame la Marquiſe de Simiane.
Madame la Comteſſe de Raſtignac.

Chevalier d'Honneur.

M. le Marquis de Berenger.

Premier Ecuyer.

M. le Marquis de Neſle.
M. le Vicomte de Mailly, *en ſurvivance.*
M. le Comte de Courcy, *Ecuyer ordinaire.*

Premier Maître d'Hôtel.

M. le Marquis de Créquy

Maître de la Garderobe.

M. Gabriel, fils.
M. Gabriel, *en ſurvivance.*

Secrétaires des Commandemens.

M. Boula de Nanteuil, rue neuve Saint Auguſtin , au coin
de celle de Grammont.
M. Paſquier, rue de Richelieu, vis-à-vis la Fontaine.

Secrétaire ordinaire.

M. Ducheſne, rue des quatre Fils , au Marais.

Intendant de la Maiſon & Général des Finances.

M. de Marcilly, rue neuve des Bons-Enfans.
M. Dujardin de Ruzé, *honoraire*, rue de Cléry.

Tréſorier Général.

M. Chalut de Verin.
M. Chalut ſon frere, *en ſurvivance.*

Contrôleur Général de la Maiſon.

M. Randon de la Tour. M. Dufreſne de Saint-Cergue, *en ſur-*
vivance , rue Royale, place de Louis XV.

MAISON

DE MONSEIGNEUR LE COMTE D'ARTOIS.

Premier Aumônier.

M. L'Abbé Gaſton, ayant la feuille des Bénéfices de l'A-
panage du Prince.

Maître de l'Oratoire.

M. l'Abbé de Mouchet de Villedieu.

Aumônier ordinaire.

M. l'Abbé de Chabans.

Aumôniers

Aumoniers par quartier, Messieurs,

Les Abbés de Montault, Gaston de Pollier, de Sinety, de Saint-Didier.

M. l'Abbé Maudoux, *Confesseur.*

Chapelain ordinaire.

M. l'Abbé de Cledat, Sécretaire de la feuille des Bénéfices.

Premiers Gentilshommes de la Chambre.

M. le Comte de Bourbon-Buffet.
M. le Comte de Maillé.

Gentilshommes d'Honneur.

M. le Vte de la Roche-Aymon. M. le Comte de Gain de Montaignac.
M. le Comte d'Avaut.
M. le Marquis de Sainte-Her- M. le Comte de Harville.
  mine. M. le Chevalier de Chaftenay.
M. le Chevalier d'Efcars. M. le Baron de Coëtlofquet.
M. le Vicomte de la Charce. M. le Comte Edouart Dillon.
M. le Comte de St Chamans. M. le Comte de Chambors.

Premiers Chambellans.

M. le Chevalier de la Billarderie.
M. le Marquis de Gerbeviller.

Gentilshommes de la Chambre.

M. le Chevalier de Saillet. M. le Chevalier du Coudray.

Maîtres de la Garderobe.

M. le Comte de Thianges.
M. le Marquis de Tourdonnet.

Premier Maître d'Hôtel.

M. le Comte de Fougieres.

Premier Ecuyer.

M. le Marquis de Polignac.
M. le Marquis de Saint Hermine, *en furvivance.*

Premier Maréchal des Logis.

M. le Marquis de Perfan.
M. de Neuilly, *honoraire.*

Capitaines des Gardes du Corps.

M. le Prince d'Henin.
M. le Chevalier de Cruffol.

Capitaine-Colonel des Suiffes.

M. le Chevalier de Monteil.
M. le Chevalier de la Billarderie, *en furvivance.*

Capitaine des Gardes de la Porte.

M. le Marquis de la Muzanchere.

Premier Fauconnier & Chef des Oiseaux du Cabinet.

M. le Baron de Castelnau.

Premier Véneur.

M. le Marquis du Hallay, ci-devant premiere Enseigne de la seconde compagnie des Mousquetaires.

Capitaine des chasses de l'apanage & Conservateur général des plaines & forêts de l'Angoumois, & des domaines de Champagne.

M. le Baron de Courville.

Capitaine des Levrettes de la Chambre.

M. le Vicomte de Saint Germain.

Introducteur des Ambassadeurs.

M. Clédat-d'Auriol, à la Cour.

Commissaire des Guerres de la Maison Militaire.

M. Olivier.

CONSEIL DE LA MAISON ET FINANCES
DE MONSEIGNEUR LE COMTE D'ARTOIS.

Chancelier Garde des Sceaux Chef du Conseil,

1773 M. Bastard, Conseiller d'Etat, rue Montmartre, au coin de celle du Croissant.

Surintendant des Finances, Bâtimens, Arts, Manufactures, Jardins & Garde-Meubles.

1776 M. Radix de Sainte Foix, rue de Richelieu, près le Boulevart.

Secrétaires des Commandemens, Maison, Finances & Cabinet.

1773 M. Laurent de Villedeuil, place Royale.
1774 M. de Blosseville, rue des Saints Peres.

Premier Conseiller du Conseil.

1773 M. de Montcrif, rue Porte-Foin.

Contrôleur Général des Finances.

1773 M. Guyon de Frémont, à la place des quatre Nations.

Intendant des Finances.

1773 M. Danjou, rue Pavée Saint-André-des-Arts.

1777 M. Beugnet, *survivancier & adjoint*, ayant l'exercice, rue Saint Nicaise.

1773 M. de Chéveru, rue de Paradis, au Marais.

1773 M. Élie de Beaumont, rue de Bracq, au Marais.

Trésorier Général.

1773 M. Nogaret, rue des Fossés Montmartre.

Intendant, Contrôleur général de l'Argenterie, Menus-Plaisirs & Affaires de la Chambre, Ecurie & Garde-Meubles.

1773 M. Papillon de la Ferté, rue Bergere.

1773 M. Papillon d'Autroche, *en survivance*, rue Bergere.

Conseillers du Conseil.

1773 M. Delaune, rue Saint André, vis à-vis la rue des Augustins.

1773 M. Doillot, rue des Maçons.

1773 M. Rousselot, rue de Touraine, Fauxbourg Saint Germain, près les Cordeliers.

1773 M. Bourboulon, rue de Richelieu.

1773 M. Ballias de Laubarede, rue de Grammont, près celle de Menars.

Procureur Général.

1773 M. Silvestre, à Versailles.

Avocat Général.

1773 M. Charbonnier de la Robole, rue de la Vrilliere.

1777 Charbonnier de Merveille, *en surviv.* même demeure.

Substituts du Procureur Général.

1773 M. Havard, rue Comtesse d'Artois.

1774 M. Charlier.

Maîtres des Requêtes.

1774 M. Andrault, à Riom.

1774 M. de Chabrol, à Riom.

1774 M. Imbert de Treméolles, ...

1775 M. Filhol, rue Notre-Dame des Victoires.

1776 M. Carlier, rue & île Saint Louis.

1776 M. l'Abbé Romet, rue du cimetiere Saint André.

1777 M. Gobaut de Crignelle, porte Saint Bernard.

1777 M. Caminade de Castres, rue de la Sourdiere, *en survivance.*

1777 M. de la Place, à Pontorson.

Secrétaires du Conseil.

1773 M. Gobet, rue Saint Julien le Pauvre.

1774 M. Bourdin, à Versailles.

Secrétaire des Finances ayant les deux Charges

1774 M. De Souches, rue Vivienne.

Audiencier, Garde des Rôles de la Chancellerie.

1773 M. Vigoureux, rue d'Anjou, fauxbourg Saint Honoré.

Agent des Affaires, & Garde des Archives.

1773 M. de la Sabloniere, rue des deux Portes Saint Severin.
1776 M. Pyron, *Agent des Affaires, en survivance & en exercice,* rue Sainte Apolline.
1776 M. Beckevelt, *Gardes des Archives, en survivance, & ayant l'exercice,* chez M. Baſtard.

Avocat Conſultant.

1774 M. Carré de Saint-Pierre, rue des Foſſés de M. le Prince.

Avocat ès Conſeils.

1774 M. Perin, rue de Grammont.
1774 M. Baſly, Procureur au Parlement, rue des Maçons.

Procureur à la Chambre des Comptes.

1774 M. Hullin de Boiſchevalier, rue Sainte Croix de la Bretonnerie.

Chauffe-Cire.

1773 M. Lapart, chez M. Baſtard.

Huiſſiers du Conſeil & de la Chancellerie.

1773 M. Guyot de Laval, rue Saint Thomas du Louvre.
1773 M. Lapart, rue Montmartre, chez M. Baſtard.

Intendant des Domaines & Bois.

1777 M. Pyron, rue Sainte Apolline.

Secrétaires ordinaires.

17.... M. l'Abbé Gauzargue, à Verſailles.
17.... M. Bourboulon, rue de Richelieu
17.... M. l'Abbé de Prades, *Secrétaire interprête,* rue Montmartre.

Bâtimens.

1776 M. Radix de Sainte Foix, *Surintendant.*
1777 M. Chalgrin, *Intendant,* rue neuve des petits Champs.
1777 M. Bellanger, *Premier Architecte.*
17.... M. Moreau, *Contrôleur.*

MAISON
DE MADAME LA COMTESSE D'ARTOIS.

Premier Aumônier.

M. l'Evêque de Bayeux.

Aumônier ordinaire.

M. de Valory.

Aumôniers par quartier, Messieurs,

Le Breton de Ranfanne.   Le Comte.
Calas de Pradine.   Dupleix de Cadignan.

.M. l'Abbé Bergier, *Confesseur.*

Dame d'Honneur.
Madame la Duchesse de Lorges.

Dame d'Atours.
Madame la Comtesse de Bourbon-Buffet.

Dames pour accompagner Madame la COMTESSE D'ARTOIS.
Madame la Marquise d'Havarey.
Madame la Comtesse d'Harville.
Madame la Marquise de Montmorin.
Madame la Marquise de Crenay.
Madame la Comtesse d'Efterno.
Madame la Marquise de Trans.
Madame la Comtesse de Fougieres.
Madame la Marquise de Montbel.
Madame la Marquise de Roncé.
Madame la Comtesse de Polignac.
Madame la Comtesse de la Fare.

Chevalier d'Honneur.
M. le Comte de Vintimille.

Premier Ecuyer.
M. le Marquis de Chabrillant.

Ecuyer ordinaire.
M. de Larbouft.

Premier Maître d'Hôtel.
M. le Comte de Montbel.
M. le Marquis de Montbel, *en survivance.*

Maître de la Garderobe.
M. Campan, pere.
M. Campan, fils, *en survivance.*

Secrétaire des Commandemens.
M. Mefnard de Conichard, à Paris, rue Feydeau; à Verfailles, rue Satory.
M. Mouftelon, à Paris, rue neuve des Bons Enfans, *en survivance l'un de l'autre.*

Secrétaire ordinaire.
M. le Canut, cour du Palais.

Intendant général de la Maison & Finances.
M. Herfant Deftouches, rue Saint Marc.

Tréforier Général.
M. Bourboulon, rue de Richelieu, vis-à-vis la rue Vildot.

Contrôleurs Généraux de la Maison.
M. de Flers.   M. Mercier.

MAISON
DE MADAME ÉLISABETH DE FRANCE.
GOUVERNANTE.

MADAME la Comteſſe de Marſan.
Madame la Princeſſe de Rohan-Guémené, *en ſurvivance.*

Sous-Gouvernantes.

Madame la Baronne de Makau.
Madame la Vicomteſſe d'Aumale.
Madame la Comteſſe de Soucy.

Dames pour accompagner MADAME.

Madame la Marquiſe de Sorans.
Madame la Vicomteſſe de Bourdeilles.
Madame la Marquiſe de Cauſans.
Madame la Comteſſe de Canillac.
Madame la Marquiſe de Chauſſincourt de Tilly.
Madame la Comteſſe de Melfort

M. l'Abbé Madier, *Confeſſeur.*

Ecuyer du Roi ſervant près MADAME.
M. de Poudenas.
M. Campan, pere, *Maître de la Garderobe.*

MAISON
DE MADAME ADÉLAIDE DE FRANCE.
CHAPELLE.

M. L'Evêque de Meaux, *Premier Aumônier.*
M. l'Abbé Grain de Saint-Marſault, *Aumônier ordinaire.*
M. l'Abbé Bergier, *Confeſſeur.*
Mrs les Abbés de Béon, de Pontevès, de Goyon & de la Corbiere de Juvigné, *Aumôniers par quartier.*

Dame d'Honneur.
1751 Madame la Ducheſſe de Beauvilliers.

Dame d'Atours.
1764 Madame la Comteſſe de Narbonne.

Dames pour accompagner MADAME.
1746 Madame la Marquiſe de Caſtries Douairiere.

1751 Madame la Marquife de Baffompierre.
1754 Madame la Marquife de Loftanges.
1755 Madame la Ducheffe de Beauvilliers.
1758 Madame la Comteffe de Chabannes.
1764 Madame la Comteffe de Sommyevre.
1768 Madame la Marquife de Fleury.
1768 Madame la Vicomteffe de Talaru.
1770 Madame la Marquife de Laval.
1771 Madame la Marquife de Flamarens.
1771 Madame la Vicomteffe de Narbonne.
1775 Madame la Marquife de Lefcure.

Chevalier d'Honneur.

M. le Baron de Montmorency, *Chevalier des Ordres du Roi.*

Premier Ecuyer.

M. le Comte de Chabannes, Brigadier des *Armées du Roi.*
M. le Chevalier de Vieuxcourt, *Ecuyer ordinaire.*

Secrétaire des Commandemens.

M. Mefnard de Chouzy, à Paris, rue de Grammont.

Secrétaire ordinaire du Cabinet.

M. Malouet, à Paris, place des Victoires.

MAISON
DE MADAME VICTOIRE DE FRANCE.

Premier Aumônier.

M. L'Evêque d'Evreux.
M. l'Abbé de Luberfac, *Aumônier ordinaire.*
M. l'Abbé Madier, *Confeffeur.*

Aumôniers par quartier.

M^{rs} les Abbés de Langle, de Lanfac, de Caqueray & de Trignan.

Dame d'Honneur.

1761 Madame la Ducheffe de Civrac.

Dame d'Atours.

1775 Madame la Marquife Donniffant.

Dames pour accompagner MADAME.

1750 Madame la Comteffe de Château-Regnauld.
1759 Madame la Princeffe de Chimay.
1760 Madame la Comteffe de Cucé-Boifgelin.
1760 Madame la Marquife de Caftelane.

M iiij

1765 Madame la Marquife de Mefmes.
1768 Madame la Princeffe de Gúiftel.
1772 Madame la Comteffe d'Albon.
1773 Madame la Comteffe de Chaftellux.
1776 Madame la Vicomteffe de Bernis.

Chevalier d'Honneur.

M. le Duc de Civrac.
M. le Gomte de Chaftellux, *en furvivance.*
M. le Comte de Béarn, *premier Ecuyer.*
M. le Comte de Braffac, fon fils, *en furvivance.*
M. de Montigny, *Ecuyer ordinaire.*

Secrétaire des Commandemens.

M. Mefnard de Chouzy, rue de Grammont.

Secrétaire ordinaire de Mefdames Victoire & Sophie.

1777 M. le Blond.

MAISON
DE MADAME SOPHIE DE FRANCE.

Premier Aumônier.

M. L'Évêque de Tréguier.
M. l'Abbé de Monfrabeuf, *Aumônier ordinaire.*
  M. l'Abbé Madier, *Confeffeur.*

Aumôniers par quartier.

M[rs] les Abbés Duranti-Lironcourt, Evêque de Béthléem, de Royere, d'Agouft & de la Tour.

Dame d'Honneur.

Madame la Comteffe de Bufançois.

Dame d'Atours.

Madame la Comteffe de Montmorin.

Dames pour accompagner MADAME.

Madame la Marquife de Riantz.
Madame la Comteffe de Saluces.
Madame la Comteffe de Laftic.
Madame la Comteffe de Berchény.
Madame la Vicomteffe de Merinville.
Madame la Comteffe de Bourfonne.
Madame la Comteffe des Écotais.
Madame la Marquife de Ganges.
Madame la Marquife de Pracontal.

Chevalier d'Honneur.

M. le Marquis de Caftelane, Maréchal de Camp.
M. le Chevalier de Talleyrand, Brigadier des Armées du Roi,
premier Ecuyer.
M. de Sariac, *Ecuyer ordinaire.*

Secrétaire des Commandemens.

M. Mefnard de Chouzy, rue de Grammont.

Secrétaire ordinaire.

1777 M. Collet.

MAISON DE Mgr. LE DUC D'ORLÉANS

CONSEIL DE LA MAISON ET FINANCES.

Chancelier-Garde des Sceaux, Chef du Confeil, & Surintendant des Maifon, Finances & Bâtimens.

1757 M. l'Abbé de Breteuil, Bailli, Grand-Croix de l'Ordre de Malte, Abbé de la Charité, de Saint Eloy de Noyon & de N. D. de Livry, & Prieur de St Martin des Champs à Paris, rᵉ St Honoré, pˢ l'Affomption.

Secrétaires des Commandemens & du Cabinet.

M. de Tiliere, rue Saint André des Arts.
M. Lemoyne de Bellifle, au Palais Royal.

Surnuméraires.

M. de Mary, *Secrétaire général du Gouvernement de Dauphiné;* au Palais Royal.
M. Fontaine, Secrétaire général du Gouvernement de Poitou, au Palais Royal.

Contrôleur Général des Finances.

M. de Tiliere, rue Saint André des Arts.

Intendans des Finances.

Mʳˢ { Pitoin, au Palais Royal.
Taffin de Villepion, au Palais Royal.
Defroys, au Palais Royal.

Tréforier général.

M. Loyfeau de Berenger, Place de Vendôme.

Confeillers du Confeil, Meffieurs,

Du Verne, quai & à côté des Théatins.
D'Outremont, rue Bourtibourg, ancien hôtel d'Argouges.
Formé, rue de l'Obfervance, vis-à-vis les Cordeliers.

Secrétaire du Confeil, & Garde des Archives.

M. Dardenne, au Palais Royal.
M. Portien, *Secrétaire du Confeil*, rue neuve Saint Gilles, vis-à-vis les Minimes.

Audiencier Garde des Rôles de la Chancellerie.

M. Cefvin, rue Hyacinthe, porte Saint Michel, près la place.

Agent des Affaires.

M. de Rebergues, Avocat au Parlement, rue des Poulies, Hôtel de Conti.

Chauffe-Cire.

M. Goux, à la Chancellerie, ou à Chaillot.

Huiſſiers de la Chancellerie.

Mᶜ Devoitine, *ſemeſtre de Janvier*, rue Saint Honoré, près l'Aſſomption.

M. Hatton, *ſemeſtre de Juillet*, rue Saint Honoré, près l'Aſſomption.

M. D'Houry, *Imprimeur-Libraire de M. le Duc d'Orléans*, rue de la vieille Bouclerie, près le pont Sᵗ Michel.

CONSEILS DU ROI.

CONSEIL D'ÉTAT.

LE ROI.

M. le Maréchal Prince de Soubife, Pair de France.

M. le Comte de Maurepas.

M. Bertin, & Secrétaire d'Etat.

M. de Sartine, Conſeiller d'Etat & Secrétaire d'Etat.

M. le Comte de Vergennes, & Secrétaire d'Etat.

Ce Conſeil ſe tient le Dimanche & le Mercredi.

CONSEIL DES DÉPÊCHES.

LE ROI.

M. le Garde des Sceaux.

M. le Maréchal Prince de Soubife, Pair de France, Miniſtre d'Etat.

M. le Comte de Maurepas, Miniſtre d'Etat.

M. d'Agueffeau, *Doyen du Conſeil*, Conſeiller d'Etat ordinaire, & au Conſeil des Dépêches, & au Conſeil Royal de Commerce.

M. Bertier de Sauvigny, Conſeiller d'Etat ordinaire, & au Conſeil des Dépêches.

M. Bertin, Miniſtre & Secrétaire d'Etat.

M. Joly de Fleury, Conſeiller d'Etat ordinaire, & au Conſeil des Dépêches, & au Conſeil Royal de Commerce.

M. de Sartine, Conseiller d'Etat, Ministre & Secrétaire d'Etat.
M. le Comte de Vergennes, Ministre & Secrétaire d'Etat.
M. Amelot, Secrétaire d'Etat.
M. Taboureau des Réaux, Conseiller d'Etat & ordinaire au Conseil des Dépêches, & au Conseil Royal.
M. le Prince de Montbarrey, Secrétaire d'Etat.
Ce Conseil se tient le Samedi.

CONSEIL ROYAL DES FINANCES.

LE ROI.

M. le Garde des Sceaux.
M. le Comte de Maurepas, Ministre d'Etat, & *Chef* du Conseil des Finances.
M. Chaumont de la Galaisiere, Conseiller d'Etat ordinaire, & au Conseil Royal.
M. Feydeau de Marville, Conseiller d'Etat ordinaire, & au Conseil Royal.
M. Moreau de Beaumont, Conseiller d'Etat ordinaire, & au Conseil Royal, & au Conseil Royal de Commerce.
M. de Boullongne, Conseiller d'Etat ordinaire, & au Conseil Royal.
M. Bertin, Ministre & Secrétaire d'Etat.
M. Boutin, Conseiller d'Etat, & ordinaire au Conseil Royal.
M. Taboureau des Réaux, Conseiller d'Etat, & ordinaire au Conseil des Dépêches, & au Conseil Royal.
Ce Conseil se tient le Mardi.

CONSEIL ROYAL DE COMMERCE.

LE ROI.

M. le Garde des Sceaux.
M. le Comte de Maurepas, Ministre d'Etat.
M. d'Aguesseau, *Doyen du Conseil*, Conseiller d'Etat ordinaire, & au Conseil des Dépêches, & au Conseil Royal de Commerce.
M. Moreau de Beaumont, Conseiller d'Etat ordinaire, & au Conseil Royal, & au Conseil Royal de Commerce.
M. Bertin, Ministre & Secrétaire d'Etat.
M. Joly de Fleury, Conseiller d'Etat ordinaire, & au Conseil des Dépêches, & au Conseil Royal de Commerce.
M. de Sartine, Conseiller d'Etat, Ministre & Secrétaire d'Etat.
M. Bouvart de Fourqueux, Conseiller d'Etat, & ordinaire au Conseil Royal de Commerce.
M. Amelot, Secrétaire d'Etat.
Ce Conseil se tient tous les quinze jours.

DÉPARTEMENS

DES SECRÉTAIRES D'ÉTAT.

M. BERTIN, *rue neuve des Capucines.*

Les Manufactures de Porcelaine. Les Harras & les Ecoles de Médecine vétérinaire. L'Agriculture & les Sociétés d'Agriculture. Les partages des Communaux. Les Canaux d'arrofement. Les Mines, leur conceffion & exploitation. Le Roulage. Les petites Poftes, leur établiffement, régie & adminiftration. Les Dépôts & Collections des Chartes, tant manufcrites qu'imprimées, & les travaux ordonnés en différens tems par le Roi à ce fujet. L'échange de la Principauté de Dombes & fes fuites, fes revenus & impofitions. Les Dons, Penfions, Brevets & Expéditions qui dépendent de fon Département.

PROVINCES ET GÉNÉRALITÉS.

La Guyenne haute & baffe, ce qui comprend les Intendances de Bordeaux, Aufch & Bayonne. La Normandie, qui comprend les Généralités de Rouën, Caen & Alençon, & la partie de la Province du Perche qui dépend de la Généralité d'Alençon. La Champagne, & la partie de la Brie qui dépend de la Généralité de Châlons. La Principauté de Dombes. La Ville & Généralité de Lyon. Le Berri.

M. DE SARTINE, *rue de Grammont.*

La Marine. Les Galeres. Toutes les Colonies Françoifes. Le Commerce des Indes. Les Ifles de France & de Bourbon, & tous les Etabliffemens François au-delà du Cap de Bonne-Efpérance. Les Pêches de la Molue, du Hareng, de la Baleine, & autres. Les Confulats. La Chambre de Commerce de Marfeille. Le Commerce maritime.

Les Penfions, Dons, Brevets & Expéditions qui dépendent de ces Départemens.

M. LE COMTE DE VERGENNES, *quai des Théatins, à* i *l'ancien Hôtel de Lautrec.*

Les Affaires Etrangeres, avec toutes les Penfions, Dons, Brevets & Expéditions qui en dépendent.

M. AMELOT, *rue de l'Univerſité.*

La Maiſon du Roi. Le Clergé. Les Affaires générales de la Religion Prétendue Réformée. L'Expédition de la Feuille des Bénéfices. Les Economats. Les Dons & Brevets, autres que des Officiers de Guerre, ou des Étrangers, pour les Provinces de ſon Département.

PROVINCES ET GÉNÉRALITÉS.

La Ville & la Généralité de Paris. Le Languedoc haut & bas, & la Généralité de Montauban. Provence. Bourgogne, Breſſe, Bugey, Valromey, & Gex. Bretagne. Le Comté de Foix. Navarre, Béarn, Bigorre & Nebouzan. Picardie & Boulonnois. La Généralité de Tours. L'Auvergne, qui comprend la Généralité de Riom. La Généralité de Moulins, qui comprend le Bourbonnois, le Nivernois, & la haute Marche. Limoges, qui comprend l'Angoumois & la baſſe Marche. Soiſſons. Orléans, avec la partie du Perche qui en dépend. Le Poitou, la Rochelle, qui comprend la Saintonge, le Pays d'Aunis, Brouage, les Iſles de Ré & d'Oléron.

M. LE PRINCE DE MONTBAREY, rue Saint Dominique, fauxbourg Saint Germain.

La Guerre. Le Taillon. Les Maréchauſſées. L'Artillerie. Le Génie. Les Fortifications de terre & de mer. Tous les Etats Majors, à l'exception des Gouverneurs Généraux, des Lieutenans Généraux, & des Lieutenans-de-Roi des Provinces qui ne ſont pas de ſon Département. Les Dons, Brevets, Penſions & Expéditions qui dépendent de ce Département.

PROVINCES ET GÉNÉRALITÉS.

Les trois Evêchés de Metz, Toul & Verdun. La Lorraine & le Barrois. L'Artois. La Flandre. Le Hainaut. L'Alſace. La Franche-Comté. Le Rouſſillon. Le Dauphiné. La ville de Sedan & dépendances. L'Iſle de Corſe.

DÉPARTEMENT DES FINANCES.

M. NECKER, *Directeur Général des Finances*, à l'hôtel du Contrôle Général, rue neuve des petits Champs. L'adminiſtration général des Finances.

Comité pour les affaires contentieuſes des Finances.

M. MOREAU DE BEAUMONT, *Conſeiller d'Etat ordinaire, & au Conſeil Royal des Finances, & au Conſeil Royal du Commerce, rue Vivienne.*

M. Bouvart de Fourqueux, *Conseiller d'Etat, & ordinaire au Conseil Royal de Commerce ; rue des Franc-Bourgeois au Marais.*

M. Dufour de Villeneuve, *Conseiller d'Etat, petite rue Saint Gilles, près le Boulevart.*

Détail de l'Administration des Finances.

M. de Boullongne, *Conseiller d'Etat ordinaire, & au Conseil Royal, rue Saint Honoré.*

Les Revenus & Dépenses des Villes, Bourgs, des Communautés d'Habitans, & des Hôpitaux. L'Etat des Gages, des Gouvernemens Municipaux. Les Ligues Suisses. La Distribution des Remedes qui se fait par ordre du Roi dans les Provinces, les Bureaux des Finances.

M. Dufour de Villeneuve, *Maître des Requêtes, quai d'Orléans, île Saint Louis.*

Les parties casuelles, l'exécution de l'Edit de Février 1771, concernant l'évaluation, le centieme denier annuel & les droits de survivance, & de mutation des Offices, la fixation des Finances de tous les Offices & les Affaires contentieuses qui y sont relatives.

M. Valdec de Lessart, *Maître des Requêtes, rue du Sentier.*

La liquidation de la Compagnie des Indes, les détails relatifs au commerce de l'Inde, les Monnoies, les Fermes Générales, les détails relatifs aux demandes des graces, & autres qui doivent être proposées au Roi à la fin de l'année.

M. de Bonnaire de Forges, *Maître des Requêtes, rue Vivienne.*

L'administration & la régie générale des Domaines & Bois, Eaux & Forêts, les états des Domaines, les états des Bois, les droits de contrôle des actes des Notaires. Insinuation & centieme denier, les droits de petit scel, le contrôle des exploits, la formule, les amortissemens, francs-fiefs, nouveaux acquêts & usages.

Pour le Commerce extérieur & Maritime.

M. de Sartine, Conseiller d'État, Ministre & Secrétaire d'État, *rue de Grammont.*

Les Isles Françoises de l'Amérique, & tout ce qui regarde l'Amérique. L'Isle de Gorée, & tous les Comptoirs établis sur les Côtes d'Afrique. Le Commerce des Ifles de France & de Bourbon, & des Indes Orientales. Les Pêches de la Molue, du Hareng, de la Baleine & autres.

Le Commerce de la Mer Méditerranée; ce qui comprend les Échelles du Levant & tous les États du Grand Seigneur, là Barbarie, les côtes d'Italie, & les côtes d'Efpagne dans la Mer Méditerranée. La Chambre de Commerce de Marfeillé. Le Commerce de la Hollande; le Commerce d'Angleterre, Écoffe & Irlande. Le Commerce de Suède, Danemarck, Hambourg, Dantzick & autres Pays du Nord dans la Baltique. Le Commerce de Ruffiè.

M. DE VILEVAULT, *Maître des Requêtes, rue Saint Marc.*

Le Commerce extérieur & maritime, & les affaires de l'intérieur qui lui font renvoyés.

---

†

Départemens de MM. les Intendans du Commerce, pour le Commerce de l'intérieur du Royaume, & extérieur par terre.

M. DE MONTARAN pere, *rue de Touraine, au Marais.*
M. DE MONTARAN fils, *rue du grand Chantier, au Marais.*
} *Maîtres des Requêtes, conjointement & en furvivance l'un de l'autre.*

La Généralité de Paris, à l'exception de la Ville. Le Rouffillon. Le Languedoc. La Provence. Le Dauphiné. L'Auvergne. La Généralité de Montauban. La Généralité d'Auch. Le Béarn. Les Manufactures de Toiles & Toileries.

Les détails de la Correfpondance relative aux fubfiftances.

M. DE COTTE, *Maître des Requêtes, aux Galeries du Louvre.*

Le Lyonnois, Foreft & le Beaujolois. La Bourgogne, Duché & Comté. La Breffe. La Généralité de Limoges. La Généralité de Tours. La Province du Maine. Le Poitou. La Généralité de la Rochelle. La Généralité de Bordeaux. Les Manufactures de Soies.

Les Ponts & Chauffées, les Turcies & Levées & le Pavé de Paris.

M. TOLOZAN, *Maître des Requêtes, rue du grand Chantier.*

La Province de Normandie, qui comprend les Généralités de Rouen, Caen & Alençon. La Bretagne. La Généralité d'Orléans. La Généralité de Bourges. La Généralité de Moulins & le Bourbonnois. Les Manufactures de Bas & autres Ouvrages de Bonneterie. Les états pour les appointemens, gratifications, encouragemens & autres parties affignées fur la Caiffe du Commerce. Le dépôt des pieces, titres & mé-

moires, commiffions des Infpecteurs, fous-Infpecteurs & autres papiers concernant le Commerce & les Manufactures.
Les demandes, placets & mémoires relatifs à la maladie épi-
zootique.

M. BLONDEL, *Maître des Requêtes, rue de Varenne.*

La Généralité de Soiffons. La Picardie & l'Artois. La Flandre. Le Hainaut. La Champagne. Les trois Évêchés. La Lorraine & Barrois. L'Alface. Les Papeteries & les Tanneries.

CONSEIL D'ETAT.

1768 M Effire RENÉ NICOLAS CHARLES AUGUSTIN DE
MAUPEOU, Chevalier, CHANCELIER, Commandeur des Ordres du Roi, hôtel de la Chancellerie,
place Vendôme.

1774 Meffire ARMAND THOMAS HUE DE MIROMESNIL,
Chevalier, GARDE DES SCEAUX, rue Saint Dominique, fauxbourg Saint Germain.

CONSEILLERS D'ÉTAT ORDINAIRES

& Semeftres, fuivant leur Séance au Confeil.

1734 M D'Aguesfeau, *Doyen du Confeil, ordinaire,* & au
Confeil des Dépêches, & au Confeil Royal de
Commerce, Prevôt-Maître des Cérémonies de l'Ordre
du Saint Efprit, rue Saint Dominique Saint Germain,
près les Jacobins.

1743 M. de Chaumont de la Galaifiere, *ordinaire,* & au Confeil Royal, rue de Varenne, fauxbourg Saint Germain.

1747 M. Feydeau de Marville, *ordinaire,* & au Confeil Royal,
rue de Verneuil.

1749 M. le Pelletier de Beaupré, *ordinaire,* rue de Grenelle,
près la rue des Saints Peres.

1755 M. Olivier de Senozan, *ordinaire,* rue de Richelieu, vis-
à-vis la rue Colbert.

1756 M. Moreau de Beaumont, *ordinaire,* & au Confeil Royal,
& au Confeil Royal de Commerce.

1767 M. de la Porte, *Semeftre de Juillet,* rue de Richelieu, près
la rue des Boucheries.

1757 M. Bertier de Sauvigny, *ordinaire*, &. au Conseil des Dépêches, rue de Vendôme.

1757 M. de Boullongne, *ordinaire*, & au Conseil Royal, rue Saint Honoré, vis-à-vis les Jacobins.

1759 M. Bertin, Ministre & Secrétaire d'État, rue neuve des Capucines.

1760 M. Joly de Fleury, *ordinaire*, & au Conseil des Dépêches, & au Conseil royal de Commerce, rue Feydeau.

1761 M. l'Abbé Bertin, *ordinaire*, rue neuve des Capucines.

1761 M. De Boynes, *ordinaire*, Ministre d'État, rue du Faux-bourg Saint Martin.

1762 M. le Marquis d'Ossun, *ordinaire*, rue. . . .

1764 M. de Guignard de Saint-Priest, *ordinaire*, Intendant en Languedoc, à Montpellier; à Paris, rue du Colombier, près l'Abbaye.

1764 M. Langlois, rue du Cherchemidi.

1766 M. l'Escalopier, *Semestre de Juillet*, place Royale.

1766 M. d'Argouges de Fleury, *ordinaire*, rue Payenne, au Marais.

1766 M. de Bernage de Vaux, *Semestre de Janvier*, rue de Bourbon Saint Germain, au coin de la rue des SS. PP.

1766 M. de Blair de Boisemont, *Semestre de Juillet*, rue de Gaillon.

1766 M. Boutin, *Semestre de Janvier*, & ordinaire au Conseil royal, rue Dauphin.

1767 M. le Marquis d'Aubeterre, *ordinaire*, rue d'Artois.

1767 M. de Roquelaure, Evêque de Senlis, *ordinaire*, rue Pot-de-fer, près le petit Luxembourg.

1767 M. de Sartine, *Semestre de Janvier*, Ministre & Secrétaire d'État, rue de Grammont.

1767 M. Cochin, rue Saint Benoît.

1768 M. Fargès de Polisy, *Doyen* des Doyens des Maîtres des Requêtes, rue de l'Université près la rue de Beaune.

1768 M. de la Michodiere, *Semestre de Janvier* & Prevôt des Marchands, rue du Grand Chantier.

1768 M. l'Abbé Péguilhan de l'Arboust, *ordinaire*, aux Galeries du Louvre.

1768 M. Bouvart de Fourqueux, *Semestre de Janvier*, & ordinaire au Conseil Royal de Commerce, rue des Franc-Bourgeois au Marais.

1769 M. Bastard, *Semestre de Juillet*, rue Montmartre, près la rue du Croissant.

1771 M. Foullon, rue Saint Honoré, près les Jacobins.

1772 M. le Marquis de Marigny, *ordinaire*, place du Louvre.

1774 M. le Comte de Vergennes, Ministre & Secrétaire d'État, quai des Théatins.

1778.   N

1774 M. d'Ormeſſon, rue Saint Antoine.

1774 M. l'Abbé de Radonvilliers, *ordinaire*, place de Louis le Grand ou en Cour.

1774 M. Dufour de Villeneuve, *ſemeſtre de Janvier*, petite rue Saint Gilles, près le Boulevart.

1774 M. Amelot, Secrétaire d'État, rue de l'Univerſité, à l'Hôtel d'Aligre.

1775 M. d'Orceau de Fontette, *Sémeſtre de Juillet*, rue de Bourbon, fauxbourg Saint Germain.

1775 M. Taboureau des Réaux, *Sémeſtre de Juillet*, & ordinaire au Conſeil des Dépêches, & au Conſeil Royal, rue Traverſiere Richelieu.

1775 M. le Noir, *Sémeſtre de Janvier*, & Lieutenant général de Police, rue neuve S. Auguſtin.

1775 M. Bellanger, *Sémeſtre de Juillet*, rue Saint André près celle des Auguſtins.

1775 M. Drouyn de Vaudeuil, *Sémeſtre de Janvier*, rue de la Ceriſaie.

1775 M. Vidaud de la Tour, *Sémeſtre de Juillet*, rue neuve des Capucines.

1775 M. de Monthion, *Sémeſtre de Janvier*, rue des Franc-Bourgeois, au Marais.

1776 M. Fargès, rue de l'Univerſité.

1776 M. le Prince de Montbarey, Secrétaire d'État, rue Saint Dominique, vis-à-vis Belle-Chaſſe.

1777 M. Bignon, *Sémeſtre de Juillet*, à la Bibliotheque du Roi.

Huiſſiers ordinaires du Roi en tous ſes Conſeils d'État, Privé & Finances. Meſſieurs,

1747 DEſeſtre, *Doyen*, cloître Saint Germain l'Auxerrois, à côté du paſſage du Louvre.

1751 De Normandie, rue Bourglabbé, vis-à-vis la rue du Grand Hurleur.

1754 Trudon, rue Vildot.

1765 Du Bail, rue Bertinpoirée.

1765 Spire, rue de la Coutellerie.

1768 Guery, rue de la Harpe, vis-à-vis la rue de la Parcheminerie.

1768 Maillard, rue Saint André vis-à-vis la rue Gît-le-Cœur.

1771 Doucet, rue Saint Thomas du Louvre.

1772 Le Preſtre de Grandpré, rue d'Argenteuil.

1773 Marchais, place de l'Ecole.

Honoraires. *Meſſieurs,*

1737 Macé, rue . . . . . .

1741 Vaffal, rue neuve Saint Euftache, près les petits Carreaux.
1756 De Seignerolle, rue & ile Saint Louis.

Leur Bureau eft rue Hautefeuille, au coin de la rue des Poitevins.

Les Huiffiers des Confeils du Roi & ceux de fa Grande Chancellerie ont feuls le droit de faire les oppofitions au Sceau des Offices de France, de ceux dépendans des Ordres du Roi, & de ceux faifant partie des apanages des Princes, ainfi que les oppofitions au Tréfor Royal, celles entre les mains des Confervateurs des hypotheques ; & de fignifier les main-levées de toutes lefdites oppofitions. Ils ont pareillement feuls le droit de fignifier & dénoncer dans la ville, fauxbourgs & banlieue de Paris, & à la fuite des Confeils, tous les Actes & Procédures foit des Confeils, foit de toutes les Commiffions qui en émanent, même des Actes & Procédures qui fe font pardevant Meffieurs les Intendans & Commiffaires départis dans les Provinces du Royaume, & de fignifier, dénoncer tous les Arrêts, Jugemens & Ordonnances defdits Confeils & Commiffions, lefquels ils mettent feuls à exécution dans la ville, fauxbourgs & banlieue de Paris, & lieux où fe tiennent les Confeils, lors même que leidits Arrêts & Jugemens font revêtus de Commiffions fcellées, ce qui a pareillement lieu pour tout le Royaume lorfqu'il n'y a point de Commiffion ; le tout à peine de nullité des fignifications, dénonciations & procédures faites par d'autres Huiffiers, de 500 livres d'amende, & des dommages-intérêts des Parties.

Par ordre du Roi, du 25 Novembre 1770, défenfes font faites à tous Huiffiers, autres que ceux des Confeils & de la Grande Chancellerie, de fe charger de la notification des fauf-conduits & autres Ordres de Sa Majefté.

BUREAUX de Meffieurs les Confeillers d'État pour la communication des Requêtes & Inftances.

BUREAU pour la communication des Requêtes en caffation & en révifion d'Arrêts ou autres Jugemens rendus en dernier reffort & pour les inftructions des Inftances.

MESSIEURS,

D'Aguefleau, *Doyen du Confeil.*	Joly de Fleury.
	De Bernage de Vaux.
	De la Michodiere.
Feydeau de Marville.	Baftard.
Le Pelletier de Beaupré.	Dufour de Villeneuve.
De Senozan.	Taboureau des Réaux.
De la Porte.	Vidaud de la Tour.
Bertier de Sauvigny.	Bignon.

Ce Bureau fe tient les Mercredis matin.

BUREAU pour les Affaires Eccléfiaftiques. MESSIEURS,

Feydeau de Marville.	Joly de Fleury.
Le Pelletier de Beaupré.	L'Abbé Bertin.
De la Porte.	Lefcalopier.

D'Argouges de Fleury.

L'Abbé Peguilhan de l'Ar-
bouft.

L'Abbé de Radonvilliers.

Taboureau des Réaux.

Bellanger.

Vidaud de la Tour.

Bignon.

Ce Bureau fe tient les Mardis matin.

I. BUREAU pour la Communication des Inftances.

MESSIEURS,

Le Pelletier de Beaupré.

De la Porte.

De Bernage de Vaux.

L'Abbé de Radonvilliers.

Bellanger.

Droüyn de Vaudeuil.

Vidaud de la Tour.

Bignon.

Ce Bureau fe tient les Jeudis matin.

II. BUREAU pour la Communication des Inftances.

MESSIEURS,

Bertier de Sauvigny.

Joly de Fleury.

L'Efcalopier.

Baftard.

Dufour de Villeneuve.

D'Orceau de Fontette.

De Monthion.

Ce Bureau fe tient les Jeudis de relevée.

III. BUREAU pour la Communication des Inftances.

MESSIEURS,

D'Argouges de Fleury.

Boutin.

De la Michodiere.

Bouvart de Fourqueux.

Dufour de Villeneuve.

D'Orceau de Fontette.

Taboureau des Réaux.

Droüin de Vaudeuil.

De Monthion.

Ce Bureau fe tient les Samedis matin.

BUREAU pour les Affaires de Chancellerie & Librairie.

MESSIEURS,

D'Agueffeau, *Doyen du Confeil*, Confeiller d'État ordinaire , & au Confeil des Dépêches , & au Confeil Royal de Commerce.

Le Pelletier de Beaupré , Confeiller d'État ordinaire.

Maîtres des Re-
quêtes. M^{rs}

{
Brochet de Verigny.
Brochet de Saint-Preft.
Bertier, Intendant de la Généralité de Paris.
Dufour de Villeneuve.
De Maupeou.
Le Camus de Néville.
}

Le Lundi après le Confeil.

BUREAU des Poftes & Meffageries & pour les liquidations des Indemnités dues aux anciens Propriétaires & Fermiers des Carroffes & Meffageries du Royaume. MESSIEURS,

Le Pelletier de Beaupré, Confeiller d'État ordinaire.

Moreau de Beaumont, Confeiller d'État ordinaire, & au Confeil Royal, & au Confeil Royal de Commerce.

Bertier de Sauvigny, Confeiller d'État ordinaire, & au Confeil des Dépêches.

De Boullongne, Confeiller d'Etat ordinaire & au Confeil Royal.

De Boynes, Miniftre, Confeiller d'État ordinaire.

Boutin, Confeiller d'État & ordinaire au Confeil Royal.

Dufour de Villeneuve, Confeiller d'Etat.

Maîtres des Requêtes. MESSIEURS,

De Montaran pere, Intendant du Commerce.	Guerrier de Bezance.
	Lambert.
De Vilevault, Intend. du Commerce extérieur & maritime.	Dufour de Villeneuve.
	Fournier de la Chapelle.
Guéau de Reverfeaux.	De Trimond.
Chardon.	De Colonia.

M. Raymond de Saint Sauveur, Maître des Requêtes, *Procureur général de la Commiffion.*

Dupont, *Greffier*, rue du Petit Carreau, près la rue du Bout-du-Monde.

BUREAU pour l'Examen des Demandes en Caffation des Jugemens de compétence, rendus en faveur des Prévôt. des Maréchaux, ou des Juges Préfidiaux.

Meffieurs les Commiffaires font les mêmes que ceux du *Bureau des Caffations.*

M. Dufour de Villeneuve, Maître des Requêtes, *Procureur Général.*

BUREAUX

DE MESSIEURS LES COMMISSAIRES DU CONSEIL pour les Commiffions ordinaires des Finances.

MESSIEURS *de la Direction des Finances.*

LE Comte de Maurepas, Miniftre d'Etat & *Chef* du Confeil des Finances.

D'Agueffeau, *Doyen du Confeil*, Confeiller d'État ordinaire, &

N iij

au Conseil des Dépêches, & au Conseil Royal de Commerce.

De Chaumont de la Galaisiere, Conseiller d'État ordinaire, & au Conseil Royal.

Feydeau de Marville, Conseiller d'État ordinaire, & au Conseil Royal.

Le Pelletier de Beaupré, Conseiller d'État ordinaire.

Olivier de Senozan, Conseiller d'État ordinaire.

Moreau de Beaumont, Conseiller d'État ordinaire & au Conseil Royal, & au Conseil Royal de Commerce.

De la Porte, Conseiller d'État.

Bertier de Sauvigny, Conseiller d'État ordinaire, & au Conseil des Dépêches.

De Boullongne, Conseiller d'État ordinaire, & au Conseil Royal.

Joly de Fleury, Conseiller d'État ordinaire, & au Conseil des Dépêches, & au Conseil Royal de Commerce.

De Boynes, Ministre d'État, Conseiller d'État ordinaire.

De Guignard de Saint-Priest, Conseiller d'État ordinaire.

Lescalopier, Conseiller d'État.

D'Argouges de Fleury, Conseiller d'État ordinaire.

De Bernage de Vaux, Conseiller d'État.

Boutin, Conseiller d'État & ordinaire au Conseil Royal.

Bouvart de Fourqueux, Conseiller d'État, & ordinaire au Conseil Royal de Commerce.

Taboureau des Réaux, Conseiller d'État, & ordinaire au Conseil des Dépêches & au Conseil Royal.

MESSIEURS *de la petite Direction des Finances.*

Le Comte de Maurepas, Ministre d'Etat & *Chef* du Conseil des Finances.

D'Aguesseau, *Doyen du Conseil*, Conseiller d'État ordinaire, & au Conseil des Dépêches, & au Conseil Royal de Commerce.

De Chaumont de la Galaisiere, Conseiller d'État ordinaire, & au Conseil Royal.

Feydeau de Marville, Conseiller d'État ordinaire, & au Conseil Royal.

Moreau de Beaumont, Conseiller d'État ordinaire, & au Conseil Royal, & au Conseil Royal de Commerce.

De Boullongne, Conseiller d'État ordinaire ; & au Conseil Royal.

Boutin, Conseiller d'État & ordinaire au Conseil Royal.

Bouvart de Fourqueux, Conseiller d'Etat, & ordinaire au Conseil Royal de Commerce.

Taboureau des Réaux, Conseiller d'Etat, & ordinaire au Conseil des Dépêches & au Conseil Royal.

Gardes du Trésor Royal. MESSIEURS,

Savalette, rue Saint Honoré.

Savalette de Langes, *Adjoint & en survivance*, même demeure.

Micault d'Harvelay, rue d'Artois, près le Boulevart.

De la Borde fils, *adjoint & en survivance*, rue Grange-Bateliere.

BUREAU concernant les Affaires des Domaines & Aides.

MESSIEURS,

D'Aguesseau, *Doyen du Conseil*, Conseiller d'État ordinaire, & au Conseil des Dépêches, & au Conseil Royal de Commerce.

De Chaumont de la Galaisiere, Conseiller d'État ordinaire & au Conseil Royal.

Feydeau de Marville, Conseiller d'Etat ordinaire, & au Conseil Royal.

Le Peletier de Beaupré, Conseiller d'État ordinaire.

De Senozan, Conseiller d'État ordinaire.

Moreau de Beaumont, Conseiller d'État ordinaire, & au Conseil Royal, & au Conseil Royal de Commerce.

De la Porte, Conseiller d'État.

Bertier de Sauvigny, Conseiller d'État ordinaire & au Conseil des Dépêches.

De Boullongne, Conseiller d'État ordinaire, & au Conseil Royal.

Joly de Fleury Conseiller d'État ordinaire, & au Conseil des Dépêches & au Conseil Royal de Commerce.

De Boynes, Ministre d'Etat, Conseiller d'État ordinaire.

Lescalopier, Conseiller d'État.

D'Argouges de Fleury, Conseiller d'État ordinaire.

Bernage de Vaux, Conseiller d'État.

Boutin, Conseiller d'État & ordinaire au Conseil Royal.

Maîtres des Requêtes, MESSIEURS,

De Montaran pere, Intendant du Commerce.

Poulletier de la Salle.

Raymond de Saint-Sauveur.

Inspecteurs Généraux du Domaine. Messieurs,

De Comarieu, place Vendôme.

Lorry, rue Hautefeuille.

Racine, Pavillon des Quatre Nations, rue de Seine.

Ce Bureau se tient les Mardis après-midi.

N iiij

BUREAU pour les Affaires des Gabelles, cinq groffes Fermes, Tailles, & autres Affaires des Finances.

MESSIEURS,

D'Agueffeau, *Doyen du Confeil*, Confeiller d'État ordinaire, & au Confeil des Dépêches, & au Confeil Royal de Commerce.

De Chaumont de la Galaifiere, Confeiller d'Etat ordinaire & au Confeil Royal.

Feydeau de Marville, Confeiller d'Etat ordinaire, & au Confeil Royal.

Le Pelletier de Beaupré, Confeiller d'Etat ordinaire.

Moreau de Beaumont, Confeiller d'Etat ordinaire, & au Confeil Royal, & au Confeil Royal de Commerce.

De la Porte, Confeiller d'Etat.

Bertier de Sauvigny, Confeiller d'Etat ordinaire, & au Confeil des Dépêches.

De Boullongne, Confeiller d'Etat ordinaire, & au Confeil Royal.

Joly de Fleury, Confeiller d'Etat ordinaire, & au Confeil des Dépêches, & au Confeil Royal de Commerce.

De Boynes, Miniftre d'Etat, Confeiller d'Etat ordinaire.

Lefcalopier, Confeiller d'État.

D'Argouges de Fleury, Confeiller d'Etat.

Bernage de Vaux, Confeiller d'État.

Boutin, Confeiller d'Etat & ordinaire au Confeil Royal.

Maîtres des Requêtes, Meffieurs,

Poulletier de la Salle. Dedelay de la Garde. De Vilevault.

Ce Bureau fe tient les Vendredis matin.

DÉPOST DES MINUTES
DE M. AMELOT, *Secrétaire d'État;*
aux grands Auguftins.

M. Le Maire, *premier Commis*, rue & près la porte Saint Honoré, maifon de M. Roettiers.

Dépôt de la Maifon du Roi, au vieux Louvre.

Outre tous les titres & états concernant les Grands Officiers de la Maifon du Roi & autres : ce dépôt renferme encore les Originaux des Edits, Déclarations, Lettres-Patentes enregiftrés dans les Cours : les Minutes des Arrêts du Confeil & généralement tout ce qui a rapport à la Ville & Généralité de Paris & aux Généralités de Limoges, Soiffons, Orléans, Poitiers & la Rochelle.

M. Farcy, *premier Commis*, rue des Bourdonnois.

Dépôt des anciennes Minutes du Conseil des Finances, & Com-missions extraordinaires, au Château du vieux Louvre.

Ce Dépôt contient la plus grande partie des anciennes Mi-nutes d'Arrêts du Conseil, sur-tout en Finances : les Rôles, Baux, Résultats, Etats au vrai, & Comptes de toute espece ; Jugemens sur la Noblesse, Francs-Fiefs, Recherches des faus-saires ; avec les Productions, les Adjudications des Domaines du Roi; la Régie des Biens des Religionnaires fugitifs, le Ter-rier de Bretagne, les Chambres de Justice, & différentes Com-missions extraordinaires.

Gardes & Dépositaires, Messieurs,

Cocqueley de Chauffepierre, Avocat au Parlement, au vieux Louvre, arcade de la rue Froidmanteau.
Boyetet Desbordes, Avocat en Parlement, rue Poissonniere, au coin de la petite rue Saint Roch.
Cheyré, *Secrétaire - Commis audit Dépôt*, rue Merciere, à la nouvelle Halle.
L'Abbé le Page, Avocat au Parlement, *Secrétaire - Commis audit Dépôt*, rue du Coq Saint Honoré.
Le dépôt est ouvert les mardis & vendredis, depuis neuf heu-res jusqu'à midi & demi.

Dépôt des Minutes des Conseils de Lorraine. Garde & Dépositaire,

M. Cochin, rue Hautefeuille, au coin de la rue des Poitevins.

Ce Dépôt est ouvert en sa maison les lundis & mercredis de relevée, depuis trois heures jusqu'à six.

Dépôt des anciennes Minutes du Conseil d'Etat Privé du Roi.

Ce dépôt, chez MM. les Chanoines Réguliers de Sainte Croix de la Bretonnerie, est ouvert le lundi, le mercredi & le same-di, depuis neuf heures jusqu'à midi.

M. Laurent, *Secrétaire Greffier dudit Conseil*, rue Barbette, au Marais.
Le sieur Gagnard, *Commis pour les Expéditions du Conseil, & dudit Dépôt*, rue St Antoine, petit cloître Ste Catherine.

COMMISSIONS Extraordinaires du Confeil.

I. BUREAU. Pour les Affaires du Commerce.

MESSIEURS,

D'Aguefleau, *Doyen du Confeil*, Confeiller d'Etat ordinaire, & au Confeil des Dépêches, & au Confeil Royal de Commerce.

De Chaumont de la Galaifiere, Confeiller d'Etat ordinaire & au Confeil Royal.

Feydeau de Marville, Confeiller d'Etat ordinaire, & au Confeil Royal.

MM. les Secrétaires d'Etat, M. le Lieutenant Général de Police, M. l'Intendant de la Généralité de Paris, y font invités, lorfque les Affaires ont trait à leur Adminiftration.

Les Députés du Commerce, le Syndic des États Généraux de Languedoc, les Députés des Fermes, & les Infpecteurs Généraux du Commerce y font auffi appelés dans les Affaires qui intéreffent leurs fonctions. *Députés du Commerce.* Voy. pag. 218.

Maîtres des Requêtes, Intendans du Commerce.

MESSIEURS,

De Montaran pere, Maître des Requêtes, & Intendant du Commerce, *en furvivance de M. fon fils.*

De Montaran fils, Maître des Requêtes & Intendant du Commerce.

De Cotte, Maître des Requêtes, & Intendant du Commerce.

De Vilevault, Maître des Requêtes, & Intendant du Commerce extérieur & maritime.

Tolozan, Maître des Requêtes, & Intendant du Commerce.

Blondel, Maître des Requêtes, & Intendant du Commerce.

Abeille, *Secrétaire*, rue de la Feuillade, place des Victoires.

II. BUREAU. Pour l'aliénation des Domaines réunis.

MESSIEURS,

Moreau de Beaumont, Confeiller d'Etat ordinaire, & au Confeil Royal, & au Confeil Royal de Commerce.

De Boullongne, Confeiller d'Etat ordinaire, & au Confeil Royal.

Boutin, Confeiller d'Etat & ordinaire au Confeil Royal.

Bouvart de Fourqueux, Confeiller d'Etat, & ordinaire au Confeil Royal de Commerce.

Dufour de Villeneuve, Confeiller d'Etat.

M. de Bonnaire de Forge., Maître des Requêtes.

Inspecteurs Généraux du Domaine, voyez la Table.

Thurin, *Greffier*, rue des Blanc-Manteaux, cul-de-sac Pecquet.

III. BUREAU. Pour juger les contestations concernant les Pensions d'Oblats, la Régie des Cartes, & les appels des Ordonnances des Sieurs Intendans au sujet desdites contestations.

MESSIEURS,

Feydeau de Marville, Conseiller d'Etat ordinaire & au Conseil Royal.

De Senozan, Conseiller d'Etat ordinaire.

De la Porte, Conseiller d'Etat.

Bertier de Sauvigny, Conseiller d'Etat ordinaire, & au Conseil des Dépêches.

Joly de Fleury, Conseiller d'Etat ordinaire, & au Conseil des Dépêches, & au Conseil Royal de Commerce.

Le Prince de Montbarey, Secrétaire d'Etat.

Maîtres des Requêtes. Messieurs,

De Cotte, Intend. du Comm.
De Vilevault, Intendant du Commerce extérieur & maritime.

Bertier, Intendant de la Généralité de Paris.
Guéaux de Reverfaux.
Chardon.

M. d'Outremont, Avocat au Parlement, *Procureur Général de la Commission*, rue Bourtibourg, ancien Hôtel d'Argouges.

Desjobert, *chargé des pourfuites & recouvremens*, rue Jacob, Fauxbourg Saint Germain.

Breffon, *Greffier*, quai de l'Ecole, au Cadran folaire.

IV. BUREAU. Pour les Œconomats, & Comptes des Commis à la Régie des Biens des Religionnaires fugitifs.
Et pour les Affaires particulieres renvoyées à ce Bureau.

MESSIEURS,

D'Aguesseau, *Doyen du Conseil*, Conseiller d'Etat ordinaire, & au Conseil des Dépêches, & au Conseil Royal du Commerce.

De Boynes, Ministre d'État, Conseiller d'Etat ordinaire.

Baftard, Conseiller d'Etat.

Dufour de Villeneuve, Conseiller d'Etat.

Maîtres des Requêtes. Messieurs,

Saunier.
De Vilevault, Intendant du Commerce extérieur & maritime.

Brochet de Saint-Preft.
Bertier, Intendant de la Généralité de Paris.
Guéau de Reverfeaux.

Tolozan, Intendant du Com-   De Vin de Gallande.
merce.   Blondel, Intendant du Com-
Raymond de Saint-Sauveur.   merce.

M. Guéau de Reverfeaux, Maitre des Requêtes & *Procureur Général de la Commiſſion.*

Moriceau de la Barre, *Greffier*, rue des Saints Peres.

V. BUREAU. Pour la repréſentation & examen des Titres des Propriétaires des Droits de Péages, Paſſages, Pontonages, Travers, & autres qui ſe perçoivent ſur les Ponts & Chauſſées, Chemins & Rivieres navigables, & Ruiſſeaux y affluans, dans toute l'étendue du Royaume.
Et pour les Affaires particulieres renvoyées à ce Bureau,

MESSIEURS,

D'Agueſſeau, *Doyen du Conſeil*, Conſeiller d'Etat ordinaire, &
au Conſeil des Dépêches, & au Conſeil Royal de Commerce.
Feydeau de Marville, Conſeiller d'Etat ordinaire, & au Conſeil
Royal.
Bertier de Sauvigny, Conſeiller d'Etat ordinaire, & au Conſeil
des Dépêches.
De Boynes, Miniſtre d'Etat, Conſeiller d'Etat ordinaire.
Taboureau des Réaux, Conſeiller d'Etat, & ordinaire au Con-
ſeil des Dépêches, & au Conſeil Royal.

Maîtres des Requêtes. Meſſieurs,

Saunier.   Baudouin du Guémadeuc.
Lefcalopier de Nourar.   Guéau de Reverfeaux.
Brochet de Vérigny.   Chardon.
Brochet de Saint-Preſt.   Raymond de Saint-Sauveur.
Chaillon de Jonville.

M. Guerier de Bezance, Maître des Requêtes, & *Procureur Général de la Commiſſion.*

Dupont, *Greffier*, rue du petit Carreau, près la rue du Bout-
du-Monde.

---

*VI. BUREAU. Pour les Conteſtations concernant les paye-
mens en Ecritures & Comptes en Banque.*
*POUR la reddition des Comptes des Traités & Affaires extraor-
dinaires.*
ET pour les Affaires particulieres renvoyées à ce Bureau.

MESSIEURS,

D'Agueſſeau, *Doyen du Conſeil*, Conſeiller d'Etat ordinaire, &
au Conſeil des Dépêches, & au Conſeil Royal de Commerce.
Le Pelletier de Beaupré, Conſeiller d'Etat ordinaire.

De Bernage de Vaux, Confeiller d'Etat.
Du Four de Villeneuve, Confeiller d'État.

Maîtres des Requêtes, Meffieurs,

Merault de Villeron.
Brochet de Vérigny.
Chardon.
Guyot de Chenizot.
De Vin de Gallande.

Debonnaire de Forges.
De Mazirot.
Bertengles de Lilly.
De Trimond.
De Colonia.

*Les Affaires qui étoient portées au Bureau établi pour les **Offres** en Billets de Banque, font communiquées aux mêmes Commiffaires, pour être jugées par Arréts du Confeil, qui font expédiés par les Greffiers du Confeil.*

Moriceau de la Barre, *Greffier*, rue des Saints Peres.

VII. BUREAU. Pour les Affaires des Vivres de Terre & de Marine, Etapes, Fourrages, Lits d'Hôpitaux & de Garnifon. ET. pour les Affaires particulieres renvoyées à ce Bureau.

MESSIEURS,

D'Aguesseau, *Doyen du Confeil*, Confeiller d'Etat ordinaire, & au Confeil des Dépêches, & au Confeil Royal de Commerce.

De Chaumont de la Galaifiere, Confeiller d'Etat ordinaire, & au Confeil royal.

Bertier de Sauvigny, Confeiller d'Etat ordinaire, & au Confeil des Dépêches.

Bernage de Vaux, Confeiller d'Etat.

Maîtres des Requêtes, Meffieurs,

Saunier.
Lefcalopier de Nourar.
Brochet de Vérigny.
Brochet de Saint-Preft.
Bertier, Intendant de la Généralité de Paris.

Chardon.
Tolozan, Intendant du Commerce.
Guerier de Bezance.
De Bonnaire de Forges.

Moriceau de la Barre, *Greffier*, rue des Saints Peres.

VIII. BUREAU. Pour les conteftations au fujet des Actions de la Compagnie des Indes, & des Conceffions de Terres à la Louifiane, accordées par ladite Compagnie, & Affociés auxdites Conceffions.

ET pour les Affaires qui reftent à juger au Bureau de la liquidation des dettes du Canada, & autres Affaires renvoyées à ce Bureau.

MESSIEURS,

Feydeau de Marville, Confeiller d'Etat ordinaire, & au Confeil Royal.

Joly de Fleury , Conseiller d'Etat ordinaire , & au Conseil des
Dépêches.

Maîtres des Requêtes , Messieurs ,

Saunier.

Lescalopier de Nourar.

Poulletier de la Salle.

De la Garde.

De Vilevault , Intend. du Commerce extérieur & maritime.

Brochet de Vérigny.

Chaillon de Jonville.

Bertier.

Tolozan , Intendant du Commerce.

Guerier de Bezance.

De Vin de Gallande.

Debonnaire de Forges.

De Mazirot.

De Colonia.

Bresson , *Greffier* , quai de l'Ecole , au Cadran solaire.

---

*IX. BUREAU. Pour juger en dernier ressort toutes les demandes &
contestations dans lesquelles la Compagnie des Indes sera Partie,
les contestations nées & à naître concernant les Billets provenus
de différens Emprunts faits sur des Actions de ladite Compagnie.*

*ET. pour la vérification des Titres des Droits maritimes , & les
autres Affaires renvoyées à ce Bureau.*

MESSIEURS,

De la Porte , Conseiller d'Etat.

Bertier de Sauvigny , Conseiller d'Etat ordinaire , & au Conseil
des Dépêches.

Lescalopier , Conseiller d'Etat.

Maîtres des Requêtes , Messieurs ,

Merault de Villeron.

De Montaran , Intendant du
Commerce.

De Vilevault , Intend. du Commerce extérieur & maritime.

Brochet de Vérigny.

Chaillon de Jonville.

Baudouin du Guémadeuc.

Bertier , Intendant de la Généralité de Paris.

Tolozan , Intendant du Commerce.

De Vin de Gallande.

De Mazirot.

M. Guéau de Réverseaux , Maître des Requêtes , & *Procureur Général de la Commission , pour la vérification des Titres des
Droits maritimes.*

Thurin , *Greffier* , rue des Blanc-manteaux , cul-de-sac Pecquet.

---

*X. BUREAU. Pour les liquidations des dettes des Communau-
tés , Arts & Métiers de Paris , Examen & Révision de leurs
Comptes depuis 1689.*

ET pour les Affaires particulieres renvoyées à ce Bureau.

M. Feydeau de Marville , Conseiller d'Etat ordinaire , & au
Conseil Royal.

M. Joly de Fleury , Confeiller d'Etat ordinaire , & au Confeil des Dépêches , & au Confeil Royal de Commerce.

Maîtres des Requêtes. Meffieurs ,

Saunier.

De Montaran , Intendant du Commerce.

Poulletier de la Salle.

De la Garde.

De Cotte , Intendant du Commerce.

Brochet de Saint-Preft.

Chaillon de Jonville.

Bertier, Intendant de la Généralité de Paris.

Guéau de Reverfeaux.

Chardon.

Dufour de Villeneuve.

De Montaran , fils , Intendant du-Commerce.

Debonnaire de Forges.

De Mazirot.

M. le Lieutenant Général de Police , *Procureur Général de la Commiffion* , rue Neuve Saint Auguftin.

Breffon , *Greffier* , quai de l'Ecole , au Cadran folaire.

XI. BUREAU. Pour le foulagement des Maifons & Communautés de Filles Religieufes dans tout le Royaume.

M. le Cardinal de Luynes, rue Saint Dominique Saint Germain.

M. l'Archevêque de Rouen , rue des Saints Peres.

M. l'Evêque de Senlis , rue Pot-de-fer , près le petit Luxembourg.

M. l'Evêque d'Auxerre , rue de Seve , au coin de la rue du Bacq.

Maîtres des Requêtes. Meffieurs ,

De Cotte , Intendant du Commerce. -

Brochet de Saint-Preft.

Baudouin du Guémadeuc.

Raymond de Saint-Sauveur.

Dupont , *Greffier* , rue du petit Carreau , près la rue du Boutdu-Monde.

M. Bourgauld du Coudray , *Payeur, Tréforier des fecours accordés par le Roi aux Communautés Religieufes* , rue des Foffés Montmartre.

Dupré , *Gardes des Archives de la Commiffion*, Cloître St Benoît.

XII. BUREAU. Pour examiner les titres concernant les droits perçus fur les Grains dans les marchés des Villes , Bourgs & Paroiffes du Royaume , & pour ftatuer fur iceux.'

M. Bouvart de Fourqueux, Confeiller d'Etat & ordinaire au Confeil Royal de Commerce.

M. Dufour de Villeneuve, Confeiller d'Etat.

Maîtres des Requêtes, Messieurs,

Beaudouin du Guemadeuc.   Guerrier de Bezance.
Chardon.   De Bonnaire de Forges.
Raymond de Saint Sauveur.   De Trimond.

M. Lambert, Maître des Requêtes, *Procureur général de la Commission.*

Dupont, *Greffier.*

XIII. *BUREAU, Pour la liquidation des dettes des Corps & Communautés d'Arts & Métiers, du Ressort du Parlement de Paris : ordonné par Edits de Février & Avril* 1777.

MESSIEURS

Joly de Fleury, Conseiller d'Etat ordinaire, & au Conseil des Dépêches, & au Conseil Royal de Commerce.
De Bernage de Vaux, Conseiller d'Etat.
Le Noir, Conseiller d'Etat, & Lieutenant Général de Police.

Maître des Requêtes, MESSIEURS.

De Cotte, Intendant du Com-   Tolozan, Intendant du Commerce.   merce.
De Vilevault, Intend. du Com-   De Montaran fils, Intendant
merce extérieur & maritime.   du Commerce.

Thurin, *Greffier,* rue des Blanc-manteaux; cul-de-sac Pecquet.

BUREAU pour la Législation des Hypothèques.

MESSIEURS,

De Boullongne, Conseiller d'État ordinaire, & au Conseil Royal.
Boutin, Conseiller d'État & ordinaire au Conseil Royal.
Du Four de Villeneuve, Conseiller d'État.
Taboureau des Réaux, Conseiller d'Etat, & ordinaire au Conseil des Dépêches, & au Conseil Royal.
Drouyn de Vaudeuil, Conseiller d'État.
De Monthion, Conseiller d'État.

Maîtres des Requêtes, Messieurs,

Lambert.   De la Milliere.   De Néville.

M. Doutremont, Avocat au Parlement.

COMMISSION *pour l'examen des Ordres Réguliers.*
Ce Bureau se tient chez Monsieur le Garde des Sceaux.

MESSIEURS,

D'Aguesseau, *Doyen du Conseil,* Conseiller d'Etat ordinaire,

α

& au Conseil des Dépêches, & au Conseil Royal de Commerce, rue Saint Dominique, près les Jacobins.

De Chaumont de la Galaisiere, Conseiller d'Etat ordinaire, & au Conseil Royal des Finances.

Feydeau de Marville, Conseiller d'Etat ordinaire, & au Conseil Royal, rue de Verneuil.

Joly de Fleury, Conseiller d'Etat ordinaire, & au Conseil des Dépêches, & au Conseil Royal de Commerce, rue Feydeau.

L'Archevêque de Bourges, rue des Saints Peres.

L'Archevêque de Toulouse, *Rapporteur*, rue Saint Dominique.

L'Evêque de Meaux, rue des Saints Peres.

L'Evêque d'Autun, au Palais Abbatial de Saint Germain.

L'Evêque de Rhodès, rue Sainte Placide.

Thurin, *Greffier*, rue des Blanc-manteaux, cul-de-sac Pecquet.

Secrétaire général de la Commission.

M. Thieriot, Avocat en Parlement, rue Saint Dominique, Fauxbourg Saint Germain, hôtel de Brienne.

Contrôleurs des Restes & des Bons d'Etats du Conseil.
1761 M. Basly, rue du Jardinet.

Greffiers des Commissions extraordinaires du Conseil.

Ils ont seuls le droit d'expédier les Jugemens rendus dans toutes les Commissions Extraordinaires, & tous Actes dépendans desdites Commissions & de tous autres Commissaires du Conseil.

MESSIEURS,

B Resson, *Doyen*, quai de l'Ecole, au Cadran solaire
Moriceau de la Barre, Avocat en Parlement, rue des SS. **PP.**
Dupont, Avocat en Parlement, rue du Petit-Carreau.
Thurin, Avocat en Parlement, cul-de-sac Pequet.

Commission établie en 1761 & confirmée par Arrêt du Conseil du 10 Août 1777, pour la vérification des états au vrai qui s'arrêtent au Conseil royal des Finances, & les affaires contentieuses, relatives à cet objet.

M. d'Ormesson, Conseiller d'État, rue Saint Antoine.

MM. de Boissy pere & fils, *premier Commis*, rue Saint Antoine, près la rue de Fourcy.

M. Ostome, *Secretaire*, pour le renvoi des placets & mémoires, rue Saint Antoine, hôtel d'Ormesson.

Conseil pour l'administration du Temporel de la Maison Royale de Saint Cyr.

M. d'Ormesson, Conseiller d'Etat, Intendant des Finances, Chef du Conseil, rue Saint Antoine, Hôtel d'Ormesson.

M. Vulpian, Avocat au Parlement, rue Christine.

M. Astruc, Intendant de la Maison, *Rapporteur & Secrétaire du Conseil*, rue des Grands Augustins, Hôtel de Saint Cyr.

M. D'Hozier, Président en la Cour des Comptes, Aides & Finances de Normandie, *Commissaire du Roi, pour certifier à Sa Majesté la Noblesse des Demoiselles nommées pour être élevées en la Maison Royale de Saint Cyr*, vieille rue du Temple.

M. Ostome, l'examen des autres preuves nécessaires pour le rapport au Roi des Placets des Demoiselles, rue Saint Antoine, à l'Hôtel d'Ormesson.

Administration de la Loterie Royale de France & Loteries y réunies, sous l'inspection de

M. DE LA MICHODIERE, Conseiller d'Etat.

ADMINISTRATEURS GÉNÉRAUX.

Messieurs,

D'Autemare d'Erville. D'Arlincourt.
Semonin. De la Combe.
Du Perreux. D'Arboulin de Richebourg.

Receveur général.

M. le Coûteulx du Moley.

Sécretaire.

M. Thevenet de Mongarrel.

MAISTRES DES REQUESTES.

MESSIEURS,	MESSIEURS,
1726 Argès de Polisy, Conseiller d'Etat ordinaire; Doyen des Doyens; & Doyen du Quartier de Juillet.	1739 Lescalopier de Nourar.
	1739 Merault de Villeron, Doyen du Quartier de Janvier.
1733 Saunier.	1743 De Montaran.
	1745 Poulletier de la Salle.

1751 Dedelay de la Garde.
1754 Doublet de Perfan, Doy. du Quartier d'Avril.
1758 De Cotte , Doyen du Quartier d'Octobre.
1759 De Vilevault.
1761 Efmangart.
1762 Brochet de Verigny.
1762 Brochet de Saint-Preft.
1762 Chaillon de Jonville.
1762 Baudouin du Guémadeuc.
1762 Douet de la Boulaye.
1763 Bertier.
1764 Senac de Meilhan.
1764 Meulan d'Ablois.
1765 De Calonne.
1765 Cafe de la Bove.
1765 Guéau de Reverfeaux.
1765 Julien.
1765 De Chardon.
1765 Tolozan.
1766 Guyot de Chenizot.
1766 Raymond de St-Sauveur.
1766 Guerrier de Bezance.
1766 Courtois de Minut.
1767 Lambert.
1767 De Vin de Gallande.
1767 De la Porte de Meflay.
1768 Dufour de Villeneuve.
1768 De Montaran , fils.
1768 De Giac.
1768 Valdec de Leffart.
1768 Debonnaire de Forges.
1769 De Maupeou.
1769 De Chaumont de la Milliere.
1770 De Màzirot.
1770 De Bertengles.
1771 Terray.
1771 Fournier de la Chapelle.
1772 L'Abbé de Pernon.

1772 Roflin d'Ivry.
1772 Fumeron de la Berlieré.
1772 Bertrand de Boucheporn.
1772 De Froidefond du Chatenet.
1772 De Trimond.
1772 Lallemand le Cocq.
1772 Coupard de la Bloterye.
1773 De Chazerat.
1773 Cordier de Launay.
1773 L'Abbé Royer.
1773 De Colonia.
1774 De Bertrand Molleville.
1774 De Menc.
1774 Mayou d'Aunoy.
1774 Taffard.
1775 Feydeau de Brou.
1775 Fagnier de Monflambert.
1775 Laurens de Villédeuil.
1775 De la Bourdonnaye de Bloffac.
1775 Chevignard.
1775 Le Camus de Néville.
1775 Foullon de Doué.
1775 De Berthelot de la Villeurnoy.
1775 Pajot.
1775 De Mauffion.
1775 Albert.
1775 Dagay.
1775 Blondel.
1775 Huet d'Ambrun.
1776 Boula de Nanteuil.
1776 Dumetz de Rofnay.
1776 Foullon d'Ecotier.
1776 Thilorier.
1777 De Caumartin de Saint Ange.
1777 Gravier de Vergennes.
N . . . . . .

Le fervice de MM. les Maîtres des Requêtes fe fait par quartier ; & toutefois ceux qui , après leur quartier fini, font paffés à leur fervice au Confeil, continuent encore pendant trois mois à fervir aux Requêtes de l'Hôtel , & ainfi de fuite dans les quatre quartiers : en telle forte qu'il y a toujours deux defdits quartiers réunis pour le fervice des Requêtes de l'Hôtel.

---

*Maîtres des Requêtes en quartier aux Requêtes de l'Hôtel, Oc-
tobre, Novembre & Décembre, & au Confeil Privé du Roi,*

JANVIER, FÉVRIER, MARS.

MESSIEURS,

FArgès de Polify , Confeiller d'Etat ordinaire , *Doyen des
Doyens des Maîtres des Requêtes*, rue de l'Univerfité.
Merault de Villeron, *Doyen*, à Villeron , près Louvres.
Pouiletier de la Salle , rue Culture Sainte Catherine.
De la Garde, rue neuve de Luxembourg.
Efmangart , * Intendant *à Caën*; à Paris, rue du Bacq.
Brochet de Saint Preft, rue de l'Echarpe, place Royale.
Douet de la Boullaye , * Intendant *à Auch*, rue Vivienne.
Meulan d'Ablois,* Intendant *à la Rochelle*, rue nᵉ des Capucines.
Cafe de la Bove, * Intendant *en Bretagne*, rue nᵉ des Capucines.
De la Porte de Meflay , * Intendant *à Perpignan.*
Valdec de Leffart , rue du Sentier.
Fumeron de la Berliere, rue des Sᵗˢ Perès , Fauxb. Sᵗ Germain.
De Chazerat , * Intendant *à Clermont.*
Cordier de Launay , rue de la Madeleine, fauxbourg Saint
Honoré.
De Colonia, rue Saint Thomas du Louvre.
De la Bourdonnaye de Bloffac, rue de Seine, fauxbourg S. G.
Le Camus de Néville, rue neuve des Petits Champs.
De Mauffion, rue de Richelieu, vis-à-vis celle des Boucheries.
Blondel , Confeiller honoraire au Parlement, Intendant du
Commerce , rue de Varenne.
Huet d'Ambrun, rue Sainte-Avoye,vis-à-vis l'hôtel Caumartin.
Thilorier, rue Bertin-Poirée.

---

*Aux Requêtes de l'Hôtel , Janvier, Février & Mars;
& au Confeil Privé du Roi',*

AVRIL, MAI, JUIN.

MESSIEURS,

FArgès de Polify , Confeiller d'Etat ordinaire , *Doyen des
Doyens des Maîtres des Requêtes.*
Doublet de Perfan, *Doyen*, rue des Petits Auguftins, faux. S. G.
De Calonne * Intendant *à Metz*; à Paris, rue du Cocq d'Antin.
Julien , * Intendant *à Alençon*; à Paris, rue Cadet, F. Montmar.
Chardon , rue Sainte Apolline, porte Saint Denis.

Tolozan , Intendant du Commerce , rue du Grand Chantier , au Marais.

Guerrier de Bezance , quai des Théatins.

Courtois de Minut , rue neuve d'Orléans porte Saint Denis.

Dufour de Villeneuve , quai Dauphin , île Saint Louis.

De Giac , rue Neuve des Bons-Enfans.

De Mazirot , rue Thérefe , butte Saint Roch.

L'Abbé de Pernon , rue & Chauffée d'Antin.

De Froidefond du Chatenet , rue du grand Chantier.

Coupard de la Bloterye , rue Thérefe , butte Saint Roch.

Mayou d'Aunoy , rue Bardubec.

Feydeau de Broue , * Intendant *à Bourges* , re de Bellechaffe. S. G.

Laurens de Villedeuil , place Royale , hôtel de Montboiffier.

Foullon de Doué , rue Saint Honoré près les Jacobins.

Pajot , rue de Bourbon , fauxbourg Saint Germain.

Foullon d'Ecotier , rue Saint Honoré près les Jacobins.

Gravier de Vergennes , rue Férou , Saint Sulpice.

Aux Requêtes de l'Hôtel , Avril , Mai & Juin ;
& au Confeil privé du Roi ,

JUILLET, AOUST, SEPTEMBRE.

MESSIEURS,

FArgès de Polify , Confeiller d'Etat ordinaire , *Doyen des* *Doyens* , & du Quartier de Juillet , rue de l'Univerfité.

Saunier , place Royale.

L'Efcalopier de Nourar , rue d'Orléans , au Marais.

De Montaran , Intendant du Commerce , rue de Touraine , au Marais.

Brochet de Verigny , rue de l'Echarpe , place Royale.

Baudouin du Guémadeuc , rue Saint Honoré , près les Capucins.

Guyot de Chenizot , rue de Richelieu , près la fontaine.

De Vin de Gallande , rue Neuve Saint Merry.

De Maupeou , place de Louis le Grand , à la Chancellerie de France.

De Chaumont de la Milliere , rue Baffe du Rempart , n°. 13.

De Bertengles , rue Saint Marc.

Fournier de la Chapelle , rue Verte , fauxbourg Saint Honoré.

Roflin d'Ivry , grande rue du fauxb. St Honoré , hôtel de Monaco.

Bertrand de Boucheporn , * Intendant à l'île de Corfe.

De Trimond , rue Barbette.

Lallemand le Cocq , rue de Gaillon.

De Bertrand Molleville , rue du Chaume , au Marais.

Taffart , rue de la Ville-l'Evêque , fauxbourg St Honoré.

Fagnier de Monflambert , quai Dauphin , île Saint Louis.

De Berthelot de la Villeurnoy , rue de la Cerifaie.

O iij

Aux Requêtes de l'Hôtel, Juillet, Août & Séptembre,
& au Conseil Privé du Roi,

OCTOBRE, NOVEMBRE, DÉCEMBRE.

MESSIEURS,

FArgès de Polify, Conseiller d'Etat ordinaire, *Doyen des Doyens des Maîtres des Requêtes.*

De Cotte, *Doyen*, Intendant du Commerce, aux Galeries du Louvre.

De Vilevault, Intendant du Commerce extérieur & maritime, rue Saint Marc.

Chaillon de Jonville, rue Meflé, au Marais.

Bertier, Intendant de la Généralité de Paris, rue de Vendôme.

Senac de Meilhan, * Intendant *à Valenciennes en Hainaut.*

Guéau de Reverfeaux, * Intendant *à Moulins*, rue du Parc Royal, au Marais.

Raymond de Saint Sauveur, Boulevart Montmartre, près la rue Saint Fiacre.

Lambert, à l'Eftrapade.

De Montaran fils, rue du Grand Chantier.

Debonnaire de Forges, rue Vivienne, près la rue Colbert.

Terray, * Intendant *à Montauban*; à Paris, rue de Jouy.

L'Abbé Royer, rue de Séve, vis-à-vis l'Abbaye-aux-Bois.

De Menc, rue neuve des petits Champs, près la rue S. Roch.

Chevignard, rue Ferou Saint Sulpice.

Albert, rue des Minimes, place Royale.

Dagay, rue de Berry, au Marais.

Boula de Nanteuil, rue neuve Saint Auguftin, au coin de la rue de Grammont.

Dumetz de Rofnay, rue du Pas de la Mule.

De Caumartin de Saint-Ange, rue Sainte Avoye, hôtel Caumartin.

* Le Doyen de chaque fervice, au grand Conseil, *a entrée & voix délibérative* au Conseil des Parties.

REQUÊTES DE L'HÔTEL,

PRÉSIDENS,

Pour les mois de Janvier, Février, Mars, Avril, Mai, & Juin.

Meffire Jean-François-Marie Fargès de Polify, Conseiller d'Etat ordinaire, Doyen des Doyens des Maîtres des Requêtes, rue de l'Univerfité.

Meffire ✓ . . . . , Maître des Requêtes.

Pour les mois de Juillet, Août, Sept. Octob. Nov. & Décem.

Meſſire Louis-Pierre Saunier, Maître des Requêtes, p¹ Royale.
Meſſire Charles-Armand Leſcalopier de Nourar, Maître des Requêtes, rue d'Orléans, au Marais.

Gens du Roi, Meſſieurs,

1762 Genée de Brochot, *Procureur Général*, vieille rue du Temple, cul-de-ſac d'Argenſon.

1771 Derey de Rocqueville, *Avocat Général*, rue de Richelieu, près la fontaine.

1762 Huet de Thumery, *Subſtitut*, rue Ste Anaſtaſe, au Marais.
Navet, *Secrétaire du Parquet*, rue de Biévre.

1777 Me Bouju, *Greffier-Garde-Scel des Requêtes ordinaires de l'Hôtel*, rue Saint Martin, vis-à-vis la fontaine Maubuée.

Me Bouju, *principal Commis du Greffe*, rue Saint Martin, vis-à-vis la fontaine Maubuée.

M. Moreau, *Commis des Décrets*, rue . . . .
. . . .

Huiſſiers des Requêtes de l'Hôtel, Maîtres,

Le Camus, *Premier, Doyen*, rue de Sorbonne près le paſſage Saint Benoît.

Navet, rue de Bievre.

Maillard, rue Saint - Barthelemy, vis-à-vis l'Arcade.

Ragon, rue de Viarmes, N° 54.

Dufreſne, *Syndic*, rue de la Draperie, près le Palais.

Doucet, *Greffier*, vieille rue du Temple, près celle Saint Antoine.

Secrétaires, Greffiers, & autres Officiers du Conſeil, MESSIEURS,

Quartier de Janvier.

1769 Huguet de Montaran, *Secrétaire des Finances*, rue Vivienne, près les Filles St Thomas.

1775 Moreau, *Secrétaire & Greffier du Conſeil Privé*, rue neuve Saint Merry.

1766 Chazelle, *Secrétaire & Greffier du Conſeil, honoraire*, rue Grenier Saint Lazare.

Le Gendre, *Commis en chef*, rue du Paon St Victor.

Beville, *Greffier Garde-Sacs*, rue du Cimetiere Saint André.

Hubert, *Greffier Commis pour les Expéditions du Conſeil*, carrefour de la Croix Rouge.

Quartier d'Avril.

1723 De Vougny, *Secrétaire des Finances*, rue du grand Chantier.

1766 Laurent, *Secrétaire & Greffier du Conſeil Privé*, rue Barbette, au Marais.

. . . . . . , *Commis en Chef*, ...
. . . . .

Quartier d'Avril.
{ Boucher de Saint Sauveur, *Greffier Garde-Sacs;* rue Mauconfeil, près la rue Saint Denis.
Gagnard, *Greffier*, *Commis pour les Expéditions du Conſeil*, rᵉ Sᵗ Antoine, petit cl. Sᵗᵉ Catherine.

Quartier de Juillet.
{ 1748 Bergeret, *Secrétaire des Finances*, rue de Vendôme au Marais. Son Bureau, rue du Temple, au coin du Boulevart.
1769 Laurent des Granges, *Secrétaire & Greffier du Conſeil Privé*, rue Barbette au Marais. Son exercice par M. ſon frere, *ci-deſſus* quartier d'Avril.
Curlu, *Commis en Chef*, rue Saint Honoré, près le Palais Royal.
. . . . . *Greffier Garde-Sacs*, rue . . . .
Hubert, *Greffier-Commis pour les Expéditions du Conſeil*, carrefour de la Croix Rouge.

Quartier d'Octobre.
{ 1777 Gaſtebois, *Secrétaire des Finances*, rue Hautefeuille.
1776 Magnyer, *Secrétaire & Greffier du Conſeil Privé*, rue de la Féronnerie, vis-à-vis les Charniers.
Daubertin, *Commis en Chef*, rue Saint Florentin, chez M. le Maiſtre.
Garendey, *Commis en Chef honoraire*, rue des Foſſés Saint Bernard.
. . . . . *Greffier Garde-Sacs*, rue . . . . .
Gagnard, *Greffier*, *Commis pour les expéditions du Conſeil*, rue Saint Antoine, petit cloître Sainte Catherine.

MAISTRES DES REQUÊTES HONORAIRES

Anc. reç.   MESSIEURS,

1720 DE Chaumont de la Galaiziere, Conſeiller d'Etat ordinaire, & au Conſeil royal, quai des Théatins.

1722 Le Pelletier de Beaupré, Conſeiller d'Etat ordinaire, rue du Cherchemidi.

1724 De la Bourdonnaye, ancien Conſeiller d'Etat, à la Bourdonnaye en Bretagne, par Ploermel.

1727 D'Agueſſeau, *Doyen du Conſeil*, Conſeiller d'Etat ordinaire, & au Conſeil des Dépêches, & au Conſeil Royal de Commerce, rue Saint Dominique, fauxbourg Saint Germain.

1728 De Machault, Miniſtre d'Etat, ci-devant Garde des Sceaux de France, rue du Grand Chantier.

1733 Leſcalopier, Conſeiller d'Etat, rue Saint Louis au Marais.

1733 Bertier de Sauvigny , Conſeiller d'Etat ordinaire, & au
, Conſeil Royal des Dépêches, rue de Vendôme.

1734 De la Porte , Conſeiller d'Etat , rue de Richelieu, au
coin de la rue des Boucheries.

1735 Maſlon de Bercy , rue de Thorigny , au Marais.

1736 Feydeau de Marville , Conſeiller d'État ordinaire , & au
Conſeil Royal, rue de Verneuil.

1736 Amelot, rue neuve de Richelieu, au College des Tréſoriers.

1736 Du Tillet , rue des Franc-Bourgeois au Marais.

1738 Savalete, rue Saint Honoré , au-deſſus des Jacobins.

1740 Thiroux , rue de Montmorency.

1740 De Bernage de Vaux , Conſeiller d'Etat , rue de Bourbon , Fauxbourg Saint Germain.

1740 Moreau de Beaumont, Conſeiller d'Etat ordinaire , & au
Conſeil Royal , & au Conſeil Royal de Commerce, &
Intendant des Finances , rue Vivienne.

1741 L'Abbé de Caraman, rue de la Planche , fauxbourg S. G.

1742 De Blair de Boiſemont , Conſeiller d'Etat , rue de Gaillon.

1742 De la Bourdonnaye de Bloſſac , Intendant à Poitiers.

1743 Joly de Fleury, Conſeiller d'Etat ordinaire , rue Feydeau.

1743 Terray de Roſieres, Procureur Général de la Cour des
Aides , rue de Jouy, Hôtel d'Aumont.

1744 Dufour de Villeneuve , Conſeiller d'État , petite rue Saint
Gilles, près le boulevart.

1745 D'Orceau de Fontette , Conſeiller d'État, Chancelier de
MONSIEUR, rue de Bourbon , Fauxbourg St Germain.

1745 De la Michodiere , Conſeiller d'Etat , Prevôt des Marchands , rue du grand Chantier.

1745 De Guignard de Saint-Prieſt , Conſeiller d'Etat ordinaire ,
rue du Colombier , près l'Abbaye.

1747 Maynon d'Invau , Miniſtre d'Etat , chauſſée d'Antin.

1748 De Berulle, rue de Richelieu , hôtel de Berulle.

1749 Boutin, Conſeiller d'Etat & au Conſeil royal, rue Dauphin.

1749 Le Févre de Caumartin , Intendant en Flandre & Artois.

1749 Pajot de Marcheval , Intendant à Grenoble.

1749 De Chaumont de la Galaiſiere , Intendant d'Alſace.

1749 De la Corée , Intendant en Franche-Comté ; à Paris, rue
de la Tiſſeranderie.

1749 De Cypierre, Intend. à Orléans, *à Paris*, rue Poiſſonniere.

1750 De Boullongne, Conſeiller d'Etat ordinaire , & au Conſeil
Royal, & Intendant des Finances, rue Saint Honoré.

1751 Bochard de Sarron , rue de l'Univerſité.

1753 Rouillé d'Orfeuil , Intendant en Champagne.

1755 De Fleſſelles , Intendant à Lyon ; *à Paris* , rue Sainte
Anne , près les Nouvelles Catholiques.

1755 Du Pré de Saint-Maur, Intendant à Bordeaux.
1775 Depont, Conseiller *Honoraire* au Parlement, Intendant de la Généralité de Rouen.
1756 Dupleix de Bacquencourt, Intendant de Bourgogne ; *à Paris*, rue Bergere.
1756 Fargès, Conseiller d'Etat, Intendant des Finances, rue de l'Université, près la rue de Beaune.
1757 Taboureau des Reaux, Conseiller d'État, & ordinaire au Conseil des Dépêches, & au Conseil royal, rue Traversiere Saint Honoré.
1757 D'Aine, Intendant de Limoges, rue Tarrane.
1759 De Sartine, Conseiller d'Etat, Ministre & Secrétaire d'Etat, rue de Grammont.
1760 De Monthion, Conseiller d'Etat, rue des Franc-Bourgeois au Marais.
1761 Thiroux de Crosne, Intendant en Lorraine & Barrois.
1768 De Reneaulme, rue Portefoin, au Marais.

D É P U T É S des Villes & des Colonies pour le Commerce.

Messieurs,

1743 *Lille,* DE Lesclufe de la Chauffée, rue du Hazard-Richelieu.
1746 *Paris,* Marion, r^e Thérese, vis-à-vis la r^e de Ventadour.
  Député de Saint Malo, & de Paris en 1768.
1767 *Lyon,* Pernon, chauffée d'Antin.
1761 *Amiens,* Parent, rue du Mail, hôtel des Chiens.
1761 *S. Domin-* Lheritier de Brutelle, Conseiller honoraire
  gue, & les aux deux Conseils Supérieurs, rue Sainte
  Isles sous Croix de la Bretonnerie, près la rue de
  le vent, Mouffy.
  1763 Joubert, rue & Hôtel de Ventadour.
  1777 Rome, *en survivance*, aux petites
Languedoc, Ecuries du Roi, rue Saint Honoré.
  1776 De la Fage, cloître Notre-Dame.
  1776 Montferiere, r^e du Hazard Richelieu.
1763 *Bordeaux,* Du Bergier, rue Saint Honoré, vis-à-vis la porte des Capucins.
1765 *La Guade-* Deshayes, rue Grange-Bateliere, près le
  loupe, Boulevart.
1766 *La Marti-*
  nique, } Dubuq du Ferret, rue du gros Chenet.
1767 *Bayonne,* Dulivier, rue Saint Nicaise.
1768 *Saint-Malo,* Jolly de Pontcadeuc, rue Poiffonniere.

1771 *Nantes*, Drouet, cul-de-sac Notre-Dame des Champs.
1772 *Marseille*, Roftagni, rᵉ de Cléry, vis-à-vis l'hôtel le Blanc.
1777 *LaRochelle*, Rafteau, rue . . . .
1777 *Rouen*, Defchamps, rue . . . .
Deux de MM. les Fermiers Généraux.
Meffieurs les Députés s'affemblent le mardi & le vendredi matin, chez M. Abeille, Secrétaire du Bureau du Commerce, *rue de la Feuillade.*

CHEFS ET PREMIERS COMMIS DES BUREAUX
DE MONSIEUR LE COMTE DE VERGENES,
Miniftre & Secrétaire d'Etat au département des affaires étrangeres.
Premiers Commis pour la Correfpondance Politique.

M. Gerard, les Cours de Vienne, Peterfbourg, Berlin, la Pologne, Dantzick; les Cours de Mayence, Coblentz, Bonn, Drefde, Munick, Manheim, Deux-Ponts, Stuttgard, Caffel, Darmftad, la Diete générale de l'Empire d'Allemagne; les Cercles, Liége, Hambourg, Francfort fur le Mein, & généralement tout l'Empire d'Allemagne, Bruxelles, le Corps Helvétique & fes Alliés, l'Evêque de Bâle, le Valais, les Grifons, la République de Genève & les affaires de limites, relatives aux mêmes Cours, la Porte-Ottomane, la Crimée.

M. Gerard de Rayneval, les Cours de Rome, Naples, Turin, Florence, Parme, Modène; les Républiques de Venife & de Gênes; Malte & toute l'Italie, l'Efpagne, le Portugal, l'Angleterre, le Danemarck, la Suede & la Hollande.

Premier Commis pour les fonds.

M. Durival, la finance des affaires étrangeres, les dons, penfions, graces & les expéditions qui en dépendent, la police des paffe-ports.

Dépôt des Affaires étrangeres à Verfailles.

M. de Semonin, *premier Commis.*
M. Moreau, *premier Secrétaire du Miniftre.*

CHEFS ET PREMIERS COMMIS DES BUREAUX
DE MONSIEUR DE SARTINE,
Au département de la Marine.

M. Blouin, le Secrétariat du Miniftre, le mouvement, les graces & emplois des Officiers & entretenus, & les Troupes de la Marine.

M. de la Frenaye, l'adminiſtration des ports & arſenaux ; les approviſionnemens, ouvrages, armemens & déſarmemens ; les hôpitaux & les Chiourmes.

M. Guignace, les fonds de la Marine, des Colonies & des Invalides & l'examen des comptes.

M. de la Coſte, les Colonies de l'Amérique, & les établiſſemens françois à la côte d'Afrique.

M. de Mars, les Iſles de France & de Bourbon, & les établiſſemens François par-delà le Cap de Bonne-Eſpérance.

M. Amé de Saint Didier, la correſpondance de Maroc, d'Alger, de Tunis, de Tripoli, de Barbarie & de la Perſe ; le commerce & les Conſulats des échelles du Levant, de Barbarie, d'Eſpagne, du Portugal, d'Italie, & des Etats du Nord ; la Chambre du Commerce de Marſeille ; les Lazarets, la Compagnie Royale d'Afrique.

M. d'Izangremel, les affaires contentieuſes de la Marine & des Colonies.

M. d'Hamecourt, le dépôt des archives de la Marine.

M. Fera, *premier Commis*, les Claſſes des gens de mer, la Police de la navigation marchande & des pêches.

DÉPÔT DES CARTES, PLANS ET JOURNAUX DE LA MARINE,
rue Saint Antoine, à Paris.

M. le Marquis de Chabert, Capitaine des Vaiſſeaux du Roi, Inſpecteur.

M. le Chevalier d'Eveux de Fleurieu, ancien Capitaine de Vaiſſeaux, Inſpecteur en ſecond, & Directeur des Ports & Arſenaux.

CHEFS ET PREMIERS COMMIS DES BUREAUX

DE MONSIEUR LE PRINCE DE MONTBARREY,

Secrétaire d'Etat au Département de la Guerre.

M. Campi, à la Cour. Les Provinces du Département & les Affaires contentieuſes qui ſe portent au Conſeil : les Arrêts, Lettres-Patentes & autres Expéditions qui en dépendent : le Département de la Corſe.

M. Dautemare d'Ervillé, Intendant des Armées du Roi, à la Cour ; la Correſpondance avec les Généraux d'Armées, les Commandans & Intendans des Provinces, les Officiers Généraux employés, les Commandans des Places & des Troupes, ſur ce qui concerne le ſervice des places & la diſcipline ; la

rédaction des Ordonnances relatives à ces deux objets, &
les lettres tendantes à leur exécution ; les affaires contentieufes militaires , les traités de reftitution réciproque des
Déferteurs ; les lettres de cachet concernant les Militaires
& celles des Provinces du Département. Les paffe - ports
& brevets de permiffion pour paffer dans les Pays Étrangers ; l'expédition des États & Offices des Maréchaux de
France , Pouvoirs, Brevets & Lettres de Service des
Officiers Généraux. Les Provifions du Colonel Général des
Suiffes , des Colonels Généraux & autres Officiers de l'État
Major de la Cavalerie & des Dragons, des Gouverneurs
& Lieutenans-Généraux des Provinces du Département. Les
Lettres de relief, de preftation de ferment ; les Commiffions des Intendans des Provinces du Département ; le détail des Commiffaires des Guerres , les expéditions pour la
convocation des États , inftructions des Commiffaires & ré-
ponfes aux cahiers defdits États. Les dépêches pour le renouvellement ou la continuation des Magiftrats des Villes , &
l'examen de leur compte pour la Flandre & le Hainault ;
les expéditions pour l'Élection & Nomination des Abbés
Réguliers & de leurs Coadjuteurs ; les attaches fur Bulles &
les brefs de Cour de Rome , les paffe-ports des Juifs ; les
ordres relatifs aux émeutes & affemblées tumultueufes d'Habitans , les affaires de contre-bande ; l'Hôtel Royal des Invalides ; les Ecoles Militaires.

M. de Saint Paul , *chef*; la Nomination aux Emplois & Charges
Militaires ; Commiffions , Lettres , Brevets des Officiers des
Troupes reglées & des Troupes Provinciales. Les Expédi-
tions des Officiers de la Maifon du Roi, la Gendarmerie, les
Congés, Reliefs, Dettes des Officiers. Les Etats Majors des
places. L'Expédition des Provifions, Commiffions , Brevets
& Congés des Officiers defdits Etats Majors. L'Ordre de
Saint Louis.

Melin , *chef*, les projets & ordonnances des fonds néceffaires
au département de la guerre. La folde des troupes. Le traitement des Officiers généraux. Les ordonnances de penfions,
appointemens, gratifications annuelles & extraordinaires, tant
fur le tréfor royal, l'ordinaire & l'extraordinaire des guerres,
que fur l'Ordre de Saint Louis & le quatrieme denier ;
la converfion defdites ordonnances en refcriptions , pour les
faire parvenir aux Penfionnaires dans les lieux de leurs réfidences. La comptabilité des Tréforiers Généraux , tant de
l'ordinaire & l'extraordinaire des guerres, que de ceux de
l'Ordre de Saint Louis , des Invalides , du quatrieme denier
& des vivres. Les états de fituation des caiffes tant de ces

Tréforiers, que de ceux de l'Artillerie & du Génie, des Maréchauffées & de l'École Royale Militaire. Les états & ordonnances fur le fonds du taillon. Les mémoires pour l'obtention des graces aux veuves des Militaires & aux Officiers retirés. La liquidation des anciennes dettes des troupes. L'expédition des ordres d'appointemens accordés à titre de gratification aux Officiers abfens de leurs corps. Les revues, les appointemens des Commiffaires des guerres & des États Majors des places, tant des garnifons ordinaires, que des places frontieres. Les Employés dans les Provinces, les Invalides penfionnés, les foldes & demi foldes, & généralement tous les mémoires relatifs aux fonds de l'extraordinaire des guerres & à la comptabilité.

M. de Sainte Rheufe, **M.** d'Avrange, Commiffaire des Guerres & du Corps Royal de l'Artillerie, *Adjoint.* Le mouvement des troupes, leur emplacement dans les garnifons & quartiers. L'expédition de toutes les routes de quelque efpece qu'elles foient. Les étapes, la vérification des comptes de cette dépenfe. Le logement des troupes en marche, les difcuffions à ce fujet. Les voitures fournies aux troupes pendant leurs marches, & les difcuffions fur cette fourniture. Les manéges établis dans les places ou quartiers, pour l'inftruction des troupes à cheval. La création, la compofition des troupes, les augmentations & réformes, toutes les ordonnances rendues tant fur ces différens objets, que fur la manutention, police, manœuvres & exercices. L'examen des projets & mémoires qui ont rapport à ces objets. L'ordonnance des femeftres & les autres ordonnances relatives aux détails dont ce bureau eft chargé. Les revues & les comptes rendus des troupes par les Officiers Généraux employés dans les divifions. Les congés abfolus & limités des Soldats, les difcuffions à ce fujet & fur les engagemens des Soldats. Les recrues, les remontes & les réformes de chevaux, les chevaux morveux dans la Cavalerie & dans la maifon du Roi. L'École Vétérinaire pour la Cavalerie, & celle des Trompettes établie à Strafbourg. La levée des troupes provinciales, leur adminiftration & les ordonnances concernant ces troupes. Les Invalides & les penfions de récompenfes militaires, les congés & dettes des Officiers invalides.

M. Sevin, *chef.* La Maréchauffée, les Déferteurs, le Contrôle & l'habillement des Troupes.

Les Edits, Déclarations, Ordonnances du Roi, Arrêts & Réglemens fur tout ce qui eft relatif à la conftitution, police, difcipline, fervice & traitement de la Maréchauffée. La nomination aux places d'Infpecteur, de Prevôt général, de

. Lieutenant, &c. & l'expédition de leurs provisions, commissions & brevets de retenue. La nomination aux places d'Assesseur, de Procureur du Roi & de Greffier, & l'expédition de leurs commissions. La proposition aux grades de Mestre de Camp, Lieutenant Colonel & autres qui s'accordent aux Officiers de Maréchaussée. Celle des Croix de Saint Louis & de la Noblesse militaire pour lesdits Officiers. Les Congés. Les Dettes. Les fonds de la Maréchaussée & la comptabilité avec les Trésoriers généraux. L'habillement; l'armement, les remontes & l'administration des masses relatives à ces objets. Les Invalides. Les Prevôtés des armées. La correspondance sur tout ce qui concerne les objets ci-dessus. Celle relative à l'instruction des Procès provôtaux. L'envoi des signalemens.

La rédaction des Ordonnances concernant les Déserteurs. La révision de leurs jugemens. La police & administration des chaînes où ils sont détenus. Les brevets de grace ou de commutation de peine des Déserteurs condamnés à la chaine; (s'il y avoit lieu d'en obtenir) ceux de rappel des galeres des Soldats qui y ont été condamnés pour désertion. Les ordres pour arrêter les Déserteurs, Soldats en sémestre, ou Recrues en retard de joindre. L'envoi de leurs signalemens. Le contrôle des Bas-Officiers & Soldats des Troupes, & l'expédition des certificats de mort, désertion, &c. à délivrer d'après ce contrôle. La vérification des services pour la vétérance ; & l'expédition des brevets.

L'habillement des Gardes du Corps & des troupes d'Infanterie, Cavalerie, Dragons & Hussards; celui des Invalides pensionnés, des Compagnies détachées & des hommes retirés avec solde & demi-solde. La fourniture des drapeaux & étendarts, celle des Chapelles Militaires.

M. de Charrin, la subsistance des troupes, en pain, viande, fourrages, bois & lumiéres. La vérification des comptes desdites fournitures. Les hôpitaux militaires & tous ceux de charité du Royaume, où les Troupes sont reçues; les lits des hôpitaux & des casernes; les effets & ustensiles des casernes & des corps-de-gardes.

M. le Sancquer, l'artillerie de terre, le corps royal, les Inspecteurs & les Commissaires des guerres dudit corps. Les commissions, lettres & brevets des Officiers; les graces du Corps Royal ; les écoles & les magasins d'artillerie ; les arsenaux de construction ; les fonderies, forges de fer coulé & manufactures d'armes. L'armement des troupes; les poudres & salpêtres; l'arsenal de Paris. Le corps du génie & les fortifications de toutes les places du royaume. L'école de

Mezieres. Le dépôt des plans en relief. L'examen des comptes des Tréforiers Généraux, pour toutes les dépenfes concernant l'artillerie & le génie ; le détail des fonds pour ces deux parties, & le département des Milices gardes-côtes.

M. Devault, Maréchal de Camp, la direction du dépôt général de la guerre, des plans & des Ingénieurs-Géographes des camps & armées.

Dépôt général de la Guerre.

M. Ratte, *premier Commis.*

Ingénieurs - Géographes.

M. de Villaret, Capitaine d'Infanterie, *Chef.*

Aux Départemens de MONSIEUR BERTIN.

M. de la Barberie; les Hôtels-de-Ville, les Réglemens qui les concernent, tout ce qui regarde les élections aux Charges de Maire, Lieutenant de Maire, Echevins, Jurats, Confuls, & autres Charge Municipales, nomination de Prud'hommes, ou Confeillers de Ville : les affemblées des Communautés & Habitans : les Confeils ordinaires & extraordinaires des Villes, l'adminiftration municipale, & les conteftations qui y ont rapport. Les Affaires contentieufes & autres qui fe portent au Confeil des Dépêches : l'expédition des Arrêts, les Lettres Patentes, les Lettres de don de Gardenoble, les Lettres de don de Prélation : l'expédition des ordres du Roi, les Dons & Brevets : l'expédition des Ordonnances fur le Tréfor Royal : les Arrêts de furféance, les Sauf-conduits, les Paffeports : l'établiffement, la fuppreffion & démolition d'Edifices publics; la fuppreffion des Bâtimens appartenans à Gens de main-morte. Les Provifions des Gouverneurs & Lieutenans Généraux des Provinces : les Commiffions des Commandans en Chef & autres Commandans dans les Provinces : les Commiffions d'Intendans ; les Provifions des Grands-Baillis & Grands-Sénéchaux : les Provifions des Gouverneurs, des Lieutenans de Roi, des Majors & autres dans les Villes où il n'y a point d'Etat Major militaire : les Lettres Patentes d'annobliffement & de confirmation de Nobleffe, de relief, de laps de temps, de dérogeance, d'omiffion de qualité. La Police extérieure fur les Corps & Communautés féculieres & régulieres : la confirmation des élections des Abbés Réguliers : Lettres d'attache fur Provifion

sion de Bénéfice : la permission de procéder à l'union ou suppression de Bénéfices : les Lettres Patentes sur Bulles : Expéditions de Cour de Rome & Décrets des Evêques : la permission aux Gens de main-morte d'acquérir, de vendre, échanger. Les Brevets de Permission aux Nouveaux Convertis, ou issus de parens de la Religion prétendue Réformée de vendre leurs biens, & tout ce qui regarde la Religion prétendue Réformée à l'exception des biens en régie. Les Pensions autres que pour la Maison du Roi, la Guerre, la Marine, les Economats ; le tout seulement pour les Provinces qui suivent : la Guienne haute & basse, ce qui comprend les Intendances de Bordeaux, Auch & Bayonne : la Normandie, qui comprend les Généralités de Rouen, Caen & Alençon, & la partie de la Province du Perche qui dépend de la Généralité d'Alençon ; Champagne, & la partie de la Brie qui dépend de la Généralité de Châlons, la Ville & Généralité de Lyon : le Berry.

M. Parent, fils, rue du Fauxbourg Montmartre. L'Agriculture, & les Sociétés d'Agriculture. Les partages des Communaux : les canaux d'arrosement ; les Loix & Réglemens concernant les desséchemens, défrichemens, & abolition du droit de parcours. Les Ecoles Vétérinaires. Les Mines, leur concession & exploitation. Le Roulage. Les petites Postes ; leur établissement, régie & administration. Les Loteries existantes, leur établissement & emploi, à l'exception de celle de l'Ecole Militaire.

M. le Seurre. Le Bureau des Dépêches. L'Echange de la Principauté de Dombes & ses suites, ses revenus & impositions, & les expéditions qui dépendent du Département du Secrétaire d'Etat pour cette Province.

M. Des Essards. Les Haras. Il est aussi chargé de ceux des Provinces qui sont du Département de la Guerre, & de ceux du Département de M. le Grand Ecuyer. Son Bureau, rue Dauphin, près le Manege des Tuileries.

CHEFS ET PREMIERS COMMIS DES BUREAUX,

Aux Départemens de MONSIEUR

AMELOT.

M. Leschevin, la Maison du Roi.

M. Silvestre, l'Expédition de la feuille des Bénéfices, les Affaires générales de la Religion prétendue réformée, la régie des biens des Religionnaires fugitifs.

Et dans toutes les Provinces du Départemeut, les Etats, les Parlemens & autres Tribunaux de Juftice, les Municipalités & Gouvernemens. Les Intendances. Les Affaires Eccléfiaftiques, les Permiffions de vendre & d'acquérir ; les: Ordres du Roi dans les cas qui auront rapport au régime & à la police Eccléfiaftique, ou à l'adminiftration municipale.

M. Robinet, la Ville de Paris, les Affaires générales du Clergé, & dans toutes les Provinces du département, les affaires de Nobleffe ; les furféances & fauf-conduits ; tous les Ordres du Roi, autres que ceux qui auront rapport au régime & à la police eccléfiaftique ou à l'adminiftration municipale ; les droits de Prélation, & en général toutes les demandes & affaires qui concerneront des particuliers, fans aucun rapport direct à l'adminiftration.

M. Gallemant, premier Commis & Secrétaire du Miniftre : le renvoi des mémoires & placets ; les brevets des Maîtres de Poftes, la correfpondance générale, la fignature des expéditions du Sceau : l'expédition des affaires qui n'ont point de département fixe, toutes les affaires qui concernent le Secrétariat.

M. Pouteau, premier Secrétaire du Miniftre.

Aux départemens de MONSIEUR NECKER, DIRECTEUR GÉNÉRAL DES FINANCES.

M. DUFRESNE, premier Commis des Finances, rue neuve des petits Champs.
Le Tréfor royal.

M. MESNARD DE CONICHARD.
Les Pays d'Etats ci-après ; la Bretagne ; le Languedoc ; la Bourgogne ; la Provence ; l'Artois & la Flandre qui renferme les Etats de Lille, Douay & Orchies & ceux de Cambrai. Toutes les affaires de la ville de Marfeille, qui font du département de la Finance, & la Finance des Villes des Pays d'Etat.

M. DE VILLIERS, à la Cour, ou à Prris, rue de la Corderie, vis-à-vis la rue de la Sourdiere, &

M. DE VILLIERS DE TERRAGE, à la Cour, ou à Paris, rue des Enfans-Rouges.
La vérification des Etats au vrai des Fermes Générales, & des petites Gabelles, celle des comptes de paffeport, des états de dépenfes faites par l'Adjudicataire des Fermes, fur le prix de fon bail. Le *vifa* des paffeports émanés de Mef-

fieurs les Secrétaires d'Etat ; le cayer du temporel du Clergé. L'expédition à faire des Edits & Déclarations, Lettres-Patèntes & Arrêts ; les expéditions du Conseil Royal des Finances, telles que les Etats du Roi, les Etats au vrai, & les Rôles de Recouvrement pour la fignature de Sa Majefté & des Membres de ce Conseil ; le dépôt des Minutes, Edits, Déclarations & Lettres-Patentes rendues en Finance depuis 1715.

M. D**AILLY**, rue neuve des Capucines.
Les Tailles & le Taillon. La Capitation. Les Vingtiemes. Les Impofitions des Provinces conquifes. Le don gratuit du Clergé de France. Les Impofitions du Clergé des frontieres & de l'Ordre de Malte. Les Recettes générales des Pays d'Election, des Pays d'Etats & des Pays conquis. Les Etapes & les Convois militaires. La régie des Poudres & Salpêtres. La vérification des Etats au vrai des recettes générales. Celle des comptes de la Taille, Capitation & Vingtieme.

M. M**ELIN**, hôtel du Contrôle général.
La liquidation de tous les Offices fupprimés, & des droits dans lesquels le Roi eft rentré. Les Etats de fituation de tous les comptes, les débets à la pourfuite des Contrôleur des bons d'état du Conseil & des Contrôleurs des rentes, & les états fervans à conftater la population du Royaume. Le Bureau des rentes qui confifte dans la confection de l'état de toutes les rentes fur l'Hôtel de Ville & le détail de tout ce qui a trait aux Payeurs defdites rentes & leurs Contrôleurs. L'état des Gages du Parlement de Paris, de la Chambre des Comptes, de la Cour des Aides & des Secrétaires du Roi du Grand Collége. Les états des Charges affignées fur les cinq groffes Fermes, celles fur les Gabelles de France & du Lyonnois, & celles affignées fur les Traites.

M. H**AMELIN**, hôtel du Contrôle général.
Les Aides & droits y joints. Le Marc d'or. La régie des Poftes & Meffageries & la régie générale qui comprend les droits fur les cuirs & peaux, des Infpecteurs aux Boucheries, de marque & de contrôle fur les Ouvrages d'or & d'argent, des marques fur les fers. Sur l'amidon & la poudre à poudrer ; fur les papiers & cartons ; des lettres de ratification fubftituées aux décrets volontaires ; des quatre deniers pour livre du prix des ventes des meubles de Greffe ; de la bourfe commune des Huiffiers de Bretagne ; des Chancelleries non aliénées ; des Offices de Mefureurs, Aumeurs & autres fupprimés par l'Edit du mois d'Avril 1768. Les droits réfervés fubftitués au don gratuit, les droits des qua-

tre membres de la Flandre maritime; les droits & octrois & droits appartenans aux villes & communautés, hôpitaux & autres, & les gages intermédiaires.

M. COUTURIER, rue Sainte Anne.

Les traites & droits y joints; le prohibé; les grandes & petites Gabelles; les Gabelles de Franche-Comté. Trois Evèchés, Alsace & Lorraine; les droits d'entrée de la ville & fauxbourgs de Paris & droits en dépendans; la Ferme du Tabac & des droits de Domaine de l'Alsace.

M. DE BROÉ, hôtel du Contrôle général.

Le Bureau des Dépêches, qui consiste dans l'ouverture & le rapport au Ministre de toutes les lettres, requêtes, placets & mémoires, dans le renvoi qui en est fait aux différens départemens, dans l'expédition des affaires instantes & du cabinet; les passeports donnés par M. le Directeur général, les mémoires pour le travail du Roi, & les décisions de sa Majesté pour la nomination aux Intendances, & autre graces qu'elle accorde en finance. L'expédition des affaires qui n'ont point de département fixe ou que le Ministre traite directement.

M. COINDET, Secrétaire de M. le Directeur général des Finances, hôtel du Contrôle général.

M. Moreau, Historiographe de France, place de Vendôme, du côté des Capucines. La recherche & collection des Chartes & autres Monumens intéressans: l'Histoire & le Droit public du Royaume, les travaux littéraires ordonnés à ce sujet par Sa Majesté, & la correspondance qu'ils exigent, la Garde du Dépôt général des Chartes & celle des Archives & Bibliothéque des Finances.

PRINCIPAUX COMMIS DES DÉPARTEMENS

DE L'ADMINISTRATION GÉNÉRALE DES FINANCES.

Bureaux de Monsieur DE BOULLONGNE.

M. DUCHAUFOUR.

Les Revenus & Dépenses des Villes, Bourgs, Communautés d'Habitans, & des Hôpitaux. Les Bureaux des Finances. L'état des gages des Gouvernemens Municipaux. Les Ligues Suisses.

M. DESNOYERS.

La Distribution des Remedes qui se fait par ordre du Roi, dans les Provinces. Le Secretariat.

Bureau de Monſieur DE COTTE.

M. Cadet de Chambine, rue des Enfans-Rouges.

Les Ponts & Chauſſées, Turcies & Levées & le Pavé de Paris.

Bureau de Monſieur MONTARAN fils.

M. Aubé.

Les Détails & la Correſpondance relative aux ſubſiſtances.

Bureaux de Monſieur DUFOUR DE VILLENEUVE.

M. Gaïllard, rue Poulletiere, île Saint Louis.

Les Parties Caſuelles. L'exécution de l'Edit de Février 1771, concernant l'évaluation, le Centieme Denier, les Droits de ſurvivance & de mutation des Offices.

M. Jacob de Sacney, rue Feydeau.

Les Parties Caſuelles en ce qui concerne l'exécution des Edits & Déclarations portant création des Offices de Gouverneurs & Lieutenans de Roi des Villes cloſes, des Offices Municipaux, & de ceux du point d'honneur. La fixation des Finances deſdits Offices, & toutes les Affaires contentieuſes qui y ſont relatives.

Bureaux de Monſieur VALDEC DE LESSART.

M. Fieux, hôtel du Contrôle Général.

Les Projets. Les Affaires contentieuſes des Monnoies & autres, qui n'ont point de département fixe.

M. Poignant, hôtel du Contrôle Général.

Les Monnoies.

M. Gratart, hôtel du Contrôle Général.

Les détails relatifs au Commerce de l'Inde. Le droit d'Indult, & le Secrétariat.

M. des Rotours, hôtel du Contrôle Général.

Les détails relatifs aux demandes de graces, & autres, le rapport & l'expédition de tous les renvois faits par M. le Directeur Général, & la correſpondance.

Bureaux de Monſieur DE BONNAIRE DE FORGES.

M^{rs} { **Nardot de Charmont**, rue Royale, butte S. Roch. / **de Bois le Comte**, rue Vivienne.

L'Adminiſtration & la Régie Générale des Domaines & Bois. Les Affaires contentieuſes concernant les Domaines, la revente des Domaines aliénés.

M. Desbœufs, rue des Bons Enfans, Saint Honoré.

Les Etats des Bois & tous les détails relatifs à l'adminiſtration des Eaux & Forêts.

M. Mutel, rue & près l'égoût Montmartre.

Les droits de Contrôle des actes de Notaires, inſinuations & centieme denier ; les droits de petit fel ; le contrôle des exploits ; la formule ; les amortiſſemens ; franc-fiefs; nouveaux acquêts & uſages.

M. BRUTÉ DE NIERVILLE, rue Vivienne, Hôtel de M. de Beaumont.

La confeſſion des Rôles qui s'arrêtent au Conſeil pour le recouvrement des frais de Juſtice. Les oppoſitions à l'exécution des Rôles, & généralement tout ce qui concerne les frais de Juſtice.

M. DE BUSSEROLE, rue Vivienne, Hôtel de M. de Beaumont.

La confeſſion de l'Etat du Roi, des Domaines, & le Réglement des frais d'Impreſſion.

M. LAMBERT, même demeure.

Le Reglement des courſes de Maréchauſſée & les réparations des bâtimens dépendans du Domaine.

M. ANGEBAULT, rue Vivienne, hôtel de M. de Forges.

Le Renvoi & l'Enregiſtrement des Placets, Requêtes & Mémoires, & le Secrétariat.

M. Nouette de Lorme, *Caiſſier du Sol pour livre de la Revente des Domaines aliénés*, rue Plâtriere, hôtel de Bullion.

Bureaux de M. DUFRESNE, premier Commis des Finances, rue neuve des Petits Champs.

M. Gojard, les états des Caiſſes, les diſtributions des fonds aux divers départemens, & les expéditions des Ordonnances, & les états des gages & appointemens du Conſeil.

M. Drouet de Santerre, l'Enregiſtrement & le Dépôt des Ordonnances, ainſi que les états relatifs aux dépenſes courantes de la maiſon du Roi & à d'autres dépenſes du Tréſor royal.

M. Panet, la ſuite de l'exécution de l'Edit de Décembre 1764, & la formation des rôles qui doivent tenir lieu de titre nouvel.

M. Duclaud, à Verſailles, l'expédition des Ordonnances de penſions en finances, l'enregiſtrement de toutes celles des différens départemens, & la correſpondance des Bureaux de Paris.

Le Bureau du Contrôle du Tréſor Royal, dont M. Dufreſne s'eſt réſervé immédiatement la direction.

BUREAUX DU DÉPARTEMENT DES IMPOSITIONS.

M. Anſon, le contentieux de la Taille & de la Capitation. Les Impoſitions pour la reconſtruction ou la réparation des Egliſes, Preſbyteres, Ponts, Caſernes & autres dépenſes locales. La confeſſion des Rôles de Capitation Les travaux de Charité.

M. Tarbé, le Brevet la Taille. Le Brevet des Impofitions militaires & des Impofitions acceffoires de la Taille. Les Impofitions des Pays conquis. La direction des vingtiemes.
M. Petit des Rofiers, l'infpection fur le recouvrement & fur la réfidence des Receveurs particuliers des Impofitions. Le don gratuit du Clergé de France. Ceux des Clergés des Frontieres & de l'Ordre de Malte. La régie des poudres & falpêtres. La vérification des Etats au vrai des Recettes générales, celle des comptes de la Taille, Capitation & Vingtiémes, & le contentieux relatif à ces objets.
M. Gaudin de Valdancourt, les fecours pour les pere & mere chargés de famille nombreufe. Les Etapes & Convois militaires. Le renvoi des Mémoires. Les différens objets qui n'ont point de département fixe.

Ces Bureaux font chez M. D'Ailly, rue neuve des Capucines.

INTENDANS des Généralités & Provinces du Royaume.

Les Villes où réfident M^rs les Intendans, font marquées d 'une

PAYS D'ÉLECTIONS.

1768 **PARIS**, M. Bertier, Maître des Requêtes, rue de Vendôme.

Vingt-deux Élections.

* Paris, en l'Ifle de France.

Beauvais,
Compiégne,   } en Picar-
Senlis,   die.

Meaux,
Rozoy,
Coulommiers,   } en Brie.
Provins,
Montreau,

Nogent-fur-
Seine,
Sens,   } en Cham-
Joigny,   pagne.
Saint-Florentin,
Tonnerre,
Pontoife, dans le Vexin.

Nemours,
Melun,   } en Gâti-
Étampes,   nois.
Mantes,
Montfort-La-   } en Beau-
maury,   ce.
Dreux,

Vézelay, dans le Nivernois, près la Bourgogne.

1771 **AMIENS**, M. d'Agay de Mutigney, Maître des Requêtes, nommé en Bretagne en 1767 ; à Paris, rue de Berry au Marais.

Six Élections en Picardie.

* Amiens.   Doullens.   Montdidier.
Abbeville.   Peronne.   Saint-Quentin.

P iiij

Quatre Gouvernemens.

Montreuil. Boulogne. Ardres. Calais.
1765 SOISSONS, M. le Peletier de Mortefontaine, nommé à la
Rochelle en 1764.

Sept Élections en Picardie.

* Soiſſons. Laon. Noyon. Château-Thierry en Brie. Creſpy.
Clermont. Guiſe.
1760 ORLÉANS, M. de Cypierre, Maître des Requêtes Honoraire; à Paris, rue Poiſſonniere.

Douze Élections.

* Orléans, Petiviers, Beaugency,	} dans l'Orléanois.	Montargis, Gien, Blois, dans le Blaiſois.	} en Gâtinois.
Chartres, Châteaudun, Vendôme,	} dans la Beauce.	Romorantin, en Sologne. Dourdan, dans le Hurepoix. Clamecy, dans le Nivernois.	

1776 BOURGES, M. Feydeau de Brou, Maitre des Requêtes.

Sept Élections.

* Bourges, Iſſoudun, Châteauroux, Le Blanc, La Châtre.	} en Berry.	Saint-Amand, en Bourbonnois. La Charité-ſur-Loire, en Nivernois.	

1767 LYON, M. de Fleſſelles, Maitre des Requêtes honoraire,
nommé à Moulins en 1761, en Bretagne en 1765.

Cinq Élections.

* Lyon, Saint-Etienne, Montbriſon,	} en Forets.	Roanne, en Forets. Villefranche, en Beaujolois.	

1762 LA DOMBES, ou TRÉVOUX, M. de Garnerans.
1776 LA ROCHELLE, M. Meulan d'Ablois; à Paris, rue neuve
des Capucines.

Cinq Élections.

* La Rochelle, dans le Pays d'Aunis. Saintes, en Saintonge.		Saint-Jean d'Angely, Marenne, Coignac, en Angoumois.	} en Saintonge.

1777 MOULINS, M. Guéau de Réverſeaux, Maitre des Requêtes.

Sept Élections.

* Moulins, Gannat, Montluçon,	} en Bourbonnois.	Nevers, Château-Chinon,	} en Nivernois.

Gueret, dans la Marche.

Evaux , fur les confins de l'Auvergne.

1767 RIÒM , M. de Chazerat , Maitre des Requêtes.

Sept Élections en Auvergne.

* Riom. Brioude. Mauriac. Clermont. Aurillac. Saint-Flour. Iffoire.

1750 POITIERS , M. de la Bourdonnaye de Bloffac , Maître des Requêtes honoraire.

Neuf Élections en Poitou.

* Poitiers. Niort. Saint-Maixant. Fontenay. Thouars. Chatillon-le-Château. Les Sables d'Olonne. Chatellerault. Confolans.

774 LIMOGES , M. D'Aine , nommé à Pau & Bayonne en 1767, Maître des Requêtes *honoraire*; à Paris, rue Taranne.

Cinq Élections.

| * Limoges, | en Limo- | Bourganeuf, dans la Marche. |
| Tuiles, Brives, | fin. | Angoulême, en Angoumois. |

1775 BORDEAUX & BAYONNE *réunie en* 1775 , M. Dupré de Saint-Maur Maitre des Requêtes honoraire ; nommé à Bourges en 1764.

Six Élections.

* Bordeaux, en Guienne.	Agen, en Agenois.
Perigueux,	en Peri-	Condom, en Condomois.
Sailat,	gord,	Les Lannes.

Pays & Villes abonnés.

Pays de Labourt. Baftilles de Marfan , Turfan , & Gabardan.

* Bayonne. Mont-de-Marfan. Acqs.

1766 TOURS , M. Ducluzel , Maître des Requêtes ; à Paris, rue Royale , butte Saint Roch.

Seize Élections.

* Tours,		Saumur,	
Amboife,		Château-Gon-	dans
Loches,	dans la Touraine.	tier,	l'Anjou.
Chinon,		Baugé ,	
Loudun,	dans le Poitou.	La Fléche,	
Richelieu,		Le Mans,	
Angers,		Mayenne,	dans le Maine.
Montreuil-Bel-lay,	dans l'Anjou.	Laval,	
		Château du Loir,	

1776 AUCH & PAU , *divifés en* 1767 & *réunis en* 1771 , M. Douet de la Boullaye , Maître des Requêtes ; à Paris, rue de Richelieu, près la rue Vildot.

Pays d'États.

Baffe Navarre. Comté de Soule. Béarn. Bigorre & Nebouzan.

Pays & Villes abonnés.

Les quatre Vallées, Leiƈtoure.

Cinq Éleƈions.

* Auch, ou Armagnac. Lomagne. Riviere-Verdun. Commenge, Aftarac.

1723 MONTAUBAN, M. Terray, Maître des Requêtes; à Paris, rue de Jouy.

Six Éleƈions.

* Montauban, Cahors, Figeac. } en Quer-cy.   Villefranche, Rhodez, Milhault. } en Rouer-gue.

1764 CHAMPAGNE, M. Rouillé d'Orfeuil, Maître des Requêtes honoraire, nommé à la Rochelle en 1762.

Douze Éleƈions.

* Châlons. Rhetel. Sainte-Menehould. Vitry. Joinville, Chaumont. Langres. Bar-fur-Aube. Troyes. Epernay, Sézanne, en Brie. Reims.

1777 ROUEN, M. Depont, Confeiller *honoraire* du Parlement de Paris, & Maître des Requêtes *honoraire*, nommé à Moulins en 1765.

Quatorze Éleƈions en Normandie.

* Rouen. Arques. Eu. Neuf-Châtel. Lyons. Gifors. Chaumont & Magny. Andely. Evreux. Pont-de-l'Arche. Pont-l'Evêque. Pont-Audemer. Caudebec. Montivilliers.

1775 CAEN, M. Efmangart, Maître des Requêtes, nommé à Bordeaux en 1770, rue du Bacq, près la rue Saint Dominique.

Neuf Éleƈions en Normandie.

* Caen. Bayeux. Saint-Lo. Carentan. Valognes. Coutances. Avranches. Vire. Mortain.

1766 ALENÇON, M. Julien, Maître des Requêtes; à Paris, rue Cadet, Fauxbourg Montmartre.

Neuf Éleƈions au milieu de la Normandie.

* Alençon. Bernay. Lizieux. Conches. Verneuil. Domfront. Falaife. Argentan. Mortagne, dans le Perche.

PAYS D'ÉTATS.

1774 BRETAGNE, M. Caze de la Bove, Maître des Requêtes; à Paris, rue neuve des Capucines.

Neuf Diocèses.

* Rennes. Nantes. Vannes. Saint-Malo. Saint-Pol de Léon.
· Saint-Brieux. Dol. Tréguier. Quimper.

1775 AIX EN PROVENCE, M. des Galois de la Tour, Premier Préfident.

Vingt-deux Vigueries.

* Aix. Tarafcon. Forcalquier. Sifteron. Graffe. Yérés. Draguignan. Toulon. Digne. Saint-Paul. Mouftiers. Caftelane. Apt. Saint-Maximin. Brignolle. Barjoux. Annot. Colmars. Seyne. Lorgues. Aups. Barrefme. Terres adjacentes.

1751 ⎧ LANGUEDOC, M. de Guignard de Saint-Prieft, Con-
　　　⎩ feiller d'État ordinaire.
1764 ⎰ M. de Guignard de Saint-Prieft, fils.

Onze Diocèses en la Généralité de

Touloufe. Lavaur. Rieux. Partie de Commenge. Partie de Montauban. Limoux. Mirepoix. Carcaffonne. Aleth. Alby. Caftres.

Douze Diocèses en la Généralité de

* Montpellier. Saint-Pons. Narbonne. Beziers. Agde. Lodeve. Nifmes. Alais. Uzès. Viviers. Le Puy. Mende.

1775 PERPIGNAN ET ROUSSILLON, M. de la Porte de Meflay, Maitre des Requêtes ; à Paris, rue de Richelieu, près la rue des Boucheries.

Trois Vigueries dans les Comtés de

Rouffillon & Valefpir.　　La Serdagne Françoife.
Conflent & Capfir.　　　Pays de Foix & de Donnezan.

1774 BOURGOGNE, M. Dupleix de Bacquencourt, nommé à la Rochelle en 1765, à Amiens en 1766, en Bretagne en 1771 ; à Paris, rue Bergere.

Vingt-trois Bailliages dans le Duché & Gouvernement.

* Dijon. Arnay-le-Duc. Avalon. Autun. Auxerre. Auxonne. Bar-fur-Seine. Beaune. Bourbon-Lancy. Breffe, *Élection.* Bugey, *Élection.* Châlon & Saint-Laureut, Charolles. Châtillon. Gex, *Élection.* Mâcon. Mont-Cenis. Noyers. Nuits. Semur, en Auxois & en Briois. Valromey, *Élection.*

1761 FRANCHE-COMTÉ, M. de la Corée, Maître des Requêtes honoraire, nommé à Montauban en 1758.

Quatorze Bailliages.

* Befançon. Dole. Gray. Vefoul. Salins. Arbois. Lons-le-Saunier. Orgelet. Pontarlier. Baume. Refforts d'Ornans. Poligny. Quinzey. La Terre de Saint-Claude.

1761 GRENOBLE, M. Pajot de Marcheval, Maître des Requêtes honoraire, nommé en 1756 à Limoges.

Six Élections en Dauphiné.

* Grenoble. Vienne. Romans. Valence. Gap. Montelimart. La Principauté d'Orange.

1766 METZ, TROIS EVÊCHÉS, M. de Calonne, Maître des Requêtes; à Paris rue de Clichy, près la barriere de la chauffé d'Antin.

Bailliages Royaux & Sieges Préfidiaux.

Metz. Toul. Verdun. Sedan. Sarrelouis.

Bailliages Royaux.

Thionville. Longwy. Yvoi-Carignan. Vic. Mouzon, & Mohon en Champagne.

Prevôtés Royales & Bailliageres.

Montmedy. Marville. Damvillers. Chauvancy. Château-Regnault.

Prevôtés Royales.

Phalfbourg. Sarrebourg. Sierck.

Nota. Les Villes ci-deffus marquées en caractere italique, font les Chefs-lieux des Subdélégations.

Les fix Bureaux de Recette des Finances font établis à Metz, Toul, Verdun, Sedan, Thionville, Vic.

1777 ALSACE, M. Chaumont de la Galaifiere, Maître des Requêtes honoraire, nommé à Montauban en 1756, à la Lorraine & Barrois en 1758.

Haute Alface, treize Bailliages.

Scheleftat. Neuf-Brifach. Fort du Mortier. Colmar. Huning. Landskron. Betfort. Delle. Altkirch. Ferrette. Thann. Bollweiller. Rouffach. Gebweiller. Enfisheim. Ribauvillé. Landfer. Comté d'Horbourg. Villé. Markolsheim.

Baffe Alface.

* Strafbourg, V. Daftein, B. Benfeld. Muttzig. Wantzenau. Kockerfberg. Saverne. Ban de Roche, Prév. Terres du G. Chapitre Directoire de la Nobleffe. Dabo, Comté. La Petite Pierre, Princ. Marmoutier. Tettviller, Prév. Saint-Jean des Choux, Prév.

Comté de Hanau.

Bouxviller, B. Pfaffenhoffen. Wert. Hatten. Brumpt. Wefthoffen. Offendorff, Prév. Haguenau. Bifchweiller, Prév. Oberbronne. Fleckenftein, Bar. Kutzenhaufen, Prév. Hochbœrg, Prév. Scheneck, Prév. Niderbronn. Lauterbourg. Altenftatt. Saint-Remi. Guttemberg. Seltz. Benheim. Dahn. Madebourg. Barbelftein, P.

1756 FLANDRE ET ARTOIS, M. le Fevre de Caumartin, Maître des Réquêtes honoraire, nommé à Metz en 1754.

Subdélégations, dont huit Bailliages & une Gouvernance en Artois.

Arras, *G.* Saint-Omer, *B.* Bethune, *B.* Aire, *B.* Bapaume, *B.* Hesdin, *B.* Lens, *B.* Saint-Pol, *B.* Lilliers, *B.* Saint-Venant.

Flandre Walonne.

* Lille. Douay. Orchies.

Flandre Maritime.

Cassel. Hazebrouck. Merville. Bailleul. Dunkerque. Bergues. Saint-Vinock. Houschoote. Bourbourg. Gravelines.

1775 HAINAUT ET CAMBRESIS, M. Senac de Meilhan, Maître des Requêtes, nommé à la Rochelle en 1766, à Aix en Provence en 1773.

Gouvernemens.

Avesnes.	Landrecy.	Maubeuge.
Charlemont.	Le Quesnoy.	Philippeville.

Prévôtés.

Bavay.	Mariembourg.	* Valenciennes.

C A M B R E S I S.

Cambray, *Duché.* Le Cateau, *Châtellenie.*

F L A N D R E.

Bouchain, *Châtellenie.* Saint-Amand, *Prévôté.* Mortaigne, *Comté.* Condé.

1777 LORRAINE ET BARROIS, M. Thiroux de Crosne, Maître des Requêtes *honoraire*, nommé à Rouen en 1767.

Vingt-six Bailliages en Lorraine.

* Nancy. Rozieres. Château-Salins. Nomeny. Lunéville. Blamont. Saint-Diez. Vezelize. Commercy. Mirecourt. Neuf-Château. Charmes. Chaté. Epinal. Bruyeres. Remiremont. Darney. Sarreguemine. Dieuze. Boulay. Bouzonville. Metrick & Sargaw. Bitche. Lixheim. Schambourg. Fenêtrange.

Dix Bailliages en Barrois.

Bar-le-Duc. La Marche. Bourmont. Saint-Mihiel. Pont-à-Mousson. Thiaucourt. Etain. Briey. Longuyon. Villers-la-Montagne.

1775 ISLE DE CORSE, M. Bertrand de Boucheporn, Maître des Requêtes.

Neuf Jurisdictions.

Corté. Bastia. Cap-Corse. Nébio. Balagne. Vico. Ajaccio. Sartené. Alléria.

GRANDE CHANCELLERIE.

1768 Messire René Nicolas Charles Augustin DE Maupeou, Chevalier, *Chancelier*, Commandeur des Ordres du Roi.

1774 Messire Armand Thomas Hue de Miromesnil, Chevalier, *Garde des Sceaux* , donne le Sceau les jours qu'il indique, foit à Paris, foit à la Cour.

. Meffieurs les Maîtres des Requêtes ont droit d'affifter au Sceau, & font les rapports des lettres de Juftice, étant affis.

* MM. les Confeillers au Grand Confeil, choifis par Monfeigneur le Garde des Sceaux , exercent les fonctions de *Grands Rapporteurs:* ils fiégent après Meffieurs les Maîtres des Requêtes, & font à leur tour le rapport des lettres de juftice dont ils font chargés.

. M. le Procureur Général des Requêtes de l'Hôtel eft Procureur Général de la Grande Chancellerie de France, de la Chancellerie du Palais, & des autres Chancelleries du Royaume.

Quartier de Janvier, MESSIEURS,

1775 Bioche, *Grand Audiencier*, rue Saint André des Arts, vis-à-vis la rue Contrefcarpe.

1755 Sauvage, *honoraire*, rue des vieilles Audriettes.

1773 Florée, *Contrôleur Général*, place de Vendôme.

1765 Tourolle, *Garde des Rôles*, rue d'Orléans, au Marais.

1765 Boscheron, *Confervateur des Hypotheques fur les Rentes ,* rue des deux Ecus.

1750 Paon, *honoraire*, rue Geoffroy-Lafnier.

1777 Benoift, *Scelleur*, rue & île Saint Louis.

Quartier d'Avril, MESSIEURS,

1765 Morel, *Grand Audiencier, Doyen*, place Vendôme.

1776 Félix de Montry , *Contrôleur Général*, rue des Tournelles, hôtel de Sagonne.

1764 Laurent des Granges, *Garde des Rôles*, rue Barbette, au Marais.

1767 D'Armagnac de Lugny, *Confervateur des Hypotheques fur les Rentes.*, rue du Temple, près la rue des Gravilliers.

1764 Robin fils, *Scelleur*, rue & hôtel de la Monnoie.

1743 Robin, *Scelleur honoraire*, à l'hôtel de la Monnoie.

Quartier de Juillet, MESSIEURS,

17..........., *Grand Audiencier*, rue......

1773 Thury, *Contrôleur Général*, hôtel de la Chancellerie, place de Louis-le-Grand.

1766 Belhomme de Franqueville, *Garde des Rôles*, rue neuve Saint François au Marais.

1738 Teſſier, *Garde des Rôles honoraire*, rue Tictonne.

1774 Chauchat, *Conſervateur des Hypotheques ſur les Rentes*, rue Geoffroi-Langevin.

1766 Sallard, *Scelleur*, rue du Monceau Saint Gervais.

Quartier d'Octobre, MESSIEURS,

1775 Mangin de Bionval, *Grand Audiencier*, rue du gros Chenet.

1774 Mariette, *Contrôleur Général*, rue de la Femme ſans tête, île Saint Louis.

1768 Poan de Monthelon, *Garde des Rôles*, rue Geoffroi-Laſnier.

1775 Briaſſon, *Conſervateur des Hypotheques ſur les Rentes*, rue Saint Jacques, près la rue de la Parcheminerie.

1740 Mirey, *Honoraire*, rue . . . . .

1761 Oudet, *Scelleur*, à Verſailles.

1772 Oudet fils, *en ſurvivance*, à Verſailles.

1740 Lottin, *Scelleur honoraire*, rue Montmartre, près la rue Jocquelet.

On donne avis que c'eſt chez les Grands Audienciers de quartier qu'il faut porter toutes les lettres pour faire ſceller : les proviſions d'Offices ſe portent chez le Garde des Rôles de quartier, chez lequel il faut auſſi s'adreſſer pour avoir les extraits d'oppoſitions ſurvenues au ſceau des proviſions, certificats d'icelles & radiations. Les lettres de ratification ſe portent au Bureau des Conſervateurs des Hypotheques, rue SaintMartin, vis-à-vis la rue Grenier Saint Lazare, chez M. Pouletier, Notaire : c'eſt auſſi dans ce Bureau qu'il faut s'adreſſer pour avoir les extraits, certificats & radiations des oppoſitions ſurvenues au ſceau des Lettres.

Tréſorier Général du Sceau de France.

1772 M. Ducheſnay Deſprez, rue Sainte Anne, butte Saint Roch.

M. Sourdeau, *Caiſſier*, place des Victoires, au coin de la rue de la Feuillade. Son Bureau, *dans lequel on retire les Lettres quand elles font fcellées*, rue Sainte Anne, butte Saint Roch.

On retire ces Lettres tous les jours, excepté les Mercredis & Samedis.

* On paye le matin les Mardis & Vendredis, à l'exception du Mardi, lorfqu'il tombe la veille d'un jour de Sceau.

Tréforiers du Marc d'Or.

Mrs {
Caron, rue Poiffonniere, vis-à-vis les Menus, *année paire.*
Tronchin, rue de Richelieu, vis-à-vis la rue Saint Marc, *année impaire.*
Hardouin de Beaumois, *Honoraire*, rue Sainte Anne, vis-à-vis les Nouvelles Catholiques.
Chupin, *Honoraire*, rue du Temple, vis-à-vis la rue Chapon.
}

Mrs {
De Saint Abel, rue du Bacq, chez l'Apoticaire du Roi, *année paire.*
Le Sueur, rue des Capucines, *année impaire.*
Millet de Montarby, *honoraire* ; à Chaillot.
} *Contrôleurs.*

Secrétaires du Roi Gardes-Minutes & Contrôleurs des Expéditions de la Grande Chancellerie de France, MESSIEURS,

Janvier, {
Pommyer, *Garde-Minute*, rue de Paradis, vis-à-vis l'hôtel de Soubife.
De Villantroys, *Contrôleur*, rue des Enfans Rouges.
}

Avril, {
Le Begue, *Garde-Minute*, rue Hautefeuille, *à Pâques*, rue Pavée Saint André.
Mouchard, *Contrôleur*, rue Montmartre, vis-à-vis Saint Joseph.
}

Juillet, {
Le Beuf, *Garde-Minute*, rue de la Harpe, près la rue du Foin.
Gin, *Contrôleur*, rue du Vieux Colombier, vis-à-vis la Miféricorde.
}

Octobre, {
Sénéchal, *Garde-Minute*, rue Barbette, près l'hôtel Soubife.
Tiffet, *Contrôleur*, Vieille rue du Temple, au coin de la rue de l'Ofeille.
}

Premier Secrétaire de la Chancellerie & du Sceau.

1776 M. Eftienne, rue du Plâtre Sainte Avoye, ou en Cour.

Secrétaire du Sceau.

1775 M. Petigny de Saint Romain, rue Traînée Saint Euftache, ou en Cour.

Premier

Premier Secrétaire de M. le Garde des Sceaux.

1774 M. Boucherot Duféy, hôtel de M. le Garde des Sceaux, rue St Dominique, fauxbourg St Germain *ou en Cour.*

Second Secrétaire, Chef du Bureau.

M. Lamy, rue Saint Dominique, fauxbourg Saint Germain, à l'hôtel de M. le Garde des Sceaux.

Huiffiers ordinaires du Roi en fa Grande Chancellerie.

1753   Farmain, *Doyen,* rue Saint Antoine, vis-à-vis la Vieille rue du Temple.

1760 Mes   Vanneffon, rue Saint Florentin.

1760   Detienne, rue Neuve des Capucines, près la rue de Louis le Grand.

1777   Chobert, rue de la Lune.

Me Le Blocteur, *Honoraire,* rue de la Vrilliere.

Ces Huiffiers & ceux aux Confeils du Roi, ont feuls le droit de mettre à exécution tous les Arrêts & Jugemens des Confeils du Roi, & des Commiffions du Confeil; ainfi que de faire les Oppofitions au Sceau, comme il eft marqué ci-devant. Leur Bureau, commun avec les Huiffiers aux Confeils, eft rue Hautefeuille, au coin de la rue des Poitevins.

OFFICIERS du Roi en la Grande Chancellerie de France.

MESSIEURS,

Chauffe-cire de la Grande Chancellerie de France, & des Chancelleries près les Cours Supérieures.

1762 Pelé de Saint-Pierre, rue Sainte Croix de la Bretonnerie, près la rue de l'Homme-Armé.

Fourier.

Sainfon, Chevalier de l'Ordre Royal & Militaire de Saint Louis, ancien Officier des Gardes - du - Corps de Sa Majefté, Magny.

Cirier.

Bizard, rue Plâtriere, *pour les deux Semeftres.*

Portes-Coffres.

Semeftre de Janvier,   1775 Villemfens, rue du Cimetiere Saint Nicolas des Champs.

Semeftre de Juillet,   1773 Pigeaux, rue de Poitou, au Marais.

Meffager de la Grande Chancellerie & fuite du Confeil.

Gaffelin, rue Payenne au Marais. C'eft lui qui fait fceller & délivrer les Arrêts du Grand-Confeil.

1778.   Q

Aumônier du Conseil & de M. le Chancelier.

M. l'Abbé Forget, à la Chancellerie.

Aumônier de la Grande Chancellerie.

1765 M. l'Abbé Boyer, rue de Gaillon, maison de M. Vinache.

Tous ces Officiers de la Grande Chancellerie jouissent des mêmes Privileges des Commensaux de la Maison du Roi, suivant les Déclaration & Edit vérifiés en la Cour des Aides de Paris.

M. Poiffonnier des Perrieres, *Médecin de la Grande Chancellerie,* rue de la Verrerie.

M. Joly, *Chirurgien de la Grande Chancellerie*, rue Sainte Marguerite, Fauxbourg Saint Germain.

M. Junot, *Apothicaire de la Grande Chancellerie*, rue Saint Jacques de la Boucherie, près la rue des Arcis.

M. Chambaud, *Honoraire*, rue neuve Saint Paul.

M. Hébert, *Receveur des Finances & droits attachés à l'état & office de Chancelier & Garde des Sceaux de France*, rue Saint Dominique, fauxbourg Saint Germain, Hôtel de M. le Garde des Sceaux.

M. Bernier, *Graveur* des grandes Chancelleries & autres Jurisdictions, & particulier de la Monnoie de Paris, à l'hôtel.

SECRÉTAIRES DU ROI.

LE ROI.

MESSIEURS,

1723.
L'Ebeuf, *Doyen*, rue de la Harpe, près celle du Foin.

1729.
De Vougny, *Sous-doyen*, rue du Grand Chantier.

1731.
Pommyer, *Greffier*, rue de Bracq, au Marais.

Verzure, *ancien*, rue St Denis, près les Filles St Chaumont.

1732.
Paignon d'Ijonval, *ancien*, rue Bardubec.

Et. P. Boucher, *ancien*, rue Vivienne.

MESSIEURS,

1734.
Bobet, rue des Egoûts Saint Martin.

1737.
Gigault, *Officier*, rue Coquilliere.

1740.
Le Meteyer, rue Michel-le-Comte.

1741.
Guiller de Nonac, rue de la Verrerie.

1742.
Mangot, *Officier*, à l'entrée du Fauxbourg Saint Martin.

1743.

Babaud de la Chauſſade, rue & vis - à - vis le Temple.

Guyon, rue de Limoges, au Marais.

G. Gitton de la Ribellerie, place de l'Eſtrapade.

Sonnet de la Tour, rue Serpente.

1744.

Le Begue, *Tréſorier du Marc d'Or*, rue Hautefeuille, *à Pâques*, rue Pavée St André.

Bourſier de Liſle, rue Baillette, près la Monnoie.

1747.

Maiziere, rue Phélipot.

1748.

Le Séneſchal , *Officier* , rue Barbette, au Marais.

Bergeret de Frouville, rue de Vendôme, au Marais.

1749.

Marie, en Cour.

Gondouin, rue Portefoin.

Harvoin, rue de Paradis, au Marais.

1750.

Mouchard, *Syndic*, rue Montmartre, près Saint Joſeph.

Potor , rue Portefoin, vis-à-vis les Enfans Rouges.

1751.

De Cuiſy, rue de Cléry.

Nau, rue Notre-Dame des Victoires.

Le Roy, rue Montmartre, près la rue Jocquelet.

Gigot, place Vendôme.

Duvelaer Dulude, rue Notre-Dame des Victoires.

1752.

De Lorbehaye , rue de la Chauſſée des Minimes.

Michel, *Nantes*.

Delalot , rue Sainte Anne, près les nouvelles Catholiques, vis-à-vis la rue Chabanois.

Guiller d'Hericourt, rue Croix des Petits Champs, au coin de la place des Victoires.

Leroy de Senneville , rue Royale, place de Louis XV.

Paſqueraye du Ronzay, *à Angers*.

Thoré , rue des Blanc-Manteaux.

1753.

Gin, *Officier*, rue du Vieux Colombier, vis-à-vis la Miſéricorde.

De Villantroye, *Officier*, rue des Enfans Rouges.

Roux, rue d'Anjou, près la rue Dauphine.

Merey, rue de Cléry.

1754.

Brochet du Jarrier, rue de Clery.

Boiſneuf, rue Sainte Avoyē, au coin de la rue du Plâtre.

Belhomme, *à Rouen*.

1755.

Tiſſet, *Syndic*, vieille rue du Temple, au coin de la rue de l'Oſeille.

De Floiſſac, rue Sainte Anne, butte Saint Roch.

1756.

Tiry d'Holbach , rue neuve Saint Roch.

Domilliers de Theſſigny, *Syndic*, rue des Foſſés Montmartre, près la place des Victoires.

Puiſſant, rue Saint Honoré, vis-à-vis les Capucins.

Gayet de Sanſale , rue Saint Antoine , près la rue de Fourcy.

Q ij

Pageaut, rue Saint Louis, au Marais.

D'Aucourt, rue Vivienne.

1757.

Alixand de Maux, cour du grand Ecuyer, aux Tuileries.

Dupont, rue des vieilles Etuves Saint Honoré.

Moreau, rue des Amandiers, près Popincourt.

Durand, rue du Cocq Saint Jean.

Bourdelet, rue de la Juffienne, près les Pompes.

Le Blanc de Châteauvillars, re Saint Honoré, près l'Affomption.

Charet, à Nantes.

1758.

Remond de Montmor, en Cour.

Rouffeau, place Saint Sulpice.

Moüette, rue de Savoie.

Coquinot, rue Sainte Avoye, vis-à-vis la rue de Bracq.

Chrétien de Fumechon, en Province.

Binet de Boifgiroult, rue des Billettes, à Sainte Croix de la Bretonnerie.

1759.

Geoffroy de Villemain, place de Vendôme.

Paporet de Maxilly, Syndic, rue des Rats, Place Maubert.

Delaage, à Orléans.

Gerbier de la Maffilaye, quai des Théatins.

Mahé de la Bourdonnaye, rue Poiffonniere, près le Boulevart.

Giambone, rue de Bondi, près le Boulevart Saint Martin.

1760.

Gougeon de la Binardiere, à Alençon.

Chalut de Verin, place de Vendôme.

Maffon, rue du Temple, vis-à-vis l'hôtel de Montbas.

De Vin, Officier, rue Neuve Saint Merry.

Ligier de la Prade, rue de la Cerifaie.

Godot de la Bruere, rue de Ventadour.

1761.

Darjuzon, rue de Louis le Grand.

Defprez, rue Neuve Saint Merry.

Behic, rue neuve St Euftache.

De Laage, à Xaintes.

De Fays, rue Simon-le-Franc.

Midy Duperreux, à Rouen.

1762.

D'Arboulin, rue Poiffonniere.

Rodier, à la Cour; à Paris, rue Taranne, Fauxbourg Saint Germain.

Billeheu, rue du vieúx Colombier.

Benoift de la Mothe, rue . . .
. . . .

Boiffel de Monville, rue des Rofiers, fauxbourg Saint Germain.

Modenx de Saint-Waft, rue Saint Honoré, près les Jacobins.

Riquet, rue Saint Honoré.

1763.

Demay, rue de l'Echelle, près les Tuileries.

De Villiers, cul-de-fac de la Corderie, vis-à-vis la rue de la Sourdiére ou à Verfailles.

Corpelet, rue des Bernardins.

Dupont, Conseiller d'Etat, rue Charlot au Marais.

Regnault, rue des Fossés Montmartre.

Lasalle de Dampierre, rue des trois Pavillons, au Marais.

Macquer, rue de Condé, vis-à-vis le mur du Jardin.

Prevost, rue des Quatre Fils, au Marais.

Ratton, *en Province*.

De Saint-Amand, rue St Marc.

Poultier, rue S. Martin, vis-à-vis la rue Grenier S. Lazare.

Pignon, Place Vendôme.

Martinfort, rue Saint Louis, au Marais.

1764.

Ribes, *en Province*.

Saintmar, rue des Quatre Fils, au Marais.

Henry, quai des Miramionnes.

Charbonnier de la Robolle, rue de la Vrilliere, près la place des Victoires.

Pidanfat de Mairobert, rue S. Pierre, quartier Montmartre.

Despaux, cloître Saint Merry.

Parseval des Chesnes, quai de la Tournelle.

Midy, *Syndic*, quai de Bourbon.

Mathis, vieille rue du Temple, vis-à-vis l'hôtel de la Tour-du-Pin.

Quatrefoux de la Motte, rue de la Coutellerie.

1765.

Rouillé de Lestang, Boulevart de la rue Montmartre.

Colin, rue des Prêtres S. Paul, au coin de la rue Percée.

Hamelin, rue d'Antin.

Harrouard de la Jarne, *à la Rochelle*.

Cahouet de Villiers, place de Vendôme.

Raymond de Pringy, rue Regrattiere, île Saint Louis.

Poujol de Moliens, *à Amiens*.

Nogent de Saugy, rue Mêlé, porte Saint Martin.

Macé, rue des Prêtres Saint Paul.

Douet, rue de Gaillon.

Marsolan, rue des Bons Enfans, vis-à-vis la porte du Palais Royal.

Pignard, rue Croix des Petits Champs, près la place des Victoires.

Mareschal, rue de la Tisseranderie, hôtel des Coquilles.

1766.

Le Comte, rue Vide-gousset, près la place des Victoires.

De la Hante, rue St Honoré, vis-à-vis les Jacobins.

Le Brun, rue de la Monnoie.

Geoffroy, rue des Singes.

Beaujon, grande rue du Fauxbourg Saint Honoré.

Gossey, rue Charlot, ancien hôtel de Saurois.

Davignon, rue du Puits de l'Hermite, près la Pitié.

Lemercier, *Syndic*, rue d'Enfer Saint Michel, vis-à-vis la rue Saint Thomas.

De Vin des Ervilles, *à Amiers*.

Magnyer, r^e de la Féronnerie.

1767.

Le Caron de Fleury, rue des Ballets Saint Antoine.

Prevost de Chantemesle, place Royale.

De Saint-Hilaire, Fauxbourg Saint Honoré, ancien hôtel d'Evreux.

Miller, montagne Sainte Genevieve.

Nouette, rue Piâtriere, hôtel de Bullion.

Q iij

Darras, place de Louis le Grand.

Chiquet, rue Saint Paul.

Rivet, rue des Foſſés Montmartre.

Bourlet, cour des Suiſſes, aux Tuileries.

G. Prevoſt, place des Victoires.

Le Marchand, rue d'Argenteuil.

Danſe, à Beauvais.

Boudet, rue Guénégaud.

Chenon Duboulay, au Mans.

Villain Dutillet, vieille rue du Temple, près l'hôtel de Soubiſe.

M. P. A. Geoffroy, à Caen.

Desfrançois de Pontchalon, à Alençon.

Bernard, rue de la Harpe, au coin de la rue des Deux Portes.

Denis, au Palais Royal.

1768.

De la Balme de Vaulſin, rue Sainte Anne, près la rue neuve des petits Champs.

Bertin, en Province.

De Bordeaux, rue Poiſſonniere près le Boulevart.

De Caux des Londes, à Alençon.

Le Courtois, en Province.

Bretous, à Bayonne.

Clos, rue Grenier St Lazare.

Maſſu, rue du Temple, près le Boulevart.

Beſſe Dumas, en Province.

Nigon de Berty, île St Louis, au coin du quai d'Orléans & de la rue Regratiere.

Vialatte, rue de la Madeleine, Fauxbourg Saint Honoré.

Bonfils, rue Colbert.

Huart du Parc, cloître Saint Merry.

1769.

Duval, rue du Roi de Sicile.

Cabeuil, rue Sainte Anne, butte Saint Roch.

Guelle, rue Beaubourg.

De Catheu, à Beauvais.

Huguet de Montaran, rue Vivienne, près les Filles Saint Thomas.

Gachon, rue de Bondy.

Hua, rue Saint Louis, près les Filles du Calvaire.

Gérad, en Cour.

Alba, en Province.

Goguet, à la Rochelle.

Le Buiſſon de Moriniere, rue de l'Univerſité, près celle de Bellechaſſe.

Sifflet de Berville, rue Michelle-Comte.

Danjou, rue Pavée St André.

Durieux de Puiſenval, rue des Enfans Rouges.

1770.

Micaut de Courbeton, rue St Thomas du Louvre.

Heriot, en Province.

Louis Théophile Boyvin, à la Guadeloupe.

1771.

Bozonat, rue de Paradis.

1772.

Forceville, à l'Hôtel de Soubiſe.

Chapelain, vieille rue du Temple.

Garnier Descheſnes, rue des Quatre Fils, au Marais.

1773.

Carrier de Monthieu, rue du Harlay, au Marais.

Paſcannet, en Province.

De l'Eſpine de Roberſar, ...

Viany, rue de Condé.

Pourlin de Grandchamp, rue

St Joseph, près celle Montmartre.

Prevoſt d'Arlincourt, rue Saint Honoré, vis-à-vis les Capucins.

De la Fournerie, du Pleſſis-Mouchard, *en Province.*

L'Huillier, rue des Petits Auguſtins.

Gauthier d'Ecurolles, rue Sainte Croix de la Bretonnerie.

Leclerc du Coudray, rue Saint Marc.

Quatrefoux de la Mothe de Cheſney, rue neuve des Petits Champs.

Janſſon de Saint-Parc, *à Troyes.*

1774.

Creuzé, rue Notre-Dame des Victoires.

Phelippe Ducloslange, rue des Bourdonnois.

Lavit, rue du Roi de Sicile.

Le Clerc d'Augerville, rue de Touraine au Marais.

Briſſard du Martrais, *à l'Iſle de Ré.*

Valladon, rue de Condé.

Bouton, rue de Reuilly.

Depille, rue de Grammont.

Charbonnier du Beloy, rue Quincampoix.

Salles de la Lacelle, *à Rouen.*

Laborde, rue Coqhéron.

Peron, rue Saint Chriſtophe.

Momet, rue Montmartre, près la rue du Jour.

1775.

Brochard du Freſne, *à Chartres.*

Dupin, rue Saint Marc.

Arnoult, rue de Grenelle Saint Honoré.

Nogaret, rue des Foſſés Montmartre, près la place des Victoires.

Desjobert, vieille rue du Temple, Hôtel de Soubiſe.

De Mirbeck, rue de Cléry, près la rue Montmartre.

Barbot Dupleſſis, *en Province.*

Du Perrier du Mourier, rue Culture Ste Catherine.

C. J. B. Boyvin, *à la Guadeloupe.*

Carré de Candé, *à la Rochelle.*

Guénard, rue de Ventadour.

Rouviere de Bois Barbot, cour du Palais.

Bayard, cloître Ste Opportune.

Gaudreffroy, *à Péronne.*

De la Croix, rue neuve des Petits Champs, près celle Sainte Anne.

D'Arnay, place de Vendôme.

George de Montecloux, rue Saint Honoré, vis-à-vis les Capucins.

Henry, *à Orléans.*

Perron, *en Province.*

De Nuys, rue Saint Fiacre.

Foacier, rue Traverſiere Saint Honoré.

Chenon de Champmorin, *en Province.*

L'Héritier, rue de la Verrerie, près celle des Billettes.

Fleury de la Bruere, *à Châteauroux en Berry.*

Lambot, rue Saint Honoré, près le Corps de Garde.

Faurot, rue Sainte Avoye.

Moreau de Meance, *en Province.*

Dedelay, *à Romans, en Dauphiné.*

De Saint Eſteve, *à la Rochelle.*

Cordier, rue du Four, près Saint Euſtache.

Semillard, rue Montmartre, au coin de celle de Cléry.

Le Gay de Serrierre, rue

Q iiij

Notre-Dame des Victoires, près la rue Joquelet.

Bouffaroque de la Font, rue Plâtrière, près celle Verderet.

Cahouet, rue des Petits Augustins près le quai.

Le Vacher Dupleffis, rue & île Saint Louis.

Combault de Dampont, rue du Chaume.

Lefparda de Maifonneuve, rue de Grenelle, à l'hôtel des Fermes.

Paulze, rue de Richelieu, près la Fontaine.

1776.

Chevalier, rue Beaubourg.

Vualon, *à Beauvais*.

Galin, rue des Prouvaires.

Le Gouvé, rue Sainte Croix de la Bretonnerie.

Du Cruet, rue neuve Saint Roch.

Bridault, *en Province*.

Arnaud, rue Sainte Avoye, près celle Simon-le-Franc.

1777.

Mauroy, *à Troyes*.

Pouletier, *à Compiegne*.

Cochepin, rue des Blanc-Manteaux.

Aubert, aux Galeries du Louvre.

Boiffel d'Welles, *à Amiens*.

Fouache, *au Havre*.

Théard, *à Nantes*.

Grillon Defchapelles, rue de Montmorency.

Certain de Boiftirel, *en Province*.

Dubreuilh, rue neuve Saint Merry.

Dupuy, rue d'Orléans, au Marais.

Du Goillons de Maifonfort, à *Orléans*.

Gattebois, rue Hautefeuille.

De Hauffy, rue . . .

Serres, *en Province*.

Monleffuys, rue neuve des Capucines.

Sautereau, rue des Miramionnes.

Bourlon de Sarty, *en Province*.

Therefe, rue Simon-le-Franc.

De la Voiepierre, rue Coquilliere.

De Chavannes, quai d'Orléans, île Saint Louis.

Bocquet de Chanterene, rue des Rofiers.

Ruinart de Brimont, *en Province*.

Dufrefne de Saint-Cergues, rue Beaubourg.

Le Gendre Damneville, rue de Paradis.

Remy de Mery, cloître Notre-Dame.

Le Caron de Bellevue, à *Compiegne*.

De Herain, rue Pavée au Marais.

Le Normand, place Vendôme.

Moreau, *en Province*.

Le Gras, rue de la Verrerie.

De la Fortelle, rue Saint Bon.

Tonnelier, rue Bourglabbé.

Officiers en Charge, MESSIEURS,

Mouchard,		Midy, *Syndic*.
Tiffet,		Le Mercier, *Syndic*.
Paporet de Maxilly,	} *Syndics*.	Le Befgue, *Tréforier*.
Domillier de Theffigny,		Pommyer, *Greffier*.

Anciens Officiers, MESSIEURS,

Lebeuf, *Doyen.*   Devin.   Le Sénéchal.
Gigault.   Gin.   De Villantroye.

N. B. Voyez encore MM. les Secrétaires du Roi en la Chancellerie du Palais, page 305.

Secrétaires du Roi Receveurs Généraux Tréforiers & Payeurs des Gages des Secrétaires du Roi.

1760 Mrs ⎧ Gaucherel, rue Beautreillis.
1760   ⎩ Dényaü, cloître Saint Germain l'Auxerrois.

Mrs ⎧ Déliot de la Croix, *à Lille.* ⎫ *Contrôleurs*
    ⎨ Berthelin de Mauroy, rue des Champs Eli- ⎬ *alternatifs.*
    ⎩ fées, Fauxbourg Saint Honoré. ⎭

Garde des Archives des Minutes des Offices de France.

Le fieur de Beaumont, rue des Vieux Auguftins, maifon de M. Barangne, Secrétaire du Roi.

Secrétaires du Roi Honoraires, Meſſieurs.

1719 **D** Allée, rue Thibotodé.
1720 **D** Laugeois de Saint-Quentin, rue Neuve de Luxembourg.
1722 Goiflard de Villebrefme, *à Châteaudun.*
1729 Marié, *Amiens.*
1731 La Croix, *à Bayonne.*
1732 Marfollier des Vivetieres, rue Vivienne.
1734 Eynaud, rue . . . .
1735 Menage de Montdefir, rue Montmartre, vis-à-vis St Jofeph.
1736 Venant Rouffèau, rue Notre-Dame des Victoires.
1737 Geoffroy de Vandieres, Place de Louis le Grand, *ou à* Epernay.
1738 Lory de la Bernardiere, *à Nantes.*
1740 Jannon de Soufligné, rue Neuve des Petits-Champs, près la place Vendôme.
1741 Fabus, *en Province.*
1741 Fay, *à Lyon.*
1741 Roger, rue Neuve Saint Merry.
1743 Quinette de la Hogue, *à Grandville.*
1744 Judde, rue Sainte Marguerite, fauxbourg Saint Germain
1746 Rigal Caulet, rue Pavée Saint Sauveur.
1747 Le Moyne, à la Compagnie des Indes.
1747 De la Haye de Bazinville, quai & près les Céleftins.
1747 Duval de Lépinoy, rue d'Antin.
1748 Beaudet de Morlet, rue Honoré Chevalier.

1748 Chendret du Bouchoir, rue Neuve des Petits-Champs.
1748 Gougenot de Croiffy, rue de Richelieu, près la rue Vildot.
1748 Calabre, rue Popincourt, *ou en Province.*
1749 Pelletier, *en Province.*
1750 De Flandre de Brunville, rue Royale, butte Saint Roch.
1755 Dedelay de la Garde, place de Louis le Grand.
1756 Levié, rue Sainte Anne, au coin de celle des Orties.
1756 Damours, Avocat aux Conseils, rue Sainte Croix de la Bretonnerie.

AVOCATS AUX CONSEILS DU ROI.

MESSIEURS,

1738 ROuffel, *Doyen*, vieille rue du Temple, près le cul-de-fac d'Argenfon.
Challaye, rue de la Poterie.
Bellard, rue des Prêtres Saint Germain-l'Auxerrois, au coin de la rue de la Monnoie.
1740 D'Hermand de Cléry, rue Jacob.
1742 Bontoux, rue du Battoir.
Chery, rue Saint Pierre, près la place des Victoires.
1743 Ragon, *Syndic*, rue du Foin Saint Jacques.
1744 André, rue de la Verrerie, vis-à-vis la rue Bardubec.
Brunet, rue Coquilliere, près Saint Euftache.
1747 Seignoret, rue Neuve Saint Roch, vis-à-vis la rue d'Argenteuil.
Damours, rue Sainte Croix de la Bretonnerie.
Roux, rue d'Anjou, près la rue Dauphine.
1749 Moriceau, rue des Blanc-Manteaux, vis-à-vis le cul-de-fac.
1750 Godefcart de Lifle, rue des Vieux Auguftins, au coin de la rue Coquilliere.
Defpaulx, cloître Saint Merry.
1752 De la Balme de Vaulfin, rue Sainte Anne, près la rue neuve des petits Champs.
1754 Drou, rue des Rofiers, au Marais.
Moreau de Vormes, rue Sainte Croix de la Bretonnerie.
1755 Huart du Parc, cloître Saint Merry.
Vidal, *Syndic*, rue de la Tifferanderie, près celle des Coquilles.
1755 Goulleau, rue Saint Martin, près la rue Aubri-boucher.
1756 Pelé, rue Simon-le-franc.
1757 Jardin, rue des Grands Auguftins Saint André.
1758 Godineau de Villechenay, rue Pavée, en entrant par la rue Saint André.

1759 Parent, rue de Jouy.

1760 Guilhier, cul-de-fac Saint Dominique, porte St Michel.
Du Prat, *Syndic*, rue de Bourbon, Fauxbourg Saint Germain, près les Théatins.

1761 D'Augy, *Greffier*, rue des Rofiers, près la rue des Juifs.

1762 Rigault, rue Hautefeuille, au coin de celle des deux Portes.
Bouché d'Urmont, rue de la Tifferanderie, cul-de-fac Saint Faron.

1763 Auda, rue de la Verrerie, près celle du Cocq.
Dufour, rue de Biévre.

1764 Voilquin, vieille rue du Temple, cul-de-fac d'Argenfon.
Du Montier, rue des deux Ecus.

1765 Dumouchet, rue Thibotodé.

1766 Barré de Chabans, rue du Battoir.

1767 De Mirbeck, rue de Cléry, près la rue Montmartre.

1768 Pialat, rue Pavée Saint André.
Jolas, vieille rue du Temple, vis-à-vis la rue Ste Croix.
Perin, rue de Grammont.
Tripier, rue du Mail.

1769 Bocquet des Tournelles, rue Simon-le-Franc.

1770 Lamothe, rue du Battoir.
Le Vavaffeur, rue Notre-Dame des Victoires, vis-à-vis les murs des Filles Saint Thomas.

1771 Turpin, rue des Marais, fauxbourg Saint Germain.
Thacuffios, rue du Cimetiere Saint André des Arts.
Ifnard de Bonneuil, rue Jacob.
Auvray de Guiraudieres, rue & île Saint Louis.
Cochu, rue Traverfiere Saint Honoré.

1772 Viel, rue du Jour.
Bocquet de Chanterenne, rue des Rofiers.
Flufin, rue du Roi de Sicile.
Duboifmartin, rue de Savoie.

1773 De la Lanne, rue Bardubec, près celle de la Verrerie.
Mauffallé, rue du Jour.
Henrion, rue Hautefeuille, vis-à-vis la rue Percée.
Thérefle, rue Simon-le-Franc.
Deleau, parvis Notre-Dame.
Dumefnil de Merville, rue Poupée.

1774 Huet de Paify, rue de la Tifferanderie.
Siot de Saint-Paul, rue des deux Boules, près la rue des Lavandieres.
Badin, rue Croix des petits Champs, hôtel de. Luffan.

1775 Le Membre, rue Bourtibourg.
Gourdel de Loche, rue Beaubourg, près le cul-de-fac des Anglois.

Benoît, rue du Cimetiere Saint André.

1776 Bontoux de Souville, rue du Battoir.

La Servolle, rue du Cimetiere Saint André.

La Louette, rue & près Sainte Croix de la Bretonnerie.

Bofquillon, rue des Noyers près la rue Saint Jacques.

1777 Hennequin de Bliffy, quai Pelletier.

Clozier, rue des Mauvais Garçons Saint Jean.

Lauvray, rue Jean-Pain-Molet.

Challaye, *en furvivance de fon pere*, rue du Roi de Sicile, près la rue Pavée.

Honoraires. Meffieurs,

1738 Aufonne, *ancien Syndic*, rue des Fontaines, près celle du Temple.

George de la Roche, *ancien Syndic*, rue du Four Saint Honoré.

1739 Combault, *ancien Syndic*, rue du Chaume.

1740 Bronod, *ancien Syndic*, rue Beaubourg.

1740 Regnard, *ancien Syndic*, rue Chriftine.

1744 Chevalier de la Berthelotais, *ancien Syndic*, rue & vis-à-vis le petit St Antoine.

1745 Roettiers, *ancien Syndic*, rue du F. S. D. près St Lazare.

1747 Bouvet, *ancien Syndic*, *à Rennes*, rue de Brilhac.

1748 Bafly de Villiers, *ancien Syndic*, rue du Jardinet.

1748 Hordret, *ancien Syndic*, rue Saint André, vis-à-vis la rue Mâcon.

1750 Leyridon, *ancien Syndic*, *à Blois*.

Rolland, *Clerc de la Compagnie*, rue du Foin Saint Jacques, au Collége de Maître-Gervais.

GRAND-CONSEIL.

M. LE CHANCELIER.

M. LE GARDE DES SCEAUX.

P R É S I D E N S.

1776 18 *Déc.* Messire Aymard Charles Fran-çois de Nicolay, Chevalier, *Pre-mier* Préfident, en fon Hôtel, rue des Enfans Rouges.

Pour les mois de Janvier, Février, Mars, Avril, Mai & Juin.

1774 12 *Nov.* Meffire Augufte-Félicité le Preftre de Châteaugiron, rue du Parc Royal,

1774 12 *Nov.* Meffire Louis-Charles-Philbert Poillot de
Marolle, rue des Juifs.

Meffire Louis Baffet de la Marelle, rue d'Enfer,
vis-à-vis la rue Saint Thomas.

Meffire Othon-Louis-Antoine Delier d'An-
dilly, rue des quatre Fils, au Marais.

Pour les mois de Juillet, Août, Septembre, Octobre, Novembre
& Décembre.

1774 12 *Nov.* Meffire Pierre Arnaud de la Briffe, quai des
Théatins.

Meffire Louis-Jacques Langelé, quai des
Céleftins, hôtel Combourg.

Meffire Michel-Chrétien de Rotrou, place
Royale.

1777 15 *Févr.* Meffire Etienne Louis Tanneguy Duchaftel,
rue . . . .

Service pendant les mois d'Octobre, Novembre, Décembre,
Janvier, Février & Mars.

CONSEILLERS. MESSIEURS,

1735 13 *Juin.* Vacquette du Cardonnoy, *Doyen*, rue des
Ecouffes.

1739 22 *Déc.* Frecot de Lanty, rue des Saints Peres.

1741 21 *Févr.* Vacquette de Lenchere, rue du Pont-aux-
Choux.

1746 1 *Mars.* Vernier, rue du Chaume.

1750 18 *Mars.* Mignot, *Cl.* rue & près les Blanc-Manteaux.

1774 12 *Nov.* Baffet, rue d'Enfer, vis-à-vis la rue St Thomas.

1774 12 *Nov.* Goudin, rue des Rofiers, au Marais.

1774 12 *Nov.* Blandin de Chalain, rue Saint Antoine, vis-à-vis
l'hôtel Turgot.

1774 12 *Nov.* De Menardeau du Perray, rue Saint Louis au
Marais.

1774 12 *Nov.* Decoftes de la Calprenede, rue des Foffés Montmartre, près la rue Montmartre.

1774 12 *Nov.* Tiffot de Meronna, rue Saint Marc.

1774 12 *Nov.* Muyart de Vouglans, rue de Vaugirard, près le
petit Calvaire.

1774 12 *Nov.* Buynand, rue de Vaugirard, vis-à-vis le petit
Calvaire.

1774 12 *Nov.* Billeheu, rue du vieux Colombier.

1774 12 *Nov.* Mangot de Danzay, rue des Boulangers Saint Victor.

1774 12 *Nov.* Pourteiron, *Cl.* cour du Palais.

1774 12 *Nov.* Collier de la Marliere, *Cl.* rue des Coutures Saint Gervais.

1774 12 *Nov.* De Fay, *Cl.* Place des Victoires.

1774 12 *Nov.* Desplaffes, *Cl.* cloître Notre-Dame.

1774 12 *Nov.* Du Mouchet, rue du Four Saint Honoré.

1774 12 *Nov.* De Sachy de Belliveux, rue du Battoir.

1774 12 *Nov.* Urguet de Saint Ouën, rue du Cherche-midi, au coin de la rue des vieilles Tuileries.

1774 12 *Nov.* Vaquier, cloître des Bernardins.

1774 12 *Nov.* Compagnon de Tains, rue & île Saint Louis, au coin du quai d'Orléans.

1774 12 *Nov.* De Bertrand, *Cl.* rue des Prouvaires.

Service pendant les mois d'Avril, Mai, Juin, Juillet, Août & Septembre.

1737 20 *Févr.* Duport, *Doyen*, rue des Franc-Bourgeois, vis-à-vis la rue des trois Pavillons.

1740 27 *Juin.* Doé de Combeault, rue du Puits, près les Blanc-Manteaux.

1774 12 *Nov.* De Salles, *Cl.* à la Communauté de Meffieurs de Saint Lazare.

1774 12 *Nov.* De Chazal, cloître Notre-Dame.

1774 12 *Nov.* Corps, rue du Figuier, hôtel de Sens.

1774 12 *Nov.* Truitié de Vaucreffon, rue de Forêt, au Marais.

1774 12 *Nov.* Mayou d'Aunoy, rue Bardubec.

1774 12 *Nov.* Raymond, rue de Vaugirard, vis-à-vis le petit Calvaire.

1774 12 *Nov.* Gin, rue du vieux Colombier.

1774 12 *Nov.* Defirat, rue Saint Dominique, vis-à-vis celle Saint Guillaume.

1774 12 *Nov.* Honoré, rue Perdue, près la place Maubert.

1774 12 *Nov.* Vacquette de la Mairie, rue du Pont-aux-choux.

1774 12 *Nov.* De Luker, *Cl.* première Cour de l'Archevêché.

1774 12 *Nov.* Bouchaud, *Cl.* rue des Poitevins.

1774 12 *Nov.* Du Pré, *Cl.* rue du vieux Colombier.

1774 12 *Nov.* Mary, *Cl.* rue des deux Boules Sainte Opportune.

1774 12 *Nov.* Leroy de Lyfa, rue Saint Antoine, proche la rue de Fourcy.

1774 12 *Nov.* Urguet de Valleroy, quai d'Anjou, vis-vis le Port Saint Paul.

1774 12 *Nov.* Le Roy de Barincourt, quai des Miramionnes, hôtel de Nefmond.

1774 12 *Nov.* Breuzard, rue de Richelieu, vis-à-vis le Café de Foi.

1774 12 *Nov.* Perinet d'Orval, rue Beaubourg, hôtel de Fer.

1774 12 *Nov.* Geouffre d'Auruffac, *Cl.* rue Saint Dominique Saint Michel, près le cul-de-fac.

1774 12 *Nov.* Duval de Varaire, rue Saint Marc Richelieu.

1774 12 *Nov.* Beuvain de Montillet, cloître Saint Germain l'Auxerrois.

1777 8 *Août.* De Salles de Goaillard, rue du Four S. Honoré

1777 8 *Août.* Poirier de Beauvais, rue Bergere.

M. Le Doyen de chaque Service *a entrée & voix délibérative au Confeil des Parties.*

CONSEILLERS HONORAIRES. *Messieurs,*

1719 30 *Août.* Longuet de Vernouillet, à l'Abbaye de Saint Victor.

1720 23 *Févr.* Bombarde de Beaulieu, rue d'Enfer St Michel.

1735 18 *Janv.* Ladvocat de Sauveterre, rue des Juifs.

1736 25 *Avril.* Merault de Villeron, Maître des Requêtes, à Villeron, près Louvre.

1737 17 *Août.* Langlois, rue neuve Saint Euftache.

1739 11 *Sept.* De la Michodiere, Confeiller d'Etat, Prevôt des Marchands, rue du Grand Chantier.

1740 30 *Déc.* Poulletier de la Salle, Maître des Requêtes, rue Couture Sainte Catherine.

1741 7 *Juin.* Bertin, Miniftre & Secrétaire d'Etat, rue neuve des Capucines.

1741 7 *Juin.* Dedelay de la Garde, Maître des Requêtes, rue neuve de Luxembourg.

1745 19 *Août.* Huë de Miroménil, Garde des Sceaux de France, rue Saint Dominique Saint Germain.

1747 18 *Janv.* Perrin de Cypierre, Maître des Requêtes Honoraire, Intendant d'Orléans.

1752 13 *Déc.* Dupleix de Bacquencourt, Maître des Requêtes, Intendant de Dijon; à Paris, re Bergere.

1754 20 *Juil.* Sallier de Romaney, Préfident en la Cour des Aides, rue S. Antoine, à l'Hôtel Turgot.

1755 4 *Juil.* Fargès, Confeiller d'Etat, rue de l'Univerfité, près celle de Beaune.

1757 12 *Fevr.* D'Aine, Maître des Requêtes hônoraire, Intendant à Limoges; à Paris, rue Tàranne.

1757 26 *Nov.* Brochet de Verigny, Maître des Requêtes, rue de l'Echarpe, place Royale.

1758 3 *Juin.* Efmangart, Maître des Requêtes, Intendant à Caen.

1759 9 *Fevr.* Auget de Monthion, Confeiller d'Etat, rue des Franc-Bourgeois, au Marais.

1759 31 *Mai.* Baudouin du Guemadeuc, Maître des Requêtes, rue Saint Honoré, près les Capucins.

1775 25 *Janv.* De Reneaume, rue Portefoin au Marais.

G E N S   D U   R O I,
M E S S I E U R S,

1775 12 *Nov.* DE Vergès, *Avocat Général*, Grande rue du Fauxbourg Saint Honoré.

Debonnaire, *Procureur Général*, rue Vivienne, près la rue Colbert.

De Vaucreffon, *Avocat Général*, rue Portefoin, près la rue du Temple.

Subftituts de M. le Procureur Général, M E S S I E U R S,

1749. - Mouffier, *Doyen*, quai d'Anjou, île Saint Louis.

1774 12 *Nov.* Martin de Buffy, rue du Chaume.

Pourteiron de Puigautier, Cour du Palais.

Bacon, place Royale, à l'ancien hôtel de Richelieu.

Raux, ruë S. Antoine, cul-de-fac Guemené, vis-à-vis les Filles de la Croix.

Vaquier, cloître des Bernardins.

1776 De la Boureys, rue du Battoir.

Subftituts Honoraires, M E S S I E U R S,

Lemaire, r⁰ de Surefne, faux-bourg Saint Honoré.

Douin, *à la Cour.*

Dande, à Dreux.

Henry, rue Sainte Anne, butte Saint Roch.

Negre des Rivieres, rue Saint Louis au Marais.

Greffier en Chef.

1776 Mᵉ Lemaiftre de Saint Peravy, rue de Bondy, Boulevart Saint Martin.

Greffiers au Grand Confeil.

Mᵉˢ {

Vandive, *Greffier de l'Audience*, rue des Lavandieres Sainte Opportune.

Souchu de Rennefort, *Greffier de la Chambre*, Cloître Notre-Dame.

Dejean, *Greffier des Préfentations & Affirmations*, cloître Saint Honoré.

Dupont, *Greffier Garde-Sacs*, rue Sainte Catherine Saint Michel, au coin de la rue Saint Dominique.

Secrétaires

Secrétaires du Roi servans près le Grand Conseil.

Delavenelles, *Doyen*, à Péronne.
Maillard, rue de la Tisseranderie.
Duboscq de Beaumont, à Bayeux.
Pellerin, à Boiscommun.
1760. M° D'Étienne, Ecuyer, *premier Huissier du Grand Conseil*, rue neuve des Capucines.

Les Receveurs des Consignations sont les mêmes que ceux du Parlement. *Leur Bureau, Cloître Notre-Dame.*

M. Guitton de Saint-Symphorien, *Contrôleur.*
M. Bergeron, *Commis au Contrôle.*

Procureurs du Grand Conseil. MESSIEURS,

1736. Chantreau, *Doyen*, rue de l'Arbresec.
1737. Gaignant, rue de la Harpe, vis-à-vis S. Côme.
1742. Berchet, rue Bertin-Poirée.
1748. Foisy, *Syndic*, rue Thibothodé.
1748. Poriquet, rue Baillette.
1752. Gelez, rue Baillette.
1754. Fournier, rue du Cimetiere S. André.
1758. Forgeot, rue du Battoir près la rue Mignon.
1759. Carteron, rue & près Saint André des Arts.
1768. Le Prince, rue des Deux Portes S. Jean.
1768. Roy du Vivier, rue de Savoie.
1768. Camusat d'Assenet, rue du Foin Saint Jacques.
1775. Pillot, rue Poupée près la rue Hautefeuille.
1776. Château, rue Bertin-Poirée.

Huissiers du Grand Conseil. Maîtres.

Le Vasseur, *Doyen*, rue Beaubourg.
Dubos, rue Saint Martin, au coin de la rue des Ménétriers.
Ranguinot Grignon, rue Guénégaud.
Fossé, *Syndic*, rue de la Mortellerie, au Laurier.
Caux, rue Montorgueil, près le Compas.
Le Cordier, rue de la Verrerie, chez Laurent, Serrurier.

Rouyer, à Versailles.
Vandeuvre, rue Saint Martin, près celle Aubri-le-Boucher.
Le Ragay, *Greffier*, rue Grenier Saint Lazare.
Imbert, rue Saint Martin, près celle des Ménétriers.
Choquet, rue St Denis, près celle de la Heaumerie.
Gomets, rue Montorgueil.
Heurteux, rue de la Harpe, vis-à-vis la rue Serpente.
Dejean, cloître Saint Merry

Aumônier.

M. l'Abbé Dubos, à la Communauté des Prêtres Saint-Nicolas-des-Champs.

1778. R

Médecin & Chirurgien du Grand Conseil. Messieurs.

Le Thieullier, de la Faculté de Paris, rue d'Anjou, au Marais. Garrigues, *Chirurgien*, rue Saint Germain l'Auxerrois, près le Fort-l'Evêque.

Gendron, de l'Université de Montpellier, *Médecin spargirique*, rue du Bacq.

Labbé Dumesnil, *Apothicaire*, rue de la grande Truanderie, place du Puits d'Amour.

De la Croix, *Concierge, Buvetier, Fourrier, & Maréchal des Logis du Grand Conseil*, rue du Chantre Saint Honoré.

L'Empereur, *Courier & Guide pour les Réceptions & Cérémonies des Récipiendaires*, rue Saint Honoré, au coin de celle Tirechape. ;

M. Pierres, *Imprimeur du Grand Conseil*, rue Saint Jacques.

COMPAGNIE DES GARDES.
De la Prevôté de l'Hôtel du Roi.

GRAND PREVOST.

1747 **M.** le Marquis de Sourches, Chevalier des Ordres du Roi, Lieutenant Général de ses Armées, Conseiller d'Etat, rue Taranne ; à Versailles, au Château.

1769 M. de Sourches, Marquis de Tourzel, Mestre de Camp du Régiment Royal Cravattes, *en survivance*, même demeure.

Lieutenant Général ordinaire d'Épée.

M. Lefebvre de Larie, à Paris, place du Chevalier du Guet ; à Versailles, rue de Paris.

M. de Varville, *Major*, à Versailles.

M. de Belleville, *Lieutenant ordinaire servant toute l'Année*, avec deux Gardes près de Monseigneur le Garde des Sceaux, à Versailles, rue de la Pompe.

Autres Lieutenans d'Épée servans près du Roi, Messieurs.

Quartier de Janvier & Juillet. ⎰ Lardier, place Dauphine. Cailleux de Rem- court, à Versailles. Avril & Octobre. ⎰ Thergat, à Versailles.

Quartier d'Avril & Octobre. ⎱ Langand, ancien Lieutenant en survivance. Fleury, à Versailles. Willemein, en survivance, à Versailles.

Maréchal des Logis.

M. de Maleville de Condat, à Condat, près Montauban.

Capitaines Exempts servans près du Roi, Messieurs,

Quartier de Janv. { Mila.. à Montauban.
Sarraillot de Gestas, rue de Grenelle Saint Honoré.
Jouet, à Versailles.

Quartier de Juil. { Bergeot, à Chaillot.
Barrié, rue de la Féronnerie.
Guénivau du Messuis, à Saumur.

Quartier d'Avril. { FromentdeGauville, à Aumale.
Georges, à Versail.
Nazaire de Clairin, à Versailles.

Quartier d'Octob. { Thorillon, à Versail.
Le Vasseur, à Versailles.
Coypel de Baudre, à Chaours, p^s Troyes.

Lieutenans Généraux Civils, Criminels & de Police, par Commission du Roi. MESSIEURS;

1750 Davouft, tient le Siége à la fuite de la Cour, jufqu'au 1 Avril 1778, depuis ce jour jufqu'au 1 Avril 1779; à Paris, rue & île Saint Louis, petit hôtel de Chenizot.

1777 Greban, *en furviv. & adjoint*, quai d'Anjou, île St Louis.

1760 Beaffe de la Broffe, tient le Siége à Paris, rue Royale, place de Louis XV, jufqu'au premier Avril 1778, & depuis ce jour, à la fuite de la Cour, jufqu'au premier Avril 1779, rue Notre-Dame, à Versailles.

1774 Clos, *en furvivance & Adjoint*, quai des Théatins, au coin de la rue de Beaune.

1777 M. Morin, *Procureur du Roi*, à Paris, rue des Prouvaires; à Versailles, rue neuve Notre-Dame.

M. Regnault, *Procureur du Roi Honoraire*, r^e Pavée au Marais.

Me Minard, *Subftitut*, rue du Four Saint Honoré.

Me du Voigne de Merry, *Gréffier en Chef, Receveur des Confignations, & Scelleur des Sentences rendues au Siége de la fuite de la Cour*, à Versailles, rue Neuve Notre-Dame.

M. l'Abbé Pâris, *Aumonier*, rue & près la Place Royale, Hôtel de Canillac.

Gouffaire, *Chirurgien Major*, rue de la Pompe, à Versailles.

Nazaret, *en furvivance*, même rue.

Cette Compagnie eft compofée de 88 Gardes, fervans 22 par quartier, d'un Maréchal des Logis, & d'un Trompette; il y a un Garde détaché pour fervir Sa Majefté, auprès & fous les ordres de chaque Intendant de Province.

Notaires de la Prevôté de l'Hôtel, créés à l'inftar de ceux de Paris, pour la fuite de la Cour & des Confeils du Roi.

1753
1763 M^es
1745 { Le Roux, Place St Louis.
Barat, rue Satory.
Bloffier, *vétéran*, rue Satory.
{ à Versailles ordinairement, & fuivent alternativement lors des Voyages de la Cour.

R ij

Secrétaires de M. le Grand Prevôt.

M^{rs} { Le Grain, rue du Cherchemidi, vis-à-vis du Couvent.
De Belleville, *à la suite de la Cour*, rue de la Pompe, à Verſailles.

Me Tertre, *Commis-Greffier*, *Receveur des Conſignations*, cloî-tre Saint Nicolas du Louvre.

Me Rouſſel, *Commis-Greffier*, rue neuve N. D. à Verſailles.

Commis du Greffe.

Me Folliez, à Cumieres, près Epernay.

Me Baron, à Dammery, près Châtillon-ſur-Marne.

Me Ceriſay, *Garde-Scel*, rue d'Enfer Saint Landry.

Tréſoriers Payeurs des Gages de la Prevôté de l'Hôtel; Voyez *Tréſoriers des Deniers royaux.*

Procureurs, Maîtres, Cette marque ⸗ſignifie *au lieu de*

1750 Minard, *Doyen,* ⸗ Guérin, rue du Four Saint Honoré.
1752 Baralié, ⸗ Breſſon, rue Neuve Notre-Dame, à Verſailles.
1760 Bournizet, L. ⸗ Prevoſt, rue Béthiſy, près celle Ti-rechape.
1762 Chevery, ⸗ Paſſavant, rue du Four Saint Honoré.
1763 Menot, ⸗ Yvon, à Verſailles, rue Neuve Notre-Dame.
1763 Bournizet, J. ⸗ Le Bon, à Verſailles, rue Neuve Notre-Dame, près la rue de l'Etang.
1774 Prudhomme, ⸗ Priſſette, rue des Mauvaiſes-Paroles.
1775 Bourgarelle de la Chapelle, ⸗ De la Foſſe, rue neuve Notre-Dame à Verſailles.

Huiſſiers Audienciers. Maîtres,

Le Gangneur de Lalande, *premier Huiſſier Audiencier*, à Ruel, près Paris.

Huiſſiers du Quartier de Janv.
Robinot, à Provins.
Mille, rue des Foſſés Saint Germain l'Auxerrois, hôtel du Fief du Roule.
Raffi, rue de Viarmes, près la Halle neuve.
De la Haye, rue St Martin.

Coltet, à Ay, près Epernay.
Hachette, à Argenteuil.
Quartier de Juillet.
Martin, à Verſailles.
Maillard, à Vertus en Champagne.
Préaux, à Montreuil, près Vincennes.

Quartier d'Avril.
Cardin, *Doyen*, rue des Poulies.
Le Vaſſeur, rue des deux Boules, au coin de la rue des Lavandieres.

Quartier d'Octobre.
Guillot, l'aîné, rue Neuve Notre-Dame, à Verſailles.
Guillot, le jeune, r^e du Vieux Verſailles.
Gobailles, à Poiſſy.

Le Bureau à Paris, chez le ſieur Cardin : à Verſailles, chez ſieur Guillot l'aîné.

La Jurifdiction de la Prevôté de l'Hôtel-connoît en première Inftance, des Caufes civiles qui lui font attribuées par les Edits, Déclarations & Réglemens concernant ladite Jurifdiction, dont l'appel fe releve au Grand Çorfeil ; & fans appel, de toutes Caufes criminelles & de Police à la fuite de la Cour. Les Officiers de la Prevôté de l'Hôtel ont auffi la manutention de la Police dans les lieux où fe trouve la Cour ; y font porter les vivres & denrées, y mettent le taux ; connoiffent des malverfations dans les logemens à la craie, & de tout ce qui concerne les Voitures publiques de la Cour.

Les Officiers de la Prevôté ont feuls le droit de jurifdiction & d'inftrumenter, chacun en ce qui concerne leurs fonctions, dans les Maifons Royales & dépendances, Hôtels d'équipages des Seigneurs, & chez les Officiers du Roi & de la Reine, étant dans leur quartier de fervice, & Commis des Bureaux des Miniftres, ès Villes & endroits où la Cour fe trouve, à l'exclufion de toutes autres Jurifdictions, & jouiffent des mêmes Priviléges que les Commenfaux de la Maifon du Roi.

Les Audiences fe tiennent à Paris le *Mercredi*, au Louvre ; & à Verfailles le *Samedi*, au Siége de la Jurifdiction, Enclos de la Geole.

Médecin & Chirurgiens de la Prévôté de l'Hôtel. Meffieurs,
Defparges, *Médecin* de la Faculté de Montpellier, rue des Boulets, Fauxbourg Saint Antoine.
Garigues, *Chirurgien*, rue Saint Germain, près le Fort-l'E-vêque.
Pipelet, de l'Académie Royale de Chirurgie, *Chirurgien Juré aux Rapports*, quai des Théatins.
Dufour, de l'Académie Royale de Chirurgie, *Chirurgien*, rue du Roi de Sicile.
Louftoneau, *Chirurgien commis pour les Rapports*, rue Satory, à Verfailles.
Poudenas de la Borde, *Chirurgien*, quai des Miramionnes.
Gardane Duport, *Chirurgien*, rue des Prouvaires.
* Le Bureau des Marchands & Artifans privilégiés du Roi fuivant la Cour, eft rue Guénégaud.

COUR DE PARLEMENT.

La Grand'Chambre eft compofée de M. le Premier Préfident, de neuf Préfidens à Mortier, de vingt-cinq Confeillers Lais, & de douze Confeillers-Clercs.

M. le Premier Préfident & les quatre anciens Préfidens à Mortier fervent toujours à la Grand'Chambre, & les cinq autres Préfidens à Mortier à la Tournelle.

Meffieurs fervent chacun fix mois à la Grand'Chambre, & fix mois à la Tournelle pendant l'année, & ne laiffent pas néanmoins que d'entrer & de rapporter en la Grand'Chambre ou à la Tournelle les Procès dont ils font Rapporteurs.

Meffieurs les Confeillers Clercs ne font point de fervice à la Tournelle, même lorfque la Grand'Chambre eft affemblée, foit à la Grand'Chambre, foit à la Tournelle, pour matiere criminelle.

H. *fignifie* Service d'Hiver *à la Grand'Chambre, qui commence à la Saint Martin & finit à Pâques.* E. *fignifie* Service d'Été, *qui commence à Pâques & finit au 7 Septembre.*

GRAND'CHAMBRE.

PRÉSIDENS.

1768 14 *Nov.* MESSIRE ETIENNE FRANÇOIS D'ALIGRE, Chevalier, *Premier*, Commandeur des Ordres du Roi, Hôtel du premier Préfident, Cour du Palais.

1755 10 *Mai.* Meffire Louis François de Paule Lefevre d'Ormeffon de Noyfeau, rue Couture Sainte-Catherine.

1755 10 *Mai.* Meffire Jean-Baptifte Gafpar Bochard de Saron, rue de l'Univerfité, vis-à-vis la rue de Beaune.

1758 9 *Mai.* Meffire Chrétien François de Lamoignon, rue & barriere de Grenelle.

1758 5 *Sept.* Meffire Anne Louis Pinon, rue Saint-Antoine, vis-à-vis la rue Percée.

1763 4 *Mars.* Meffire Armand Guillaume François de Gourgue, rue Saint Louis au Marais.

1764 23 *Août.* Meffire Michel Etienne le Peletier de Saint-Fargeau, rue Couture Sainte Catherine.

1765 12 *Nov.* Meffire Louis le Peletier de Rozambo, rue de Bondy.

1768 23 *Nov.* Meffire Omer Joly de Fleury, rue de la Planche, Fauxbourg Saint Germain.

1774 31 *Déc.* Meffire Pierre-Paul Gilbert de Voyfins, rue d'Enfer Saint Michel, vis-à-vis les Chartreux.

HONORAIRES.

1757 12 *Nov.* Meffire Mathieu François Molé, Chevalier, *ci-devant Premier Préfident*, rue Saint Dominique Saint Germain, a donné fa démiffion en 1763.

CONSEILLERS D'HONNEUR NÉS, MESSIRES,

1746 Chriftophe de Beaumont, Archevêque de Paris, Pair de France, en fon Palais Archiépifcopal.

1759 Dominique de la Rochefoucaud, Archevêque de Rouen, *Abbé de Cluny*, & à caufe de cette qualité, Confeiller d'Honneur né.

CONSEILLERS D'HONNEUR, MESSIRES,

1740 23 *Mars.* Claude de la Michodiere, rue d'Enfer St Michel.

1745 19 *Janv.* François Guillaume Briçonnet, ci-devant Préſi-, dent de la Troiſiemè des Enquêtes, rue des Filles Saint Thomas, près la rue Vivienne.

1765 1ʳ *Fév.* Clément Charles François De l'Averdy, Miniſtre d'État, quai & cul-de-ſac de Conti.

1770 28 *Janv.* Claude Tudert, Doyen de l'Egliſe de Paris.

1777 19 *Janv.* Jean Hyacinthe Emmanuel Hocquart, ci-devant Préſident, Premier de la Chambre des Requêtes, rue de la Chauſſée d'Antin, près la Barriere.

CONSEILLERS, MESSIEURS,

1718 30 *Déc.* Paſquier, *Doyen*, rue Bourlabbé, vis-à-vis la rue du petit Heurleur.   E

1726 23 *Mars.* Roland de Juvigny, rue Charlot au Marais.   H

1728 23 *Avril.* Poitevin de Villiers, vieille rue du Temple, près le cul-de ſac.   H

1732 16 *Juill.* Goiſlard de Montſabert, rue . . .   H

1735 1ʳ *Juill.* Robert de Monneville, rue neuve Sᵗ Euſtache. E

1736 17 *Fév.* Brochant du Brueil, rue Hautefeuille.   H

1736 7 *Sept.* De Chavannes, rue des Foſſés du Temple, près la barriere.   H

1737 25 *Janv.* De Sahuguet d'Eſpagnac, *Cl.* quai Malaquais, au coin de la rue des Saints-Peres.

1738 21 *Févr.* Le Noir, *Cl.* rue d'Anjou, au Marais.

1738 21 *Mars.* De Beze de la Belouſe, cloître Notre-Dame.

1738 13 *Août.* Farjonel d'Hauterive, *Cl.* Cloître Notre-Dame.

1738 5 *Déc.* Pourchereſſe d'Eſtrabonne, *Cl.* rue de Condé, vis-à-vis la rue du Petit-Lion.

1739 27 *Févr.* Rouſſel de la Tour, quai d'Anjou, île Saint Louis.   E

1739 10 *Mars.* Boula de Montgodefroy, rue de Vendôme. E

1739 13 *Mars.* Roland de Challerange, rue des Maçons.   E

1739 18 *Août.* Duport, rue Barbette.   H

1739 28 *Aout.* Regnault d'Yrval, *Cl.* rue de Tournon.

1739 18 *Déc.* Sauveur, *Cl.* rue des Petits Auguſtins.

1740 29 *Janv.* Le Febvre d'Ammecourt, rue de l'Univerſité, au coin de la rue du Bacq.   H

1740 23 *Févr.* Pommyer, *Cl.* rue de Bracq.

1741 18 *Août.* Berthelot de Saint-Alban, rue Baſſe dú Rempart, du côté de la place Vendôme, N°. 15. E

1742 7 *Sept.* Pinterel de Neufchâtel, rue Meſlé, la 4ᵉ porte à droite en entrant par la rue du Temple. H

1743 13 *Déc.* Bory, *Cl.* rue Royale, près la place Royale.

1744 22 *Déc.* Titon de Villotran, quai de Bourbon, près le Pont de bois.   H

R iiij

1745 10 *Déc.* De Glatigny , rue de Richelieu , près la rue
Saint Marc.   E
1746 6 *Sept.* Louvel de Repainville, rue des Prêtres Saint
Paul , hôtel de Jaffaud.   E
1747 21 *Févr.* Fredy, rue Sainte Avoye , près la rue Geoffroi-
Langevin.   H
1747 14 *Mars.* Choart , rue neuve Saint Paul.   E
1747 14 *Mars.* Dubois de Couval , place Royale.   H
1747 29 *Déc.* Anjorant de Tracy , vieille rue du Temple , vis-
    à-vis la rue des Rofiers.   H
1748 12 *Janv.* Robert de Saint-Vincent , rue Hautefeuille. H
1748 4 *Mai.* Dupuis de Marcé , rue Feydeau , près la rue
Montmartre.   E
1748 20 *Août.* Nouet , rue Poultiere , cloître Notre-Dame. H
1749 13 *Mai.* De Malezieu, *Cl.* rue Couture Sainte Catherine.
1750 27 *Févr.* De Lattaignant , *Cl.* rue Saint Sébaftien , Pont-
aux-Choux.
1754 31 *Juill.* Bourgogne , *Cl.* quai des Théatins , hôtel Saint
Severin.

P R É S I D E N S Honoraires des Enquêtes & Requêtes ,
ayant féance à la Grand'Chambre , M E S S I E U R S.

1728 15 *Déc.* Poncet de la Riviere , ci-devant Préfident de la
Cinquiéme des Enquêtes , Cloître St Marcel.
1731 4 *Mai.* Durey de Meinieres , ci-devant Préfident de la
II. des Requêtes , rue Royale , place de Louis
XV.
1737 6 *Avril.* Olivier de Senozan , Confeiller d'État ordinaire , ci-devant Préfident de la Quatriéme
des Enquêtes , rue de Richelieu , vis-à-vis la
Bibliotheque du Roi.
1738 20 *Mai.* De Frémont du Mazy , ci-devant Préfident de
la IIe des Enquêtes , rue de Paradis , près
l'hôtel de Soubife.
1739 12 *Mars.* Gaultier de Befigny , ci-devant Préfident de la
II. des Requêtes , rue Bourglabbé , vis-à-vis la
rue du Petit Heurleur.
1740 5 *Août.* Maynon , ci-devant Préfident de la IV. des Enquêtes , rue de l'Univerfité , vis-à-vis la rue
de Beaune.
1742 12 *Déc.* Le Clerc de Leffeville , ci-devant Préfident de
la Ve. des Enquêtes, rue des Déchargeurs , à
l'ancienne grande Pofte.
1745 15 *Janv.* De Cotte , ci-devant Préfident de la II. des Requêtes , rue de l'Ortie.
1746 25 *Avril.* Bernard de Boulainviller , ci-devant Préfident.

de la II. des Enquêtes, Prevôt de Paris, rue
Notre-Dame des Victoires.

1748 1^r *Févr.* Thiroux d'Arconville, ci-devant Préfident de
la Ire des Enquêtes, rue du Grand-Chantier.

1749 27 *Nov.* Hariague de Guibeville, ci-devant Préfident de
la Premiere des Requêtes, rue Vivienne,
près la rue Colbert.

1758 13 *Févr.* Boutin, ci-devant Préfident de la Premiere des
Requêtes, r^e de l'Univerfité, près la r^e du Bacq.

Confeillers Honoraires à la Grand'Chambre, Messieurs,

1718 15 *Juill.* Le Pileur, rue d'Orléans, au Marais.

1720 10 *Juin.* Rancher, rue de l'Univerfité, vis-à-vis l'Hôtel
Daligre.

1722 8 *May.* Michau de Montaran, Intendant du Commerce,
rue de Touraine, au Marais.

1723 11 *Juin.* Barin de la Galiffonniere, rue . . . . .

1725 19 *Déc.* De Godeheu, rue Saint-Nicaife.

1726 30 *Août.* Feydeau de Marville, Confeiller d'Etat ordinaire, & ordinaire au Confeil Royal, rue de
Verneuil.

1727 11 *Janv.* De la Live, rue Verdelet, près la pofte aux
Lettres.

1728 30 *Avril.* Le Conte des Graviers, rue des Tournelles.

1728 30 *Avril.* Amyot, rue de la Chauffée des Minimes.

1729 24 *Mars.* Petit de la Villoniere, rue St Claude, au Marais.

1730 19 *Juill.* De Selle, rue de Richelieu.

731 20 *Juill.* Doublet de Bandeville, rue Poiffonniere, près
les Menus Plaifirs.

1732 28 *Mai.* Du Tillet de Pannes, Préfident de la Chambre
des Comptes, rue de Boucherat, au Marais.

1732 16 *Juill.* Jacquier de Vieilsmaifons, rue de Tournon.

1733 10 *Juill.* De Seves, rue. . . . . .

1733 10 *Juill.* Hurfon, ancien Intendant de la Marine, Confeiller d'Honneur au Parlement de Provence,
rue neuve Luxembourg.

733 26 *Août.* Delpech de Montreau, rue de Beaune.

735 2 *Sept.* Angran, Lieutenant Civil, rue des blanc-Manteaux, cul-de-fac Pecquet.

736 17 *Févr.* Douet de Vichy, rue & vis-à-vis Saint-Roch.

736 20 *Déc.* Amelot, Maitre des Requêtes honoraire, rue
n^e de Richelieu, au College des Tréforiers.

1736 20 *Déc.* Trublet de Nermont, rue Saint-Dominique S^t
Michel.

1738 25 *Avril* D'Orceau de Fontette, Chancelier de Monsieur, Confeiller d'Etat, r^e de Bourbon, près

la rue de Belle-Chaſſe, Fauxbourg Saint
Germain.

1738 6 Mai. Moron de Marnay, vieille rue du Temple près
la rue Saint Antoine.

1740 19 Janv. De Verduc de Soiſy, place Royale, ancien
hôtel de Richelieu.

1740 5 Fév. Heron, rue de Vaugirard, près la rue de
Condé.

1740 23 Fév. Mallet de Trumilly, rue des Franc-Bourgeois,
au Marais.

1740 24 Mai. Taboureau des Réaux, Conſeiller d'Etat, & ordinaire au Conſeil des dépêches & au Conſeil
royal, Maître des Requêtes honoraire, rue
traverſiere Saint Honoré.

1740 29 Juill. Clément de Feillet, rue d'Enfer, près le Luxembourg.

1742 20 Juill. Fraguier, Préſident de la Chambre desComptes,
rue des Blanc-manteaux.

1742 7 Août. Dumetz de Ronay, Préſid. Honor. de la Chamb.
des Comptes, rue du pas de la Mule.

1743 6 Sept. Berthelot de Verſigny, rue de Bondy, porte
Saint Martin.

1743 20 Déc. Laurés du Meus, rue de la Verrerie, près les
Conſuls.

1744 15 Mai. Bitaut de Vaillé, rue des Blanc-manteaux,
près la rue de l'Homme armé.

1744 3 Juill. De Lamoignon de Malesherbes, Miniſtre d'E-
tat, rue des Martyrs, barriere Montmartre

1744 22 Déc. De Bérulle, Premier Préſident du Parlement de
Grenoble, à Paris, rue de Richelieu, hôte
de Bérulle.

1746 30 Mars. Coſte de Champeron, quai de Bourbon.

1746 30 Déc. Drouin de Vaudeuil, Conſeiller d'Etat, rue de
la Ceriſaye, hôtel de Leſdiguieres.

1747 17 Févr. Chavaudon de Sainte Maure, rue du Gran
Chantier.

1747 29 Août. Le Baron de Tubeuf, rue du Grand Chantier
vis-à-vis l'hôtel d'Argenſon.

1747 7 Sept. Le Mercier de la Riviere, rue de Cléry.

1748 28 Juin. Langlois, Conſeiller d'Etat, rue du Cherch
midi.

1748 5 Juill. Depont, Maître des Requêtes, Intendant
Rouen.

1748 9 Août. Doublet de Perſan, Maître des Requêtes, r
des petits Auguſtins, Fauxbourg St Germai

1748 21 Août. Lambert, Maître des Requêtes, à l'Eſtrapa

Conseillers Honoraires aux Enquêtes & Requêtes,

MESSIEURS,

1750 30 *Avril.* Cochin, Conseiller d'Etat, rue Saint Benoît.

1751 30 *Avril.* Bertin, rue de Thorigny.

1751 25 *Juin.* L'Abbé Terré de Barnay, rue du Mail, près la Place des Victoires.

1751 3 *Sept.* Chabenat de la Malmaison, rue des Franc-Bourgeois au Marais.

1752 25 *Janv.* De Flesselles, Maître des Requêtes Honoraire, Intendant à Lyon.

1752 3 *Mars.* Jullien, Maître des Requêtes, Intendant à Alençon.

1752 7 *Juill.* Chaillon de Jonville, Maître des Requêtes, rue Meslé, au Marais.

1753 3 *Mai.* Lambert de Saint-Omer, grande rue du faux-bourg Saint Jacques, près Saint Jacques du Haut-Pas.

1754 13 *Déc.* Trinquand, rue des Gravilliers.

1755 7 *Janv.* Ferrand, rue Poultiere, île Notre-Dame.

1758 21 *Avril* De Paris la Brosse, Président de la Chambre des Comptes, rue de Vendôme, près le Sauveur.

1758 5 *Mai.* Le Pileur de Brevannes, Président de la Chambre des Comptes, rue d'Orléans, au Marais.

1759 26 *Janv.* De Pomereu, Président à Mortier au Parlement de Rouen.

1764 9 *Août.* Albert, Maître des Requêtes, rue des Minismes, place Royale.

1767 3 *Févr.* Boula de Nanteuil, rue neuve Saint Augustin, au coin de la rue de Grammont.

Messieurs les Conseillers d'Honneur & Honoraires, & Messieurs les Maîtres es Requêtes ne font point de l'Assemblée de la Grand'Chambre quand elle se tient à la Tournelle.

GENS DU ROI, servant à toutes les Chambres du Parlement,

MESSIEURS,

1755 10 *Mars.* SEguier, *Avocat Général*, rue du Hazard-Richelieu.

1750 12 *Déc.* Joly de Fleury, *Procureur Général* ∗, rue de la Planche, Fauxbourg Saint-Germain.

1774 31 *Déc.* D'Aguesseau de Fresne, *Avocat Général*, rue & barriere de Grenelle, hôtel de Lamoignon.

1775 29 *Juill.* Joly de Fleury, *Avocat général*, rue de la Planche, fauxbourg Saint Germain.

A la Charge de *Procureur Général* est unie celle de *Trésorier Garde des Chartres & Papiers de la Couronne.*

Subſtituts de M. le Procureur Général, MESSIEURS,

1720   3 Févr. Taupinart de Tiliere, *Doyen*, rue Saint-André
des Arts, près la rue Pavée.

1733   9 Févr. De Mauperché de Fontenay, rue des Bons-
Enfans Saint-Honoré.

1749   11 Avril. Laurencel, rue de la Verrerie, près celle de
Mouſſy.

1751   5 Mars. Sainfray, rue Feydeau près la rue Montmartre.

1762   3 Avril. Richard de Valaubrun, rue de Richelieu, vis-
à-vis la Bibliotheque.

1766   4 Déc. De Langlard, rue de Condé près celle de Vaugirard.

1767   24 Juill. Peronneau, Fauxbourg Saint Martin, nº. 16.

1767   1 Déc. Robineau d'Ennemont, rue Saint-Chriſtophe.

1775   25 Févr. Carnot, rue de la Marche près celle de Bretagne au Marais.

1775   27 Mars. Sainfray de Villermont, *Subſtitut au Grand
Conſeil* en 1754, rue du Roi de Sicile, prè
la rue des Juifs.

1775   27 Mars. Dizié, *Subſtitut au Grand Conſeil* en 1764 ru
du Gros Chenet.

1775   11 Mai. Bunot de Choiſy, rue Sainte Croix de la Bre
tonnerie, près celle du Puits.

1775   2 Juin. Pietre, rue & île St Louis, près la rue Poultiere

1777   31 Juill. Vaſſe, rue de Seine, vis-à-vis celle Maza
rine.

Subſtituts Honoraires, MESSIEURS,

1751   3 Mars. Gaultier de Chailly, *Conſeiller au Parlement*
rue Beaubourg, vis-à-vis la rue des Méné
triers.

1759   23 Août. Brion, *ancien Conſeiller de la Cour des Aide*
rue Poiſſonniere.

Greffier en Chef Civil, Conſeiller du Roi, ſon Protonotaire.

1774 M. le Bret, rue Saint Dominique, fauxbourg Saint Ge
main, hôtel de M. le Garde des Sceaux.

Greffier en Chef des Préſentations.

1748 M. Coupry du Pré, rue des Marais près la rue de Seine.

Greffier en Chef Criminel.

1775 M. Le Couturier de Genſy, rue neuve Saint Euſtach
vis-à-vis l'hôtel de Straſbourg.

Greffier des Affirmations.

1758 M. Potet, rue de la Juiverie, vis-à-vis la Madeleine.

Greffier des Préfentations au Criminel.

1764 M. Bernard, rue de la vieille Draperie, maifon de M. Gaillard, Notaire.

Notaires & Sécrétaires de la Cour, MESSIEURS,

1767 Yfabeau de Montval, quai de l'Horloge, à l'entrée de la Cour de Lamoignon.
1767 Dufranc, Cour du Palais.
1775 Le Pot-d'Auteuil, rue Saint Honoré, vis-à-vis l'hôtel de Noailles.
1775 Le Paige, au Bailliage du Temple.

Greffiers de la Grand'Chambre, MESSIEURS.

1752 Yfabeau, rue Mazarine, près la rue Guénégaud.
1758 Dufranc, Cour du Palais.
1761 Yfabeau de Montval, quai de l'Horloge.

Greffiers de la Tournelle & des Dépôts du grand Criminel,

1760 M. Fremyn, rue & hôtel Serpente.
1771 M. Le Breton, rue St André, vis-à-vis la rue de l'Eperon.

Greffier Garde-Sacs de la Grand'Chambre.

1777 M. Girard, rue de l'Ortie, butte Saint Roch.

Greffier des Dépôts Civils de la Grand'Chambre & des Enquêtes,

1758 M. Le Ber, rue des Rats, Place Maubert.
1737 M. Rouffelle, *Honoraire,* rue des Déchargeurs, au coin de la rue du Plat-d'Etain.

Greffier Garde-facs & du petit Criminel.

1777 M. Le Dreux, quai d'Orléans, île Saint Louis, vis-à-vis le Pont-Rouge.

Greffiers-Commis au Greffe Civil, MAÎTRES,

1750 Lutton, *Doyen,* rue Sainte-Anne, butte Saint Roch.
1756 Julienne, rue St Honoré, vis-à-vis la rue du Champ-Fleury.
1757 Jolimet, rue Sainte Croix de la Bretonnerie.
1760 Dehanfy de Neuville, rue Montmartre, au coin de la rue des Vieux Auguftins.
1761 Berthelot, rue de la Poterie, près celle de la Tifferanderie.
1764 Bottée, rue Villedot.
1766 Cottin, rue Bourtibourg, vis-à-vis l'ancien hôtel d'Argouge.
1767 Brion, quai de la Tournelle.
1767 Babaud du Mail, rue de la vieille Monnoie.
1768 Dubin, rue Bardubec.
1769 Floury, rue Saint Jacques de la Boucherie.

1769 Labbé, place de Greve, au coin de la rue de la Vannerie.
1774 Robin, rue du Sépulcre, vis-à-vis la petite rue Taranne.
1775 Lenglet, rue Bertin-Poirée.
1775 Barré, rue Mouffetard, près l'Eſtrapade.
1776 Rayal, rue des Ecrivains.
1777 Durand, rue Saint Antoine, vis-à vis la vieille rue du
    Temple.

Honoraires, { Regnard, ancien Doyen, rue du Four Saint-
            Germain.
M^{rs} { Aubertin, rue du Petit Pont Saint Severin.
    { Sigogne, rue des Bernardins au Preſbytere.

Greffiers-Commis du Greffe Criminel, MAÎTRES.

Maſſieu, rue du Four Saint-Germain, vis-à-vis le }
   Notaire.   } *Contrôleurs*
De Bret, rue Henri Ier, enclos Saint Martin. } *des Arrêts.*
Nourichel, rue baſſe hôtel des Urſins.   }
Penneroux, rue . . .
Maſſieu, *Commis à la communication des Regiſtres & Minutes cri-*
   minelles du Parlement, rue du Four Saint Germain.
M. Luce, *principal Commis du Greffe en chef Civil, pour la*
   délivrance des Arrêts, rue de l'Echelle Saint-Honoré.
M. Lhuillier, *Contrôleur des Arrêts, Commis à la communication*
   des Regiſtres & Minutes du Parlement, rue & près Saint-Bon.

Huiſſiers au Parlement, MESSIEURS,

1741 M. Angely, *Ecuyer, Premier Huiſſier,* r^e neuve Saint-Paul.
1732 Griveau, *Doyen,* rue de la Calandre, *à Pâques,* rue Saint
    Eloi, hôtel Pépin.
1735 Garot, rue Saint Jacques de la Boucherie.
1742 Liédot, rue des Rats, Place Maubert.
1743 Bournigal, rue de Bracq, près la Mercy.
1746 Péſchot, rue du milieu de l'hôtel des Urſins.
1747 Genevoix, rue de la Bucherie.
1756 Peuvret, *Receveur,* r^e du Four, Fauxbourg St Germain.
1757 Jarry, place Maubert.
1758 Doberſecq, rue d'Anjou, près la rue Dauphine.
1758 Charlier, rue Chriſtine.
1759 Baudouin, rue Dauphine, vis-à-vis la rue d'Anjou.
1760 Sergent, quai de l'Horloge, *I. des Enquêtes.*
1763 Regnault, *Syndic,* rue des Mathurins.
1765 Brunet, *co-Syndic,* rue de la Poterie, *de la III. des Enquêtes.*
1765 Le Vacher, rue Saint Chriſtophe.
1766 Bourgeois, *Greffier,* place Dauphine, maiſon de M. Drais.
1766 Angar, rue des Deux-Portes Saint Jean.
1770 Gobin, rue Saint-Jacques, près ſaint Yves.

1770 Aubin, rue Sainte Anne, butte Saint Roch.

1775 Thiebart de Paunonville, rue de la vieille Draperie.

1775 Millet, rue neuve Saint Merry, vis-à-vis celle du Regnard.

1775 Ruffeau, rue de l'Hirondelle, hôtel de la Salamandre.

1776 Guillebert, rue des Boucheries Saint Germain, paffage de la Treille.

1776 Lucotte de Champémont, rue de la Poterie, au coin de celle de la Verrerie.

1776 Chambon, rue de la Huchette, vis-à-vis celle Zacharie.

1777 Le Blanc, *de la II. des Enquêtes*, paffage de l'Efdiguieres, rue Saint Antoine.

Receveurs Généraux des Confignations des Confeils du Roi, de toutes les Cours & Jurifdictions de Paris, & des Juftices reffortiffantes au Châtelet.

1772 M. Brillon de Jouy, rue Pavée Saint-André des Arts.

1775 M. d'Anjou, rue Pavée Saint André.

1772 M. Heron de la Thuillerie, cloître Notre-Dame.

1775 M. Valladon, *Affocié*, rue de Condé.

Le Bureau général, chez M. Heron de la Thuillerie, eft ouvert, excepté les Dimanches & Fêtes, les Mardis, Mercredis, Vendredis & Samedis, depuis neuf heures jufqu'à une heure après midi.

M. Saullet, Avocat en Parlement, *Liquidateur Général*, rue de la Harpe, près celle Saint Severin.

M. de . . . . . , Procureur au Parlement.

Commiffaire-Receveur & Contrôleur Général aux Saifies Réelles

1769 M. Roulleau, quai d'Anjou, île Saint Louis.

M. Moreau, Procureur au Parlement, *Procureur*, au Bureau des Saifies réelles, quai d'Anjou.

M. Cholet, Procureur au Châtelet, rue Bourglabbé.

Le Bureau eft quai d'Anjou, île Saint Louis.

Secrétaires de M. le Premier Préfident.

M. Dufour, } hôtel de M. le Premier Préfident.
M. Vallée, }

Secrétaire de M. l'Avocat Général Séguier.

M. Siran, rᵉ neuve des Petits Champs, près la rᵉ de Richelieu.

Secrétaires de M. le Procureur Général.

M. de la Roue, rue du Four,   M. le Chenetier, rue des Saints
Fauxbourg Saint Germain.   Peres, hôtel de Saint Pretz.

Secrétaire de M. l'Avocat Général d'Agueffeau de Frefne.

M. Plaifant, rue de Bourgogne près la rue de Varennes.

Secrétaire de M. l'Avocat Général Joly de Fleury.

M. Bignon, rue de Richelieu, vis-à-vis la rue Feydeau.

Tréforier-Payeur des Gages.

M. Radix de Chevillon, rue de Montmorency. Il paye le mardis & vendredis matin feulement.

Mrs { D'Avefne, cloître des Bernardins.
De la Ribellerie, rue Neuve Sainte-Catherine, au Marais.
Paignon, cloître Saint-Marcel. } *Contrôleurs.*

Buvetiers.

Grand'Chambre. Lemoyne,
I. des Enquêtes. Bihet.
II. des Enquêtes. Pincémaille.
III. des Enquêtes. Anceft fils.

} Enclos du Palais.

Parquet. De Guyot, *Receveur des droits du Roi*, enclos du Palais

Conciergerie du Palais.

Me Ledoux, *Greffier*, rue Saint Jean de Beauvais.
Cottin, *Concierge.*

Médecin de la Cour.

M. Thierry de Buffy, de la Faculté de Paris, rue Saint Dominique fauxbourg Saint Germain, près celle Saint Guillaume

Chirurgiens de la Cour, Meffieurs,

Veyret, rue de la Sourdiere.
De Buffac, rue des Prêtres Saint-Germain l'Auxerrois.
Sillau, Apothicaire, rue Saint Louis près le Palais.
De la Cour, rue de la Barillerie.

Matrone, { Mde Fougerou, *Maîtreffe Sage-femme*, rue Saint Germain l'Auxerrois.

Receveur des Amendes.

Me Rouffeau de Belcourt, rue des Poitevins, près la rue Hautefeuille. Cet Officier contrôle auffi les déclarations de déper à toutes les Chambres du Parlement, Cour des Aides, Cou des Monnoies, Eaux & Forêts, & Requêtes de l'Hôtel ord naire, & les frais liquidés par Arrêts du Parlement, & Sen tences des Requêtes de l'Hôtel ordinaire.

1776 M. Efpagniou-Defzille, place Dauphine, *Infpecteur d Domaines & de la Régie général des Droits de Greffe Droits réfervés & Amendes dans toutes les Cours & Juri dictions de Paris.*

PREMIERE CHAMBRE DES ENQUÊTES.

Présidens, Messieurs,

1751 7 *Sept.* Pierre Daniel Bourrée de Corberon, rue Barbette.

1765 24 *Juill.* François Briſſon, cloître Notre-Dame.

Conseillers, Messieurs,

1759 25 *Avril.* Marquette de Mareuil, *Doyen*, rue du grand Chantier au coin de la rue des quatre Fils.

1760 28 *Mars.* Amelot, rue Traverſiere Richelieu.

1764 31 *Aout.* Freteau, rue Beautreillis.

1765 15 *Fév.* Ourſin, rue & fontaine Boucherat.

1765 25 *Juin.* Phelippes, *Cl.* rue Ste Avoye, près la re Geoffroy-Langevin.

1766 22 *Août.* Maulnorry, cloître Notre-Dame.

1766 15 *Déc.* Tandeau de Marſac, *Cl.* Cloître Notre-Dame.

1767 10 *Févr.* Camus de la Guibourgere, rue du Bacq près les Convaleſcens.

1767 4 *Sept.* Brochant de Villiers, rue de Grammont.

1767 23 *Déc.* Marquet, rue Bergere, vis-à-vis les Menus.

1768 18 *Avril.* Barbier d'Ingreville, *Cl.* en Sorbonne.

1769 27 *Janv.* De Cotte, rue de l'Ortie, aux Galeries du Louvre.

1769 28 *Juillet.* Bourgevin Vialart de Saint - Morys, rue Chriſline.

1775 10 *Mars.* De Gars de Courcelle, rue Hautefeuille.

1775 8 *Avril.* Brochant, rue des Mauvaiſes Paroles.

1775 26 *Avril.* Duval d'Eprémeſnil, place de Louis le Grand.

1776 24 *Janv.* Perreney de Groſbois, rue Feydeau, près la rue de Richelieu.

1776 17 *Fév.* Grégoire de Rumare, place des Victoires.

1776 13 *Déc.* Le Boullanger d'Acqueville, rue Culture Ste Catherine.

1777 22 *Avril.* De Boullongne de Nogent, rue Saint Honoré, vis-à-vis les Jacobins.

1777 6 *Mai.* Bernard de Ballinvilliers, rue des Saints Peres.

1777 10 *Juin.* Boutin, rue du Dauphin.

1777 5 *Sept.* De Perthuis de Laillevault, rue de Jéruſalem, cour du Palais.

Me Fremyot, *Greffier*, rue de la Huchette.

Les Audiences le mercredi & le ſamedi.

DEUXIEME CHAMBRE DES ENQUÉTES.

PRÉSIDENS, MESSIEURS,

1766 1^r *Juill.* A Ndré-Charles-Louis Chabenat de Bo-
neuil, rue de Richelieu, près la rue
des Filles Saint Thomas.

1768 16 *Mars.* Claude-Euloge Anjorant, rue du Temple,
vis-à-vis la rue Portefoin.

CONSEILLERS, MESSIEURS,

1751 13 *Sept.* Le Roy de Roullé, *Doyen*, rue Neuve des
Bons Enfans, derriere le Palais Royal.

1758 21 *Avril.* Pafquier, rue Bourglabbé.

1758 20 *Juin.* De la Guillaumye, rue Saint Pierre, Pont-
aux-Choux.

1760 8 *Août.* De la Guillaumye *Minor*, rue Saint Honoré,
près les Jacobins.

1761 17 *Avril.* Barillon de Morangis, rue de Paradis, à côté
de l'hôtel Soubife.

1761 23 *Juin.* Du Pré de Saint-Maur, rue Poultiere, île
Saint Louis.

1766 24 *Janv.* Le Riche de Chevigné, rue d'Enfer, vis-à-vis
le Luxembourg.

1766 30 *Janv.* Clément d'Etoges, rue d'Enfer, hôtel de
Vendôme.

1766 30 *Janv.* Deflandres de Brunville, rue neuve du Luxembourg.

1766 22 *Août.* D'Outremont, rue Bourtibourg, à l'Hôtel
d'Argouges.

1767 23 *Janv.* Le Rebours de Saint-Mard, rue d'Enfer Saint
Michel, hôtel de Vendôme.

1767 3 *Fév.* Chuppin, rue du Temple, vis-à-vis la rue
Chapon.

1767 23 *Fév.* Clément de Blavette, rue d'Enfer, près les
Chartreux, hôtel de Vendôme.

1767 11 *Déc.* De Maüperché, rue des Bons-Enfans Saint-
Honoré.

1768 30 *Août.* Defponty de Saint-Avoye, rue Beautreillis.

1769 27 *Janv.* De Selle, rue Saint Paul, près celle des Lions

1769 28 *Juill.* Ferrand, rue Poultiere, île Saint-Louis.

1770 12 *Mars.* Thevenin de Tanlay, rue Saint Louis, au
Marais, vis-à-vis l'hôtel de Gourgue.

1776 30 *Juill.* Sabatier de Cabre de Chafteauneuf, *Cl.* cloî
tre Notre-Dame.

1776 *Déc.* Le Coigneux de Bélabre, *Cl.* rue des Blanc-manteaux.

1777 25 *Avril.* De Clugny , rue & vis-à-vis le Cherche-Midi.

1777 25 *Avril.* Douet, rue Bergere , quartier Montmartre.

1760 Me Delaune, *Greffier*, rue & île Saint-Louis, près e Pont Rouge.

Les Audiences le mercredi & le famedi.

TROISIEME CHAMBRE DES ENQUÊTES.

PRÉSIDENS, MESSIEURS,

1758 7 *Sept.* **L**Ouis Alexandre Angran, rue des Blanc-Manteaux, cul-de-fac Péquet.

1777 5 *Févr.* Camus de Pontcarré de Viarmes, rue & vis-à-vis le Cherche-Midi.

CONSEILLERS, MESSIEURS,

1751 30 *Juill.* Mauffion de Candé , *Doyen*, rue Chapon , près les Carmélites.

1758 21 *Avril.* Dionis du Séjour, rue Sainte Avoye, vis-à-vis la rue du Plâtre.

1762 29 *Fév.* De Gars de Freminville, rue Hautefeuille.

1762 27 *Mai.* Radix, *Cl.* cloître Notre-Dame , du côté de la rue des Marmouzets.

1763 14 *Mai.* Bourgevin Vialait de Moligny, *Cl.* rue Chrif-tine.

1765 4 *Janv.* Serre de Saint-Roman, rue Vivienne, près la rue Colbert.

1765 1^t *Mars.* De Bretignieres, place Royale.

1765 23 *Août.* Forien de Saint-Juire, rue de Savoie.

1766 1^r *Fév.* Langlois de Pommeufe, rue Chapon, près les Carmélites.

1767 4 *Sept.* Maffon de Vernou, rue Pavée Saint André.

1768 17 *Juin.* Dudoyer de Vauventrier, cl. Notre-Dame.

1768 9 *Août.* Clément de Givry , rue d'Enfer St Michel.

1769 28 *Juill.* Le Baron d'Hanmer de Claibroke, rue Pierre-Sarrazin, près la rue de la Harpe.

1775 8 *Avril.* De Favieres, rue St Antoine, au coin de la rue Royale.

1775 16 *Mai.* Tiry d'Olbach, rue Royale butte Saint Roch.

1775 11 *Juill.* Charpentier de Boifgibault, rue Poultiere, île Saint Louis.

1775 19 *Déc.* De Cypierres de Chevilly, rue Poiffonniere près la rue Bergere.

1776 26 *Avril.*   Boula de Coulombier, quai des Céleftins.

1776 23 *Août.*   Pinon, rue Saint Antoine, vis-à-vis la rue Percée.

1777 22 *Avril.*   Guerrier de Romagnat, quai & près les Théatins.

1777 1ᵉʳ *Juill.*   Rouillé d'Orfeuille, rue Baffe du Rempart.

1757 Mᵉ Jauvin, *Greffier*, quai des Miramionnes, Greffier de de la Vᵉ. en 1746.

Mᵉ Joüault, *ancien Greffier*, rue neuve des petits Champs, près l'hôtel de Coigny.

M. Ancefts, *Receveur des épices.*

   Les Audiences le lundi & le jeudi.

Tous les trois mois, quatre de Meffieurs les Confeillers de chaque Chambre des Enquêtes, font de fervice à la Tournelle, avec douze de Meffieurs les Confeillers de la Grand'Chambre.

CHAMBRE DES REQUÊTES,

Rétablie en Juillet 1775.

PRÉSIDENS, MESSIEURS,

1760 5 *Sept.*   **B**Arthélemi Gabriel Rolland, rue Montmartre près celle N.-D. des Victoires.

1765 26 *Mars.*   Dutrouffet d'Héricourt, rue de Bourbon, faux-bourg Saint-Germain.

CONSEILLERS, MESSIEURS,

1759 20 *Déc.*   Gaultier de Chailly, *Doyen*, rue Beaubourg, vis-à-vis celle des Méneftriers.

1763 11 *Mars.*   De Dompierre d'Hornoy, rue Saint Honoré près les Jacobins.

1763 11 *Mars.*   Bruant des Carrieres, rue Poultiere, île Saint-Louis.

1763 11 *Mars.*   Richard de Neufy, rue Croix des petits Champs, hôtel de Beaupreaux.

1763 21 *Mars.*   Lambert des Champs de Morel, rue du Jardinet.

1763 19 *Mai.*   Hocquart de Mony, rue neuve des petits Champs, près les Capucines.

1763 21 *Juill.*   Lefcalopier, place Royale, près l'arcade des Minimes.

1763 19 *Août.*   De Ricouart d'Hérouville, rue Payenne au Marais.

1767 20 *Janv.*   De Fourmeftreaux de Brifœuille, *Cl.* cour du Palais.

1770 31 *Mai.* Noblet, cul-de-fac des Hôfpitalieres, place Royale.

1770 3 *Juill.* De Villiers de la Berge, rue du Fauconnier.

1770 27 *Juill.* Ourfin de Bures, rue & près la Fontaine Boucherat.

1770 6 *Sept.* Lefebvre d'Ormeffon de Noifeau, rue Culture Sainte Catherine.

1775 28 *Juill.* De Saint Criftau, *Cl.* rue des Capucines.

Greffier de l'Audience exerçant le Greffe en chef.

1758 M. Ferry, rue de la grande Truanderie.

Commis du Greffe.

1775 Naudin, rue Michel-le-Comte, maifon du Luthiér.

Greffier des Préfentations.

1775 M. Bouju, *Garde-Scel*, rue Saint Martin, vis-à-vis la Fontaine Maubuée.

Greffier en Chef, Honoraire,

1760 M. Garnier de Hautebroffe, Cloitre Saint Benoît.

Huiffiers Audienciers, Meffieurs,

1754 Le Noutre, *premier Huiffier*, rue Bertin-Poirée.

1741 Maupetit, rue Mâcon.

1751 Huet, rue Beaubourg.

1758 Rouffeau, quai Pelletier.

1766 Barbier, rue du Cigne, du côté de la rue Saint Denis.

1768 Martin, rue Montmartre, près celle du Jour.

Buvetiers.

1777 Pagny, enclos du Palais.

Huiffiers Audienciers des Requêtes du Palais, continués dans leurs droits, priviléges & exercice de leurs fonctions, par l'Edit de Novembre 1774, Meffieurs,

1729 De la Motte, rue Perdue place Maubert.

1769 Hardouin, au College de Louis le Grand.

1769 Tricault, rue Grenier Saint Lazare.

Greffier vétéran de l'Audience.

. Jubar, rue de la grande Truanderie.

CHAMBRE DE LA MARÉE.

PRÉSIDENT.

Meffire LOUIS FRANÇOIS-DE-PAULE LÉFEVRE D'ORMESSON DE NOYSEAU, Préfident à Mortier, rue Culture Sainte Catherine.

CONSEILLERS-COMMISSAIRES.

M. Pafquier, *Doyen*, rue Bourglabbé, vis-à-vis la rue du petit Huileur.

M. Roland de Juvigny, rue Charlot, au Marais.

GENS DU ROI.

M. Malherbe, *Procureur Général*, rue Saint Paul, vis-à-vis la rue des Lions.

Mrs { Ifabeau, rue Mazarine.
{ Dufranc, cour du Palais. } *Greffiers.*
{ Ifabeau de Montval, quai de l'Horloge. }

Me de Laguette, *Procureur au Parlement & de l'Adjudicatair général des Fermes*, rue Geoffroy-Langevin.

Levacher, *Huiffier de la Cour*, rue Saint Chriftophe.

Gardes des Marchandifes de Saline, Marée & Poiffon d'eau-douce.

Lamy, *Huiffier Prifeur*, rue du Chevalier du Guet.
Lamy fils, rue & près Saint Sauveur.

Cette Chambre a la Police générale fur le fait de la Marchandife de Poiffon de mer, frais, fec, falé, & d'eau douce, dans la Ville, Fauxbourgs, & Banlieue de Paris, & de tout ce qui y a rapport, & dans toute l'étendue du Royaume, pou raifon des mêmes marchandifes deftinées pour la provifion de cette Ville, & de droits attribués fur icelles & perçus depuis l'édit du mois de Février 1776, pa l'Adjudicataire général des Fermes, qui a fes caufes commifes en cette Chambre

Le Bureau de l'Adjudicataire général, eft rue Montmartre, vis-à-vis la petit porte Saint Euftache.

BAILLIAGE DU PALAIS.

1745 M. Belot, Chevalier de l'Ordre Royal & Militaire de S. Louis, *Bailli d'Epée*, rue des Tournelles, prè la Baftille.

MESSIEURS,

1765 Pigeon, *Lieutenant Général*, cloitre des Bernardins.

1762 Le Roy, *ancien Lieutenant Général*, rue Saint André de Arts.

1775 M. Minier, *Procureur du Roi*, rue du Foin, au Collég de Me Gervais.

1737 Glot, *Procureur du Roi honoraire*, rue Serpente.

1767 Me Orient, Avocat en Parlement, *Greffier en chef*, ru Sainte Croix de la Bretonnerie, près la rue des Billettes

M. Duperray, *Commis-Greffier*, rue Notre-Dame de Bonnes-Nouvelles, près le Boulevart.

1745 Me Loreau, Avocat au Parlement , & *Greffier en chef honoraire* , rue Saint Jacques de la Boucherie , au Mortier d'argent.

1764 Simon , *I. Huiffier* , rue & porte Montmartre, vis-à-vis le Commiffaire.

1764 Robert , *Huiffier Audiencier* , rue Tirechape, près la rue Béthify.

1766 Hubert , *Huiffier Audiencier* , rue de Jérufalem enclos du Palais.

Les Audiences fe tiennent les Mardis , Jeudis , & Samedis ; & en Vacations , le Mardi feulement.

M. Simon , *Imprimeur du Parlement* , rue Mignon , quartier Saint André-des-Arts.

Guilliaumont , *Tapiffier ordinaire du Parlement* , du Clergé , de l Univerfité & de la Ville , rue Saint Jacques , près Saint Yves.

Gallot , *Courier du Parlement* , & *Guide pour toute fortes de Cérémonies* , rue de la Calandre , près le Palais.

CHAMBRE DES COMPTES.

H *fignifie* Semeftre d'Hiver, *qui commence le premier Janvier, & finit le dernier Juin ;* E *fignifie* Semeftre d'Été , *qui commence le 1er Juillet , & finit le dernier Décembre.*

PRÉSIDENS.

1768 MEssire Aymard Charles Marie Nicolay , Chevalier , *Premier* , place Royale.   H-E

1736 Meffire Antoine Charles du Tillet de Pannes , rue de Boucherat , au Marais.   H

1745 Meffire Pierre Nicolas Florimond Fraguier , rue des Blanc-Manteaux.   E

1750 Meffire Charles Victoire François de Salaberry , rue de la Madeleine , à la Ville-l'Eveque.   E

1762 Meffire Anne François de Paris la Broffe , rue de Vendôme , près le Sauveur.   H

1766 Meffire Jacques François Mallet de Trumilly , rue des Franc-Bourgeois , près la rue des trois Pavillons.   H

1768 Meffire Marc Henri le Pileur de Brevannes, rue d'Orléans, vis-à-vis les Capucins au Marais.   E

1768 Meffire Jérôme Pélagie Maffon de Meflay , rue du Sentier.   E

1768 Meffire Jacques Jullien de Vin de Fontenay , rue Neuve Saint Merry.   H

1770 Meffire Jacques Louis le Boulanger, rue Culture Sainte Catherine.   H

1772 Meffire Pierre Guillaume de Chavaudon de Sainte-Maure, rue du Grand Chantier.   H

1773 Meffire Antoine Hilaire Laurent le Mairat, rue & près les Religieufes de Popincourt.   E

1775 Meffire Angélique Pierre Perrot, quai des Balcons.   E

Préfidens Honoraires.

1731 MESSIRE AYMARD JEAN NICOLAY, *Chévalier*, *Premier Préfident* , place Royale.

1736 Meffire Antoine Lambert Maffon de Meflay , rue du Sentier.   E

1747 Meffire Claude Gédeon Denis Dumetz de Rofnay , rue du Pas de la Mule , près la place Royale.   E

CONSEILLERS-MAISTRES.

MESSIEURS,

1724 Le Clerc de Leffeville, *Doyen*, rue Saint Louis , vis-à-vis les Filles du Saint Sacrement.   H

1733 Le Boulanger , quai d'Anjou, près la rue Poultiere.   H

1736 Robert, rue de Vaugirard , près la Cour des fontaines du Luxembourg.   H

1737 Pean de Mofnac, rue des Jeux Neufs.   E

1737 Caffini, Place Royale.   H

1738 Efprit , rue Montmartre , vis-à-vis la rue du Jour.   E

1738 Perrotin de Barmond , Chevalier de S. Michel , vieille rue du Temple, au-deffus de l'égoût.   E

1740 Titon , quai de Bourbon, île Notre-Dame.   H

1742 Portail , rue des Quatre Fils , vis-à-vis la rue d'Orléans.   E

1742 De Heman L. quai des Balcons, près la rue Poultiere.   E

1743 Gohier de Neuville , rue Saint Nicaife , vis-à-vis les Quinze-Vingts. *Auditeur en* 1735.   E

1744 Hariague, rue du Chaume.   H

1744 Le Normand de la Place, rue des vieux Auguftins.   H

1744 Serre de Saint - Roman , rue Vivienne , près la rue Colbert.   H

1744 Henry , rue de la Cérifaie. *Auditeur en* 1727.   H

1744 Davy de Chavigné , rue des Lions Saint Paul. *Auditeur*
en 1730.   E

1745 Clément de Boiffy , rue d'Enfer ,près les Chartreux.   E

1746 Remy , rue de la Vrilliere. *Auditeur en* 1742.   H

1747 De la Croix , rue des Bernardins.   E

1747 Daguin de Launac , rue des Lions Saint Paul.   H

1748 Caffini de Thury , à l'Obfervatoire.   H

1749 Bizeau , rue de la Cérifaie , près la rue du Petit Mufc.   H

1749 Coufinet , vieille rue du Temple , vis-à-vis le cul-de-fac
d'Argenfon. *Auditeur en* 1741.   E

1750 Blanchebarbe de Grandbourg , rue de la Vrilliere , hôtel
de Touloufe.   E

1754 D'Aligé de Saint-Cyran , rue du Four Saint Germain ,
près la rue Princeffe.   H

1755 Legrand de Vaux , rue Saint Pierre, Pont-aux-Choux.   H

1758 Nigot de Saint-Sauveur , rue de l'Obfervance , vis-à-vis
les Cordeliers.   H

1759 Le Boullenger de Capelles , rue Saint Marc , vis-à-vis
l'hôtel de Luxembourg.   E

1759 Moreau de Verneuil , rue Clocheperce.   H

1759 Lelong , rue Sainte Avoye , hôtel de Mefmes.   H

1761 Bertin de Saint-Martin , rue & vis-à-vis le cloître des Bernardins.   E

1761 Roger de Gadencourt , rue Geoffroy-Lafnier , *Correcteur*
en 1757.   H

1763 Puy de Verine , rue des Franc-Bourgeois au Marais , *Correcteur en* 1750.   E

1763 Caron , quai d'Orléans , île Saint Louis , *Correcteur en*
1755.   H

1763 Le Boullenger de Chaumont , *Cl.* rue Poiffonniere.   E

1763 Bauldry , quai de Bourbon , du côté du Pont-Marié. *Auditeur en* 1762.   H

1764 De Bonardi , place Royale.   H

1764 De Joguet , rue Thérefe , près la rue de Vantadour.   E

1766 Lourdet , rue Chapon , *Auditeur en* 1757.   H

1766 Le Long de Meray , rue Sainte Avoye , hôtel de Mefmes. H

1766 Lourdet de Santerre , rue Chapon , *Auditeur en* 1759.   E

1767 Huez de Pouilly , rue de la Harpe , vis-à-vis celle du
Foin.   H

1768 Moron , rue Poultiere , île Saint Louis.   E

1768 De Robillard , vieille rue du Temple , au coin de la rue
Saint François. *Auditeur en* 1755.   E

1770 Gigault de la Salle , rue Coquilliere , au coin de la rue du
Bouloi.   E

1770 La Porte , rue du Doyenné Saint Louis du Louvre.   E

1770 Griffon , rue du Temple , près la rue Patourelle.   H

1770 Langlois, rue Chapon, *Auditeur en* 1746. E

1770 Guyhou de Montleveaux, *Auditeur en* 1759, rue Traverfiere, près la rue Clos-Georgeot. E

1771 Valleteau de la Foſſe, rue & vis-à-vis les Capucines, *Auditeur en* 1767. E

1772 Amyot, rue de la Chauſſée des Minimes. *Aud. en* 1768. H

1772 Le Normand de la Place, P. rue des vieux Auguſtins. H

1772 Cavé d'Haudicourt, rue Saint Thomas du Louvre. *Auditeur en* 1766. E

1772 Brillon de Saint-Cyr, rue d'Anjou, au Marais. *Auditeur
en* 1764. H

1772 Le Blanc de Châteauvillard, rue Saint Honoré, vis-à-vis
l'Aſſomption. H

1773 Daguin, rue des Lions Saint Paul. H

1773 Clément de Sainte-Pallaye, rue d'Enfer. E

1773 Le Clerc, rue Poiſſonniere, au-deſſus de celle Bergere. E

1774 Henin, L. rue du Roi de Sicile, près la rue Tiron. E

1774 Defallier d'Argenville, rue du Temple, près la rue Pâ-
tourelle. H

1774 Barckhaus, *Correcteur en* 1763, rue Montmartre. H

1774 Monginot, rue du Temple, vis-à-vis la rue Chapon. H

1774 Brillon, rue du grand Chantier au Marais. *Auditeur en*
1762. H

1774 Petit des Landes, coin du quai de Bourbon, île St Louis. H

1774 Pieffort, rue & vis-à-vis les murs Saint Martin. E

1775 De Heman, P. quai des Balcons, près la rue Poultiere. H

1775 Mariette, quai de Bourbon, près le Pont de bois. *Correcteur en* 1751. H

1775 Boucher, rue Saint Thomas du Louvre. E

1775 Defavenelles de Grandmaifon, rue Saint Paul. E

1775 Hénin, P. rue & porte Saint Jacques, près le marché. E

1775 Bayard, rue du Jour, vis-à-vis Saint Euſtache. H

1776 Henin de Cherel, rue du Roi de Sicile. E

1776 Ladvocat, rue du Temple, près celle des Gravilliers. H

1776 Héricard de Thury, *Correcteur en* 1763, rue neuve Sainte
Catherine Saint Michel. E

1776 De Heman. P. P., quai des Balcons, près la rue
Poultiere. E

1776 De Bonnaire de Gif, rue Vivienne près celle Colbert. E

1777 Bouche, P. rue de la Harpe, près la rue Pierre-Sarazin. E

1777 Perrotin de Barmont, rue du Temple, au-deſſus de l'é-
goût. E

Confeillers Maîtres Honoraires, MESSIEURS.

1746 Defallier d'Argenville, rue du Temple, près la rue Patourelle.

'1748 Daguin de Villette, rue de la Ville-l'Evêque.
1753 Loiſſon de Guynaumont, rue neuve Saint Paul.
1775 Le Marie d'Aubigny, Avocat général en la Cour, rue
    Barbette.

CONSEILLERS-CORRÉCTEURS.

MESSIEURS,

1727 Bruant des Carrieres, rue Poultiere, dans l'île.   H
1737 Ameline de Quincy, vieille rue du Temple, vis-à-vis le
    cul-de-ſac d'Argenſon.   H
1743 Coquebert de Montbret, rue de Boucherat, près la rue
    de Xaintonge.   H
1744 Ducheſne, rue Poultiere, île Notre-Dame.   H
1745 Lardier, rue Saint Louis, près la rue des Minimes.   E
1745 D'Hillerin de Boiſtiſſandeau, à l'Obſervatoire.   E
· 1746 Brochant, rue des Mauvaiſes Paroles.   E
1750 Cœuret Dozigny, rue de la Verrerie, vis-à-vis celle du
    Cocq.   H
1751 De Faverolles, rue & île St Louis, près le pont de bois. H
1756 Benoiſt Deſmars, Chevalier de l'Ordre Royal & Militaire
    de Saint Louis, rue Thibotodé.   E
1758 Deſnotz de Rivecourt, rue Pavée près celle du Roi de
    Sicile.   E
1758 Martin de Vauxmoret, cloître & vis-à-vis Saint Benoît. H
1760 Danré de Leury, rue Saint Anaſtaſe, près la rue Saint
    Louis.   E
1763 Marchais de Migneaux, quai de Bourbon, île St Louis. H
1763 Eynaud, rue de Vaugirard, cour des Fontaines.   E
1765 Jame de Givry, rue Sainte Avoye, près la fontaine.   H
1765 Regnault, rue Pavée, au Marais.   H
1765 Davene de Fontaine, rue Hautefeuille, vis-à-vis les Pré-
    montrés.   E
1766 Boullenois, rue d'Enfer Saint Michel, près la Meſſagerie. E
1766 Patu de Compiegne, rue Portefoin.   E
1767 Tournay, rue des Poſtes, près les Eudiſtes.   E
1767 Huart du Parc, rue Serpente, hôtel Feriand.   H
1767 De Laillier d'Orbeville, rue Sainte Apolline, au coin de
    celle Saint Martin.   H
1768 Larſonnyer, rue Quincampoix.   E
1769 Moreau Deſclainvillier, Chevalier de l'Ordre Royal &
    Militaire de Saint Louis, rue Saint Louis, près celle des
    Deux Ponts.   H
1770 Tournay Dumoucel, rue des Poſtes, près les Eudiſtes. E
1772 Daudin, rue St Victor, vis-à-vis la rue du Bon-Puits.   H
1773 Brochant, rue des Foſſés Saint Germain l'Auxerrois.   H

1774 Davy de Chavigné, rue des Lions Saint Paul. E
1774 Bourjon, rue du Temple, près la rue Patourelle. E
1774 Barraud, rue Culture Sainte Catherine. H
1774 Poullin de Fleins, rue de la Reine Blanche près les Go-
     belins. E
1774 Gaütier, rue du Doyenné Saint Louis du Louvre. H
1-75 Patu de Saint Vincent, rue Portefoin. H
1775 Riffault Dupleſſis, rue neuve des Bons Enfans. E
1776 Carſilliers, cloître Notre-Dame. H
1776 Heriot de Vroil, rue des Prêtres Saint Paul, près celle
     des Jardins. E
1777 Duchefne, rue Ste Croix de la Bretonnerie, au coin
     de la rue de l'Homme Armé. E

Conſeiller-Correcteur Honoraire.

1749 M. de Fautras, Préſident de la Cour des Aides, rue de
     Grenelle Saint Honoré.

CONSEILLERS-AUDITEURS.

MESSIEURS,

1722 Moreau de Bréville, rue des Barrés, près l'*Ave-Maria.* H
1727 Le Roy d'Arrigny, rue Neuve des Bons Enfans, près la
     rue Baillif. H
1728 Roux, rue Saint Louis, vis-à-vis l'arcade. H
1738 Le Baillif, rue des Franc-Bourgeois, au Marais. E
1738 Yſabeau de Bréconvilliers, rue Geoffroy-Laſnier. H
1738 De Langelerye, rue Beautreillis. E
1739 De Beauſſe, rue d'Enfer Saint Michel, près celle Saint
     Thomas.
1740 De Gars, rue du Parc Royal, vis-à-vis la rue Payenne. H
1743 Cappelet, quai de Bourbon, près la rue de la Femme-ſans
     tête. H
1743 Prozelle de Beaumont, rue des Franc-Bourgeois, près la
     rue des trois Pavillons. H
1743 Carpentier de la Foſie, quai de l'Ecole, près le Louvre. H
1743 Du Tramblay de Saint-Yon, quai d'Anjou. E
1744 L'Eſcuyer, rue Saint Nicaiſe, vis-à-vis les Quinze-
     Vingts. H
1744 Jourdain, quai de Bourbon, île Saint Louis. E
1744 Demoncrif de la Noüe, rue Portefoin, près les Enfans-
     Rouges. H
1745 Muſnier Depleignes, rue des Lyons, à l'hôtel de Che-
     vrier. H
1747 Gamard, rue des Barres, à l'hôtel de Charny. E

749 De la Mouche, rue de Bretonvilliers, île Notre-Dame. E

749 Bruffel, rue & Fauxbourg Saint Jacques, vis-à-vis Sainte
    Marie. E

749 Gallois, rue neuve Saint Merry. H

751 Legier de la Tour, rue des trois Pavillons. E

752 Silvy, rue de la Tifferanderie, cul-de-fac Saint-Faron. H

753 Peillot de la Garde, rue de l'Obfervance, vis-à-vis les
    Cordeliers. E

754 Dorat de Chameulles, rue du Roi de Sicile. E

755 Giraud de Gaillon, rue Saint Antoine, près les Religieux
    de Sainte Catherine. H

755 Daligé de Saint-Cyran, rue du Pont-aux-Choux. E

755 Camufat de Bernieres, rue & île Saint Louis, hôtel de
    Chenizot. H

755 Joffon, rue des Lions Saint Paul. E

756 Rouffel, à Saint Magloire, fauxbourg Saint Jacques. H

757 Tanevot de Brafles, rue Beaurepaire, près la rue Mon-
    torgueil. H

757 Patu des Haultchamps, rue Notre-Dame de Nazareth. H

759 Chaffepot de Beaumont, quai d'Anjou, île Saint
    Louis. E

759 Denis, rue des deux Portes Saint Sauveur. H

759 Guyot, vieille rue du Temple, près la rue des Rofiers. E

759 De Rotrou, place Royale. E

759 Le Roy de la Boiffiere, cloître Saint Jean en Grèv. H

760 Borel de Bizancourt, rue de Poitou, près la fontaine. H

761 Lambert, rue du Roi de Sicile, près la rue des Ballets. E

761 Le Chanteur, rue Beautreillis, au coin de la rue Saint
    Antoine. E

761 Lambert de Morel, rue des Fauconniers, près Saint Paul. E

762 De Loynes, quai de Bourbon. E

763 Beffon, de l'Académie des Sciences & Arts de Marfeille,
    rue Bardubec. E

764 De Lattre d'Aubigny, rue de la Verrerie, vis-à-vis la rue
    Bardubec. E

764 Auvray, rue Neuve Saint Merry, vis-à-vis la rue du
    Renard. E

764 Louvel de Valroger, rue de la Harpe, vis-à-vis la rue
    des Deux Portes. H

764 Herbault, rue Royale Saint Antoine. E

765 Du Tramblay, quai d'Anjou, île Saint Louis. H

766 De Malezieu, rue des Juifs, derriere le petit Saint An-
    toine. E

766 De Loynes de la Potiniere, cloître Notre-Dame. H

766 Froment de Champ-Lagarde, rue Mignon-Saint-André-
    des-Arts. E

1766 Le Clerc de Lefleville, rue Saint Louis, au Marais, vis-à-vis les Filles du Saint Sacrement. H

1768 Fougeroux d'Angerville, Fauxbourg de la Conférence sur le quai, près les Dames Sainte-Marie. E

1768 Cannet, rue du Jour Saint Euftache. H

1768 Martin des Fontaines, rue des Lions Saint Paul. H

1768 Davy de Chavigné, rue des Lions Saint Paul. H

1769 Rahault, quai d'Anjou, île Saint Louis. H

1769 Prifye de Chazelle, place de Vendôme. E

1769 Cœuret. d'Ozigny, rue des Noyers, vis-à-vis la rue des Anglois. H

1769 De la Monnoie, rue de Fourcy Saint Antoine. E

1769 De Saint-Genis, rue du Foarre, près la rue Galande. E

1770 Lagau, rue Regratiere, île Saint Louis. H

1770 De Junquieres, rue des Juifs. E

1771 Valleteau de la Roque, rue & vis-à-vis la rue des Capucines. E

1771 De Montcrif, rue Portefoin, près les Enfans-Rouges. E

1772 Colin de Cancey, rue St Antoine, vis-à-vis celle Fourcy. H

1772 L'Hofte de Beaulieu, rue Saint Victor, vis-à-vis la rue des Bernardins. E

1772 Prevoft de Long-Perrier, quai de Bourbon, au coin de la rue de la Femme-fans-tête. H

1772 La Porte, rue Hautefeuille vis-à-vis les Prémontrés, à Pâques, rue Pavée Saint André. H

1772 Bizeau, rue de la Cerifaie, près la rue du Petit Mufc. H

1773 Boyer des Morins, rue Saint Denis, près les Filles-Dieu. H

1774 Coquebert, rue de Boucherat, près celle Xaintonge. E

1774 Bernon de Salins, de l'Académie de la Rochelle, rue du Figuier. H

1774 Vial de Machurin, rue St Martin, près celle St Merry. E

1774 Magnyer de Gondreville, rue St Louis, coin de celle du Pont aux Choux. H

1775 Guillier de Souancey, rue Ste Croix de la Bretonnerie. E

1775 Laurens de Lorméon, rue des Gravilliers. E

1775 Cabeuil, rue Sainte Anne, vis-à-vis la rue Clos-Georgeot. E

1775 Rahault de Villers, quai d'Orléans au coin de la rue Saint Guillaume. E

1775 Roëttiers de Montaleau, rue du Doyenné Saint Louis du Louvre. E

1776 Bouillette, rue Sainte Croix de la Bretonnerie. H

1777 Boyer de Beauchamp, rue Saint Denis, vis-à-vis les Filles-Dieu. E

1777 Cappelet, quai de Bourbon, coin de la rue de la Femme fans Tête. H

Conseillers Auditeurs Honoraires. MESSIEURS,

1735 Hélyot, rue des Juifs.
1736 Coquebert, rue de Verneuil.
1740 Boyer, rue Saint Denis, vis-à-vis les Filles-Dieu.
1750 Dudoyer, Conseiller au Parlement, rue Thevenot.
1750 Brochant, à Rouen.
1754 Choart, Président à la Cour des Aides, rue du Puits.
1756 Du Pré de Saint-Maur, Conseiller au Parlement, rue Poultiere, île Saint Louis.

GENS DU ROI. MESSIEURS,

1775 Le Marié Daubigny, *Avocat Général*, rue Barbette.⎫
1769 De Montholon, *Procureur Général*, rue Sainte ⎬H-E.
    Avoye, vis-à-vis la rue de Bracq.⎭
1766 De Courchant, *Substitut*, quai d'Anjou, île Saint Louis, hôtel de Marigny.
1734 Drouard de Bouffet, *Honoraire*, même maison.

GREFFIERS EN CHEF. MESSIEURS,

1764 Henry, quai de la Tournelle, vis-à-vis le pont.⎫
1769 Marfolan, rue des Bons Enfans, vis-à-vis la porte ⎬H-E.
    du Palais Royal.⎭

GREFFIER PLUMITIF.

1736 Me Domilliers de Thesigny, rue des Fossés Montmartre.
1766 Me de Léris, Ecuyer, *Premier Huissier*, à la Chambre des Comptes.

Garde des Livres de la Chambre des Comptes.

Mrs ⎰ Renard, rue des Vieilles Etuves Saint Honoré.
   ⎱ Renard, *Honoraire*, rue des Mauvaises Paroles.
M. Lemoyne, *Trésorier, Payeur des Epices, & Receveur des Amendes*, à la Chambre des Comptes.

Payeur des Gages & Augmentations de Gages aux trois Charges.

1775 M. Du Fresne, rue neuve des petits Champs, vis-à-vis la rue Royale. Son Bureau, grande rue du fauxbourg St Honoré à l'ancien hôtel d'Evreux. Comme payeur des gages de la Chambre, on paye le mardi & vendredi matin. Son exercice commencera à l'année 1775.
M. De Beaujon de Seilhan, payera les années antérieures à 1775, fauxbourg Saint Honoré, hôtel d'Evreux.

Mrs ⎰ Barraud, quai des Morfondus. ⎱ ⎰
   ⎱ Mathon, rue des Mauvaises Paroles. ⎭ *Contrôleurs.*

Contrôleurs du Greffe.

Mes { De Pille, rue de Grammont.
Morel, rue des Blanc-Manteaux, au coin de celle Saint Avoye.
De la Lette, rue neuve des Bons-Enfans.

Contrôleur Général des Restes & des Bons d'Etat du Conseil.

1761 M. Basly, rue du Jardinet.

Huissiers de la Chambre des Comptes & du Trésor. MAÎTRES,

1743 Bineteau des Brosses, *Doyen*, rue Saint Antoine, près l rue de Jouy.

1747 Renouf, rue Percée Saint Paul.

1748 Sainneville, rue de la grande Truanderie, au magasi de Bas.

1751 Lejeune, *Receveur*, rue Troussevache, au coin de la ru Saint Denis.

1752 De la Mare, rue Saint Martin près le cloître Saint Merry

1760 Caillot, rue des Vieilles Garnisons, au coin de la rue d la Tisseranderie.

1761 Delorme, rue Beaurepaire.

1763 Prudhome, rue Traînée Saint Eustache.

1763 Le Vallois, rue Saint Antoine, vis-à-vis la vieille rue d Temple.

1764 Longavenne, rue du Temple, vis-à-vis la rue Portefoir

1764 Cheron, *Syndic*, rue des Boucheries Saint Honoré.

1765 Thevenin, *Syndic*, rue de la Huchette, à l'Y.

1765 Cheneval, rue Saint Denis, vis-à-vis les Saints Innocen:

1766 Paltré, rue Saint Louis Saint Honoré.

1766 Le Clerc, rue des vieilles Etuves Saint Honoré.

1769 Mezé, rue des Deux Ecus.

1769 Balley, rue Sainte Anne, butte Saint Roch, au coin de l rue Clos-Georgeot.

1772 Cuvilliez, quai des Orfevres.

1773 De Lucheux, rue Saint Martin, au coin de celle Oignar‹

1774 Protain, rue des Franc-Bourgeois, près la vieille ru du Temple.

1774 Tay, rue Sainte-Avoye, au coin de la rue neuve Sai Merry.

1774 De Lenoncourt, rue Pavée Saint Sauveur.

1775 Lambert, rue Baillette.

1775 Duval, rue des Prouvaires, près celle Saint Honoré.

1775 Toutain, rue Comtesse d'Artois, près le passage de Reine de Hongrie.

1776 Musnier, rue du Colombier, près la rue de Seine.

1777 Bailly, rue Quincampoix.

Procureu

Procureurs de la Chambre des Comptes. MESSIEURS,

1729 **P** Rochaſſon, *Doyen*, rue Sainte Croix de la Bretonnerie.

1737 De Valcourt, rue Montmartre, près la Juſſienne.

1744 De Pille, rue de Grammont.

1747 Corps, rue Sainte Avoye, près la rue Saint Merry.

1749 Le Vacher Dupleſſis, *Syndic*, rue & île Saint Louis, hôtel Chenizot.

1749 Juliard, rue Regratiere, île Saint Louis.

1752 De Lucé, rue Bardubec.

1755 Martin, rue neuve Saint Euſtache.

1755 Preſtre, L. *Greffier*, rue des quatre Fils au Marais.

1756 Beville, rue du Cimetiere Saint André.

1758 Loliée, *Syndic*, rue du Temple, au coin de la rue de
Montmorency.

1759 Pietre de Pargny, cloître Notre-Dame.

1759 Hayot, rue Neuve Saint Merry, à l'hôtel de Jabac.

1760 Sorin, rue Sainte Croix de la Bretonnerie.

1762 De la Marre, au pavillon de la rue Royale Saint Antoine.

1762 Pean de Saint-Gilles, rue du Chaume, près la rue de
Blanc-Manteaux.

1766 Moreau, rue & île Sᵗ Louis, vis-à-vis la rue Guillaume.

1767 Du Lion de Giverny, rue Saint Martin, près la rue
des Vieilles Etuves.

1769 Hullin de Boischevalier, rue Sainte Croix de la Bretonnerie, près celle de Mouſſy.

1770 Duparc, rue & vis-à-vis Sainte Croix de la Bretonnerie.

1772 Rathoire, rue Sainte Croix de la Bretonnerie.

1773 Vavaſſeur Deſperriers, attenant Saint Germain le Viel,
Marché Neuf.

1773 Gerard, rue & vis-à-vis la Monnoie.

1773 Chevalier d'Aunay, rue Saint Antoine, près la rue des
Ballets.

1774 Formé, rue de l'Obſervance, vis-à-vis-les Cordeliers.

1774 Cuiſy, rue de Fourcy, Hôtel Saint Sauveur.

1776 Denis, rue des Barrés, hôtel Theriat.

1776 Preſtre, P. rue de Gêvres.

1777 De Normandie, rue de Grammont.

M. Cellot, Imprimeur de la Chambre, rue Dauphine.

Lefevre, *Courier & Guide pour les Cérémonies*, rue de la Calandre, vis-à-vis Saint Germain le Viel.

1778. T

COUR DES AIDES.
PREMIERE CHAMBRE.
PRÉSIDENS.

1775 19 *Juill.* MESSIRE CHARLES-LOUIS-FRANÇOIS DE PAULE BARENTIN, Chevalier, *Premier*, place Royale.

1743 24 *Mai.* Meſſire Claude René Cordier de Montreuil, rue de la Madeleine, fauxbourg Sᵗ Honoré.

1754 17 *Juill.* Meſſire Jacques Charpentier de Boiſgibault, rue Poultiere, dans l'île.

1759 30 *Juin.* Meſſire Henri Guy Sallier, rue Saint-Antoine, hôtel Turgot.

HONORAIRE.

1749 26 *Févr.* Meſſire Chrétien-Guillaume de Lamoignon de Malesherbes, CHEVALIER, ci-devant premier Préſident, Miniſtre d'Etat, rue des Martyrs, barriere Montmartre.

CONSEILLER D'HONNEUR.

1776 8 *Mars.* Meſſire Antoine Louis Bellanger, Conſeiller d'Etat, *ancien Avocat Général*, rue Saint André des Arts.

CONSEILLERS, MESSIEURS,

1724 22 *Juill.* Dionis du Séjour, *Doyen*, rue Sainte-Avoye, vis-à-vis la rue du Plâtre.

1735 10 *Mai.* Le Courtois, rue de la vieille Eſtrapade, près les murs Sainte Geneviéve.

1737 5 *Juin.* De Maneville, ancien Conſeiller au Grand Conſeil, rue Culture Sainte Catherine, vis-à-vis les Filles bleües.

1738 22 *Mai.* Chaſſepot de Beaumont, rue Pavée, au Marais, hôtel Deſmareſt.

1738 22 *Mai.* Meſnet, rue des Marais, près les petits Auguſtins.

1739 8 *Avril.* Velut de la Croniere de Popin, rue Portefoin, au Marais.

1739 1 *Déc.* Leſchaſſier de Mery, rue du Roi de Sicile.

1739 23 *Déc.* Michel de Montpeſat, ancien Conſeiller au Grand Conſeil, rue neuve des petits Champs, vis-à-vis celle de Louis le Grand.

1740 17 *Août.* Gaillard de Charantonneau, rue du petit Mufc.
1744 30 *Mars.* Fredy de Coubertin, rue des Tournelles.
1748 31 *Janv.* De Barraffi, ancien Cónfeiller au Grand Confeil, rue N. D. des Victoires, près la rue Coqueley.
1751 29 *Janv.* Mariette, rue de la Femme fans tête, île Saint-Louis.
1753 31 *Déc.* Sutaine, rue neuve de Luxembourg.
1754 31 *Juill.* Le Duc, rue Beautreillis.
1757 29 *Juill.* Chrétien, rue des Déchargeurs.
1758 26 *Avril.* Taupinard de Tilliere, rue St André des Arts.
1758 5 *Juill.* Lefcot de Verville, rue des Tournelles, vis-à-vis les Minimes.
1760 14 *Mai.* Chartier de Gouffay, rue Saint Gilles, vis-à-vis les Minimes.

CONSEILLERS HONORAIRES, *Meffieurs,*

1723 6 *Mars.* De la Ville du Portault, rue des Saints-Peres, près la rue de Grenelle.
1741 7 *Mars.* De Vilevault, Maître des Requêtes & Intendant du Commerce maritime, rue S. Marc.
1741 22 *Août.* Defays, rue Simon-le-Franc.
1748 30 *Août.* Fagnier de Montflambert, Maître des Requêtes, rue du Puits.
1751 1er *Sept.* Billard de Lorriere, rue des Franc-Bourgeois Saint Michel.
1757 18 *Mai.* Lambert Defchamps de Morel, Confeiller au Parlement, rue du Jardinet.

SECONDE CHAMBRE.

PRÉSIDENS.

1766 5 *Mars.* Meffire Benjamin Jacques de Fautras, rue des Bons-Enfans, près la rue Baillif.
1770 16 *Mars.* Meffire Antoine Louis Hyacinte Hocquart de Cueilly, rue des Franc-Bourgeois au Marais.
1775 8 *Mars.* Meffire Antoine-Nicolas Perrot, quai Dauphin, île Saint Louis.

CONSEILLERS, MESSIEURS,

1761 8 *Mai.* De Mauffion, *Doyen*, ancien Confeiller au Grand Confeil, hôtel Talard, rue des Enfans rouges.
1761 31 *Mai.* Chappe, ancien Confeiller au Grand Confeil, rue Geoffroi-Lafnier.
1761 8 *Juill.* Negre des Rivieres, ancien Confeiller au Grand Confeil, quai Dauphin, île St Louis.

T ij

1763 26 *Janv.* Sallier de Chammont , rue Saint-Antoine ;
             hôtel Turgot.

1766 3 *Déc.* Claret , rue Regratiere , île Saint-Louis.

1767 13 *Mai* Bénard , rue Feydeau.

1769 19 *Août.* Le Moine de la Clartiere, rue des grands
             Auguftins.

1770 28 *Mars.* Laideguive de Becheville , rue des grands
             Auguftins .

1770 28 *Mars.* Demahis , rue Culture Sainte-Catherine.

1770 18 *Mai.* Poitevin de Maiffemy, rue des Juifs , derriere
             le petit Saint-Antoine.

1770 1er *Août.* Gay de la Tour , rue de Fourcy.

1775 10 *Mars.* Fredi de Coubertin fils, rue des Tournelles.

1775 10 *Mars.* Midi, quai de Bourbon , hôtel Jaffaud.

1775 31 *Mars.* Brouffe, place Royale.

1775 5 *Mai.* Godard Daucourt de Saint Juft , rue Vivienne.

1776 7 *Août.* Maffon , rue du Temple , vis-à-vis l'hôtel de
             Montbas.

1777 30 *Avril.* De Fumeron, rue Saint Honoré , vis-à-vis les
             Capucins.

CONSEILLER HONORAIRE.

1769 10 *Juin.* Le Camus de Néville, Maître des Requêtes, an-
             cien Confeiller au Grand Confeil, rue neuve
             des petits Champs, près celle Ste Anne.

TROISIEME CHAMBRE.
PRÉSIDENS.

1762 12 *Janv.* Meffire Gabriel Choart , rue du Puits , près
             les Blanc-Manteaux.

1767 9 *Déc.* Meffire Jean Jofeph de la Selle d'Échuilly, rue
             Beaurepaire.

1770 17 *Janv.* Meffire Ange François Charles Bernard , rue
             des Franc-Bourgeois , vis-à-vis la rue des
             Trois-Pavillons.

CONSEILLERS, MESSIEURS, -

1761 4 *Sept.* Negre de Boifboutron , *Doyen*, rue des Tour-
             nelles.

1765 4 *Sept.* Pannetier, rue Sainte - Croix de la Breton-
             nerie, près la rue Bourtibourg.

1766 30 *Avril.* Bernard de la Fortelle , quai d'Anjou , île
             Saint-Louis.

1769 18 *Août.* Bouillard de Bertinval , rue Saint-Antoine,
             vis-à-vis la rue des Ballets , hôtel des Vivres.

1769 20 *Déc.* Velut de la Crofniere de Popin, fils, rue Portefoin, au Marais.

1770 28 *Mars.* Laideguive, L. rue des Grands Auguftins.

1775 10 *Mars.* Petit de Leudeville, rue de Touraine, au Marais.

1775 10 *Mars.* L'héritier, rue Quincampoix.

1775 7 *Avril.* Delaunay de Bourdelot, rue de Richelieu près le Boulevart.

1775 5 *Mai.* Pinfon de Menerville, rue Saint Nicaife.

1776 15 *Avril.* Quefnay de Saint Germain, rue du Chaume, vis-à-vis la rue Paradis.

1776 18 *Mai.* Regnier, rue des Filles Saint Thomas.

1776 21 *Juin.* Huffon, rue des Ecouffes.

1776 3 *Juill.* Filzjan, rue Saint Antoine, hôtel Turgot.

1776 7 *Août.* Alexandre, rue de Richelieu près le boulevart.

1777 5 *Août.* De la Porte, cul-de-fac S. Thomas du Louvre

GENS DU ROI fervans aux trois Chambres. MESSIEURS,

1745 22 *Janv.* Boula de Mareuil, *Avocat Général*, quai des Céleftins.

1749 31 *Mars.* Ferray de Rofieres, *Procureur Général*, rue de Jouy au Marais, hôtel d'Aumont.

1752 26 *Janv.* Clement de Barville, *Avocat Général*, rue d'Enfer, près les Chartreux.

1776 26 *Janv.* Dufaure de Rochefort, *Avocat Général*, rue & près les Capucines.

Subftituts de M. le Procureur Général, MESSIEURS,

1733 De Vins, rue de Bretonvilliers, île Saint Louis.

1758 Canet Duguay, rue & île Saint-Louis, près la rue de la Femme fans tête.

1775 Chevalier de Jouvency, rue Beaubourg.

1739 Trezin, *Honoraire*, chez M. Chevalier ci-deffus.

Greffiers en Chef Secretaires du Roi de la Cour.

1765 M. Outrequin, rue Culture Sainte Catherine.

1767 M. le Prince, place du grand Caroufel, petit Hôtel de la Valliere.

Greffiers en Chef, Honoraires Meffieurs.

1730 Darboulin, Cloître Saint Jacques de l'Hôpital.

1752 Befnier, rue Chapon.

Greffier en Chef des Préfentations & Affirmations.

1777 M. Marin, rue du Foin Saint Jacques, vis-à-vis les Mathurins.

T iij

Greffiers Civils & Criminels.

1775 M. Megnien de Bailly, *Greffier Civil & Criminel* de la premiere & troifieme Chambre, rue du Cocq S. Jean.

1758 M. Jannelle, de la deuxieme Chambre, vers le milieu de la rue des Gravilliers.

Commis-Greffiers des Audiences publiques & des Decrets.

1777 M. Thuillier, rue de Bourbon, maifon des Théatins.

1740 M. Hervieu, *Honoraire*, rue Saint Severin.

1766 Me Meunier de Fonteny , *Greffier Garde-Sacs & des Dépôts*, rue Dauphine, hôtel de Genlis.

Notaires-Secretaires de la Cour, MESSIEURS,

1754 Camus, cul-de-fac Guémené.

1760 Verne, rue Saint-Paul, à l'Hôtel de la Vieuville.

1775 Quatre Sous de la Motte, vieille rue du Temple, vis-à-vis l'hôtel Soubife.

1776 Lefévre, rue du Cocq Saint Jean.

1777 Coutanuau, rue . . . . . .

1755 Haudos de Poffeffe, *Honoraire*, rue du Cocq Saint Jean.

Tréforier-Payeur des Gages.

1775 M. Morice, rue de Bracq au Marais.

M^{rs} { Bellet, cloître Sainte-Opportune.
{ Goujon, quai d'Anjou, dans l'île. } *Contrôleurs.*

M. Brillon du Peron, rue Saint Sauveur.

Principal Commis du Greffe en chef pour la délivrance des Arrêts, Receveur des Amendes, & Contrôleur du Greffe des Affirmations & des Préfentations.

1776 Me Driot de Belloy, rue du Plâtre Saint Jacques, vis-à-vis l'hôtel Notre-Dame.

1768 Me Genneau, *Contrôleur des Arrêts*, rue des Gravilliers, vis-à-vis les Vertus.

Receveur des Epices & Vacations de la Cour.

M. Decaudin, & *Commis à la Garde des Minutes*, rue Saint-Hyacinthe-Saint-Michel.

Huiffiers de la Cour, Maîtres,

1755 Le Blanc, *Ecuyer, premier Huiffier*, rue des Poftes à l'Eftrapade.

1768 Champion, *Doyen*, rue de Bievre.

1769 Hérault, *Adjoint*, rue des Lavandieres, place Maubert.

1769 Legrand, rue . . . .

1775 Richard, *Syndic & Receveur de bourfe commune*, rue Pavée Saint André des Arts.

1775 De l'Eftang rue des Deux Boules.

1776 Courtois, rue Saint Denis, près Sainte Opportune.
1777 De Saint-Pol, rue Saint Denis, vis-à-vis Saint Chaumont.

Decaudin, *Concierge-Buvetier, & commis pour la réception des Officiers de la Cour & des Jurifdictions qui en relevent, enregiftremens de Lettres de Nobleffe, Lettres Patentes en faveur des Villes & Communautés, Vétérance & d'Honoraire,* rue de la Calandre, vis-à-vis celle Saint Eloy.

M. Duval, *Secrétaire de M. le Premier Préfident,* rue Saint Antoine, hôtel des Vivres.

M. Duval, *Secrétaire de M. de Mareuil, premier Avocat Géral,* rue Saint Antoine, hôtel des Vivres.

M. Carlier, *Secrétaire de M. le Procureur Général,* rue de Jouy, hôtel d'Aumont.

M. Mefnil, *Secrétaire de M. de Clément de Barville, Avocat Général,* rue Sainte Avoye, hôtel de la Tremoille.

M. Taconet, *Secrétaire de M. Dufaur de Rochefort, Avocat Général,* rue de la Verrerie.

Les Avocats & Procureurs au Parlement plaident & occupent également à la Cour.

M. Knapen, Imprimeur ordinaire de la Cour, pont S. Michel.

COUR DES MONNOIES.

PRÉSIDENS.

1772 13 *Nov.* MEffire RENÉ CHOPPIN D'ARNOUVILLE, Chevalier, *Premier,* rue de la Perle au Marais.

1769 25 *Févr.* Meffire Chriftophe François Gailliet de Bouffret, rue S. André, vis-à-vis celle des Auguftins.

1770 3 *Juin.* Meffire Felix Nicolas Vallery Blondin de Bréville, rue de Condé.

1773 7 *Juillet.* Meffire Charles Michel Chantier de Brainville, rue Saint Louis, dans l'île.

1775 2 *Juin.* Meffire Melchior François Parent, rue du Mail, ancien hôtel des Chiens.

Préfidens Honoraires.

1727 18 *Févr.* Meffire Alexis Denis Maffot, re des Deux Ecus.

1738 3 *Mars.* Meffire Robert Sulpice, place Royale, près l'arcade des Minimes.

1755 26 *Avril.* Meffire Antoine Tarboicher de Brezé, rue Royale, place Royale.

1766 4 *Juin.* Messire Claude Henri Droin de Saint-Leu, rue Meslé, près la porte Saint Martin.

Conseillers d'Honneur. MESSIRES,

1771 18 *Déc.* Charles Brochet de Saint-Prest, Maître des Requêtes, rue des Saints Peres.

1771 18 *Déc.* François Veron de Fortbonnais, ci-devant Conseiller au Parlement de Metz, rue de Richelieu, vis-à-vis les Ecuries de Madame la Duchesse d'Orléans.

Conseillers. MESSIEURS,

1748 24 *Juill.* Cavé d'Haudicourt, *Doyen*, rue du Mûrier Saint Victor.

1751 31 *Mars.* Durand du Boucheron, rue de la Poterie, près la Greve.

1755 29 *Avril.* Allou d'Hémécourt, rue des Jeûneurs, quartier Montmartre.

1760 13 *Févr.* D'Origny, rue Cassette, près la rue Carpentier.

1760 29 *Nov.* Martineau de Soleinne, rue Sainte Croix de la Bretonnerie.

1761 3 *Sept.* Negrier de la Guériniere, quai de Bourbon, île Saint Louis.

1762 1er *Déc.* D'Origny de la Neuville, cul-de-sac Guémené.

1767 11 *Avril.* Cahouet d'Heurcourt, rue des Fossés de M. le Prince, près celle de l'Observance.

1769 10 *Juin.* Le Caron de Beaumesnil, rue de la Tisseranderie.

1769 6 *Sept.* L'Eclopé, rue Quincampoix.

1770 31 *Janv.* De la Chastre, rue des Bernardins, vis-à-vis Saint Nicolas.

1770 26 *Juill.* Rivault de Moncéaux, rue & île Saint Louis, près le Pont-Rouge.

1770 12 *Sept.* Couste, rue du Doyenné St Thomas du Louvre.

1770 12 *Sept.* Thébaudin de Bordigné, à Chaillot, près la Barrière du Cours.

1770 15 *Dec.* Bertin, place de l'Estrapade.

1774 5 *Mars.* Andrieu, rue Saint André des Arts.

1774 13 *Juillet.* De Saulle de Sezanne, rue S. Louis dans l'île.

1775 13 *Mai.* Simon, rue de Vaugirard, près la Cour des Fontaines.

Conseillers Honoraires. MESSIEURS,

1720 5 *Mars.* Sarlart de Lormois, rue des Noyers.

1735 5 *Juil.* Philippy de Bucelly, rue de la Verrerie.

1735 14 *Sept.* Des Roufiers, rue Saint Antoine, devant celle des Ballets.

1739 11 *Juil.* Dauvergne de Saint-Quentin, rue & île Saint Louis, près l'Arcade.

1740 28 *Mai.* Pafcalis, cul-de-fac Saint Thomas du Louvre.

1740 1er *Juin.* Petit, rue Saint Victor.

1740 23 *Août.* Marrier de Voffery, vieille rue du Temple.

1741 8 *Mars.* Abot de Bazinghen, rue du Bacq, vis-à-vis les Filles Sainte Marie.

1741 22 *Déc.* Hauteclóque d'Abancour, rue Caffette, Fauxbourg Saint Germain.

1744 20 *Déc.* Dartois, rue des Grands Auguftins.

1746 27 *Août.* Martin d'Ezilles, rue du Temple.

1748 25 *Mai.* Royer de Belou, hôtel de la Monnoie.

1749 30 *Juin.* Tyberge, vieille rue du Temple, près la rue Saint Antoine.

1750 24 *Mars.* Courtois, rue S. Honoré, près celle du Roule.

1750 20 *Juin.* Dumyrat de Bouffac, rue. . . . . .

1750 22 *Août.* Le Chevalier, rue & cloitre Saint Honoré.

1754 11 *Déc.* Flayelle d'Elmote, rue de la Harpe.

1755 30 *Avril.* De Bray de Fleffelles, rue Sainte-Avoye.

1756 13 *Mars.* Langlois de Falaize, rue des Grands Auguftins.

1758 23 *Janv.* Le Poivre de Villers-aùx-Nœuds, rue Montmartre.

1763 22 *Janv.* Huez de Pouilly, Maitre des Comptes, rue de la Harpe, vis-à-vis la rue du Foin.

1763 26 *Févr.* Renaudiere, rue des Noyers, vis-à-vis celle des Anglois.

1764 15 *Janv.* D'Origny de Beaugilet, rue de Bourgogne, Fauxbourg Saint Germain.

1765 18 *Sept.* Andrieu, rue de la Tifferanderie.

1766 23 *Déc.* Poitevin de Guny, rue des Juifs, derriere le petit Saint Antoine.

1767 3 *Juin.* Millin, rue de la Colombe, en la Cité.

1768 3 *Févr.* Guillaume de Sauville, rue Saint Sébaftien, Pont-aux-choux.

1768 30 *Juin.* De Pouques d'Herbinghen, rue Vivienne.

1770 3 *Févr.* Recoquillé de Binville, rué des Deux Ecus.

Gens du Roi. Messieurs,

1746 26 *Nov.* Herault, *Avocat Général*, rue de la Tifferanderie, près la rue du Mouton.

1762 15 *Juil.* De Gouve, *Procureur Général*, rue de Richelieu.

1768 3 *Août.* De Lignac, *Avocat Général*, rue du Jardinet.

1748 13 *Juil.* Lefebvre, *Avocat Général honoraire*, rue Clocheperce.

Subſtituts de M. le Procureur Général. MESSIEURS,

1749　13 *Août.* Creſſard, rue de la Harpe vis-à-vis la rue du Foin

1766　19 .... De Goyenval, rue Saint Honoré, près la rue
　　　　des Poulies, chez le Notaire.

Greffier en Chef, & Secrétaire du Roi près la Cour.

1744　18 *Mars.* Me Gueudré de Ferrieres, hôtel de la Monnoie

M^{es} { D'Hotel, *premier Commis du Greffe, & Receveur de*
　　　　Amendes, rue de la Harpe, près la rue Poupée.
　　　　Corbin, *ſecond Commis du Greffe,* rue du Milieu des
　　　　Urſins.

1777　Me Berry, *premier Huiſſier,* hôtel de la Monnoie.

Huiſſiers Audienciers de la Cour des Monnoies.

1742 Dupuis, *Doyen,* rue Quincampoix.

1742 La Caille, rue Saint Denis, au coin de celle du petit Lion

1747 Poullet, rue des Lombards, près le Notaire.

1749 Rouſſeau le jeune, rue Saint Jacques la Boucherie.

1751 Boudrenghain, rue & vis-à-vis Saint Bon.

1756 Adam, à Choiſy-le-Roi.

1769 De la Chénal-Villars, rue du Verbois, près celle de la
　　　　Croix.

1770 Marthelot, rue Babille, au coin de celle de Viarmes.

1773 Deletain, *Syndic & Greffier,* rue Saint Nicolas, Faux-
　　　　bourg Saint-Antoine.

1774 Houpeaux, rue de la Monnoie, au coin de celle Boucher.

1774 Dagneau, rue Saint Denis, près la rue du petit Hurleur.

1775 Crouzet, rue du Cimetiere Saint Nicolas, au coin de la
　　　　rue Tranſnonain.

1775 Gerard, cloître St Merry, au coin de la rue Briſemiche.

1776 Giniſty, rue de la Ferronnerie.

1777 Parquoy de Meſſy, rue Thevenot.

Vogin, *Concierge-Buvetier,* cour Dauphine, à la Cour des
　　Monnoies.

Tréſorier Payeur des Gages & Receveur général des Boîtes
　　　　des Monnoies de France.

1776 M. Bricogne, *Commis aux Exercices,* rue Montmartre,
　　près la rue du Jour.

Les Avocats au Parlement plaident & occupent également
à la Cour des Monnoies.

Aumônier de la Cour des Monnoies & de l'Hôtel des Monnoies.

1756 M. l'Abbé Cochin, Curé de Saint-Michel de Carroys,
　　à l'Hôtel des Monnoies. ...

HOSTEL DES MONNOIES.

Officiers Généraux des Monnoies. MESSIEURS,

DEschamps, *Tréforier Général des Monnoies de France*, à l'hôtel.

Benezet, *en furvivance*, rue des Bons-Enfans.
Befnier de la Ponthonnerie, *Effayeur Général des Monnoies de France*, audit hôtel.
Duvivier, *Graveur Général des Monnoies de France*, hôtel des Monnoies ou Galeries du Louvre.

Commiffaire du Roi Infpecteur.

M. Tillet, *l'Infpection Générale des Effais & Affinages du Royaume*, hôtel des Monnoies.
1776 M. le Marquis de Condorcet, *Infpecteur général des Monnoies de France*, hôtel des Monnoies.
M. de Cotte, *Directeur & Contrôleur de la Monnoie des Médailles*, aux Galeries du Louvre.

Officiers de la Monnoie de Paris. MESSIEURS,

Cagniard, *Juge-Garde.* ⎱ audit hôtel.
Fabre, *autre Juge-Garde.* ⎰
Du Peiron, *Directeur & Tréforier particulier*, ⎱ audit hôtel.
Du Peiron, fils, *Adjoint.* ⎰
Loir, *Contrôleur du Change*, audit hôtel.
Ratgras, *Contrôleur Contregarde du Directeur*, audit hôtel.
Racle, *Effayeur particulier*, audit hôtel.
Bernier, *Graveur particulier*, audit Hôtel.
Rambach, *Infpecteur du Monnoyage*, audit hôtel.
Figuieres, *Affineur de la Monnoie de Paris*, rue de Bourbon, Fauxbourg Saint Germain.

Prévôts & Lieutenans des Monnoyeurs & Ajufteurs de la Monnoie de Paris, Meffieurs,

Barbot, *Prévôt des Monnoyeurs*, rue Saint Antoine, près la rue Saint Paul.
Lambert, *Prévôt des Ajufteurs*, hôtel des Monnoies.
Bocquet, *Lieutenant des Monnoyeurs*, rue du Four, F. S. G.
Bezard, *Lieutenant des Ajufteurs*, hôtel des Monnoies.
Faucheur, *Greffier de la Prévôté*, hôtel des Monnoies.
Bordier, *Syndic-Receveur*, hôtel des Monnoies.

Outre ces fix Officiers, il y a vingt Monnoyeurs & vingt Ajufteurs; le nombre n'en eft pas fixé: nul ne peut être reçu ou admis, s'il n'eft d'eftoc & ligne. Les aînés font Monnoyeurs,

les cadets Ajufteurs. Leurs filles ont auffi le droit d'être reçue
fous le nom de Tailleretfes ; elles donnent droit à leurs enfan
mâles : elles font au nombre de vingt-huit.

Ces Officiers confervent cet état depuis plus de fix cens an
dans leurs familles : il y a des privileges y attachés.

VILLES
OU IL Y A JURISDICTION DES MONNOIES
ET OU L'ON BAT MONNOIE.

Let. Villes.	*Direct. M^rs*	*Let.* Villes.	*Direct. M'*
A. *Paris,*	DU Peiron.	N. *Monpellier,* Bernard.	
	Du Pei-	Q. *Perpignan,* Bourdeau	
	ron, fils, *Adj.*	R. *Orléans,* Porcher.	
B. *Rouen,*	Pantin.	T. *Nantes,* Tatin.	
D. *Lyon,*	Millanois.	&. *Aix,* Sabatier.	
H. *La Rochelle,*	Beaupied de	AA. *Metz,* Barbé.	
	Clermont.	BB. *Strasbourg,* Beyerlé.	
I. *Limoges,*	Nauriffart.	VV. *Lille,* Le Page.	
K. *Bordeaux,*	Gallant.	Vache *Pau,* Darripe-	
L. *Bayonne,*	Darripe.	Cafaux.	
M. *Toulouse,*	Laburthe.		

VILLES où il y a feulement Jurifdiction des Monnoies.

Caen.	Riom.	Troyes.	Grenoble.
Tours.	Dijon.	Amiens.	Rennes.
Poitiers.	Reims.	Bourges.	Befançon.

*Premiers Préfidens, Avocats & Procureurs Généraux de
Cours de Parlemens, Chambres des Comptes, Cours de
Aides, Cours des Monnoies, & Confeils Supérieurs du
Royaume,*

Avec le jour de leur rentrée.

I. P. fignifient Premier Préfident ; *P. G.* Procureur Général
A. G. Avocats Généraux.

PARLEMENS.

MESSIEURS.

PARIS,

1768 DAligre, *I. P.*
1755 Seguier, *A. G.*
1740 Joly de Fleury, *P. G.*

1774 D'Aguesseau, *A. G.*
1775 Joly de Fleury, *A. G.*
TOULOUSE *rentre* 12 *Nov.*
1770 De Niquet, *I. P.*
1771 Parafol, *A. G.*
1744 Lecomte, Marquis de
Noé, *P. G.*

762 Malebois, *A. G.*

GRENOBLE *rentre 26 Nov.*
Cour des Aides unie.
760 De Bérulle, *I. P.*
754 Colaud de la Salcette,
A. G.
771 De Berger de Moydieu,
P. G.
771 Servant de Gerbes, *A. G.*

BORDEAUX *rentre 12 Nov.*
767 Le Berthon, *I. P.*
764 Dudon, *A. G. & P. G.*
760 Saige, *A. G.*
7 .. Du Paty, *A. G.*

DIJON *rentre le 12 Novemb.*
Cour des Aides unie.
1777 Le Goutz de Saint-Seine,
I. P.
1761 Colas, *A. G.*
1765 Perrard, *P. G.*
1765 Guyton de Morveau,
A. G.

ROUEN, *rentre 12 Novembre.*
1775 De Montholon, *I. P.*
1763 Grente de Grecourt,
A. G.
1765 De Belbeuf, *P. G.*
17..   *A. G.*

AIX EN PROVENCE *rentre le*
1er *Octobre. Cour des Comptes,*
Aides & Finances unies.
1744 Des Galloys de la Tour
de Gléné, *I. P. & Int.*
1740 Le Blanc de Castillon,
A. G. & P. G.
1775 Demons de Callissanne,
A. G.
1775 D'Eymar de Nans, *A. G.*

PAU EN BÉARN, *rentre le*
lendemain des Rois. Chambre
des Comptes, Cour des Aides
& Finances unies.
1763 De la Caze, *I. P.*
1766 Delissalde, *A. G.*

1777 Bordenave, *P. G.*
1776 Fajet de Baure, *A. G.*

RENNES *rentre le 12 Nov.*
Cour des Aides unie.
1777 Catuelan, *I. P.*
1740 Du Parcq-Porée, *A. G.*
1764 De Caradeuc de la Chalotais, *P. G.*
17.... De la Chalotais, *en surv.*
1775 Du Bourg Blanc, *A. G.*

METZ *rentre 5 Novembre.*
Cour des Comptes, Aides &
Monnoies unies.
1775 Chifflet, *I. P.*
1758 Goussaud, *A. G.*
1770 Lançon, *P. G.*

BESANÇON *rentre 12 Nov.*
1761 Perrenay de Grosbois,
I. P.
1736 D'Esbiez, *A. G.*
1769 Doroz, *P. G.*
1758 Bergeret, *A. G.*
17.. . . . *A. G.*

FLANDRE, *à Douai,*
rentre 5 Novembre.
1767 De Calonne, *I. P.*
1757 Le Comte de la Chauffée,
A. G.
1777 Casteel, *P. G.*

NANCY *titré Parlement par*
Edit du mois de Septembre
1775, *rentre 12 Novembre.*
1767 De Cœurderoi, *I. P.*
1757 De Marcol, *P. G.*
1751 De Vigneron, *A. G.*

Chambres
DES COMPTES.
MESSIEURS,
PARIS.
1768 Nicolay, *I. P.*
1775 Le Marié d'Aubi-
gny, *A. G.*
1769 De Montholon, *P. G.*

DIJON *rentre le 12 Nov.*
1771 Le Marquis Dagrain , *I. P.*
1762 Baron , *A. G.*
1751 Morel , *A. G.*
17 . . . . *P. G.*

NEVERS , *Chambre Ducale.*
1763 Dubois , *I. P.*
. . . . *A. G.*
1744 Ruby , *P. G.*

ROUEN *rentre le 25 Septembre.*
Cour des Aides & Finances.
1767 Le Coulteux , *I. P.*
1745 Gallois de Maquerville ,
A. G.
1768 Poret de Blaffeville , *P. G.*
1758 Delauney , *A. G.*

GRENOBLE *rentre 26 Nov.*
1758 Bally , *I. P.*
1747 D'Efpinafte , *A. G.*
1774 Delagrée , *P. G.*

NANTES *ne vaque jamais.*
1773 De Becdeliévre , *I. P.*
17.. Budan , *A. G.*
1745 De la Tullaye , *P. G.*
1775 Monnier , *A. G.*

AIX *rentre le 9 Octobre.*
Cour des Aides unie.
1745 D'Albertas , *I. P.*
1768 D'Autheman , *A. G.*
1726 De Joànnis , *P. G.*

NANCY *rentre 12 Novembre.*
Cour des Aides , Monnoies de
LORRAINE.
1756 Dubois de Riocourt , *I. P.*
1767 Anthoine , *P. G.*
1777 Mauduy , *A. G.*

Chambre du Confeil & des Comptes du DUCHÉ DE BAR , *féante à Bar-le-Duc , rentre 12 Novembre.*
1774 De la Morre de Savon-
niére , *I. P.*

1770 De Romecourt , *P. G.*
1724 De Cheppe , *A. G.*
1771 De Cheppe de Morville ,
en furvivance avec exer-
cice.

Cours
DES AIDES.

MESSIEURS,
PARIS.
1775 **B**Arentin , *I. P.*
1745 Boula de Mareuil ,
A. G.
1749 Terray de Rofieres ,
P. G.
1752 Clément de Barville ,
A. G.
1776 Dufaure de Rochefort ,
A. G.

MONTPELLIER *ne vaque jamais. Chambre des Comptes unie.*
1772 Claris , *I. P.*
1766 Pitot de Launay , *A. G.*
1776 D'Aigrefeuille , *P. G.*
1769 Jouvome , *A. G.*

BORDEAUX *rentre 13 Nov.*
1748 Pafcal , *I. P.*
1768 De Caila , *A. G.*
1752 Maignol , *P. G.*
1768 Douat , *A. G.*

CLERMONT-FERRAND
rentre 12 Novembre.
1754 De Chazerat , *I. P.*
1747 Dufraife de Vernines ,
A. G.
1762 Champfleur de Jofferand ,
P. G.
1768 Caillot de Bégon , *A. G.*

MONTAUBAN *rentre 12 Nov.*
1775 Pullignieu , *I. P.*

1768 Cazabonne de la Jonquiere, *A. G.*
1767 Parouti, *P. G.*
1775 Boinon, *A. G.*

Cours
DES MONNOIES.

A PARIS.

MESSIEURS,

1772 CHoppin d'Arnouville, *I. P.*
1746 Herault, *A. G.*
1762 De Gouve, *P. G.*
1768 De Lignac, *A. G.*

CONSEILS Supérieurs.

MESSIEURS,

ALSACE, *à Colmar.*
rentre le 15 Nov.

1775 LE Baron de Spon, *I. P.*
1759 Loyson, *A. G.*

1774 Herman, *P. G.*
1770 Muller, *A. G.*

ROUSSILLON, *à Perpignan,*
rentre le 12 Nov.

1774 Le Comte de Malartic, *I. P.*
1743 De Cappot, *A. G.*
1762 De Vilar, *P. G.*
1770 De Lucia, *A. G.*

EN CORSE.

1773 Dangé, *I. P.*
1768 Guyot, *A. G. & P. G.*
1775 Coster, *A. G.*

CONSEIL Provincial.

MESSIEURS,

ARTOIS, A ARRAS.

1752 DE Briois, *I. P.*
1761 Foacier de Ruzé, *A. G.*
1764 Enlart de Grandval, *P. G.*

CHANCELLERIE DU PALAIS.

M. le Procureur Général des Requêtes de l'Hôtel a droit d'assister au Sceau de la Chancellerie du Palais : il se tient par Messieurs les Maîtres des Requêtes chacun à leur tour pendant un mois, suivant l'ordre de réception en chaque quartier, excepté les premiers mois de chaque quartier, qui sont exercés par le Doyen des Doyens des Maîtres des Requêtes.

Janvier,   M. Fargès de Polisy, Conseiller d'Etat ordinaire, Doyen des Doyens des Maîtres des Requêtes, rue de l'Université près la rue de Beaune.

Février,   M. Doublet de Persan, rue des Petits Augustins, Fauxbourg Saint Germain.

Mars,   M. Chardon, rue Sainte Appolline.

Avril,   M. Fargès de Polisy, Conseiller d'Etat ordinaire, Doyen des Doyens des Maîtres des Requêtes, rue de l'Université, vis-à-vis la rue de Beaune.

Mai,   M. Saunier, place Royale.

Juin,   M. Lescalopier de Nourar, rue d'Orléans, au Marais.

Juillet, M. Fargès de Polify, Conseiller d'Etat ordinaire, Doyen des Doyens des Maîtres des Requêtes, rue de l'Université, vis-à-vis la rue de Beaune.

Août, M. De Cotte, aux Galeries du Louvre.

Septembre, M. De Vilevault, rue Saint Marc.

Octobre, M. Fargès de Polify, Conseiller d'Etat ordinaire, Doyen des Doyens des Maîtres des Requêtes, rue de l'Université, vis-à-vis celle de Beaune.

Novembre, M. Merault de Villeron, rue Geoffroy-Lasnier.

Décembre, M. Poulletier de la Salle, rue Culture Sainte Catherine.

Le Sceau de ladite Chancellerie se tient deux fois la semaine, qui sont les Mercredis & samedis, à moins qu'il n'arrive quelque fête, auquel cas il ne se tient qu'une fois, ainsi que pendant les Vacations du Parlement, auquel tems il ne se tient aussi qu'une fois, qui est le jour choisi par M. le Président.

Ladite Chancellerie a, aussi-bien que le grand Sceau, ses Officiers, qui sont quatre Conseillers-Secrétaires du Roi Audienciers, quatre Conseillers-Secrétaires du Roi Contrôleurs, lesquels jouissent dans toute l'étendue du Royaume des mêmes privileges que ceux attribués aux grands Officiers de la grande Chancellerie, douze Conseillers-Rapporteurs Référendaires, quatre Conseillers-Trésoriers Receveurs des Emolumens du Sceau, & autres Officiers.

Secrétaires du Roi Audienciers. Messieurs,

Janvier, Barrengue, *Doyen,* rue des Vieux Augustins, près la rue Montmartre.

Avril, Orient, rue & vis-à-vis Sainte Croix de la Bretonnerie.

Juillet, Liénard, à Versailles.

Octobre, Lefebvre, rue Sainte Croix de la Bretonnerie.

Secrétaires du Roi Contrôleurs. Messieurs,

Janvier, Deruelle, rue Saint Honoré, vis-à-vis Saint Roch.

Avril, Gaudissart, *Syndic,* rue de Menars, au coin de la rue de Grammont, quartier de Richelieu.

Juillet, Caron de Baumarchais, vieille rue du Temple, à l'hôtel d'Hollande.

Octobre, Bonnet, rue & vis-à-vis Saint Honoré.

M. Marchand, *Honoraire,* rue du Petit Bourbon, *à Pâques,* rue Hautefeuille, vis-à-vis les Prémontrés.

Conseillers Rapporteurs Référendaires. Messieurs,

Bigot, *Doyen,* rue de la Bucherie.

Natey, *Syndic,* rue des Bernardins.

Rieutort, rue Saint Jacques, au coin de la rue de la Parcheminerie.

Barreau du Gué, rue Simon-le-Franc., près celle Beaubourg.

De Bessé, rue de la Harpe, près Saint Côme.

Girard, rue des Orties, butte Saint Roch.

Beauran, rue du Foin, au College de Maître Gervais.

Loison,

Loifon, rue de l'Homme armé.

Gaulet, rue Saint Germain l'Auxerrois, près l'arche Pepin.

De la Guette, rue Geoffroy-Langevin.

Thibault, rue neuve Saint Merry, vis-à-vis celle du Regnard.

Tréforier Général du Sceau de France.

M. Duchefnay Defprez, rue Sainte Anne, butte Saint Roch.

Tréforiers des Emolumens du Scecu, MESSIEURS,

Janvier, Molliere, rue neuve Saint Euftache. *S'adreffer* à M. Cagniard, fon Confrere.

Avril, Lemoine du Lys, place de Greve, près la rue du Mouton.

Dupuis, *honoraire,* à l'Orangerie des Tuileries.

Juillet, Porquet, rue Hautefeuille, au coin de la rue des Deux Portes.

Doutreleau, *honoraire,* barriere du Trône.

Octobre, Cagniard, à l'hôtel de la Monnoie.

Gardes-Minutes. Maîtres,

Caillau, rue Bordet.

Lequeulx, rue Saint Merry.

Guerin de la Marre, rue de Grenelle Saint Honoré.

Bareau, rue des Orties, aux Galeries du Louvre.

De Gaulle, cloitre des Bernardins.

Landier, rue de Tournon, fauxbourg Saint Germain.

Thierry, rue de la Bucherie.

Huiffiers. Maîtres,

Rieutort, *Doyen,* cour du Palais.

Verquaifle, *Syndic,* rue d'Enfer, près le Pont-Rouge.

Braconier, rue de Perpignan, en la Cité.

Simon, rue Saint André, au coin de la rue Hautefeuille.

Pillon, rue de Perpignan, en la Cité.

Bailaud, rue Saint Honoré, près la rue du Roule.

Poitevin, cour de Lamoignon, au Palais.

Cannone, rue de la Juiverie, près la Madeleine.

Chaudron, *Porte-Coffre,* rue S. Jacques au coin de celle du Foin.

BUREAU DES FINANCES, CHAMBRE

du Domaine, & Tréfor.

PRÉSIDENS, MESSIEURS,

17.. M....., *Premier Préfident,* rue ....

1770 Merault, *fecond Préfident,* rue de la Cerifaie.

1739 Maffon, rue Bourtibourg.

1778. **V**

Chevalier d'honneur.

1768 M. le Duc de Luxembourg, cour des Princes, à l'Arfenal.
Tréforiers de France. MESSIEURS,

1743 Poirier d'Arigny, *Doyen*, rue Bourglabbé.
1744 Lambert, rue des Prouvaires.
1747 Martialot de Fontenay, rue Hyacinte, porte Saint Michel.
1749 Le Roi de Valmont, rue de Saintonge.
1760 Mignot de Montigny, rue des vieilles Audriettes, *en fur-*
vivance en 1742.
1762 Mufnier, rue des Franc-Bourgeois, au Marais.
1764 Augiers de Bernay, même demeure.
1766 Hebert de Hauteclaire, rue Bardubec.
1767 Giffey, rue des Bernardins.
1768 Rua, rue Saint Dominique, près la rue du Bacq.
1768 Malus Dumitry, rue Sainte Avoye, près la rue des vieilles
Audriettes.

Gens du Roi. MESSIEURS,

1773 Guichard, *Avocat du Roi au Bureau des Finances & Cham-*
bre du Domaine, & Avocat Général du Conseil de
MONSIEUR, rue de la Verrerie.
1772 Marin, *Procureur du Roi au Bureau des Finances & Cham-*
bre du Domaine, rue du Gindre.
1722 Mᵉ Iffaly, *Greffier en Chef du Bureau des Finances &*
Chambre du Domaine, rue de Paradis.
1770 Perrot, *Commis au Greffe & Receveur des Amendes dudi.*
Bureau, rue de Paradis.
1775 Mᵉ Challot d'Infreville, *Premier Huiffier au Bureau des Fi-*
nances & Chambre du Domaine, cour du Palais.

Commiffaire du Confeil pour le Pavé de la Ville, Fauxbourgs
& Banlieue de Paris.

M. Mignot de Montigny, rue des vieilles Audriettes.

Commiffaires du Confeil pour les Ponts & Chauffées.

M. le Préfident Merault, rue de la Cerifaie, *pour le Départe*
ment de Compiegne, *qui comprend les routes de*

Flandre, ...	Par Senlis & Compiegne.	
	Par Pont Sainte-Maixence.	
Picardie, ...	Par Chantilly & Creil.	
	Par Beaumont & Beauvais.	
Allemagne, ...	Par Meaux, la Ferté-fous-Jouarre.	
	Par Lagny, Couloumiers & la Ferté-Gauche	
	Par Tournon, Rozoy.	
Soiffons, ...	Par Dammartin.	

Et les embranchemens de ces routes.

M. Lambert, rue des Prouvaires, *pour le Département de Ver-*
failles, qui comprend les routes de
Bretagne,.... Par Verſailles & Dreux.
Normandie, { Par Pontoiſe, le Bordeau de Vigny.
{ Par Saint Germain, Poiſſy, Mantes.
Orléans,... Par Étampes.
Et les embranchemens d'icelles.

M. Hebert de Hauteclaire, rue Bardubec, près la rue Saint
Merry, *pour le Département de Fontainebleau, qui comprend*
les routes de
Lyon,..... Par Fontainebleau, Nemours.
Bourgogne,.. { Par Melun & Montereau.
{ Par Moret, Sens & Joigny.
{ Par Saint-Florentin & Tonnerre.
Champagne,.. Par Provins & Nogent-ſur-Seine.
Et les embranchemens d'icelles.

Commiſſaires du Conſeil pour le Département des Tailles,
Meſſieurs,

Mignot de Montigny, rue des vieilles Audriettes.
Giſſey, rue des Bernardins.

Commiſſaire du Conſeil pour les Bâtimens dépendans du Domaine
du Roi.

M. Rua, rue Saint Dominique, Fauxbourg Saint Germain.

Conſeillers du Roi Commiſſaires généraux de la Voirie.
MESSIEURS,

1764 Moreau, *Doyen,* vieille rue du Temple, près le cul-de-
ſac d'Argenſon.
1768 Gobert, rue de la Mortellerie.
1774 Verniquet, rue Sainte Avoye, près la fontaine.
1776 Girault, rue d'Argenteuil.

Inſpecteur pour la viſite des intérieures des carrieres.

M. Dupont, Profeſſeur de Mathématiques, rue neuve Saint
Médéric.

Huiſſiers.

1775 Me Challot d'Infreville, *premier Huiſſier au Bureau des Fi-*
nances & Chambre du Domaine, cour du Palais.
1769 Me Petit, *premier Huiſſier Audiencier à la Chambre du*
Domaine, rue St Antoine, coin de celle des Tournelles.
1740 Rouillé, *Doyen,* rue Quincampoix.
1748 Lefebvre, rue Comteſſe d'Artois.
1749 Thevenin, rue de la Tiſſeranderie.

V ij

1750 Blondeau, rue Pierre-au-lard.
1755 Compagnon, rue Saint Honoré, près la rue des Poulies,
1757 Ragoulleau, rue de la Licorne, en la Cité.
1762 Domain, rue Saint Denis, vis-à-vis Saint Leu.
1777 Comartin, rue de la vieille Monnoie.

Les Avocats au Parlement & Procureurs de la Cour, plaident & occupent à ce Tribunal.

Le *Bureau de Messieurs les Commissaires de la Voirie*, rue Beaubourg, au coin de la rue des vieilles Etuves.

SIÉGE GÉNÉRAL DE LA TABLE DE MARBRE.

CE Siége général est composé & comprend trois Jurisdictions, *la Connétablie & Maréchaussée de France, l'Amirauté, & les Eaux & Foréts de France.*
Les Trésoriers Généraux de l'Ordinaire des Guerres payent les Gages des Officiers du Siége de la Connétablie & Maréchaussée de France; & les Receveurs Généraux des Domaines & Bois, ceux de l'Amirauté & ceux des Eaux & Forêts de France

CONNÉTABLIE ET MARÉCHAUSSÉE DE FRANCE.

MM. LES MARÉCHAUX DE FRANCE en sont les Chefs quand la Charge de Connétable n'est point remplie; & les Commissaires & Contrôleurs des Guerres y ont séance, suivant la Déclaration du Roi de l'année 1574.

Lieutenans. MESSIEURS,

1777 Villot de Fréville, *Lieutenant Général*, rue des Noyers.
1766 De Laus de Boissy, *Lieutenant Particulier*, rue Saint Pierre au coin de la rue Notre-Dame des Victoires.
1772 Le Marquis de Charras, *Prevôt général de la Connétablie* Conseiller, rue des Blanc-Manteaux. *Voyez* le détail de sa Compagnie, à la table.
1751 Procope Couteaux, *Procureur du Roi*, rue des Fossés Saint Germain des Prés.
1777 De Trémolieres, *Greffier en Chef*, rue Guénégaud.
1747 Joüesne de Lonchamp, *Commis Greffier*, quai Malaquai à l'hôtel de Bouillon.

Honoraires, MESSIEURS,

1751 Canet Dugay, *Lieutenant Général*, quai d'Anjou, dans l'île, Procureur du Roi en 1747.
1760 Claret, *Lieutenant Particulier*, Conseiller à la Cour des Aides, rue Regratiere île Saint Louis.

Huiffiers. Maîtres ,

Ribert , *premier Huiffier Audiencier* , rue Saint Julien-le-Pauvre.

Bailly , rue de la Grande-Truanderie , près la rue Saint Denis.

Couchot , rue de la Harpe ; au coin de la rue de la Parcheminerie.

Les Audiences s'y tiennent les Mardis & Vendredis.

COMMISSAIRES DES GUERRES.

CEs Officiers font très-anciens : *Voyez* l'Edition 1776.

Par Ordonnance du Roi , du 14 Septembre 1776, Sa Maefté a réglé tout ce qui concerne la conftitution & les ferices des Commiffaires des Guerres employés.

Commiffaires ordinaires des Guerres. Meffieurs ,

ALlemant de Brunieres , *à Rennes.*

Audoul , *à Briançon.*

Ballias de Laubarede , rue de Grammont , près celle de Menard.

Barbier , *à Strasbourg.*

Barquier , *à Antibes.*

Beaudet de Morlet , *à Bitche en Lorraine.*

Bernardi , *à Apt.*

Bertrand , *à Châlons - fur - Marne.*

Bertier , *à Metz.*

Bofny de Boifgrenier , *à Saint-Omer.*

Brunck de Fründeck , *à Strasb.*

Capet , *à Strasbourg.*

Cappe , *à Arras.*

Cappy Doiry , *à Châlons-fur-Marne.*

Caufan , *à Montpellier.*

Le Chevalier de Chancel , *à Blaye.*

Chateauvillard , rue Saint Honoré près la Conception.

Chauvreux de Blacourt , *à Longwy.*

Chemilly , *à Paris.*

Chicaneau de Gaffey , *à Montelimart.*

Colin de la Brunerie , *à Poitiers.*

Collot , *à Soiffons.*

Creffonnier du Terreau , *à Paris.*

Damefme , *à Hagueneau.*

D'Athofe , *à Lyon.*

D'Avrange d'Haugeranville , *au Régiment d'Angoumois.*

Dautemarre d'Erville , Intendant des Armées du Roi , *à Verfailles.*

De Billecart de Vall , *à Moulins.*

De Boifcler , *à la Fere.*

De Carrery (Chevalier) , *à Touloufe.*

De Chaftre de Billy , au Louvre.

De Gleze , *à Weiffembourg.*

Deheaulme de Vallombreufe , *à Paris.*

De la Chapelle , *à Perpignan.*

Delamoleie de Pruneville , *à Vendôme.*

De la Ponce , aux Invalides.

De Lelez de la Taherie , Intendant des Armées du Roi , rue des Prêtres Saint Paul.

De Lépine de Roberfart , *au Quefnoy.*

De Maupaffant , *à Paris.*

Demuntz , *à Vire.*

V iij

De Montcarville, à *Amiens*.
De Raismes d'Ezery, à *Béthune*.
De Roque, à *Digne*.
De Saint-Pierre, à *la Rochelle*.
De Salverte, à *Sarrelouis*.
Defcoudrées, à *Philippeville*.
De Senant, à *Vannes*.
D'Heu, à *Chartres*.
Dolhaffary, à *Scheleftat*.
Dorigny, à *Nancy*.
Drollenvaux, à *Montelimart*.
Dubois de Crancé, à *Valenciennes*.
Dumontet de la Colonge, à *Salins*.
Du Peuty, à *Calais*.
Eyffautier, à *Toulon*.
Fleury de la Philiponiere, à *Phalfbourg*.
Gallard, à *Condé*.
Girard du Demaine, à *Marfeille*.
Gondot, petit hôtel de Biron, rue de Varenne.
Greffier de la Grave, fils, à *Lille*.
Guerrier Dumaft, à *Paris*.
Hanapier, à *Orléans*.
Hullin de Champeroux, à *Breft*.
Jeanfing, à *Vic & Marfal*.
Jehannot, à *Nanci*.
Joly de Ponthemery, à *Bourg en Breffe*.
Kempffer, à *Strafbourg*.
Laberly Fontaine, à *Paris*.
La Houffaie, à *Verfailles*.
Larminat, à *Verdun*.
La Rouerie, à *Rennes*.
La Sallette, à *Montauban*.
Launay, à *Rouanne*.
Le Chevalier de Plainville, à *Rouen*.
Le Chevalier de Sucy, à *Valence*.

Le Febvre, à *Paris*.
Le Grand, à *Befançon*.
Le Monnier, à *Paris*.
Le Normant de Mezieres, fur le rempart, vis-à-vis la rue du Sentier.
L'Epinau, à *Toul*.
Longmefnil, à *Rouen*.
Mabile, rue Pavée au Marais.
Malus, à *Lille*.
Manchon D'Offery, à *Arras*.
Marechal, à *Colmar*.
Marquette de Fleury, à *Joinville*.
Millin de Grandmaifon, à *Dôle*.
Monin de Marnay, à *Paris*.
Neyret de la Ravoye, à *Paris*.
Noblat, à *Landau*.
Pain, à *Verfailles*.
Palteau de Veimerange, à *Aix*.
Parfeval, à *Verfailles*.
Pafcalis de la Seffetiere, à *Bayonne*.
Pasdeloup, fils, à *Bordeaux*.
Paul d'Herville, à *Mezieres*.
Pichon, *en Corfe*.
Piot, à *Befançon*.
Potier, à *Nancy*.
Potier de Raynans, à *Nancy*.
Pottier Dufrefnoy, *en Corfe*.
Poulletier de Suzenet, à *Dijon*.
Prat Defvrez, à *S. Domingue*.
Puiffant de Ledo, à *Befançon*.
Rabiel de Coupiane, *au Havre*.
Regnault de Beauvallon, à *Paris*.
Richard de Gaix, à *Caftres*.
Riencourt, à *Tours*.
Rinquier de Rufilly, à *Bergues*.
Robineau de Villemont, à *Toulon*.
Rochebrune de la Grange, à *la Rochelle*.
Soliva, rue du Mail, Hôtel des Chiens.

Spiés, à Paris.
Suby, rue de la Sourdiere.
Tarlé, à Dunkerque.
Teynier du Pradellet, rue Thevenot.
Theyras de Grandval, à Clermont en Auvergne.

Tiſſet de la Mothe, en Corſe.
Triballet, à Chartres.
Tronville, à Metz.
Vardon, à Caen.
Vaudricourt, à Beziers.
Verron, à Dunkerque.
Yſarn, à Montmédi.

De Rouſſiere, à la nomination & ſous les ordres de MONSIEUR, à l'hôtel du Tillet, fauxbourg Saint Martin.
Olivier, à la nomination & ſous les ordres de Monſeigneur LE COMTE D'ARTOIS.

Commiſſaires Provinciaux. Meſſieurs,

Baudouin, à Hunningue.
Blanchard, à Nantes.
Boileau, à Saint-Omer.
Bonnier de Saint Coſme, à Caen.
Cappe des Carrieres, à Straſbourg.
Chevreau de Vaudouleur, à Metz.
De Chatelard, à Châlons-ſur-Saône.
De Mazeran, à Milhault.
Denys, à Chaumont.
De Pontet de la Croix Maron, à Bordeaux.
Doizon, à Saint Brieux.
Dopenois, à Calais.
Doreil, à Antibes.
Dubarbier, à Bayonne.
Dubois de la Chevalerie, à Poitiers.
Duchefne, à Sedan.
Ethis de Corny, à Mets.

Fay Puyrand de la Cheze, à Tours.
Galland, à Charleville.
Gillot d'Hon, à Givet.
Godde, à Rouen.
Jolly d'Auſſy, à Saintes.
Labbé de Briaucourt, à Chaumont.
Marmier, à Orléans.
Nyel. . . . . .
Pujol de Mortry, Valenciennes.
Routy Dubois, à Bourges.
Thevenin de Margency, à Aire.
Trupheme, à Aix.
Vellecourt, à Thionville.
Veyret de Valagnon, à Vienne.

Honoraires. Meſſieurs,

De la Villeurnoy, à Paris.
Legros de Princé, à Nantes.
Paulain, à l'Ardy par Etrechy.

COMMISSAIRES ATTACHÉS A LA MAISON DU ROI, MESSIEURS,

Gardes du Corps, Compagnie de M. le Duc d'Ayen.
Venet, rue Saint Louis, au Marais, près la rue des Minimes.

Compagnie de M. le Duc de Villeroi.
Dachery, rue Poiſſonniere, au coin de la rue Saint Roch.

Compagnie de M. le Prince de Beauvau.

Mignonneau, rue Thevenot.

Compagnie de M. le Prince de Tingry.

Moüette, rue du Roi de Sicile.

Gendarmes de la Garde

Denis de Senneville,
Le Grand de Beauregard, *en furvivance*, } rue de Thorigny.

Chevaux-Légers de la Garde.

De la Croix, r^e neuve des Petits Champs, au coin de la r^e Ste Anne.

Grenadiers à cheval.

Le Vavaffeur, rue des Foffés Montmartre, près la place des Victoires.

Gendarmerie.

Delobel d'Alency, rue de la Chaife, Fauxbourg St Germain.
De Floffac, rue Royale, butte Saint Roch.
Chaponel, rue des Déchargeurs.

Gardes Françoifes.

Thibault Dubois, *Premier, ayant la conduite & police du Régiment*, rue Neuve des Bons-Enfans Richelieu.
Liré, *à Verfailles.*
Defneux, *à Romorantin.*
Le Cartier-Laval, *à Carentan.*
Veillet, rue du Temple, vis-à-vis la rue de Montmorency.
Ifambert, *à Orléans.*

Gardes-Suiffes.

Boutinon de Courcelles, Commiffaire Général des Suiffes & Grifons, rue de Grammont, près le Boulevart.

Commiffaires des Guerres de la nomination de Meffieurs les Maréchaux de France.

Noms de Meffieurs les Maréchaux de France.	Noms des Commiffaires, & leurs demeures.
Feu Biron.	Geoffroy, *à Paris.*
Feu d'Asfeld.	Baron de Fregwal, *à Joinville.*
Feu Noailles.	Rouffierre, à *Avignon.*
Feu Coigny.	Pavin de Fontenay, *à Troyes.*
Feu Chaulnes.	Gallet de la Sardiere,.....
Feu Nangis.	De la Valonne, *à Montelimart.*
Feu Ifanghien.	Beauvert, *à Dourlens.*
Feu Duras.	Gabriel, *à Paris.*
Feu Maillebois.	Farconnet, *à Tournon.*
Feu Saxe.	Boullet, rue Saint Thomas du Louvre.

Feu Langeron.	Duvivier, à Paris.
Feu Balincourt.	Houssé, à Paris.
Feu la Fare.	Colomé, à Lictemberg.
Feu d'Harcourt.	La Salle, à Metz.
Clermont-Tonnerre.	Teyssere, à Grenoble.
Richelieu.	Ardisson, à Antibes.
Feu Sennecterre.	Ferry, à Auch.
Feu Maubourg.	Faucher, à Bordeaux.
Feu Lautrec.	Demars, à Versailles.
Biron.	Laugeon, à Paris.
Feu d'Estrées.	Dezoteux, à Paris.
Feu Thomont.	Branchu, à Cambray.
Bercheny.	Offarel, à Maubeuge.
Conflans.	Gangolff, à Phalsbourg.
Contades.	David, à Grenoble.
Soubise.	Rivot, hôtel Soubise.
Broglie.	De Guiroux, à Douay.
Brissac.	Prieur, rue Pavée au Marais.
Lorges.	Patot de Girouville, à Besançon.
Feu Armantieres.	Valcourt, en Corse.
D'Harcourt.	De la Serre.
De Noailles.	Guy, à Saint-Germain-en-Laye.
De Nicolay.	Huet,
De Filtzjames.	Canavas de la Saulsaye.
De Mouchy.	Vavré,
Feu du Muy.	Petit, à Versailles.
De Duras.	Ballias de Soubran, à Marmende en Guyénne.

CONTROLEURS DES GUERRES.

L'Inftitution de ces Officiers, comme de leurs fonctions, eft auffi ancienne & auffi honorable que celle des Commiffaires, puifqu'elle part du même tems & de la même fource.

Le quatriéme des douze articles fondamentaux du Siége général de la Connétablie & Maréchauffée de France, fait auffi mention de leur exiftence en 1356.

En 1567, les Commiffions en vertu defquelles ils exerçoient, furent toutes érigées en titre d'Offices formés, & ils furent également tenus de prendre des Provifions du Roi pour pouvoir poffeder ces Offices.

En Septembre 1692, ils furent fupprimés & recréés par le même Edit; & peu de tems après réduits & fixés au nombre qui fuit.

Contrôleurs ordinaires des Guerres. Messieurs.

ARnault de la Groffetier, à Luçon.	Audouy de la Prade, à Saint-Jean d'Angely.
Audiger, rue des Petits Auguft.	Baltus, à Metz.

Barbier de la Brosses, à *Vignie*, près *Vezelay*.

Baritel, à *Mâcon*.

Bazile, à *Tonnerre*.

Belly, à *Troyes en Champagne*.

Bergerat, à *Saintes*.

Bernier, rue Notre-Dame des Victoires.

Beschefer, à *Vitri le François*.

Beugon, à *Troyes en Champagne*.

Bingès de Marquigny, à *Marquigny par Rhetel-Mazarin*.

Bideault de Maisonneuve, à *Reims*.

Blanchardon de Mozé, au *Mans*.

Blondat, à *Decize par Nevers*.

Bonneau des Grandes-Brosses, à *Tours*.

Bonjour, à *Sainte-Menehould*.

Bourgeois, à *Troyes*.

Brevost, à *Mussy-Lévéque*.

Brumault de Montgasson, à *Ruffec*.

Brun, à *Bordeaux*.

Carpentier de Forceville, à *Lihus le Grand, près Beauvais*.

Champion de Quine, à *Fresnay-le-Vicomte, par Alençon*.

Chanal, a *Condrieux près Lyon*.

Charton, à *Bar-sur-Aube*.

Croquet de Bligny, à *Montargis*.

Cousilland, à *Tours*.

Coustis de la Hayes, à *Saumur*.

Davy des Courbes, à *Sablé*.

De Billy, à *Herdin en Artois*.

Dechadefaux, à *Murat près Saint-Flour*.

De Gesne de Boisgasson, rue de l'Observance.

De Genneté, à *Vienne en Dauphiné*.

De Jarnac, à *Coignac*.

De la Faye, rue du Bacq, vis-à-vis la rue de l'Université.

De la Greve, à *Angoulême*.

De l'Hopital, à *Saint Etienne en Forez*.

De la Pesche, à *Verdun*.

De la Porte, à *Péquiny, près Amiens*.

De la Rade, à *Saint-Jean d'Angely*.

Delaville, à *Nantes*.

De Laval de Domartin, à *Lyon*.

Delatre, à *Longpré près Abbeville*.

De la Vergne, à *Montmorillon*.

De Lettres de l'Epinois, en son *Château à Epinois par Montdidier*.

Delivet de Saint-Mars, rue des Jeûneurs.

De Magny, à *Meaux*.

De Marigna, à *Saint-Omer*.

Dervieux, a *Saint Etienne en Forez*.

D'Espagnol, à *Evron, près Mayenne*.

Devaux, rue *Plâtriere*.

De Ville, à *Gresle en Beaujolois*.

Droüet de Valoutin, au *Mans*.

Du Bessey de Ville-Chaise, à *Ville-Chaise, par Thiers en Auvergne*.

Dubois de Beauregard, à *Laval*.

Dubois, à *Laval*.

Du Fresne, à *S. Jean d'Angely*.

Du Montet, à *Angoulême*.

Elie Dhambery, à *Falaise*.

Etienne, à *Mussy l'Evéque*.

Faissot de Brullon, à *Sablé au Maine*.

Ferriere, à *Bordeaux*.

Faure de Fontenelle, à *Nevers*.

Gannin, à Lyon.

Gervaile de Lefpan, à Tours.

Gibert de Rozoy, rue Thibotodé.

Gondier du Chaumont, à Decize par Nevers.

Guerard de la Chapelle, à Amiens.

Guillier, à Nogent-le-Rotrou.

Guyot, à Joinville.

Haudry de Blenau, rue de Bourbon, aux petits Carreaux.

Hebre de Saint Clément, à Rochefort.

Henon de Gillocourt, à Gillocourt, près Crépy en Valois.

Hernault de Montiron, à Angers.

Jahan, à Tours.

Joubert de Marais-neuf, à Bourg-neuf en Retz.

Larguefes de Cabanne, à Aurillac.

Lafvernhes, à Tours.

Le Bas de Preau, à Lizieux.

Le Fevre de Follet, au Mans.

Le Fevre, à Vitri-le-François.

Le Fevre, à Tours.

Le Moine Donnechy, à Donnechy près le Câteau Cambrzfis.

Le Thierry, à Lille en Flandre.

Lievre, à Villefranche.

Luckens, à Bordeaux.

La Mote de la Jarie, à Chamouille, près Laon.

Macquart de Terlindin, à Lille.

Maréchal, re des Lions St Paul.

Maffon de Verfeuille, à Mezieres.

Maurel, à Lyon.

Mayaud, à Tours.

Molin, à Job, près Ambert par Clermont.

Monteleon, à Saint-Sorin près Clermont-Ferrand.

Niepce, à Châlon-fur-Saone.

Olery d'Orainville, rue Neuve Saint Roch.

Paftoureau de la Minardie, à Noutron par Bordeaux.

Peltereau, à Château-Regnault, près Tours.

Petit de Champlain, à Brêne par Soiffons.

Petitjean de Belleville, à Rouanne.

Perrier du Bignon, à Laval.

Piel de la Porte, à Angers.

Pinceloup de la Grange, à Nogent-le-Rotrou.

Pleuvry, à la Ferté-Bernard.

Prioriau de la Foffe, à l'Amérique.

Quentin de la Meterie, à Saint Malo.

Raflier, à Château-Gontier.

Raflier fils, à Château-Gontier.

Rocheux des Aubus, à Lorme par Nevers.

Rocourt, à Reims.

Roberge des Loges, à Dreux.

Saliant, à Saumur en Anjou.

Sambin, à Romaneche en Mâconnois.

Savart, à Beaugency.

Sinfon, à Orléans.

Sorbiere de Bezay, à Tours.

Soyer, à Regnonval, près Beauvais.

Simard, à Laon.

Teillard, à Beaujeu en Beaujollois.

Treton de la Fontenelle, à Nevers.

Tricand de la Goute, à Amplepuis en Beaujolois.

Turpin de la Talle, à Bourges.

Thibaron, à Reims.

Valentin, à S. Jean d'Angely.

Varefnes, à Cramant, près Epernay, en Champagne.

Veron, à Bordeaux.

Viot de Coulmiers, à Coulmiers près Langres.

Wignier de Beaupré, à Abbeville.

- Syndics, Messieurs,

Mauduyt de Tavers, rue des Fossés Saint Victor.

Moreau de Candale, rue des Filles Saint Thomas.

Honoraires. Messieurs;

Beauperrin de Villemont, Adjoint au Syndicat, rue de Bievre, ou à Montereau-Faut-Yonne.

De Miannay, à Abbeville.

Mollerat de Verpré, à Luzy en Nivernois.

Adam de l'Evigny, à l'Evigny près Bar-sur-Aube.

Wignier de Franssu, à Abbeville.

Contrôleurs Provinciaux des Guerres. Messieurs,

Lemore, au Bourg Argental, en Forez.

Colombe Despinasse, à Saint

Genest de Malifax en Forez,

Le Couvreur de Boulinvilliers, à Amiens.

Contrôleurs des Guerres attachés à la Maison du Roi. Messieurs,

Gardes du Corps.

Guérard, Vieille rue du Temple, près la rue de Bretagne.

L'Evêque de Montville, à Barbesieux en Saintonge.

Duval, à Châlons-sur-Marne.

- Gendarmes de la Garde.

Gaultier de Mezia, à Lyon.

Chevaux Legers.

Duché de Saint-Leger, à Chamarande, près Arpajon.

L'Enfumé, à Saint-Florentin, près Troyes.

Binet de Varenne, rue Geoffroi-Langevin.

Mousquetaires.

Schieffer de Mortauve, en Lorraine.

Josse de Bellebat, à Bellebat, près Marcoucy.

Grenadiers à Cheval.

Thierry, rue Saint Honoré au coin de la rue de l'Echelle.

Gendarmerie.

Franquet Dochet, à Lille en Fl.

Turrin, à Troyes.

Mayre, à Vermanton, près Auxerre.

Papin, à Orléans.

Gardes Françoises.

Piault, rue Saint Victor.

Desboves, à l'Hôtel de Soubise.

Coynard, à la Fere.

Gallier, rue de Grenelle, vis-à-vis l'Hôtel des Fermes.

De Bonneville, à Villeneuve-le-Roi.

Petit, rue Phélipeaux.

Gardes Suisses.

Bezard, à Orléans.

Collin, rue du Gindre, Fauxbourg Saint Germain.

Bernardin, à Saint Germain en Laye.

Frion de la Tour, à . . . . .

Duval, à . . . .

Godot, rue de Seine, vis-à-vis la rue de l'Echaudé.

Daudin, rue des Deux Portes Saint Sauveur.

Lorry, rue Meslé.

Marchais de la Guittonniere à Château-Thierry.

Soufflot des Biches, à Irancy, près Auxerre.

MM. Les Maréchaux de France, outre ce Tribunal, en ont encore un qui fe tient chez le plus ancien, qui fe nomme *pre-mier Maréchal de France*, où ils connoiffent par eux-mêmes & fans appel, de tous différens mûs entre Gentilshommes & Gens faifant profeffion des Armes, pour raifon de leurs enga-gemens de paroles, des points & billets d'honneur. Les Requê-tes font mifes ès mains du Rapporteur & du Secrétaire des Affaires, qui font,

1759 M. de Cotte, Maître des Requêtes, *Rapporteur*, aux Galeries du Louvre.

M. Gondot, *Secrétaire général de Meffieurs les Maréchaux de France*, Commiffaire ordinaire des Guerres, rue & près la bar-riere de Varenne, au petit Hôtel de Biron.

M. de la Croix, Commiffaire des Guerrés dés Chevaux-Légers de la Garde du Roi, *adjoint*, rue neuve des Petits Champs, au coin de la rue Sainte Anne.

La Compagnie du Prevôt Général de la Connétablie & Maréchauffée, *Voyez* la Table.

SIÉGE DE L'AMIRAUTÉ DE FRANCE.

LES Officiers du Siége général de l'Amirauté de France, connoiffent de toutes les actions naiffantes du Commerce Ma-ritime, de l'exécution des Sociétés qui fe forment pour raifon dudit Commerce, & des Armemens, des Affaires des Com-pagnies d'affurances & autres érigées pour l'augmentation dudit Commerce: en premiere inftance, de toutes les contef-tations y relatives, qui s'élevent dans les lieux du reffort du Parlement de Paris, où il n'y a point de Siége d'Amirauté particuliere; & par appel des Sentences rendues par lefdites Amirautés établies dans les Villes & lieux Maritimes du même reffort.

1737 M. LE DUC DE PENTHIÉVRE, *Amiral de France*, en eft le Chef.

Lieutenans, Meffieurs,

1747 De la Haye, *Lieutenant Général, Civil & Criminel*, rue Sainte Croix de la Bretonnerie.

1777 Mantel, Confeiller en 1749, *Lieutenant Particulier*, rue de la Parcheminerie.

Confeillers, Meffieurs.

1751 Maignan de Savigny, *Doyen*, rue des Poftes.

1761 Gaigne, rue Saint Thomas du Louvre.
1765 Pleney, rue des foſſés M. le Prince.
1766 Marguet, hôtel de Jaſlaud, quai d'Anjou, île St Louis.
1776 De Saint-Martin, rue Traverſiere, près la rue Clos‑
 Georgeot.
1777 Pornotte de Bonmazot, rue Mauconſeil.

Gens du Roi, Meſſieurs,

1758 Poncet de la Grave, *Procureur du Roi*, rue Sainte Croix
 de la Bretonnerie.

Subſtitut.

1761 M. de la.Roue, rue du Four, Fauxbourg Saint Germain.

Greffier.

1776 Me Bottée, rue Vildot, près la rue Sainte Anne.
1775 Protat, *Commis Greffier*, rue Sainte Croix de la Breton‑
 nérie, près la vieille rue du Temple.

Huiſſiers, Maîtres.

Brotier Lureau, *premier Huiſſier*, rue de la grande Truanderie.
Maſſon, *Doyen*, rue de la grande Truanderie.
Le Long de la Fontaine, rue St Antoine, près celle des Balets.
Millet, rue de la Monnoie.
Lecoq, rue Saint Denis, vis-à-vis les Charniers.
Charpentier, rue Saint Denis vis-à-vis les Charniers.
Robert, rue Aubri-Boucher.
 Il y a encore, pour le ſervice de la Chambre, pluſieurs Huiſ‑
fiers ou Sergens, tant à Paris qu'en Province.
 Les Avocats & Procureurs au Parlement occupent à ce
Siége. Les Audiences ſont les lundis, mercredis & vendredis.
 Lariviere, Concierge & Buvetier, au Palais.

EAUX ET FORÊTS DE FRANCE.
TABLE DE MARBRE.

C E Tribunal eſt compoſé de Juges à l'ordinaire, & de Juges
 en dernier reſſort.
 Les Audiences à l'ordinaire ſe tiennent dans le cours de l'an‑
née & en Vacations, les mercredis & vendredis matin par les
Lieutenans général & particulier, & les Conſeillers du Siége.
 Les Audiences des Juges en dernier reſſort ſe tiennent les
ſamedis par M. le Premier Préſident, ou un Préſident du Par‑
lement à ſa place, avec les ſept plus anciens Conſeillers de la
Grand'Chambre & les Lieutenans & Conſeillers du Siége.
 En Vacations, les Audiences des Juges en dernier reſſort

se tiennent par M. le Préfident de la Chambre des Vacations, les fept plus anciens Confeillers de la Chambre, & les Lieutenans & Confeillers du Siege, le jeudi ou autre jour au choix de M. le Préfident.

Grand Maître du Département de Paris.

1745 M. Du Vaucel, rue Royale, butte Saint Roch.

Lieutenant Général.

1766 M. Charpentier de Foiffel, rue des Prêtres Saint Paul.

Lieutenant Particulier.

1777 M. de Malherbe, rue S. Paul, vis-à-vis celle des Lyons.

Confeillers. Meffieurs.

1743 De Seignerolle, *Doyen & Garde-fcel*, rue & île St Louis.
1743 Rouffeau Defgranges, rue du Foin Saint Severin.
1766 Proa, rue Simon-le-Franc.
1768 Bourdois, rue d'Enfer proche les Chartreux.
1769 Boutigny Defpréaux, rue de l'Eperon, vis-à-vis celle du Battoir, *à Pâques*, rue & près S. Louis.
1776 Le Couturier d'Iberville, *Cl.* rue neuve Saint Merry, au coin de celle du Regnard.
1777 Noel, rue du Battoir, près la rue Mignon.

Honoraires. Meffieurs.

1752 M. Raymond de Saint Sauveur, Maître des Requêtes, ancien *Lieutenant Général*, Boulevart Montmartre, près la rue Saint Fiacre.
1744 Marchais de Mignaux, Correcteur des Comptes, ancien Avocat Général, quai de Bourbon, île Notre Dame.
1745 L'Abbé le Vaillant, *ancien Confeiller*, rue Saint Dominique Saint Michel.

Gens du Roi. Meffieurs.

1776 Lefévre, *Procureur Général*, rue d'Orléans S. Honoré.
1776 Bourgeois de Saint-André, *Avocat Général*, rue de la Harpe, vis-à-vis la Fontaine Saint Côme.

Greffiers en Chef. Maîtres.

1764 Gaultier, rue neuve S. Merry, vis-à-vis celle du Regnard.
1775 Lemoine, cloître Notre-Dame, cour des Chantres.
1769 Bleffon, *Receveur des amendes*, rue du Chevalier du Guet.

Arpenteurs généraux du département de Paris & de l'Ile de France.

1775 Chaillou, rue Beaubourg.
1776 Mouffain, rue . . . .

Huiffiers. Maîtres.

1776 Perrin, *premier Huiffier*, rue des Mauvais-Garçons S. Jean. Lombard, rue des Deux Ecus.
Vienot, rue du Temple, près la rue des Blanc-Manteaux.

Maîtrise Particuliere des Eaux & Forêts de Paris.

Officiers. Messieurs,

CAvelier de la Guillaumye, *Maître Particulier*, cloître Notre Dame, près l'abreuvoir.

Métayer, *Lieutenant*, rue Beaubourg, près la rue des Petits Champs Saint Martin.

Brélu de la Grange, *Garde-Marteau*, rue Beautreillis.

Duval de Mondeville, *Procureur du Roi*, grande rue du Faux-bourg Saint Honoré, près la rue des Champs Elifées.

Agier, *Greffier*, rue des Maçons Sorbonne.

Debeaujeu de Ferotte, *Commis Greffier, Secrétaire de la Chambre*, rue des Mauvais Garçons, Fauxbourg Saint Germain

Dufufiau, *premier Huissier Audiencier*, rue Saint Antoine derriere la fontaine.

Broisse, *Huissier Audiencier & Receveur des Amendes*, rue des Blanc-Manteaux, au coin du cul-de-fac Pecquet.

Buron, *Architecte*, rue Sainte Croix de la Bretonnerie.

Riviere, *premier Arpenteur*, rue neuve Saint Paul, hôtel de l'Aigle.

Ginet, *Arpenteur*, rue Saint Severin, chez Collin Maître Tonnelier.

Romain Paillard, *Garde général du Département*, rue de la Féronnerie, paffage des Charniers des Innocens.

Willemot, *Garde général Collecteur des Amendes*, rue Saint Denis, cul-de-fac Bafour.

Maîtrise des Eaux & Forêts de Saint Germain en Laye.

M. Le Maréchal Duc de Noailles, *Maître Particulier*, Hôtel de Noailles, rue Saint Honoré.

MESSIEURS,

De Santeul, *Lieutenant de la Maîtrise.*
Blefimare, *Garde-Marteau.*
Baumier, *Procureur du Roi.*
Le Febvre, *Greffier.*
Regnault, *Garde général, Collecteur des Amendes.*

} à Saint-Germain en Laye.

Les Audiences fe tiennent le Lundi à dix heures du matin.

Grand.

Grands Maîtres.	Maîtrises.	Receveurs Généraux des Domaines & Bois. *

GÉNÉRALITÉ. *PARIS.*

MESSIEURS.

MESSIEURS.

DUvaucel, rue Royale butte S. Roch.

Paris. Saint Germain. Fontainebleau. Nemours. Auxerre. Sens. Crécy en Brie. Provins. Sézanne. Châteauneuf en Thimerais. Dreux.

Geoffroy de Montjay, *anc. & mltr.* rue des deux Portes S. Jean. Millon d'Ailly, rue neuve de Luxembourg, *altern. & mitriennal.* Binet de la Bretonniere, rue neuve Saint Euftache, *pour les exercices pairs antérieurs à* 1776. Mathagon, *Commis aux exercices de M. Fabus,* chez M. Millon d'Ailly.

Dourdan . . . . . De Cheftret, rue de Bondy, derriere le magafin de la Ville.

Généralité. *Soiffons.*

Desjobert, rue Jacob, Fauxbourg S. Germain.

Compiegne. Senlis. Beaumont-fur-Oyfe. Laon. Clermont en Beauvoifis. Noyon. La Fere. Laiguë. Villers-Coterets. Coucy. Chaulny. Grurie de Valois & de Bohain.

Domiliers, à Soiffons ; à Paris, cul-de-fac S. Faron. M. Ruffier, fon Caiffier, rue de Berry, au Marais. Fauveau, rue de la Feuillade, *pour le Duché de Valois.*

Généralités. *Picardie, Amiens, Artois, & Flandre.*

Caulet de Wafigny, à Boulogne-fur-Mer.

Boulogne. Calais. Abbeville. Lille. Saint-Omer. La Motte - aux - Bois. Tournehem. Arras. Hefdin.

Le Senechal, *anc. & altern.* rue du Temple, vis-à-vis la rue Chapon, à Paris. Palifot de Beauvois, à Lille en Flandre ; à Paris, rue de l'Homme armé.

Généralité. *Hainaut.*

Delpech de Saint Denis, rue de Sorbonne.

Valenciennes. Givet. Le Quefnoy.

Maillard, rue Neuve S. Euftache, vis-à-vis l'hôtel de Strafbourg.

Généralité. *Châlons en Champagne.*

Telles d'Acofta, rue des trois Pavillons, au Marais.

Sainte - Menehould. Bar-fur-Seine. Chaumont. Rheims. Vaffy. Vitry-le-François. S. Dizier. Troyes.

Poulain, rue Chapon, au Marais.

* Comme il y a nombre d'exercices à parachever, de nouveaux Titulaires inconnus, ou qui n'ont pu être compris dans l'édition de 1777, que d'ailleurs nous n'avons pas une connoiffance fuffifante fur la décifion de cette matiere, nous avons laiffé cet article, cette année feulement, pour la commodité du Public.

* V

Généralité. *Metz.*

Coulon, à Charleville.	Metz. Vic. Thionville. Sedan. Château - Regnault. Phalfbourg. Grurie de Montmedy & de Longwy.	Marchal fils, rue des Foffés Montmartre. Marchal pere, rue des Foffés Montmartre. Trouville, Commiffaire des Guerres, *Contrôleur général*, à Metz.

Généralités. *Duché & Comté de Bourgogne. Franche-Comté. Alface.*

De Marify, rue Portefoin.	Dijon. Avalon. Châtillon-fur-Seine. Chalons-fur-Saône. Autun & Mâconnois. Bar-fur-Seine & Belley. Befançon. Baumes-les-Dames. Dole. Vefoul. Salins. Poligny. Gray.	Poulletier de Perigny pere & fils, rue S. Marc, à Paris; ou à Dijon. D'Arcantieres, *Contrôleur général*, à Châtillon-fur-Seine. Langloix, à Dole; & à Paris, rue de la Croix, derriere le Temple. M. Ruffier, fon Caiffier, rue de Berry au Marais. Pellechet, *Contrôleur général*, à Dole.
	Enfishem. Hagueneau.	De Salomon, *anc. & altern.* à Colmar; & à Paris, rue de Berry, chez M. Ruffier, fon Caiffier. Barth, *Contrôleur général*, à Hagueneau.

Généralités. *Lyonnois. Dauphiné. Provence. Auvérgne.*

'Amat de la Plaine, rue Portefoin.	Montbrifon. Mâcon.	Buffat, *ancien & triennal*, à Lyon, Navault, *les années paires*, rue neuve. St Euftache. M. le Guay, Caiffier, chez M. Navault.
	Grenoblé. Die.	Clapier, à Grenoble. M. Ruffier, fon Caiffier, rue de Berry, au Marais.
	Saint Marcellin.	Caminade de Caftres, à Grenoble; a Paris, cul-de-fac Sainte Hyacinthe, pres la rue de la Sourdiere.
	Aix	Mars, *anc. & altern.* à Paris, rue des Billettes, à Sainte Croix. M. Malicet, fon Caiffier, Vieille rue du Temple, vis-à-vis la rue de Bercy.
	Riom. Saint-Flour. Ambért.	De Parlongue, *ancien & alternatif*, rue Montmartre, au coin de la rue du Croiffant, *pour l'apanage.*

Généralités. *Touloufe. Montpellier. Rouffillon.*

Touloufe & Montpellier. De Cheyffac, à Touloufe; à Paris, rue du Gros-Chenet.	Villemur. Quillan. Caftres. Caftelnaudary. Grurie d'Alby.	Mellié, pour Touloufe, rue du gros Chenet.
	Villeneuve de Berg. Grurie de Mende.	Borel, pour Montpellier & Rouffillon, *années impaires*, à Grenoble & à Montpellier.

Rouſſillon.

M. l'Intendant en } Les Bois du Roi en } Bertrand, *pour les années paires*
fait les fonctions. } Capſir & Conflent. } à Perpignan.

Généralités. Bordeaux. Auch. Pau. Montauban.

Baſtard, à Agen. {

Bordeaux . . . . . . { Blanchet de la Sabliere, *anc. & al-tern.* à Bordeaux; à Paris, chez M. Chanorier, rue d'Antin.

L'iſſe Jourdaïn & Gru-ries de Fleurence. S. Gaudens & Gruries d'Arreau & S. Girons. Tarbes & Grurie de Nogaro. Pau & Grurie de Lichare. { De la Borde pere, *anc. & altern.* à Auch. De la Borde de Laas, fils aîné, *anc. en ſurvivance*, à Auch. De la Borde Laurenſan, fils cadet, *alternatif en ſurvivance*, rue du Mail, Hôtel de Portugal.

Foix. Rhodès. { Martin, à Montauban. M. Ruffier, ſon Caiſſier à Paris, rue de Berry, au Marais.

Généralités. Poitou. Aunis. Saintonge. Angoumois. Haut & bas Limouſin. Haute & baſſe Marche. Bourbon-nois & Nivernois.

De Guimps, à Paris, rue des bons Enfans, ou à Angoulême. {

Poitiers. Châtelle-rault. Niort & Grurie d'Aunay. Fontenay-le-Comte. { Fauveau de Frenilly, rue Neuve des Petits-Champs, près la rue Sainte Anne.

Angoulême. Bellac. Coignac. { Allaire, rue du Fauxbourg Mont-martre.

Rochefort. Brive. Beaupied du Meſnil, à la Rochelle.

De Guimps, à Paris, rue des bons Enfans, ou à Angoulême. {

Cerilly & Grurie de Coſne. Montmirault. Moulins. Nevers. Gueret. { Modeux des Bordes, rue des Prou-vaires. Commis, M. Prochaſſon, Procureur des Comptes, rue Sainte-Croix de la Bretonnerie. Gobaut de Crignelles, *Contrôleur* deſdites généralités; à Moulins, à Paris, quai Saint Bernard.

Généralités. Touraine. Anjou. Le Maine.

De Cabanel d'An-glure, rue Xain-tonge, au Marais. {

Loches. Château-du-Loir. Chinon. Baugé. Grurie de Beaufort. Le Mans. Angers. Mamers. Amboiſe. Tours. { Janon de Souligné, rue Neuve des petits Champs, près la place de Vendôme; *& pour l'Apanage de Monſieur*, pour l'Anjou, le Maine & le Perche. Janon de Souligné fils, *en ſurviv.*

Généralité. Bretagne.

De la Pierre de Saint Nouan, à Hennebon. {

Rennes & Grurie de Boſquen. Cornouail-les à Carhaix. Gru-rie de Quimperlé. Villecartier. Nantes. Vannes. Fougeres. Le Gavre. { La Fontaine, *ancien & alternatif*, rue de Louis le Grand.

Généralité. *Rouen.*

Dé Mondran, rue de Cléry, au coin de la rue du gròs Chenet.
{ Rouen. Arques. Vernon & Andely. Caudebec. Pont-de-Larche. Lyons. Paſſy. }
{ Tourolle, rue d'Orléans, au Marais. }

Généralité. *Caen.*

Guyon de Frémont, place des quatre Nations.
{ Caen. Valogne. Bayeux. Vire & Mortain. }
{ Nigon de Berry, coin du quai d'Orléans & de la rue Regratiere. }

Généralité. *Alençon & le Perche.*

Geoffroy, rue des deux Portes S. Jean.
{ Alençon. Argentan. Bellême. Domfront. Mortagne. Grurie de Falaiſe & Grurie de Moulins. }
{ Pannelier, rue des Nonaindieres, Hôtel Sainte-Croix. *Et pour l'apanage de* MONSIEUR Renaud de S. Germain, rue & près les Champs Éliſées, pour le Timerais & Comté de Senonche. & la terre de Brunoy. }

Généralités. *Berry. Bléſois. Haut & Bas Vendómois.*

Duqueſnoy dé Mouſſy, rue de Richelieu.
{ Bourges. Vierzon, & Grurie d'Allogny. Iſſoudun. Châteauroux, & Grurie de Châtre & duChâtelet. Comté de Blois ; & Maîtriſe de Blois. Chambord. Vendóme. Romorantin . . . . . }
{ Villeminot, rue Saint Marc ; le Sieur Vié, ſon Commis, à Bourges.
Nau de Sainte - Marie, rue Vivienne.
Palerne de Ladon, rue Montmartre. }

Généralités. *Lorraine & Barrois.*

Mathieu, à Nancy.
{ Nanci. Bar. Bourmont. Bouzonville. Brichy. Dieuze. Epinal. Étain. Lunéville. Mirecourt. Neufchâteau. S. Diez. Saint-Mihiel. Sarguemines. Pont à Mouſſon. Commercy. }
{ Rouſſeau, *ancien*, rue Notre-Dame des Victoires, près la rue Joquelet. Terré du Petit-Val, rue Thérèſe, butte S. Roch. }

Généralités. *Orléans. Beaugency. Montargis.*

Boucault, *altern.* rue Poiſſonniere, près le Boulevart.
D'Arbonne, *anc.* rue Tranſnonain, au coin de la rue Michel-le-Comte.
{ Orléans. Beaugency. Montargis. }
{ Nau de Sainte-Marie, pour les domaines & bois du Roi des Communautés, rue Vivienne. De Cheſtret, rue de Bondy, derriere le magaſin de la Ville, pour *l'apanage d'Orléans.* }

Grands-Maitres Honoraires. MESSIEURS,

1730. Blanchebarbe de Grandbourg, *de Blois*, rue de la Feuillade.

Raulin d'Effart, *de Hainaut*, à Saint Germain en-Laye.

Hennet de Courbois, *du Lyonnois*, *Provence*, *Dauphiné & Auvergne*, rue Culture Sainte Catherine, au Prieuré.

Le Ray de Chaumont, *de Blois & Berry*, à . . . .

De Savary, *de Rouen*, à Saint-Juft près Vernon.

Secrétaire général des Eaux & Forêts

M. Le Mercier, rue des Bourdonnois, à côté de l'hôtel d'Onsen-Bray.

M. de Milleville, *Contrôleur général des Domaines & Bois de la Généralité de Paris*, vieille rue du Temple, près l'Egoût.

Cens & Rentes des Domaines du Roi à Paris.

Le Bureau rue neuve des petits Champs, la quatrieme porte cochere après la rue de Gaillon.

Ce Bureau eft ouvert tous les jours non fêtés.

❦❦❦❦❦❦❦❦❦❦❦❦❦✦❦❦❦❦❦❦❦❦❦❦❦❦

L'ÉLECTION DE PARIS.

CEtte Juridiction eft compofée d'un Préfident, d'un Lieutenant, d'un Affeffeur, de vingt Confeillers, d'un Avocat u Roi, d'un Procureur du Roi, d'un Subftitut, & d'un Greffer en Chef.

Meffieurs de l'Election donnent Audience depuis neuf heures ifqu'à midi : fçavoir les Mercredis & Samedis, pour les Tailles : les Lundis & Jeudis, pour les Fermes ; les Mardis & Venredis, on y travaille de Rapport.

MESSIEURS,

755 GISSEY, *Premier Préfident*, rue des Bernardins.

749 Fromont, *Lieutenant*, rue Copeau, vis-à-vis la rue de la Clef.

732 Huppin, *Affeffeur*, rue & vis-à-vis le petit Saint Antoine.

Confeillers. Meffieurs,

736 Dauftel, *Doyen*, rue de Seine ; près le Jardin du Roi.

1741 Ringuet, rue & vis-à-vis le petit Saint Antoine.
1746 De Jean, rue Saint Honoré, vis-à-vis l'Hôtel d'Aligre,
1749 Hebert, rue Beaubourg, près la rue des Ménétriers.
1755 Lapourielle, rue de Seine, vis-à-vis l'Hôtel de la Rochefoucaud.
1757 Delic , quai d'Anjou , île Saint Louis , près le Pont-
Marie.
1758 De la Dainte, rue des Gravilliers, près la rue Tranfnonain.
1762 Gervais, rue Saint Louis en l'île, près le Pont de bois.
1765 Colleau, rue des Barrés, près la rue Saint Paul.
1765 Formentin, rue de Seine, près le Jardin du Roi.
1766 Le Compte du Teuyl, rue du Temple, entre la rue de
la Corderie & la rue Porte-foin.
1767 Gary , rue Poupée Saint Severin.
1768 Boullaye, rue Sainte Avoye, entre les rues de Bracq
& des vieilles Audriettes.
1769 Garandeau, rue Saint Antoine, vis-à-vis la rue des Balets.
1774 Mobert, rue des Foffés St Victor.
1774 De Saint-George, rue du Figuier, près l'Hôtel de Sens.
1774 D'Herbecourt, rue Montmartre, au coin de la rue des
Vieux Auguftins.
1775 Sprote, rue Saint Honoré, près celle des Poulies.
1777 Rendu de Saint-Aubin, rue Saint Honoré, près Saint
Roch.

GENS DU ROI. MESSIEURS,

1767 Auger, *Avocat du Roi*, rue de la Huchette.
1758 Fontaine , *Procureur du Roi*, rue du Four, près Saint
Euftache.
1756 De Berly , *Subftitut*, rue Neuve Saint Merry , chez M.
Barbery, Procureur au Châtelet.
1747 Satis, Avocat & Procureur du Roi *honoraire en* 1767,
rue Michel-le-Comte , près la rue Beaubourg.

Greffier en Chef.

1776 Me Diamy, cour du Mai, à la Jurifdiction.
1736 Me Nolin, *Greffier en Chef*, *honoraire*, rue de Vaugirard,
au coin de la rue des Foffoyeurs, vis-à-vis le petit
Calvaire.

Procureurs. Maîtres ,

1739 Bercher de la Marliere, rue du Plâtre Saint Jacques.
1752 Pellier, rue Mignon, derriere Saint André.

1761 Guérin, rue du Plâtre Saint Jacques.
1768 Desban, rüe de la Lanterne, en la Cité, au coin de la rue Gervais-Laurent.
1773 Carmentran, au Marché neuf, à l'hôtel de Tanchou.

Huiſſiers Audienciers. Maîtres,

1757 Gerſin, *premier Huiſſier*, rue & île Saint Louis, vis-à-vis la rue Guillaume.
1754 La Hancque, *abſent.*
1776 Bucan, parvis Notre-Dame, près le cloître.

Receveurs & Controleurs des Tailles.

n exercice
en 1778. {
1766 DE Cheſtret, *Receveur*, rue de Bondy, derriere le magaſin de la Ville.
1764 Balluet, *Controleur*, rue de Meſlé, quartier du Temple.

n exercice
en 1779. {
1774 Clouet, *Receveur*, à l'Arſenal, cour des Salpêtres.
1767 Pingot, *Controleur*, rue Montmartre, vis-à-vis la Juſſienne.

Le Bureau des Contrôleurs eſt chez les Receveurs des Tailles.

CHAMBRE DES BASTIMENS.

CEtte Juriſdiction, l'une de celles de l'enclos du Palais, connoît de toutes conteſtations entre Entrepreneurs de Bâtimens, leurs Fourniſſeurs, les Compagnons & Ouvriers, les Carriers, Plâtriers, & Chaufourniers, & de tout ce qui a rapport à la conſtruction des Bâtimens. C'eſt dans cette Chambre que les Entrepreneurs & Maîtres Mâçons ſont reçus ; elle confirme la nomination de leurs Syndics, reçoit leurs Comptes, & eſt chargée de la manutention de leurs Statuts & de la Police ſur les Entrepreneurs & Ouvriers ; enſemble ſur les Carriers & Plâtriers, qui y prêtent ſerment. La Police des Bâtimens & Ouvrages de Mâçonnerie ſe fait toutes les ſemaines ; celles des Plâtres, tous les Mois, par des Commiſſaires nommés par le Préſident, parmi les Jurés & Entrepreneurs, dont les Procès Verbaux ſont rapportés à l'Audience, qui ſe tient tous les Vendredis. Il y a auſſi Audience les Lundis pour les cauſes particulieres.

Les Avocats & Procureurs au Parlement y plaident & y occupent.

Conseillers du Roi, Juges & Maîtres Généraux des Bâtimens de Sa Majesté, Ponts & Chaussées de France.

MESSIEURS,

1770 Maugis, *ancien*, place Dauphine.
1777 Taboureur, *alternatif*, rue de Savoie.
1764 Caron, *triennal*, quai d'Orléans, île Saint Louis.

Gens du Roi.

M. Boyssou, *Procureur du Roi*, rue & près les Bernardins.
M. Le Sueur, *Substitut*, Avocat en Parlement, rue des Marmouzets, près la porte du cloître.

Greffier.

Me Forestier, *Greffier en Chef*, rue Planche-Mibray, au coin du quai Pelletier.
A l'Office de Greffier se trouve réuni celui de *Principal Commis.*
Me Lenfant, *Receveur des Amendes.*
Me Hureau, *Procureur au Parlement*, cul-de-sac Pecquet.
M. Guilpin, *Secrétaire de MM.* rue Montmartre, vis-à-vis la rue du Jour.

Huissiers. Maîtres.

Lenfant, *premier*, rue de la Calandre.
Hurel, rue Geoffroy-Lasnier, près la rue de la Mortellerie.
Massue, rue Sainte Avoye, près celle de Bracq.

M. l'Abbé Catel, Prieur de Saint-Remy, *Aumonier*, à Saint Paul.

Bugniau père, *Concierge*, } rue de la Mortellerie.
Bugniau fils, *en survivance.* }

AVOCATS AU PARLEMENT.

MESSIEURS,

1714

COlombeau , *Doyen*, rue Gift-le-Cœur, vis-à-vis la rue de l'Hirondelle.

1719.

Regnard, rue du Cimetiere St André

1720.

Beaffe de la Broffe, re Royale, place de Louis XV.

1721.

Foreftier, rue Guénégaud, près la rue Mazarine , du côté de l'Hôtel des Monnoies.

Eftienne, A. B. rue du Plâtre Sainte Avoye.

Le Preftre de la Motte , A. B. rue de la Harpe, près le Collége d'Harcourt.

Dieres , rue du Cocq Saint Jean.

1723.

Rotrou , rue de Biévre.

Boys de Maifonneuve, A. B. rue de Biévre.

De Benoimont , rue de la Harpe, vis-à-vis la rue des Deux Portes.

Benoift, rue des Foffés M. le Prince.

1724.

Rigault, A. B. rue des Billet-tes.

De Belly de Buffy , rue de Beautreillis.

Bouju, cloître Saint Germain l'Auxerrois.

1725.

Maffon, rue Geoffroy-Langevin.

Le Senefchal, rue Barbette, au Marais.

De Lambon, A. B. rue Saint Jacques , près les Mathurins.

1726.

Le Berche des Fourneaux, rue de Savoie.

J. D. des Moulins, rue Sainte Croix de la Bretonnerie , vis-à-vis la rue de Mouffy.

Dougny, Cloitre Saint Jean en Gréve.

1727.

Caillet, rue & près Saint Sauveur.

Terraffon, rue Serpente.

Boucher d'Argis , quai de la Tournelle , hôtel de Nefmond.

1728.

Marchand , rue Michel - le-Comte, près l'hôtel d'Halwil.

Beviere , quai de la Mégifferie.

De Mouchy de Sachy , rue Saint Louis, près la rue Regratiere.

Gobillon, rue de Sorbonne.

Cotton du Verger, cloître Saint Victor , même maifon que M. Vanquetin.

1729.

Taillandier , rue Pavée, près la rue de Savoie.

1778

X

Piet Dupleſſis, rue de la Harpe, vis-à-vis celle des deux Portes.

Bouteix, rue des Foſſés Saint Victor, près la rue des Boulangers.

Auvray, rue Neuve Saint Merry, vis-à-vis le cul-de-sac du Bœuf.

Du Vaudier, rue de la Verrerie, vis-à-vis la rue du Cocq.

Pothouin, A. B. rue de la Harpe, au-deſſus de Saint Côme.

1730.

Du Verne, quai & attenant les Théatins.

Bazin, quai des Miramionnes.

Lefebvre de Dampierre, A. B. rue de l'Arbreſec, près la rue Baillette.

1731.

Delpech, rue de Sorbonne.

Daudebert, rue des Marais, près la rue des Petits Auguſt.

A. Le Begue, rue Hautefeuille.

Horry, rue des Marmouzets.

1732.

J. P. Duvert d'Emalleville, *BATONNIER*, rue Sainte Hyacinthe, porte Saint Michel.

Caillau, rue des Mâçons.

Hamot, rue St Germain l'Auxerrois, près l'Arche-Pepin.

1733.

Boudet, rue Guénégaud.

Duval de Séronville, cul-de-sac Sainte Marine.

Silly, rue des Noyers.

Laudier du Parc, rue de Biévre.

Maultrot, rue des Grands Auguſtins.

Le Paige, au Bailliage du Temple.

Doutremont, rᵉ Bourtibourg, ancien hôtel d'Argouges.

Labouret, rue Guillaume, île Saint Louis.

Thirion, rue Saint Julien le Pauvre.

1734.

Duvert de Boutemont, rue Sainte Hyacinthe porte St Michel.

Eſbaupin, rue de Savoie.

Dominé de Verzet, rue Beaubourg.

Le Roi de Fontenelle, rue Baſſe des Urſins.

Simon, rue du Cocq Saint Jean.

Cothereau, Cloître Notre-Dame.

Bordier, rue du Murier Saint Victor.

1735.

Eſbrard, rue des Juifs, Saint Antoine.

Le Mariey, rue des Cinq Diamans.

Maignan de Savigny, rue des Poſtes, près le Séminaire Anglois.

Laget-Bardelin, rᵉ de la Harpe, vis-à-vis la rue des Cordeliers.

Mantel de la Blancherie, rue de la Parcheminerie.

1736.

Trannoy, rue du Foarre, au coin de la rue Galande.

Pinault, rue & vis-à-vis le petit Saint Antoine.

Coqueley de Chauſſepierre, au vieux Louvre, arcade de la rue Froidmanteau.

Jouhannin, rue Saint André, près l'égoût.

De la Goutte, rue des Poitevins.

Allouard, rue Neuve Saint Pierre, derriere les Minimes.

J. M. Colombeau, rue Gist-le-Cœur.

Prunget des Boissieres, rue Gist-le-Cœur.

Travers, rue d'Enfer Saint Michel.

Fariau, rue des Maçons.

Sallé, au Bailliage de Saint-Martin-des-Champs, cour Conventuelle.

1737.

Laisné de la Mesangere, rue des Tournelles.

Thetion, Cloître des Bernardins.

Glot, rue Serpente.

Prevost, rue des Fossés Saint Victor, à la Doctrine Chrétienne.

Babille, rue Saint André des Arts.

Blanchet, rue des Poitevins, hôtel de Thou.

Aubry, rue Hautefeuille.

Clément de Malleran, aux Ecoles de Droit, près Sainte Genevieve.

Frenot, rue Saint Denis, vis-à-vis la rue de la Heaumerie.

1738.

Roussel, rue Saint Jacques, près Saint Yves.

De Changy, quai d'Anjou, près le pont Marie.

Dephelines de la Chartoniere, rue Mâçon.

Pleney, rue des Fossés de M. le Prince.

Viard, rue Pavée Saint André des Arts.

Canet Dugai, rue & île Saint Louis, près la rue de la Femme-sans-Tête.

Le Blanc de Kirby, rue de la Harpe, vis-à-vis la rue Serpente.

Moussu, rue de la Tisseranderie.

Le Roux, rue d'Orléans au coin de celle de Poitou.

De Calonne, rue de Biévre.

Mimerel, rue des Postes, à l'Estrapade.

1739.

Le Camus d'Houlouve, rue de Savoie, près la rue Pavée.

Langlet, rue Poupée Saint André.

Vancquetin, cour canoniale de Saint Victor.

Des Parviés, rue Serpente.

Maiziere, rue Serpente.

Rousselot de Chambrillant, rue de Touraine, près les Cordeliers.

Lelarge, rue des Grands Augustins.

Mey, rue Saint André des Arts.

1740.

Pincemaille, rue de la Harpe, vis-à-vis la rue du Foin.

Boudequin de Varicourt, rue & île Saint Louis, près l'Arcade.

Michel, quai de Bourbon, près le Pont-Marie.

Pelart, quai de Bourbon, en l'île.

Blondeau des Noyers, rue du Puits, au Marais.

X ij

Grau , rue des Prêtres Saint Paul.

1741.

Colart, rue des Menétriers.

Aubert, rue du Roi de Sicile.

Du Ponchel, rue des Bernardins, hôtel de Bracq.

Du Pouget, quai de Bourbon, près le Pont-Marie.

1742.

Montagne , rue de Grenelle Saint Honoré.

Bouquet, rue des Juifs au Marais.

Gaulme de la Velle, rue aux Fers.

Lorry, rue Hautefeuille.

Le Gras , rue & île Saint Louis , près le Pont-Rouge.

Angelefme de Saint-Sabin, rue Serpente.

1743.

Rouhette, rue Saint Paul, cloître Saint Louis.

Viel, rue des Marmouzets.

1744.

Flauft , rue Saint Antoine , près. . . .

Beaugendre , rue Saint Jacques, près . . . .

Dandafne, cloître N. D.

Gervaife, rue des Foffés M. le Prince.

Richer , cul-de-fac du Paon , près les Cordeliers.

Procope Coutaux, rue de la Comédie Françoife.

1745.

Sanfon, cloître Notre-Dame, cour des Chantres.

Rapportbled , rue des Bernardins.

Capitain de Varenne , rue de la Tifferanderie , près celle des mauvais Garçons.

Gerbier de la Maffilaye, quai des Théatins.

Tronchet, rue du Battoir.

1746.

Doillot , rue des Maçons.

Douet d'Arcq, cloître Notre-Dame.

Raynaud, rue Geoffroy-Langevin.

Limanton, rue Pavée Saint André des Arts.

Jabineau de la Voute , rue de la Harpe , près Saint Côme.

De Hanfy, rue Mignon, quartier Saint André.

Marguet, quai de Bourbon , île Saint Louis , hôtel de Jaffaud.

Briquet de Mercy, rue d'Enfer , vis-à-vis la rue Saint Thomas.

De la Laure , cloître Saint Benoît.

1747.

Boys, rue des Maçons.

Giffey de Fontenay , rue des Bernardins.

Maucler, rue Gift-le-Cœur.

Caillerre de l'Etang , rue de la Harpe, près St Côme.

Godart de Sergy , rue du Foarre.

Thuillier de Bonée , rue du Jardinet, au coin de la rue du Paon.

Piales, rue Perdue, place Maubert.

1748.

Leger , rue de Longpont près Saint Gervais.

Rousseau de la Mothe, rue de la Vieille Bouclerie.

Charpentier de Beaumont, rue Sainte Croix de la Bretonnerie.

Tournois, cloître Notre-Da-Dame.

Lefevre de Beauvray, rue Popincourt, près la rue des Amandiers.

Boussenot, rue Serpente.

Dumortous, rᵉ des Mathurins, vis-à-vis la rue des Maçons.

De Coustard, rue Saint Germain l'Auxerrois, près le Fort-l'Evêque.

Boureau de Beauséjour, rue Hautefeuille, près la rue Serpente.

De Pétigny, rue neuve des Petits Champs.

1749.

Michault de Larquelais, rue du Doyenné Saint Louis du Louvre.

Tenneson, rue Serpente.

Cadet de Saineville, rue Chapon.

Belime de Maisonneuve, rue des Barres Saint Gervais.

Oudet, cloître Notre-Dame, près la rue des Marmouzets.

Duret, rue des Fossés St Victor, vis-à-vis la Doctrine Chrétienne.

Fincken d'Autemarche, rue Saint Germain l'Auxerrois, près le Grenier à sel.

Leblan, rue des Fossés M. le Prince.

Guilleu, cloître Saint Benoît.

1750.

Dorival, rue de la Colombe.

Guerin de la Bréhardiere, rue des Bernardins.

Le Gouvé, rue & près Sainte Croix de la Bretonnerie.

Vaubertrand, rue Bailleul.

Gaborit, rue Beaubourg, près le cul-de-sac Berthau.

Boissou, rue & près des Bernardins.

1751.

Doucy, rue Culture Sainte Catherine.

Bruhier de la Neuville, rue Bouttebrie.

Sionnest, cour neuve du Palais.

Mauduison, rue Montmartre, près l'égoût.

Belot, rue des Poitevins.

Le Moyne de Grandpré, quai de Bourbon.

Dufour, rue des Juifs.

Bert de la Bussiere, cloître Saint Benoît.

1752.

Simon du Puisot, rue de la Verrerie, près la rue Bardubec.

Goudard, rue des Rats.

Le Prevost du Rivage, rue & cloître des Bernardins.

Collet, rue Sainte-Avoye, près la rue de Bracq.

Elie de Beaumont, rue de Bracq, au Marais.

Borrot, place Vendôme.

Target, rue Sainte Croix de la Bretonnerie.

De Laune, rue Saint André des Arts, au coin de la rue des Augustins.

Le Mouton de Nehou, rue de Sorbonne, près la rue des Mathurins.

Paignon de Bretigny, rue des Maçons.

Beaucoufin , cloître Notre-
Dame.

Savet , vieille rue du Temple ,
près la rue Barbette.

Lefparat , rue des Maçons.

Debeaubois de la Touche ; rue
des Marmouzets , vis-à-vis la
rue de la Licorne.

De la Fortelle , rue Saint Bon ,
près la rue Jean-Pain-mollet.

Poncet de la Grave , rue Sainte
Croix de la Bretonnerie , au
coin-de la rue Bourtibourg.

1753.

Favre de Lachaud , rue des
Marmouzets.

Racine , Pavillon du Collége
Mazarin , au bout de la rue
de Seine.

1754.

Le Moine d'Herly , cloître Notre-Dame.

Le Sage , rue du Foin au Collège de Mᵉ Gervais.

Guyet , rue Clocheperche , au
coin de la rue du Roi de Sicile.

Damien de Blancmur , rᵉ Beaubourg , cul-de-fac Berthau.

Carteron , rue Saint-Jacqués ,
près les Mathurins.

Texier , rue de la Cerifaie.

Timbergue , rue Serpente.

Aubin de la Foreft , rue Tictonne.

Huet , rue du Four Saint Honoré.

Perron , quai & vis-à-vis le
pont de la Tournelle.

Aved de Loizerolles , Cour des
Céleftins , au Bailliage de
l'Arfenal.

Breton , rue de la Verrerie ,
près celle du Renard.

Vulpian , rue Chriftine.

L. Le Roi , rue Saint André
des Arts.

Lochard , rue de Savoie.

1755.

Riviere , rue de Condé.

Recolene , rue du Plâtre Saint
Jacques , au College de Cornouailles.

Du Rouzeau , rue des Noyers.

Ponteau , rue d'Enfer Saint
Landry.

1756.

J. F. Le Preftre , rue Sainte
Croix de la Bretonnerie.

Vermeil , rue Geoffroy-Langevin , près la rue Sainte
Avoye.

Le Boucher , rue des Dé-
chargeurs.

Carlier , rue & île Saint Louis ,
près le pont de bois.

Dévie , rue Saint-Julien des
Ménétriers.

Charon de Saint-Charles , cloître des Bernardins.

Brouillet de l'Etang , rue Saint
Martin , au coin de la rue
Aubri-Boucher.

Pion de la Roche , cloître Sainte Opportune.

Siméon , vieille rue du Temple , près le cul-de-fac d'Argenfon.

Pelletier , quai de la Tournelle.

1757.

Bouilyer , rue des Bernardins ,
vis-à-vis l'Hôtel Torpanne.

Pulleu , rue de la Tifferandrie ,
prefque vis-à-vis la rue des
Mauvais Garçons.

Gudin , rue des Rats , au coin
de la rue de la Bucherie.

Rat de Mondon , au Collége
Royal.

Dumouchet , rue Bertinpoirée.

Teſſier du Breuil, rue de la Harpe, vis-à-vis celle des Cordeliers.

De la Fourniere, rᵉ du Foarre.

Carré., rue des Foſſés M. le Prince, vis-à-vis la rue de Touraine.

1758.

Pierret de Sanſieres, rue du Monceau Saint Gervais.

Ribert, rue Galande, place Maubert.

Guérin de la Cour, rue Giſt-le-Cœur.

Lohier, rue de Tournon.

Blanchard de la Valette, cloître Saint Jean-en-Gréve.

Collier, rue Saint Jacques, au coin de la rue des Noyers.

Hutteau, hôtel des Urſins, rue Baſſe.

Chatelain de Lorgemont, quai de Bourbon île Saint Louis.

Coſtard, rue Geoffroy-Laſnier.

Bruys, rue de la Harpe, vis-à-vis la rue Serpente.

Boullemer de la Martiniere, rue des Deux Boules.

Foſſey, rue de la Harpe, vis-à-vis celle du Fo n.

1759.

Le Brun, rue des Noyers.

Dampol, rue de la grande Truanderie.

De la Rivoire, cloître Saint Benoît.

Teiſſier, rue des grands Auguſtins.

Donadieu de Noprats, rue de Sorbonne.

Courtin, rue d'Enfer, cour du Luxembourg.

Claye, rue du Cimetiere Saint Jean.

Le Prêtre de la Motte, rue

de la Harpe, près le Collége d'Harcourt.

Herbault d'Eſpavaux, rue de la Calandre, près le Palais.

Boucher de la Richarderie, rue Saint Germain l'Auxerrois.

Yſabeau de Villarceaux, rue de la Harpe au College de Narbonne.

Gaigne, rue Saint Thomas du Louvre à la Prevôté.

1760.

Pauly, rue Bourtibourg.

Martineau, rue des Blanc-Manteaux, cul-de-ſac Pecquet.

Carouge, rue des Poitevins, près la rue Hautefeuille.

Aujollet, rue Saint Eloy.

Malingrey, rue Saint André, près la rue Giſt-le-Cœur.

Daſſy, rue des Cordeliers.

Pelletier, rue des Foſſés M. le Prince, vis-à-vis la rue de Touraine.

Camus, rue Guénégaud.

C. P. D. Deſmoulins, rue Sainte Croix de la Bretonnerie, vis-à-vis la rue de Mouſſy.

Borde de Charmois, rue Beaubourg, au coin du cul-de-ſac Berthau.

Eſtienne, rue du Plâtre Sainte Avoye, ou en Cour.

Le Sueur, rue des Marmouzets, près la porte du cloître.

Janny, rue de Bracq, au Marais.

Pigeon, cloître des Bernardins.

Hochereau, rue des Blanc-

X iiij

Manteaux, près la rue Sainte Avoye.

Thorel, rue Saint André-des-Arts.

Ader, rue Neuve Saint Merry.

Blondel, rue Sainte Croix de la Bretonnerie.

Trezin, rue Hautefeuille.

Gautier du Breil, rue de Condé, vis-à-vis la rue des Foſſés.

Chevillard, rue des petits Champs Saint Martin, ancienne maiſon de la Doctrine Chrétienne.

1761.

Cyalis de Lavaud, rue du Battoir Saint André.

Treilhard, cour du Palais, près la Fontaine.

Du Douyt, rue des Bernardins.

Dinet, rue des Blanc-Manteaux, cul-de-ſac Pecquet.

Chalumeau, rue Poupée.

Lepreſtre de Boisderville, rue de la Harpe, près le College d'Harcourt.

Bazin, rue de Bercy.

1762.

Borderel, rue Saint Jean de Beauvais.

Convers Deſormeaux, rue du Paon, au coin de la rue des Cordeliers.

De Sevres, rue de la Tiſſeranderie, près la rue de la Poterie.

Carteron, rue Saint Jacques, au-deſſus des Mathurins.

Canuel, rue Bertin Poirée.

Corbeil, cloître des Bernardins.

Le Gentil de Kermoiſan, cul-de-ſac Saint Thomas du Louvre, vis-à-vis la rue du Doyenné.

Fera, rue Perdue, place Maubert.

Serée, rue des Gravilliers, près la rue du Temple.

1763.

Picard, rue Sainte Croix de la Bretonnerie, vis-à-vis celle de l'Homme armé.

Marnier, rue Saint Jacques, vis-à-vis Saint Yves.

Serpaud, rue des Maçons Sorbonne.

Sarot, rue Galande, vis-à-vis la rue des Rats.

Henrion de Penſé, rue Hautefeuille, vis-à-vis la rue Percée.

Denys, rue Saint Victor, près la rue des Bernardins.

Decefne, rue des Boucheries, fauxbourg Saint Germain.

Minier de Somelan, cloître Saint Benoît.

Dournel, rue Saint André des Arts, vis-à-vis l'hôtel de Châteauvieux.

Boutroux de Montereſſon, rue Sainte Croix de la Bretonnerie, vis-à-vis celle de Mouſſy.

Phelipeaux, rue des Barres.

Mouricault, rue Bardubec.

Gaignant, rue de la Harpe, vis-à-vis la rue des Cordeliers.

Jaillant, rue des Blanc-Manteaux.

Pileux, rue & montagne Sainte Genevieve, près la Fontaine.

1764.

Oſmont, rue d'Enfer, près les Feuillans.

Corteuil de Maupas, rue Saint Jean-de-Beauvais , près la rue des Noyers.

Le Glaive , rue Beaubourg , près le cul-de-fac des Anglois.

Durot, rue des Marmouzets, en la Cité.

Boudard, rue Saint Honoré, près celle de l'Arbrefec.

Didier, rue Saint Nicaife.

Girouft, rue du Cimetiere St André.

De la Pierre , rue des Marmouzets.

Saulnier, quai de la Tournelle, près le pont.

Molé , rue Mazarine, près la rue Guénégaud.

Defbois, rue Baffe des Urfins, près Saint Landri.

Leon , cour du Palais.

Marmottant , rue de Bievre.

Lafferay, place du Chevalier du Guet , quartier Sainte Opportune.

Billard, rue Montorgueil, vis-à-vis la rue Ticonne.

Meneffier, rue de la Tifferanderie.

Falourd du Vergier , cloître Saint Jean en Grève.

Alix, rue Sainte Avoye.

Rat de Poiteviniere, rue Hautefeuille, près la rue du Cimetiere Saint André.

Truchon , cloître Saint Benoît.

Grenier, rue & près les Blancs Manteaux.

1766.

Dè Thefigny , rue Barbette, près la vieille rue du Temple.

Œillet de Saint-Victor , rue de

la Tifferanderie, vis-à-vis la rue du Mouton.

Dauterive, rue des Poitevins, hôtel de Thou.

Bidault de Montréal, rue des Bernardins.

Gigot, rue du Foin Saint Jacques.

Durand de Miremont, rue Geoffroy-Langevin.

De Croville, Cloître des Bernardins.

Faré, rue Michel-le-Comte.

Villot de Fréville, rue des Noyers.

Parent, en Sorbonne.

Le Tellier Duvey, rue des Rats.

Jame', Cloître Notre-Dame, près la rue des Marmouzets.

Guinot, rue des Marais, fauxbourg Saint Germain.

1767.

Prevoft de Saint-Lucien, rue Sainte Apolline, près la Porte Saint Martin.

Bourgoin, rue Sainte-Avoye.

Aubery des Fontaines, rue Quincampoix, vis-à-vis la rue de Venife.

Guillou, rue des Foffés Saint Bernard.

Porcher, rue Saint Bon.

Metayer, rue Beaubourg, près la rue des Petits Champs Saint Martin.

Devaux, cloître Saint Merry, près les Confuls.

Chambert, rue Bertin Poirée.

Le Roy de Monterly, rue des Grands Degrés.

Baudin, rue du Plâtre Saint Jacques, Collège de Cornouailles.

Le Poitevin, rue du Sépulcre.

Bourget, rue Sainte Croix de la Bretonnerie.

Loreau, rue Saint Jacques la Boucherie.

D'Herain, rue Pavée au Marais.

Le Comte, rue Hautefeuille.

De Silveftre, rue du Chantre Saint Honoré.

Gandolphe, rue d'Enfer, près les Feuillans.

1768.

Chavray de Boiffy, quai de l'École.

Coquebert, rue du Battoir, au coin de la rue Hautefeuille.

Regnard, rue Saint Antoine.

Dodin, rue Beaubourg.

Magnien du Planier, rue de Bievre.

Vignier, rue des deux Boules.

Bergeras, rue Saint André des Arts.

Dougny, Cloître Saint Jean en Grève.

Dartis de Marfillac, rue de la Chanverrerie.

De Monho, fauxbourg Saint Jacques, près les Dames Sainte Marie.

Defmares, rue Hyacinthe, porte Saint Michel.

Afport, rue de Bourbon, derriere les Théatins.

Guyot, rue du Chevet Saint Landry.

Montigny, cul-de-fac de Rohan.

Pellier des Forges, rue Saint Jean de Beauvais.

Barré, rue des Noyers.

Audri de Mont-Laurent, rue des Mathurins.

Franquelin, rue de Bercy fauxbourg Saint-Antoine.

Bercher, rue du Plâtre Saint Jacques.

Guyard, rue de la Harpe, vis-à-vis Saint Côme.

Amb. Jo. d'Hérain, rue Pavée au Marais.

Mimier, Cloître Saint Benoît.

Rousseau, rue Aubri-Boucher.

De la Croix, rue de la Verrerie, vis-à-vis la rue du Cocq.

Maignan de Champ-Romain, quai Saint Bernard.

Gautier de Saimpré, rue de la Huchette.

Fabineau, rue du Foin, au College de Me Gervais.

La Forest, rue de Savoie.

Bouez d'Amazi, rue Saint Jacques, près la fontaine Saint Severin.

Meftivier, rue de la Tifferanderie.

1769.

De Calonne, rue de Bievre.

Pelé, rue des Saints Peres.

Hemery, rue de la Bucherie, au coin de la rue du Foarre.

Gaultier de Guilerville, rue de Thorigny au Marais.

Plaifant de la Houffaye, rue neuve St Merry.

Arfandaux, rue de la Calandre, près le Palais.

Blonde, rue du Plâtre Saint Jacques.

Pathouot, rue de la Chanverrerie.

Pichon Duris, rue des Rats.

Ameil, rue Pierre-Sarrazin.

Fradin, rue du Four Saint Germain, vis-à-vis l'égoût.

Gaillard, rue de l'Hirondelle.

La Saudade, rue de la Hu-

chette, vis-à-vis la rue Zacharie.

Braquehais, rue Saint Jacques, au-deffus de la rue des Mathurins.

Doulcet, cloître Notre-Dame.

Desfontaines, cloître Saint Merry.

Le Vaffeur, île Saint Louis.

Bayard, cloître Sainte Opportune.

J. Thétion, cloître des Bernardins.

Porriquet, rue Baillette.

Guillaume, rue du Plâtre Ste Avoye.

Fleury, rue des Saints Peres, vis-à-vis la rue Saint Guillaume.

Agier, rue des Maçons.

Motron, rue des Cordiers.

Hardoin de la Reynnerie, rue du Foarre, près la place Maubert.

Fournier, rue Saint Severin.

Vanneau, cul-de-fac Saint Thomas.

Bergerot, rue Thevenot.

Débonnieres, parvis Notre-Dame.

Hubert, rue de la Tifferanderie.

Brunet, rue des deux Boules Sainte Opportune.

P. Marie Simon, rue du Cocq Saint Jean.

Le Roy de Saint-Charles, rue Saint Denis, vis-à-vis Saint Leu.

Braffeux, rue Tiétonne.

Le Bon, rue du Petit-Pont.

De Bloiz, rue Hautefeuille.

Satens, rue neuve Saint Merry.

Chaillon, rue du Four Saint Euftache.

Briffe, rue St Julien le pauvre.

Foreſt, rue d'Anjou Dauphine.

1770.

Matuſſiere, rue Saint Jean de Bauvais.

Hulot, rue du Temple, vis-à-vis la rue Porte-Foin.

Le Vaſſeur, rue des Prouvaires.

P. J. L. Alix de Murjet, rue Serpente.

Jacotin, rue des Cordiers.

Mollet, rue du Mouton.

Ferey, cloître Notre-Dame.

Gueret, quai des Auguſtins.

1774.

Dubois, rue Saint Denis, à l'Apport-Paris.

Delavaux, cloître du Sépulcre.

Rouviere de Boisbarbot, à Rouen 1756, cour du Palais.

Jodon de Valtire, rue des Prêtres Saint Paul.

Loyſeau, rue Sainte Anne près la rue n^e des Petits Champs.

Boudeau, rue Béthify.

Dauphinot, rue des Noyers, vis-à-vis celle des Anglois.

Hocquet de Blaſſy, rue de Bievre.

Bernard, quai de Bourbon, île Saint Louis.

Millet de Gravelle, rue du petit Carreau.

1775.

Samſon du Perron, r^e Michel-le-Comte.

1776.

Darigrand, rue de la Verrerie, près l'hôtel Pomponne.

1777.

Trumeau de Vezele, Cour du vieux Louvre.

De Marivaux, rue Ste Croix, hôtel de Meſmes.

Seran, rue des foſſés de M. le Prince.

Bourgouin, rue de Bievre.

Petit, rue. . . . . .

Foiſy, rue de la Huchette.

Fournier, cloître S. Merry.

Drouet, rue Saint André, vis-à-vis la rue Gift-le-Cœur.

P. Fournier, rue de la Parcheminerie.

Robin, rue de la vieille Monnoie.

Fournel, rue . . . . .

Rudel, rue des Poſtes.

Léger de Monthuon, rue Perdue.

Rathier, rue & île Saint Louis.

Fouchier, rue . . . . .

Henry, rue des Noyers.

De la Cretelle, rue de Bourbon-Château.

PROCUREURS EN LA COUR.

Cette marque = *fignifiç* au lieu de.

MESSIEURS,

1719 CAILLAU, *Doyen*, = Gautier, rue Bordet, vis-à-vis
le Collège de Boncourt, *du Mans.*

1720 Gillet, = Gillet fon grand-pere, rue des Noyers, *de
Paris.*

1727 Laurent, = Jaroffon, rue des Maçons, *de Paris.*
Souchay, = Grelain fon oncle, rue des mauvais Garçons
Saint Jean, *de Châteaudun.*

1729 De Leftang, = Gillet, rue du Battoir Saint André des
Arts, *de Châteauroux.*
Lequeux, = fon pere, rue Neuve Saint Merry, vis-à-vis
la rue du Renard, *de Paris.*
Mauduifon, = Faviere, rue de la Verrerie, *d'Orléans.*

1731 Gillet le jeune, = Ranquinot, rue Beaubourg, *de
Paris.*

1732 Jourdan, = Allier, rue de la Tifferanderie, cul-de-fac S^e
Faron, *de Paris.*

1734 Nottret, = Barbier, rue Poupée Saint André, *de Sainte
Menehoult.*

1735 Corbeil, = Nouette, rue Saint-Severin, *de Rikemont en
Picardie.*
Hardy de Júinne, = fon pere, rue de Bievre, *d'E-
tampes.*

1737 Guerry, = Cerveau, rue des Bernardins, *du Poitou.*
Harmant, = Couefeau, rue Poupée Saint André, *de
Varenne en Argonne.*

1738 Pierron, = Jullien, rue Mâcon, *de Stenay.*

1739 Pipereau, = Gipoullon, rue du Foin Saint Jacques, *de
Chartres.*
Lafnier, = Pinault, rue de la Bucherie, *de Damery en
Champagne.*
Demongeot, = Devic, rue S. Jean de Beauvais, *de
Paris.*
Lemaiftre, = Métais, rue des Bernardins, *de Lefn ons en
Champagne.*
Pincemaille, = Rochon, rue & île Saint Louis, *de
Paris.*

1740 Brunon , ⊏ Beguier, rue Serpente, *de la Garnache, bas Poitou.*

Collot , ⊏ Sabattier, cul-de-fac Sainte - Marine , *de Sedan.*

Laurens le jeune, ⊏ Robert le J. , rue Saint Victor, vis-à-vis celle du Bon Puits, *de Rozay en Brie.*

Coueffé du Boulay , ⊏ Dhoftel , rue de la Mortellerie , vis-à-vis les Audriettes, *de Rennes.*

Le Bas, ⊏ Allard, rue du petit Bourbon, vis-à-vis la rue Garenciere, *de Montereau-Faut-Yone.*

Charpentier, ⊏ Cantot, rue du Plâtre Saint-Jacques, près la rue des Anglois, *de Paris.*

Guiet, ⊏ Poiffon, rue de la Monnoie, *de Tours.*

1741 Monnay, ⊏ Curval, rue Saint Jacques, vis-à-vis celle des Mathurins, *de Paris.*

Guerin de la Mare , ⊏ Louis Dupin, rue de Grenelle S. Honoré, *de Buzancy en Champagne.*

Le Senechal, ⊏ Dalboft, rue de Sorbonne, *d'Amiens.*

Bourgeois , ⊏ Duvalet, rue Tiron Saint Antoine, *de Vailly-fur-Aifne.*

Gillet des Aulnois , ⊏ le Vacher, rue d'Anjou, près la rue Dauphine, *de Paris.*

1742 Cotton, ⊏ Bodere, rue Mâcon, près la rue faint-André, *de Lyon.*

Oyon , ⊏ Fontaine, rue des Prêtres Saint Germain, *de Bréoule en Provence.*

Biet, ⊏ Carré, rue Hautefeuille, *de Clermont en Beauvoifis.*

1743 Guiard, ⊏ Collin, rue de la Harpe , au College de Séez, *de Nogent-le-Roi.*

Aubert de Rigny, ⊏ Belamy, rue des Blanc-Manteaux, près la rue Sainte Avoye, *de Mezieres.*

Baulayne , ⊏ Petit, rue de la Tifferanderie, près celle des Coquilles, *de Villeneuve-le-Roi.*

Quentin , ⊏ Beau le jeune, rue des Juifs, *de la ville d'Eu.*

Petitjean , ⊏ Dumefnil, rue du Cimetiere Saint André, *de Langres.*

Marmotant , ⊏ Herluifon, rue de la Huchette, *de Villeneuve-l'Archevêque.*

Honnet, ⊏ de Jouy, cloître Saint Benoît, *de Paris.*

1744 Huet , ⊏ Sablon, rue haute, à l'hôtel des Urfins, *de Paris.*

Bafly , ⊏ fon pere, rue des Maçons, *de Paris.*

Bord, ⊏ Biffre , rue de la Calandre, *de Saint-Amand en Berry.*

Chayer ; $=$ Sagot, rue des Blanc-Manteaux, *de Ville-neuve-le-Roi.*

1745 Vaufrouard, $=$ Bichebois, rue des Foſſés M. le Prince, *de Châtillon-ſur-Seine.*

Roſſignol, $=$ Charpéntier, rue des Poitevins, *de Vierʒou.*

Joûrdan le jeune, $=$ Mantel, rue Serpente, *de Paris.*

1746 Formé, $=$ Brouſſe, rue de l'Obſervance, vis-à-vis les Cordeliers, *de Paris.*

1747 Vignon, $=$ Tainturier, rue Grenier Saint Lazare, *de Lagny.*

Bourdin de Freville, $=$ Miger, rue des Mauvais Garçons, près la rue de la Tiſſeranderie, *de Pottiers.*

Augier, $=$ Blandin, rue du Foin, au College de Maître Gervais, *de Langres.*

Chaſtel, $=$ Gillier, rue Saint-Antoine, vis-à-vis la rue de Fourcy, *de Montierender en Champagne.*

La Chaiſe, $=$ Dagan, rue de la Harpe, vis-à-vis la rue Serpente, *de Déciʒe en Nivernois.*

1748 Menaſſier, $=$ ſon pere, rue des Maçons, *de Paris.*

Ropiquet, $=$ Gerard, rue Galande, hôtel de Leſſeville, *d'Amiens.*

1749 Chreſtien, $=$ de la Cour, rue Haute, Hôtel des Urſins, *de Mante-ſur-Seine.*

Carpentier, $=$ Berthelet, rue Saint-Séverin, vis-à-vis la rue Zacharie, *de Paris.*

Gaullier de la Haye, $=$ Monnaye, rue de la Harpe, près le Collége de Séez, *de Château-Thierry.*

Patenotre, $=$ Allain, Cloître Notre-Dame, *de la Fere en Champagne.*

Bareau, $=$ Griffon, aux Galeries du Louvre, rue des Orties, *de Paris.*

Moreau, J. $=$ Fera, rue Montorgueil, vis-à-vis la rue Tireboudin, *de Coiffy-le-Chatel.*

Jobelin, $=$ Thomazet, rue Pavée Saint André, *de Langres.*

1750 Gareſtier, $=$ Eſtienne le jeune, $=$ Aulas, rue de la Tiſ-ſeranderie, près la rue du Mouton, *de Montmorillon en Poitou.*

Monvoiſon, $=$ Guyot, Quai d'Anjou, île Saint Louis, *de Bouſſac en Berry.*

Cabaret, $=$ Millin le jeune, Quai de Bourbon, île Saint Louis, *de Soiſſons.*

Denoux, $=$ Galibourg, $=$ de Brouſſe, rue des Noyers, *de Paris.*

1751 Moriſe, $=$ Monfeuillard, rue de Jouy, *de Croui près Meaux.*

1751 Moynat, ⚌ Dumont, Quai d'Anjou, dans l'île, *de Paris.*

Carlier, ⚌ de la Roche, rue de la Calendre, vis-à-vis le Palais, *de Montdidier.*

Mefureur, ⚌ Vernier, rue de la Potérie, *de la Chapelle en Thiérache.*

Jamart, ⚌ Moreau, rue du Battoir, *de Brouzy près de Sézanne.*

1752 Cournault, ⚌ Remy le jeune, rue des Noyers, *de Langres.*

Lhuillier, ⚌ Binet de Varennes, Quai des Auguftins, près le Pont Saint Michel, *du Vexin.*

Conftantin, ⚌ de la Mart, Quai d'Orléans, *de Paris.*

Petitjean le jeune, ⚌ Bridou, & a la Pratique de Noirot fon oncle, rue des Billettes, *de Langres.*

De Gaulle, ⚌ Pelée de Varenne, Cloître des Bernardins, *de Châlons en Champagne.*

Bourgeois le jeune, ⚌ Millot, rue Saint Victor, près du Notaire, *de Jouy-le-Châtel, près Provins.*

Godin, ⚌ de Rouvroy, rue du Plâtre Saint Jacques, *de Reims.*

Hureau, ⚌ Dinet, cul-de-fac Pecquet, *de Montargis.*

Lambert, ⚌ Perreau, rue de la Harpe, au College de Narbonne, *de Chaume en Brie.*

1753 Huffon, ⚌ le Bouc, rue de l'Hirondelle, *de Joinville.*

Hordret, ⚌ Blanchard le jeune, rue du Foin Saint Jacques, *de Saint-Quentin.*

Tournemine, ⚌ Meignan, rue du milieu, Hôtel des Urfins, *de Montierender en Champagne.*

Boifte, ⚌ Bogne, rue de la Verrerie, près la rue du Coq, *de Jouy-le-Châtel près Provins.*

1754 Péan de Maifonneuve, ⚌ Rochier, rue de Bievre, *du Maine.*

Allonneau, ⚌ Belard, rue Bardubec, *de Nantes.*

Gerard, ⚌ Tronchet, cour des Mathurins, *de Bar-le-Duc.*

Lezat, ⚌ Maffon, rue des Poitevins, *de Paris.*

Guérin J., ⚌ Labour, rue Thibotodé, *de Longny au Perche.*

Le Moyne, ⚌ Le Blanc, rue Hautefeuille, près celle Percée, *de Beaugency.*

Theurel, ⚌ Leflamant, rue des Deux Ecus, *de Langres.*

Contant, ⚌ Guynet & Neret, rue du Cimetiere Saint André, au coin de celle de l'Eperon, *de Rhétel-Mazarin.*

Cretté, ⚌ Rigobert le Febvre, rue du Cimetiere Saint Nicolas des Champs, *de Marole-fur-Seine.*

1754 Fontaine, ⚌ Jabineau, rue des Noyers, *d'Eftampes.*

Biger

1754 Bigot de la Boiffiere , = Bazin , rue de la Grande Truanderie , *de Compiegne.*

Moreau de Varigny , = Adrien Alexis Deflers , rue
Pierre-Sarrazin , *de Château-Chinon.*

Pefchillon , = Martin de Fontenelle , rue des Noyers ,
près Saint Yves , *d'Angoulême.*

1755 Debeffé , = Camus , rue de la Harpe , au-deffus de Saint
Côme , *de Fontenay-le-Comte.*

Marcilly , = Deflers J. rue Sainte Croix de la Bretôn-
nerie , vis-à-vis celle de l'Homme armé , *de Saint-Juft
en Champagne.*

Corvifart , = Moreau , rue de Sorbonne , *d'Attigny en
Champagne.*

Piedfort de Senlis , = fon pere , rue Saint Julien des Ménétriers , *de Paris.*

De Haullon , = Colin de la Touche , Cloître Notre-
Dame , *de Paris.*

Sohier , = Laglaine , rue du Jardinet , *de Paris.*

Dorigny , = Gobillon , rue des deux Portes S. Severin ,
de Montbrifon.

Dumontet , = Raymond , rue de la Tifferanderie , près le
cul-de-fac Saint Faron , *d'Angoulême.*

Blanchard , = Moris , rue Sainte Avoye , près celle de
Saint Merry , *de Joigny.*

Pepin , = Blondat , rue Beaubourg , *de Paris.*

Le Vaffeur , = Saury , rue des Poitevins , *de la Ville d'Eu.*

Courtin de Torfay , = Hanon de l'Ifle , rue Sainte-Croix
de la Bretonnerie au coin de celle de l'Homme Armé ,
de Chartres.

Bernard , = Pelletier , rue Quincampoix , *de Nevers.*

1756 Collet , = Chapotin & Dupin , rue de Bievre , au
petit hôtel de Bracq , *d'Etivey en Bourgogne.*

Bareau Ducharme , = Thomas , rue Sainte - Croix de la
Bretonnerie , près celle des Billettes , *de Paris.*

Michel , = Fouquet , rue du Petit Bourbon , au coin de
la rue de Tournon , *de Dourdan en Beauce.*

Dorival , = Chaftelain , rue de Savoie , *de Paris.*

Guenard , = Moreau de la Roche , rue Galande , vis-à-
vis la rue du Foarre , *de Narcy près Saint-Dizier.*

Defroziers , = Dande , rue Saint-Jean-de-Beauvais , *de
Malesherbes.*

De Beaubois , = fon pere , rue Poupée , *de Paris.*

Bruflé , = Senffe , Cloître Notre-Dame , *de Peronne.*

Pantin , = fon pere , rue de Bievre , *de Paris.*

1757 Mâlot , = Deflers , rue des Foffés Saint Germain l'Auxerrois , cul-de-fac Sourdis , *d'Amiens.*

1778. Y.

1757 Ropprat , $=$ Thibault , rue Beautreillis Saint Paul , *de Paris.*

1758 Tridon, $=$ Pelletier, rue de Bievre, *de Châtillon-sur-Seine.*

Bourbier , $=$ Debar , rue Mâcon , *de Ham en Picardie.*

Jolly , $=$ Dumoutier , rue de l'Eperon, au coin de celle du Jardinet, *de Chaumont en Baffigny.*

Renard de Franir , $=$ Paillaffon , rue des Lavandieres Sainte Opportune, *de Montfort-Lamaury.*

Aubert le jeune , $=$ Chenayes, rue des Lavandieres, place Maubert, *de Damerie en Champagne.*

Gaudefroy , $=$ Rouffelot, rue du Monceau faint Gervais , *de Féronne.*

Sallé de Marnet , $=$ Pouffy , rue des Prouvaires , près Saint Euftache , *de Vermanton.*

Lecuyer , $=$ Horry le jeune, rue Poupée , *de Langres.*

Cornu , $=$ Champenois, rue des Lavandieres Sainte Opportune , *de Paris.*

Gourfaud , $=$ fon frere, rue Gille-Cœur, *de Chabanois en Angoumois.*

Polle de Vierme , $=$ Pinon, quai d'Orléans, Ifle Saint Louis, vis-à-vis l'abreuvoir, *de Chambry en Vexin.*

1759 Pouffepin , $=$ Dauphinot , rue de Tournon , vis-à-vis l'Hôtel de Nivernois, *de Dourdan.*

Pannier, $=$ Mars, rue de la Tifferanderie au coin de celle des Mauvais Garçons, *de Coucy-le-Château près Soiffons.*

Monnaye de Choify , $=$ Simonnin , rue Beaubourg, *de Paris.*

1760 Defchiens , $=$ Denoux, rue Galande , vis-à-vis celle du Foarre, *de Vitry-le-François.*

Péchiné, $=$ Sconnin, rue du Battoir, près celle de l'Eperon, *de Langres.*

Fieux , $=$ Payen, rue Bertin Poirée , *de Paris.*

Texier Olivier , $=$ Baudeau, Cloître Saint Benoît, *de Reignac en Touraine.*

1761 Damieuve , $=$ Maubert , rue du Mouton , près la Grève, *de Perriere en Normandie.*

Moreau de Merfan , $=$ Girault le jeune , rue de la Lanterne, près celle de Saint-Bon , *d'Argenton en Berri.*

1761 Thierry , $=$ Livoire, rue de la Bucherie, *de Villeneuve-l'Archevêque.*

Narjot , $=$ Lebeau, rue du Cocq Saint Jean , *de Bourbon-l'Archambault.*

Heuvrard , $=$ Lequeulx le jeune , rue Bourtibourg, *de Tonnerre.*

1761 Hebert, ⸗Demahis, rue de Bievre, *de Paris.*

Collet de la Noue, ⸗de Joye, rue des Blancs-manteaux, *de Sezanne en Brie.*

De Champeaux ; ⸗ Richer , rue Saint Bon, près Saint Merry, *de Château-Meillan en Berry.*

Artaud , ⸗ Artaud son onele, rue Christine, *de Chantel en Bourbonnois:*

Mariette, ⸗son père ; rue de Bievre ; *de Paris.*

Martin , ⸗ Dorigny le jeune, rue de la Tisseranderie ; vis-à-vis celle du mouton, *de Condé, près Château-Thierry.*

1762 Vosdey ; ⸗ Prevost, rue des Rats, vis-à-vis la rue des Trois Portes, *de Troyes.*

Compain ; ⸗Mestivier, rue des Deux-Portes Saint Jean, *de Toury en Beauce.*

Cuignard ; ⸗ Laujon ; rue d'Anjou, près la rue Dauphine ; *de Lagny-sur-Marne.*

Girauld ; ⸗ son père, vieille rue du Temple, près le cul-de-sac d'Argenson, *de Paris.*

Chavassieu ; ⸗ Gueron, rue de Savoie ; *de Montbrison.*

Henrys le jeune, ⸗ Mauduit de Favieres, rue de la Mortellerie, *de Bourmont en Bassigny.*

Bourgoin d'Heronniere, ⸗ Lacorne, rue Princesse, au coin de la rue du Four, Fauxbourg Saint Germain, *de Paris.*

Michellet, ⸗Lepreux, cloître Saint Benoît ; *de Preuily en Touraine.*

Landier, ⸗ Renaudiere le jeune , rue de Tournon ; *de Blangy près Abbeville.*

De Senicourt, ⸗ Morceau du Theil & de Henri, rue Mâcon, *de Poissy.*

1763 Dartis, ⸗ Plisson de Vauroux, rue de la Chanverrerie ; *de Lempde près Brioude.*

Hotte de Poncharaux, ⸗Renaudiere, rue du Cocq Saint Jean, *de la Charité-sur-Loire.*

Mariet de Lessard ; ⸗ Groustel, rue des Bernardins ; Hôtel de Bracq, *de Langres.*

Chevalier de Barbeziere, ⸗ de Ferriére, rue du Foin Saint Jacques , *de Niort en Poitou.*

Contant de Lisle, ⸗ Hugot, rue Saint Germain-l'Auxerrois, vis-à-vis le Fort-l'Evêque, *de Semuy-sur-Aisne.*

Blondat, ⸗ Louat, rue Hautefeuille, *de Decize en Nivernois.*

Foyot, ⸗ Horry, rue de Jouy Saint Antoine ; au petit Hôtel de Fourcy, *de Langres.*

Boyer , ⸗ Picard, rue Hautefeuille, au coin de la rue Serpente, *de Noyers en Bourgogne.*

Y ij

1763 Dubois, ⹀ Deſchamps, rue d u Foarre , *de Parthenay en Poitou.*

Louault , ⹀ Paſquier, rue & île Saint Louis , *de Clamecy en Nivernois.*

Chambette, ⹀ Prunget, rue Baſſe des Urſins, *de Paris.*

Carteron , ⹀ Protin, qui étoit ⹀ Nicolas Rouſſelot , rue Saint Jacques , vis-à-vis les Mathurins , *de Riceys en Bourgogne.*

Collet de Blacy, ⹀ Pelot , rue Saint-Jacques , près Saint Yves , *de Vitry-le-François.*

Jobelin , J. ⹀ Suan , rue Simon-le-Franc , *du Fay-Billot en Bourgogne.*

Martineau , ⹀ Rouſſeâu, rue de la Verrérie , vis-à-vis le cloître Saint Merry , *de Mayet au Maine.*

Jolly , J. ⹀ Phelipeaux , J. rue des Barres , à l'Hôtel de Charny , *de Brevanne en Baſſigny.*

1764 Niverd , ⹀ Caillard, rue du Foarre , *de Châtillon-ſur-Marne.*

Finot , ⹀ Blondat , rue des Billettes , *de Bar-ſur-Aube.*

Poulletier , ⹀ Pliſſon , rue de la Tiſſeranderie , près le cul-de-ſac Saint Faron , *de Compiegne.*

Boucher, ⹀ de la Cour, rue de la Harpe , près Saint Côme , *de Saint-Germain-en-Laye.*

Foucault, ⹀ Fils, rue de Bievre , *de Châteaudun en Dunois.*

A. Girault, ⹀ Collet , rue & île ſaint Louis , près la rue de la Femme ſans Tête , *de Paris.*

De Belliſſen , ⹀ Lhoſte , rue des Maçons , *de Paris.*

Finot le jeune , ⹀ Grandin , rue Sainte Avoye à côté de celle des Blanc-Manteaux , *de Bar-ſur-Aube.*

Sirjean , ⹀ Plumet, rue des Lavandieres , place Maubert, *de Riom en Auvergne.*

Bertrand , ⹀ Voiſin, rue Saint Jean de Beauvais , vis-à-vis le College , *de la Celle ſous Chantemerle.*

Colmet , ⹀ ſon pere , rue des Billettes , *de Paris.*

Delaguette , ⹀ Malarme, rue Geoffroy-Langevin , *de Paris.*

E. Gauthier, ⹀ Remy, rue Bertin-Poirée, *de Bar-ſur-Aube.*

J. Moreau, ⹀ Loiſeau & de Motte , quai d'Anjou , aux Saiſies réelles , *de Villeneuve-le-Roi.*

Danjan , ⹀ Le Grand , rue des Bernardins près le quai , *de Paris.*

Deſprez , ⹀ Deſprez ſon frere ; rue de la Harpe , au-deſſus de celle des Cordeliers , *de Château-Thierry.*

Fadeau, ⹀ Gueulette, rue Quincampoix , *de Deolz près Châteauroux en Berry.*

1764 Bertau, = Colin, rue des Blanc-Manteaux, *de la Ferté-Vidame, au Perche.*

Cheron, = Blanchard, rue de Jouy Saint Antoine, *de Gonneffe.*

Saullet, = Aubinet, rue de la Monnoie, *de Langres.*

1765 Maillard, = Gombault, rue du Foarre, *de Piney-Luxembourg.*

Godeffroy, J. = Simonnet, rue Sainte Avoye, près celle du Plâtre, *de Coutances.*

De Séguiran, = Chevalier, rue d'Argenteuil, Saint-Roch, *de Vaffy en Champagne.*

Malvoft, = Deshayes, rue Geoffroy Lafnier, *d'Amboife.*

Mauduit, = Hullot, quai d'Orléans, île Saint Louis, *d'Eftaire en Flandre.*

Souchay, J. = Corpelet, rue des Mauvais Garçons Saint Jean, *de Paris.*

Pirault des Chaumes, = Monnier de Gazon, rue de la Parcheminerie, près celle Saint Jacques, *de la Haye en Touraine.*

Longeau Dupré, = André, rue Quincampoix, *de Roche-chouart en Poitou.*

1766 L'Affilard, = Vial, cloître Notre-Dame, *d'Argentan en Normandie.*

De Couftart, = fon pere, rue St Germain l'Auxerrois, *de Paris.*

Mabille, = Horry, rue du Battoir St André, *d'Amboife.*

Fouquet, = Marefchal, rue Tiron, *d'Avefne en Hainaut.*

Dardenne, = Guerin, rue de la Vieille Monnoie, *de Buzancy en Champagne.*

Regnaud, = fon pere, rue Saint Thomas du Louvre, au coin de celle des Orties, *de Paris.*

Regley du Berville, = Landrieux, rue du Plâtre Sainte Avoye, *de Paris.*

De Junquieres, = Le Vaffor, rue Guenegaud, *d'Argentan en Normandie.*

Tronffon, = Berangér, rue des Foffés faint Germain, cul-de-fac de Sourdis, *de Reims.*

Vaufrouard, J. = Dorigny, rue Sainte Croix de la Bretonnerie, *de Bellan près Châtillon-fur-Seine.*

Goffard, = Lamy, rue de Bievre, *de Stenay-fur-Meufe.*

Bouffiere, = D. Martin, rue des Juifs, derriere le petit Saint Antoine, *de Vezelay en Bourgogne.*

Flament, = de Ligny, rue du Monceau Saint-Gervais, *de Saint-Denis en France.*

Monnaye, J. = Dupin, rue de l'Obfervance, *de Paris.*

1766 Boys, = Charlot Dumont, rue-Saint André, vis-à-vis la rue Pavée, *de Freteval près Vendôme.*

Jacquemart de la Terriere, = Sionneft, rue Saint Honoré, à côté de Saint Roch, *de Nogent fur Verniffon près Montargis.*

Leblanc, = Audoy, J. rue Saint-Bon, *de Nevers.*

1767 Pinon de Lifle, = Courtois, rue Sainte-Croix de la Bretonnerie, vis-à-vis celle du Puits, *d'Iffoudun en Berry.*

Japiot, = Seguin, J. rue de l'Hirondelle, hôtel de la Salamandre, *de Langres.*

Cayrol, = Veron, rue Saint-Merry, vis-à-vis le cul-de-fac du Bœuf, *de Pierrefort en Auvergne.*

Bigot des Joncheres, = Bourdois, cloître Saint Benoît, *de Craon en Anjou.*

Le Roy, = Mondolot, rue des Foffés Saint Germain l'Auxerrois, hôtel de Lifieux, *de la Forêt-le-Roi, près Dourdan.*

Pelé, = de Recicourt, rue des Saints Peres, près celle de Saint Guillaume, *de Saint Laurent des Bois.*

Defoiffy, = Philippe, rue de Bievre, *de Bar-fur-Aube.*

Labille, = Olivier, rue de Bievre, *de Bar-fur-Seine.*

Lamalmaifon, = Berle, place du Chevalier du Guet, *de Rhetel-Mazarin.*

Carouge, = Tardiveau, rue de l'Hirondelle, *de Paris.*

Briffeau, = Perignon, rue S. Martin, vis-à-vis celle des Petits Champs, *de Paris.*

Remy, J. = Bernard, rue du milieu, Hôtel-des Urfins, *de Souilly, près Clermont en Argonne.*

Aviat, = Couturer, rue baffe des Urfins, *de Dampierre, près de Troyes.*

Potel, le j. = Berlin, rue du Figuier, près Saint Paul, *de Candé en Anjou.*

Bourcey, = Vivier, rue du Plâtre Sainte - Avoye, *de Dancy-le-franc près Tonnerre.*

Polle de Crefne, = Audoy, rue neuve Saint-Merry, vis-à-vis la rue du Renard, *de Chambly en Vexin.*

1768 Dartis de la Fontille, = Rebuffel, rue Beaubourg, cul-de-fac Bertaud, *de Lempde, près Brioude.*

Faré, = Bruere, rue Michel-le-Comte, *de Montbazon en Touraine.*

Daricourt, = Cottard & Benjamin Viel, rue de la Tifferanderie, vis-à-vis le cul-de-fac Saint-Faron, *de Paris.*

Dreue, = Regnard, rue des Singes, au Marais, *d'Argentlieu, près Clermont en Beauvoifis.*

Cothereau, = François, rue des deux Portes Saint-Jean, *de Langres.*

1768 Mayet , $=$ Granget , rue Dauphine , Hôtel Genlis , *d'Iſſoudun en Berry.*

Partis d'Arſigny , $=$ Leſpinette , rue de la Harpe , vis-à-vis celle Serpente , *de Rethel-Mazarin.*

Poiƈtevin , $=$ Pigeollot , rue Galande , hôtel de Leſſeville , *de Montrichard en Tourraine.*

De la Courtie , $=$ le Cocq , rue Regratiere , île Saint Louis , *de Cheroy en Gâtinois.*

Couſin , $=$ Boucher , rue de la Comédie Françoiſe , *de Rouen.*

Dubois , le j. $=$ Dubois ſon grand-oncle , rue de la Harpe , vis-à-vis la rue Serpente , *de Bourges en Berry.*

Seron , $=$ Bouron , rue de la Parcheminerie , vis-à-vis le paſ-fage Sᵗ Severin , *de Nogent-Lartaud près Château-Thierry.*

Simonot , $=$ Chevalot de la Madeleine , rue de Biévre , *de la Rochelle.*

Viollette , $=$ de la Guette , rue du Four Saint Germain , à l'hôtel de la Guette , *de Freſſin , près Heſdin en Artois.*

Chevalier d'Ulgaud , $=$ Sprote , rue des Noyers , vis-à-vis Saint Yves , *de Montluçon en Bourbonnois.*

Le Bas le j. $=$ Fremyot , le j. rue du Jardinet , *de Paris.*

1769 Chépy , $=$ Mangin , rue Thibotodé , *de Donchery en Champagne.*

Le Bouc , $=$ de Freſne , rue du Cimetiere Saint André , *de Surgerre en Aulnis.*

Bernault , $=$ Evrard , rue des Maçons , *d'Amiens.*

De Lignoux , $=$ Tournaire , rue des Bernardins , *de Join-ville.*

Ferrand , $=$ Lavoiſier , rue Poupée , au coin de la rue Hautefeuille , *de Montrichard en Touraine.*

Picard , $=$ Deloſme , rue Mazarine , Hôtel des Pompes , *d'Iche en Barrois.*

Buſche , $=$ de la Goutte , rue de Condé , Fauxbourg Saint-Germain , *de Clermont-Ferrand.*

Genevoix , $=$ Mottron , rue des Aveugles , Saint Sulpice , *de Minot en Bourgogne.*

Raimbault , $=$ Maſſon , rue de Seine , Fauxbourg Saint Germain , *de Francueil en Touraine.*

Allard , $=$ Hémart pere & fils , $=$ Méchin rue Saint Jacques , à la vieille Poſte , *de Pontorſon.*

Colmet de Santerre , $=$ Ringard , J. rue des Billettes , *de Paris.*

Dumetz , $=$ Alavoine , rue du Foin Saint Jacques , au College de Maître Gervais , *de Guiſe en Picardie.*

Foucher , $=$ Grandin , rue de Buſſy , vis-à-vis la rue de Seine , *de Montargis.*

1769 Vignon de Mery, ⚊ P. Verrier, rue Sainte Avoye, vis-à-vis les Blanc-Manteaux, *de Paris.*

Langlois, ⚊ Baudouin, rue du Figuier Saint Paul, *de Loris, près Montargis.*

Graffet, ⚊ Danjou, rue des Noyers, *de Clamecy en Nivernois,*

1770 Ravault, ⚊ Chafferay, rue de Bievre, *de Braine, près Soiffons.*

Defroches, ⚊ Defroches fon pere, & les Etudes de Dutacq & Freffon, rue du Battoir, près la rue Hautefeuille, *de Paris.*

Parey, ⚊ Perrier, rue & île Saint Louis, *de Rameru, près Troyes en Champagne.*

Habert de la Beaugrandiere, ⚊ Varenne, Cour du Palais, *de Châteauregnault.*

Calyinhac, ⚊ Semen, rue Saint Jacques, vis-à-vis Saint Yves, *d'Aurillac.*

Cartier le J. ⚊ Conftant, rue des Bons-Enfans Saint Honoré, *de Baudrecourt, près Joinville en Champagne.*

Garros, ⚊ Bernard de Prefle, rue du Petit Lion, Fauxbourg Saint Germain, *d'Henrichemont, près Bourges.*

Chauvet, ⚊ Chalumeau, rue Pavée Saint-André, *de Château-Thierry.*

Aucante, ⚊ Charpentier de Beaumont, rue Ste Croix de la Bretonnerie, *de Neuville en Orléanois.*

De Laval, ⚊ Robin de Préfontaine, rue de Seine, Fauxbourg Saint-Germain, *de Châlons en Champagne.*

Juin, ⚊ Trezin, rue Regratiere, île Saint - Louis, *de Paris.*

Perrin, ⚊ Thomas de Marnès, rue du Chaume, au Marais, *de Montierender.*

Chaftenet, ⚊ Chaftenet fon pere, rue Quincampoix, *de Paris.*

Julhiard, ⚊ Collache, rue de la Poterie, au coin de celle de la Tifferanderie, *de Beffe en Auvergne.*

Chaumette des Foffés, ⚊ Bardin, fon oncle, rue du Plâtre Saint Jacques, *de Sommeil en Barrois.*

Dugas, ⚊ Drouet, rue & ile St Louis, *de Souzillage en Auvergne.*

1776 Guy Agier, ⚊ Guy Agier fon pere, rue des Maçons, *de Paris.*

Hecquet, ⚊ Ringard, cloître Notre-Dame, *d'Amiens.*

De Laune, ⚊ Lapeyre, & la Pratique de Laune fon frere, rue Serpente, *du Bourg d'Aprey en Bourgogne,*

Geoffroy, ⚊ Eynard, rue Guénégaud, *de Moret, en Gatinois,*

776 Da ry de la Monnoye,═Desjobert, rue Saint André des
A rts, vis-à-vis la rue Contrefcarpe , *de Paris.*
Vu itry de Machault , ═ Dedun, rue du Foin Saint Jac-
ques, *de Champagne.*
H rdy de Juinne J., ═ Ride , rue de Bievre, *de Paris.*
Cally de Grandvallée, ═ Martin, rue Saint Chriftophe,
du Bourg du Sap , Évêché de Liʒieux.
Dorlhac, ═ du Coudray, rue des Écouffes, *d'Auvergne.*
Ha ligon de la Broffe, ═ Leballeur, rue des Bernar-
ʳ¹ins, *de Craon en Anjou.*
Lombard , ═ Valladon d'Anjou & Frémiot de Vernoy ,
rue de la Harpe, vis-à-vis celle des Cordeliers, *de Dijon.*
Jorand , ═ Gaffelin, cloître Notre-Dame , près la cour
des Chantres, *de Guiſe eh Picardie.*
Petit, ═ Tifferand, rue du Cimetiere Saint André ,
d'Aignay-le-Duc.
Crepin, ═ Lemoine le jeune, rue du Cocq Sᵗ Jean,
de Marſeille, près Beauvais.
Marcant, ═ Deligny, rue du Chaume, vis-à-vis la rue
de Paradis, *de Paris.*
Boileau de la Nouziere, ═ Bigot, rue des Deux-Portes
Saint Jean, *de Guerʒt en Marche.*
De Moliere , ═ Oudart Bridou, rue des Bernardins ,
vis-à-vis l'hôtel Torpanne , *d'Etampes.*
Ravify, ═ Guillebert, rue de Bievre , *de Saint Sauge
en Nivernois.*
Fremy de la Mafferie, ═ Target, rue des Deux-Portes
Saint Jean, *d'Entrain en Bourgogne.*
Charbonnier, ═ Mechin, rue de l'Hirondelle , *de Choüe
près Mondoubleau.*
De Singly, ═ Babaud, rue Bertin-Poirée, *de Montois
en Champagne.*
Ducluzeau de Chenneviere , ═ Legrand, rue des Ma-
thurins , *d'Angoulême.*
De Melcy, ═ Lorgery, rue & cour des Mathurins, *de
Clermont en Argonne.*
Pelletier le jeune , ═ Pelletier de Rilly, quai de la
Tournelle , *de Rilly en Champagne.*
Viel , ═ Beguin de la Creufe, rue du Jour, près Saint
Euftache , *de Paris.*
Gitton des Fontilles, ═ Dubreuil, rue & île Saint Louis ,
d'Amboiſe.
Chauvin , ═ Sage, rue des grands Degrés, vis-à-vis la
rue Perdue, *de Montbiſòt, près le Mans.*
Poincloud, ═ Thuriet, rue des Bernardins, *de Petiviers
en Gâtinois.*

1776 Geoffrenet, ⁼ Noïleau, rue Sainte Croix de la Bre tonnerie, *d'Orléans.*

Defrofiers du Sault, ⁼ Delaforcade, rue du Moncea Saint Gervais, *de Malesherbes.*

Dufour, ⁼ Gillet de Courville, rue de la Tifferanderie vis-à-vis celle des Deux-Portes, *de Vaudeurs.*

Lelong, ⁼ Pouffardin, rue Sainte Croix de la Bretonne rie, vis-à-vis celle du Puits, *de Senoife près Provins.*

Guillot de Blancheville, ⁼ Blanchet, rue des Gran Auguftins, *de Nemours.*

Vinchon, ⁼ Audry, rue & île Saint Louis au coin de rue Poulletiere, *de Montierender en Champagne.*

Mignon, ⁼ fon frere, rue Beaubourg, à l'hôtel de Fei *de Saint-Martin d'Ablois.*

Muffey, ⁼ Fauconnier, rue Simon-le-Franc, *de Bou bonne-les-Bains.*

Pernot, ⁼ Millot Dupleffis, rue de Condé, *de Sai Broingt-les-Foffés.*

Flaçon, ⁼ Barfeknecht de Ponteil, rue des Foffés M. le Prince, *de Morfain en Soiffonnois.*

L'Heureux, ⁼ Saffervie, rue des Blancs-Manteaux, *Fere Champenoife.*

Sallard, ⁼ Remy de Meri, rue & île Saint Louis, *Moulins en Bourbonnois.*

1777 D'Huicque, ⁼ Pineau, rue Serpente, *de l'Evigna près Crépy.*

Aupetit, ⁼ Chevalier J. quai de Bourbon, île Sai Louis, *de Saint Sever en Berri.*

Wilquin, ⁼ Charmat, rue du Jardinet, *de Singly pi Mezieres.*

Brouet, ⁼ Affolent, rue de Condé, *de Courtenay pi Sens.*

Boyard de Saint-Paul, ⁼ Drapier, rue Guillaume, i Saint Louis, *de Paris.*

Louault J. ⁼ Thomazon, rue des Bernardins, *de Sai Sauveur en Puifaye.*

Procureurs de Communauté, Meffieurs,

Souchay. Mauduifon. Nottret. Hardy de Juinne. Le Sénefchal, *Greffier.*

Anciens Procureurs de Communauté, Meffieurs,

Caillau. Gillet. Laurent. de Leftang. Lequeux

Clercs de la Communauté.

Fournel pere, } carré Saint Landry.
Fournel fils, }

LE CHASTELET.

Prévôt de Paris, Lieutenans Civil, de Police, Criminel, & Particulier.

1766 29 Juillet. MEffire Anne - Gabriel-Henri Bernard, Chevalier, Marquis de Boulainviller, Conseiller du Roi en ses Conseils, *Prevôt de la Ville*, *Prevôté & Vicomté de Paris*, Conservateur des Privileges Royaux de l'Université, en son hôtel, rue Notre-Dame des Vict.

1774 29 Déc. M. Denis-François Angran d'Alleray, ancien Procureur Général du Grand Conseil, *Lieutenant Civil*, rue des Blanc-Manteaux, cul-de-sac Pecquet.

1776 19 Juin. M. Jean-Charles-Pierre Lenoir, Conseiller d'Etat, *Lieutenant Général de Police*, rue Neuve Saint Augustin.

1774 1er Mars. M. Charles-Simon Bachois de Villefort, *Lieutenant Criminel*, quai des Miramionnes, hôtel de Nesmond.

1764 30 Mai. M. Etienne-Claude Du Pont, *Lieutenant Particulier*, rue du Doyenné Saint-Thomas du Louvre.

1768 6 Févr. M. Armand-Jean Petit de la Honville, *Lieutenant Particulier*, rue S. Antoine, vis-à-vis la rue de Fourcy.

1760 27 Févr. M. Daniel Marc Antoine Chardon, Maître des Requêtes, *Lieutenant Particulier Honoraire*, rue Ste Apolline, porte St Denis.

Messieurs les Conseillers au Châtelet, suivant l'ordre de leur réception.

MESSIEURS,

1737 23 Mars. FOSSEYEUX, *Doyen*, rue neuve S. Paul.
1738 27 Févr. Pitouin, au Palais-Royal, cour des Fontaines.
1738 26 Nov. Davene de Fontaine, rue Hautefeuille, près la rue Pierre Sarrazin.
1739 27 Janv. Roger de Bonlieu, rue neuve S. Paul.
1739 28 Avril. Quillet, rue Poupée, près S. André des Arts.
1740 29 Avril. Avril, rue Gist-le-Cœur, vis-à-vis la rue de l'Hirondelle.

1743 26 *Janv.* Dufrefnay, rue S. Victor, près la rue des Ber nardins.

1743 23 *Mai.* De Villiers de la Noue, rue du Fauconnier quartier S. Paul.

1743 25 *Mai.* Marotte du Coudray, rue S. Martin, cul-de fac Clairvaux.

1744 1 *Févr.* Pelletier, rue de la Cerifaie, au coin de la ru du Petit-Mufc.

1750 31 *Déc.* Millon, rue S. André des Arts, vis-à-vis la ru Gift-le-Cœur.

1753 14 *Avril.* Beville, rue des Blanc-Manteaux, près la grille

1753 11 *Mai.* Du Val, cloître S. Jean en Greve.

1755 11 *Janv.* Phelippes de la Marniere, rue Sainte Croix d la Bretonnerie, près la vieille rue du Temple

1758 6 *Mai.* Batiffier, rue. . . . . . .

1758 30 *Déc.* Roger de la Prefle, rue des deux Boules, prè la rue Bertinpoirée.

1762 10 *Nov.* Le Roy d'Herval, rue du Colombier, prè les murs de l'Abbaye S. Germain.

1763 7 *Janv.* Olivier, rue des Prouvaires, près S. Euftache

1763 18 *Févr.* Rouffelot, rue Beaubourg, près la rue Grenie S. Lazarre.

1763 17 *Juin.* Bellanger, rue neuve des Bons-Enfans.

1764 23 *Mars.* Boucher, rue de Grammont, près la rue d Menars.

1764 23 *Mars.* Olive de la Gaftine, rue des Prouvaires, vi à-vis la rue des deux Ecus.

1766 17 *Avril.* Bouron des Clayes, rue des foffés Montmartre

1766 30 *Octob.* Chaindret d'Appreville, rue neuve des Petits Champs, près la rue de Gaillon.

1766 9 *Déc.* Nogent de Saugi, rue Meflé.

1768 20 *Févr.* Chupin, rue Sainte Marguerite, près le carre four S. Benoît.

1768 4 *Août.* Audran, rue des Maçons, près la Sorbonne.

1769 18 *Mars.* Mopinot, rue Thibotodé, ancien hôtel de l direction des Monnoies.

1769 22 *Mars.* Le Moine, rue S. Victor, près l'Abbaye.

1771 8 *Août.* Marion, rue Thérefe, vis-à-vis la rue de Ven tadour.

1771 13 *Août.* Jacquot d'Anthoney, rue Guénégaud.

1771 11 *Déc.* Bofcheron Defportes, rue des deux Ecus, prè la rue de Grenelle.

1771 18 *Déc.* Le Blant de Verneuil, rue des Poulies.

1771 20 *Déc.* Choulx de Buffy, rue S. Louis au Marais, hôte de Joyeufe.

1771 31 *Déc.* Michaux, rue Chapon.

1772 9 *Janv.* Boucher d'Argis, quai des Miramionnes, hôtel de Nesmond.

1772 15 *Janv.* Judde de Neuville, rue Bardubec.

1772 5 *Févr.* Le Gras de S. Germain, rue Geoffroy-Lasnier.

1772 5 *Févr.* De Gouve de Vitry, rue de Richélieu, vis-à-vis la Bibliotheque du Roi.

1773 5 *Nov.* Grossard de Virly, rue Beaubourg, au coin du cul-de-sac Berthaud.

1774 30 *Mars.* Deflers, rue de la Tisseranderie, vis-à-vis la rue du Mouton.

1775 18 *Mars.* Moron de Valence, vieille rue du Temple, près la rue de Bercy.

1775 12 *Avr.* Lempereur, rue Vivienne, près les filles Saint Thomas.

1775 12 *Avr.* Dupuy, rue Sainte Marguerite, près le carrefour Saint Benoît.

1775 12 *Avr.* Combault de Canthere, rue du Chaume, près l'hôtel Soubise.

1775 12 *Mai.* Tabary, rue Poissonniere, vis-à-vis les Menus Plaisirs.

1775 17 *Août.* Dubois, rue St Honoré, vis à-vis les Capucins.

1775 14 *Déc.* Pascaud, Cloitre Saint Merry.

1776 7 *Mars.* Guignace de Villeneuve, rue des fossés Saint Jacques à l'Estrapade.

1776 8 *Mars.* Gigault de Rozelle, rue Coquilliere, omis en 1777.

1776 8 *Mars.* Gigault de Crisenoy, rue Coquilliere, près celle du Bouloy.

1776 27 *Mars.* Tournaire de la Tour, rue Vivienne, près les Filles Saint Thomas.

1776 30 *Octob.* Lenoir de Villemilan, rue de Bourbon, près celle Saint Philippe.

1777 26 Mars. Destouches, rue Ste Avoye, vis-à-vis la rue des Blanc-Manteaux.

1777 17 *Avril.* Abraham, rue des Mauvais Garçons St Jean.

1777 21 *Août.* Dieres, rue neuve Saint Eustache, près l'hôtel de Carignan.

1777 21 *Août.* Le Gendre, rue Ste Anne, butte Saint Roch.

1777 28 *Août.* Lalourcey, rue des Fossés M. le Prince.

Messieurs les Conseillers au Châtelet Honoraires, suivant l'ordre de leur réception.

1738 20 *Sept.* Brussel de Sancy, rue des Prêtres S. Paul, hôtel de Jassaud.

1740 10 *Mars.* De Villiers, rue du Petit-Musc.

1741 2 *Sept.* Sauvage, rue des Vieilles Audriettes.

1741, 9 *Sept.* Joſſon, Auditeur des Comptes, rue des Lions.
1743 29 *Nov.* Sulpice d'Albert, Préſident de la Cour des Monnoies, rue Hautefeuille, près la rue Serpente
1751 9 *Janv.* Couſteau de la Barrére, rue du Four, F.S.G.
1753 10 *Juill.* Lemarié d'Aubigny, Avocat général en la Chambre des Comptes, rue Barbette au Marais.

Meſſieurs les Conſeillers au Châtelet ſont diſtribués en quatr
Colonnes, ſuivant l'ordre de leur réception; enſorte que
Doyen eſt le premier de la premiere Colonne; le Sous-Doye
le premier de la ſeconde; le troiſieme le premier de la troiſieme
le quatrieme le premier de la quatrieme; & le cinquieme le ſe
cond de la premiere Colonne : ainſi de ſuite.

Meſſieurs les Conſeillers au Châtelet Honoraires ſont diſtri
bués de même; enſorte que le plus ancien d'entr'eux eſt placé
dans la premiere Colonne, ſuivant ſon rang de réception;
ſecond dans la ſeconde Colonne; le troiſieme dans la troiſieme
le quatrieme dans la quatrieme; & le cinquieme dans la pre
miere : ainſi de ſuite.

Mais quand il arrive une mutation dans le Tableau, par
décès d'un de Meſſieurs les Conſeillers Titulaires, ou lorſqu
l'un d'eux eſt reçu dans un autre Office, ou qu'ayant vendu
Charge, le nouveau Titulaire obtient, ſur ſes Proviſions, ur
Ordonnance de ſoit montré, alors tous ceux qui ſont poſtérieu
en réception à celui qui opere la mutation, changent de C
lonne, en paſſant de la ſeconde à la premiere; de la troiſieme
la ſeconde; de la quatrieme à la troiſieme; & de la premiere à
quatrieme : ainſi de ſuite.

Quand il décéde un de Meſſieurs les Conſeillers Honoraire
la même mutation s'opere parmi eux, & chacun d'eux paſſe
comme ci-deſſus, de la ſeconde à la premiere; de la troiſien
à la ſeconde, &c.

Meſſieurs les Conſeillers au Châtelet, diviſés ainſi en quat
Colonnes, rempliſſent alternativement, de mois en mois, l
quatre Services de ce Tribunal. Savoir :

L'AUDIENCE DU PARC CIVIL.

L'AUDIENCE DU PRÉSIDIAL.

LA CHAMBRE DU CONSEIL.

LA CHAMBRE CRIMINELLE.

M. le Prevôt de Paris vient quand il le juge à propos, au
Audiences, & y prend la premiere place; il a le droit d'all
auſſi à toutes les Chambres quand il lui plait).

AUDIENCE DU PARC CIVIL.

(M. le Lieutenant Civil y préside toute l'année).

Messieurs les Conseillers de la première Colonne servent les mois de Février, Juin & Octobre.

Messieurs les Conseillers de la seconde Colonne, les mois de Janvier, Mai & Septembre.

Messieurs les Conseillers de la première Colonne servent les mois de Janvier, Mai & Septembre.

Messieurs les Conseillers de la seconde Colonne, les mois d'Avril, Août & Décembre.

Messieurs les Conseillers de la troisieme Colonne, les mois de Mars, Juillet & Novembre.

Messieurs les Conseillers de la quatrieme Colonne, les mois de Février, Juin & Octobre.

AUDIENCE DU PRÉSIDIAL.

(Messieurs les Lieutenans Particuliers y président alternativement de mois en mois, à leur défaut le plus ancien de Messieurs les Conseillers de la Colonne. M. Du Pont, comme l'ancien, les mois de Janvier, Mars, Mai, Juillet, Septembre & Novembre. M. Petit de la Honville, les mois de Février, Avril, Juin, Août, Octobre & Décembre.)

Messieurs les Conseillers de la premiere Colonne servent les mois de Mars, Juillet & Novembre.

Messieurs les Conseillers de la seconde Colonne, les mois de Février, Juin & Octobre.

Messieurs les Conseillers de la troisieme Colonne, les mois de Janvier, Mai & Septembre.

Messieurs les Conseillers de la quatrieme Colonne, les mois d'Avril, Août & Décembre.

CHAMBRE DU CONSEIL. (*Où se jugent toutes les Affaires de Rapport*).

(Messieurs les Lieutenans Particuliers [excepté quand M. le Lieutenant Civil y vient] y président alternativement de mois en mois ; à leur défaut, le plus ancien de Messieurs les Conseillers de la Colonne. M. Du Pont, les mois de Février, Avril, Juin, Août, Octobre & Décembre. M. Petit de la Honville, les mois de Janvier, Mars, Mai, Juillet, Septembre & Novembre.)

Messieurs les Conseillers de la premiere Colonne servent les mois d'Avril, Août & Décembre.

Messieurs les Conseillers de la seconde Colonne, les mois de Mars, Juillet & Novembre.

Messieurs les Conseillers de la troisieme Colonne, les mois d
Février, Juin & Octobre.

Messieurs les Conseillers de la quatrieme Colonne, les mo
de Janvier, Mai & Septembre.

CHAMBRE CRIMINELLE.

(M. le Lieutenant Criminel y préside toute l'année.).

Messieurs les Conseillers de la troisieme Colonne, les mo
d'Avril, Août & Décembre.

Messieurs les Conseillers de la quatrième Colonne, les mo
de Mars, Juillet & Novembre.

A l'issue de l'Audience du Parc Civil, & icelle tenante, un c
Messieurs les Lieutenans Particuliers, alternativement de mo
en mois, vient tenir l'Audience des Criées les Mercredis c
Samedis.

Premiere Colonne de Messieurs les Conseillers.
MESSIEURS,

Seconde Colonne de Messieurs les Conseillers.
MESSIEURS,

Troisieme Colonne de Messieurs les Conseillers.
MESSIEURS,

Quatrieme Colonne de Messieurs les Conseillers.
MESSIEURS,

☞ Comme le service de Messieurs se fait par colonne
qu'il est très-movible, soit par la vente, soit par le décès d'un c
Messieurs, dans ce cas, l'on a la facilité des listes qui se distr
buent, à la buvette.

GENS DU ROI,

Servans au Parc Civil, Présidial, Chambre Civile, grande Polic
Criminelle, *& petite Police.* MESSIEURS,

1775 20 Févr. Dedelay d'Acheres, premier *Avocat du Ro*
rue neuve de Luxembourg Saint Honoré.

1740 5 Avril. Moreau, Conseiller d'Etat, *Procureur c*
Roi, rue de l'Egoût, près la place Royale.

1776 4 Juill. Geoffroy de Monjay, rue des Deux Port
Saint Jean.

1777 12 Juin. Le Peletier de Saint-Fargeau, rue Coutu
Sainte Catherine.

1777 29 Juill. Talon, rue de Montmorency, près la rue c
Temple.

Substituts de M. le Procureur du Roi, MESSIEURS,

1742 Bellanger, *Doyen,* rue des Marmouzets, près la porte c
Cloitre.

1746 Hemar, rue Bourlabbé.

17

1761 Déyeux, rue S. Louis, île Notre-Dame, près l'Eglife.
1765 Lallemant, rue de la Verrerie, vis-à-vis la rue du Cocq.
1767 Sellier, rue Saint-Louis, île Notre-Dame, vis-à-vis l'arcade Bretonvilliers.
1772 Faurot, rue Ste-Avoye, vis-à-vis la rue des Blanc-Manteaux.
1772 Chevalier, rue Beaubourg, vis-à-vis le jeu de Paume.
1774 Sarazin, rue Beaubourg, près l'hôtel de Fer.

AUDIENCE DE LA CHAMBRE CIVILE.

M. le Lieutenant Civil la tient feul les Mercredis & Samedis
l'iffue de celle du Parc Civil.

AUDIENCE DE POLICE.

M. le Lieutenant de Police la tient feul les Vendredis, &
même quelquefois les Mardis, de relevée.

AUDIENCE DU CRIMINEL.

M. le Lieutenant Criminel la tient feul les Mardis & Vendredis.

Jurifdiction des Auditeurs.

1762 M. Desforges, *Juge-Auditeur*, rue Saint Jacques, vis-à-
vis la rue des Mathurins.
1743 Jaquotot, *Greffier*, rue Sainte Croix de la Bretonnerie,
vis-à-vis la rue de Mouffy.

Commiffaires au Châtelet, fuivant l'ordre de Réception.

MESSIEURS,

1729 G Irard, *Doyen.*	1755 Thiot.	1767 Bourderelle.
1737 Mouricault.	1756 Dorival.	1767 Le Rat.
1743 Chénon.	1756 Guyot, *Recev.*	1769 Simonneau.
1745 Maillot.	1757 Fontaine, *Greff.*	1769 De Graville.
1747 Chenu, *Synd.*	1757 Hugues.	1770 Vanglenne.
1748 Laumonier.	1760 Boulanger.	1772 Landelle.
1748 Charpentier.	1760 Mutel.	1773 M. J. Chénon.
1749 Bourgeois.	1760 Leger.	1774 Thibert.
1749 Crefpy.	1761 Serreau.	1774 Foucault.
1750 Lemaire.	1761 Formel.	1774 Gillet.
1752 Duchefne.	1761 Convers Des-	1775 Le Seigneur.
1753 Sirebeau, *Syndic.*	ormeaux.	1775 Dupuy.
1754 Carlier.	1764 Le Gretz.	1776 Notta.
1754 Belle, *Syndic.*	1764 Ferrand.	1776 Caré.
1755 Thierion.	1764 De la Porte.	1777 De Saintpere.
1778.	1765 Joron.	1777 Odent.
	1766 Michel.	1777 Ninnin.

Z

Leurs Départemens dans les Quartiers de Paris.

Quartiers.   MESSIEURS,

La Cité. { DOrival, rue des Marmouzets.
              Boullanger, Place du Marché Neuf,
              Caré, quai d'Orléans, île Notre-Dame.

Saint Jacques de { Bourgeois, rue Quincampoix.
la Boucherie. { Simonneau, rue Aubry-Boucher.

Sainte Oppor- { Laumonier, rue Bertinpoirée.
tune. { Ferrand, rue de la Ferronnerie.

Le Louvre, ou { Chénon, rue Baillette.
Saint Germain { Chénon, fils, rue S. Honoré, vis-à-vis l'Ora
l'Auxerrois. { toire.

Le Palais { Sirebeau, rue Neuve des Petits Champs, prè
Royal. { la rue Sainte Anne.
             Thierrion, rue S. Honoré, près les Jacobins
             Legretz, rue de l'Echelle.

Montmartre. { Girard, rue Saint Roch, près Saint Joseph
                 Hugues, rue Neuve Saint Euftache.

Saint Euftache. { Fontaine, rue Montmartre, près la rue Tic
                     tonne.
                     Michel, rue de Grenelle, vis-à-vis l'hôtel de
                     Fermes.

Les Halles. { Serreau, rue de la Grande Truanderie.
                 De Saintpere, rue des Prouvaires.

Saint Denis. { Mutel, rue Mauconfeil, vis-à-vis la Cc
                  médie Italienne.
                  Charpentier, rue Thevenot, en entrant pa
                  la rue Saint Denis.
                  De la Porte, rue aux Ours.

Saint Martin. { Duchefne, rue Saint Martin, vis-à-vis la ru
                   Grenier Saint Lazare.
                   Bourderelle, rue Michel-le-Comte.
                   Notta, rue de la Poterie.

La Grève. { Mouricault, rue du Monceau Saint Gervai
               Ninnin, rue des Arcis, près la rue des Ecri
               vains.

Saint Paul. { Carlier, rue de la Cerifaye.
                 Thibert, rue Geoffroy-Lafnier.

Sainte Avoye. { Belle, rue des Billettes.
                   Foucault, rue du Coq S. Jean.

Le Temple, ou { Maillot, rue du Temple, près la rue des Gra
le Marais. { villiers.
                Vanglenne, rue Neuve Saint François, prè
                la rue Saint Louis.

Saint Antoine.	Joron, Vieille rue du Temple, près la rue Barbette.
	Le Rat, rue Saint Ant., vis-à-vis la rue Royale.
Fauxbourg St Antoine.	Crespy, rue Saint Nicolas, Fauxbourg Saint Antoine.
Place Maubert.	Lemaire, rue & Montagne Sainte Genevieve.
	Convers Deformeaux, place Maubert.
Saint Benoît.	Gillet, rue du Petit-Pont, près le petit Châtelet.
	Dupuy, rue des Noyers.
Saint André des Arts.	Formel, rue & vis-à-vis Saint Severin.
	Graillard de Graville, rue Saint André des Arts, vis-à-vis la rue Contrescarpe.
	Odent, rue de la Harpe, vis-à-vis la rue Poupée.
Luxembourg.	Chenu, rue Mazarine.
	Leger, rue du Four, vis-à-vis la rue de l'Égoût.
	Landelle, rue des Boucheries, hôtel d'Hambourg.
Saint Germain des Prés.	Guyot, rue des Quatre Vents.
	Thiot, grande rue Taranne.
	Le Seigneur, rue de Grenelle, près la rue du Bacq.

Commissaires Honoraires, Messieurs,

1707 Hubert, *ancien Doyen*, rue du Four Saint Germain.

1738 Dudoigt, Vieille rue du Temple, près la rue de Bercy.

1739 Merlin, fauxbourg Saint Denis, près celle de Paradis.

1740 Leblanc, rue Hautefeuille, au coin de la rue Poupée.

1751 Du Ruisseau, rue de la Harpe.

Mulot, Huissier à Cheval, *premier Ancien* de sa Communauté, *Agent de la Compagnie*, rue de la Heaumerie.

Certificateurs des Criées. Maîtres,

1764 DÉ Hansy, rue du Battoir, au coin de la rue des Poitevins.

1776 Quenot, rue & près Saint André des Arts.

Greffiers en Chef. Maîtres,

1763 Jardin, rue du Puits, près la rue Sainte Croix de la Bretonnerie.

1764 Fournier, rue St Ant., vis-à-vis la rue Geoffroy-Lasnier.

Greffiers des Audiences du Parc Civil & du Préfidial. Maîtres,

1749 Desprez, rue Neuve Saint Merry, tient la Plume au Parc Civil le Mercredi & le Samedi.

Z ij

1775 Le Roux, rue Michel-le-Comte, près la r^e Ste Avoye, tient la plume au Parc Civil les Mardis, Jeudis, & Vendredis.

1743 Jaquotot, rue Sainte Croix de la Bretonnerie, vis-à-vis la rue de Mouffy, tient la Plume au Parc Civil les Mardis, Jeudis & Vendredis.

1764 Mallard, rue Neuve Saint Merry, tient la Plume au Présidial, pour M. Defprez, les Mercredis & Samedis.

Greffiers des Dépôts & des Sentences fur Productions. Maîtres,

1767 Morel, cour Neuve du Palais.

1769 Guillaume, rue Saint Dominique, au coin de la rue Saint Guillaume.

1769 Ducongé Dubreuil, rue des Deux Portes Saint Jean.

1777 Sornin, rue de la Verrerie, près le cloître Saint Médéric.

Receveur & Payeur des Epices de Meffieurs du Châtelet.

1767 M. Morel, cour neuve du Palais.

Greffiers pour l'expédition des Sentences fur Productions. Maîtres,

1766 Pannelier, cloître Saint Merry.

1769 Chemelard, rue des Vieux Auguftins.

1769 Duongé Dubreuil, rue des Deux Portes Saint Jean.

1771 Morel, cour Neuve du Palais.

Greffiers des Défauts faute de Comparoir. Maîtres,

1754 Frémyn, rue Saint Viĉtor, à côté du Notaire.

1777 Menàrd de Saint-Malo, rue du Renard, Saint Merry.

Greffiers des Chambres Civile & de Police, Jurandes, Maîtrifes & Parquet de M. le Procureur du Roi au Châtelet. Meffieurs,

1739 Legras, *Doyen*, rue du Four Saint Euftache, à la Chambre Civile, en *Février & Octobre;* les années paires; en *Juin*, les années impaires, & aux Audiences des Chambres de Police & de M. le Procureur du Roi, en *Janvier & Septembre*, les années paires; en *Mai*, les années impaires.

1739 Vimont, rue des Poulies, petit hôtel de Conti, à la Chambre Civile, en *Juillet*, les Années paires; en *Mars & Novembre*, les années impaires; & aux Audiences de Chambres de Police & de M. le Procureur du Roi, e Août les années paires; & en *Avril & Décembre*, les années impaires.

1748 Moriffet, rue des Deux Boules, à la Chambre Civile; en *Avril & Décembre*, les années paires; en *Août*, les années impaires: aux Audiences des Chambres de Police & de M. le Procureur du Roi; en *Mars & Novembre* les années paires; en *Juillet*, les années impaires.

1751 Menard, rue du Renard Saint Merry, derriere les Confuls, à la Chambre Civile; en *Août*, les années paires, en *Avril & Décembre*, les années impaires : aux Audiences des Chambres de Police & M. le Procureur du Roi; en *Juillet*, les années paires; en *Mars & Novembre*, les années impaires.

1762 Moreau, rue de la Verrerie, vis-à-vis la Couronne d'Or, à la Chambre Civile, en *Janvier & Septembre*, les années paires, & en *Mai*, les impaires : & aux Audiences des Chambres de Police & de M. le Procureur du Roi; en *Février & Octobre*, les années paires; & en *Juin*, les impaires.

☞ C'eſt M. Moreau qui eſt chargé de la garde des Regiſtres de Baptêmes, Mariages, &c. conformément à la Déclaration du Roi, du 9 Avril 1736.

1767 Acart, rue de la Poterie, près la Grève, à la Chambre Civile, les années paires, en *Mars & Novembre*; en *Juillet*, les impaires; & aux Audiences des Chambres de Police & de M. le Procureur du Roi, les années paires en *Avril & Décembre*; & en *Août*, les impaires.

1769 Colin, rue Michel-le-Comte, à la Chambre Civile, en *Mai*, les années paires; en *Janvier & Septembre*, les années impaires : aux Audiences des Chambres de Police & de M. le Procureur du Roi, en *Juin*, les années paires; en *Février & Octobre*, les années impaires.

1775 Delafontaine, rue de Buſſy, maiſon de M. Sauvaige, Notaire, à la Chambre Civile; en *Juin*, les années paires; en *Février & Octobre*, les années impaires, & aux Audiences des Chambres de Police & de M. le Procureur du Roi; en *Mai*, les années paires, & en *Janvier & Septembre*, les années impaires.

Greffiers des Decrets.

1757 Me Monot, rue de Mouſſy.

Le Bureau des Conſignations, cloître Notre-Dame.

Le Bureau des Saiſies Réelles, quai d'Anjou, île Saint Louis.

Le Bureau des inſinuations, rue du Bouloi; Monſieur Caqué, Greffier, rue Montmartre, vis-à-vis la rue Plâtriere.

Greffiers du Criminel. Maîtres,

1749 Paty, quai d'Orléans, près le Pont-Rouge.

1776 Carré, rue des Foſſés de M. le Prince, vis-à-vis la rue de Touraine.

Greffiers de M. le Lieutenant Criminel de Robe Courte.

Me Orry, quai de la Mégiſſerie, près le Châtelet.

Greffiers de M. le Prevôt de l'Isle.

Mᵉ Guillebert, rue Patourelle, au Marais.

Greffiers pour l'Expédition des Sentences de l'Audience du Parc Civil & Préfidial. Maîtres,

1729.

Guyot, *Doyen*, à Chartres,

1738.

Trouffard, *Syndic*, rue des Juifs.

1739.

Colas, rue de Fourcy, près celle de la vieille Eftrapade.

1743.

Jaquotot, rue Sainte Croix de la Bretonnerie, vis-à-vis la rue de Mouffy.

Chaftelain, rue Neuve Saint Merry.

1759.

Chon, cloître des Bernardins.

1764.

Mallard, rue Neuve St Merry.

Le Bouteux, rue de la Joaillerie, au coin de la rue du Pied de Bœuf.

Acart, rue de la Poterie, près la Greve,

1766.

Clot, vieille rue du Temple, près le cul-de-fac d'Argenfon.

1767.

Jobin Defgrignons, rue de l'Eguillerie, vis-à-vis le grand Portail Stᵉ Opportune,

1768.

Gennard, à Orvilliers, près Montdidier.

1769.

Joly, rue de la Poterie, près la rue de la Verrerie.

1770.

Bourgoin, rue Beaubourg, au coin du cul-de-fac Berthaud.

1772.

Lefpart, rue des Rofiers,

1775.

Gogué Dupleffis, rue d'Argenteüil, près le paffage Stᵉ Roch.

Faye, rue de la Verrerie, entre les rues du Coq & des Coquilles.

1776.

Benoift, rue Traînée près le prefbitere.

Souillard, rue de la Joaillerie près le Châtelet.

Rouffel, rue Saint Antoine, près la vieille rue du Temple.

Boiftel, rue du Fauxbourg Stᵉ Jacques, près les Capucins.

Greffiers des Geoles des grand & petit Châtelet, & du Fort-l'Évêque.

Grand Châtelet, Mᵉ Vaubertrand, rue de la Vieille Monnoie.

Petit Châtelet, Mᵉ Pauquereau, rue de la Bucherie, vis-à-vis la rue du Foarre.

Fort-l'Évêque, Mᵉ Leguefdois, rue Saint Germain-l'Auxerrois, près l'Apport Paris.

Gardes-Scel & Scelleurs du Châtelet.

1760 Mᵉ Royer, *Garde des Décrets & Immatricules des Officiers du Châtelet*, rue de Bondy.

M. Anfrie , *Scelleur des Sentences* , rue Saint Jacques , au Temple du Goût.

Premiers Audienciers. Maîtres ,

1757 Rouffel , rue de Richelieu , près le café de Foy.
1775 Parvy , rue des Prêtres Saint Paul , vis-à-vis celle du Figuier.

Huiffiers Audienciers. Maîtres ,

1722.
Coquart , *Doyen* , rue des Gravilliers , vis-à-vis la rue des Vertus.

1748.
Thibert , rue Saint Denis , près la rue de la Tableterie.

1757.
Delefpine , rue de Savoie , près la rue des Grands Auguftins.

1758.
Hamot , rue Saint Germain l'Auxerrois , au Roi Pepin.

1762.
Calais , rue Saint Barthelemy , vis-à-vis l'horloge du Palais.

Denis , *Receveur* , rue de la Verrerie , près la r^e du Cocq.

1763.
Langlacé , *Syndic* , rue de la Verrerie , près la rue Bardubec.

1764.
Barbery , rue & près la Comédie Françoife.

Duval , rue des Bourdonnois.

Frere , *Greffier* , rue des Bou-

cheries , Fauxb. S. Germain , paffage de la Treille.

1765.
Genneau , rue des Gravilliers , vis-à-vis la rue des Vertus.

Le Guedoÿs , rue S. Germain l'Aux. près l'Apport-Paris.

1768.
Le Grand , rue Comteffe d'Artois.

Le Barbier , rue Sainte Croix de la Bretonnerie , près-la rue de Mouffy.

1769.
Gille , rue de la Calendre , près le Palais.

1774.
Le Sur , rue Saint Denis , aux trois Moines.

1775.
Pourcelt , rue Saint Germain l'Auxerrois , au coin de celle des Quenouilles.

1776.
Serize , rue du Monceau Saint Gervais près l'orme.

Les Huiffiers Audienciers du Châtelet ont feuls le droit de faire les oppofitions au fceau des Lettres de ratification qui s'obtiennent fur les contrats de vente d'immeubles réels & fictifs , fitués dans le reffort dudit Châtelet , comme auffi de fignifier les nouvelles élections de domicile des oppofans , & les mainlevées de toutes lefdites oppofitions. Leur Bureau pour lefdits Actes eft rue de la Verrerie entre la rue du Renard & la rue Bardubec. Il y a un Tableau fur la porte.

Receveur des Amendes de la Police du Châtelet.

1749 M. Mefplet , rue du Mail.

Z iij

Receveur des Amendes des Confignations.

Me Jaquotot, rue Jean de Lépine.

M. Jardin, *Contrôleur des Dépens*, rue du Puits, près la rue Sainte Croix.

Rouveau, *Juré-Crieur ordinaire du Roi & de la Ville*, *à l'exclufion de tout autre, pour les publications, proclamations, cris à ban, cris publics, &c. dans toutes les Cours & Jurifdictions*, & Huiffier à Verge & de Police, rue des Ecrivains, au Bureau de la Bonneterie.

Cl. L. Ambezar, J. L. Ambezar, & A. Ambezar, *Jurés Trompettes ordinaires du Roi*, Grande rue du Faubourg & près la porte Sainte Denis.

NOTAIRES AU CHASTELET DE PARIS.

Cette marque ⁼ fignifie au lieu de.

MESSIEURS,

1731 BOntemps, *Doyen*, ⁼ Chevre, place du Palais royal, près la rue Saint Thomas du Louvre.

1734 Bouron, ⁼ fon pere, rue des Foffés Montmartre.

1742 Dupré, L. ⁼ Delaballe, rue Saint Honoré, au coin de la rue du Coq.

Angot, ⁼ Rouffel, rue Montmartre, près la rue de la Juffienne.

1745 Jourdain, ⁼ Toupet, rue Sainte Avoye, près la rue Sainte Croix.

1745 Boulard, ⁼ Sellier, rue St André, vis-à-vis la rue Pavée.

1746 Jarry, ⁼ Levini Defcours, au Marché Neuf, vis-à-vis Saint Germain le Vieux.

1748 Vivien, *Syndic*, ⁼ Langlois, rue & près les Blanc-Manteaux.

1749 Garcerand, *Syndic*, ⁼ Roffignol, à la Croix des Petits Champs.

1749 Regnault, *Syndic gérent en* 1778, ⁼ Gaucher, rue des Foffés Montmartre.

1753 Bronod, *Greffier*, ⁼ fon pere, rue de Bracq, au Marais.

1755 Gueret, ⁼ Brelut de la Grange, quai des Auguftins, près la rue Gift-le-Cœur.

1756 Poultier, ⁼ Foureftier, rue Saint Martin, vis-à-vis la rue Grenier Saint Lazare.

1756 Baron, L. ⁼ Jame, rue St Martin, vis-à-vis la rue aux Ours.

1756 Le Clerc, ⁼ Plaftrier, rue Saint Antoine, près la rue Clocheperche.

Beviere, ⚌ le Verrier, rue de la Monnoie, à la defcente du Pont-neuf.

Dumoulin, ⚌ le Chanteur, rue Saint Antoine, vis-à-vis la rue Royale.

Le Pot d'Auteuil, ⚌ Billeheu, rue Saint Honoré, vis-à-vis l'hôtel de Noäilles.

Horque de Cerville, ⚌ Lecointe, rue du Colombier, du côté de la rue de Seine.

Momet, ⚌ Dubois, rue Montmartre, près la rue Tictonne.

Le Brun, ⚌ Fremyn, rue de la Monnoie.

Peron, ⚌ Clement, rue Saint Chriftophe, parvis Notre-Dame, derriere les Enfans-Trouvés.

Fournier, ⚌ Brillon, rue Saint Denis, à l'entrée de la rue de l'Eguillerie, vis-à-vis la rue des Lombards.

De la Rue, ⚌ Quinquet, rue du Four Saint Germain, vis-à-vis la rue des Cifeaux.

Prevoft, ⚌ fon Pere, place des Victoires.

Baron, J. ⚌ Aleaume, rue de Condé.

Gibert, ⚌ Martel, cloître Sainte Opportune.

Lambot, ⚌ Gervais, rue Saint Honoré, vis-à-vis la Barriere des Sergens.

Dulion, ⚌ fon Pere, rue Chriftine, près la rue des Grands Auguftins.

Arnoult, L. ⚌ De Ruelle, rue de Grenelle Saint Honoré, vis-à-vis la rue des deux Ecus.

Semilliard de Toulon, ⚌ Le Noir, J. rue Montmartre, près la rue de Cléry.

ourcault de Pavant, ⚌ Baron, L. rue Coqhéron.

Ducloz Dufrefnoy, ⚌ Patu, rue Vivienne, près les Filles Saint Thomas.

Le Doux, ⚌ Le Roux, rue du Four, Saint Germain.

Maupas, ⚌ Le Grand, rue Saint Martin, au coin de la rue de la Verrerie.

Doillot, ⚌ Moriffe, rue Saint Thomas du Louvre.

Collet, ⚌ Maquer, re St Denis, vis-à-vis la rue Grénéta.

Arnaud, ⚌ Hachette, rue Sainte Avoye, près la rue Simon-le-Franc.

Trudon, ⚌ Melin, rue Saint Antoine, au coin de la rue des Balets.

Lagrenée, ⚌ Andrieu, rue de la Tifferanderie, près la Grève.

Gobert, ⚌ Silveftre fils, rue Sainte Marguerite, Fauxbourg Saint Germain.

Maigret, rue de Bracq, au Marais.

Goullet, ⚌ Duval, rue Saint Antoine, au-deffus du petit Saint Antoine.

1766 Garnier Defchefnes, = Hazon, rue des quatre Fils au Marais.

1766 Dosfant, = Dupont, rue de l'Arbrefec, près le quai de l'Ecole.

1766 Bro, = Marefchal, rue du petit Bourbon, près St Sulpice.

1766 Cordier, = Charlier, rue du Four, près Saint Euftache.

1766 Giraudeau, = De May, rue Saint Honoré, près la rue de l'Echelle.

1767 Bourfier, = Robineau, J. rue Dauphine, près la rue Chriftine.

1767 Guillaume, L. = Junot, rue d'Orléans, au Marais.

1767 Belime, = Maupetit, rue de la Harpe, vis-à-vis la rue Percée.

1767 Paulmier, = Le Coufturier, rue Saint Victor, près la place Maubert.

1767 Raffeneau de Lifle, = Rabouine, rue Montmartre, près Saint Jofeph.

1767 Quatremere, = Bricault, rue du Bouloi, vis-à-vis la Croix des Petits Champs.

1767 Rendu, = de Langlard, rue Saint Honoré, près St Roch.

1767 Vergne, = Lapille, rue Saint Jacques de la Boucherie.

1767 Le Gras, = Raince, rue de la Verrerie, au coin de la rue du Renard.

1768 Lhomme, = Vanin & Doyen, rue du Roule, près la rue des Foffés.

1768 Rouen, rue de Richelieu, près la rue Vildot.

1768 Picquais, = Dutartre, rue & vis-à-vis la Monnoie.

1768 De Saint-Paul, = Quentin, rue de Gêvres, près le pont Notre-Dame.

1768 Durand, L. = Defplaffes fils, place des Barnabites.

1768 La Chaife, = L'Efcuyer, place de Grève, au coin de la rue du Mouton.

1769 Guefpereau, = Mouette, rue de la Harpe, au coin de la rue des deux Portes.

1769 Dutertre, = Millon Dailly & Delaleu, rue de la Tifferanderie, vis-à-vis la rue du Mouton.

1769 Boutet, = de Savigny, re & ps la Comédie Françoife

1770 Menjaud, = Denis, re St Honoré, près la re des Poulies

1770 Laroche, = Fortier, rue neuve des Petits Champs, vis-à-vis la Compagnie des Indes.

1770 rand, J. = Bioche, pl Dauphine, ps le Pont-Neuf.

1770 De Herain, = Dulion de Boiffy, rue Coquilliere.

1770 Morin, = Du Barle, rue & vis-à-vis Saint Paul.

1771 Girouft, = Girauld, rue Tictonne.

1771 Trudon de Roiffy, = Touvenot, rue Montmartre, vis-vis la rue du Jour.

Chavet, = Clos, rue Saint Martin, vis-à-vis Saint Julien des Ménétriers.

Gaillard, = Felize, rue de la vieille Draperie.

Arnoult, J. = Delage, rue Sainte Avoye, au coin de la rue Geoffroi-Langevin.

Porchon de Bonval, = Jairfain, rue Saint Denis, vis-à-vis le Sépulcre.

Dubreuilh, = Dondey, rue neuve Saint Merry, au coin de celle du Renard.

Lormeau, = Prignot de Beauregard, rue du petit Lion, près Saint Sauveur.

Mony, = Girault, L. rue Saint Martin, entre la rue des Vieilles Etuves & la rue des Ménétriers.

Giard, = Miller, rue & montagne Sainte Génevieve.

Sauvaige, = fon pere, rue de Buffy, Fauxb. St Germain.

Monnot, = Mathon, rue de l'Arbre-Sec, près celle Saint Honoré.

Cartault, = Le Jay, J. rue Saint Denis, au coin de la rue Thévenot.

Hamel, = Sibire, rue neuve St Merry, vis-à-vis le cul-de-fac du Bœuf.

Trutat, = fon pere, rue & vis-à-vis l'hôtel de Condé.

Lecouflet, = Venard, re St Martin, près la re aux Ours.

Thierion, = Chomel, rue de Bourbon, au coin de la rue des Petits Carreaux.

Guillaume, J. = Therreffe, rue du Roule, au coin de la rue Saint Honoré.

Nau, = fon pere, rue de la Harpe, près la Croix de fer.

Dofne, = Defmeure, parvis Notre-Dame.

Caiez, = Commiffaire, rue du Jour.

Fouillette, = Briffeau, rue de la Verrerie, vis-à-vis la rue des Billettes.

Pijeau, =, Boutet, L. rue Saint Antoine, vis-à-vis la rue Royale.

Le Bœüf de le Bret, = Boby, rue des Prouvaires, au coin de la rue des deux Ecus.

Demautort, = Deribes, rue Montmartre, vis-à-vis Saint Euftache.

Richer, = Marchand, rue Saint Severin.

Provoft, = Fournel, rue Croix des Petits Champs.

Lemoine, = Giraut, vieille rue du Temple, vis-à-vis la rue Sainte Croix de la Bretonnerie.

Foacier, = Lenoir, rue Saint Honoré, près celle des Frondeurs.

Pinon, = Defchambeaux, rue Sainte Avoye, vis-à-vis la rue du Plâtre.

1776 Brichard ⸺ Laideguive, rue Saint André des Arts, vis-
à-vis la rue des grands Auguſtins.

1776 Lardin, ⸺ Lejay, L. place de la Baſtille, *omis* en 1777.

1776 Lemire⸺Bernard, rue des Déchargeurs, au coin de celle
du Plat d'Étain.

1776 Aubert⸺l'Héritier, rue de la Verrerie, vis-à-vis la rue
Bardubec.

1776 Dutertre de Véteuil ⸺ Dutertre, rue Saint Martin au
coin de la rue des Egoûts.

1776 Alleaume ⸺ Magnyer, rue de la Féronnerie.

1776 Fieffé ⸺ Blaque, place Baudoyer.

1777 Larcher, ⸺ Davier, rue des Lombards.

1777 Armet ⸺ Armet ſon oncle, rue du Four, près celle S
Honoré.

1777 Rouſſeau ⸺ Dupré, rue Bardubec.

1777 Liénard, ⸺ de Latre de Colliville, quai d'Orléans, prè
le pont de la Tournelle.

1777 Goupy ⸺ Delafrenaye, rue St Jacques près la rue de
Noyers.

Délégués. Meſſieurs,

Bouron.	Jourdain.	Vivien.	Guéret.
Dupré, L.	Boulard.	Garcerand.	Baron, L.
Angot.	Jarry.	Regnault.	

Honoraires & Vétérans. Meſſieurs,

Hachette, rue Sainte Avoye, près la rue Simon-le-franc.

Judde, rue Sainte Marguerite, Fauxbourg Saint Germain.

Michelin, rue de Torigny.

Mouette, rue de Savoie.

Roger, rue Geoffroi-Laſnier.

De Lan, rue de Grenelle Saint Honoré, près la rue des deux Ecus.

Magnyer, re de la Féronnerie.

De Savigny, rue & près la Comédie Françoiſe.

Chomel, rue Thévenot.

Hazon, rue Grenier St Lazare.

Dutartre, vieille rue du Temple, hôtel de la Tour-du-Pin.

Dupont, rue des vieilles Etuves Saint Honoré.

Lecourt, rue Portefoin.

Therreſſe, rue Simon-le-franc

Poultier, rue Saint Martin vis-à-vis la rue Grenier Sain Lazare.

Boutet, L. re St Martin, vis-à vis la rue des Ménétriers.

Andrieu, re de la Tiſſeranderie

Deribes, rue des Boucheries au Gros Caillou.

Briſſeau, vieille re du Temple près la rue St Antoine.

Charlier, rue des Mauvaiſe Paroles.

Nau, rue de la Harpe.

Martel, rue Coquilliere.

L'Eſcuyer, rue Saint Honoré vis-à-vis l'Hôtel d'Aligre.

Deſplaſſes, rue d Enfer.

Felize, rue Pierre-Sarrazin.

Armet, rue du Four St Honor

Noir, rue Traverfiere Saint Roch.

iller, montagne Sainte Genevieve.

Héritier, rue de la Verrerie, près celle des Billettes.

arefchâl, rue de la Tifferanderie.

upré, J. rue Bardubec.

oche, rue Saint André des Arts.

emarandel, rue Porte-Foin.

Le Coufturier, rue des deux Boules.

Dondey, rue Aumaire.

Blacque, rue du Puits au Marais.

Delâge, rue des foffés du Temple près la barriere.

De Latre de Colliville, quai d'Orléans, près le Pont de la Tournelle.

Clos, rue Saint Martin, vis-à-vis St Julien des Ménétriers.

rs Le Clerc & Bevierre, *Receveurs de la Bourfe commune*, continueront jufqu'au 1er Mai 1778, de payer les Rentes dûes par la Compagnie. *Voyez leurs fuccefieurs avant la table.*

I. Rabon, *Agent de la Compagnie*, cloître & près Saint Jacques de l'Hôpital.

PROCUREURS AU CHASTELET.

Cette marque ⊐ *fignifie* au lieu de.

MESSIEURS.

725 **B**Egon, *Doyen*, ⊐ Càbaille, rue neuve Saint-Merry.

726 **B** Courlefvaux, ⊐ Regnault, L. rue du Cocq Saint Honoré.

731 De Boifchevalier, ⊐ Levaffeur, cour du Palais.

732 De Bellifíen, ⊐ Delaftre, L. rue des Grands Auguftins.

734 Traveau, L. ⊐ Dumoteux, rue des Ménétriers.

Varnier, ⊐ Valcharmont, rue Saint Benoît, près la rue Taranne.

Rouffeau, L. ⊐ Geoffroy, rue St Germain l'Auxerrois.

735 Frerot, ⊐ Cottin, rue Pierre-Sarrafin.

738 Moriceau, ⊐ Bonnefòy, rüe Geoffroy-Langevin.

Trahan, ⊐ Bougainville, rue du Cimetiere Saint André.

739 Merlin, ⊐ Huyart, rue Froidmanteau.

Bidault, L. ⊐ Maffon, rue Simon-le-franc.

Gerardin, ⊐ Berfon, re du pt Bourbon, près St Sulpice.

Bordier, L. ⊐ Legrets, rue du Roi de Sicile.

740 Poguet, ⊐ Lemoine, J. rue du Plâtre Sainte Avoye.

741 Gaultier de la Pommeraye, ⊐ Durand, rue des deux Ecus.

Denis, ⊐ Cahours, rue des Boucheries Saint Germain.

Cottereau, L. ⊐ Hamelin, rue du Roi de Sicile, près la Vierge.

1741 Carmen, ⚌ Lefort, rue de Touraine, près les Cordeliers

1743 Barbery, ⚌ Vaillant, rue neuve Saint Merry, vis-à-vis
l'hôtel de Jabac.

1744 Grandpierre, ⚌ Belin, place du Chevalier du Guet.

Boudot, ⚌ Oblin, rue de la Tiſſeranderie, en face de la
rue du Mouton.

1745 Cliquet de Fontenay, ⚌ Prevoſt, rue Mazarine.

Tourton, ⚌ Vaultier, J. rue Quincampoix.

1746 Duperrier, ⚌ Thibault, rue du Plâtre Sainte Avoye.

Popot, L. ⚌ Delatre, rue du Four, près le Marché Saint
Germain.

Lefevre, L. ⚌ le Rebours, rue de Bourbon-le-Château,
près la rue de Buſſy.

1747 Huart, ⚌ Gicquel, L. vieille rue du Temple, vis-à-vis
l'hôtel de la Tour-du-Pin.

Geoffroy, ⚌ Willaume, rue des Écouffes.

Ulcot, ⚌ Paris, L. rue du Chevalier du Guet.

Letourneau, ⚌ ſon pere, rue de Sorbonne.

1748 Oudinot, ⚌ Metayer, cul-de-ſac de la rue des Billettes.

Fauvelet, ⚌ Nonat, rue Bertinpoirée, au Lion d'or.

Pucelle, ⚌ Begin, rue Mazarine, près le Café.

Chevalier, ⚌ Rottier, rue des Pouliës.

1749 Verger, ⚌ le Moyne, rue de Gèvres.

Cormier, ⚌ Teſtart, rue du Plâtre Saint Severin.

Gillard, ⚌ Gival, cloître Saint Merry.

Dupré, ⚌ Buirette, J. rue Geoffroy-Laſnier, vis-à-vis le
cul-de-ſac.

Paris, ⚌ Bertin, rue des Boucheries, paſſage de la Treille
Fauxbourg Saint Germain.

1750 Maugis, ⚌ Hardy, L. place Dauphine.

Amiot, ⚌ Chevé, rue Michel-le-Comte.

1751 De la Bonne, ⚌ Deluvigny, rue de l'Homme Armé, près
la rue du Plâtre.

Pecourt, ⚌ Ragon, J. rue de Montmorency, maiſon
des Carmelites.

Lapille, ⚌ Bourlet, rue de la Coſſonnerie, près la rue
Saint Denis.

De la Salle, ⚌ Collin, rue Simon-le-franc.

Pautonnier, ⚌ Travers, rue de l'Arbreſec, vis-à-vis le
cloître Saint Germain.

Morru, ⚌ le Roux, rue des Mauvais Garçons Saint Jean

1752 en Grève, hôtel de Bregy.

Mauger, ⚌ Baran, rue Saint Martin, vis-à-vis la fontaine
Maubué.

Yvon, ⚌ Pinſon, J. rue Mazarine, à l'ancien hôtel des
Pompes.

1752 Noël L., = Defoy, rue des vieilles Etuves Saint Martin.
    Duval ; L. = Martin, rue des Ménétriers.
1753 Bailly, = de Beauregard, rue Simon-le-franc.
    Mallet, = Mallet fon oncle, rue de Grenelle St Honoré.
1754 Perrin, = Pol, rue de Savoie.
    Maubert, = Boiſte, r^e de Bourbon, près la r^e des Sts Peres.
    Le Go, = Hemery D. rue Clocheperche.
    Petit, A. = Lecefne, rue du Battoir.
    Des Eſſarts, = Semillard, J. rue neuve Saint Merry.
    Poupart, = Couſteau, rue des Blanc-Manteaux, près la
      rue Sainte Avoye.
    Demilly, = Olivier, J. rue du Bouloi.
    Gomel, = Meignen, rue des Déchargeurs.
1755 Chaſteau, = Hemery, G. rue neuve Saint Merry, près la
      rue Bardubec.
    Martin, L. = Prolange, rue St Martin, vis-à-vis la grille.
    Bidault, G. = Mocquot, rue des Quatre-vents, Fauxbourg
      Saint Germain.
    Chocus, = Boudeau L. rue du Roi de Sicile, près la
      rue Clocheperche.
    Ballé, = Roſſignol, rue Saint Thomas du Louvre, vis-à-
      vis l'hôtel de Longueville.
    Charles, = Defyeux, L. rue & iſle Saint Louis.
    Barré, L. = Defyeux, J. rue Coqhéron.
1756 Regnard de Barantin, = Louallard, rue du Renard Saint
      Sauveur.
    Cornifet, = Perrot, L. rue Jean-pain-Mollet.
    Boſquillon de Lamery, = Fauvel, rue Bertinpoirée.
1757 Magny, = Olivier, L. rue de la Chanverrerie.
    Dupreſſoir, L. = de la Fleche, rue & iſle Saint Louis,
      vis-à-vis l'hôtel de Chenizot.
    Fardeau, = Pinſon, L. rue Saint Martin, vis-à-vis la rue
      des Ménétriers.
    Le Maſſon, = fon pere, rue des Deux Portes St Jean.
1759 Souchu de Rennefort, = Fauvelay, L. rue Saint Chri-
      ſtophe, derriere les Enfans-Trouvés.
    Michaut, = de Vitry, rue des Juifs.
    De Saint Jullien, = Mauger, J. rue Thibotodé.
    Barré, J. = de la Rivoire, L. rue Pavée Saint Sauveur,
      près la rue Françoiſe.
    Boutin, = Bouard, rue de Bievre.
    Goſſe, = Longueſtre, rue du Monceau Saint Gervais,
      chez M. le Commiſſaire Mouricault.
1760 Delajoüe, = Perrard, rue du Foin, au College de M^e
      Gervais.
    Petit Defgatines, = Juvet, rue des Quatre-vents.

1760 Cottereau, J. ═Lhomme, rue du Four, vis-à-vis la rue Princeſſe.

Paſté, ═Maubert, L. rue du milieu des Urſins, en la Cité.

Dangers, ═Delorme, rue Trainée, attenant le Preſbitere.

Dupy, ═ Boſquillon, L. rue de Bievre.

1761 Coulin, ═ Deſmarquets, rue de l'Arbreſec, vis-à-vis la rue Bailleul.

De Chatonru, ═Bourjon, cloître Sᵗ Germain l'Auxerrois.

Deperey, L. ═Hincelin, rue du Champ-Fleuri Sᵗ Honoré.

Bazin, ═ Renaud, J. rue Geoffroy-Laſnier, maiſon de M. le Commiſſaire Thibert.

Tempeté, ═ Jobert, rue des Boucheries, Fauxbourg Saint Germain, vis-à-vis le Sabot d'or.

Chachignon, ═ Thyon, J. rue de la vieille Bouclerie, au coin de la rue Mâcon.

1762 Taxis de Blaiſeaü, ═Lemée, rue Tranſnonain, près la rue Chapon.

Dulion, ═Frion d'Argilliere, rue Galande, hôtel de Leſ-féville.

Dupreſſoir, J. ═ Boyer, rue Beaurepaire.

Guerin, ═ Duwelz, rue de Grenelle Saint Honoré, près la rue des deux Ecus.

Jurien, ═Bruſley, L. rue de la Harpe, vis-à-vis la rue des Deux Portes.

Pouget des Mareilles, ═Martin, J. rue Beaurepaire, près la rue Montorgueil.

Oudin, ═Moriceau, J. rue de la grande Truanderie.

Touzet, ═ Mouchoux, cloître Saint Merry.

1763 Ragoulleau, ═Olivier, rue Saint Chriſtophe, en la Cité.

Preitre, ═de Bourjolly, rue Macon.

Berthereau, ═ Henry, rue du petit Lion Sᵗ Sauveur.

Garet, ═Marcelat, rue de la Coſſonnerie, près les Halles.

Regley, ═ Bourdin, rue Sal-au-Comte.

1764 De Varenne, ═ Ragoulleau, L. rue du Foarre.

Leger, ═ ſon pere, rue du Chantre.

Creton, ═ Bidault, J. rue Bourtibourg.

Sarrot, ═ Raffignon, rue des Boucheries Saint Honoré près la rue de Richelieu.

Traveau, J. ═Boullerot, L. rue des Ménétriers.

Dameron, ═Gautier, L. rue des deux Portes, près la rue Saint Sauveur.

1765 Renou, ═ Mery, rue du Figuier.

De Sainte-Marthe, ═ Hardy, rue des Noyers, vis-à-vis le Commiſſaire.

Deperey, J. ═ ſon pere, rue Saint Martin, près la rue Maubué.

Boullanger

1765 Boullanger, ⸗ Cordier, rue Galande, vis-à-vis la rue du Foarre.

Arnould, ⸗ De la Rivoir, rue Françoife, près la Comédie Italienne.

De Villeneuve, ⸗ Savin, rue du Foarre.

Rouffeau, J. ⸗ Denizart, rue du Figuier.

Dondey Defmarquefts, ⸗ Douceur, rue des deux Écus, près la rue du Four.

Bourdon, ⸗ Cornuau, rue Geoffroy-Lafnier.

Loyauté, ⸗ Petit, L. rue des deux Écus.

1766 Petit Dufrefnoy, ⸗ De la Place, J. rue du Mouton, près la Grève, à la petite Vertu.

Paulmier, ⸗ Perrou, rue de la Verrerie, à la Tête noire.

Lefacher, ⸗ Baillon, rue des Arcis.

Trotereau, ⸗ Bouillerot, rue Saint Martin, vis-à-vis Saint Julien des Ménétriers.

Gelhay, ⸗ fon pere, rue Tictonne.

D'Orlan, ⸗ Ferton, rue Comteffe d'Artois, vis-à vis celle de la grande Truanderie. ‹

Thorillon, ⸗ Le Canu, rue Bardubec, à la Lance.

Camuzet, ⸗ Boucault, rue de la Verrerie, près la rue des Coquilles.

Belin, ⸗ Sezille, rue Simon-le-Franc.

Gervais, ⸗ Desforges, quai de la Tournelle.

Bordier, J. ⸗ Decourchant, L. rue Sainte Avoye, près la fontaine.

1767 Dujardin, ⸗ Boullemer, rue du Coq Saint Honoré.

Lefevre, J. ⸗ de Quevauvillers, parvis Notre-Dame.

Lafitte, ⸗ Michaux, L. rue Michel-Comte.

Defprez, L. de Bretigny, ⸗ Targny, rue de la Calandre, près le Palais.

Charier, ⸗ Bordier, J. cloître Saint Jacques de l'Hôpital.

1768 Marye, ⸗ fon pere, rue Saint André des Arts, près celle Gift-le-Cœur.

Moignon, ⸗ Mille, rue des Maçons, près la Sorbonne.

De Corneille, L. ⸗ le Riche, vieille rue du Temple, près l'hôtel le Peletier.

Dorée, ⸗ Pigeon, rue du Cimetiere Saint André.

Popot, J. ⸗ Oudin, L. rue Simon le Franc.

Ladey, ⸗ le Bœuf, rue de la Poterie, près la Grève.

1769 Roard, ⸗ Farmin, rue du Renard Saint Merry, à la manufacture de Chapeaux.

Duval, J. ⸗ Petigny, rue Bertinpoirée.

De la Place, ⸗ fon pere, rue Sainte Avoye.

Mabile, ⸗ Hua, rue des mauvaifes Paroles.

Jeannel, ⸗ Fougerou, rue des Barres près l'hôtel Charny.

1769 Vignon, = Gicquel, rue des Prêtres Saint Paul, au coin de la rue Percée.

Chappatte, = de Montcrif, rue Sainte Avoye, attenant le Bureau des Marchands de Vin.

Hocart, = Poidevin, rue Jean-Pain-Mollet.

1770 De Bourge, = Beguier, rue Sainte Croix de la Breton-nerie, au coin de la rue Bourtibourg.

Guichard, = Royer, rue de la vieille Monnoie.

Bernet, = Coufin, L. rue de Savoie, Fauxb. S. Germain.

Favier, = Bourdelois, rue du Jour, vis-à-vis le Portail Saint Euftache.

Coulon, = du Clos, rue des Blanc-Manteaux, près la rue du Chaume.

Chappe, = de la Valette, cloître Notre-Dame, derriere le Chapitre.

Ragon, = Patte, au Marché Neuf, hôtel Tanchou.

Phelipon, = Hardier, rue de la Mortellerie, près la rue des Barres.

1771 De la Motte, = de Courchant des Sablons, rue Perdue, place Maubert.

Defmarais de Rochecourt, = Courlefvaux, J. rue Beau-bourg, cul-de-fac Bertaut.

De Sainçay, = Jannyot, rue Michel-le-Comte, vis-à-vis l'hôtel d'Hallwil.

Le Sieur, = Riché, quai de la Tournelle.

Naudon, = Pouget, L. rue du Four Saint Germain, vis-à-vis le Commiffaire, près la rue des Cannettes.

Barbier, = Bellot, rue Saint Martin près Saint Julien.

1772 Jabineau de Marolles, = Bottée, rue de l'Hirondelle.

Lageffe, = Semilliard, rue de la Tifferanderie, vis-à-vis le cul-de-fac Saint Faron.

Pichon, = Chedeville, rue de Montmorency, vis-à-vis le cimetiere Saint Nicolas.

Lambert, = le Roux, rue de la Tifferanderie, vis-à-vis la rue du Mouton.

Defprez, J. = Faurot, rue des Bourdonnois.

Mulot d'Auger, = Moulta, rue des Foffés Saint Germain l'Auxerrois, près celle du Roule, hôtel de Tourmont.

Pompon, = Duchefne, J. rue Sainte Croix de la Breton-nerie, près la rue Sainte Avoye.

Charpentier, = Cuiffart, rue de la Calandre.

Martin, J. de Saint-Semmera, = Parvy, rue Sainte Croix de la Bretonnerie, au coin de la rue dès Singes.

Le Bas = d'Hiris, rue de Savoie.

1773 De Vauvert, = Lulier, rue de l'Arbrefec, vis-à-vis le cloître Saint Germain.

73 Defcaries, = Viau, rue de Seine, Fauxbourg Saint Germain, hôtel de Mayence.

Ozanne, = Frerot, J. rue Pierre Sarrazin.

De Bruge, = Scribe, vieille rue du Temple, vis-à-vis l'hôtel de la Tour-du-Pin.

Houdouin, = Pezierre, rue Perdue, p⁵ les grands Degrés.

Chobert, = Gallois, rue des Mauvaifes Paroles.

Plet, = fon pere, rue du Figuier.

Cholet, = Clos, rue Bourglabbé, près la rue Greneta.

Gandon, = Teftard, rue de la Verrerie, près l'hôtel de Pompone.

74 Foullon, = Millon, rue Sainte Avoye, attenant M. Arnaud, Notaire.

Lobbez, = Malhomme, rue des Ménétriers.

Guyot, = le Cœur, rue aux Ours.

Gallois, = le Marchant, rue de la Verrerie, vis-à-vis la Couronne d'Or.

Fouquier de Thinville, = Cornillier, rue Pavée Saint Sauveur, vis-à-vis la rue Françoife.

Gayard, = Portiez, rue de la Tifferanderie, vis-à-vis celle des Coquilles.

Denizet, = Pitton, place du Chevalier du Guet.

Adam, = Sourdeau, rue du Cocq Saint Jean.

Armey, = Talbot, rue des Prouvaires, près la rue des deux Ecus.

Turpin, = Havard, rue Simon-le-Franc.

Contant, = Auvray, rue Montmartre, bureau des Fripiers.

Savin, = Hullard, rue des deux Boules.

Beffin, = Frémin, rue neuve Saint Merry, vis-à-vis l'Hôtel de Jabac.

Folin, = Ragouneau, rue de l'Eperon, au coin de la rue du Battoir.

Attenot, = Denis, J. rue de Jérufalem, attenant l'Hôtel de M. le Premier Préfident.

Foffeyeux de Rupereux, = Malot, rue Quincampoix.

75 Prevoft, = Poullain, rue & vis-à-vis la petite porte Saint Severin.

Defrey, = Brunel, rue du Roi de Sicile, près la rue Tiron.

Quequet, = Marais, Cloître Saint Merry.

Sureau, = Blaye, rue Jean-Pain-Mollet.

Noel, J. = Sauffet, rue & Montagne Sainte Genevieve, maifon de M. le Commiffaire Lemaire.

Boureau D'Alvran, = Delaffaux, rue des Blanc-Manteaux, cul-de-fac Pecquet.

Buffenoux, = D'Hugues, rue Quincampoix, près la rue aux Ours.

A a ij

1775 D'Efauzieres, ⸗Fourey, rue Geoffroy-Lafnier, au cc
de celle Saint Antoine.

Louveau, ⸗Duchefne, rue de la Comédie Françoif
cour du Commerce.

De Cormeille, J. ⸗Bruléy, vieille rue du Temple, pr
l'hôtel le Peletier.

Ravoifié, ⸗le Comte, cloître Saint Honoré.

1776 Colin, ⸗le Chauve, rue Croix des petits Champs, hôt
de Luffan.

Defchamps, ⸗ Jallot, vieille rue du Temple, vis-à-'
le cul-de-fac d'Argenfon.

Boucher, ⸗l'Evêque, rue du Plâtre Saint Severin.

Petit de la Fortiere, ⸗Dumaige, rᵉ des Mauvaifes Parol

Hardy, ⸗ Capel, rue Poupée Saint André.

Defroches de Framicourt, ⸗de Feval, rue de Tourain
près les Cordeliers.

François, ⸗ fon Frere, rue du Four Saint Honoré.

Vollée⸗ Allongé, rue Thibotodé.

Girard ⸗ Rougemont, rue des deux Ecus, St Euftacl

1777 Mariette, ⸗ D'Alix, rue Saint Denis près la rue Aubi
Boucher.

Huguet, ⸗ Blacque, rue des Bourdonnois.

Carlier, ⸗ fon pere, parvis Notre Dame.

Simonet de Maifonneuve ⸗ Levillain, rue Saint. Gᵉ
main, près l'Arche Marion.

Cheirouze, ⸗ Chantepie, rue Baillette, maifon de M.
Commiffaire.

Bailleux, ⸗ Gourchant, rue du Mouton.

Demachy, ⸗ Laverdin, rue des Ménétriers.

Levallois, ⸗ Brigeon, rue Sainte Marine.

Leblanc, ⸗ Villedieu, rue de la Tifferanderie, vis-
vis la rue de la Poterie.

Candon de Sarri, ⸗ Pevrot, rue Beaubourg.

Hymette, ⸗Petit L. rue Sᵗᵉ Croix, près celle Sᵗᵉ Avoɪ

Caillou, ⸗ de Saunieres, rue Verderet.

Jacquinot, ⸗ de Beville, rue du Plâtre Saint Jacqu

Procureurs de Communauté en Charge. Meffieurs,

Denis.   Cottereau, L.   Carmen.

Oudinot, *Syndic.*   Chevalier, *Greffier.*

Receveurs de la Bourfe commune. Meffieurs,

Popot L.   Roard.

Anciens Procureurs de Communauté, Meffieurs,

Begon. Courlefvaux. De Boifchevalier. Traveau, L.

arnier. Rouſſeau, L. Moriceau. Gerardin. Bordier, L.

Procureurs Vétérans, Meſſieurs.

ecomte, cour du Louvre, au Pavillon.

ottée, rue de Savoie.

errot, rue Beaubourg.

Clercs de la Communauté.

uval, Receveur de Rentes ſur l'Hôtel-de-Ville, & autres ;
rue d'Avignon, paroiſſe & près le cloître Saint Jacques
de la Boucherie.

rainquart, même demeure.

HUISSIERS-PRISEURS.

MESSIEURS,

1726.

Amy, *Doyen*, rue du Che-
valier du Guet.

1735.

e Queuſtre, rue du Monceau
Saint Gervais.

1736.

anguy, rue Saint Antoine,
au-deſſus de la porte Saint
Pierre.

1742.

archand, rue Bardubec.

1743.

e Laizé, quai de la Mégiſſerie, au Signe de la Croix.

1745.

ulliot, quai Pelletier.

ambert, rue du petit Car-
reau, vis-à-vis le cul-de-ſac
du Crucifix.

1747.

ourdois, rue de Buſſy, près la
rue de Bourbon-le-Château.

Delaville, rue des Prouvaires,
près Saint Euſtache.

1748.

Catelan, rue Froidmanteau.

Poton, rue des Prouvaires,
près Saint Euſtache.

Dupuis, rue Ste Avoye, coin
de la rue Simon-le-Franc.

1749.

Langlois, rue du Mouton.

1750.

Du Francaſtel, rue du Battoir,
près la rue de l'Eperon.

1751.

Gallien, rue Poupée St André.

Boulanger, rue de la vieille
Monnoie.

Breſſe, *Syndic*, enclos des
Quinze-Vingts.

1754.

Mabile, rue de Condé, vis-à-
vis la rue des Foſſés M. le
Prince.

Le Couturier, rue Saint Honoré, près l'Oratoire.

Martin, rue de la Verrerie,
près la rue Saint Bon.

1755.

Lefévre, rue du Renard Saint
Merry.

Vallet, L. rue de la vieille
Monnoie.

A a iij

1756.

Hayot de Longpré, rue de Gévres, à la maiſon neuve. De Gaulle, rue & ·vis-à-vis Saint Severin.

Baudrain, rue Bertinpoirée, près la rue Jean-Lantier.

1757.

Jolly, rue Ste Croix de la Bretonnerie.

1758.

Raffy, Syndic, rue St Nicolas, Fauxbourg Saint Antoine.

1759.

Maſſon, rue Saint Martin, près celle aux Ours.

Rigaux, rue Bourtibourg.

Godefroy, ruê de l'Arbreſéc, vis-à-vis la porte Sainte Anne.

1760.

Delorme, rue des 2 Ecus, au coin de la rue des Prouvaires.

Chariot, quai de la Mégiſſerie.

Breart, rue Comteſſe d'Artois, vis-à-vis la rue Mauçônſeil.

1761.

Serreau, Greffier, quai de Bourbon, à côté de la rue de la Femme ſans tête.

Mirfin, Syndic, rue du Four Saint Germain.

Vauvilliers, Archiviſte, rue Saint Sauveur, près la rue Montorgueil.

De la Montagne, Syndic, rue Saint Antoine, vis-à-vis la rue Geoffroy-Laſnier.

Hugues, rue neuve Saint Euſtache, chez le Commiſſaire.

1762.

Mongaluy, Syndic, rue des Mathurins, près la rue des Maçons.

Deperey, L. Tréſorier, rue du

Sépulcre, Fauxbourg Sain Germain.

oullet, rue Baillette, vis-à vis le Commiſſaire.

1763.

Maupin, rue du petit Lion Sain Sauveur.

Mazouillé, rue neuve Sain Etienne, près Bonnes-Nou velles.

Deperey de Launay, rue de Saints Peres, hôtel St Pretz Grignard, rue de l'Arbreſec. Groſſy, rue Froidmanteau.

1764.

Terrier, quai Saint Paul, prè le grand balcon.

Florentin, rue des Billettes cul-de-ſac Sainte-Croix.

Hubert, carrefour de la Croix Rouge.

Ybert, cloître Saint Merry.

Guillieaumon, quai de l'Ecole

1765.

Rouſſel, Marché-Neuf, prè le Notaire.

Tallon, vieille rue du Temple au coin du cul-de-ſac d'Argenſon.

Simonneau, rue Saint Martin près celle des Ménétriers.

Paillet, rue des Ménétriers près la rue Saint Martin.

Melecot, rue des Marmouzet vis-à-vis le Commiſſaire.

1766.

Boullé, rue de la Pelleterie chez le Limonadier, prè Saint Barthelemy.

Chavrel, rue des Arcis, au Ro Artus.

Poupet, rue du Four, Fauxbourg Saint Germain.

1767.

Sautan, rue neuve Sainte Catherine.

Hubault, rue Saint Martin au coin de celle de Venise.

Dufresne, rue Princesse.

Dumontier, rue Montmartre, pointe Saint Euftache, chez le Notaire.

Poultier, rue des Quatre Vents.

Alexandre, rue Saint Paul, maifon de M. Morin, Notaire.

Georges, rue Saint Jean de Beauvais près le college de Lifieux.

Lafosse, rue des Lavandieres Sainte Opportune.

1773.

Decaudin, rue de la Calandre près le Palais.

Maffon, J. rue Saint Martin, près la rue Maubué.

Dufour, hôtel de la premiere Préfidence.

Perrard, rue de Savoie Saint André.

Boivin, rue des trois Maures.

Poiret, rue de la Verrerie, au Bureau Militaire.

Pignier, cul-de-fac Férou St Sulpice.

1774.

Mionnet, rue de la Mortellerie, près celle des Barres.

Copreaux, rue Saint Victor, chez le Notaire.

Avrillon, rue Thibotodé.

Girardin, rue du Four Saint Germain, *à Pâques* rue des Marmouzets, près le cloître.

1775.

Vallée de Clerville, rue Trainé St Euftache, maifon neuve.

Vincent, quai de la Mégifferie, à la clef d'or.

Domain, rue Saint André, près celle des grands Auguftins.

A a iiij

Jublin, rue Poiſſonniere, maiſon de M. d'Arboulın.

Bertrand, parvis Notre-Dame au bureau de l'Hôtel-Dieu.

1776.

Gobert, rue & près Saint Victor.

Prevoſt, rue du Four, fauxbourg Saint Germain.

Thiebart, rue des Roſiers au Marais.

Paſquier, rue Saint Honoré, maiſon de M. Lambot, Notaire.

Commendeur, rue Jean-Pain-Mollet, à la Tête Noire.

Sibire de Raoul, rue de la Colombe en la Cité.

Catoire, rue Saint Martin, vis-à-vis la rue aux Ours.

Fichon, rue & île Saint Louis.

Moitier, rue Bardubec.

1777.

Duflos, rue du Bacq, maiſon de M. Boullougne.

Bizet, rue Saint Denis, à l'Empereur, près la rue de la Heaumerie.

Duchemin, rue Saint Martin, vis-à-vis Saint Merry.

Ducoudray, rue Saint Martin, près le café de la veuve la Hodde.

Delamarche, rue Sainte Marguerite, chez le Notaire.

Mougeot, rue Percée, quartier Saint André.

Portiez, rue des Arcis, maiſon du Commiſſaire.

Vétérans, Meſſieurs.

Sallard, rue du Monceau Saint Gervais.

Ducheſne, rᵉ des Marmouzets.

Domenchin de Chavannes, rue neuve de Luxembourg.

Bru, rue de la Parcheminerie.

Bertrand, au Bureau de l'Hôtel-Dieu, parvis N.-D.

Cartaut, rue Saint Denis, près la rue Thévenot.

Chambette, rue & île Sᵗ Louis.

Doc, rue de l'Echelle.

Hutin, rue Beaubourg.

Dumoulin, rue Quincampoix.

Leroux, à Courbevoie.

Deperey, rue Guénégaud.

Boyaval, rue Croix des Petits Champs, hôtel de Luſſan.

Hue, à Fontainebleau.

Varlet, rue de Nevers.

Baron, rue St André-des-Arts.

Le Rond, rue Mazarine.

Moitier de Beaufils, rue Bardubec.

Leur Bureau eſt dans la Cour du grand Châtelet.

L. Gonard, *Clerc de la Communauté*, rue de la Vannerie près la Grève.

Maîtres en Charge de la Communauté des Huiſſiers à Verge au Châtelet de Paris, voyez l'Edit. 1777.

Maîtres en Charge de la Communauté des Huiffiers à cheval au Châtelet de Paris. Meffieurs,

FAuch, rue Saint Honoré, près celle des Bourdonnois.
Sardin, rue de la Juiverie.
aurent, rue Quincampoix.
)emauroy, rue Saint Denis, vis-à-vis les Innocens.

Procureur Receveur.

allot, rue Saint Honoré, près celle du Roûle.

Leur Bureau, rue de la Tifferanderie, à la Macque.

Médecins & Chirurgiens ordinaires du Roi au Châtelet.

MESSIEURS,

Médecins. { LE Clerc, vieille rue du Temple, près la rue de Bercy. Sallin, rue de la Sourdiere, près le cul-de-fac d'Hyacinte. } Médecins de la Fac. de Paris.

Chirurgiens. { N. P. De Leurye, rue Mauconfeil. Dupuid, au coin du quai des Orfévres, du côté du Pont-Neuf. J. P. Ledoux, rue Grenier Saint Lazare. F. A. De Leurye, quai d'Orléans, près la rue Saint Louis.

Matrones Jurées Sage-femmes du Châtelet.

Mde Lebrun, rue de Bourbon, à la Villeneuve.
Mde Dugès, à l'Hôtel-Dieu.
Mde Leroux, Cimetiere Saint Jean, au coin de la rue de la Verrerie.
Mde Choulet, enclos du Temple, au coin de la petite rue.

B U R E A U X
D E M.O N S I E U R L E N O I R,
Confeiller d'Etat & Lieutenant Général de Police.

Bureau du Cabinet. Meffieurs,

MArtin , rue Sainte Anne ; au coin de la rue neuve des Petits Champs.

Tout ce qui concerne la Librairie prohibée , les Vifites à la Chambre Syndicale , l'Expédition des Affaires particulieres & extraordinaires ; le Dépôt du Sécrétariat.

Gombault , rue des Jeûneurs.

— Le détail des Fonds concernant les Etabliffemens de charité, l'exécution de l'Arrêt du Confeil , concernant le Ramonnage des cheminées.

Nicolas , rue de Cléri.

Les Maifons de fanté & objets relatifs , les Affaires qui n'ont point de département fixe.

Boucher , rue Plâtriere.

Tout ce qui concerne la Baftille , Vincennes & autres Châteaux' où font renfermés les Prifonniers d'État , l'extrait des Placets & Mémoires à renvoyer dans les Bureaux.

Bureaux de M. Puiffan , Meffieurs,

Puiffan , rue Saint Marc.

Puiffan des Landes , rue Saint Marc.

Barbau , rue du petit Repofoir.

Nogaret , rue de Grammont.

Bouffatòn ; rue de la Lune.

Coquereau , rue du Foin , au College de Me Gervais.

L'Approvifionnement de Paris ; l'Illumination & le Nettoyement des rues. Les Affiches & Placards , les Colporteurs emprifonnés , les Spectacles ; les Foires , les Bureaux des Nourrices ; les Permiffions que doivent demander les Aubergiftes pendant le Carême , les Billets pour les Hôpitaux. Ce qui concerne le Militaire. Les rapports de la Garde de Paris. Les Prifonniers de Police. Les objets relatifs à la Ferme générale. Le Renvoi des Placets & Mémoires concernant ce Département.

Bureaux de M. le Chauve. Meffieurs,

Le Chauve , rue de Grammont près le boulevart.

Daumet , rue du Mail , près la place des Victoires.

Maffé , rue neuve Saint Martin.

Paillé , cul-de-fac du Paon.

Les ordres du Roi , les placets & Mémoires qui y font relatifs,

& les informations fur toutes les demandes tendantes à les obtenir, les Maifons de force.

Bureau de M. Collòt. *Meffieurs*,

Collot, rue du gros Chenet, au coin de la rue du Croiffant.
De Bellefoy, rue du Mail, *Secrétaire* pour les affaires con-
tentieufes du Châtelet, & *Greffier* des Commiffions.
Arnaud, rue Montmartre, vis-à-vis la rue des Jeûneurs.
Regnard, rue Saint Honoré, au coin de la rue Traverfiere.
Pierlot, rue de Grammont, près celle de Menars.
Grosjean Deftournelles, rue Saint Pierre Montmartre.
Hanc, rue de la Sourdiere, près le cul-de-fac des Jacobins.

Le Bureau des Arts & Métiers, la révifion des Comptes des
Corps & Communautés, les affaires concernant leurs Statuts &
Réglemens, & l'adminiftration de leurs Revenus, la Capitation
& Induftrie defdits Corps & Communautés; l'exécution des
Edits des mois de Février & Août 1776 & la liquidation des
dettes des Communautés de Province.

Bureaux de M. Collart du Tilleul. *Meffieurs*,

Collart du Tilleul, rue de la Sourdiere.
Guillemain, rue Saint Pierre Montmartre.
Collart du Tilleul, fils, rue Saint Honoré, près les Jacobins.

Le Bureau du Commerce, les Manufactures, les Sauf-conduits,
& Arrêts de furféance, les Etoffes prohibées, les Nouveaux
Convertis, les Religionnaires, les Agens de Change, la Taxe
des Mémoires des Officiers, les Loteries, le Détail des fonds
affignés aux dépenfes de la Police.

Bureau de Sûreté, *Meffieurs*,

Gàron, au Palais Royal, chez M. le Page.
Nepveu, rue Montorgueil, vis-à-vis le paffage du Saumon.
D'Arbret, rue neuve du Luxembourg, chez M. le Marquis du
Sauzay.

Les Juifs, les Chambres garnies, & les déclarations qui intéreffent la fûreté publique. Trois Infpecteurs chargés de cette
partie, fe rendent tous les jours à ce Bureau, depuis onze heures
du matin jufqu'à une heure.

BUREAUX DE LA DIRECTION DES NOURRICES, rue Saint
Martin, vis-à-vis Saint Julien des Ménétriers.

Directeur.

M. Framboifier de Beaunay, à la Direction.
M. De l'Epine, *Sous-Directeur.*

Commis de la Direction. Messieurs,

Lallemand, } *Commis de Correspondance.*
Loiseau,

Cochius, *Chef de Comptabilité.*

Framboisier Duparquet. } *Commis de Comptabilité.*
Framboisier Ducoudray,

Billard, *Receveur.*

Filleul, *Chef des Poursuites.*

Beaufils, L. *pour les Enregistremens.*

Beaufils de Sainte-Croix, *pour les Rôles.*

Bourceret, *Préposé au recouvrement pour la Ville.*

Framboisier Duhamel, *Préposé au recouvrement pour la Banlieue.*

Bertin, *Inspecteur de tournées.*

Le Bureau est ouvert tous les jours depuis neuf heures du matin jusqu'à une heure après midi, & depuis trois heures de relevée jusqu'à sept heures du soir, à l'exception des Dimanches & Fêtes, qu'il n'est ouvert que le matin jusqu'à midi.

Bureau des Recommandaresses, pour la location des Nourices, rue Quincampoix, près la rue de Venise.

Ce Bureau est ouvert tous les jours sans exception, depuis huit heures du matin jusqu'à huit heures du soir.

M^{de} Horque d'Hamecourt, *Recommandaresse.*

M^{de} Le Roux, *Pensionnaire.*

Mlle Horque d'Hamecourt, *Adjointe* à M^{de} sa mere.

M. Billet, *Commis aux Enregistremens.*

Il vient tous les jours, depuis onze heures du matin jusqu'à une heure, un Médecin de la Faculté, pour visiter les Nourices & les Enfans.

JURISDICTION du Bureau de l'Hôtel de Ville.

LA Jurisdiction de l'Hôtel de Ville est composée d'un Prevôt des Marchands, de quatre Echevins, d'un Procureur du Roi, d'un Avocat du Roi, d'un Substitut, & d'un Greffier.

M. le Prevôt des Marchands est nommé par le Roi, & sa Commission est pour deux ans; mais ordinairement il est renouvelé, suivant la volonté du Roi.

Tous les ans, le jour de Saint Roch, M^{rs} les Prevôt des Marchands, & Echevins, les Conseillers de Ville & les Quartiniers, avec deux notables Bourgeois mandés de chaque Quartier, s'assemblent dans la grande Salle de l'Hôtel de Ville, & font élection de deux nouveaux Echevins, qui prennént la place de deux anciens qui fortent.

1772 Meffire JEAN BAPTISTE FRANÇOIS DE LAMICHO-DIERE, Chevalier, Comte d'Hauteville, Seigneur de Lamichodiere, Romene & autres lieux, Confeiller d'Etat, *Prevôt des Marchands*, rue du grand Chantier.

Echevins. *Meffieurs*,

1776 Jean Denis Levé, Ecuyer, Avocat en Parlement, Confeiller du Roi, Quartinier, rue & porte Saint Jacques & au premier *Juillet*, rue neuve des Petits-Champs, près celle de Richelieu.

1776 Guillaume Gabriel Chapus de Malaffis, Ecuyer, rue de Cléri.

1777 Antoine François Daval, Ecuyer, Avocat en Parlement, Confeiller du Roi en l'Hôtel-de-Ville, rue Clocheperce.

1777 Michel Pierre Guyot, Ecuyer, Avocat en Parlement; Confeiller du Roi, Commiffaire au Châtelet, rue des Quatre-Vents.

Gens du Roi.

1755 M. Jollivet de Vanne, *Avocat & Procureur du Roi & de la Ville*, rue de Bondi, près la porte Saint-Martin.

Greffier en Chef.

1773 M. Taitbout, Confervateur des Hypotheques, dans l'Hôtel de Ville.

Receveur.

1776 Buffault, Ecuyer, rue Bergere.

Subftitut de M. le Procureur du Roi.

1776 Me Mignonville, rue de la Mortellerie.

Commis au Greffe de la Ville.

Boudreau, rue Saint Antoine, vis-à-vis la rue de Fourcy.
Boyenval, rue de la Mortellerie, au coin de la rue des Barres.
Farcy, rue des Bourdonnois.
. Ils tiennent leurs Audiences les Mardi, Jeudi & Vendredi, depuis dix heures jufqu'à midi; en Vacances, le Mardi feulement.

Procureurs, Maîtres. Cette marque = fignifie *au lieu de*.

Mignonville, = Houallé, rue de la Mortellerie.
Le Mercier, = d'Avault, rue de la Mortellerie.
Bigot de Villeneuve, = Bellanger, quai de la Grève, au coin de la rue des Barres.
Defchamps, = Charon, rue de la Mortellerie.
Me Roux, *premier Huiffier Audiencier de la Ville*, rue des Marmouzets.

Huiſſiers Audienciers & Commiſſaires de Police ſur les Ports &
Quais de la Ville de Paris, dont quatre Buiſſonniers, & ſix
Étalonneurs de Meſures.

MAÎTRES,

Blanchet, *Doyen & Syndic*, rue
des Barres, près St Gervais.
Ganthier, rue du Temple,
près la rue des Gravilliers.
Bega, rue de la Mortellerie.
Foucault, quai des Ormes.
Balige, rue de la Mortellerie,
vis-à-vis les Audriettes.
Blainville, rue de la Mortelle-
rie, vis-à-vis les Audriettes.
Rathery, rue de la Mortelle-
rie, vis-à-vis l'arſenal de la
Ville.
Le Quin, place de Grève.

On a jugé à propos, après avoir parlé de la Juriſdiction de
l'Hôtel de Ville, de placer ici les noms des Officiers qui compoſent le Corps de la Maiſon de Ville.

HOSTEL DE VILLE.

1775 M. le Duc de Coſſé, Chevalier des ordres du Roi, *Gou-*
verneur & Lieutenant Général de la Ville, Prevôté & Vi-
comté de Paris, rue de Grenelle Saint Germain.

17.... . . . ., *Lieutenant Général au Gouvernement*
de Paris, rue . . . . .

1772 M. Jean-Baptiſte François de Lamichodiere, Chevalier,
Prevôt des Marchands, rue du grand Chantier.

Echevins. MESSIEURS,

1776 Levé, Ecuyer, Avocat en Parlement, Conſeiller du Roi,
Quartinier, rue & porte St Jacques, au premier *Juillet*,
rue neuve des Petits Champs, près celle de Richelieu.

1776 Chapus de Malaſſis, Ecuyer, rue de Cléry.

1777 Dàval, Ecuyer, Avocat en Parlement, Conſeiller du Roi
en l'Hôtel de Ville, rue Clocheperce.

1777 Guyot, Ecuyer, Avocat en Parlement, Conſeiller du
Roi, Commiſſaire au Châtelet, rue des Quatre Vents.

1755 Jollivet de Vanne, *Avocat & Procureur du Roi & de la*
Ville, rue de Bondy, porte Saint Martin.

1773 Taitbout, Conſervateur des Hypotheques, *Greffier en*
Chef, dans l'Hôtel de Ville.

Conſeillers du Roi en l'Hôtel de Ville. MESSIEURS,

1746 Fraguier, Préſident en la Chambre des Comptes, rue des
Blanc-Manteaux.

1750 Remy, rue de la Vrilliere, ⎫ Conſeillers du Roi, Maîtres
1751 Caſſini de Thury, place ⎬ ordinaires en la Chambre
Royale, ⎭ des Comptes.

1757 Vélut de la Croniere de Popin, Conſeiller de la Cour des
Aides, rue Portefoin.

64 Guyot de Chenizot, Maître des Requêtes, rue de Richelieu.

66 Lourdet, Conseiller du Roi en ses Conseils, Maître ordinaire en la Chambre des Comptes, rue Chapon.

67 Henry, Secrétaire du Roi, Greffier en chef de la Chambre
des Comptes, quai de la Tournelle, vis-à-vis le pont.

69 Goudin, Conseiller au Gd Conseil, re des Rosiers au Marais.

70 De la Mouche, Conseiller Auditeur en la Chambre des
Comptes, rue de Bretonvilliers.

74 Masson de Meslay, Président en la Chambre des Comptes,
rue du Sentier.

chev. Récept.

45 1735 Duboc, *Doyen*, rue des cinq Diamans.

61 1747 Mercier, Chevalier de l'Ordre du Roi, rue Saint
Germain l'Auxerrois.

67 1751 Vieillard, rue Grange Batteliere.

1760 Buffault, rue Bergere.

77 1762 Daval, *Echevin*, rue Clocheperce.

1767 Pochet, rue de la grande Truanderie.

1767 Famin, rue des Prouvaires.

1769 Mercier, rue Saint Germain l'Auxerrois.

1770 Goblet, rue Sainte Croix de la Bretonnerie.

1772 Agasse, rue des Fossés Saint Germain l'Auxerrois.

1772 Georget, rue des vieux Augustins.

1773 Giroust, rue Tictonne.

1774 Santilly, rue des Prouvaires.

1774 Cochois, rue neuve des petits Champs, près celle
de Gaillon.

1776 Boucher, rue Aubry-Boucher.

1777 Cheret, quai des Orfévres.

Conseillers du Roi Quartiniers de la Ville. MESSIEURS,

56 1735 Lempereur, *Doyen*, rue Vivienne.   *S. Eustache.*

62 1740 De Varenne, rue neuve Sainte Genevieve.   } *Le Louvre.*

64 1749 Martel, rue Coquilliere, au coin de } *L'Hôtel de*
la rue des vieux Augustins.   } *Ville.*

66 1749 Bigot, rue de Richelieu, au coin du } *S. Denis.*
Boulevart.

76 1757 Levé, *Echevin*, rue & porte Saint }
Jacques, & au premier *Juillet*, rue }
neuve des petits Champs, près } *Sorbonne.*
celle Richelieu.

1757 Chauchat, rue Saint Martin, près } *Place Royale.*
Saint Merry.

1758 Richer, rue des petits Augustins.   *S. Martin.*

1761 Defvaux, rue Sainte Croix de la } *Sts Innocens,*
Bretonnerie.

1761 Bougier, rue Saint Denis. *Cité.*

1761 Mitoüart, rue de Beaune. *Les Halles.*

1763 Guyot, rue de la Monnoie. *Luxembourg*

1770 Vergne, rue Saint Jacques de la } *Le Palais*
Boucherie. *Royal.*

1771 Hubert, rue Sainte Marguerite, près } *S. Germain*
l'Abbaye. *des Prés.*

1772 De Herain, rue Coquilliere. *Ste Génevievi*

1774 Déyeux, rue du Four, à la Croix } *Ifle N. Dame*
Rouge.

1776 Darnault, rue Saint Honoré. *Le Marais.*

M. Boudreau, Confeiller du Roi, *Syndic Général des Commu. nautés d'Officiers dépendans de l'Hôtel de Ville*, rue Saint Antoine, vis-à-vis la rue de Fourcy.

Il y a 64 *Cinquanteniers*, quatre dans chaque Quartier; & 25 *Dixeniers*, feize dans chaque Quartier.

La Ville avoit trois Compagnies de Gardes formées depu plufieurs fiecles fous le nom d'Arbalêtriers, d'Archers & d'A quebufiers; chacune de ces Compagnies étoit de cent homme & avoit pour Officiers un Capitaine, un Lieutenant, un fou Lieutenant, un Enfeigne, un Cornette & un Guidon.

Le Roi, par fes Lettres-Patentes du 14 Décembre 1769, ε confidération des anciens fervices defdites Compagnies, a bie voulu renouveler leurs Privileges, leur a accordé le rang c Gendarmerie & Maréchauffée de France, avec création d'ur quatrieme Compagnie fous le titre de Fufiliers, de quatre Off ciers pour la commander, & a fixé lefdites quatre Compagnie conformément à l'Ordonnance Militaire du 10 Décembre 176 à 76 hommes par Compagnie.

Ces quatre Compagnies ont un Etat-Major, & leurs princ paux Officiers font:

MESSIEURS,

1764 Haÿ, Ecuyer, *Capitaine Général Colonel* rue Guéné gaud.

Baron, *Lieutenant-Colonel*, au Bourg-la-Reine.

Langlumé, *Major*, rue du Pourtour Saint Gervais.

Proufteau, rue des Tournelles, } *Capitain*
Morgon, rue des Fourreurs,

Lecoq, *Aide-Major*, à l'Hôtel de Ville.

Godefroy, *Sergent-Major*, rue & près Saint Merry.

1763 M. Moreau, *Maître général, Contrôleur, Infpecteur d Bâtime*

Bâtimens de la Ville, Garde des Fontaines publiques, &
Maître des œuvres de Charpenterie, rue de la Mortellerie,
à l'Arſenal de la Ville.

M^{rs} {
André, *Avocat ès Conſeils du Roi pour la Ville*, rue
de la Verrerie, vis-à-vis la rue Bardubec.
1775 Piedfort de Senlis, Procureur au Parlement, rue
des Ménétriers.

M^{rs} {
1758 Béville, *Procureur* en la Chambre des Comptes pour
la Ville, rue du Cimetiere Saint André des Arts.
1775 Richer, *Notaire* au Châtelet, & ordinaire de la
Ville, rue & près Saint Severin.
1757 Boſquillon le j. *Procureur* au Châtelet pour la Ville,
rue Bertinpoirée.

Bibliothécaires & Hiſtoriographes de la Ville.

M. Bouquet, ancien Avocat au Parlement, rue des Juifs.
M. Ameilhon, Cenſeur Royal, de l'Académie Royale des
Inſcriptions & Belles-Lettres, rue Saint Paul, hôtel Bazin.

Anciens Echevins. Meſſieurs,

1739 Lenfant, rue neuve des Petits Champs.
1740 Lagneau, rue de Grenelle, vis-à-vis l'hôtel des Fermes.
1745 Duboc, rue des cinq Diamans.
1748 Cochin, rue du fauxbourg St Jacques au Mont Adrien.
1750 Bontemps, rue Saint Thomas du Louvre.
1751 Gillet, rue Saint Bon, près Saint Merry.
1756 Lempereur, rue Vivienne.
1758 André, rue de la Verrerie, vis-à-vis la rue Bardubec.
1759 Le Blocteur, rue de la Vrilliere.
1759 Chomel, rue Thevenot.
1760 Boyer de Saint-Leu, rue Sainte Avoye, près la rue des
Blanc-Manteaux.
1761 Mercier, Chevalier de l'Ordre du Roi, rue St Germ. l'Aux.
1761 Babille, Chevalier de l'Ordre du Roi, rue Saint André
des Arts.
1762 De Varenne, rue neuve Sainte Genevieve.
1763 Poultier, rue Saint Martin, vis-à-vis la rue Grenier Saint
Lazare.
1764 Martel, rue Coquilliere, près celle des vieux Auguſtins.
1766 Gauthier de Rougemont, rue du Doyenné Saint Thomas
du Louvre.
1766 Larſonnyer, rue Quincampoix.
1766 Bigot, rue de Richelieu, au coin du Boulevart.
1766 Charlier, rue des mauvaiſes Paroles Sainte Opportune.
1767 Vieillard, rue Grange Bateliere.
1767 Boucher d'Argis, quai des Miramionnes.
1778. Bb

1768 De la Riviere, rue de Richelieu, près la rue neuve des Petits Champs.

1769 Sarazin, rue Beaubourg, près l'Hôtel de Fer.

1769 Bafly, rue du Battoir.

1770 Cheval de Saint-Hubert, rue des Rats, près la place Maubert.

1770 Pia, rue des grands Auguftins, hôtel Saint Cyr.

1771 Bellet, cloître Sainte Opportune, *omis* en 1777.

1771 Viel, rue des Marmouzets, près le cloître Notre-Dame.

1772 Sprotte, rue Saint Honoré.

1772 Quatremere de Lépine, rue des Foffés Saint-Germain-l'Auxerrois.

1773 Boucher, rue Aubri-le-Boucher, *omis* en 1777.

1773 Eftienne, rue du Plâtre Sainte-Avoye.

1774 Vernay de Chedeville, rue de l'Ofeille au Marais.

1774 Trudon, rue des Foffés Saint Germain l'Auxerrois.

1775 Roettiers de la Tour, rue Chapon.

1775 Angelefme de Saint Sabin, rue & hôtel Serpente.

M. Suë, Chirurgien ordinaire de l'Hôtel de Ville.

Lottin, aîné, *Imprimeur-Libraire du Roi & ordinaire de la Ville,* rue Saint Jacques.

PAYEURS DES RENTES de l'Hôtel de Ville,

affignées fur les Aides & Gabelles,

Suivant l'Ordre de Réception. MESSIEURS,

1723 DElarue, *Doyen.*	1758 Tevenin de Margency.	1767 Rouillard.
1727 Le Bas de Courmont.	1758 Patu.	1768 Goffey.
1736 Gaultier.	1758 Maffon.	1768 Vieillard.
1737 De Fays.	1761 Defplaffes de la Marque-trie, *ancien.*	1768 Quatrefoux de la Motte.
1744 Marfollier des Vivetieres.	1761 De Saint Jan-vier.	1768 Defplaffes de Montgobert, 1er *Syndic.*
1747 Nau.	Penchein.	1768 France de Croiffet, *Tréforier.*
1747 Caron.	1763 Bofcheron.	
1748 Le Noir.	1765 Defpeignes, 2e *Syndic.*	1768 Creuzé.
1756 Aliffant de Chazet.	1765 Lempereur.	1768 Cochin.
1758 Radix de Che-villon.	1766 Grillon des Chapelles,	1769 Boutray.
		1770 Cauchy.

Payeurs Honoraires. Messieurs,

1733 Du Moueceaux, rue Poiſſonniere.
1749 Sauvage, rue des vieilles Audriettes.

Comité de 1778. *Messieurs,*

De la Rue, *Doyen.*	Caron.	Quatreſoux de la
Le Bas de Cour-	Penchin.	Motte.
mont.	L'Empereur.	Desplaces de Mont-
Nau.	Vieillard.	gobert, 1ᵉ *Syndic.*

Tous les Jeudis, excepté les fêtes, il y a Aſſemblée à quatre heures de relevée, en la Maiſon des RR. PP. de la Mercy, rue du Chaume, tenue par Meſſieurs du Comité, concernant le payement des rentes. Ceux qui auront quelques difficultés à propoſer, ou quelques pieces à produire au Comité, ſont priés de les communiquer, la veille au plus tard, à quelqu'un du Comité.

Contrôleurs , *Messieurs ,*

1742 DEflandre, *ancien, Doyen.*
1745 Fournier.
1746 Trumeau.
1749 Pelart , *Syndic.*
1749 Quentin.
1752 Leblanc, *alternatif.*
1758 Le Blond.
1758 Bontemps.
1758 Riboutté.
1758 Doré.
1758 Nicque.
1759 Hecquet, *alt.*
1760 Doucet.
1760 Gentil.
1760 Langlois , *alternatif.*
1760 Lafargue, *ancien.*

1762 Chapus.
1763 Denuelle.
1763 Lefebvre.
1763 De Rouville, *ancien.*
1764 Robin Dubos.
1764 Macquer, *ancien.*
1764 Duchesne, *ancien.*
1764 Henocque.
1765 Dorez, *alternatif.*
1765 Gervais, L. *ancien.*
1765 Gervais, J. *alternatif.*
1768 Bouché de Longchamps, *ancien.*
1768 Deseſtre , *alternatif.*

1768 Gromaire de Rougerie, *alternatif.*
1768 Thion de la Chaume, *alternatif.*
1774 Pivert , *alternatif.*
1774 De la Croix, *ancien.*
1774 Collibeaux , *alternatif.*
1774 Charpit de Villecourt.
1774 Robert , *ancien.*
1774 Le Duc , *alternatif.*
1774 Dufour Delpit.
1775 Varnier de la Gironde.

Payeurs des Rentes, & leurs Contrôleurs, par ordre de Parties.

MESSIEURS,

Premiere Partie.

Vendr. {L'Empereur, *Payeur,* rue Vivienne.
Varnier de la Gironde , *Contrôleur,* rue Montmartre, vis-à-vis Saint Pierre.

2. Partie.

Vendr.
Bofchéron, *Payeur*, rue Pavée Saint André des Arts.
De Flandre, *Contrôleur ancien*, place des Victoires, près la rue des Foſſés.
Defeſtre, *Contrôleur alternatif*, rue Portefoin.

3. Partie.

Samedi.
Goſſey, *Payeur*, rue Charlot, ancien hôtel de Saurois.
S'adreſſer à M. Pichault, rue des Blanc-Manteaux.
Charpit de Villecourt, *Contrôleur*, rue Geoffroi-Laſnier.

4. Partie.

Jeudi.
Grillon des Chapelles, *Payeur*, rue de Montmorency.
Fournier, *Contrôleur*, rue Saint Antoine, vis-à-vis la rue Geoffroy-Laſnier.

5. Partie.

Mardi.
Cauchy, *Payeur*, rue Montmartre, près la rue de la Juſſienne.
Trumeau, *Contrôleur*, rue Bardubec.

6. Partie.

Samedi.
Caron, *Payeur*, rue & île Saint Louis. Sa Boîte chez M. Charpentier, rue des deux Portes Saint Sauveur.
Pelart, *Contrôleur*, quai d'Orléans, île Saint Louis, chez le Notaire.

7. Partie.

Jeudi.
Le Bas de Courmont, *Payeur*, rue de Menars.
Quentin, *Contrôleur*, vieille rue du Temple, près la rue des Franc-Bourgeois.

8. Partie.

Samedi.
Defpeigne, *Payeur*, cour de Lamoignon au Palais. Sa Boîte chez lui, ſon Bureau rue Vivienne, maiſon de M. Marſolier.
Pivert de Senancourt, *Contrôleur alternatif*, rue Beaurepaire, vis-à-vis l'Hôtel d'Angleterre, & *Commis à l'exercice d'ancien.*

9. Partie.

Samedi.
Delarue, *Payeur*, rue de Montmorency.
Le Duc, *Contrôleur*, place de l'École.

10. Partie.

Vendr.
Penchein, *Payeur*, rue Poiſſonniere. Sa Boîte chez M. Corpentier, rue Meſlé, près la rue St Martin.

Le Blanc, *Contrôleur alternatif*, rue Dauphine.
Bouché de Lonchamps, *Contrôleur ancien*, rue Aubri-
Boucher.

11. *Partie.*

Boutray, *Payeur*, rue des Tournelles, au coin de la
rue la de Mule.
Thion de la Chaume, *Contrôleur alternatif*, rue &
vis-à-vis Sainte Croix de la Bretonnerie.
De la Croix, *Contrôleur ancien*, rue Pavée St André.

12. *Partie.*

Aliffant de Chazet, *Payeur*, rue neuve des Petits
Champs, près la rue d'Antin.
Dufour Delpit, *Contrôleur*, marché aux Poirées.

13. *Partie.*

Marfollier de Vivetieres, *Payeur*, rue Vivienne.
Le Blond, *Contrôleur*, quai Dauphin, île St Louis,
au coin de la rue Poultiere.

14. *Partie.*

Nau, *Payeur*, rue des quatre Fils, au Marais.
Bontemps, *Contrôleur*, rue neuve Saint Martin, près
la Porte.

15. *Partie.*

Defays, *Payeur ancien*, rue Simon-le-Franc.
Riboütté, *Contrôleur*, Fauxbourg & vis-à-vis Saint
Lazare.

16. *Partie.*

Le Noir de Maizieres, *Payeur*, rue Michel-le-Comte.
Doré, *Contrôleur*, rue des Bourdonnois.

17. *Partie.*

Cochin, *Payeur*, rue St Jacques, vis-à-vis le petit Marché. Sa Boîte chez M. Chenneviere, rue de Tournon, au petit Hôtel de Valois.
Nicque, *Contrôleur*, quai de l'Horloge.

18. *Partie.*

Radix de Chevillon, *Payeur*, rue de Montmorency.
Sa Boîte chez M. Garçon, rue du Mail près la rue
Montmartre.
Doucet, *Contrôleur*, rue Saint Thomas du Louvre,
près la place.

19. *Partie.*

Lundi. { Thevenin de Margency , *Payeur*, boulevart de la rue Montmartre & Poiſſonniere. Sa Boîte chez M. Baſ. tien, rue Charlot au Marais.
Gentil , *Contrôleur*, rue de Condé , vis-à-vis la rue des Quatre Vents.

20. *Partie.*

Jeudi. { De Saint-Janvier , *Payeur*, rue du Sentier , au bout de la rue du gros Chenet.
Langlois , *Contrôleur alternatif*, rue de la Féronnerie , vis-à-vis la rue des Déchargeurs...
Robert, *Contrôleur ancien* , cour de Lamoignon.

21. *Partie.*

Vendr. { Patu , *Payeur* , rue Notre-Dame de Nazareth.
La Fargue, *Contrôleur ancien* , rue de l'Echelle Saint Honoré , vis-à-vis la rue Saint Louis.
Dorez , *Contrôleur alternatif*, rue des Mauvais-Garçons, au coin de la rue de la Tiſſeranderie.

22. *Partie.*

Vendr. { Rouillard , *Payeur*, rue d'Enfer Saint Michel , vis-à-vis la Meſſagerie de Saulx.
Gervais , L. *Contrôleur ancien* , rue des Tournelles.
Gervais , J. *Contrôleur alternatif*, rue de Popinçourt vis-à-vis la rue Saint-Sébaſtien,

23. *Partie.*

Lundi. { Maſſon , *Payeur*, rue du Temple , vis-à-vis l'Hôtel Montbas.
Chapus , *Contrôleur*, rue de Cléry, près celle du gros Chenet.

24. *Partie.*

Mardi. { Desplaſſes de la Marquetrie , *Payeur ancien*, rue d'Enfer , vis-à-vis le Luxembourg.
Desplaſſes de Mongobert, *alternatif*, même demeure. Leur Boîte chez M. de Chennevieres, rue de Tournon , à l'ancien hôtel de Valois.
Denuelle , *Contrôleur*, rue Sainte Anaſtaſe, au Marais.

25. *Partie.*

Mardi. { Vieillard , *Payeur*, rue Grange Batteliere. Sa Boîte, chez M. Baſtien , rue Charlot au Marais.
Lefebvre , *Contrôleur*, rue Grenier Saint Lazare.

26. *Partie.*

Lundi. { Quatrefoux de la Motte , *Payeur*, vieille rue d Temple , vis-à-vis l'Hôtel de Soubiſe.

Lundi. { De Rouville, *Contrôleur ancien*, rue Clocheperce.
Gromaire de Rougerie, *Contrôleur alternatif*, rue Saint Honoré, aux grandes Ecuries du Roi.

27. Partie.

Mercr. { France de Croiffet, *Payeur*, rue du Chaume au Marais.
Robin Dubos, *Contrôleur*, rue des Tournelles, près celle du Pas de la Mule.

28. Partie.

Lundi. { Creuzé, *Payeur*, rue Notre-Dame des Victoires.
Macquer, *Contrôleur ancien*, rue Montmartre, près Saint Jofeph.
Hecquet, *Contrôleur alternatif*, rue de la Harpe, au coin de la rue Pierre Sarrazin.

29. Partie.

Lundi. { Grillon des Chapelles, *Payeur*, commis à l'exercice.
La Boîte chez M. Certain, rue neuve Saint Euftache.
Duchefne, *Contrôleur ancien*, rue Saint-André-des-Arts, près la rue Gift-le-Cœur.
Collibeaux, *Contrôleur alternatif*, rue neuve Saint Euftache.

30. Partie.

Mercr. { Gaultier, *Payeur*, place des Victoires. Sa Boîte chez M. Garçon, rue du Mail, près la rue Montmartre.
Henocque, *Contrôleur*, rue du Gros Chenet, près la rue du Croiffant.

Contrôleurs Honoraires. Meffieurs,

Thiérot, rue Hyacinthe, porte Saint Michel.
Lafnier, rue & près la Monnoie.
Thoré, rue des Blanc-Manteaux, près la rue du Chaume.
Wilmot, rue Thevenot, vis-à-vis la rue des deux Portes.
Le Sieur Senoble, *Agent de la Compagnie de MM. les Contrô-leurs*, rue du Monceau, vis-à-vis l'Orme Saint Gervais.

Rentes de l'Hôtel-de-Ville affignées fur le Clergé, Meffieurs,

Premiere Partie.

Mardi. { Roberge de Boismorel, *Payeur*, rue des Lions Saint Paul, à l'hôtel de Chevrier.
Badoulleau, *Contrôleur ancien*, rue Saint Martin, près la rue Maubuée.
Huguenin-Richer, *Contrôleur alternatif*, rue Saint Martin, au Bureau des Tapifliers.

B b iiij

2. Partie.

Vendr. { Pincemaille de Ploij, *Payeur*, rue du Roi doré, au Marais. Sa Boîte chez le fieur Giblain, rue Geoffroy-Langevin.
Sutat, *Contrôleur ancien*, rue Beauregard, vis-à-vis la rue Saint Etienne.
Hamel, *Contrôleur alternatif*, rue neuve Saint Merry, en face du cul-de-fac.

3. Partie.

Jeudi. { Dutartre de Bourdonné, *Payeur*, vieille rue du Temple, hôtel de la Tour du Pin.
Jourdain, *Contrôleur ancien*, rue Montmartre, vis-à-vis la rue de la Juffienne.
Badouleau, *Contrôleur alternatif*, rue de là grande Truanderie, près la rue Comtefle d'Artois.

Rentes affignées fur les Tailles.

MM. les Receveurs Généraux des Finances de la Généralité de Paris payent tous les jours. { Meulan pere, paye les rentes fur les Tailles de l'exercice 1762, & autres exercices *pairs* antérieurs, rue & près les Capucines.
Meulan fils, même demeure, *année impaire.*
Burbaud, *Contrôleur*, rue Saint Paul.

Rentes fur le Domaine de la Ville ; & Rentes Viageres de la Compagnie des Indes.

La Caiffe eft à l'Hôtel-de-Ville ; & c'eft-là qu'il faut s'adreffer lorfque l'on a à prendre des éclairciffemens. Les payemens fe font les vendredis & famedis matin.

────────────

Bureaux de M. le Prévôt des Marchands, Meffieurs,

D E Saint-Seine, Avocat en Parlement, *Premier Secrétaire* rue Culture Sainte Catherine, vis-à-vis les Filles bleues.

Monjardet, pour la Capitation & Vingtiemes, rue de la Perle, au Marais.

Le Quefne, Avocat en Parlement, à l'hôtel de M. le Prévôt des Marchands, rue du grand Chantier.

Directeur Général des Domaines & Octrois de la Ville.

1773 M. De Saint-Seine, Avocat en Parlement, rue Culture Sainte Catherine.

77 Lequefne, Avocat en Parlement, *furvivancier & Adjoint,* rue du grand Chantier.

Bâtimens de la Ville.

63 M. Moreau, Ecuyer, Architecte du Roi, de l'Académie royale d'Architecture, rue de la Mortellerie, à l'Arfenal de la Ville. *Maître général, Contrôleur & Infpecteur, Garde des Fontaines publiques & Maître des œuvres de Charpenterie.*

Infpecteurs, Meffieurs.

37 Alouis, rue de la Mortellerie, au bureau des Maîtres Mâçons.

66 Corbet, *en furvivance,* rue Saint Louis, au coin de la rue neuve Saint Gilles.

70 Picard, rue des foffés Saint Germain l'Auxerrois.

Infpecteurs des Fontaines publiques, Meffieurs.

63 Delaiftre, vieille rue du Temple, près celle de Bercy.

66 Callou, rue de la Vannerie, près la Grève.

JURISDICTION DU GRENIER A SEL DE PARIS.

LEs Officiers du Grenier à Sel ont leur Jurifdiction dans la rue des Orfévres, qui aboutit à la rue Saint Germain l'Auxerrois, entre la Chapelle aux Orfévres & le Grenier à Sel.

Ils donnent leurs Audiences tous les Lundis, Mercredis & Samedis de l'année jufqu'au premier Octobre; & encore tous les Jeudis depuis le premier Octobre jufqu'au premier Février: les mêmes jours l'on fait la diftribution du Sel au Public; fçavoir les quarts de minot, le Mercredi & le Samedi; les autres jours d'ouverture, on délivre les minots & demi-minots.

EXERCICE DE L'ANNÉE 1778.

67 M. Charlier, *Préfident ancien,* quai d'Anjou, defcente du pont Marie.

Confeillers. Meffieurs,

47 Defrues, *Grenetier ancien & mitriennal,* rue Saint Honoré, près la rue des Déchargeurs.

76 Sageret, *Contrôleur alternatif,* Pont au Change.

63 De la Hogue, *Lieutenant ancien,* rue de la Chanverrerie.

. . . . , *Contrôleur Garde des grandes & petites Mefures,* rue . . . .

Gens du Roi. Messieurs,

1762 Couturier, *Avocat du Roi ancien*, rue Geoffroy - Lan gevin.

1770 Bachelier, *Procureur du Roi ancien*, rue Bourtibourg.

1763 Goblet, *Avocat du Roi*, rue & vis-à-vis Sainte Croix d la Bretonnerie.

Greffier.

1770 Groux, *Greffier triennal*, rue Saint-Antoine, à côté de l rue des Ballets.

Premier Huissier.

1764 Me Comartin, rue de la vieille Monnoie.

Receveur.

1755 M. Toufard, rue Sainte Croix de la Bretonnerie.

Inspecteur au renversement des Sels.

1762 Guillemin, rue Saint Pierre, quartier Montmartre.

M^{rs} { Bougier, rue Quincampoix.
Blandin, rue Saint Honoré, cloître des
Jacobins. } *Inspecteurs a Grenier à Se*

Exercice de l'Année 1779.

1762 M. Mertrud, *Président alternatif*, rue Saint Antoine, a coin de la rue Percée.

Conseillers. Messieurs,

1775 Bourliez, *Grenetier alternatif & mitriennal*, rue de la Vieill Monnoie.

1770 Bazin, *Contrôleur ancien*, rue Saint Denis, près le Sé pulcre.

1770 Menard, *Lieutenant alternatif*, rue Saint Honoré, pr la rue des Bourdonnois.

1750 Florée, *Contrôleur Garde des grandes & petites Mesures* place Vendôme.

Gens du Roi. Messieurs,

1762 Couturier, *Avocat du Roi ancien*, rue Geoffroy-Lar gevin.

1768 Prevost de Villers, *Procureur du Roi alternatif*, rue M chel-le-Comte.

1763 Goblet, *Avocat du Roi*, rue & vis-à-vis Sainte Croix c la Bretonnerie.

Greffier.

56 M. Collette, *Greffier alternatif*, rue Saint Jacques, vis-à-vis la Visitation.

Premier Huissier.

64 Mᵉ Comartin, rue de la vieille Monnoie.

Receveur.

55 M. Tousart, rue Sainte Croix de la Brétonnerie.

Inspecteur au renversement des Sels.

62 Guillemin, rue Saint Pierre, quartier Montmartre.

rs {
Bougier, rue Quincampoix.
Blandin, rue Saint Honoré, cloître des
Jacobins.
} *Inspecteurs au Grenier à Sel en 1778.*

rs {
1756 Bougier, *Contrôleur triennal*, rue Saint-Denis, vis-à-vis les Innocens.
1765 Bureau, *Greffier ancien*, cloître Saint-Germain-l'Auxerrois.
} *Exercent de trois ans l'un; leur exercice sera en 1777.*

M. de Vernon, *Directeur*, à l'hôtel de Longueville.

JURISDICTION CONSULAIRE.

* L'Election annuelle des Juge & Consuls se faisant le 28 de Janvier, l'on ne peut donner les noms & demeures que de ceux qui ont exercé en l'année antécédente à celle de l'Édition de cet Ouvrage.

Juge & Consuls. Messieurs,

Juge. {
Cottin, *du Corps des Marchands de Vins*, rue de la Vrilliere.
}

Consuls. {
Bourgeois, *du Corps de la Pelleterie-Bonneterie-Chapelerie*, cloître Sainte Opportune.
Chrétien des Ruslais, *du Corps de la Draperie-Mercerie*, rue des Mauvaises Paroles.
Breton, *du Corps des Marchands Orfèvres, Tireurs d'or & Batteurs d'or*, quai des Morfondus, près la rue du Harlay.
Lorin, *du Corps de l'Epicerie*, rue Montmartre, au coin de celle Plâtriere.
}

Anciens Juges. Messieurs,

Années d'Election de		Années d'Election de	
Cons.	Juges.	Cons.	Juges.
1744	1751 M. Ant. Nau, *Doyen.*	1752	1760 Cochin.

1757	1762 Jordain.	1756	1772 De Varenne
1757	1763 Florée.	1757	1773 Gillet.
1752	1766 Hennique.	1763	1774 Vancquetin.
1762	1769 Cagniard.	1761	1775 Richard.
1767	1770 } Le Breton.	1766	1776 Noel.
	1771 }		

Anciens Confuls. *Meffieurs ,*

1741 Darlot.	1768 Boiffeau.	1772 Gautier.
1753 & 1754 Abra-	1768 Michelet.	1772 De Lorme.
ham.	1769 Saillant.	1773 Bougier.
1753 & 1754 Petit.	1769 De la Pierre.	1773 Le Clerc.
1758 De Vin.	1769 De la Motte.	1773 Boullenger.
1759 Ceffac.	1769 Demoret, L.	1774 Jard.
1760 Daudin.	1770 } Guyot.	1774 Incelin.
1761 Picéard.	1771 }	1775 Leger.
1762 Brignon.	1770 } Quatremere.	1775 Verron.
1762 Vieillard.	1771 }	1775 Bellot.
1763 Le Bel.	1770 } Millot.	1775 Gros.
1764 Lavoyepierre.	1771 }	1776 Pochet.
1765 Hudde.	1770 } Billard.	1776 Demoret, J.
1766 Julien.	1771 }	1776 Le Prieur.
1767 Nau.	1772 De Saint-Jean.	1776 Spire.
1767 Bayard.		

Greffiers en Chef. *Meffieurs ,*

1737 Thereffe de la Foffée, enclos de la Jurifdiction.
1768 Thomas, enclos de la Jurifdiction.
1770 Boutard, enclos de la Jurifdiction.

Greffiers du Plumitif. *Meffieurs ,*

1753 Duval, rue de Grenelle Saint Honoré.
1766 Thomas de Creteil, enclos de la Jurifdiction.
1767 Hainfray, rue Brifemiche.
1768 Thomas l'aîné, cloître Saint Merry.
1775 Lobjeois, rue Oignard.

Aumônier.

M. l'Abbé Quefnaux.

Huiffiers Audienciers. *Meffieurs ;*

Sauvage, rue des Lombards.   Dubloc, rue de Montmorency.
Mauge, quai Pelletier.   Bedel, rue Jean de Lépine.

Agréés par MM. les Confuls pour porter la parole à l'Audience.

MESSIEURS ,

Liger de Romainville, rue de   Aubert, rue de la Verrerie,
   la Poterie.   près la rue de la Poterie.
Benoift, rue Simon-le-Franc.   Gorneau, cloître Saint Merry.

Anquetil, rue de la Verre-rie, vis-à-vis le cloître Saint Merry.

Luce, rue Saint Martin, vis-à-vis Saint Merry.

Goffe, rue Saint Denis, vis-à-vis les Innocens.

Trefpaigne, rue de la Verre-rie, près la Tête noire.

Thomas de Saint Bon, rue de la Verrerie, vis-à-vis l'Hôtel de Pomponne.

Thierriet, r^e Jean-Pain-Mollet

Goron, rue de la Lanterne.

La Jurifdiction Confulaire eft compofée d'un Juge & de quatre Confuls, qui donnent Audience les Lundi, Mercredi, & Vendredi, du matin & de relevée; le Siége de cette Jurifdicion eft fitué cloître & derriere Saint Merry. Elle eft érigée par Edit du Roi Charles IX. donné à Paris au Mois de Novembre 1563. L'Élection des Juge & Confuls fe fait tous les ans, conformément à l'Édit d'érection, & à la Déclaration du Roi du Mois de Mars 1728. Le Juge eft choifi dans le Collége des anciens Confuls.

OFFICIERS GARDES DU COMMERCE,

créés par Edit du Roi du Mois de Novembre 1772.

MESSIEURS,

BOuton, *Doyen*, quai des Céleftins.

Defparvier Degroftoine, rue Saint Antoine, vis-à-vis l'Hôtel de Beauvais.

Fortin, r^e de Charenton, p^s la r^e Traverfiere, Fauxb. St Antoine.

Jonglas, rue Montmartre, au petit Hôtel de Charoft.

Lapierre, paffage du quaï de Gèvres.

Chabron, rue Michel le Comte.

Refnel, cour du Mai, au Palais, au Bureau des Finances.

Huillier, rue Saint Denis, vis-à-vis la rue Perrin Goffelin.

. . . .

Le Bureau rue Saint Germain l'Auxerrois, en face de la rue Pertinpoirée.

Bailliage & Capitainerie Royale des Châffes de la Varenne du Louvre, grande Vennerie & Fauconnerie de France.

48 **M.** Le Duc de la Valliere, *Bailli & Capitaine*, rue du Bacq, Fauxbourg Saint Germain.

75 M. le Duc de Coigny, *en furvivance*, rue Saint Nicaife.

Ôffïçiers èn Charge, Messieurs,

Caron de Beaumarchais, *Lieutenant Général*, vieille rue (
Temple, hôtel d'Hollande.

Le Comte de Marcouville, *Lieutenant de Robe-courte*, rue
chauſſée d'Antin.

Lhuillier, *premier Lieutenant*, rue & fauxbourg Saint Honor
. . . . . . *ſecond Lieutenant*, rue . . . .

De Vin de Galande, *Procureur du Roi*, rue neuve Sai
Merry.

De Vin de Fontenay, *en ſurvivance*, rue neuve Saint Merry

Le Comte de Rochechouart, *premier ſubſtitut du Procureur*
Roi, rue & près la barriere de Grenelle.

Genée de Brochot, *ſecond Subſtitut du Procureur du Ro*
vieille rue du Temple, cul-de-ſac d'Argenſon.

De Vitry, *Greffier en Chef*, rue des foſſés Saint Victor, vis-
vis la Doctrine Chrétienne.

Nau, *Garde-Scel*, rue des quatre Fils, au Marais

Le Couteux de Moley, *Inſpecteur général*, rue Montorgueil.

Famin, *premier Exempt*, rue des Prouvaires.

Korneman, rue Saint Martin, vis-à-vis la rue Grenier Saint Lazare.

Poſthaire de Bretfez, en Province.

Deſplaces de Montgobert, rue d'Enfer, près le Luxembourg.

Bodaſſe, rue Saint Denis, près la rue du Petit Lion.

Le Caron de Fleury, rue des Ballets.

Deſplaces de la Marquetrie, rue d'Enfer, près le
Luxembourg.

D'Eugny Daudeberg, en Province.

Fromage, rue de Bourbon.

Aubert, aux petites Ecuries du Roi, Fauxb. St Denis.

Baret, rue du Roi de Sicile.

Remi, rue des grands Auguſtins, fauxb. St Germain.

Bourgeot, *Receveur des Amendes*, rue des Singes.

Buret, *Voyer*, à l'hôtel des Invalides.

Denis, *en ſurvivance*, rue Saint Jacques, vis-à-vis le Coll
du Pleſſis.

. . . . . . , *Renardier*, à . . . . .

Exem

Officiers *par Commiſſion du Roi.*

Messieurs,

Beaujon, *Lieutenant*, Fauxbourg Saint Honoré, à l'anc
hôtel d'Evreux.

Montaran, *Avocat du Roi*, rue du grand Chantier.

erbier, *fecond Avocat du Roi*, quai des Théatins.

evaffeur, *Confeiller du Roi*, rue de Buffy.

oudot, *Confeiller du Roi*, rue de la Tifferanderie, en face de la rue du Mouton.

anjou, *Confeiller du Roi*, rue Pavée Saint André.

ainfrais, à Villejuif.

ecouleur, *Receveur des Amendes*, en fon Bureau rue Copeau, vis-à-vis l'ancien corps-dé-garde des Gardes Françoifes.

uret, *Contrôleur des Amendes*, rue Tranfnonain.

auvarlet, *Premier Huiffier-Audiencier*, rue du Petit-Bourbon, au coin de la rue de Tournon.

lavel, *fecond Huiffier*, rue des petits Champs Saint Martin.

uchet, *Huiffier de fervice*, au Temple, cul-de-fac du petit Broc.

Officiers par Commiffion du Capitaine.

le Lalive de Pailly, *Sous-Lieutenant*, rue neuve de Luxembourg.

le Mazade de Breffon, *Infpecteur-Lieutenant*, rue des Capucines.

odard d'Aucourt, *Infpecteur général*, rue Vivienne.

e Chevalier d'Argens, *Infpecteur honoraire*, rue Valois au Roule

. . . .

audon, *Infpecteur*, rue de Richelieu, vis-à-vis celle Feydeau.

illet, *Infpecteur*, au grand Montrouge.

le la Fontaine, *Infpecteur*, à Verriere.

a Benardiere, *Infpecteur*, vieille rue du Temple.

éliotte, *Exempt*, place des Victoires.

ournigal, *Exempt*, aux petites Ecuries du Roi, Fauxbourg Saint Denis.

acot, *fecrétaire*, rue du Bacq, hôtel de la Valliere.

ornette de la Miniere, *Tréforier*, hôtel de Coigny, rue Saint Nicaife.

Les Audiences fe tiennent le Lundi au Château du Louvre, e quinzaine en quinzaine, dix heures du matin.

Bailliage & Capitainerie Royale des Chaffes de la Varenne des Tuileries.

749 **M.** Le Maréchal Prince de Soubife, *Bailli & Capitaine*, en fon hôtel, rue de Paradis.

OFFICIERS, MESSIEURS,

le Chamilly, *Lieutenant Général*, rue St Honoré, aux grandes Ecuries du Roi.

Pannelier, *Sous-Lieuten.*, rue des Nonaindieres, hôtel Ste Croi

Lieutenant de Robe-longue.

M. Doulins des Portes, quai d'Anjou, île Saint Louis.

Gens du Roi, Messieurs,

De Ribes, *Avocat du Roi*, en Province.

Hariague de Guibeville, *Procureur du Roi*, rue Vivienne.

Veron, *Substitut*, place de Louis XV.

De Caze, *Inspecteur général de la Capitainerie*, rue des Champ Elisées.

Ruffier, *Conseiller-Garde-Scel*, rue de Berry, au Marais.

Outrequin, *Greffier en Chef & Plumitif*, rue Couture Sain Catherine.

Exempts, MESSIEURS,

Pillet, rue d'Orléans, au Marais.

Cottin, place de Louisle Grand.

Delisle, Fauxbourg Saint Honoré, vis-à-vis l'hôtel du Garde-Meuble.

Giambone, rue de Bondy, boulevart Saint Martin.

Taffin de l'Etang, rue neuv des petits Champs, vis-à-v la rue neuve des Bons En fans.

Mallet, rue Quincampoix.

Outrequin de Montarcy, ru Couture Sainte Catherine

De Boisneuf, *Receveur des Amendes*, rue Portefoin.

Perrot, *Voyer*, rue Beaubourg.

Officiers par Commission. Lieutenans, Messieurs,

Le Laboureur, rue des Minimes.

D'Hemery, rue neuve des Capucines, au coin de la rue d Louis le Grand.

Dubois, rue Meslé.

Jollivet de Vannes, rue de Bondy.

Perrier, au vieux Louvre.

Lucet, *Secrétaire Général & Greffier*, hôtel de Soubise.

Blesbois de la Garenne, *Commis-Voyer*, rue Saint Martin, vis à-vis le Bureau des Tapissiers.

Boudy, *Huissier*, au Temple.

. . . . . , *Inspecteur*, ...

Il y a en outre un Sous-Inspecteur, & des Gardes par Com mission, dans tel nombre que **M. le** Bailli & Capitaine le juge propos.

Les Audiences se tiennent le Lundi au Palais des Tuileries.

apitainerie *Royale des Chasses de Vincennes. Celle de Livry lui*
est réunie.

MOnseigneur LE DUC D'ORLÉANS, *Capitaine.*
Monseigneur LE DUC DE CHARTRES, *en survivance.*
M. le Marquis de Poyanne, *Capitaine en second*, grande rue du
 Fauxbourg Saint Honoré, vis-à-vis la rue d'Aguesseau.

Officiers en Charge. MESSIEURS,

De Vilevault, *Lieutenant général de Robe longue*, rue St Marc.
De Pâris de la Brosse, *Lieutenant particulier de Robe longue*,
 rue de Vendôme.
Choulx de Biercourt, *Lieutenant de Robe-courte*, rue des
 Balets, Hôtel de la Force.
Girardot de Launay, *Sous-Lieutenant*, à Launay, près Ville-
 monble.
Millin du Perreux, *Avocat du Roi*, rue Vivienne.
Marchand, *Avocat du Roi honoraire*, rue Michel-le-Comte.
De Maslon de Bercy, *Procureur du Roi*, rue de Thorigny.
De Maslon de Bercy fils, *en survivance*, même demeure.
Martel, *Greffier en chef*, rue Coquillière.
Gaudissart, *en survivance & adjoint*, rue de Menars, au coin de
 celle de Grammont.
De Saint-Hilaire, *Exempt*, rue du fauxbourg Saint Honoré,
 hôtel d'Evreux.

Officiers par Commission.

Barbier, *Substitut* rue Saint Antoine, cul-de-sac de Guémené.
Clouet, *Adjoint*, à l'Arsenal, cour des Salpêtres.
Catu des Hauts-Champs, *Exempt*, rue N.-D. de Nazareth
Giambonne, *Exempt*, rue de Bondy, porte Saint Martin.
Texier de Montainville, *Trésorier & Receveur des Amendes*, rue
 Aumaire.
Imbert, *Commis Greffier*, place des Victoires.
Tienot, *Commis Greffier*, à Vincennes.
Demaistre, Baron de Vaujour, Chevalier de l'Ordre Royal &
 Militaire de Saint Louis, *Conservateur*, rue de Montmorency.
Demaistre fils, Baron de Vaujour, *en surviv.* même demeure.
Berson, *Inspecteur*, à Bondy.
vin de Princey, *en survivance*, même demeure.
oudin, *Huissier*, à Vincennes.
Deux Brigadiers.
Onze Gardes à cheval.
Treize Gardes à pied.

1778.   Cc

CAPITAINERIE Royale des Chasses de Senart, créée par Edit du mois de Novembre 1774.

MONSIEUR, frere du Roi, Capitaine.

M. le Marquis de Montesquiou, Capitaine en second, rue de l'Université.

Officiers en Charge, Messieurs,

Desallier-d'Argenville, *Lieutenant général de Robe Longue*, rue du Temple, près la rue Patourelle.

Savart, *Lieutenant général de Robe Courte*, rue Saint Antoine, vis-à-vis la Visitation.

Regnault de Saint Germain, *Lieutenant Particulier*, rue des Champs Elisées.

Maigret, *Avocat du Roi*, rue des Tournelles.

De Quevremont de la Motte, *Procureur du Roi*, rue du Bout du Monde.

Godefroy, *Greffier en Chef*, à Villeneuve Saint Georges.

Godefroy, *Trésorier, Receveur des Amendes*, rue des Francs-Bourgeois, Saint Michel.

Officier par commission du Roi, Messieurs,

De la Mouche, *Lieutenant général de Robe Longue en second*, rue de Bretonvilliers.

Le Chevalier Descorches de Sainte-Croix, *Conseiller, Lieutenant*, à Montgeron.

Officiers par commission, Messieurs,

Vienot, *Conseiller*, à Vincennes.

Talbot, *Conseiller*, aux Ecuries de MONSIEUR.

Boullet, *Substitut du Procureur du Roi*, à Montgeron.

Poncet, *Secrétaire général de la Capitainerie*, à l'hôtel de Montesquiou, rue de l'Université.

Thomas de Dancourt, *Huissier*, à Villeneuve-Saint-Georges.

Dasse, *Inspecteur*, à Montgeron.

Nortier, *Sous-Inspecteur*, à la Tour.

Heron, *Rechasseur*, aux Ecuries de Monsieur.

Il y a en outre un Sous-Inspecteur des Brigadiers & des Gardes par commission, tant à cheval qu'à pied, dans tel nombre que Monsieur le Capitaine le juge à propos.

Les Audiences se tiennent, de quinzaine en quinzaine, à 10 heures du matin à Montgeron.

Capitainerie Royale des Chasses de Saint-Germain-en-Laye. Voyez l'Edition de 1777, page 402.

Capitainerie Royale de Montceaux, Plaine & Varenne de Meaux.
Voyez l'Édition de 1777, page 402.

Capitainerie Royale des Chaffes de Meudon, créée par Edit du mois d'Avril 1773. Voyez l'Édition de 1777 page 403.

Bailliage du Temple.

M. Le Paige, *Avocat au Parlement, Bailli général du Grand-Prieuré de France & du Temple,* au Bailliage, enclos du Temple.

Le Paige, *Avocat aux Confeils du Roi, Lieutenant,* rue de la Tifferanderie.

Formé, *Procureur Fifcal,* rue de l'Obfervance, près les Cordeliers.

Boudy, *Greffier,* au Bailliage du Temple.

Luchet, *Huiffier Audiencier,* enclos du Temple, cul-de-fac du petit Broc.

Dufrancaftel, *Huiffier-Prifeur,* rue du Battoir, près la rue de l'Éperon.

Loze, *Chirurgien Juré du Bailliage.*

Les Audiences le Lundi, à trois heures de relevée.

Bailliage de Saint-Jean de Latran.

M. Gelez, *Bailli général,* rue Baillette.

M. Jurien, Procureur au Châtelet, *Procureur Fifcal,* rue de la Harpe vis-à-vis la rue des deux Portes.

Terrier, *Greffier & Receveur des Amendes,* cl. St Jean de Latran.

De Gaulle, *Huiffier-Commiffaire-Prifeur,* rue & vis-à-vis Saint Severin.

Boudeville, *Huiffier,* rue Saint Jacques, vis-à-vis le Pleffis.

Les Audiences le Lundi, à trois heures de relevée.

Bailliage de l'Abbaye Royale de Saint-Germain des Prés.

M. Laget-Bardelin, Avocat au Parlement, *Bailli,* rue de la Harpe, vis-à-vis la rue des Cordeliers.

Formé, *Procureur Fifcal,* rue de l'Obfervance, près les Cordeliers.

Cordier, Notaire, pour la confection du Papier Terrier, rue du Four Saint Euftache.

Cadet, *Greffier,* rue Cardinale, au Bailliage du Palais Abbatial.

Huiſſiers.

. . . . . *premier Huiſſier*, rue . . .
Vanier, *Huiſſier,* cour Conventuelle, Abbaye Saint Germain.
Mabille, *Huiſſier-Priſeur*, rue de Condé.
Les Audiences le Mardi & le Vendredi, à trois heures de relevée.

Bailliage de Saint-Martin des Champs.

M. Sallé, Avocat au Parlement, de l'Académie de Berlin ;
. *Bailli*, cour conventuelle, au Bailliage.
Pichard, *Lieutenant*, rue des Nonaindieres.
Regnard de Barantin, *Procureur Fiſcal*, rue du Renard Saint Sauveur.
Debret, *Greffier*, enclos Saint Martin, rue Henri premier.
Choquet, *Huiſſier-Audiencier*, rue Saint Martin, vis-à-vis la rue Guerinboiſſeau.
Serreau, *Huiſſier-Priſeur*, quai de Bourbon, île Saint Louis.
Les Audiences le Jeudi, à quatre heures de relevée.

Bailliage de Sainte Généviéve.

M. Baſly, Procureur au Parlement, *Bailli*, rue des Maçons.
. Savary, *Lieutenant*, enclos de l'Abbaye.
Dupy, Procureur au Châtelet, *Procureur Fiſcal*, rue de Bievre.
Savary, *Greffier & Tabellion*, enclos de l'Abbaye.
De Gaulle, *Huiſſier-Commiſſaire-Priſeur*, rue & vis-à-vis Saint Severin.
Puiſieulx, *Architecte Expert Voyer*, carré Sainte Généviéve.
Puiſieulx fils, *en ſurvivance & exercice*, rue St Etienne des Grès.
Les Audiences le Lundi, trois heures de relevée.

Bailliage de Saint-Marcel.

M. Lorgery, Procureur au Parlement, *Bailli*, rue & grille
. des Mathurins.
. . . . *Lieutenant*, rue . . . . . .
Cormier, Procureur au Châtelet, *Procureur Fiſcal*, rue du Plâtre Saint Jacques.
Andriot, *Greffier-Tabellion*, rue des Anglois, près la place Maubert.
Canis, *Huiſſier*, cloître Saint Marcel.

Prevôté Générale de la Connétablie , Gendarmerie , Maréchauffée de France , & des Camps & Armées du Roi.

M. Le Marquis de Charras , Meftre de Camp , premier Colonel de la Cavalerie legere, *Infp. général des Maréchauf-*
fées du Royaume , Grand Prevôt, rue des Blanc-Manteaux.

Lieutenans , Meffieurs ;

Erremens de Beaufort, Chevalier de Saint Louis , rang de
Lieutenant-Colonel de Cavalerie , rue Baffe du Rempart ,
n°. 12.

Brocard , rang de Capitaine de Cavalerie , rue Thevenot, cul-
de-fac de l'Etoile.

Barrier , rue Saint Pierre , quartier Montmartre.

Exempts , Meffieurs ,

Viquefnel , rue Françoife, coin de la rue Pavée.
Aubineau Dupleffis , rue d'Antin , hôtel de Ri-
chelieu.
Duval de la Bucardiere , rue Mercier.
Mary de la Tombelle , rue Saint Honoré , près
le café Militaire.
Cofte , rue de la Calandre , près le Palais.

Rang de Lieu-
tenans de Ca-
valerie.

Porte-Étendart ,

M. . . . .

Exempt vétéran ,

M. Le Tourneur , Chevalier de Saint Louis , *avec Brevet de Lieu-*
tenant de la Connétablie , rue de la Monnoïe.

Brigadiers , Meffieurs ,

Gauté , rue du Champfleuri , au milieu.
Lacorne de Louvot , rue Saint Louis Saint Honoré.
Dorgeveaux , rue. Soly.

Sous-Brigadiers , Meffieurs ,

Lalanne , aux galeries du Louvre , chez M. de Cotte.
Giguet Conftant , rue de l'Echelle Saint Honoré.
Boutelou , rue Saint Jacques.
Laroche , rue du Bacq , vis-à-vis l'ancien hôtel des Moufque-
taires.
Leguay , rue Comteffe d'Artois.
Goulley , rue de la grande Truanderie.

Officiers de Robe-longue , Meffieurs ,

De la Marche , *Affeffeur ,* à Montierender.

C c iij

De Saint-Martin , *Procureur du Roi* , place Royale , hôtel de Beauvilliers.

Vigner , Avocat en Parlement , *Greffier en Chef* , rue Françoife , près la Comédie Italienne.

Commiffaires & Contrôleurs aux Revues , Meffieurs ,

Mafcrey, *Commiffaire des Guerres* , rue des Moulins , butte Saint Roch.

Efmangart de Bournonville , *Contrôleur* , à Champigny , près Villeneuve-la-Guiarre.

Michelin , *Commiffaire honoraire* , rue du Temple , vis-à-vis la rue Chapon.

Suret , *Contrôleur honoraire* , fauxbourg Saint Honoré , Marché d'Aguesseau.

M. l'Abbé Affelin , *Aumônier* , rue de Surêne.

M. Le Brun , *Chirurgien-Major* , rue Bourtibourg.

Cette Compagnie eft compofée de quarante-huit Gardes & un Trompette : elle eft de fervice à Paris, fous les ordres de MM. les Maréchaux de France , & en temps de guerre , dans les Camps & Armées du Roi.

Compagnie du Lieutenant Criminel de Robe-Courte au Châtelet de Paris.

1776 **M** Brice , ancien Lieutenant Criminel au Bailliage & Siége Préfidial de Château-Thierry , *Lieutenant Criminel de Robe Courte* , rue de Limoges , au Marais.

Lieutenans , Meffieurs ,

1769 Fortin , rue de Charenton , au coin de la rue Traverfiere.

1769 Thery de Vaucreffon , rue de la vieille Draperie , vis-à-vis Sainte Croix.

1775 Bazin de Suzy , rue de la Lanterne.

17.. Archier , rue de la Joaillerie.

1773 Tichot de la Haye , *Guidon* , quai Dauphin , île St Louis.

Lieutenans honoraires , Meffieurs ,

1759 Péan de la Janiere , à l'hôtel des Invalides.

1760 Bouton , père , Penfionnaire du Roi , quai des Céleftins.

1773 Morelle , rue Beauregard.

Exempts , Meffieurs ,

1756 Bouton , fils , *Doyen* , quai des Céleftins.

1762 Defparvier de Groftoine , rue Saint Antoine , vis-à-vis l'hôtel de Beauvais.

1771 Léroux, rue de la Mortellerie, près la rue de la Levrette
1771 Cheirouze, carré Sainte Geneviéve.
1773 Blémont, rue de la Sonnerie, près le grand Châtelet.
1774 Róncenet, place du Poteau, au grand Charonne.
1776 Daumont, rue des foffés Saint Germain, vis-à-vis la cour du Commerce.
1776 Maubac, quai des Miramionnes, près le marché aux Veaux.
1777 Micoin de Malincant, rue des Canettes, fauxbourg Saint Germain, près celle du Four.
1777 De la Perche, rue de Grenelle Saint Honoré, près celle du Pélican.

1749 Gouet, *honoraire*, rue Bardubec, hôtel de Bourgogne.
1756 Loret, *honoraire*, grande rué du Fauxbourg St Antoine.
M. Moreau, *Procureur du Rôi*, rue de l'Egoût, place Royale.
M. Orry, *Greffier*, quai de la Mégifferie, près le Châtelet.
M. Picard, *Commis-Greffier*, rue de Touraine au Marais, près le Maréchal.
M. Le Blanc, *Commiffaire des Guerres particulier à cette Compagnie*, rue Dauphine.
M. Cornier de la Bertoche, *Contrôleur des Guerres particulier à cette Compagnie*, ordinairement à Châtillon-fur-Loing.
1773 M. De la Tour, *Fourrier de la Compagnie*, rue neuve Saint Paul.
1773 M. Le Fevre, *I. Brigadier*, rue de la Mortellerie, près celle de la Levrette.
1766 Morelle, *premier Archer & Huiffier*, rue Beaubourg.
Cette Compagnie fait corps de la Gendarmerie & Maréchauffée de France, & jouit des mêmes Priviléges, & a fa compétence dans l'étendue de la Ville, Prevôté & Vicomté de Paris.

COMPAGNIE du Prevôt général de la Maréchauffée de l'Ifle de France.

PREVÔT GÉNÉRAL.

17.... **M.** Papillon, rue Sainte Anne, à côté des nouvelles Catholiques.

INSPECTEUR COMMANDANT DES BRIGADES.

1776 M. d'Hemery, Chevalier de l'Ordre Royal & Militaire de Saint Louis, rue neuve des Capucines.

L'Ordonnance du Roi du 10 Avril 1774, a fixé cinq arrondiffemens pour les Brigades de la Maréchauffée de l'Ifle dé France, ainfi qu'il fuit :

NOMS des *Arrondiffe-mens.*	LIEUTENANS, *Meffieurs,*	EXEMPTS, *Meffieurs ,*
de *Paris.* La Brigade de Paris *eft commandée par l'Infpecteur,*	Guillotte J. commandant la demi-brigade, de fervice du cabinet, rue Mouffetard.	Guillotte aîné, rue Mouffetard , au marché aux Chevaux. D'Auxon, rue du Fauxbourg Montmartre. Evin, de Princé, à Bondy.
de *Ville-Juif.*	Gauthier de Vinfrais, commandant la brigade de Ville-Juif.	Faure, commandant la Brigade du Bourg-la-Reine.
de *Seve.*	Le Breton, Chevalier de Saint Louis, commandant la brigade à Seve. Le Comte, commandant la brigade des chaffes, à Jouy, près Verfailles.	Le Cocq, *brevet de Lieutenant*, commandant la Brigade de St Germain-en-Laye. Befchebois, commandant la Brigade à Saint Cyr. Le Teneur, commandant la Brigade à Jouy.
de *St. Denis.*	Rulhiere, commandant la brigade à Saint Denis.	Durocher, commandant la Brigade à Paffy. Bordet, commandant la Brigade a Nanterre.
de *Charenton.*	Marchais, commandant la brigade à Charenton.	Perfon, commandant la Brigade de Bondy.

Il a été établi neuf Demi-brigades à pied. A

COMMANDANS.		COMMANDANS.	
Argenteuil.	Rouffet.	La Chapelle.	Hamel.
Iffy.	Dufrefnois.	Vincennes	Campion.
La Meütte.	Durocher fils.	Pantin.	Defteves.
Poiffy.	Grifot.	Belleville.	Defcoins.
Bourget,	Cataly.		

I. Marion, *Lieutenant honoraire*, rue d'Orléans, quartier Saint Denis.

. . . . . . *Affeffeur*, rue . . . .

I. Moreau, *Procureur du Roi*, rue de l'Égout, près la place Royale.

I. Guillebert, *Greffier en Chef*, rue Patourelle, au Marais.

Iagin, *premier Huiffier-Audiencier*, rue du Fauxbourg Saint Antoine, vis-à-vis la Cour Saint-Louis.

Officiers attachés à cette Compagnie. Meffieurs,

enard, Chevalier de Saint Louis, *Commiffaire des Guerres particulier pour la Compagnie*, rue des Bourdonnois.

onneville, *Contrôleur des Guerres*, à Saint-Denis.

Cette Compagnie eft fous les ordres du Secrétaire d'Etat du partement de Paris, fait corps de la Gendarmerie & Ma-chauffée de France, & jouit des mêmes privileges. Le Prévôt rang de Lieutenant-Colonel de Cavalerie, les Lieutenans ng de Capitaines, & les Exempts rang de Lieutenans, &c. c. Cette Compagnie eft infpectée tous les ans par un des fpecteurs Généraux des Maréchauffées.

Prevôté Générale des Monnoies & Maréchauffées de France.
Voyez l'Edit. 1777.

---

evôté *Générale de la Maréchauffée de la Généralité de Paris.* *Son Siége principal eft à Melun.* Voyez l'Edit. 1777.

---

fpecteurs de Police, avec leurs Départemens dans les Quartiers.

Meffieurs,	Quartiers.
77 DE Brugemens, Boulevart du Temple, près le café Cauffin.	*La Cité.*
1,1 Le Houx, rue des Mauvaifes Paroles.	*S. Jacques de la Boucherie.*
37 Le Grand, *Doyen*, rue Bertinpoirée.	*Ste Opportune.*
168 Goupil des Pallieres, rue du Champfleuri, près le Louvre.	*Le Louvre ou S. Germ. l'Aux.*
150 Sarraire, Penfionnaire du Roi, rue Lévêque, butte Saint Roch.	*Le Palais Royal.*
17 Marais, rue Montmartre, près la Fontaine.	*Montmartre.*
17 Chenetier de Longpré, rue Tictonne.	*Saint Euftache.*
151 Muron, rue Coquilliere.	*Les Halles.*
13 Receveur, Penfionnaire du Roi, rue du Ponceau Saint Denis.	*Saint Denis.*

1773 De Vaugien , rue de la Croix , près { Saint Martin,
celle des Fontaines.

1767 Sommelier ,. Syndic -' Contrôleur , rue { La Grève.
Thibotodé , près l'Arche—Marion. } La Grève.

1761 De la Haye , quai Pelletier. Saint Paul.

1774 La Ture Morelle , rue Beauregard , à { Sainte Avoye.
la Ville-Neuve. }

1774 Santerre de Terſé, rue Bourbon ville- { Le Temple , ou
neuve , près celle Saint Philippe. } Marais.

1776 De a Croix , rue Saint Louis au Ma- { Saint Antoine ,
rais. } le Fauxbou,

1774 Patté , fauxbourg Saint Denis , vis-à-vis
la Croix , ſon bureau rue des Lavan- } Place Maubert
dieres , place Maubert.

1775 Gauvenet-Dijon , rue & près la Cô- { Le Luxembour
médie Françoiſe. }

1766 Boiſſet du Tronchet, Syndic Comptable, { Saint André
rue de la Harpe,vis-à-vis la re Percée. } Arts.

1771 Henry , cul-de-ſae Saint Etienne-du- { Saint Benoît.
Mont. }

1776 Leſcaze , rue de Seine , petit hôtel { Saint Germain
de Mirabeau. } des Prés.

Inſpecteurs Honoraires , Meſſieurs ,

Pouſſot , Penſionnaire du Roi , à Orléans , ou rue du Fau
bourg St Denis , vis-à-vis la Croix.

Durocher , Penſionnaire du Roi , rue Bertin Poirée.

Framboiſier , rue de la Corderie , près le Temple.

Dupuis , rue du Four , Fauxbourg Saint-Germain.

Buhot , Penſionnaire du Roi , rue de Seine , fauxbourg Sa
Germain.

Bourgoin de Villepart , rue Notre Dame de Nazareth.

Le ſieur Menouvrier de Freſne , Huiſſier au Châtelet , & de
Compagnie , quai de la Mégiſſerie , au Bureau.

Le Bureau de la Compagnie eſt quai de la Mégiſſerie à
l'Image Saint Michel.

1776 M. Regnault , par Commiſſion DU ROI , à Saint Germa
en-Laye.

COMPAGNIE DU GUET DE PARIS,

COmpoſée de ſoixante-onze Archers à pied , y compris
Adjudans , Sergens , Caporaux , Tambours & Fifre,
attachée au corps du Châtelet.

Chevalier du Guet. ·

75 M. le Chevalier Duboys, Lieutenant-Colonel d'Infanterie, Chevalier de l'Ordre Royal & Militaire de Saint Louis, rue Meflé.

70 M. Le Laboureur de Blerenval, Lieutenant Colonel d'Infanterie, Chevalier du Guet, *honoraire*, rue des Minifmes, place Royale.

76 M. de Gooffens, Chevalier de l'Ordre Royal & Militaire de Saint-Louis, *Major*, rue. Mêlée.

71 M. Robinot de Belmont, *Commiſſaire aux Revues*, rue des Enfans Rouges.

. Caftel, *Enſeigne*, Boulevart du Temple, à côté du café Turc.

. Nicoude, *premier Exempt*, rue du Champ-Fleuri.

. Puiffant, *deuxieme Exempt*, rue Saint Maur, vis-à-vis Popincourt.

. Joly, Chirurgien du Roi en fa grande Chancellerie, *Chirurgien Major du Guet*, rue Sainte Marguerite.

. Stapart, *Chirurgien Aide-Major*, rue Saint Honoré, au coin de celle des Boucheries.

Cette Compagnie a été créée par Edit du Mois d'Août 1771, regiftré au Parlement, pour remplacer l'ancienne Compagnie du Guet fupprimée par le même Édit.

GARDE DE PARIS.

A Garde de Paris, créée par l'Ordonnance du Roi, & foldée par. fa Majefté., eft compofée de Cavalerie & d'Infanterie, fçavoir :

ne Compagnie de Cavalerie de 111 Maîtres.

ne Compagnie d'Infanterie de 852 hommes, y compris la divifion commandante, compofée de 31 hommes choifis dans les autres divifions, & deftinés à remplir les places qui viennent à vaquer dans la Compagnie de Cavalerie.

. le Chevalier Duboys, Lieutenant-Colonel d'Infanterie, Chevalier de l'Ordre Royal & Militaire de Saint Louis, *Commandant de ces Compagnies*, rue des Minifmes, place Royal.

. Le Laboureur de Blerenval, Lieutenant Colonel d'Infanterie, *Commandant honoraire*, rue des Minimes, place Royale.

. de Gooffens, Chevalier de l'Ordre Royal & Militaire de Saint Louis, *Major*, rue Mêlée.

. de Beauffre, *Commiſſaire*, rue des Martyrs, maifon de M. Malesherbes.

Quatre Aides-Majors par Brevet du Roi, Meſſieurs,

mblard, rue Sainte Marguerite, fauxbourg Saint Germain.

De Bourgneuf, Fauxbourg & vis-à-vis Saint Laurent.
Seigneur, fauxbourg du Temple, chez le fieur de la Bazemeri Charpentier.
Gabriel, rue des Fontaines au Roi.
Quatre Sous-Aides-Majors par Brevet du Roi, Messieurs, Cornu, chez M. le Commandant.
Hochereau, rue Françoife, au magafin de mufique.
Cauchois, rue Saint-Martin, vis-à-vis la Prifon.
Turtot, Fauxbourg Saint Martin, près la rue des Marais.
M. Joly, Chirurgien du Roi en fa grande Chancellerie, *Chrurgien - Major de ces Compagnies,* rue Sainte Margu rite.
M. Stapart, *Chirurgien-Aide-Major,* rue Saint Honoré, coin de celle des Boucheries.

UNIVERSITÉ.

L'Univerfité de Paris eft un des premiers & des plus illuftr Corps du Royaume; c'eft d'elle que les Rois ont toujou pris des perfonnes éclairées pour remplir les premieres plac de l'Eglife & de l'État. Ils la qualifient auffi du titre de le *Fille aînée.*

L'Univerfité eft compofée de quatre Facultés; de *Théologi* des *Droits,* de *Médecine,* & des *Arts.*

Son Chef eft appellé *Recteur;* il préfide au Tribunal de l'U niverfité, où il a pour Confeillers les Doyens des Facultés d Théologie, des Droits, & de Médecine, & les quatre Procu reurs des quatre Nations qui compofent la Faculté des Arts le Procureur Syndic y affifte comme Partie Publique, avec l Greffier & le Receveur.

Ce Tribunal fe tient au Collége de Louis le Grand, rue Sain Jacques, le premier Samedi de chaque Mois, & toutes les foi qu'il y a des conteftations à juger entre les Suppôts de l'Univer fité. Les Sentences en font relevées au Parlement. Le Greff & les Archives de l'Univerfité & des Nations font placés dan le même Collége, deftiné à être le Chef-lieu de cette Com pagnie.

Officiers de l'Univerfité.

M. DUVAL, *Recteur,* au Collége d'Harcourt.
Mrs { Guérin, *Syndic,* au Collége de Louis le Grand.
Fourneau, *Greffier,* au Collége de Louis le Grand.
Le Bel, *Receveur,* au Collége de Louis le Grand.

Bibliothécaire de l'Univerſité.

Duval, *Recteur*, au Collége d'Harcourt:

Il y a deux Officiers du Pape dans l'Univerſité, qui ſont les Chanceliers des Egliſes de Notre-Dame & de Sainte Géneve, leſquels donnent la Bénédiction de Licence de l'Autorité Apoſtolique, & le pouvoir d'enſeigner à Paris & partout ailleurs ; mais l'uſage eſt que le Chancelier de Sainte Géniéve ne la donne que dans la Faculté des Arts.

Chanceliers de l'Univerſité. MESSIEURS,

Terry, *Chancelier de Notre-Dame*, Cloître Notre-Dame.

... hèr, *Vice-Chancelier*, en Sorbonne.

P. Pingré, *Chancelier de Sainte Génevieve*, à Ste Génevieve:

... nard, *Vice-Chancelier*, au Collége de Navarre.

FACULTÉ DE THÉOLOGIE.

LA Faculté de Théologie eſt la premiere. Elle eſt compoſée d'un grand nombre de Docteurs Séculiers & Réguliers qui répandus dans tout le Royaume, & dans les Pays étrangers. Le plus ancien des Docteurs Séculiers réſidant à Paris, eſt Doyen de la Faculté : c'eſt lui qui préſide aux Aſſemblées de la Compagnie ; qui recueille les ſuffrages, & prononce les Concluſions ; il a ſéance au Tribunal du Recteur de l'Univerſité, au nom de la Faculté, laquelle s'élit outre cela tous les deux ans un Syndic, qui eſt ſon Agent général, qui fait les Réquiſitoires, examine les Théſes, & veille à l'Obſervation de la diſcipline.

Certain, *Doyen*, à Saint Victor.

Riballier, *Syndic*, au Collége Mazarin.

SORBONNE.

Cette fondation étoit pour ſeize pauvres Ecoliers, dont il devoit y en avoir quatre de chacune des quatre Nations qui compoſent la Faculté des Arts. Le Prieur de cette Maiſon qui préſide aux Aſſemblées générales de la Société, eſt toujours un Bachelier de Licence, & s'élit tous les ans le 31 Décembre. Mais depuis que le Cardinal de Richelieu a fait rétablir la Sorbon dans l'état où on la voit préſentement : cette magnifique Maiſon qui renferme dans ſon enceinte le Collége de Calvy, nommé anciennement *la petite Sorbonne*, n'eſt plus habitée par des Théologiens ; mais les trente-ſix logemens qui s'y trouvent, appartiennent de droit aux plus anciens Docteurs de la Maiſon & Société de Sorbonne : c'eſt dans la grande Salle de ce Collége que ſe tiennent les Aſſemblées de la Faculté de Théologie.

Monſeigneur l'Archevêque de Paris eſt *Proviſeur* de Sorbonne.

Le plus ancien des Docteurs demeurant en Sorbonne, est cette qualité appellé *Sénieur*.

Profeſſeurs en Théologie, Meſſieurs,

Jolly, *Profeſſeur Royal.*
Dumas de Culture.
Chevreuil.
Saint-Martin, *Profeſſeur Royal.*
} en Sorbonne
De la Hogue, cloître Saint Honoré.
Du Voiſin, *Profeſſeur Royal*, en Sorbonne.

Feu S. A. S. Monſeigneur le Duc d'Orléans a fondé ui Chaire de Profeſſeur en Langue Hébraïque pour expliquer texte Hébreu de l'Écriture Sainte. M. Aſſeline, *Profeſſeur* Sorbonne.

NAVARRE.

Le Collége de Champagne, dit *Navarre*, ſitué à la mc' tagne Sainte Génevieve, a été fondé en 1304 par la Re' Jeanne de Navarre, épouſe de Philippe le Bel, pour y enſ' gner la Grammaire, la Philoſophie, & la Théologie.

Les principaux Officiers de ce College ſont : M. . . . . *Grand-Maître ;* M. Serpe, *Proviſeur ;* M. Bernard, *Bibliot-* *caire ;* M. Foucher ; *Principal des Artiens & Grammairiens.*

Il y a quatre différentes Communautés dans ce Colleg; celle des Grammairiens, celle des Artiens, celle des Chaj' lâins, & celle des Bacheliers en Théologie, qui eſt très-cc' ſidérable.

Louis XIII. en 1638 a ajouté à ces quatre premieres Co' munautés celle des Docteurs en Théologie, comme pour ê: le ſiege de la Société de Navarre. Cette Société a donné a différens tems de grands hommes à l'Egliſe & à l'Etat.

Il y a dans le Collège de Navarre, outre les Profeſſe' d'Humanités & de Philoſophie, quatre Profeſſeurs ou Lecte en Théologie : deux font leçon le matin, deux l'après-midi.

| Le matin, | Mrs | { Plunket , Paillard , | { Profeſſeurs Royaux. | { En la Main des Docteu. |
| L'après-midi, | Mrs | { De Badier , Gros, | { Profeſſeurs Royaux. | { En la Main des Docteu. |

Le Roi a fondé en ce Collège une Chaire de Phyſique Ex' rimentale. M. Briſſon, de l'Académie des Sciences, *Profeſſe;* au College de Navarre.

Monſeigneur l'Archevêque de Bourges, rue des Saints Per' près celle de Grenelle, eſt *Supérieur* de la Maiſon & du C' lege de Navarre.

FACULTÉ DES DROITS.

A Faculté des Droits eſt compoſée de ſix Profeſſeurs en Droit Civil & Canonique, qu'on nomme auſſi *Antéceſ-ſeurs*, d'un Profeſſeur de Droit François, de douze Docteurs honoraires, & de douze Docteurs aggrégés.

Les Chaires des ſix Profeſſeurs, & les places des douze Docteurs Aggrégés, s'adjugent au concours établi dans les Facultés du Royaume par les Ordonnances, & par pluſieurs Edits & Déclarations.

Les Docteurs Honoraires ſont élus & choiſis parmi les perſonnes conſtituées en Dignité. Ils ont voix active & paſſive dans toutes les délibérations de la Faculté.

Pour être pourvu de la Chaire de Droit François, il faut avoir fait les fonctions du Barreau pendant dix années, ou avoir exercé une Charge de Judicature pendant le même tems.

L'ancien des ſix Profeſſeurs ou Antéceſſeurs a le titre de *Primicier*. Chacun d'eux acquiert par vingt ans de profeſſion, la qualité de *Comes*, jouit du droit de Comitive, & a le droit de nommer un des Docteurs aggrégés pour faire ſes leçons.

Depuis la tranſlation de la Faculté dans ſes Ecoles ſur la place de la nouvelle Egliſe de Sainte Genevieve, au mois de Novembre 1772, les leçons publiques s'y font; & on y ſoutient les Actes néceſſaires pour parvenir aux degrés de Bachelier, de Licencié & de Docteur.

La Faculté tient ſes Aſſemblées ordinaires tous les Jeudis, à huit heures du matin en Eté, & à neuf en Hiver. S'il arrive une Fête le Jeudi, l'Aſſemblée eſt remiſe au lendemain à la même heure.

Outre ces Aſſemblées, il y en a deux ſolemnelles; l'une le jour de St Mathias, & l'autre le jour de St Jean-Baptiſte. La premiere a pour objet l'élection du Doyen d'honneur, du Doyen de charge, du Syndic, du Queſteur & du Cenſeur de l'Univerſité.

Les objets de l'Aſſemblée de la Saint-Jean-Baptiſte, ſont, la diſtribution des matieres des leçons civiles & canoniques entre les ſix Profeſſeurs; le maintien de la diſcipline, & la nomination d'un des Profeſſeurs pour le Diſcours de la rentrée des Ecoles.

Le Doyen d'Honneur ne peut être élu que parmi les Docteurs Honoraires. Il a droit de préſider la Faculté & de la convoquer toutes les fois qu'il le juge à propos; on doit s'en rapporter à ſa prudence ſur tous les différens qui peuvent s'élever entre les membres de la Faculté.

A l'égard de toutes les autres Charges de la Faculté, elles

ne peuvent être remplies que par les fix-Profefleurs ou Anté
cefleurs, auxquels elles font déférées à tour de rôle.

Le Doyen de Charge préfide la Faculté, & a la voix con
clufive & prépondérante; il affifte au Tribunal de l'Univerfité
& il y occupe la feconde place.

Les fonctions de Syndic font de veiller au maintien de la dif
cipline, à la régularité des degrés, & à l'enfeignement de
anciens Canons, & de nos *Libertés*.

Docteurs Honoraires.

1748 M. de Machault, Miniftre d'Etat, ci-devant Grand-Tré
    forier Commandeur des Ordres du Roi.
1757 M. le Marquis de Paulmy, Miniftre d'Etat.
1764 M. Moreau de Beaumont, Confeiller d'Etat, & au Con
    feil royal.
1766 M. De l'Averdy, Miniftre d'Etat, Marquis de Gambais.
1768 M. Joly de Fleury, Confeiller d'Etat ordinaire, & a
    Confeil des Dépêches.
1768 M. Dufour de Villeneuve, Confeiller d'Etat.
1769 M. de Sartine, Miniftre & Secrétaire d'Etat de la Ma
    rine.
1769 M. D'Argougés de Fleury, Confeiller d'Etat ordinair
1772 M. De Boynes, Miniftre d'Etat, Confeiller d'Etat ordinair
1772 M. D'Aguefleau, Doyen du Confeil.
1776 M. de Lamoignon de Malesherbes, Miniftre d'Etat
    Doyen d'honneur, rue des Martyrs; barriere Montmartr

Profefleurs ou Antécefleurs, MESSIEURS,

1751 Thomaffin, *Primicier*, *Comes* &
    Quefteur, jufqu'au 24 Février. } aux Ecoles de Droit
1753 Martin, *Comes* & *Cenfeur* de l'U- place Sainte Géné
    niverfité. viéve.

1767 Bouchaud, *Doyen jufqu'au 24*
    Février, de l'Académie des
    Infcriptions & Belles-Lettres, } aux Ecoles de Droit
    Lecteur & Profefleur Royal place Sainte Géné
    du Droit de la Nature & des viéve.
    Gens, Cenfeur Royal.
1773 Saboureux de la Bonnetrie,
    Syndic *jufqu'au 24 Février*.
1777 Delatre, aux Ecoles.

Profefleur en Droit François.

1764 M. Clément de Malleran, aux Ecoles de Droit, pla
    Sainte Génevieve.

Doctu

Docteurs Aggrégés, MESSIEURS,

754 Sauvage , aux Ecoles de Droit, place Sainte Génevieve.
755 Joûan , rue Saint Jean de Beauvais, attenant les vieilles
Ecoles de Droit.
755 De Ferriere , rue du Plâtre Saint Jacques.
763 Drouot , rue des Sept Voies , près le Collége Montaigu.
763 Hardouin de la Reynerie , rue des Sept Voies , au Collége de Reims.
766 Vaffelin , rue Hyacinthe Saint Michel , vis-à-vis le corps-
de-garde.
767 Gouillart , rue Saint Jean de Beauvais.
769 Cofme , rue Saint Jean de Beauvais.
774 Godefroy , rue Saint Jean de Beauvais.
776 Sarrefte , rue Saint Jacques , au coin de la rue des Noyers.

. . . .
. . . .

Officiers de ladite Faculté.

Meffant , *Greffier* , coin de la rue Sainte Genevieve , à l'extré-
mité de l'Eftrapade.
Mondeau , *Appariteur* , rue Saint Etienne des Grès.
Parc , *en survivance* , & *exercice* , aux Ecoles , place Sainte
Genevieve.
La Veuve Ballard , *Imprimeur de la Faculté* , rue des Mathurins.

FACULTÉ DE MÉDECINE.

CEtte Faculté tient fes Affemblées dans l'Ecole fupérieure , au premier étage ,
qui eft de plain pied avec la Chapelle. Aucuns des Docteurs ne peuvent
affembler fans être convoqués par un billet que le Doyen fait diftribuer , quelques jours auparavant , à tous les membres de la Compagnie , dans lequel il eft
fait mention des objets qui doivent être traités dans l'Affemblée.
On célebre tous les Samedis , à neuf heures du matin , une Meffe dans la Chapelle de la Faculté , après laquelle , depuis près d'un fiecle & demi , fix Docteurs
le Doyen en charge donnent *gratis* leurs Confultations aux pauvres dans la
falle ou Ecole fupérieure. Les Bacheliers de cette Faculté font tenus d'y être
préfens , & leur devoir eft d'écrire les formules que prefcrivent Meffieurs les
Docteurs , afin de fe former par ce moyen à la pratique de leur Art.
Il eft auffi d'un ufage très-ancien , dans cette Faculté , que douze Docteurs ,
favoir fix des anciens , & fix des jeunes , tour-à-tour , fe réuniffent avec le même
Doyen tous les premiers du mois , pour conférer enfemble des maladies courantes , & fur-tout des épidémies , & des moyens propres à en arrêter le cours.
Ce Doyen tient regiftre des différentes obfervations faites par les Docteurs : ce
recueil , qui n'a jamais été interrompu , compofe un Abrégé hiftorique & fuivi
toutes les efpeces de maladies qui ont regné depuis plus d'un fiecle.
Le plus anciennement reçu des Docteurs s'appelle l'*Ancien* , mais il ne peut
prendre le titre de *Doyen*. On fait l'élection du Doyen de charge tous les ans le
premier Samedi d'après la Touffaint ; mais il eft ordinairement continué pendant
fix années : c'eft lui qui indique les Affemblées générales oû particulieres , que
l'on appelle *Comité* , qui y préfide & qui conclut à la pluralité des voix : il a fa

place au Tribunal d.i Recteur de l'Univerfité , & y donne fa voix au nom de fa Faculté. On élit le même jour des Profeffeurs qui font au nombre de fix , fçavoir , en Phyfiologie , en Pathologie , en Pharmacie , en Botanique , en Chirurgie Latine , pour les Etudians en Medecine , & Chirurgie Françoife en faveur des Garçons Chirurgiens , & des Sages-Femmes de Paris.

Pour avoir le droit d'exercer la Médecine dans Paris , il faut être au moins Licencié de cette Faculté. Le degré de Bachelier ne fuffit point pour autorifer ceux qui quittent la licence à voir des malades , ni à prendre la qualité de Médecins de Paris ; mais il eft permis aux Bacheliers qui font fur les bancs , de traiter des malades fous l'infpection de quelque Docteur.

Docteurs-Régens de la Faculté de Médecine en l'Univerfité de Paris.

MESSIEURS,

DE L'Epine , rue de Cléry.
Malouin , au Louvre.
Raimond de la Riviere , cul-de-fac de la Corderie , quartier Saint Roch.
Cafamajor , rue des Bons Enfans , vis-à-vis la rue Baillif.
Pouffe , *abfent.*
Baron , rue Culture Sainte Catherine , près la rue St Antoine.
Jofeph de Juffieu , rue des Bernardins.
Cochu , rue des Poulies.
Dejean , rue du Cocq Saint Jean.
Hazon , rue Jean-Robert , près la rue Saint Martin.
Cochon Dupuy , *à Rochefort.*
Majault , rue Chriftine.
Bouvart , rue de Richelieu , vis-à-vis la Bibliotheque du Roi.
Belletefte , rue Saint Jacques au Collége de Louis le Grand.
Ferret , *à Cambray.*
Bertin , *à Rennes.*
Le Monnier , en Cour.
De Laurembert , rue Saint Denis , près la Trinité.
Bercher , rue de la Bucherie , vis-à-vis le petit Pont de l'Hôtel Dieu.
Buffon , rue de Bourbon , Fauxbourg Saint Germain.
De Laffonne , en Cour.
Macquer , rue Saint Sauveur.
De Lalouette , rue Jacob , près la rue Saint Benoît.
Boutigny des Preaux , rue des Prêtres Saint Paul , près la ru de Fourcy.
De Gevigland , rue Saint Honoré , vis-à-vis les Jacobins.
Guettard , au Palais Royal.
Liger , *à Auxerre.*
Bernard , rue de la Char errerie , près la Halle.
Chevalier , rue Beaubourg , près le Bureau du Voyer.
Poiffonnier , rue des deux Portes St Sauveur , hôtel de Coaffin

Munier, à l'Hôtel des Invalides.
Bidault, rue St Jean de Beauvais.
Pathiot, cloitre Saint Jacques l'Hôpital.
Borie, rue de Grenelle Saint Honoré.
Pourfour-du-Petit, rué Copeau.
Petit, rue Saint Victor, près la rue des Foffés Saint Bernard.
Dupré, *à Stenay.*
Le Clerc, vieille rue du Temple, près la rue de Bercy.
Doulcet, rue Chriftine, près la rue Dauphine.
Chefneau, *au Mans.*
Pautier de la Breuille, rue neuve des Capucines.
Geoffroy, rue des Singes.
Bertrand, rue des quatre Fils, au Marais.
Loriy, rue Hautefeuille, près la rue Serpente.
Meffence, rue de la Harpe, vis-à-vis la rue du Foin.
Barbeu du Bourg, rue Copeau.
Adet, rue du Roi de Sicile.
Cofnier, rue des Mathurins, près la rue des Maçons.
Dorigny, rue des Foffés M. le Prince.
Thierry, rue Saint Honoré, vis-à-vis l'hôtel de Noailles.
Mac-Mahon, à l'hôtel Militaire, ou rue de Grenelle Saint
 — Germain, vis-à-vis celle du Four.
Gervaife, rue Hautefeuille, au coin de celle des Deux-Portes.
Nouguez, rue de Cléry.
Morand, rue du Vieux Colombier.
Grandclas, rue neuve Saint Euftache.
Alleaume, *Cenfeur,* rue des Prouvaires.
Antoine Garnier, Montagne Sainte Génevieve.
Geilles de Saint-Leger, rue Saint Sauveur, à côté du Bureau
 des Décimes.
Maloët, rue Notre-Dame des Victoires.
Le Thieullier, rue d'Anjou, au Marais.
Moreau, rue des Foffoyeurs, près la rue de Vaugirard.
Gentil, rue du Four Saint Germain, vis-à-vis la rue de l'Égoût.
Barjolle, *non Régent,* abf nt.
Bringaud, rue neuve des Petits-Champs, près le Contrôle gé-
 néral.
Gourlez de la Motte, rue neuve des petits Champs, près la
 rue de Richelieu.
Pajon de Moncets, rue Beaubourg, près la rue des petits
 Champs.
Lieutaud, Premier Médecin du Roi, en Cour.
Millin de la Courvault, rue Saint Antoine, vis-à-vis la rue de
 Fourcy.
Miffa, rue Barbette, au Marais.
Morifot Deflandes, cloitre Notre-Dame.

Vachier, rue du Mail, près l'hôtel des Chiens.

Danié Defpatureaux, rue des vieilles Audriettes.

Defcemet, rue du Fauxbourg Saint Jacques, vis-à-vis la rue Saint Dominique.

Leys, rue Poupée, au coin de la rue Hautefeuille.

Robert, rue neuve des Petits-Champs, vis-à-vis celle Chabanois.

Fumée, cloître des Bernardins.

Thomas d'Onglée, rue de l'Univerfité, vis-à-vis l'hôtel de Montefquiou.

Mallet, rue des Barres, vis-à-vis une des portes Saint Gervais.

Rouffin de Montabourg, rue Saint Denis, près la rue aux Ours.

Duhaume, rue Quincampoix.

Mauduyt de la Varenne, rue des Ecouffes.

Cofte, rue du Cherchemidi.

Le Begue de Prefle, rue Saint Jacques, au-deffus de la rue des Mathurins.

Jeanroy, *Bibliothécaire*, hôtel d'Elbeuf, place du Carroufel.

Lezurier, rue & vis-à-vis les Billettes.

Vacher, *en Corfe*.

Sallin, rue de la Sourdiere, à côté du cul-de-fac St Hyacinthe.

Boyrot de Joncheres, rue Geoffroy-Lafnier.

Gauthier, cloître Notre-Dame.

Thierry de Buffy, rue Saint Dominique, Fauxbourg St Germain, près la rue Saint Guillaume.

D'Arcet, rue des petits Auguftins.

Philip, *Profeffeur de Pharmacie*, rue des Noyers, vis-à-vis la rue des Anglois.

Maigret, vieille rue du Temple, vis-à-vis celle de Bretagne.

Andry, rue des Ecouffes, au Marais.

Mittié, rue des Prouvaires, près Saint Euftache.

Gardane, rue des Prouvaires, près Saint Euftache.

De la Poterie, rue de Tournon.

Bourru, rue des Mâçons.

Guilbert, rue de la Harpe, à l'ancien Collége de Narbonne.

Le Preux, rue Saint Paul, vis-à-vis la rue des Lions.

Guénet, *Profeffeur de Chirurgie françoife*, rue Trainée près Saint Euftache.

Deflon, rue du Mail, près celle Notre-Dame des Victoires.

Raymond, *en Corfe*.

Langlois, rue Thibotodé, derriere la Monnoie.

Defeffartz, *Doyen*, rue Bailleul, près la rue des Poulies.

Colombier, rue de Grenelle, Fauxbourg Saint Germain, près la Fontaine.

Dupuy, *Profeffeur de Pathologie*, rue Saint Benoît, fauxbourg Saint Germain.

Levacher de la Feutrie, rue St Antoine, proche la rue Royale.
Dumangin, rue Michel-le-Comte, près celle Beaubourg.
Coutavoz, *Profeſſeur de matiere Médicale*, rue des Noyers, vis-à-vis la rue Saint Jean de-Beauvais.
Le Moine, rue des Blanc-Manteaux, près celle du Chaume.
Buquet, *Profeſſeur de Chimie*, rue Jacob, près la rue des deux Anges.
Coquereau, *Profeſſeur de Phyſiologie*, au Palais Bourbon.
Guillotin, rue Montmartre, vis-à-vis celle du Jour.
Lafiſſe, rue Royale, près la rue neuve des Petits Champs.
Solier de la Romillais, *Profeſſeur des Accouchemens*, rue neuve Sainte Catherine.
Nollan, rue des Foſſés Saint-Germain-des-Prez.
A. L. de Juſſieu, rue des Bernardins.
Goubelly, *Profeſſeur de Chirurgie Latine*, rue de la Harpe, près la rue du Foin.
Bacher, vieille rue du Temple, près la rue Sainte Croix.
Caille, rue & vis-à-vis les Cordeliers.
Guindant, rue neuve des Capucines, près la rue de Louis le Grand.
Paulet, *non-Régent*, rue Hautefeuille, vis-à-vis celle des deux Portes.
Rouſſille de Chamſeru, rue Sainte Anne, près la rue neuve des Petits Champs.
Macquart, rue des mauvaiſes Paroles.
Boſquillon, rue des Ecouffes, au Marais.
De Villiers, rue Trechape, au paſſage de la Couronne.
Varnier, rue Planche-mibray, près le quai Pelletier.
Nizon, rue Traverſiere Saint Honoré.
Saillant, rue de Biévre, place Maubert.
Baget, rue Tranſnonain, près celle Montmorency.
Cotton, rue Princeſſe, Fauxbourg Saint Germain.
De Lalouette, rue Jacob, près la rue Saint-Benoît.
Des Bois de Rochefort, rue du Cimetiere Saint André.
Sabatier, rue Saint-Denis, vis-à-vis la rue de la Féronnerie.
Vicq d'Azyr, rue du Sépulcre, fauxbourg Saint Germain.
Le Tenneur, vieille rue du Temple, à côté de la rue Barbette.
De la Porte, rue Croix-des-Petits-Champs, vis-à-vis la rue du Bouloy.
De Brotonne, rue l'Evêque, butte Saint-Roch.
Jumelin, rue Saint Jean de Beauvais.
Defraîne, rue Aubri-Boucher.
Leroi, rue Pavée Saint-André-des-Arts.
Baignieres, Fauxbourg Saint-Honoré, près la rue des Champs Eliſées.
Du Chanoy, rue Saint Victor, près celle des Foſſés.

Jeanroy, rue & vis-à-vis la grille Saint Martin-des-Champs.
Munier, aux Invalides.
Thouret, rue de la Truanderie.
Teffier, cloitre Notre-Dame.
Tauraux, *non-Régent*, rue du Jardinet.
Sigault, rue du Renard, près celle des Deux-Portes.

Officiers de la Faculté.

T. P. Cruchot, *premier appariteur & Greffier*, ⎰ aux Ecoles, rue
L. A. Cruchot, *second Appariteur.* ⎱ de la Bucherie.

FACULTÉ DES ARTS.

CEtte Faculté eft compofée de quatre Nations, qui font la
Nation de France, celle de Picardie, celle de Normandie,
& celle d'Allemagne. C'eft de ces Nations, qui font l'ancien
Coips de l'Univerfité, que le Recteur eft choifi, aufii-bien que
le Syndic, le Greffier, & le Receveur de l'Univerfité. Elles ont
chaeune un Chef particulier qu'on nomme *Procureur*, qui préfide à leurs Affemblées; elles ont aufii un *Cenfeur*, qui requiert
l'obfervation des Statuts dans chaque Nation.

MESSIEURS,

Nation de France, ⎱ Treguier, *Procureur jufqu'au* 10 *Octobre*, à Louis le Grand.
Bour, *Cenfeur*, à la Madeleine.

Nation de Picardie, ⎱ De Rouffen, *Procureur jufqu'au* 8 *Mai*, au Cardinal-le-Moine.
Prouzel, *Cenfeur*, au Cardinal-le-Moine.

Nation de Normandie, ⎱ Gardin, *Procureur jufqu'au* 25 *Mars*, au College de Louis le Grand.
Magnié, *Cenfeur*, au Collége d'Harcourt.

Nation d'Allema-gne. ⎱ Lallemant, *Procureur jufqu'au premier Avril*, au Collége de Louis le Grand.
Le Loup, *Cenfeur*, au Séminaire Saint Louis, rue d'Enfer.

COLLÉGES *de plein & entier exercice de la Faculté des Arts, l'année de leur fondation, avec les Principaux qui y réfident.*

1280 Le Collége de Harcourt, rue de la Harpe; M. Louvel, *Provifeur & Principal.*
1302 Le Collége du Cardinal-le-Moine, rue Saint Victor; M. Beaudouin, *Grand-Maître & Principal.*

1304 Le Collége de Navarre, rue & Montagne Sainte Génevieve, M. Foucher, *Principal;* M. Dubertrand, *Coadjuteur.*

1314 Le Collége de Montaigu, rue des fept Voies; M. Regnard, *Principal.*

1322 Le Collége du Pleffis-Sorbonne, rue Saint Jacques; M.
Seconds, *Principal.*

1336 Le Collége de Lizieux, rue Saint Jean de Beauvais; M.
Le Seigneur, *Principal.* M. Bergeron, *Coadjuteur.*

1402 Le Collége de la Marche, rue & Montagne Sainte Génevieve; M. Caboche, *Principal.*

1569 Le Collége des Graffins, rue des Amandiers; M. de Neuville, *Principal.*

1561 Le Collége Mazarin, quai Malaquais; M. Riballier,
Grand-Maître & Principal.

1560 Le Collége de Louis le Grand, rendu à l'Univerfité en
1763, auquel celui de Beauvais a été incorporé en 1764,
rue Saint Jacques; M. Poignard, *Principal.*

En exécution des Lettres Patentes données à Verfailles le 21
Novembre 1763, les Affemblées de l'Univerfité qui fe tenoient
ci-devant aux Mathurins, fe tiennent au Collége de Louis le
Grand depuis le 10 Octobre 1764, ainfi que les Affemblées particulieres de chaque Nation.

Par les mêmes Lettres Patentes Sa Majefté a réuni dans le même Collége les Bourfiers de tous les Colléges dans lefquels il
n'y avoit plus de plein exercice, à l'exception du Collége de
Boncourt, dont les Bourfiers font réunis à celui de Navarre, &
de ceux des Ecoffois, rue des Foffés Saint Victor, & des Lombards, rue des Carmes, qui fubfiftent féparément, par des con-
fidérations particulieres.

Colléges de non-plein exercice réunis dans celui de Louis le Grand.

Ce font les Colléges de Notre-Dame, dit *des Dix-huit,* des
Bons-Enfans, des Tréforiers, des Cholets, de Bayeux, de
Laon, de Prefle, de Narbonne, de Cornouailles, d'Arras,
de Tréguier, de Bourgogne, de Tours, d'Uban, ou de l'Avé-
maria, d'Autun, de Cambray, de Juftice, de Boiffy, de Maî-
tre-Gervais, d'Ainville, de Fortet, de Chanac, ou de Saint
Michel, de Reims, de Sées, du Mans & de Sainte Barbe, par
Lettres Patentes du 25 Juin 1769, le Collége Mignon, dit de
Grandmont. Voyez pour les Années de leur fondation l'*Edi-
tion de 1764.*

Le Roi a établi un Bureau pour l'adminiftration du Temporel
du Collége de Louis le Grand & Colléges y réunis.

Bureau d'Adminiftration.

Le Prince Louis de Rohan-Guémené, *grand Aumônier de France*, eft en cette qualité, Préfident du Bureau.

M. l'Abbé Sahuguet d'Efpagnac, *Confeiller de Grand'Chambre*, quai Malaquais.

M. Rolland, *Préfident des Requêtes du Palais*, rue Montmartre, près celle Notre-Dame des Victoires.

M. Rouffel de la Tour, *Confeiller de Grand'Chambre*, quai d'Anjou en l'ile.

M. l'Abbé Tandeau de Marfac, *Confeiller en la premiere des Enquêtes*, cloître Notre-Dame.

M. Poan, *Confervateur des Hypothèques, Honoraire*, rue Geoffroy-Lafnier.

M. Lempereur, *ancien Echevin*, rue Vivienne.

M. de Villiers de la Noue, *Confeiller au Châtelet*, rue du Fauconnier.

M. Etienne, *ancien Bâtonnier des Avocats*, rue du Plâtre Saint Avoye.

M. Fourneau, *ancien Recteur, Grand-Maître Temporel du College de Louis le Grand*.

Officiers du Bureau, réfidens au Collège. MESSIEURS,

Reboul, *Sécretaire Archivifte.*
Regnard, *Caiffier.*
Heron, *Econome.*

Avocats. MESSIEURS,

Mey, rue Saint André des Arts.
Lorry, rue Hautefeuille.
Rouhette, rue Saint Paul, cloître Saint Louis.

Procureurs au Parlement. MESSIEURS,

Contant, rue du Cimetiere Saint André des Arts.
Defprez, rue de la Harpe, près celle des Cordeliers.

Procureurs au Châtelet. MESSIEURS,

Boudot, rue de la Tifferanderie.
Duval, rue des Ménétriers.

Huiffiers. MESSIEURS,

Griveau, *Huiffier au Parlement*, rue de la Calandre.
Groffy, *Huiffier-Prifeur*, rue Froidmanteau.
Gisfors, *Huiffier au Châtelet*, quai des Miramionnes.

M. Gueiet, *Notaire*, quai des Auguftins.

Médecin, Chirurgien, & Maître en Pharmacie. MESSIEURS,

elletefte, Médecin, au College de Louis le Grand.

. . . . . . Chirurgien, rue de Sorbonne.

ataille, Maître en Pharmacie, Montagne Sainte Genevieve.

Mrs les Adminiftrateurs s'affemblent deux fois par mois au ureau, à quatre heures de relevée, les premier & troifiéme udis de chaque mois, & en cas que ces jours foient jours de te, le jour fuivant non férié ; & toutes les fois que la nécef- té des Affaires l'exige.

Le domicile du Bureau eft au Collége de Louis le Grand, u doivent fe faire les fignifications à la perfonne du Grand- aitre temporel, dans le tems que les Adminiftrateurs font femblés, à peine de nullité, ainfi qu'il eft prefcrit par l'article des Lettres Patentes du 16 Août 1764, lefquelles autorifent pendant à faire extraordinairement les fignifications inftantes, la charge de les réitérer le jour du Bureau, & de ne pouvoir mployer en taxe les fignifications extraordinaires.

Les Vacances du Bureau font les mêmes que celles du Par- ment ; néanmoins le Bureau s'affemble en Octobre le premier eudi après la rentrée des Claffes, & en Novembre le lendemain es Mercuriales.

On reçoit au Bureau du Grand-Maître tous les jours, depuis neuf heures jufqu'à midi. On ne paye que les lundis & Jeüdis matin feulement.

Par Lettres Patentes du 20 Août 1767, le Roi a ordonné ue les Bourfiers du Collége de Louis le Grand & Colléges réunis, ne pourront être admis ni renvoyés que par Délibé- ation du Principal & de quatre Examinateurs qui s'affemble- nt toutes les fois que le Principal le requerra. Ces Exami- ateurs ne peuvent être choifis que parmi les Emérites.

Examinateurs des Bourfiers du Collége de Louis le Grand & Colléges y réunis, Meffieurs,

allemand, *de la Nation d'Allemagne*, au Collége de Louis le Grand.

ahours, *de la Nation de Normandie*, au Collége de Louis le Grand.

urquet, *de la Nation de Picardie*, au Collége de Louis le Grand.

azeas, *de la Nation de France*, au Collége de Louis le Grand.

oignard, *Principal*, au Collége de Louis le Grand.

e Page, *Concierge du Bureau d'Adminiftration, & Courier de l'Univerfité*, Collége de Louis le Grand.

COLLÉGE ROYAL, place de Cambray.

INSPECTEUR.

M. L'Abbé Garnier, Hiſtoriographe du Roi & d'Monsieur, pour les Provinces du Maine & d'Anjou de l'Académie Royale des Inſcriptions & Belles-Lettres au Collége Royal.

LECTEURS ET PROFESSEURS ROYAUX.

Pour l'Hébreu & le Syriaque.

M. Lourdet, Cenſeur Royal, au Collége Royal.

Pour l'Arabe.

M. Le Roux des Hauterayes, Interprète du Roi pour les Langues Orientales, au Collége Royal.

Pour le Turc & le Perſan.

M. Cardonne, Interprete du Roi pour les Langues orientales au Collége Royal.

Pour le Grec.

M. De Vauvilliers, au Collége Royal.

M. Bofquillon, Docteur-Régent de la Faculté de Paris, rue des Ecouffes, au Marais.

L'Éloquence Latine.

M. Béjot, de l'Académie Royale des Inſcriptions & Belles Lettres, Garde des Manuſcrits de la Bibliotheque du Roi à la Bibliotheque du Roi.

Poéſie.

M. Le Beau, ancien Secrétaire perpétuel de l'Académie Royale des Inſcriptions & Belles-Lettres, rue Sainte Marguerite, Fauxbourg Saint Germain.

M. l'Abbé Delille, de l'Académie Françoiſe, *Coadjuteur,* au Collége Royal.

Eloquence Françoiſe.

M. l'Abbé Aubert, rue du Chantre.

La Géométrie.

M. Mauduit, au Louvre.

l'Aſtronomie.

M. de la Lande, de l'Académie des Sciences, des Académie de Londres, de Saint-Peterſbourg, de Berlin, &c. au Collége Royal.

La Méchanique.

M. Girault de Keroudou, au Collége de Louis le Grand.

La Phyſique.

M. Le Monnier, de l'Académie des Sciences, aux Capucins de la rue Saint Honoré.

Coufin, de l'Académie des Sciences, Coádjuteur, au College Royal.

La Médecine-Pratique.

Poiffonnier, de l'Académie Royale des Sciences, Médecin de la Faculté de Paris, rue des deux Portes Saint Sauveur, hôtel de Coaflin.

Malouin, Médecin de la Faculté de Paris, & du Commun de la Reine, de l'Académie des Sciences, en Cour, ou au Louvre.

La Chimie.

d'Arcet, Médecin de la Faculté de Paris, rue de Baune·

L'Anatomie.

Portal, Médecin confultant de MONSIEUR, de l'Académie des Sciences, rue du Cimetiere Saint André-des-Arts.

Le Droit Canon.

l'Abbé Rat de Mondon, au Collége Royal.

Le Droit de la Nature & des Gens.

Bouchaud, de l'Académie des Infcriptions & Belles-Lettres, Docteur-Régent de la Faculté des Droits, aux Ecoles de Droit, place Sainte-Géneviève.

L'Hiftoire.

l'Abbé Garnier, de l'Académie des Infcriptions & Belles-Lettres, au Collége Royal.

Profeffeurs Vétérans.

l'Abbé Batteux, de l'Académie Françoife, rue Gift-le-Cœur.

Terraffon, Avocat au Parlement & du Clergé, rᵉ Serpente.

de Guignes, de l'Académie des Belles-Lettres, rue des Moulins, butte Saint Roch.

Il y a dans ce College une Chaire de Mathématique fondée par Ramus.

Mauduit, *Profeffeur de Mathématiques* de l'Académie d'Architecture, & de la Société des Sciences de Metz, au Louvre.

Chaire Royale d'Hydrodinamique.

Le premier Cours s'eft ouvert le 25 Novembre 1775, par l'Abbé Boffut, nommé par le Roi, premier Profeffeur en cette Science.

La Salle des démonftrations eft chez les Révérends Peres de l'Oratoire, rue Saint Honoré.

On donnera leçons deux fois par femaine, le Mercredi & Samedi, depuis onze heures & demie jufqu'à une heure &

demie. En cas de fêtes, on remettra la leçon au Mardi ou Vendredi.

Il y aura vacances la quinzaine de Pâques & le 8 Septembre jufqu'au premier Mercredi ou Samedi d'après la Saint Martin.

ACADÉMIE FRANÇOISE.

LE ROI, PROTECTEUR.

ACADÉMICIENS, MESSIEURS,

1720 L E Maréchal Duc de Richelieu, Pair de France, Chevalier des Ordres du Roi, Premier Gentilhomme de la Chambre, rue neuve Saint Auguftin.

1737 De Foncemagne, de l'Académie des Infcriptions & Belles Lettres, ci-devant fous-Gouverneur de Monfeigneur Duc de Chartres, au Palais Royal.

1743 Le Duc de Nivernois, Pair de France, Grand d'Efpagne Chevalier des Ordres du Roi, Honoraire de l'Acadén Royale des Infcriptions & Belles-Lettres, de l'Acad mie de Berlin, rue de Tournon.

1743 Le Cardinal de Luynes, Commandeur de l'Ordre du S. prit, Archevêq. de Sens, Premier Aumônier de feue M dame la Dauphine, rue St Dominique, hôtel de Luyn

1744 Le Cardinal de Bernis, Archevêque d'Alby, Miniftre Roi à Rome, Miniftre d'Etat, Honoraire de l'Acad mie Royale des Infcriptions & Belles-Lettres, à Ron

1746 De Voltaire, Gentilhomme ordinaire du Roi, de l'Acad mie *della Crufca*, de celles de Peterfbourg, de Londre de Bologne, &c. en fon château de Ferney, pays de Ge

1748 Le Marquis de Paulmy d'Argenfon, Miniftre d'Eta Commandeur des Ordres du Roi, Chancelier de Reine, Chancelier des Ordres Royaux de Saint Lo & de Saint Lazare, Honoraire de l'Académie c Belles-Lettres, & de celle des Sciences, de l'A démie de Berlin, à l'Arfenal.

1750 Le Comte de Bifly, Lieutenant Général des Armées Roi, Lieutenant Général de la Province de La guedoc, Gouverneur des Ville & Château d'Auxonn aux Tuileries.

1753 Le Comte de Buffon, de l'Académie Royale des Science Intendant du Jardin Rl des Plantes, au Jardin du Ro

1754 D'Alembert, de l'Académie Royale des Sciences, de Société Royale de Londres, de celles de Berlin &.

Peterfbourg, de l'Inftitut de Bologne, & des Sociétés
Royales des Sciences de Turin & de Norvege, *Secrétaire perpétuel de l'Académie*, au Louvre.

5 L'Abbé de Boifmont, Prédicateur du Roi, abbé de Gré-
tain, rue Vivienne, *omis par erreur* en 1776.

7 De Malvin de Montazet, Archevêque de Lyon, à Saint
Victor.

7 Seguier, Avocat Général au Parlement, rue du Hazard
Richelieu.

8 De la Curne de Sainte-Palaye, de l'Académie des Infcriptions & Belles-Lettres, de l'Académie *della Crufca*,
rue Saint Honoré, vis-à-vis les Jacobins.

9 Le Franc de Pompignan, ancien Premier Préfident de la
Cour des Aides de Montauban, quai Malaquais, ou à
Montauban.

0 Watelet, Receveur Général des Finances, des Académies de Berlin, *della Crufca*, de Cortone, de l'Inftitut de Bologne, Honoraire Affocié libre de l'Académie Royale de Peinture, & Honoraire de celle d'Architecture, cour du Louvre, au pavillon fur le quai.

1 De Coetlofquet, Commandeur de l'Ordre du S. Efprit ancien Evêque de Limoges, ci-devant Précepteur des
Enfans de France, à Saint-Victor.

1 L'Abbé Batteux, Chanoine honoraire de Reims, de
l'Académie des Infcriptions & Belles-Lettres, rue
Gift-le-Cœur.

1 Saurin, Secrétaire ordinaire de Monfeigneur le Duc d'Orléans, rue Thérefe, butte Saint Roch.

1 Le Prince de Rohan-Guémené, grand Aumônier de Fran-
ce, Commandeur de l'Ordre du S. Efprit Evêque de
Canope & Coadjuteur de Strafbourg, vieille rue du
Temple.

2 L'Abbé de Radonvilliers, Abbé de St Loup, Confeiller
d'Etat, ci-devant fous-Précepteur des Enfans de France, place de Louis le-Grand.

3 Marmontel, Hiftoriographe de France, rue Saint Honoré
près les Feuillans.

6 Thomas, Secrétaire Interprète du Roi auprès des Ligues
Süiffes, au Louvre.

8 L'Abbé de Condillac, Abbé de Mureau, ci-devant Précepteur de l'Infant Duc de Parme, de l'Académie de
Berlin, rue Jacob.

0 De Saint-Lambert, Grand-Maitre de la Garde-robe du
feu Roi de Pologne, Meftre-de-Camp de Cavalerie,
Gouverneur de Joinville, Fauxbourg Saint Honoré,
hôtel de Beauvau.

1770 De Loménie de Brienne, Archevêque de Toulouse, r
Saint Dominique, Fauxbourg Saint Germain.

1771 De Roquelaure, Evêque de Senlis, Premier Aumôni
du Roi, rue Pot-de-fer, ou à la Cour.

1771 Le Prince de Beauvau, Grand d'Espagne, Chevali
des Ordres du Roi, Capitaine de ses Gardes, d
Académies *della Crusca* & de Cortonne, Fauxbou
Saint Honoré.

1771 Gaillard, de l'Académie des Inscriptions & Belles-Lettre
Secrétaire ordinaire de Monseigneur le Duc d'Orléar
rue du Cimetiere Saint-André.

1771 L'Abbé Arnaud, Abbé de Grandchamp, de l'Académie c
Inscriptions & Belles-Lettres, rue de Louis-le-Grar

1772 De Bréquigny, de l'Académie des Inscriptions & Bell
Lettres, rue Saint Honoré, vis-à-vis les Jacobins.

1772 Beauzée, de l'Académie *della Crusca*, Professeur Ro
Emérite de l'Ecole Militaire, Secrétaire Interpré
de Monseigneur le Comte d'Artois, rue de Tourn

1774 L'Abbé Delille, Lecteur du Roi en Poësie, au Colle
Royal, place de Cambrai.

1774 Suard, rue de Louis-le-Grand.

1775 De Lamoignon de Malesherbes, Ministre d'État, rue c
Martyrs, barriere Montmartre.

1775 Le Chevalier de Chastellux, Brigadier des Armées
Roi, rue du Sentier.

1775 Le Maréchal Duc de Duras, Pair de France, Chev
lier des Ordres du Roi & de la Toison d'Or, prem
Gentilhomme de la Chambre, grande rue du fauxbou
Saint Honoré.

1776 De Boisgelin de Cucé, Archevêque d'Aix, rue
Varenne, fauxbourg Saint Germain.

1776 De la Harpe, rue Saint Honoré, vis-à-vis la rue Sa
Florentin.

17... N . . . .

Demonville, *Imprimeur de l'Académie*, rue Saint Sever

ACADÉMIE ROYALE,

des *Belles-Lettres.*

ACADÉMICIENS HONORAIRES, MESSIEURS,

1736 LE Comte de Maurepas, Ministre d'Etat, Commande
des Ordres du Roi, chef du Conseil des Finances, r
de Grenelle, Fauxbourg Saint Germain.

44 Le Duc de Nivernois , Chevalier des Ordres du Roi, Grand d'Efpagne, de l'Académie Françoife, rue de Tournon.

56 Le Marquis de Paulmy d'Argenfon, Miniftre d'État, Commandeur des Ordres du Roi, Chancelier des Ordres de St Louis & de St Lazare, de l'Académie Françoife, Honoraire de l'Académie des Sciences & de celles de Berlin & de Nancy, à l'Arfenal.

59 De Lamoignon de Malesherbes, Miniftre d'État, de l'Académie des Sciences, rue des Martyrs, barriere Montmartre.

64 De l'Averay , Miniftre d'Etat , quai & cul-de-fac de Conti.

66 Le Fevre d'Ormeffon de Noyfeau , Préfident à Mortier au Parlement de Paris, rue Couture Sainte Catherine.

71 Le Cardinal de Bernis , Miniftre du Roi à Rome, de l'Académie Françoife , à Rome.

72 Bertin, Miniftre & Secrétaire d'Etat , rue neuve des Capucines.

76 Turgot, Miniftre d'Etat, rue de l'Univerfité, Fauxbourg Saint Germain.

77 Amelot, Secrétaire d'Etat, rue de l'Univerfité.

Académiciens Pensionnaires, Messieurs,

22 De Foncemagne, de l'Académie Françoife , ci-devant fous-Gouverneur de Monfeigneur le Duc de Chartres, au Palais Royal.

24 De la Curne de Sainte-Palaye, de l'Académie Françoife, des Académies de Nancy, de Dijon, & *della Crufca* , rue de la Sourdiere.

47 L'Abbé Barthelemy, des Académies de Londres , de Madrid , & de Cortone , Garde des Médailles & Antiques du Cabinet du Roi, à la Bibliotheque du Roi.

48 Le Beau, ancien Profeffeur d'Eloquence en l'Univerfité de Paris, Profeffeur au College Royal, Secrétaire ordinaire de Monfeigneur le Duc d'Orléans, ancien Secrétaire perpétuel de l'Académie, rue Sainte Marguerite, Fauxbourg Saint Germain.

52 De Sigrais, Capitaine de Cavalerie , Chevalier de l'Ordre Royal & Militaire de Saint Louis , rue Férou, près Saint Sulpice.

54 De Guignes , Profeffeur Royal ; de la Société Royale de Londres , Interprete à la Bibliotheque du Roi pour les Langues Orientales, rue des Moulins, butte St Roch.

54 L'Abbé Foucher , rue de Charonne ; Fauxbourg Saint Antoine , hôtel de la Trémoille.

1754 L'Abbé Batteux, de l'Académie Françoife, rue Gift-le Cœur.

1754 D'Anville, de l'Académie des Sciences, premier Géo graphe du Roi, Secrétaire de Son Alteffe Sérénifim Monfeigneur le Duc d'Orléans, rue de l'Ortie, au Galeries du Louvre.

1756 De Burigny, rue Saint Honoré, près les Capucins.

1756 Dupuy, de l'Académie de Gottingen, Bibliothécaire d M. le Prince de Soubife, *Secrétaire perpétuel de l'Aca démie*, hôtel de Soubife, vieille rue du Temple.

ACADÉMICIENS ASSOCIÉS. MESSIEURS,

1759 De Bréquigny, de l'Académie Françoife, rue Saint Ho noré, vis-à-vis les Jacobins.

1759 De Chabanon, rue Saint Thomas du Louvre, vis-à-vi l'hôtel de Longueville.

1760 Gaillard, de l'Académie Françoife, rue du Cimetiere Sain André.

1761 L'Abbé Garnier, Infpecteur du College Royal, & Pro feffeur en Hiftoire, au College Royal.

1762 Bejot, Garde de la Bibliotheque du Roi, à la Biblio theque.

1762 L'Abbé Arnauld, Abbé de Grandchamp, de l'Académi Françoife, rue de Louis-le-Grand.

1763 Anquetil, chauffée d'Antin, vis-à-vis la rue de Provence

1766 Ameilhon, Bibliothécaire & Hiftoriographe de la Ville rue Saint Paul, hôtel Bazin.

1766 Bouchaud, Docteur-Régent de la Faculté des Droits, Le teur & Profeffeur Royal du Droit de la Nature & de Gens, aux Ecoles de Droit, place Sainte Génevieve.

1767 Gautier de Sibert, Hiftoriographe de l'Ordre de Saint La zare & Commiffaire au Tréfor des chartres de la Cou ronne, rue du Petit-Lion, Fauxbourg Saint Germain

1767 De Rochefort, rue des Filles Saint Thomas.

1770 Le Roy, Hiftoriographe de l'Académie Royale d'Archite cture, & de l'Inftitut de Bologne, au vieux Louvre

1770 De la Porte du Theil, Chevalier de Saint Louis, Gentil homme de la Chambre de MONSIEUR, de l'Acadé mie des Arcades de Rome & de celle de Cortone rue neuve des petits Champs, Richelieu.

1772 Jogue Deformeaux, rue de Grenelle, près celle des Saint Peres.

1772 D'Anffe de Villoifon, de la Société royale de Londres de l'Académie royale de Berlin, de celle d'Hiftoir & de celle des Antiquaires de Madrid, des Arcade de Rome, & des Belles-Lettres, Sciences & Arts d Marfeille

Marseille, de la Société royale de Gottingen, d'Upsal, de Manheim & de Cortone, quai de la Tournelle, près les grands Degrés, entre les rues-de Bievre & des Bernardins.

Dacier, rue Traverfiere Saint Honoré.

L'Abbé le Blond, Sécretaire de S. A. S. Mgr. le Duc d'Orléans, fous-Bibliothécaire du College Mazarin.

Du Saulx, de l'Académie Royale des Sciences & Belles-Lettres de Nancy, ancien Commiffaire de la Gendarmerie, rue Saint Honoré, maifon neuve des Feuillans.

Joly de Maizeroy, Chevalier de l'Ordre Royal & Militaire de Saint Louis, Lieutenant Colonel du Régiment de Sens, Cloître Saint Honoré.

ACADÉMICIENS VÉTÉRANS, MESSIEURS,

L'Abbé Canaye, rue neuve Saint François.

Nicolaï, à Arles.

Bertin, Tréforier des Parties Cafuelles, rue d'Anjou, au Marais.

ACADÉMICIENS LIBRES, MESSIEURS,

Le Comte de Ciantar, en Sicile.

Le Baron de Zurlauben, Capitaine au Régiment des Gardes Suiffes, Maréchal de Camp, rue neuve de Luxembourg.

L'Abbé de Guafco, Chanoine de Tournay, Comte de Claviere, membre de l'Académie de Berlin, de Londres, & de celle de Cortone, à Rome.

Grofley, Avocat au Parlement, de la Société Royale de Londres, à Troyes.

De Pouilly, Lieutenant Général de la Ville de Reims, à Reims.

Le P. Pacciaudi, Théatin, Hiftoriographe de l'Ordre de Malte, à Parme.

Seguier, à Nîmes.

Le Prince Maffalski, Evêque de Wilna.

Bartoli, Antiquaire du Roi de Sardaigne, Honoraire de la Société des Antiquités de Heffe, de l'Académie de Parme, de celle Electorale de Manheim, de celle d'Arezzo, de Bologne, de Ferme, de Padoue, de Rome, de Volterré, à Turin.

Dutens, à Londres.

Guilhem de Clermont, Baron de Sainte Croix, à Mourmoiron, près d'Avignon.

Brunck, Commiffaire des Guerres à Strafbourg.

Pajou, S. Deffinateur de l'Académie, rue Froidmanteau.

ACADÉMIE ROYALE DES SCIENCES.

HONORAIRES, MESSIEURS,

1725 LE Comte de Maurepas, Miniftre d'Etat, Chef du Confeil des Finances, Commandeur des Ordres du Roi, Honoraire de l'Académie des Belles-Lettres, rue de Grenelle, Fauxbourg Saint Germain.

1731 Le Maréchal Duc de Richelieu, Pair de France, de l'Académie Françoife, rue neuve Saint Auguftin.

1746 De Machault, Miniftre d'Etat, ancien Garde des Sceaux de France, Commandeur des Ordres du Roi, rue du grand Chantier.

1749 Le Comte de Maillebois, Lieutenant Général des Armées de Sa Majefté, Chevalier de fes Ordres, rue de Grenelle, Fauxbourg Saint Germain.

1750 De La Moignon de Malesherbes, Miniftre d'État, de l'Académie Françoife, Honoraire de l'Académie Royale des Belles-Lettres, rue des Martyrs.

1755 Le Cardinal de Luynes, Commandeur des Ordres du du Roi, Archevêque de Sens, Premier Aumônier de feu Madame la Dauphine, rue Saint Dominique.

1763 Bertin, Miniftre & Secrétaire d'Etat, Commandeur de Ordres du Roi, rue neuve des Capucines.

1764 Le Marquis de Paulmy d'Argenfon, Commandeur de Ordres du Roi, Miniftre d'Etat, Chancelier de la Reine, Chancelier des Ordres Royaux & Militaire de Saint Louis & de Saint Lazare, de l'Académie Françoife, Honoraire de celle des Belles-Lettres des Académies de Berlin & de Rome, à l'Arfenal.

1765 Le Marquis de Courtanvaux, Capitaine-Colonel de Cent-Suiffes, rue de Richelieu.

1770 Le Duc de Praflin, Miniftre d'Etat, Chevalier des Ordres du Roi, rue de Bourbon Fauxbourg St Germain.

1777 M. Amelot, Secrétaire d'Etat, Honoraire de l'Académie des Infcriptions, rue de l'Univerfité.

PENSIONNAIRES VÉTÉRANS.

Meffieurs,

1731 Maraldy, à l'Obfervatoire.

1731 De Fouchy, de la Société Royale de Londres, Secrétair perpétuel honoraire, rue d'Enfer, hôtel de Chaulnes

1742 De Laffone, Confeiller d'Etat, Premier Médecin du Roi en furvivance, premier Médecin de la Reine

Docteur de la Faculté de Médecine en l'Univerfité
de Paris, Docteur agrégé Honoraire à l'Univerfité de
Médecine de Montpellier, Agrégé Honoraire au College royal des Médecins de Nancy, de l'Inftitut de
Bologne, Cenfeur royal, Directeur de la Société
royale de Médecine, aux Tuileries ou à la Cour.

Le Marquis de Courtivron, Meftre de Camp, Chevalier
de l'Ordre Royal & Militaire de Saint Louis, rue des
Marais, Fauxbourg Saint Germain.

PENSIONNAIRES ORDINAIRES, MESSIEURS,

Pour la Géometrie.

D'Alembert, Secrétaire perpétuel de l'Académie Fran-
çoife, de la Société Royale de Londres, de celle de
Berlin & de Petersbourg, de l'Académie Royale des
Belles-Lettres de Suede, de l'Inftitut de Bologne, &
des Sociétés Royales des Sciences de Turin & de
Norvege, au Louvre.

Le Chevalier d'Arcy, Maréchal des Camps & Armées du
Roi, Fauxbourg du Roule.

Le Chevalier de Borda, Chevalier de l'Ordre Royal &
Militaire de Saint Louis., Lieutenant des Vaiffeaux
du Roi, de l'Académie Royale de Marine, rue des
Capucines.

Pour l'Aftronomie.

Caffini de Thury, Maître des Comptes, Directeur de
l'Obfervatoire royal, de l'Académie de Berlin & de la
Société Royale de Londres, de l'Inftitut & de l'Académie de Bologne, à l'Obfervatoire.

Le Monnier, Lecteur du Roi en Philofophie, de la Société Royale de Londres, & de celle de Berlin, rue
Saint Honoré, cour des Capucins.

De la Lande, Lecteur Royal en Mathématiques, Cenfeur Royal, de la Société Royale de Londres, de
l'Académie des Sciences & Belles-Lettres de Pruffe,
de l'Académie Impériale de Petersbourg, de l'Inftitut
de Bologne, de l'Académie des Sciences de Suede,
de la Société Royale de Gottingen, des Académies
de Rome, de Florence, de Cortone, de Mantoue, de
Harlem, de l'Académie des Arts établie en Angleterre & de l'Académie Royale de Marine, au Collége
Royal.

Pour la Méchanique.

De Montigny, Tréforier de France, Commiffaire du
Confeil, de l'Académie de Berlin, de la Société
Royale de Médecine, rue des vieilles Audriettes.

1746 De Vaucanfon, rue de Charonne, Fauxbourg Saint Antoine.

1751 Le Roy, de la Société Royale de Londres, & de la Société philofophique de Philadelphie, Garde du Cabinet de Phyfique du Roi, à la Muette, ou aux Galeries du Louvre.

Pour l'Anatomie.

1744 D'Aubenton, Garde & Démonftrateur du Cabinet d'Hiftoire Naturelle, Docteur en Médecine, de la Société Royale de Londres, de l'Académie de Berlin, au Jardin du Roi.

1759 Tenon, Maître en Chirurgie, Profeffeur Royal en Chirurgie, de l'Académie de Chirurgie, de la Société Royale d'Agriculture, rue du Jardinet, près le nouveau College de Chirurgie.

1759 Morand, Médecin de la Faculté de Paris, Médecin-Adjoint de l'Hôtel Royal des Invalides, des Académie de Stockolm & de Florence, de l'Académie Royale d Médecine de Madrid, de la Société Royale de Londres & de l'Académie Impériale & Royale de Bruxelles, Affeffeur honoraire du Collége des Médecir de Liége, rue du Vieux Colombier près la rue Caffette.

Pour la Chimie.

1766 Malouin, Docteur de la Faculté de Paris, Cenfeur Royal Lecteur & Profeffeur Royal en Médecine, ancie Profeffeur en Pharmacie, Médecin ordinaire de S Majefté, de la Société Royale de Londres; Honc raire au College Royal des Médecins de Nancy, a Louvre.

1745 Macquer, Docteur Médecin de la Faculté de Paris, Ce feur Royal, de l'Académie Royale de Stockolm, Turin, de l'Académie de Médecine de Madrid, de Société Philofophique de Philadelphie & de la Socié royale de Médecine, Profeffeur de Chimie au Jard du Roi, *en furvivance*, rue Saint Sauveur.

Pour la Botanique.

1728 Duhamel du Monceau, de la Société Royale de Londre des Académies de Suede & de Saint Péterfbourg, l'Inftitut de Bologne, de l'Académie de Palerme, H noraire de l'Académie d'Edimbourg & de l'Académ de Marine, Infpecteur Général de la Marine, qu d'Anjou en l'île.

1743 Guettard, Docteur-Régent de la Faculté de Médecir de Paris, Cenfeur Royal & Médecin Botanifte de f

Alteffe Séréniffime Monfeigneur le Duc d'Orléans, des Académies de Stockolm & de Florence, au Palais Royal.

Le Monnier J., Premier Médecin ordinaire du Roi *en furvivance*, Profefleur Royal de Botanique, Docteur-Régent de la Faculté de Médecine de Paris, des Académies de Londres & de Berlin, à la Cour.

Secrétaire perpétuel de l'Académie.

Le Marquis de Condorcet, des Académies de Turin, de Bologne, de Philadelphie & de Petersbourg ; hôtel des Monnoies.

Tréforier.

Le Comte de Buffon, Intendant du Jardin Royal des Plantes, de l'Académie Françoife, de la Société Royale de Londres, de celle d'Édimbourg, de Pétersbourg & de l'Académié de Berlin & de l'Inftitut de Bologne, au Jardin du Roi.

Tillet, Chevalier de l'Ordre du Roi, Commiflaire du Roi pour les Eflais & Affinages du Royaume, *Adjoint & furvivancier*, hôtel des Monnoies.

ASSOCIÉS LIBRES, MESSIEURS,

Le Marquis de Montalambert, Maréchal de Camp ès Armées du Roi, Lieutenant Général des Provinces de Saintonge & Angoumois, Gouverneur de Ville-neuve d'Avignon, Membre de la Société Impériale de Peterf-bourg, rue de la Roquette.

Le Comte de Treffan, Lieutenant Général des Armées du Roi, Commandant du Comté de Bitch, de la Société Royale de Londres, & de l'Académie de Berlin & de la Société d'Edimbourg, rue Notre-Dame de Nazareth.

Pingré, Chanoine Régulier de la Congrégation de France, Aftronome-Géographe du Roi, Chancelier de Sainte Genevieve & de l'Univerfité de Paris, Bibliothécaire de Sainte Génevieve, de l'Académie Royale de Marine, de la Société Royale de Gott'n-gen, à Sainte Génevieve.

Le Marquis de Chabert, Chevalier des Ordres de Saint Louis & de Saint Lazare, Capitaine de Vaiffeaux du Roi, de l'Académié Royale de Marine, des Académies de Londres, de Berlin & de Bologne, rue des Enfans-Rouges.

Le Marquis de Turgot, Brigadier des Armées du Roi, quai d'Orléans, île Saint Louis.

E e iij

1765 Andouillé, Conseiller d'État, Premier Chirurgien du Roi *en survivance*, Vice-Préfident de l'Académie Royale de Chirurgie, à la Cour; ou à Paris, rue Traverfiere.

1765 Dionis du Séjour, Confeiller au Parlement, de la Société Royale de Londres, des Académies de Stockolm & de Gottingen, rue Ste Avoye, vis-à-vis la rue du Plâtre.

1765 Perronet, Chevalier de l'Ordre du Roi, premier Ingénieur des Ponts & Chauffées, de l'Académie Royale d'Architeéture & de célle de Stockolm, rue de la Perle, au Marais.

1765 Poiffonnier, Confeiller d'Etat, Docteur-Régent de la Faculté de Médecine de Paris, Leéteur en Médecine au College Royal, Cenfeur Royal, Médecin confultant du Roi, Infpeéteur & Direéteur général de la Médecine des Ports & des Colonies, des Académies de Petersbourg & de Stockolm, rue des deux Portes Saint Sauveur.

1765 De Bory, Chevalier de l'Ordre Royal & Militaire de Saint Louis, Chef d'Efcadre, de l'Académie Royale de Marine, ancien Gouverneur général des Ifles de l'Amérique fous le Vent, rue d'Orléans Saint Honoré, hôtel d'Aligre.

1772 Mefnard de Chouzy, Confeiller d'Etat, Contrôleur Général de la Maifon du Roi, Chevalier de l'Ordre de Saint Lazarre, Miniftre du Roi auprès du Cercle de Franconie, à Neuremberg, à Paris, rue de Grammont.

1776 Le Comte de Milly, Colonel de Dragons, Chevalier de Saint Louis & de l'Aigle Rouge de Brandebourg, premier Lieutenant honoraire des Suiffes de la Garde de MONSIEUR, des Académies Royales & des Sciences de Madrid, rue Dauphine.

ASSOCIÉS VÉTÉRANS, MESSIEURS,

1743 Jof. de Juffieu, Médecin de la Faculté de Paris, rue des Bernardins.

1743 Bouvart, Chevalier de l'Ordre du Roi, Médecin de la Faculté de Paris, rue de Richelieu, vis-à-vis la Bibliotheque du Roi.

1744 Bertin, Médecin de la Faculté de Paris, à Rennes.

1752 Lieutaud, Premier Médecin du Roi, de la Société Royale de Londres, à la Cour.

1758 Le Comte de Lauraguais, rue Bergere.

1769 Demours, Médecin-Oculifte ordinaire du Roi, & Cenfeur Royal, ancien Démonftrateur & Garde du Ca-

binet d'Hiftoire Naturelle du Jardin du Roi, rue Mazarine.

Bordenave, Vice-Directeur de l'Académie Royale de
Chirurgie, Profeffeur Royal, des Académies de Rouen
de Lyon & de Florence, rue de Touraine, près les Cordeliers.

ASSOCIÉS ORDINAIRES, MESSIEURS,

Pour la Géométrie.

L'Abbé Boffut, Examinateur des Ingénieurs, Honoraire
Affocié libre de l'Académie d'Architecture, de l'Inftitut
de Bologne, Profeffeur Royal d'Hydrodynamique, rue
des Poulies, vis-à-vis la rue Bailleul.

Jeaurat, ancien Profeffeur Royal de Mathématiques,
Penfionnaire de l'Ecole Royale Militaire, à l'Obfervatoire.

Pour l'Aftronomie.

Le Gentil, à l'Obfervatoire.

Bailly, Garde des Tableaux du Roi, de l'Inftitut de Bologne, aux Galeries du Louvre.

Pour la Méchanique.

Bézout, de l'Académie Royale de Marine, Examinateur
des Gardes du Pavillon & de la Marine, des Eleves
& Afpirans du Corps Royal d'Artillerie, Cenfeur
Royal, rue Chriftine.

Defmareft, Infpecteur des Manufactures de la Généralité
de Champagne, rue des Poulies, vis-à-vis la rue Bailleul.

Pour l'Anatomie.

Petit, Médecin de la Faculté de Paris, Infpecteur des
Hôpitaux Militaires, Profeffeur d'Anatomie au Jardin
du Roi, rue St Victor, près la rue des Foffés St Bernard.

Portal, Médecin Confultant de MONSIEUR, Profeffeur
en Médecine au Collége Royal, de l'Inftitut de Bologne, de la Société des Sciences d'Edimbourg & de
Montpellier, rue du Cimetiere Saint-André-des-Arts.

Pour la Chimie.

Cadet de Gafficourt, ancien Apothicaire Major des
Camps & Armées, Membre de l'Académie Impériale
des Curieux de la Nature, affocié de l'Académie royale
des Sciences, Arts & Belles-Lettres de Lyon, rue
Saint Honoré, près la Croix du Trahoir.

Lavoifier, de la Société Helvétique de Bafle, à l'Arfenal.

Le Comte de la Billardrie d'Angiviller, Meftre de
Camp de Cavalerie, Directeur & Ordonnateur des

E e iiij

Bâtimens du Roi, Chevalier des Ordres de Saint Louis, Commandeur de l'Ordre de Saint Lazare, Intendant du Jardin Royal des Plantes *en survivance*, rue de l'O- ratoire.

Pour la Botanique.

1758 Fougeroux de Bondaroy, de l'Académie de Florence, de l'Inftitut de Bologne, & de la Société Royale d'E- dimbourg, rue des Lions Saint Paul.

1759 Adanfon, de la Société Royale de Londres, Cenfeur Royal, rue des Bons-Enfans.

ASSOCIÉS ETRANGERS, MESSIEURS,

1748 Daniel Bernoulli, Profeffeur en Phyfique, de l'Acadé- mie de Peterfbourg, Profeffeur d'Anatomie & de Bo- tanique, à Bafle.

1755 Albert de Haller, Préfident perpétuel de la Société Royale de Gottingen, & de la Société Economique de Berne, Membre des Académies de Londres, de Ber- lin, de Bologne, de Stockolm, de Harlem & de celle des Curieux de la Nature & Membre du Confeil Sou- verain de la République de Berne, à Berne.

1755 Euler, de l'Académie de Berlin, de la Société Royale de Londres, & de l'Académie de Peterfbourg, à Pe- terfbourg.

1761 Vonn-Linné, Premier Médecin du Roi de Suede, Pro- feffeur de Médecine & Botanique dans l'Univerfité d'Upfal, Chevalier de l'Ordre Royal de l'Etoile Po- laire, de la Société Royale de Londres, des Acadé- mies de Péterfbourg, de Berlin, de Bologne, à Upfal.

1766 Le Prince de Loewenftin, Prince régnant de Wertheim.

1772 De la Grange, Directeur de l'Académie de Berlin, à Berlin.

1772 Franklin, de la Société Royale de Londres, & Préfident de la Société de Philadelphie, à Philadelphie.

1777 Margraaf, Membre de l'Académie Royale des Sciences de Berlin, à Berlin.

ADJOINTS, MESSIEURS,

Pour la Géométrie.

1771 Vandermonde, rue de la Tournelle, au coin de la rue de Biévre.

1772 Coufin, Lecteur Royal en Phyfique, au Collége Royal.

Pour l'Aftronomie.

1770 Meffier, Aftronôme de la Marine, Affocié des Académies de Londres, de Berlin, de Stockolm, de Bologne, de

Harlem , & de l'Académie des Arts établie en Angleterre , rue des Mathurins, hôtel de Clugny.

Caffini, fils, Directeur de l'Obfervatoire Royal *en furvivance*, à l'Obfervatoire.

Pour la Méchanique.

L'abbé Rochon, Aftronôme de la Marine , Garde du Cabinet de Phyfique du Roi, à la Muette ou à l'Obfervatoire.

De la Place, rue des Noyers, vis-à-vis la rue des Anglois.

Pour l'Anatomie.

Sabatier, Profeffeur Royal d'Anatomie aux Ecoles de Chirurgie, Chirurgien-Major de l'Hôtel Royal des Invalides, audit Hôtel.

Vicq d'Azyr, de la Faculté de Paris, Médecin Confultant de Monfeigneur le Comte d'Artois, premier Correfpondant de la Société Royale de Médecine, rue du Sépulcre Saint Germain.

Pour la Chimie.

Sage, de l'Académie de Stockolm, des Académies Impériale & Électorale de Mayence, rue du Sépulcre.

Baumé, Maître en Pharmacie de Paris, de l'Académie de Médecine de Madrid, rue Coquillere.

Pour la Botanique.

Briffon, Profeffeur Royal de Phyfique expérimentale au Collége de Navarre, Maître de Phyfique & d'Hiftoire Naturelle des Enfans de France, Cenfeur Royal, rue des Poulies, hôtel de Conti.

De Juffieu, Médecin de la Faculté dé Paris, de la Société de Médecine de Madrid & de la Société Royale de Médecine, rue des Bernardins.

Pour la Géographie.

D'Anville, de l'Académie des Infcriptions & Belles-Lettres, premier Géographe du Roi, rue de l'Ortie, aux Galeries du Louvre.

ADJOINT VÉTÉRAN.

M. l'Abbé de Gua de Malves, de la Société Royale de Londres, ci-devant Lecteur royal en Philofophie, rue Mauconfeil.

Fóffier, *Deffinateur de l'Académie*, rue Saint André.

Le Gouaz, *Graveur de l'Académie*, rue Sainte Hyacinthe, porte Saint Michel.

Ingram , *ancien Deffinateur & Graveur de l'Académie*, rue de l'Ourfine, Fauxbourg Saint Marceau.

Panckoucke, Libraire, hôtel de Thou.

ACADÉMIE ROYALE
DE PEINTURE ET DE SCULPTURE.

L'Académie Royale de Peinture & de Sculpture a été éta
blie par le Roi en 1648.

LE ROI, PROTECTEUR.

Le Comte de la Billardrie d'Angiviller, Confeiller du Roi e
fes Confeils, Meftre de Camp de Cavalerie, Chevalier d
l'Ordre Royal & Militaire de Saint Louis, Commandeu
de l'Ordre de Saint Lazare, de l'Académie des Sciences, In
tendant du Jardin du Roi, Directeur & Ordonnateur Gé
néral des Bâtimens du Roi, Jardins, Arts, Académies & Ma
nufactures Royales, rue de l'Oratoire.

Adjoint, M. le Marquis de Marigny, Confeiller d'Etat ord
naire d'épée, Commandeur des Ordres du Roi, Lieutenar
Général de l'Orléanois & Beauce, Directeur & Ordonna
teur Général des Bâtimens du Roi, Jardins, Arts, Acadé
mies, & Manufactures Royales, place du Louvre.

La lettre P. fignifie Peintre, *S.* Sculpteur, *G.* Graveur.

Directeur.

M. Pierre, Chevalier de l'Ordre du Roi, premier *Peintre* d
Roi & de M. le Duc d'Orléans, Honoraire Amateur de l'A
cadémie royale d'Architecture, & honoraire Affocié libr
de l'Académie Impériale de Saint Péterfbourg, au Louvre

Anciens Directeurs & Recteurs.

Juillet, M. Du Mont le Romain, *P. Chancelier*, rue neuve de
Capucines.

Janvier, M. Le Moine, *S.* aux Galeries du Louvre.

Recteurs.

Avril, M. Jeaurat, *P.* Garde des Plans & Tableaux du Roi
à Verfailles, ou au vieux Louvre.

Octobre, M. Pigalle, *S.* Chevalier de l'Ordre du Roi, à la barrière
Blanche.

HONORAIRES AMATEURS, MESSIEURS,

Gabriel, Ecuyer, Confeiller du Roi, ancien Contrôleur Géné
ral des Bâtimens, Jardins, Arts, & Manufactures de Sa Ma
jefté, ancien Infpecteur Général des Bâtimens du Roi, fon
premier Architecte *Honoraire*, devant les Galeries du Louvre
Le Comte de Bafchi, Chevalier Commandeur des Ordres du
Roi, Confeiller d'État, rue Saint Dominique, fauxbourg
Saint Germain.

e Marquis de Calviere, Lieutenant Général des Armées du
Roi, Commandeur de l'Ordre de Saint Louis, à Avignon.
e Chevalier de Valory, rue Poiffonniere.
atelet, Receveur Général des Finances, de l'Académie
Françoife, Honoraire de l'Académie Impériale de Vienne,
de celles de Rome, de Madrid, de Parme & de Marfeille,
Membre des Académies des Arts & Sciences de Florence
& de Bologne, cour du vieux Louvre, au Pavillon donnant
fur le quai.

e Marquis de Voyer, Lieutenant Général des Armées du
Roi, Infpecteur Général de la Cavalerie, Gouverneur du
Château Royal de Vincennes, rue des Bons Enfans.

e Lalive de July, rue de Richelieu, près le Boulevart.

rgeret, Receveur général des Finances, rue du Temple, au
coin du Boulevart.

HONORAIRES ASSOCIÉS LIBRES, MESSIEURS;

e Duc de Bouillon, grand Chambellan de France, *en furvi-*
vance, à l'Hôtel de Bouillon.

e Boullongne, Confeiller d'Etat ordinaire, & au Confeil
Royal, rue Saint Honoré, près les Jacobins.

uflot, Chevalier de l'Ordre du Roi, à l'Orangerie des
Tuileries.

e Montullé, Secrétaire honoraire des Commandemens de la
Reine, rue du Cherchemidi.

Abbé Pommyer, Confeiller de Grand'Chambre, rue de
Bracq.

ondel d'Azincourt, Chevalier de l'Ordre Royal & Militaire de Saint Louis, rue de Vendôme, près la rue
Charlot.

e Baron de Bezenwal, Lieutenant Général des Armées du
Roi, Infpecteur Général des Suiffes & Grifons, & Lieutenant-Colonel des Gardes Suiffes, rue de Grenelle, près la
barriere des Invalides.

urgot, Miniftre d'Etat, rue de l'Univerfité, près la rue du
Bacq.

Anciens Profeffeurs, Meffieurs,

dam, *S.* rue du Champfleury, *ou* rue des Amandiers, Fauxbourg Saint Antoine.

Datte, *S.* à Turin.

Profeffeurs, Meffieurs.

écembre, Vien, P. Chevalier de l'Ordre du Roi, *Directeur*
de l'Académie de France à Rome, à Rome.

ptembre, Allegrain, *S.* rue Meflé.

vril, Falconet, *S.* Honoraire affocie libre de l'Académie

Impériale de Saint Péterſbourg, à Saint Péterſ
bourg.

Novembre, De Lagrenée, *P.* aux Galeries du Louvre.

Août,   Belle, *P.* Infpecteur de la Manufacture Royale de
Gobelins, aux Gobelins.

Mars,   Pajou, *S.* de l'Académie des Infcriptions & Belles
Lettres, des Académies Elémentaires de Bolo
gne, de Parme & celle de Touloufe, rue Froid.
manteau, vis-à-vis la place, & au Louvre.

Juillet, ...

Mai,   A. Vanloo, *P.* cour du Louvre.

Janvier, Bachelier, *P.* au veftibule des Tuileries.

Février, Caffieri, *S.* cour du Louvre, ou rue des Canettes.

Octobre, · Doyen, *P.* premier Peintre de MONSIEUR & d
M. le Comte d'Artois, aux Galeries du Louvre.

Juin,   D'Huès, *S.* rue des Poulies, ou Cour du Louvre.

Adjoints à Profeſſeurs, Meſſieurs,

Lépicié, *P.* à l'Académie de   Gois, *S.* cour du Louvre.
Peinture, *ou* cour du Louvre.   La Grenée J. *P.* cour du Lou
Brenet, *P.* cour du Louvre.   vre.
Bridan, *S.* cour du Louvre.   Mouchy, *S.* aux galeries, o.
Du Rameau, *P.* cour du Louvre.   cour du Louvre.

M. Challes, *P.* Chevalier de l'Ordre du Roi, *Profeſſeur pou*
la Perfpective, Deſſinateur de la Chambre & du Cabinet du Roi
rue Thévenot, au coin de la rue des Deux-Portes.

Profeſſeur pour l'Anatomie.

Suë, rue des Foſſés Saint Germain l'Auxerrois, au coin de l
rue de l'Arbrefec.

Confeillers. Meſſieurs,

Roettiers, Graveur des Médailles du Roi, & Graveur généra
des Monnoies & des Chancelleries de France, rue des Tour
nelles, près le Boulevart.

Chardin, *P. ancien Tréforier*, aux Galeries du Louvre.

De la Tour, *P.* aux Galeries du Louvre.

Vernet, *P.* aux Galeries du Louvre.

Roſlin, *P.* Chevalier de l'Ordre de Vafa, aux Galeries du
Louvre.

Le Bas, *Graveur* du Cabinet du Roi, rue de la Harpe, vis-à-
vis la rue Poupée.

Le Prince, *P.* cour du Louvre.

De Machy, *P.* cour du Louvre.

Cochin, *G. Secrétaire & Hiſtoriographe*, Chevalier de l'Ordre
du Roi, Garde des Deſſeins du Cabinet du Roi, aux Gale
ries du Louvre.

e Clerc, *Adjoint à Profeſſeur pour la Perſpeĉtive*, aux Gobelins.
enou, *P. adjoint à Secrétaire*, cour du Louvre.

Académiciens. Meſſieurs,

umons, *P.* rue & vis-à-vis l'Hôtel d'Antin.
oizot, *P.* aux Gobelins.
undberg, *P.* à Stockolm.
onotte, *P.* à Lyon.
enfant, *P.* aux Gobelins.
e Bel, *P.* rue de Bourbon, à la Maiſon des Théatins.
e Sueur, *P.* rue de la Sourdiere, près le cul-de-ſac.
uay, *Graveur du Roi en pierres*, aux Galeries du Louvre.
udry, *P.* rue de Clichy, à l'hôtel de Grammont.
ardieu, *G.* de S. A. Eleĉtorale de Cologne, rue du Plâtre
près la rue Saint Jacques.
erroneau, *P.* rue du petit Carreau, au coin de la rue du Bout-
du-monde.
alade, *P.* Cloître Saint Honoré.
eaurat de Bertry, *P.* Penſionnaire de feu la Reine, à l'Obſervatoire, barriere Saint Jacques.
aldrighi, premier Peintre du Duc de Parme, à Parme.
illet, *S.* à Peterſbourg.
es Portes, neveu, *P.* à Montdidier, en Picardie.
de Vien, *P.* à Rome.
uliart, *P.* aux Gobelins.
oiriot, *P.* rue neuve des Petits Champs, cour des Miracles.
Ville, *G.* quai des Auguſtins, près la rue Pavée.
alvador Carmona, *G.* à Madrid.
avray, *P.* Chevalier de Malte, à Malte.
aſanova, *P.* rue des Amandiers, Fauxbourg Saint Antoine.
oland de la Porte, *P.* rue Saint Thomas du Louvre.
eſcamps, *P.* à Rouen.
ellengé, *P.* au vieux Louvre.
uerin, *P.* porte Saint Martin, derriere le Magaſin de la Ville.
obert, *P.* à l'Arſenal, cour des Princes.
de Terbouche, *P.* en Pruſſe.
outherbourg, *P.* rue Coquilliere, près la rue de la Croix des
petits Champs, *ou* à Londres.
araval, *P.* cour du Louvre.
uet, *P.* cour du Louvre.
reuze, *P.* rue Thibotodé, *ou* aux Galeries du Louvre.
leriſſeau, *P.* de l'Académie de Londres, cour du Louvre.
aſquier, *P.* aux Galeries du Louvre.
eſtout, *P.* aux Galeries du Louvre.
erruer, *S.* cour du vieux Louvre.
Mlle Vallayer, *P.* rue du Roule, à la Croix de Chevalier.

Beaufort, *P.* cour du vieux Louvre.
Le Vaffeur, *G.* rue des Mathurins, vis-à-vis la rue des Mâçons.
De Wailly, *A.* à Verfailles; & à Paris, au Louvre.
Moitte, *G.* rue Saint Victor.
Le Comte, *S.* cour du Louvre.
Porporati, *G.* rue de Cléry.
Jollain, *P.* rue du Champfleury, cour du vieux Louvre.
Roettiers, *G.* place du Caroufel & aux Galeries du Louvre.
Perignon, *P.* rue Bailleul, près la rue des Poulies.
Dupleffis, *P.* cour du vieux Louvre.
Aubry, *P.* rue de Cléry, au coin de la rue Montmartre.
Lempereur, *G.* rue & porte Saint Jacques.
Muller, *G.* quai des Auguftins.
Beauvarlèt, *G.* rue du petit Bourbon Saint Sulpice.
Duvivier, *Graveur de Médailles,* aux galeries du Louvre.
Cathelin, *G.* rue du Doyenné Saint Louis du Louvre.
Houdon, *S.* barriere du Roule, *ou* à la Bibliotheque du Roi.
   Phlipaut, *Concierge de l'Académie.*
   Perronet, *Huiffier de l'Académie,* rue des Lavandieres
   Sainte Opportune.

ACADÉMIE ROYALE D'ARCHITECTURE

CEtte Académie tient fes féances au Louvre le lundi depuis trois heures & demie jufqu'à cinq & demie : fon établiffement eft de 1671.

LE ROI, PROTECTEUR.

1774 M. le Comte de la Billardrie d'Angiviller, Confeiller du Roi en fes Confeils, Meftre de Camp de Cavalerie, Chevalier de l'Ordre Royal & Militaire de St Louis, Commandeur de l'Ordre de St Lazare, de l'Académie Royale des Sciences, Intendant du Jardin du Roi, Directeur & Ordonnateur-général des Bâtimens de Sa Majefté, Jardins, Arts, Académies & Manufactures Royales, rue de l'Oratoire.

Adjoint. M. le Marquis de Marigny, Confeiller d'État ordinaire d'Épée, Commandeur des Ordres du Roi, Lieutenant Général de l'Orléanois & Beauce, Directeur & Ordonnateur général des Bâtimens du Roi, Jardins, Arts, Académies & Manufactures Royales, place du Louvre.

Premiere Claffe, Meffieurs,

1728 Gabriel, Premier Architecte honoraire, *Directeur en exercice,* honoraire amateur de celle de Peinture & Sculpture, ancien Infpecteur Général des Bâtimens du Roi, Affocié libre honoraire de l'Académie Impériale des Arts de Saint-Péterfbourg, rue des Orties.

49 Souflot, Chevalier de l'Ordre du Roi, Intendant général des Bâtimens du Roi, honoraire affocié libre de l'Académie de Peinture & Sculpture, Contrôleur général des Bâtimens de la Ville de Lyon, à l'Orangerie des Tuileries.

55 Potain, Contrôleur des Bâtimens, à Fontainebleau.

47 De Lefpée, rue des Moulins, butte Saint Roch.

55 Hazon, Intendant général des Bâtimens, rue du Dauphin.

57 De Wailly, ancien Conrrôleur des Bâtimens, de l'Académie de Peinture & de Sculpture, au Louvre.

7 Perronet, Chevalier de l'Ordre du Roi, de l'Académie Royale des Sciences, premier Îngémeur des Ponts & Chauffées, rue de la Perle, au Marais.

5 Franque, rue Guenégaud.

5 Brévion, Infpecteur des Bâtimens du Roi, au Louvre.

7 Rouffet, rue Ste Croix de la Bretonnerie, au coin de celle de l'Homme armé.

8 Le Roy, de l'Inftitut de Bologne, *Profeffeur & Hiftoriographe de l'Académie*, & de l'Académie des Infcriptions & Belles-Lettres, au Louvre.

2 Moreau, Ecuyer, Maitre général des Bâtimens de la Ville, rue de la Mortellerie, à l'Arfenal de la Ville.

2 Couftou, Infpecteur des Bâtimens, place du Louvre.

2 Defmaifons, Ecuyer, Chevalier de l'Ordre du Roi, rue de Verneuil, près la rue de Beaune.

8 Sedaine, *Secrétaire perpétuel de l'Académie*, au Louvre.

8 Mauduit, *Profeffeur de Mathématiques*, au College Royal & *de l'Académie*, & Membre de l'Académie Electorale Palatine de Manheim, au Louvre.

Vétérans de la premiere claffe, Meffieurs,

5 Hardouin Manfard de Sagone, rue de Tournon.

6 Moranzel, ancien Contrôleur des Bâtimens, à Fontainebleau.

HONORAIRES ASSOCIÉS LIBRES, MESSIEURS,

6 Watelet, de l'Académie Françoife, amateur honoraire de celle de Peinture, Receveur général des Finances, cour du vieux Louvre.

6 Pierre, Chevalier de l'Ordre du Roi, premier Peintre du Roi, *Directeur de l'Académie de Peinture*, honoraire de celle de Péterfbourg, au Louvre.

1776 Le Comte d'Affry , Colonel des Gardes Suiffès, r
du Bacq, près celle de Verneuil.

1776 De Fontanieu, Intendant & Contrôleur général d
meubles de la Couronne, place de Louis XV.

1776 L'Abbé Boffut , Examinateur des Ingénieurs , de l'Acad
mie des Sciences, de l'inftitut de Bologne, Profeffe
royal d'Hydraulique & d'Hydraudinamique , rue d
Poulies.

. . . .

. . . .

Seconde Claffe, Meffieurs,

1762 Belicart, ancien Contrôleur des Bâtimens, rue Roya
porte Saint Honoré.

1762 Boullée, rue du Mail.

1763 Gabriel , ancien Contrôleur des Bâtimens, rue c
Orties.

1767 Peyre, Infpecteur des Bâtimens, au Luxembourg.

1769 Trouard, Contrôleur des Bâtimens , rue Montorgueil.

1770 Chalgrin, premier Architecte & Intendant des Bâtime
de MONSIEUR , rue neuve des Petits Champs.

1771 Jardin, Architecte du Roi, Chevalier de l'Ordre du R(
rue du Doyenné.

1773 Guillaumot, Architecte de la Généralité de Paris, C(
trôleur & Infpecteur Général des Carrieres , rue
Fauxbourg Saint-Martin , au petit Hôtel du Tillet.

1773 Le Doux, Infpecteur des Salines, rue d'Orléans, po:
Saint Denis.

1773 Couture , place de Louis XV..

1774 Billaudel , Écuyer , ancien Intendant des Bâtimens, r
de la Madeleine ; fauxbourg St Honoré.

1774 Gondouin, Deffinateur des meubles de la Couronne ,
Garde Meuble , rue Saint-Florentin.

1776 Cherpitel, rue du Bacq, près celle de l'Univerfité.

1776 Heurtier , Infpecteur des Bâtimens , à Verfailles.

1776 Bélifart , au Palais Bourbon.

1776 Antoine, hôtel des Monnoies.

Correfpondans Etrangers, Meffieurs,

Chambers, Architecte du Roi d'Angleterre.

Petitôt, Chevalier de l'Ordre du Roi, premier Architecte
Duc de Parme.

Marquet , Architecte du Roi d'Efpagne.

Pigage , premier Architecte de l'Electeur Palatin.

Vallin de la Mothe, Architecte de l'Impératrice de Ruffie.

Temenza , Architecte de la République de Vénife , à Veni
Ritte

litter, Architecte de la Ville de Berne, à Berne.
.e Comte de Cronstedt, Intendant de là Cour & des Bâtimens
du Roi de Suede.
'erdinand Hezendorf de Gottembourg, Directeur de l'Académie Impériale & Royale d'Architecture établie à Vienne,
à Vienne.

Correspondans Regnicoles, Messieurs,

loux, Secrétaire du Roi, Architecte, à Lyon.
)ageville, Architecte à Marseille.
)eneray, Architecte à Nantes.
ίColombet, *Concierge de l'Académie*, au Louvre.

ACADEMIE ROYALE DE CHIRURGIE.

Président.

M. Germain de la Martiniere, Conseiller d'État, Chevalier
de l'Ordre du Roi, Premier Chirurgien de Sa Majesté,
Chef de la Chirurgie du Royaume, & Membre de
l'Académie Royale des Sciences de Stockolm, en Cour.
Γ. Andouillé, Conseiller d'Etat, premier Chirurgien du Roi
ᵗen *survivance*, Associé libre de l'Académie Royale des
Sciences, en Cour.

Directeur.

Γ. Dufouart, Chirurgien-Major des Gardes-Françoises, rue
de l'Université, près la rue des Saints-Peres.

Vice-Directeur.

Γ. Pipelet, quai des Théatins, à l'hôtel de Saint Severin.

Secrétaire perpétuel.

Γ. Louis, Associé honoraire du College royale de Nancy, de
la Société Royale des Sciences de Montpellier, des Académies de Lyon, Rouen, Metz, Gottingen, Bologne & Florence, Docteur en la Faculté de Médecine de Halle-Mag-
debourg, Professeur & Censeur Royal, Chirurgien consultant des Armées du Roi, Inspecteur des Hôpitaux Militaires
du Royaume, ancien Chirurgien major de la Charité, Docteur en Droit de la Faculté de Paris, & Avocat en Parlement,
rue des Cordeliers aux Ecoles.

Commissaire pour les Extraits.

Μ. Fabre, Professeur au College royal de Chirurgie, rue des
Noyers.

Commissaire pour les Correspondances.

Μ. Sabatier, de l'Académie Royale des Sciences, Professeur
1778. F f

& Démonftrateur Royal d'Anatomie aux Écoles de Chirurgie, Chirurgien-Major de l'Hôtel Royal des Invalides, aux Invalides.

Tréforier.

M. Gourfaud, Lieutenant de M. le Premier Chirurgien, & Chirurgien en Chef de l'hôpital des Petites Maifons.

Bibliothécaire.

M. Dubertrand, rue & vis-à-vis le Temple.

Académiciens.

Tous les Maîtres en Chirurgie de Paris, dont *quarante* font Confeillers du Comité perpétuel, & *vingt* Adjoints au Comité.

Affociés Etrangers, Meſſieurs,

Schligting, *à Amfterdam.*
Grashuis, *à Amfterdam.*
Henckel, *à Berlin.*
Guyot, *à Genève.*
Charron, *à Drefde.*
Acrell, *à Stockolm.*
Mofcati, *à Milan.*
Le Baron de Haller, *à Berne.*
Fernandès, *à Madrid.*
Sharp, *à Londres.*

Bianconi, Miniftre de la Cour de Drefde *à Rome.*
Boehmer, *à Halle - Magdebourg.*
Tronchin, au Palais Royal.
Le Comte de Carburi, rue de Bracq au Marais.
Camper, *à Francker.*
Brambilla, *à Vienne en Autriche.*

Affociés Régnicoles, Meſſieurs,

Boucher, *à Lille en Flandre.*
Charrau, *à la Rochelle.*
Goullard, *à Montpellier.*
Serres, *à Montpellier.*
Graſſot, *à Lyon.*
Bailleron, *à Beziers.*
Hugon, *à Arles.*
Charmetton, *à Lyon.*
Willius, *à Mulhaufen en Alface.*
Fleurant, *à Lyon.*

Caqué, *à Reims.*
Buttet, *à Etampes.*
Sarrau, *à Montpellier.*
Brouillard, *à Marfeille.*
Vigaroux, *à Montpellier.*
Marrigues, *à Verfailles.*
Faure, *à Avignon.*
Le Roy, *à Montpellier.*
Chambon, *à Brevanne.*
Saucerotte, *à Lunéville.*

CENSEURS ROYAUX.

Théologie, MESSIEURS,

LE Seigneur, au College de Lizieux.
Foucher, Principal du College de Navarre.
Buret, dans la Maifon des Docteurs de Navarre.
Dupont, rue de la Harpe, au-deſſus de Saint-Côme, maifon de M. Pothouin.

.iballier, au College Mazarin..
renet, au College Mazarin.
:hevreuil, en Sorbonne.
)u Sauzet, au Collége de Boncourt.
)e Loriere, en Sorbonne.
.dhenet, Chanoine de l'Eglife de Paris, au Cloître,
'ouillerot, Curé de Saint Gervais.
.ubry, Curé de Saint Louis en l'île.
)e la Hogue, cloître Saint Honoré.
.ffeline, en Sorbonne.
)u Voifin, en Sorbonne.
.'Abbé de Reirac, à Orléans.

Jurifprudence, MESSIEURS,

aurin, rue Thérefe, butte Saint Roch.
faignan de Savigny, rue des Poftes, près le Séminaire Anglois.
'erraffon, rue Serpente.
)oqueley de Chauffepierre, au vieux Louvre, arcade de la
. rue Froidmanteau.
foreau, place Vendôme.
farchand, rue Michel-le-Comte, près l'Hôtel de Halwil.
fouffier, quai d'Anjou, Ifle Saint Louis.
legnard, rue du Cimetiere Saint André des Arts.
?adet de Saineville, rue Chapon.
)e la Laure, cloître Saint Benoit.
fouchaud, aux Ecoles de Droit, place Sainte-Genevieve,
)e Lignac, rue Caffette, Fauxbourg Saint Germain,
.'Abbé Piole, à Vienne en Dauphiné.
)u Châtel, à Reims.
'erin, rue de Grammont,
:haffel, à Nancy.
)fmont, rue d'Enfer, près les Feuillans.
Eftienne fils, rue du Plâtre Saint Avoye,
lanchard de la Valette, cloître Saint Jean en Grève,
.amus, rue Guénégaud.

Hiftoire Naturelle, Médecine, & Chymie, MESSIEURS,

.azamajor, rue des Bons-Enfans, derriere le Palais Royal.
fouffe, *abfent*.
falouin, au Louvre.
suettard, au Palais Royal.
.danfon, cloître Notre-Dame.
riffon, rue des Poulies, hôtel de Conti,
)e Laffonne, aux Tuiléries, ou en Cour.
'oiffonnier, rue des deux Portes St Sauveur à l'hôtel de Coaffin,
)emours, rue Mazarine,

Macquer, rue Saint Sauveur.
Poiſſonnier Deſperieres, rue de la Verrerie.
Bartés, à Montpellier.
Le Begue de Preſle , rue Saint Jacques, près Saint Benoît.
Coſte , rue Sainte Marguerité, Fauxbourg Saint Germain.
Deſcemet , rue de l'Arbalêtre.
Raulin , rue de Bourbon-Ville-neuve, près celle des Filles-Dieu.
Gardanne , rue des Prouvaires, près Saint Euſtache.
Valmont de Bomare , rue de la Verrerie, vis-à-vis celle du Cocq.
Miſſa , rue Barbette, au Marais.
Maret , à Dijon.
Bucquet , rue Jacob, vis-à-vis la rue des deux Anges.
Dehorne , Médecin de Monſeigneur le Duc d'Orléans, paſ-
  ſage de la rue de Richelieu, au Palais Royal.
Carrere , rue Dauphine, ancien hôtel de Genlis.
De Machy , rue du Bacq.
Colombier, rue de Grenelle Saint Germain.
Boſquillon , rue des Ecouffes.
Des Bois de Rochefort, rᵉ du Cimetiere Sᵗ André, au Preſbytere.
Sage , rue du Sépulcre.

Chirurgie, MESSIEURS,

Louis , rue des Cordeliers, aux Ecoles de Chirurgie.
Suē, rue des Foſſés Saint Germain, près la rue de l'Arbreſec.
Le Bas, rue de Vaugirard, près celle des foſſés M. le Prince.
Sabatier , aux Invalides.
Ferrand , rue Mazarine.

Mathématiques , MESSIEURS,

L'Abbé de la Chapelle, rue Sainte Anne, butte Saint Roch ,
  maiſon de M. Diancourt.
Le Blond, cul-de-ſac des Jacobins de la rue Saint Honoré.
Bézout, rue Chriſtine.
De la Lande , au Collége Royal.
Montuclà, rue Froidmanteau, ou à la Cour.
Marie , au College Mazarin.
Mauduit , au Louvre.

Belles-Lettres , Hiſtoire, &c. MESSIEURS,

Lallemand ; au Collége de la Marche.
L'Abbé Foucher, hôtel de la Trémoille, rue de Charonne.
L'Abbé Jolly , à Dijon.
Picquet, rue de Richelieu, chez M. de Senozan.
L'Abbé de Condillac, rue Jacob, Fauxbourg Saint Germain.
Remond de Sainte-Albine , rue Sainte Anne, près les Nou-
  velles Catholiques.
L'Abbé Barthélemy, à la Bibliotheque du Roi.

L'Abbé Guiroi, r^e de la Villévêque, Fauxbourg Saint Honoré.
Philippe de Pretot, rue de la Harpe, vis-à-vis la rue des deux Portes.
L'Abbé Blanchet, à Saint Germain-en-Laye.
De Guignes, rue des Moulins, butte Saint Roch.
L'Abbé Demontis, rue de Vaugirard, au coin de la rue Férou.
L'Abbé Granès de Lavaur, rue du Cimetiere Saint André.
De Jeze, à Touloufe.
Butel du Mont, rue & près l'Abbaye Saint Victor.
L'Abbé de Graves, rue du Foin, au College de Maître-Gervais.
Pidanfat de Mairobert, Secrétaire du Roi, & de S. A. S. Monfeigneur le Duc de Chartres, rue Saint Pierre.
D'Hermilly, rue des Foffés M. le Prince.
Gaillard, rue du Cimetiere Saint André.
Le Bret, rue des Moulins, butte Saint Roch.
De Beaujon, rue neuve de Luxembourg.
Bret, rue des Filles Saint Thomas.
Arnoult, rue Saint Jacques, vis-à-vis la rue des Mathurins.
Marin, rue du Fauxbourg du Temple, N°. 14.
Dupuy, vieille rue du Temple, hôtel de Soubife.
De Brequigny, rue Saint Honoré, près les Jacobins.
Bejot, à la Bibliotheque du Roi.
Ameilhon, rue Saint Paul, hôtel Bazin.
L'Abbé Bruté, à Enghien, ou Montmorency.
De Pulignieu, à Montauban.
Maillet du Clairon, rue Méflée.
L'Abbé Lourdet, au Collége royal, place Cambray.
Louvel, à Orléans.
Chenu, rue Mazarine.
L'Abbé Chrétien, à Arras.
L'Abbé Bonnay, Doyen & Curé de Mouzon, à Mouzon.
Poftel, rue Dauphin, chez M. Boutin.
L'Abbé Simon, Chanoine de Saint-Quentin, à Saint-Quentin.
L'Abbé Forget, à Langres.
Le Tourneur, rue Notre-Dame des Victoires.
Cherin, rue des grands Auguftins.
Desfontaines, vis-à-vis la rue de Menars.
Fontaine-Malherbe, rue neuve des Petits Champs, près le Palais Royal.
De Sacy, rue de la Marche au Marais.
L'Abbé Mongès, à Lyon.
Terraffon, rue d'Anjou, Fauxbourg Saint Honoré.
L'Abbé Aubert, rue du Chantre.
De Sancy, rue neuve Saint Roch.
Richard, rue neuve Saint Auguftin, vis-à-vis l'hôtel de deux Ponts.

L'Abbé Duplaquet, hôtel de Rohan, rue de Varennes.
Rousselot de Surgy, rue Croix des Petits Champs.
L'Abbé Blavet, au grand Prieuré du Temple.
L'Abbé Pluquet, quai des Augustins chez M. Barrois, Libraire.
L'Abbé Guyot, Doyen de l'Église de Soissons, place Royale, hôtel de Barentin.
L'Abbé le Chevalier, rue du Pas de la Mule près la place Royale.
Sauvigny, *Censeur de la Police*, rue de Vaugirard, chez M^de la Marquise d'Escars.
Cardonne, au Collège royal.
De Launay, rue Saint Louis, près les Tuileries.
L'Abbé Desaulnay, à la Bibliotheque du Roi.
Suard, rue de Louis le Grand.
Guidi, rue de Louis le Grand, hôtel de Castella.
Junker, rue Mazarine, chez M. Isabeau.

Géographie, Navigation, & Voyages.

M. Robert de Vaugondy, quai de l'Horloge.
M. Cochin, aux Galeries du Louvre, *les Estampes.*
M. Perrard de Montreuil, rue des Fossés M. le Prince, *l'Architecture.*

Inspecteurs de la Librairie, Messieurs,

D'Hemery, rue neuve des Capucines.
Cardonne au Collège royal.

M. Mars, Avocat en Parlement, *Auteur* de la Gazette des Tribunaux, rue Pierre-Sarrazin.

Chambre Royale & Syndicale de la Librairie & Imprimerie.

CEtte Chambre étoit anciennement, par concession du Roi, dans le Collége Royal, & successivement dans le Collége de Cambrai; mais le nombre des Professeurs ayant augmenté, & l'exercice du Droit étant rétabli, ce Bureau a été transféré rue des Mathurins, & est à présent rue du Foin Saint Jacques.

C'est dans cette Chambre que les Syndic & Adjoints font, en présence des Inspecteurs de la Librairie, la visite des Livres qui viennent des Pays Etrangers ou des Provinces du Royaume en cette Ville : ceux qui viennent pour retirer les Ballots, Caisses & Paquets de Livres & d'Estampes & Gravures qui sont apportés de la Douanne, pour y être visités par les Syndic & Adjoints, doivent représenter un billet de M. de la Bapaumerie, Inspecteur à l'Hôtel des Fermes. Les jours de Visite sont le Mardi & le Vendredi, depuis trois heures de relevée jusqu'à cinq.

L'on y doit apporter aussi les Priviléges & Permissions qui s'obtiennent en la grande Chancellerie pour l'impression des Livres, à l'effet d'être registrés, suivant ce qui est prescrit par lesdits Priviléges, qui ordonnent que cet enregistrement sera fait dans les trois mois du jour de leur obtention, à peine de nullité.

Les Permiffions de M. le Lieutenant Général de Police doivent être pareille-ment regiftrées en cette Chambre, avant la publication des Ouvrages imprimés en vertu de ces Permiffions.

Les Syndic & Adjoints font encore prépofés pour la vifite des Bibliotheques & Cabinets de Livres, dont la vente ne peut être faite en gros ou en détail, qu'après cette vifite, conformément aux Réglemens.

Les Libraires & Imprimeurs font Membres & Suppôts de l'Univerfité de Paris, & ont la qualité de *Libraires Jurés ;* en conféquence, ils jouiffent des Privi-léges, Exemptions & Immunités attribués à l'Univerfité & à fes Suppôts, qui leur ont été confirmés par leurs Réglemens.

Les Officiers qui compofent cette Chambre, font les Syndic & Adjoints en Charge, avec les anciens Syndics & Adjoints.

Syndic.

1777 M. Lottin L. rue Saint Jacques.

Adjoints, MESSIEURS,

1775 Pierre Guillaume Simon, Impr. rue Mignon Saint André.
1775 Debure, fils aîné, quai des Auguftins.
1777 Gogué, rue du Hurpoix.
1777 De Hanfy, Pont-au-Change.

Anciens Syndics, MESSIEURS,

1762 Le Breton. 1772 Jombert. 1774 Saillant.

Anciens Adjoints, Meffieurs,

1742 Villette.	1763 D'Houry.	1770 Brocas.
1745 Debure.	1763 Defpilly.	1771 Didot, L.
1753 Defprez.	1766 Le Prieur.	1771 Hardy.
1755 Etienne, L.	1766 Piffot.	1772 Prault pere.
1759 Vincent.	1767 Delormel.	1772 Samfon.
1762 Ch. G. Le	1768 Knapen.	1773 Lottin, J.
Clerc, *Ar-*	1768 Babuty.	1773 Chardon.
chivifte.	1769 Didot jeune.	1774 Lambert.
1762 Etienne, J.	1770 L. F. Leclerc.	1774 Humblot.

Imprimeurs du Roi, Meffieurs,

Le Breton, rue Hautefeuille.

Defprez, } rue Saint Jac-
Boudet, } ques.

Veuve-Hériffant, & *feul Imp. du Cabinet, Maifon & Bâti-mens de S. M.* rue S. Jacques.

Ballard, *feul Imprimeur de la Mufique, & Noteur de la Chapelle de Sa Majefté,* rue des Mathurins, au coin de la rue des Maçons.

Prault, pere, quai de Gèvres.
Lottin, L. rue Saint Jacques.

D'Houry, *feul Imprimeur-Libraire de Monfeigneur le Duc d'Or-léans,* rue Vieille Bouclerie.

F f iiij

ACADÉMIE ROYALE

ou Ecole d'Equitation au Manege des Tuileries.

M. le Prince de Lambefc nomme à toutes-les places.

Ecuyer en Chef.

M. de Villemotte.

Ecuyer en fecond.

M. de Grimoult.

Pour les différens Exercices. Messieurs.

Le deffein ,	D'Herbelot, rue de la Parcheminerie, au coin de la rue Saint Jacques.
Les armes ,	Teillagory.
A voltiger ,	Denys.
La Danfe ,	Dubois.

ÉCOLE ROYALE VÉTÉRINAIRE,

Établie au Château d'Alfort près Charenton, depuis 1766.

M. Bertin, Miniftre & Secrétaire d'Etat.

M. Bourgelat, Commiffaire général des Haras, *Directeur & Infpecteur général* des Ecoles royales Vétérinaires de France, rue Saint Louis, hôtel Voifin, au Marais.

M. Proft de Grangeblanche, *Infpecteur defdites Ecoles*, rue des Moulins, butte Saint Roch.

M. . . . . . *Infpecteur* , ...

M. Chabert J., *Infpecteur général des Etudes* , & Directeur particulier de celle de Paris, à l'hôtel.

M. Chabert, Officier au Régiment Dragon de Lanan, Commandant les Eleves militaires caſernés à Charenton Saint Maurice.

MM. Bredin, Démonftrateurs de Botanique & de Matiere Médicale.

M. Hénon, Démonftrateur d'Anatomie.

M. Préau, Chef des Hôpitaux & des Forges, à l'hôtel.

M. . . . . . , Régiffeur, à l'hôtel.

M. Jollet, Chirurgien, à Charenton.

Le fieur Chabert, Directeur, ainfi que tous les Profeffeurs & les Chefs, font des Eleves formés dans les Ecoles.

EXPERTS JURÉS, créés par Édit de Mai 1690.

ur faire les Rapports, Vifites, Prifées, Eftimations de tout ce qui concerne les Bâtimens; enfemble les Licitations, Servitu-des, Alignemens, Cours d'eau, Chauffées, Arpentages; comme auffi de tout ce qui a rapport aux Bâtimens, tels que Maçonnerie, Charpenterie, Menuiferie, & tous autres, &c.

PREMIERE COLONNE.

Architectes Experts Bourgeois, MESSIEURS,

32 **D** Efbœufs, *Syndic*, rue des Billettes, près le Com-miffaire.

36 Payen, rue Chapon.

40 Dauphin, r^e des Petits Carreaux, vis-à-vis là r^e Thévenot.

45 Martin, rue Saint Nicaife, près l'hôtel de Longuevilfe.

51 Danjan, rue du cloître Saint Benoît.

51 De Villérs, rue des Gravilliers, près la rue Jean-Robert.

51 Le Camus de Mezieres, rue du Foin Saint Jacques.

52 Pruneau de Montlouis, rue Poiffonniere, vis-à-vis la rue Beauregard.

58 Blanchard, rue de la Monnoie, chez le Notaire.

62 Clavareau, rue du Sépulcre, au coin de la rue Taranne.

64 Delefpine, rue Lévêque, Butte Saint Roch.

64 Paulick, de l'Académie de Cracovie, en Pologne.

64 Ducret, rue des Mauvaifes-Paroles, vis-à-vis la rue des Déchargeurs.

64 De Beffe, rue du Chantre.

65 Taboureur, rue de Savoie, près les grands Auguftins.

66 Goupy, à l'hôtel de Touloufe.

66 Bleve, rue des Ecouffes, derriere le petit Saint Antoine.

66 Porquet, rue du F. St Denis, vis-à-vis les Ecuries du Roi.

68 Gabriel, rue de la Croix, près le Temple.

68 Poullain, rue du Jardinet, près celle Mignon.

70 Radel, quai de l'Ecole, près le Pont-Neuf.

70 Terrier, rue des Anglois, place Maubert.

73 D'Ofmond, quai Pelletier.

73 Bouchu, rue neuve Saint Euftache, près la rue des petits . Carreaux.

73 André, rue Chapon.

74 Boulland, cloître Notre-Dame.

75 Billiard de Belliffard, rue de l'Univerfité, Palas Bourbon.

76 Antoine, rue de Seine, au coin de la rue de Buffy.

77 Mangin, rue de la Harpe, près la rue Percée.

77 Normand, parvis Notre-Dame.

SECONDE COLONNE.

Experts Entrepreneurs, MESSIEURS,

1723 R Ichard, *Doyen*, rue Sainte Avoye, près la rue Saint Merry.

1728 Védy, rue des Tournelles, près la Fontaine.

1735 Simon, rue des Quatre-Vents.

1738 Bourgeois L. rue de la Harpe, près Saint Côme.

1739 Mouchet, rue des Poulies.

1751 De Vouges, rue Sainte Avoye, au coin de la rue du Plâtre.

1752 Egreſſet, quai Saint Paul.

1752 Deſmaiſons, rue de la Perle.

1754 Giraud, rue de Bracq, près la Mercy.

1755 Dumont, *Adjoint*, rue de la Mortellerie, près la rue des Barrés.

1756 Coupart de la Touché, rue Notre-Dame des Victoires, vis-à-vis la rue Montmartre.

1757 Perard, rue des Moulins, butte Saint Roch.

1760 Caqué, rue Thévenot, vis-à-vis le cul-de-ſac de l'Etoile

1761 Chaſteau, rue Meſlée, près le Commandant du Guet.

1761 Bourgeois J. quai des Ormes, au coin de la rue des Nonaindieres.

1762 Villetard, rue des Roſiers, vis-à-vis la rue des Ecouffes.

1764 Bouillette de Chambly, rue Saint Martin, vis-à-vis la Fontaine Maubuée.

1766 Buron, rue Sainte Croix de la Bretonnerie, près celle de Mouſſy.

1767 Thevenin, rue Lévêque, butte Saint Roch.

1768 Regnard de Barentin, rue de la Corderie, vis-à-la rue de Beauce.

1768 Jacob, rue des Trois Mores.

1770 Neveu, rue du Four, Fauxbourg Saint Germain.

1770 Lardant, rue des Deux Ecus, près la rue du Four.

1771 Parvis de la Regnardiere, Parvis Notre-Dame, près la porte du Cloître.

1772 Ango, *Tréſorier*, rue & vis-à-vis Saint Victor.

1773 Vavaſſeur Deſperriers, rue du Marché neuf, chez le Commiſſaire.

1773 Le Foulon, rue & barriere de la chauſſée d'Antin.

1774 Chabouillé, rue Phélippeaux, près la rue de la Croix.

1776 Duboiſterf, rue Meſlée.

1738 M. Bourgeois, pere, *Honoraire*, rue de la Colombe, en la Cité.

Leur *Bureau, rue de la Verrerie, vis-à-vis l'hôtel de Pomponne.*

reffiers des Bâtimens à Paris, pour recevoir les Rapports des Experts.

MAISTRES,

M Angin, *Doyen*, rue du Roi de Sicile.

allerot, Syndic, rue de la Verrerie, chez le Notaire.

uillerot, Adjoint, pont Notre-Dame, près la Pompe.

aurent, à Saint Germain-en-Laye.

ucart, rue Mauconseil, vis-à-vis la rue Françoise.

reftier, rue Planche Mibrai.

Cœur, rue Michel - le-Comte.

cquenon, rue Bardubec, vis-à-vis le Notaire.

obert, rue des Vieux Augu-ftins, près celle Montmartre.

Goüel, rue Saint Louis du Palais, près la Tréforerie.

Forget, rue des Maçons, maifon de M. Serpaud.

Beudot, rue de Savoie.

Le Page, rue des Marmouzets, en la Cité.

Reboul, rue Saint Jacques Collége de Louis le Grand.

Laurent jeune, cloître Notre-Dame, près la Communauté des Chantres.

Liébault de la Neuville, rue des Ecouffes, quartier Saint Antoine.

Leur Bureau, rue de la Verrerie, vis-à-vis l'hôtel de Pomne.

Infpecteur de Police, pour la fûreté dans les Bâtimens & alignemens des encoignures.

C Caftellant, Marché-aux Poirées, à la Halle.

BIBLIOTHEQUE DU ROI.

BIBLIOTHÉCAIRE.

172 M. BIGNON, Confeiller d'État, à l'hôtel de la Bibliotheque du Roi.

Garde des Médailles & Antiques.

l'Abbé Barthélemy, de l'Académie Royale des Infcriptions & Belles-Lettres, des Académies de Londres, de Madrid, de Cortonne, & de Pezaro, à la Bibliotheque du Roi.

l'Abbé Barthelemy de Courçay, *Adjoint*, même demeure.

Garde des Manufcrits.

Béjot, de l'Académie des Infcriptions & Belles-Lettres, Profeffeur Royal en Eloquence Latine, à la Bibliotheque.

Garde des livres imprimés.

M. L'Abbé Defaunays, Cenfeur royal, à la Bibliotheque.

Garde des Titres & Généalogies, & Tréforier.

M. De la Cour, *Généalogifte* de la Maifon d'Orléans, r^e Colbei

M. l'Abbé de Jevigné, *Adjoint pour les Titres & Généalogie* Fauxbourg Saint Honoré.

Garde des Planches gravées & Eftampes.

M. Joly, rue Colbert.

Garde de la Bibliotheque particuliere du Roi à Verfailles, & Cabinet des Livres à la fuite de la Cour.

M. de Sancy, Cenfeur royal, à Verfailles; ou à Paris, r^e neuve Saint Roch.

Garde des Livres du Cabinet du Roi à Choify.

M. de la Miniere, Secrétaire Général des Dragons, rue Sai Nicaife.

Secrétaire.

M. l'Abbé Martin, à la Bibliotheque.

Interprétes pour les Langues Orientales, MESSIEURS,

Galand, rue des grands Auguftins, à l'hôtel Saint Cyr.

Cardonne, Secrétaire Interprete du Roi, Profeffeur Royal 1 Arabe, Cenfeur royal, au College royal, place Cambray

Anquetil, de l'Académie des Infcriptions & Belles-Lettre chauffée d'Antin, vis-à-vis la rue de Provence.

Fourmont, à la Bibliotheque.

Le Roux des Hauterayes, Profeffeur Royal en Arabe, College Royal.

De Guignes, Profeffeur Royal en Syriaque, de l'Académ des Infcriptions & Belles-Lettres, rue des Moulin butte Saint Roch.

Bernard de Valabregue, rue Sainte Marguerite, fauxbou Saint Germain.

Interprete pour les Langues Allemande, Danoife, Suédoife, Flamande & Angloife.

M. Tobiefen-Duby, à la Bibliotheque, ou rue des Moulin butte Saint Roch.

Interprete pour les Langues Italienne, Efpagnole & Angloife.

M. l'Abbé Blanchet, Cenfeur Royal, à Saint Germain-e Laye.

M. Saint-Aubin, *Graveur* attaché à la Bibliotheque.

terpretes pour l'*Hébreu* , le ⎫ *Voyez* les Profeſſeurs du Col-
Grec , l'*Arabe* , le *Syriaque* , ⎬ lege Royal, p. 460.
& autres Langues. ⎭

Autres Interprétes du Roi , MESSIEURS,

Grand, Secrétaire Interprete du ⎫
Roi, rue de la Harpe, au Presbytère ⎮
de Saint Côme. ⎮ *Pour les Langues*
ffin , Secrétaire Interprete du Roi, ⎬ *Orientales.*
en ſurvivance, rue de la Harpe, vis- ⎮
à-vis la Sorbonne. ⎭

rbault, rue Neuve des Petits Champs, ⎫ *Pourles Langues Al-*
au coin de la rue de Louis le Grand. ⎬ *lemande, Eſpagnole,*
⎭ *& Italienne.*

rtera , rue Pot-de-fer , près Saint ⎫ *Pourles Langues Ita-*
Sulpice. ⎬ *lienne & Eſpagnole.*

reire , Penſionnaire du Roi, de la ⎫ *Pour les Langues*
Société Royale de Londres, rue Plâ- ⎬ *Eſpagnole, & Portu-*
triere, au petit hôtel d'Armenonville. ⎭ *gaiſe.*

Abbé Desfrançois, rue du Colombier, ⎫ *L'Anglois & l'Ita-*
vis-à-vis la Grille de l'Abbaye. ⎬ *lien.*

IMPRIMERIE ROYALE.

Aniſſon du Perron, *Directeur*, ⎫ aux Galeries du Louvre.
Aniſſon fils, *en ſurvivance* , ⎬

JARDIN ROYAL DES PLANTES.

Intendant du Jardin & du Cabinet.

M. Le Comte de Buffon, de l'Academie Françoiſe, *Tréſorier* de l'Académie Royale des Sciences, Membre des
Académies de Londres, de Berlin, de l'Inſtitut de Bologne,
de Florence, d'Edimbourg, de Philadelphie, &c. au Jardin
du Roi.

le Comte de la Billardrie d'Angiviller , Conſeiller du
Roi en ſes Conſeils, Meſtre de Camp de Cavalerie, Chevalier
de l'Ordre Royal & Militaire de St Louis, Commandeur de
l'Ordre de St Lazare , ancien Gentilhomme de la Manche des
Enfans de France, de l'Académie des Sciences, Directeur &
Ordonnateur général des Bâtimens du Roi, Arts, Manufactures, Académies, &c. *en ſurvivance* , rue de l'Oratoire.

- *Pour la Botanique.*

Profeſſeur , M. Le Monnier , premier Médecin ordinaire
Roi , de la Faculté de Paris , en Cour.

Démonſtrateur , M. de Juſſieu , Médecin de la Faculté
Paris , rue des Bernardins.

Pour la Chymie.

Profeſſeur , M. Macquer , Médecin de la Faculté de Par
de l'Académie Royale des Sciences , rue Sa
Sauveur.

Démonſtrateur , M. Rouelle , Maître en Pharmacie de M.
Duc d'Orléans , rue Jacob , près la Chari

Pour l'Anatomie.

Profeſſeur , M. Petit , Médecin de la Faculté de Paris ,
l'Académie Royale des Sciences , rue Sa
Victor , près la rue des Foſſés Saint Bernar

Démonſtrateur , M. Mertrud , rue & près la Culture Sain
Catherine.

Pour l'Hiſtoire Naturelle.

Garde & Démonſtra-teur du Cabinet. { M. Daubenton , Docteur en Médecin
de l'Académie Royale des Sciences ,
la Société Royale de Londres , &
l'Académie de Berlin , au Jardin
Roi.

M. Daubenton , J. *Garde & Sous-Démonſtrateur du Cabinet* ,
l'Académie des Sciences de Nancy , au Jardin du Roi.

Mlle Baſſeporte , *Peintre & Deſſinateur.*

Le Cabinet d'Hiſtoire naturelle eſt ouvert au Public
Mardi & le Jeudi , hors le tems des Vacances.

M. Valmont de Bomare , Maître en Pharmacie , Membre
pluſieurs Sociétés Littéraires , *Démonſtrateur d'Hiſtoire na*
relle , rue de la Verrerie , vis-à-vis la rue du Cocq.

TRÉSORIERS DES DENIERS ROYAU.

GARDES DU TRÉSOR ROYAL.

1755 M. Micault d'Harvelay , *ancien* , rue d'Artois , p
le Boulevart , *en exercice impair.*

1777 M. Delaborde fils , *Adjoint & en ſurvivance* de M. d'H
velay , rue Grange-Batelière.

1756 M. Savalete pere , *alternatif* , rue Saint Honoré , au-del
des Jacobins , *en exercice pair.*

774 M. Savalette de Langes, *Adjoint & en survivance*, même demeure.

Receveur Général des Revenus Casuels & Deniers extraordinaires de Sa Majesté.

742 M. Bertin, Conseiller d'Etat, rue d'Anjou, au Marais.

Gardes des Regiftres du Contrôle Général des Finances.

rs {
Perrotin de Barmont, Vieille rue du Temple, au-deffus de l'Égout, *en exercice impair ; & pour le Contrôle de l'Annuel, les années paires.*
Perrotin de Barmont, fon fils & concurrent, même maifon.
Fougeray de Launay, rue de Paradis au Marais, *pour le Contrôle général en exercice pair ; pour le Contrôle de l'Annuel les années impaires.*

Confervateurs des Saifies & Oppofitions faites au Tréfor Royal.

734 M. Villefroy, *alternatif*, rue Simon-le-Franc, *en exercice* 1778.

755 M. Villain de Quincy, *ancien*, rue de Montmorency, *en exercice* 1779.

Les oppofitions au Tréfor Royal fe forment fur les Offices fupprimés, fur les Fermiers & Traitans, pour raifon de leurs avances, pour vente & échange avec le Roi dans le cas de rembourfement au Tréfor Royal · fur les fuccefs des Offices Militaires de la Maifon du Roi, Académiciens & généralement tous ceux qui ont des Penfions, Gages, Appointemens & récompenfes à toucher au Tréfor Royal, pour ce qui eft dû au jour. du décès feulement.

Tréforiers des Offrandes, Aumônes, Dévotions, & Bonnes-Œuvres du Roi.

760 M. Lenoir, rue de Cléry près celle Montmartre.

Tréforier Général de la Maifon du Roi.

771 M. Cahouet de Villers, place de Vendôme.

Contrôleurs Généraux des Tréforiers de la Maifon du Roi.

742 {Andrieu, *triennal*, rue Bardubec.
756 Mrs {Jacob, *alternatif*, rue St Dominique St Michel
75 {Fleuré, à la place Vendôme, chez M. Devillers.

Contrôleur des Quittances des Officiers de la Maifon du Roi.

Maupas, rue de la Vrilliere.

Chambre aux deniers. Meffieurs,

746 Lorimier, *alternatif*, place de Vendôme, *en exercice* 1777.

53 Samfon, *triennal*, rue & barriere du Temple, près le Rempart, *en exercice* 1778.

47 Pavée de Provencheres, *ancien*, rue Sainte Anne, près la rue des Petits Champs, *à Pâques*, rue Saint Honoré, près Saint Roch, *en exercice* 1779.

Le Bureau de la Chambre aux Deniers, pour les trois

Exercices , eſt chez M. Guénard , premier Commis ; rî de Ventadour , près la rue des Petits Champs.

Tréſorier de l'Argenterie , des Menus-Plaiſirs , & Affaires de la Chambre du Roi.

1725 M. Hebert , rue des SS. PP. , vis-à-vis la rue de Verneu

Intendans & Contrôleurs Généraux de l'Argenterie , Menus-Pl firs , & Affaires de la Chambre du Roi.

1756 M. Papillon de la Férté , rue Bergere.
1775 M. Maréchaux des Entelles , rue Bergere , hôtel d Menus , *en ſurvivance.*
1756 M. L'Eſcureul de la Touche , rue des Filles Saint Thom
1775 M. Bourboulon , *en ſurvivance avec exercice ,* rue Richelieu , vis-à-vis la rue Villedot.

Intendans & Contrôleurs Généraux des Ecuries & Livrées de S. . tant d'ancienne que de nouvelle création.

1749   ⎧ Lorimier de Chamilly , *ancien & mitriennal* , rue Sa
    Mrs ⎨ Honoré , à la grande Ecurie , *en exercice* 1778.
1770   ⎩ Teiſſier , *alternatif & mitriennal* , *en exercice* 1777 , 1 Poiſſonniere.

Leur Bureau , rue Saint Honoré , à la grande Ecurie du R

Tréſorier Général des Ecuries & Livrées de Sa Majeſté.

1740 M. Boula de Charny , rue neuve Saint François.

Tréſoriers de la Prévôté de l'Hôtel.

1755 M. Lemarchant , *ancien , triennal & alternatif* , rue d'I genteuil , près la rue Neuve Saint Roch.

Tréſorier de la Vennerie , Fauconnerie , & Toiles de Chaſſe
1775 M. le Duc , place des Victoires.

Contrôleurs dudit Tréſorier de la Vennerie , Meſſieurs ,
1762 Dupont , au coin de la rue de la Chaiſe , Fauxb. S. Ge
1763 Carré , rue de Paradis , attenant l'hôtel Soubiſe.
1770 Chartier de Pacé , rue du Bouloi , hôtel d'Hollande ; à Poitiers.

Secrétaire général de la grande Fauconnerie de France.

M. Gouillard , rue Neuve des Petits-Champs , au coin de rue Saint Roch.

Tréſorier Secrétaire de la Vennerie & grande Louveterie.

1768 M. Joret de Reulin , rue de Vaugirard , près la rue F de-fer.

Tréſor

Tréforiers Généraux de l'Ordinaire des Guerres, de la Gendarmerie
& des Troupes de la Maifon du Roi, MESSIEURS,

1757 Pernon, *ancien*, rue de la Chauffée d'Antin, *en exercice impair.*

1748 Dupille de Saint-Severin, Chevalier de St Louis, ancien Capitaine au Régiment d'Egmont, Cavalerie, *alternatif*, rue Saint Louis, au Marais, *en exercice pair.*

Contrôleurs *defdits Tréforiers, Meffieurs,*

1753 Cocquebert de Touly, *premier ancien*, rue Poiffonniere, vis-à-vis la petite rue Saint Roch.

1756 Cury, *fecond ancien*, rue Poupée Saint André.

1753 Baftin, *alternatif*, à *les deux Charges*, rue de la Sourdiere Saint Roch.

Tréforiers Généraux de l'Extraordinaire des Guerres.

1772 ⎰ Megret de Serilly, *ancien*, vieille rue du Temple, l'exercice pair 1778.

1772 ⎰ De Boullongne de Magnanville, rue d'Anjou faux-
M.^{rs} ⎰ bourg Saint Honoré, *l'exercice impair* 1779.

1758 ⎰ De Boullongne, *furvivancier*, rue du Bacq, Faux-
bourg Saint Germain, vis-à-vis la grille des Jacobins, *finiffant fes exercices* 1773, 1774.

Le fieur Robillard, Commis par Arrêt du Confeil aux exercices de feu M. de Villette, années 1755 & 1757, rue de la Madeleine, fauxbourg Saint Honoré.

Contrôleurs *Généraux de l'Extraordinaire des Guerres.*

⎰ Bellot de Buffy, rue Mazarine, derriere ⎱ Contrôlent les
le Collège des quatre Nations. années *d'exer-*
M.^{rs} ⎰ David de la Boullaye, rue de l'Arbre- cice *de M. de*
fec, vis-à-vis Saint Germain. Pange.
⎰ De Condé, rue Montmartre, près la
rue Notre-Dame des Victoires. ⎱

⎰ Meufnier, rue des Petits-Champs, vis- ⎱ Contrôlent les
à-vis la rue Vivienne. années *d'exer-*
M.^{rs} ⎰ Boullanger, rue des Noyers. cice *de M. de*
De Chavanes, quai d'Orléans, île Saint Boullongne.
Louis, près le Pont-Rouge. ⎱

Tréforiers Généraux de l'Artillerie & du Génie.

1772 ⎰ Preaudeau, *alternatif*, rue Baffe, porte Saint Denis, exercice *impair.*
M.^{rs} ⎰
1774 ⎰ De Chaftel, *ancien*, rue des Franc-Bourgeois, au Marais, exercice *pair.*

Contrôleur *Général des Tréforiers de l'Artillerie & du Génie.*

Paffot de Moulincourt, rue Feydeau, près celle Richelieu, 1778.

* G g

Tréforiers Généraux des Maréchauffées de France;

1765 M. Preaudeau de Chemilly, *ancien*, rue Baffe, porte Saint Denis, *en exercice impair.*

1770 M. Perfonne de la Chapelle, *alternatif*, rue de la Madeleine de la Villévêque, *en exercice pair.*

1773 M. Perfonne, fils, *Adjoint & en furviv.* même demeure.

Contrôleur dèfdits Tréforiers.

1769 M. Guyon, *alternatif*, rue du Monceau Saint Gervais.

17.. M. . . . . . .

Tréforier Général de la Garde de Paris & de la Prevôté & Maréchauffée de l'Ifle de France.

1776 M. Gombault, rue des Jeûneurs, quartier Montmartre.

Tréforiers Généraux de la Marine & des Colonies Françoifes dans l'Amérique, M E S S I E U R S,

1763 De Selle de la Garejade, *ancien*, rue de Ventadour; *L'exercice impair*, *& Commis par Arrêt du Confeil pour achever les exercices* 1751, 1753, 1755, 1757 & 1759.

1758 Baudard de Sainte-James, *alternatif*, rue Neuve Saint Euftache, *l'exercice pair*, & achève l'exercice des Colonies 1761, 1763, 1765, 1767 & 1769.

Sandré, *Commis par Arrêt du Confeil pour achever les exercices* 1756, 1758, 1760, 1761 & 1762, rue des Bons-Enfans.

Marigner, *Commis par Arrêt du Confeil pour achever les exercices* de feu M. Perichon, 1758, 1760 & 1762, rue Neuve des Petits-Champs, près la rue Saint Roch.

Giflain, *Commis par Arrêt du Confeil pour achever les exercices* de feu M. de Saint-Laurent, 1764, 1766, 1768 & 1770, rue du Grand Chantier.

Contrôleurs Généraux de la Marine, des Galeres, Fortifications & Réparations des Ports, Havres & Places Maritimes, & des Colonies Françoifes dans l'Amérique.

1761 **1761** Mrs { Godefroy, *ancien*, rue de Condé, *en exercice* 1776; Le Coufturier, *alternatif & mitriennal*, rue des Deux Boules, *en exercice* 1775.

Tréforier Général des Invalides de la Marine.

1767 M. Nouette fils, rue des Foffés Montmartre.

1759 M. Nouette, *Adjoint* & *en furvivance*, même demeure.

Contrôleur Général dudit Tréforier.

1755 M. Boifneuf, rue Sainte Avoye, au coin de la rue du Plâtre.

M. Boifneuf de Senneviere fils, *Adjoint & en furvivance*, même demeure.

Tréforier Général des Gratifications des Troupes.

1745 M. de la Faye, rue du Bacq, vis-à-vis la rue de l'Univerſité.

Tréforier de la Caiſſe des Amortiſſemens, établie par la Décla-
ration du 30 Juillet 1775.

M. Darras, place de Louis le Grand.

M. Hennet, *Contróleur*, rue des Prêtres Saint Paul.

M. Margaine, *en furvivance*, même demeure.

A compter du premier Janvier 1776, ledit Tréforier recevra le dixieme d'amortiſſement établi par l'Edit du mois de Décembre 1764, & il continuera d'opérer les rembourſemens indiqués par la Déclaration du 30 Juillet 1775.

Échéances.		*Jours de payems.*
1er Janvier.	Rentes provenantes de la converfion des Lettres de change tirées des Colonies.	
	Celles idem du Canada.	
1er Avril.	Celles id. de l'Emprunt de 5000000.	
1er Octobre.	Celles idem des annuités.	
	Celles provenantes de la converfion des promeſſes de la Compagnie des Indes, favoir,	*Lundi.*
1er Janvier.	Délibérations des 24 & 29 Décembre 1751.	
1er Janvier.	Délibération du 18 Septembre 1755.	
1er Avril & 1er Octobre.	Délibération du 27 Août 1765.	
1er Janvier. & 1er Juillet.	Rentes fur les Cuirs, Édit de Mai 1760. Celles idem fur les Cuirs, Édit de Juillet 1761. Celles provenantes de liquidations d'Offices municipaux. Celles provenantes de liquidations d'Offices & taxations qui fe payoient au Tréfor Royal. Offices fupprimés, Édit d'Avril 1771. Autres idem, Arrêts du Confeil des 21 Avril & 17 Août 1771. Autres idem, Arrêt du Confeil du 21 Avril, & Lettres-Patentes du 31 Août 1771. Droits manuels, Arrêt du Confeil du 10 Novembre 1771. Autre idem, Arrêt du Confeil du 25 Mars 1774.	*Mardi.*
1er Avril & 1er Octobre.	Rentes provenantes des actions des Fermes.	

Échéances.		Jours de payem^s.
	Celles à trois pour cent fur les Poftes, Édit de Mai 1751. Celles fur les 2 f. pour liv. du 10e. Celles fur les Cuirs, à cinq pour cent, Édit d'Août 1759.	
1er Janvier & 1er Juillet.	Celles provenantes d'Effets au Porteur, convertis en vertu de l'Édit de Décembre 1764. Celles fur la Flandre maritime. Celles de l'Emprunt de 40 millions fur la Bretagne. Rentes viageres de l'Hôpital de Touloufe.	Jeudi.
1er Janvier.	Celles provenantes des dettes de la Guerre.	
1er Mai.	Celles provenantes de l'Emprunt d'Alface.	Vendredi.
1er Juillet.	Celles provenantes de la converfion des Billets de la 4e Lotérie Royale.	
	Sur les Tailles, Généralité de Paris. Sur les Domaines & Droits des Pays d'Election, Pays conquis & Pays d'Etats.	Jeudi.
	Sur les Fermes générales & Gabelles, fur les Tailles, Pays d'Election, Pays conquis & Pays d'Etats.	Mardi.
	Les Intérêts des fixiemes & feptiemes, ordonné être rembourfés aux Officiers des Ports, Quais & Halles de Paris.	

Le même Tréforier continuera de payer les Rembourfemens échus jufqu'au 1er Janvier 1766, tant aux effets au porteur, qu'aux Rentes ci-deffus détaillées.

Tréforier général de la Caiffe des Amortiffemens, établie par l'Edit de Décembre 1764, pour le Rembourfement des Dettes de l'Etat.

1766 M. Dubu de Long-Champ, rue Coqhéron, *pour ce qui refte de fes exercices de 1766 à 1775 compris.*

1775 M. Bellaod, *Contrôleur,* rue Coqhéron.

Tréforier-Payeur des Rentes perpétuelles & viageres, créées par Edit de Mai 1761, fur l'Ordre du Saint Efprit.

M. Caron, auffi Tréforier Général du Marc d'or, continuera de payer les arrérages defdites Rentes perpétuelles & viageres de l'emprunt de 1761 les vendredis, rue Poiffonniere, vis-à-vis les Menus, ainfi que les arrérages de l'emprunt de 1770 les jeudis & vendredis matin.

M. Tronchin, auffi Tréforier du Marc d'or, paye les mercredis & jeudis matin les arrérages des rentes de l'emprunt de 1770, rue de Richelieu, au coin de la rue Saint Marc.

Tréforier Payeur des Charges affignées fur les Fermes.

1759 M. Trudon, rue neuve St Roch, vis-à-vis le petit Portail.

Contrôleur dudit Tréforier.

M. Poliffard, rue Saint Avoye, près la rue Simon-le-Franc.
M. Hardy, *honoraire*, à Corbeil.

Tréforier Général de la Police de Paris.

1770 M. Rouillé de Létang, *ancien & alternatif*, place de Louis XV, du côté des Champs Elifées.

Contrôleur dudit Tréforier.

1746 M. Jouette, rue des petits Carreaux, près la rue Thevenot.

Tréforiers Généraux des Pays d'Etats.

1771 M. Chartraire de Montigny, rue Vivienne. *Bourgogne.*

L'on paye les Rentes le matin feulement, les lundi, mardi, eudi, & famedi.

1776 M. De Joubert, rue neuve des Capucines. *Languedoc.*

L'on paye les Rentes le matin feulement, les lundi, mercred & vendredi : l'on délivre les mandemens les mêmes jours.

1777 M. Beauregard, Chevalier de l'Ordre du Roi, rue de Richelieu. } *Bretagne.*

1772 M. Pin. . . . . . *Provence.*

Agent général des Etats de Provence à Paris.

M. Aublay, rue d'Argenteuil, hôtel de la Prevôté.

Agent de la Ville de Dijon.

1777 M. L'Huillier, rue Notre-Dame des Victoires.

Tréforiers Généraux des Ligues Suiffes & Grifons. Meffieurs,

1754 Mariane, *ancien*, rue St Dominiq., vis-à-vis Belle-chaffe.
1762 Auzillon de Berville, *alternatif*, à Soleure.
1763 Sonnet de Fontenelle, Chevalier de Saint Louis, ancien Capitaine d'Infanterie, *triennal*, rue Serpente.
1774 M. Guelle de Rely, *Contrôleur defdits Tréforiers*, rue Thévenot, vis-à-vis la rue des Deux-Portes.

Commiffaire Général des Suiffes & Grifons.

1777 M. De la Roque de Bennieres, rue . . . . .
1758 M. de Courcelles, *Honoraire*, rue de Grammont, près le Boulevart.

G g iij

BATIMENS DU ROI.

Directeur & Ordonnateur Général des Bâtimens, Jardins, Arts, Académies, & Manufactures Royales.

774 **M.** Le Comte de la Billardrie d'Angiviller, Confeiller du Roi en fes Confeils, Meftre de Camp de Cavalerie, Chevalier de l'Ordre Royal & Militaire de St Louis, Commandeur de l'Ordre de Saint Lazarre, ancien Gentilhomme de la Manche des Enfans de France, de l'Académie Royale des Sciences, Intendant du Jardin du Roi, rue de l'Oratoire.

1773 *Adjoint.* M. le Marquis de Marigny, Confeiller d'Etat d'Epée ordinaire, Commandeur des Ordres du Roi, Lieutenant Général de l'Orléanois & Beauce, Capitaine & Gouverneur des Ville & Château Royal de Blois, place du Louvre.

Premiers Architectes du Roi, Honoraires.

1742 M. Gabriel, rue de l'Ortie, Galeries du Louvre.
1775 M. Mique, Chevalier de l'Ordre du Roi, au Louvre.

Premier Peintre du Roi.

1770 M. Pierre, Chevalier de l'ordre du Roi, petite place du Louvre.

Principaux Officiers de l'Adminiftration des Bâtimens, commis en vertu de Lettres-Patentes de Septembre 1776.

INTENDANS GÉNÉRAUX.

1776 M. Mique, Chevalier de l'Ordre du Roi, Architecte d Sa Majefté, au Louvre, à Verfailles, rue du Potager
1776 M. Soufflot, Chevalier de l'Ordre du Roi, Architect de Sa Majefté, cour de l'Orangerie.
1776 M. Hazon, Architecte du Roi, rue du Dauphin, à Verfailles, rue du Potager.

Architecte ordinaire du Roi.

1776 M. Jardin, Chevalier de l'Ordre du Roi, rue du Doyenn Saint Loüis du Louvre.

Infpecteur général.

1776 M. Heurtier, Architecte du Roi, à Verfailles, rue d l'Orangerie.

Contrôleurs.

1776 M. Trouard, Architecte du Roi, rue Montorgueil.
1776 M. Potain, Architecte du Roi, à Fontainebleau.
1776 M. Le Dreux, à Compiegne.

Tréforiers Général des Bâtimens.

1776 M. Dutartre, vieille rue du Temple, hôtel de la Tour-du-Pin.

* Ce Tréforier parachève les Exercices 1767, 1769, 1773, de feu M. Denis.

Premiers Commis des Bâtimens.

M. Cuvillier, rue Saint Thomas du Louvre, ou à Verfailles à la Surintendance.

M. Montucla, rue Froidmanteau, ou à Verfailles, à la Surintendance.

Hiftoriographe des Bâtimens.

M. l'Abbé le Blanc, rue neuve des bons Enfans.

PONTS ET CHAUSSÉES DE FRANCE.

Directeur Général des Ponts & Chauffées de France, du Barrage & Entretenement du Pavé de Paris, des Turcies & Levées, Pépinieres Royales & Ports de Commerce, des Canaux & Navigations des Rivieres dans l'intérieur du Royaume.

M. Necker, Directeur Général des Finances, rue neuve des Petits Champs, à l'hôtel du Contrôle Général.

Le détail, M. Cotte, Préfident *Honoraire* du Parlement, Maître des Requêtes, rue de l'Ortie.

Bureau de M. Cotte, pour le détail des Ponts & Chauffées, turcies & levées, pavé de Paris, & pépinieres Royales, chez M. Cadet de Chambine, premier Commis, rue des Enfans Rouges, vis-à-vis l'hôtel de Tallard.

Premier Ingénieur des Ponts & Chauffées de France.

1763 M. Perronet, Chevalier de l'Ordre du Roi, Architecte du Roi, Directeur du Bureau des Plans, & des Eleves pour les Emplois d'Ingénieurs de ce Département, rue de la Perle, au Marais.

Infpecteurs Généraux des Ponts & Chauffées, MESSIEURS,

Dubois, rue Saint Honoré, vis-à-vis les Capucins.

Hué, rue du Puits, près les Blanc-Manteaux.

Tréfaguet, à *Limoges*, à Paris, rue de Clichy, barriere Blanche.

Lenoir Defvaux, rue . . . . . .

De Linay, rue des Enfans-Rouges, au Bureau des Ponts & Chauffées.

G g iiij

Tréforiers Généraux des Ponts & Chauffées de France, Turcies & Levées, & Pavé de Paris.

1747 Mrs { Prevoft, *alternatif & quatriennal*, rue Charlot, près celle de Beaujolois, au Marais.
1771 { Thoynet, *ancien & triennal*, rue Vivienne.

Contrôleurs Généraux des Ponts & Chauffées, Turcies & Levées,

M E S S I E U R S,

1751 Berniere, *alternatif*, au Louvre, porte de la Colonnade.
1753 Michaux, Avocat en Parlement, *ancien*, rue Saint Honoré, près l'hôtel de Noailles.
17..... . . . *triennal*, ...
1768 Langlois, *quatriennal*, rue de la Féronnerie, vis-à-vis la rue des Déchargeurs.

Contrôleur du Pavé de Paris.

1767 M. Le Moyne, rue Saint Martin, vis-à-vis la rue Aumaire.

Ingénieurs des Turcies & Levées.

M. Bouchet, Chevalier de l'Ordre du Roi, *Premier Ingénieur*, vieille rue du Temple, vis-à-vis l'hôtel de la Tour-du-Pin.
M. Soyer, à Orléans.
M. Normand, à Nevers.

Pavé de Paris & Banlieue.

1771 M. de Chezy, *Infpecteur général*, rue de la Perle.

Ingénieurs du Roi pour les Ponts & Chauffées, & Ports maritimes, employés dans les différentes Provinces du Royaume.

Meffieurs,		*Réfidens à*
1744 **B**Arbier,		Poitiers.
1745 De Clinchamp,	*Alface,*	Strafbourg.
1747 De Belleifle,	*Hainault,*	Valenciennes.
1753 Boefnier,		Alençon.
1750 Gourdain,		Metz.
1758 Fortin,	*Languedoc,*	Lodève.
1760 Advyné,		Soiffons.
176c Lallié,		Lyon.
1763 Chézy, rue de la Perle,		Paris.
1764 Buchet de Coluel,	*Champagne,*	Châlons.
1765 Frignet,	*Bretagne,*	Rennes.
1765 Le Brun,		Verfailles.
1765 De Limay,		Tours.
1766 Aubry,	*Breffe, Bugey & Gex.*	Dijon.

Meſſieurs,		Réſidens à
66 Lomet,		Clermont-Ferrand.
67 Kolly de Montga-zon,	Rouſſillon,	Perpignan.
67 De Ceſſart,		Rouen.
69 Bertrand,	Franche-Comté,	Beſançon.
70 Mauricet,	Auvergne,	Moulins.
70 Valframbert,		Bordeaux.
71 Marie,	Dombes,	Trévoux.
72 Desfirmins,		Auch.
72 Lefevre,		Caen.
73 Paulmier de la Tour,		à Grenoble.
74 De la Touche,		Amiens.
75 De Montrocher,		Bourges.
75 Duchefne,		la Rochelle.
75 Le Creulx,	Lorraine,	Nancy.
75 Cadié,		Limoges.
75 Du Perron,		Montauban.
77 Gallot,		Orléans.
76 Marmillod,		Grenoble.

Ingénieurs de la Généralité de Paris.

Meſſieurs.	Départemens.	Réſidens à
75 Le Brun,	Verſailles,	Verſailles.
75 De la Veyne,	Canal de Bourgogne	à Saint Florentin.
777 Caron,	Fontaine-bleau.	à Paris, rue de Clichy.
777 Le Jollivet,	Compiegne.	à Paris, rue neuve Saint Merry, chez M. Dubreuilh.

FERMES ROYALES UNIES,

Du Bail de Laurent David, troiſieme année.

Fermiers Généraux, MESSIEURS,

Lliot, rue des Champs Eliſées.

Alliot de Muſſey, rue d'Anjou, près celle de la Ville-l'Évêque.

Augeard, ſur le Boulevart Montmartre.

Baudon, rue de Richelieu, vis-à-vis la rue Feydeau.

Lavoiſier, à l'Arſenal.

Bertin de Blagny, rue d'Anjou, au Marais.

{ Borda,
{ de Saint Criftau, } rue neuve des Capucines.

{ Bouilhac,   } Place des Victoires, à l'hôtel de Ma
{ Bouilhac, fils,   } fiac.

{ Boullongne de Preninville, rue d'Anjou, fauxb. St Honoré
{ Sanlot, rue neuve & près des Capucines.

{ Brac de la Perriere, rue Thérefe.
{ De Saint Prix, place des Victoires.

{ Chalut de Vérin,   } place de Louis le Grand, prè
{ Varanchan de Saint Geniez, }   la Chancellerie.

Damneville, rue de Paradis.

Dangé de Bagneux, place de Louis le Grand, près la Chan
    cellerie.

{ D'Arjuzon, rue de Louis le Grand.
{ Godot de la Bruere, rue de Ventadour, à la Saint Jean, ru
{   de Grammont.

{ D'Arlincourt, rue Saint Honoré vis-à-vis les Capucins.
{ D'Arlincourt, fils, rue neuve des Bons Enfans.

{ D'Aucourt,   } rue Vivienne, près les Fille
{ D'Aucourt de Plancy, }   Saint Thomas.

De Laâge, place de Louis le Grand.

{ De la Garde, place de Louis Grand, près la Chancelleri
{ De la Loge, rue de l'Arbrefec.

De la Hante, rue Saint Honoré, vis-à-vis les Jacobins.

De la Haye, rue de Vendôme, au Marais.

De Montcloud, rue Saint Honoré, vis-à-vis les Capucins.

De Mouftelon, rue des Bons Enfans.

{ De Neuville,   } place de Louis le Grand, près la ru
{ De Neuville fils,   }   Saint Honoré.

De Luzines, rue du Doyenné.

{ De St-Hilaire, rue du Fauxb. St Honoré, à l'hôtel d'Evreu
{ Sanlot de Bofpin, rue Neuve & près les Capucines.

Didelot, re du Fauxb. Montmartre, ps la re Grange-Bateliere

Dollé, rue neuve des Petits Champs, près la rue de Gaillon.

{ Douet, rue de Gaillon.
{ Douët fils, rue Bergere.

Duvaucel, rue d'Anjou, fauxbourg Saint Honoré.

Faventines de Fontenilles, rue d'Antin.

Gautier d'Hauteferbes, rue Saint Thomas du Louvre.

{ Girard du Mesjean, rue Saint Marc.
{ Poujaud de Nanclas, rue des Filles du Calvaire.

Grimod de la Reyniere, rue Grange Bateliere.

{ Haudry de Soucy, rue Montmartre, près l'hôtel d'Uzès,
{   Pâques, barriere Blanche, hôtel de Gamaches.
{ Serpaud, rue Sainte Apolline, près la porte Saint Denis.

lly, cul-de-fac Sainte Hyacinte, rue de la Sourdiere.
Bas de Courmont, rue de Menars.
Le Gendre de Villemorien, rue du Fauxbourg St Honoré,
Defmareft, rue des Bons Enfans.
Le Roi de Senneville, rue Royale, place de Louis XV.
De Salverte, rue des Amandiers, près Popincourt.
oifeau de Berenger, place de Louis le Grand.
Marquet de Peyre, rue Bergere.
Preaudau, même maifon.
Mazieres, rue des Vieilles Audriettes, hôtel de Mailly.
Thevenin de Margency, Boulevart Montmartre.
enage de Preffigny, rue des Jeûneurs.
ercier, rue Bergere.
uiron, rue de Grammont, vis-à-vis la rue de Menars.
pillon d'Auteroche, rue Bergere.
arfeval, rue Sainte Anne, près les Nouvelles Catholiques.
Paulze,   } rue de Richelieu, près la Fontaine.
Paulze fils,
ignon, place de Louis le Grand.
Poujaud,   } rue de Richelieu, hôtel de Caumont, près
Poujaud, fils,   } la rue Feydeau.
Puiffant, rue Saint Honoré, vis-à-vis les Capucins.
Puiffant de la Villeguerif, rue Bergere.
Richard de Livry, rue Croix des Petits Champs, hôtel de
    Beaupreau.
De la Borde, place du Caroufel.
oflin, rue baffe du Rempart, n°. 10.
Rougeot,   } rue Saint Honoré, près Saint Roch.
Simonet de Coulmiers,
aint-Amant, rue Saint Marc.
aleur de Grizien, rue Thérefe, butté Saint Roch.
enac, rue Bergere.
aillepied, rue de Richelieu près le Boulevart.
effier, rue Poiffonniere, Barriere Sainte Anne.
Tronchin, rue d'Antin.
Tronchin de Witt, rue de Richelieu.
Varanchan, rue Feydeau.
Doazan, rue Saint Honoré, petit hôtel de Noailles.
ente, rue & Chauffée d'Antin.
Verdun   } rue neuve Saint Auguftin, vis-à-vis l'hôtel
Verdun, neveu,   } de Richelieu.
De l'Epinay, *Sécrétaire général des Fermes*, à l'hôtel.

❊

Départemens de Meſſieurs les Fermiers Généraux.

ARTICLE PREMIER.

Aſſemblée du Lundi matin.

LE ſoin de faire faire la remiſe des deniers des Caiſſes de Par: & des Provinces à la Recette générale de Paris; d'examı ner les Bordereaux des Receveurs généraux des Province ſuivre les payemens qui doivent être faits, par le Recevei Général de Paris, en l'acquit du prix du Bail, & pour l'a quittement des Charges des Etats du Roi.

Le ſoin d'examiner les Bordereaux de recette & dépen actuelles du Receveur général de Paris, & de vérifier les Eta de produit.

L'examen des Bordereaux, des extraits de Journau & de tout ce qui a rapport à la ſuite de la rentrée des fonds de recettes particulieres aux recettes générales, & de ceux c ces dernières recettes à celles des Fermes à Paris. Le ſoin d ſolliciter l'arrêté des Etats du Roi, de raſſembler toutes le Piéces juſtificatives des Etats au vrai, & de ſuivre la redditio des Comptes aux Chambres des Comptes, juſqu'à ce que leſdi Comptes ayent été apurés, & qu'ils ayent paſſé à la correctior Et la diſpoſition des Emplois des Directeurs & Contrôleurs gé néraux des Fermes, ainſi que celle des Emplois des Receveur généraux des Fermes & du Tabac.

Aſſemblée du Vendredi matin.

Le ſoin d'arrêter les États de frais de Régie de toutes les par ties, d'examiner & arrêter les changemens que l'on eſtimera de voir y être faits, après que les Etats auront été arrêtés. Les achat de Tabac, tant en France qu'à l'Etranger, la correſpondanc avec les Commiſſionnaires, & la Diſtribution des Tabacs dans le Manufactures. Le ſoin des fourniſſemens des grandes & petite Gabelles, l'achat, voitures & emplacemens des Sels. La no mination aux emplois des Manufactures.

Ces deux Aſſemblées feront compoſées de

MESSIEURS,

Roſlin.	Puiſſant pere.	Poujaud pere.
De la Reyniere.	De Saint-Amand.	De la Hante.
De Chalut.	Haudry.	Augeard.
Baudon.	Boullongne de Pre-	Paulze pere.
Douet pere.	ninville.	De la Perriere.
Mazieres.		

Et avec eux, à l'Aſſemblée du Vendredi, Mrs les Préſiden & Correſpondans des Bureaux de Régie, pour faire le rap

à ce Bureau, chacun pour leur partie, des États de frais
Régie & des changemens qu'ils estimeront devoir propoſer
erieurement à l'arrêté de ces États.

I. La ſuite & correſpondance des Manufactures du Tabac.

a ſuite des Salines de Franche-Comté, Trois Evêchés &
raine, & les parties de comptabilité qui y ont rapport ; la
ie des Gabelles de Franche-Comté, Alſace & Lorraine ;
ente des Sels à l'Étranger, les Droits domaniaux de la Pro-
e d'Alſace, & les Comptes qui ſeront rendus pour ces
rentes parties.

fera tenu pour ces objets, les mercredi & vendredi matin
chaque ſemaine, une Aſſemblée qui ſera compoſée de

MESSIEURS,

Neuville.	Bouilhac pere.	Poujaud pere.
la.	Puiſſant pere.	Pignon.
a Garde.	Verdun oncle.	D'Arlincourt pere.
ucourt pere.	Haudry.	De la Hante.
t pere.	Douet fils.	

II. La nomination à tous les Emplois des Fermes, à l'excep-
des Directions, des Contrôles généraux & des Recettes
rales des Fermes & du Tabac, des Emplois des Aides ;
eux des Domaines, de ceux des Traites, & de ceux des
ufactures du Tabac.

oſlin.	MESSIEURS,	
a Reyniere.	Puiſſant pere.	De la Hante.
et pere.	De Saint Amand.	Paulze pere.
eres.		

I. Le ſoin de faire fournir & examiner les cautionnemens
biliaires ; celui de faire remettre à la Caiſſe les cautionne-
par conſignation, & la ſuite de ce qui y aura rapport.

lazieres.	MESSIEURS,	
n.	Chalut.	De Saint-Amand.
Neuville.	Alliot pere.	De la Perriere.

L'examen, l'enregiſtrement & la garde de tous les actes,
tes, ſoumiſſions, & autres piéces dépoſées aux armoires
Compagnie.

e Saint-Amand.	MESSIEURS,	
n.	Alliot pere.	Paulze pere.

I. L'inſtruction & la ſuite des Procédures & Affaires
tentieuſes dans tout le Royaume ; la correſpondance avec
gens, l'aſſiſtance au Conſeil de la Ferme, & la ſollicita-

tión des affaires, foit au Confeil du Roi, foit aux Parlemens,
Cours des Aides, & autres Tribunaux du Royaume.

M. Paulze pere.

MESSIEURS,
De Montcloud.
Lavoifier.
Darlincourt fils.
Bouilhac fils.
De Luzines.
De Saint-Prix.

Paulze fils.
De Coulmier.
Taillepied.
Doazan.
Godot de la Brue
Vente.

Borda.
Verdun oncle.
Rougeot.
De Laage.
De la Hante.
Parfeval.
De Berenger.

Il fera tenu pour ces objets, une affemblée les lundi, mercredi & Vendredi après midi de chaque femaine.

VII. La Régie des Grandes Gabelles.

M. Puiffant fils.

MESSIEURS,
De Courmont.
D'Aucourt de Plan-
cy.
D'Arlincourt fils.
Bouilhac fils.
Alliot de Muffey.
Le Roi de Senne-
ville.

De Saint-Prix.
De Saint Geniez
Damneville.
Godot de la Brue
Defmaretz.
Mouftelon.

De la Garde.
Verdun oncle.
Senac.
De Varanchan.
De la Haye.
Parfeval.
Bertin de Blagny.
De Montcloud.

VIII. La Régie des Cinq Groffes Fermes, Domaine d'O
dent, haut conduit de Lorraine, le dépôt & la fuite des
fies des marchandifes prohibées, & la nomination aux Emp
de ces différentes parties.

M. De la Perriere.

MESSIEURS,
De Preffigny.
D'Auteroche.
Loifeau de Beren-
ger.
D'Arlincourt fils.
Kolly.
Alliot de Muffey.
De Neuville fils.

De Luzine.
Paulze fils.
De la Borde.
De Saint Genie
Taillepied.
Doazan.
Vente.
Mouftelon.

De la Garde.
Alliot pere.
Bouilhac pere.
Mercier.
De Saint-Amand.
De Preninville.
Teffier.
Marquet de Peyre.
Tronchin.

IX. La régie des petites Gabelles.

M. de la Reyniere.

MESSIEURS,
Delaage.
Tronchin.
De la Haye.
De Preffigny.
D'Auteroche.
Daucourt fils.

D'Arjuzon.
Kolly.
Paulze fils.
De Coulmier.
De la Borde.
De Saint Genie

De la Garde.
D'Aucourt pere.
Bouilhac pere.
De Villemorien.
De Courmont.
Rougeot.

K. La Régie du Tabac dans toute l'étendue du Royaume.

De la Hante.	MESSIEURS,	
Neuville pere.	De Preffigny.	Bouilhac fils.
rda.	Parfeval.	Alliot fils.
la Garde.	De Saint Hilaire.	De Neuville fils.
Aucourt pere.	Bertin de Blagny.	De Saint-Prix.
iot pere.	De Montcloud.	Gauthier.
rcier.	D'Aucourt de Plan-	De la Borde.
Verdun, oncle.	cy.	De Saint Geniez.
Preninville.	De Courmont.	Damneville.
ugeot.	De Bagneux.	Godot de la Bruere.
laâge.	Tronchin de Witt.	Desmarets.
onchin.	D'Arlincourt fils.	Vente.
ranchan.	Kolly.	Mouftelon.
la Haye.		

XI. La Régie du Tabac dans la Ville & Fauxbourgs de
is, pour laquelle il fera tenu le 15 & le dernier de chaque
is, à l'Hôtel de Longueville, une affemblée compofée de

De la Hante.	MESSIEURS,	
zieres.	Paulze pere.	Lavoifier.

XII. La nomination aux emplois deftinés pour les retraites
: Employés des Brigades, & la difpofition en faveur des mê-
s Employés, des gratifications de retraites qui leur font def-
ées.

De la Hante.	MESSIEURS,	
rdun oncle.	Douet, fils.	De la Perriere.
Saint-Amand.	Paulze pere.	

XIII. L'examen & arrêté des Comptes généraux & parti-
iers des grandes Gabelles.

Puiffant, fils.	M. Mercier.	M. Tronchin.
rda.	MESSIEURS,	De Saint-Prix.
Verdun oncle.	D'Aucourt fils.	De Bagneux.
uilhac pere.	D'Arjuzon.	De Neuville fils.
onchin de Witt.	Le Roi de Senne-	
Montcloud.	ville.	

XIV. L'examen & arrêté des Comptes généraux & parti-
iers des Cinq Groffes Fermes, Domaine d'Occident & haut
duit de Lorraine, & la vérification des Paffeports & Etats
Marchandifes entrées & forties en franchife, avec la fuite
Acquits à caution.

De la Perriere.	M. De la Garde.	M. Mercier.
Saint-Amand.	MESSIEURS,	Teffier.
rquet de Peyre.	De Preninville.	D'Auteroche.

De Beranger.　　　　Kolly.　　　　　De Luzines.

XV. L'examen & arrêté des Comptes des Receveurs'g-
néraux & particuliers, & des entrepreneurs de la Voiture (a
Sels des petites Gabelles.

M. De la Reyniere.　M. Bouilhac, pere.　M. Tronchin onc.
Roflin.　　　　　　M E S S I E U R S,　De Laage.
De la Garde.　　　De Villemorien.　　Kolly. ·
D'Aucourt.　　　　Rougeot.　　　　　Gauthier.

XVI. L'examen & arrêté des Comptes généraux & p-
ticuliers du Tabac.
M. De la Hante.　　M E S S I E U R S,　M. Kolly.
Roflin.　　　　　　De Preninville.　　De Montcloud.
De Neuville pere.　Tronchin.　　　　De Saint-Prix.
Verdun oncle.　　　Varanchan.

XVII. La fuite de la Régie des Droits d'entrée de la Vi-
& Fauxbourgs de Paris, & des Droits rétablis, foit à l'entré,
foit dans l'intérieur de Paris, la Régie faite pour le compte i
Roi, des droits attribués aux Offices fupprimés par l'Edit 1
mois de Février 1776, & la nomination aux Emplois de (s
différentes parties, pour lefquelles il fera tenu une affe-
blée les Mercredis de chaque femaine; fçavoir, le premr
Mercredi du mois, à l'Hôtel de Bretonvilliers, & les auts
Mercredis du mois, à l'Hôtel des Fermes.

M. De Mazieres.　M E S S I E U R S,　M. Lavoifier.
Douet, pere. ·　.　Douet, fils.　　　Muiron.
Pignon.　　　　　Paulze, pere.　　　Verdun neveu.

XVIII. L'examen & arrêté des Comptes généraux & p-
ticuliers des Receveurs des entrées de la Ville, Fauxbourgs:
Banlieue de Paris, pour tous les Droits compris en l'article p-
cédent, & les comptes des Directeurs & Receveurs des Ai(s
du plat pays.

M. Mazieres.　　M E S S I E U R S,　M. Lavoifier.
Teffier.　　　　- De Berenger.　　De Courmont.
De Preffigny.　　Bertin de Blagny.　Muiron. ·
De la Haye. ·　　· D'Aucourt de Plan-　Kolly. ,
Faventines.　　　　cy.　　　　　　　De Saint-Criftau

XIX. L'affiftance & concours aux affemblées qui feront -
nues par les Intéreffés au Traité de la formation des Sels d-
les Salines de Franche-Comté, de Lorraine & des Tro-
Evêchés.

M. Haudry.　　　M E S S I E U R S,
Verdun, oncle.　.　Pignon. -　　　　De la Hante.

　　　　　　　　　　　　　　　　　Lavoifi.

Lavoisier.   Verdun neveu.   De la Borde.
Puissant, fils.   De Saint-Prix.

XX. Le soin de veiller au travail & à la capacité des Commis des différens Bureaux de Paris, & celui d'ordonner les fournitures de touté espece nécessaires pour l'approvisionnement, tant des Bureaux établis à l'Hôtel des Fermes, que les autres Bureaux de Paris.

M. Roslin.   MESSIEURS,
Borda.   Pignon.   Paulze pere.

XXI. La Régie des Aides & droits y joints, dans les Provinces où ces droits ont cours, divisée, pour la correspondance, en cinq Départemens, suivant la composition qui en est faite ci-après.

Premier Bureau pour les premier & deuxieme Départemens.

M. Pignon.	MESSIEURS,	M. Verdun nevedi.
Douet pere.	Lavoisier.	Didelot.
Mazieres.	Muiron.	Sanlot.
D'Arlincourt pere.	De Margency.	Serpaud.
De Saint-Hilaire.	De Saint-Cristau.	Gauthier.

Deuxieme Bureau pour le troisieme Département.

M. Douet, fils.	MESSIEURS,	M. Lavoisier.
Douet pere.	D'Arjuzon.	Sanlot.
Mazieres.	Muiron.	Dollé.
D'Arlincourt, pere.	Kolly.	Serpaud.
D'Auteroche.	De Margency.	Gauthier.
De Courmont.	Didelot.	

Troisieme Bureau pour le quatrieme Département.

M. Sanlot.	MESSIEURS,	
Mazieres.	Lavoisier.	Didelot.
Varanchan.	Muiron.	De Margency.
D'Arlincourt pere.	Kolly.	Poujaud, fils.
De Saint-Hilaire.	De Saint-Cristau.	Serpaud.

Quatrieme Bureau pour le cinquieme Département.

M. d'Arlincourt pere.	MESSIEURS,	M. Didelot.
D'Aucourt de Plan-	Du Mesjean.	Bouilhac fils.
cy.	Tronchin de Witt.	Sanlot.
D'Arjuzon.	Kolly.	Dollé.
Lavoisier.	De Margency.	Serpaud.
Muiron.		

Ces différens Bureaux nommeront, pour les Départemens qui leur sont affectés, aux Emplois qui viendront à vaquer, jusqu'à ceux du Contrôle de Ville inclusivement.

1778.   *H h

XXII. Il fera tenu chaque femaine, aux jours & heures qu'il feront convenus, une affemblée dans laquelle, fur le rapport qui y fera fait par les Fermiers Généraux correfpondans, il fera nommé aux places des Directeurs, Receveurs Généraux d'Election & Contrôleurs ambulans, dont les Emplois deviendront vacans.

Les Etats de frais de Régie & les ordres à expédier pour les dépenfes imprévues, feront arrêtés dans ce Bureau, où feront auffi rapportés les objets majeurs qui, pour l'uniformité des principes qui doivent faire la bafe de la régie, feront jugé fufceptibles d'être foumis à l'examen & décifion des Fermiers Généraux correfpondans des quatre Bureaux de Régie, & de ceux qui feront ci-après employés dans la formation de ce Bureau.

MESSIEURS,

Douet pere.	De Lavoifier.	Sanlot.
Pignon.	Verdun, neveu.	Didelot.
Douet fils.	Muiron.	Dollé.
D'Arlincourt pere.		

C'eft encore à ce Bureau que feront rapportés & arrêtés les Comptes.

XXIII. Il fera tenu une affemblée le Mercredi de chaque femaine; où feront invités de fe trouver Mrs du Confeil de la Ferme; pour entendre les rapports qui y feront faits par le Chef du Bureau du Contentieux & les Agens, des Procès concernant la partie des Aides du Plat-Pays de Paris & des Provinces.

Affifteront à cette Affemblée Mrs les Fermiers Généraux qu compofent le XXII. Bureau.

XXIV. La fuite de la Régie & Comptabilité des Domaines & Droits y joints pour l'étendue du Royaume.

M. Poujaud, pere. MESSIEURS,

Baudon.	De Livry.	De Salverte.
Faventines.	Du Mesjean.	Sanlot de Bofpin.
Parféval.	Saleur.	De Nanclas.
D'Arjuzon.	De la Loge.	Vente.
Augeard.	Poujaud fils.	

XXV. La nomination des Emplois de cette partie, le rapport des Affaires les p us importantes, l'examen des Mémoires qui doivent être préfentés au Confeil, les Projets de Lettres Circulaires, ordres généraux, l'arrêté des Etats de frais de Régie, & les ordres à expédier pour les Dépenfes imprévues.

Il fera tenu, pour ces objets, une affemblée les jours qui feront indiqués, qui fera compofée de

M. Poujaud pere. MESSIEURS,

Roflin.	Baudon.	Douet pere.

Saint-Amand.	Du Mesjean.	De Salverte.
Faventines. •	Saleur.	Sanlot de Boïpin.
Augeard.	De la Loge.	De Nanclas.
Paulze pere.	Poujaud fils.	Vente.

RÉGIES pour le compte du Roi.

⁑ XXVI. La fuite des objets qui auront rapport à l'apurement & à la comptabilité des Sols pour livre établis par l'Edit du mois de Novembre 1771, & des différentes parties que Julien Alaterre a été chargé de régir pour le Compte du Roi, pendant les dernieres années de fon Bail, & les Comptes à rendre au Roi. •

La Régie & Comptabilité des objets que Laurent David reftera chargé de régir pour le Compte de Sa Majefté, autres que les droits attribués aux Offices fupprimés par l'Edit du mois de Février 1776.

MESSIEURS,

Mazieres.	Poujaud pere.	M. Didelot.
Puiffant pere.	Douet fils.	De-Luzines.
Pignon.	Paulze, pere.	De Saint-Prix.

Provinces, Correfpondances & Départemens.

TRAITES ET DROITS Y JOINTS.

Premier Département, Ville de Paris, { M. Mazieres.
{ M. Lavoifier.

Amiens. Angers. Bourges. Moulins. Orléans. • Laval. Tours. Caen. Rouen. • Alençon. } M. de Lu-zines.	Saint-Quentin. Soiffons. Charleville. Châlons-fur-Marne. Langres. Dijon. Châlons-fur-Saône. • Befançon. } M. D'Au-teroche.

II. Département. Directions de

Lyon. Belley. Grenoble. _ _ • Montpellier. • Narbonne.	Valence. Marfeille. Toulon. • Touloufe. Villefranche. } M. Taillepied.

H h ij

III. Département. Directions de

Bordeaux.   La Rochelle.
Bayonne.   Poitiers.   } M. Marquet de
Auch.   Peyre.

IV. Département. Directions de

Nantes.   Lille.
L'Orient.   Valenciennes.   } M. d'Arlincourt fils.
Rennes.

Suite & Dépôt des Saifies des Marchandifes } M. de Berenger.
prohibées dans l'étendue du Royaume.

GRANDES, PETITES GABELLES,

ET GABELLES DE FRANCHE-COMTÉ,

Les Evêchés, Alface & Lorraine, & TABAC.
Premier Département. Premiere divifion.

Villes & Fauxbourgs de Paris & de Verfailles, { M. Mazieres.
                                                M. Lavoifier.

Deuxieme Divifion. Directions de

Rouen.   Le Mans.
Caen.   Laval.   } M. de Montcloux.
Alençon.

II. Département. Directions de

Angers.   Bourges.
Tours.   Moulins.   } De Saint-Prix.
Orléans.

III. Département.

Généralité & Plat-pays de Paris.
Directions de
Amiens.   Châlons-fur-Marne.
Saint-Quentin.   Lille.   } M. de Varanchan.
Soiffons.   Valenciennes.
Charleville.

IV. Département. Premiere divifion. Directions de

Langres.
Dijon.   } Tabac & grandes Ga-
Châlons-fur-Saône. } belles.
                                                  } M. Verdun oncle.
                 { Tabac & vente des
Befançon.   { fels d'ordinaire & de
                 { Roziere.
Alface.   Tabac & Gabelles.

Deuxieme divifion. Directions de

Nancy.   { Gabelles & Tabac, Foraine &
         { Haut-conduit.
Straſbourg. { Droits de Domaines, de Ga- } M. Parfeval.
            { belles, & Mafpheningue.
Metz.   Gabelles & Tabac.

TABAC ET PETITES GABELLES.

Cinquieme Département. Directions de

Lyon.   Grenoble.   } M. De Laâge.
Belley.   Valence.   }

VI. Département. Directions de

Narbonne. Montpellier.   )
Touloufe. Villefranche.   > M. Rougeot.
Toulon.   Limoges , *pour le* {
Marfeille. Tabac.   )

TABAC feulement. VII. Département.

Premiere Divifion. Directions de

Bordeaux. Auch.   } M. Borda.
Bayonne.   }

Deuxieme Divifion. Directions de

Nantes.   Saint-Malo. } M. De St-Hilaire
L'Orient.   }

Troifieme Divifion. Directions de

Poitiers.   La Rochelle. M. Dangé de Bagneux.

AIDES, DROITS Y JOINTS,

& Droits fur les Huiles & Savons dans l'intérieur des Provinces où les Aides ont cours.

Ville & Fauxbourgs de Paris, { M. de Mazieres.
               { M. Lavoifier.

Plat-pays de Paris, M. Muiron.

Premier Département.

Généralités { Paris.   } M. Verdun neveu.
 de { Châlons.   }

II. Département. Premiere divifion.

Généralités d'Amiens & de Soiffons. M. Pignon.

Deuxieme divifion.

Domaines de Flandre; Huiles & Savons des } M. Muiron.
Provinces de Flandre, Hainaut & Artois. }

III. Département. Premiere divifion.

Généralités de Tours & Poitiers. M. Douet fils.

Deuxieme divifion.

Généralité de la Rochelle.   M. Lavoifier.

IV. Département.

Généralités de Lyon. Bourges. Moulins. Orléans. M. Sanlot.

V. Département. Premiere divifion.

Généralités de Rouen.   M. d'Arlincourt pere.

Deuxieme divifion.

Généralité de Caen & Alençon ,   M. Didelot.

DOMAINES.

I. Département.
Paris, Ville & Généralité,   M. Poujaud, pere.

II. Département.
Touloufe,   Montauban,   Perpignan,   } M. de Faventines.
Montpellier,

III. Département.
Bordeaux,   Auch,   Pau,   M. Augeard.

IV. Département.
Rennes,   Nantes,   Morlaix,   M. du Mesjean.

V. Département.
Aix,   Grenoble,   Flandre & } M. Saleur.
Riom,   Artois,   Hainaut, }

VI. Département.
Tours,   Bourges,   Orléans,   M. de la Loge.

VII. Département.
Châlons,   Amiens,   Soiffons,   M. Poujaud, fils.

VIII. Département.
Lorraine,   Metz,   Limoges,   } M. de Nanclas.
Befançon,   Poitiers,   LaRochelle, }

IX. Département.
Rouen,   Caen,   Alençon,   M. de Salverte.

X. Département.
Dijon,   Lyon,   Moulins,   M. Sanlot de Bofpin.

Départemens uniques pour leurs parties.

Salines des Evêchés, Franche-Comté & Lorraine, la vente des Sels à l'étranger, & la Comptabilité tant des Receveurs de la Ferme attachés à ces parties, que celle des Régiffeurs de la formation. } M. Haudry.

Achats, fourniffemens & voitures des Sels des grandes Gabelles, & comptes des Entrepreneurs. } Mrs Puiffant pere & fils.

Lorfque quelques-uns de Meffieurs les Correfpondans ne pourront fuivre leur département pour quelque empêchement légitime, ils s'adrefferont au comité des Caiffes, qui, conjointement avec ceux qui font à la tête des Bureaux, pourvoira à les faire remplacer pendant leur abfence.

Fait & arrêté à Paris le 8 Déc. 1777. *Signé* NECKER.

CONSEIL DE LA FERME GÉNÉRALE.

Avocats au Parlement, MESSIEURS,

Marchand, rue Michel-le-Comte, près l'Hôtel d'Halwil.
Duvaudier, Officier-Commandeur de l'Ordre Royal & Mi

litaire de Saint Louis, rue de la Verrerie, vis-à-vis la rue du Cocq.
Boudet, rue Guénégaud.
De Petigny, rue neuve des Petits-Champs, près la rue d'Antin, ou en Cour.
Cadet de Saineville, rue Chapon.
Racine, Pavillon du Collége Mazarin, au bout de la rue de Seine.
Treilhard, cour du Palais, près la fontaine.
Boudet fils, rue Guénégaud.

Avocat aux Conseils.

M. Brunet, rue Coquilliere, près Saint Euſtache.

Procureur au Parlement.

Gabelles, Traites, Tabac & Aides, M. Malot, cul-de-ſac Sourdis.

Affaires des Aides à l'Election de Paris.

M. Bercher, Procureur à l'Election, rue du Plâtre S. Jacques.

Affaires extraordinaires au Châtelet.

M. Carmen, Procureur au Châtelet pour toutes les Affaires du Châtelet & de la Commiſſion devant M. le Lieutenant Général de Police, rue de Touraine, Fauxbourg Saint Germain.

Bureaux des Affaires contentieuſes.

Traites, Prohibé, Gabelles & Tabac. M. Cayeux, *Directeur*, Hôtel de la Reynie, rue du Bouloi.
Aides. M. Griveau, *Directeur*, Hôtel des Fermes, r° du Bouloi.

Aides du Plat-Pays.

M. Paulmier de Chamarande, *Directeur*, rue & Croix des Petits-Champs, à l'hôtel de Luſſan.

Chef du Contentieux des Aides, Entrées de Paris, & Droits rétablis réunis.

M. Carymantrand, Hôtel de Bretonvilliers, ou quai de Bourbon, île Saint-Louis, la premiere porte cochere en deſcendant le Pont-Marie.

Directeurs & Chefs de Correſpondance des Traites, Gabelles & Tabac, à l'Hôtel des Fermes.
MESSIEURS.

Deſſain, *Directeur général*, hôtel des Fermes. $\Big\{$ *L*A Correſpondance générale des Traites & des Saiſies des Marchandiſes prohibées.

H h iiij

Chefs de Bureaux. La Correspondance des Traites des Directions de

MESSIEURS,
Rigo, hôtel des
Fermes, rue de
Grenelle,

{ Alençon,
Rouen.
Caen.
Angers.
Bourges,

Moulins.
Tours.
Orléans.
Laval.

Pommyer de
Rougemont, hô-
tel des Fermes,
rue de Grenelle.

{ Amiens.
Saint-Quentin.
Soissons.
Châlons-sur-Marne,
Charleville.

Langres.
Dijon.
Besançon.
Châlons-sur-Saône.

La Correspondance des Traites des Directions de

Digeon, au pe-
tit hôtel des Fer-
mes, rue de Gré-
nelle,

{ Lyon.
Belley.
Grenoble.
Montpellier.
Narbonne.

Valence.
Marseille.
Toulon.
Toulouse.
Villefranche.

La Correspondance des Traites des Directions de

Quiret, hôtel
des Fermes, rue
Coquilliere.

{ Bordeaux.
Bayonne.
Auch.

La Rochelle.
Poitiers.

La Correspondance des Traites des Directions de

Rouquairol, hô-
tel des Fermes,
rue de Grenelle.

{ Nantes.
Lorient,

Rennes.
Lille.

Dumont, *Direc-
teur général*, petit
hôtel des Fermes,
rue de Grenelle.

{ La Correspondance générale des grandes Gabelles, & la Confection des états de Franc-
Salé.

Douane de Paris,

M. Bréand, *Receveur général*, hôtel des Fermes, rue du Bouloi,

La Correspondance des Gabelles & Tabac & des Directions de

Cochereau, petit
hôtel des Fermes,
rue de Grenelle.

{ Rouen,
Caen.
Alençon.

Le Mans.
Laval.

La Correspondance des Gabelles & Tabac des Directions de

De la Hante, ne-
veu, petit hôtel
des Fermes, rue
de Grenelle.

{ Angers,
Tours.
Orléans,

Bourges.
Moulins,

*La Correspondance des Gabelles & Tabac de la Généralité
de Paris & des Directions de*

Quillet, même
demeure,

{ Amiens.
Saint-Quentin,
Soissons.

Charleville.
Châlons-sur-Marne.
Lille.

* La Correspondance des Gabelles & Tabac des Directions de

De Stainville, même demeure,
Langres.
Dijon.
Châlons-fur-Saone,
} Besançon,
Alface,

e Vaffeur,
{ Gabelles & Tabacs,
Foraine, Sauf-con-
duits, } Nancy,
Droits domaniaux,
Gabelles & Mafphe-
ningue. } Strafbourg,
Gabelles & Tabacs. Metz,

a Correspondance générale & les Fourniffemens des petites Gabelles,

erthelot, Directeur général, rue de Menars.

La Correspondance des Gabelles & Tabac des Directions de

Mercier, hôtel es Fermes, rue u Bouloi,
{ Lyon,
Belley. }
Grenoble.
Valence.

a Correspondance des Gabelles & Tabac des Directions ci-après,

Dumefnil, même demeure.
{ Marfeille.
Toulon.
Montpellier,
Narbonne. }
Touloufe.
Villefranche.
Limoges.

hefs de Bureaux, La Correspondance du Tabac des Directions ci-après, & la fuite des objets généraux de la Régie du Tabac.

Benezet, rue u Bouloi, hôtel es Fermes.
{ Poitiers. Lorient. Nantes.'
La Rochelle. Saint-Malo. }

La Correspondance du Tabac des Directions ci-après, & celle relative à la difpofition des Retraites,

Perchel, petit ôtel des Fermes, ue de Grenelle,
{ Bordeaux. Auch,
Bayonne. }

Bruffet, Eftien, Palu,
Les Comptes des Traites.
Les Comptes des grandes Gabelles.
Les Comptes des petites Gabelles. } Hôtel des Fermes, rue du Bouloi,

Richard, Verdebrecq,
{ Les Comptes du Tabac, Hôtel de Longueville. }

Devifmes, Devifmes de St Alphonfe, Adjoint.
{ La Formation des Sels dans les
Salines de Franche-Comté,
Trois-Evéchés, & Lorraine, } Hôtel des Fermes, rue du Bouloi.

Royer,
{ Le Domaine d'Alface, & la
Vente des Sels à l'Etranger. } Hôtel des Fermes, rue de Grenelle,

Bureau de Cautionnemens & Commissions.

{ Millet, Directeur général. } Hôtel des Fe.
M^rs { Drouot, Chef de Bureaux pour les Com- } mes, rue C
{ missions. } quillere.

Directeur Général des Fournissemens des Gabelles de France.

M. Berger de Fontenay, rue des vieux Augustins, près la ru
᾽ Soly.
La Correspondance des achats du Tabac.

M. de la Ville, rue des Prouvaires.

Directeur pour le foin & approvisionnemens des Manufactures
& Bureaux généraux du Tabac.

M. Phélippon, à l'Hôtel des Fermes, à l'Hôtel de Longuevill

Directeur de la Régie des Gabelles & du Tabac, pour le Dépar
tement de Paris & la Banlieue, le Plat-pays, la Ville
arrondissement de Versailles.

M. de Vernon, à l'hôtel de Longueville.

{ De Laitre, Directeur Général des Aides & } à l'Hôtel d
M^rs { Entrées de Paris, des Droits rétablis de la } Bretonvi
{ Ville & Banlieue & de la Formule. } liers.
{ Pignon, Direct. des Comptes de cette partie. }

La confection des États du Roi, & des Etats }
au vrai. Des Comptes à rendre à la Cham- } Mr Mercier, à l'hô
bre des Comptes de Paris, Montpellier, } tel des Fermes
Aix & Grenoble. Les états & comptes des } ou rue neuve
vingtiemes, des Employés des Traites, } Martin.
Gabelles, & Tabac. }

La suite de la rentrée des fonds des } M. Morin, Hôtel des Fe
recettes, tant générales que } mes, rue Coquilliere.
particulieres, des Provinces. }

Directeurs de la Correspondance des Aides, Messieurs,

Paris, Châlons-fur-Marne.	Hardouin.	à l'Hôt
Amiens, Soissons.	Le Maître.	des Fermes
Tours, Poitiers, la Rochelle.	Rannequin.	rue du Bo loi.
Lyon, Bourges, Moulins, Orléans.	Raguet.	à l'Hôt des Fermes
Rouen.	Thiaudiere.	rue du Bo loi.
Caen.	Du Lys.	
Alençon.	Carteron.	
Aides du Plat-pays, & Marque des Fers de tout le Royaume.	De Morambert, à l'Hôtel de Fermes, rue du Boulol.	

Paris & Plat Pays.

Châlons.

Amiens.

Soiſſons.

Rouen.

mptes des Aides Caen.

de tout le Royau- Alençon.

ne. Tours.

Lyon.

Bourges.

Moulins.

Orléans.

Poitiers.

La Rochelle.

M. Gauthier de Vomorillon.

M. Prunot de Roſny.

M. Lortat, à l'hôtel des Fermes.

Correſpondance générale des Preverauld, à l'Hôtel des Fer-
Eaux-de-vie. mes, rue du Bouloi.

recteurs des Domaines & Droits y *Directeurs de la Correſ-*
joints réſidens dans les Provinces. *pondance à Paris.*

Villes. *Meſſieurs,*

ARIS.

M. Vincent, hôtel de la Reynie, rue du Bouloi.

jon. Thibouſt.
Tiffet.

on. D'Origny.

oulins. Viot.

M. Lacoſte, même demeure.

ncy. Ferriere.
Lallemand.

fançon. Roſlin de Leſmont.

et. Solier.

M. de Montjour-
dain, Hôtel de la Reynie.

ntpellier. Baudon de Mony.

ulouſe. Jolly.

ntauban. Roure.

M. de la Garde, même demeure.

rpignan. Amat.

uen. Baudon.

en. Cambeſledes.

ençon. Barbazan.

M. Moreau de Can-
dalle, même de-
meure.

urs. Bouchard.
De Courbieres.

urges. Deſchamps de Saint-
Amand.

M. de Boiſliſle, même demeure.

M. d'Orville, même demeure.

léans. Le Breton.

r. De la Haye.

noble. Charbonnel.

om. Hugaly.

M. France, même demeure.

Bordeaux.	Dublan.	} M. Bofquet, même demeure.
Pau.	Beauregard.	
Auch.	Guerard.	
Rennes.	Lorrin.	} M. le Riche, même demeure.
Nantes.	Vivans de Roquemont.	
Morlaix.	Gouffelin.	
Châlons.	Le Noir des Aunelles.	} Gonet, même ce meure.
Amiens.	Le Riche.	
Soiffons.	De Villiers.	
Poitiers.	Hurtrel.	} M. Ducloflange, même demeure
Limoges.	Boutet.	
La Rochelle.	Moreau.	

Receveur Général des Domaines de la Ville & Généralité de Par,

M. Gonet de Rupé, hôtel de la Reynie, rue du Bouloi.

    Directeurs des Provinces.   *Directeur de C*

Domaines de Flandre & Ar-} M. Thierry, *Di-* } *refpondance,*
tois, huiles & favons def- } *recteur* à Lille. { M. Labbé, H
dites Provinces. } { tel des Ferme
Hainaut, Domaines & huiles. } M. Mauroy, *Di-* { r^e de Grenel
Commerce d'eau-de-vie. } *recteur* à Valen- {
Les comptes de ces parties. } ciennes. }

BUREAU DES INSINUATIONS.

Caqué, rue Montmartre, vis-à-vis la rue Plâtriere.
Pardon, rue d'Orléans Saint Honoré.
M. Barrairon, rue neuve des petits Champs, vis-à-vis la Con pagnie des Indes.

Infpecteurs Généraux dudit Bureau & autres droits de Domaines
M. Pardon, quai de la Mégifferie.
M. Vanieville, rue Tictônne.
   Leur Bureau, à l'hôtel de la Reynie, rue du Bouloi.

COMPTABILITÉ DES DOMAINES.

Directeurs, Meffieurs,   *Généralités.*

Chailly, rue Croix } Paris. Rouen. Caen. Alençon. Renne
des petits-Champs, } Nantes. Morlaix.
Hôtel de la Reynie. }
Parlongues, même } Montpellier. Touloufe. Tours. Orléar
demeure. } Bourges. Grenoble. Aix. Clermont.
Bonneau, même de- } Montauban. Perpignan. Bordeaux. Pa
meure. } Auch. Poitiers. Limoges. La Rochell
Caillot, même de- } Dijon. Lyon. Moulins. Lorraine. Befar
meure. } çon. Metz. Châlons, Soiffons. Amier

Directeurs des Fermes pour les Traites, Gabelles, & Tabac.

MESSIEURS,

A Lençon, Valletau de Chabrefy.
...ch, Laffus.
..yonne, Poullion.
..auvais, Dautheuil, *Contrôleur général.*
..fançon, Boutin de Dien-court.
..rdeaux, Bachelier.
..urg en *Breffe*, Sauvage de Saint-Marc.
..urges, de la Caux de Menars.
..en, Choron.
..âlons-fur-Marne, Valois.
..âlons-fur-Saône, Ythier.
..arleville, de Montreuil.
..jon, Joly.
..enoble, Journel.
..ngres, Duval de Romont.
..val, Vivien de Châteaubrun.
..t Rochelle, Souet.
..Mans, Le Riche de Vandy.
..lle, Morel.
..moges, de Beaulieu.
..rient, Dodun.
..on, de Souligné.

Amiens, Deu de Perthes.
Angers, Eudel.
Marfeille, Campion.
Meaux, Etienne, *Contrôleur général.*
Metz, Auberon.
Montpellier, Poan de Villiers.
Moulins, Priolo.
Nancy, Dauvergne.
Nantes, Adine.
Narbonne, Rougemont.
Orléans, Dé Laage de la Motte.
Poitiers, Taupin de Raunay.
Rouen, Richard.
Saint-Malo, Briche.
Saint-Quentin, de la Ville.
Sens, de Lifle, *Contrôl. génér.*
Soiffons, Domilliers.
Strasbourg, Magnier.
Toulon, Roche.
Touloufe, Mical.
Tours, Chevalier.
Valence, Pernety.
Valenciennes, De la Serre.
Villefranche en Rouergue, Durand de Blonzac.

Recette générale des Fermes à Paris.

M. Colin de Saint Marc, *Receveur général, correfpondant pour toutes les Provinces,* à l'Hôtel des Fermes.

Avis pour les Refcriptions.

Il eft important au Public d'être inftruit que tous les particuliers qui ont de l'ar-
..nt à faire toucher en Province, peuvent aller le matin, depuis huit heures juf-
..à midi, & depuis trois heures après midi jufqu'à fix du foir, excepté les famedis
..foir, à l'Hôtel des Fermes, au Bureau de M. de Saint-Marc, Receveur général
..dites Fermes, qui délivre des Refcriptions, payables des premiers deniers, pour
..elque fomme que ce foit, excepté au-deffous de 300 l. fur les Receveurs ci-après.

Receveurs des Fermes en Province, qui remettent à la Recette générale de Paris.

Villes & Receveurs, Meffieurs;

..ir, Domaines, de la Haye.
..lençon, Traites & Gabelles,

Foacier; Domaines, Barba-
zan; Aides, le Celtier.

Amboife. Gabelles, Ribot.

Amiens. Traites & Gabelles , Devins des Ervilles;Tabac,de Riencourt; Domaines, Fuzillier; Aides, de Sevelinges.

Angers. Traites & Gabelles,de Boulongne ; Tabac , de Montcler; Aides, Verot.

Angoulême. Tabac, Mariane.

Arles. Tabac, Michelon.

Avalon. Gabelles, Nogent.

Avignon. Tabac, Le Blanc.

Aumale. Gabelles, Traffon.

Auch. Domaines, Guerard.

Auxerre. Tabac, Le Bel; Gabelles, Chopin de Latour.

Bayonne. Traites, Moracin.

Beauvais. Aides, de Peuille ; Gabelles, Delacroix.

Bernay. Gabelles, Bréant.

Befançon. Traites & Tabac, Morel ; Domaines, Roflin de Lefmont.

Blois. Aides, Trouffel.

Boifcommun. Gabelles, Petit.

Bordeaux. Traites, Doazan, Tabac, de la Ville; Domaines, Dublan.

Boulogne. Tabac, Audibert.

Bourges. Traites & Gabelles, Legras de Préville; Tabac, Dumontier ; Aides, de la Codre ; Domaines, Defchamps de Saint-Amand

Breteuil. Gabelles, Rapplet.

Breft. Traites, Regnier.

Brie-Comte-Robert. Gabelles ; Mallet.

Brives. Tabac, Demaffac.

Caen. Traites & Gabelles, Geoffroy ; Tabac , Belleville de Rupierres; Aides, de Vaudichon ; Domaines, Cambeffedes.

Cette. Tabac, Lavabre.

Châlons. Tabac, Durand de la

Voyre; Aides, Giroft; Dor Lenoir ; Gabelles, le Cer

Châlons-fur-Saóne. Tabac Boyelleau.

Chartres. Aides, Batteau ; G belles, Vallou de la Gare chère.

Châteaudun. Aides , Jabri Gabelles, Couftol.

Châteauroux. Tabac , de Bruere ; Aides, Robert.

Château-Thierry. Gabelles, L tremblay; Aides, Blondea

Châtellerault. Aides,Maublar

Clamecy. Aides, Gillette; G belles, Devilleneuve.

Clermont-Ferrand. Tabac , Cambefort; Dom. Hugal

Clermont en Beauvoifis. Aide Huby; Gabelles, Lemoyr

Cognac. Aid. Alb. Defgrang

Compiegne. Aides, Demeau Gabelles, Lecaron.

Coulommiers. Aides, Cheret

Creil. Gabelles, Jacob.

Crépy. Gabelles , Liegearc Aides, Duvivier.

Dieppe. Tabac, Lefevre.

Dijon. Traites & Gabelles Hebert; Tabac , Liebaul Domaines, Tiffet.

Dourdan. Gabelles, Crochar

Dreux. Aides, Donies ; G belles, Dalvimard.

Dunkerque. Traites,Deplanc

Epernay. Aides , Delarêne Gabelles, Marthe.

Efpalion. Traites & Gabelle de Cabrieres.

Etampes. Aides, De la Bord Gabelles, de Fenneville.

Evreux. Aides, de la Chaff gne ; Gabelles, Delahay

Fontenay en Brie. Gabelles Dambreville.

Gambais. Gabelles ; Poincel

en. Aides, Patin.

fors. Aides, Courtin, Gabelles, Chaftel.

urnay. Gabelles, Lefebvre.

enoble. Tabac, Bailleux; Domaines, Charbonnelle.

igny. Aides, Yveit; Gabelles, Filleul.

oudun. Arthuys.

l Charité. Aides, Fouët.

l Ferté-Milon. Gabelles, Thieffon.

l' Fleche. Gabelles, Bodin.

igny. Gabelles, Jubar.

l Roche-Guyon. Gabelles, Feugere.

l Rochelle. Traites, Petit; Tabac, d'Almeras; Aides, Dumefnil; Domaines, ...

wal. Traites & Gabelles, de Villeneuve.

l Havre. Tabac, de Longuemare.

l Mans. Gabelles, Richard; Tabac, Daniel; Aides, de Durbois.

lle. Traites, De la Baffe Boulogne; Domaines, Thierry.

imoges. Tabac, Petit; Domaines, Boutet.

lieux. Aides, Perdoulx; Gabelles, de la Roche.

prient. Traites, Dautry.

yon. Traites & Gabelles, Caze; Tabac, Darefte; Aides, Mermier; Domaines, d'Origny.

alesherbes. Gabelles, Lejeune.

antes. Aides, Le Picard; Gabelles, Taillepied.

arfeille. Traites & Gabelles, Rouffier; Tabac, Barthe.

ayenne. Aides, Carré; Gabelles, Carré.

Meaux. Aides, Plouvier; Gabelles, de Saint - Lubin.

Melun. Aides, Parent; Gabelles, Allaire.

Metz. Traites & Gabelles, Auberon; Tabac, Sorin; Domaines, Solier.

Montargis. Aides, Bouffinot; Gabelles, Moreau de Maurevert.

Montauban. Domaines, Roure.

Montbard. Gabelles, Daubenton.

Montfort. Aides, de la Motte; Gabelles, Roucher.

Montdidier. Aides, Hemery; Gabelles, de Vorani.

Montdoubleau. Gab. Geerbran.

Montoire. Gabelles, Canan.

Montpellier. Traites & Gabelles, Devillier; Tabac, Valette; Domaines, Baudon.

Montreau. Aides, Lafleche Gabelles, Cretté.

Morlaix. Tabac, Dupleffis Domaines, Gouffelin.

Mortagne. Aides, Coquerelle; Gabelles, Chattier.

Moulins. Traites & Gabelles, Barrême; Tabac, des Vernieres; Aides, Punctis; Domaines, Viot.

Nancy. Traites & Gabelles, Notaire.

Nantes. Traites, Graflin; Domaines, Vivans de Roquemont.

Nemours. Aides, Verdelet; Gabelles, Darcy.

Nevers. Gabelles, Vernois; Tabac, de Cernufchi; Aides, Debonnaire.

Nogent-fur-Seine. Aides, Carriere; Gabell. de Valleville.

Nogent-le-Rotrou. Gabelles, Nerville.

Noyers. Gabelles, Truilliers.

Orléans. Gabelles, Louvel, Tabac, Thomas; Domaines, Lebreton.

Pau. Tabac, Darripe; Domaines, Bourdier de Beauregard.

Péronne. Aides, Trespagne.

Perpignan. Traites, Gabelles, & Tabac, de Ribes; Domaines, Amat.

Pithiviers. Gabelles, Cocatrix.

Poissy. Gabelles, Naudet.

Poitiers. Traites & Tabac, d'Arlus; Aides, Mallet; Domaines, Hurtrel.

Pontoise. Aides, Hamard; Gabelles, Desvarannes.

Provins. Aides, Cugnot; Gabelles, Noël.

Quimper. Tabac, Perrin.

Reims. Traites & Gabelles, Darmancy; Tabac, Polonceau; Aides, Cabrisseau.

Rennes. Tabac, Maublanc; Domaines, Lorrin.

Rochefort. Aides, de Fleury.

Rouen. Traites & Gabelles, Colin; *Romaine,* Fortié de la Mazade; Tabac, Truffon; Aides, Robert; Domaines, Baudon.

Roye. Gabelles, Fabignon.

Saint-Amant. Gabelles, Vincent.

Saint-Brieux. Tabac, Brisseau de la Neuville.

Saint-Esprit. Tabac, Gohin.

Saint-Florentin. Aides, Vessieres; Gabelles, Sainte-Suzanne.

S. Flour. Tabac, Lameaux.

Saint-Malo. Traites, Delas;

Saint-Quentin. Traites & Gabelles, Néret; Tabac, Dauchel; Aides, Delacontrie.

Saint-Servant. Tabac, Dubourg.

Salins. Traites & Gabelles Bouchet.

Saumur. Gabelles, Le Clerc

Sedan. Traites & Gabelles Renesson; Tabac, des Brulis

Senlis. Aides, Laflotte; Gabelles, Bertrand.

Sens. Aides, Janson; Gabelles, Bouvyer.

Sézanne. Aides, Billotte; Gabelles, Mony.

Soissons. Traites & Gabelles Bertherand; Tabac, de Se velinges; Aides, Auberk que; Domaines, Maillet.

Strasbourg. Domaines, Gagn rot.

Tonneins. Tabac, Caze.

Tonnerre. Aides, Leuillier Gabelles, Gauthier.

Toulouse. Traites & Gabelles Defrance; Tabac, Varnier Domaines, Joly.

Tours. Gabelles, Gault; Tabac, Chaslon; Aides, Grai let; Domaines, Boucharc de Courbieres.

Troyes. Traites & Gabelles, c Marcenay; Tabac, Pechin Aides, Brunel de la Buffier

Valenciennes. Traites & Ta bac, Geoffrion; Domaine De Mauroy.

Vannes. Tabac, Senant.

Vendôme. Gabelles, de Méh bert.

Verneuil. Aides, Bottu; G belles, le Comte.

Vernon. Gabelles, le Moine.

Versailles. Gabelles, Pigrais

Vezelay. Gabelles, Berry.

Vierzon, Gabelles, Geuffrin

Yverdun en Suisse. Gabelle de Buffiere.

RECEVEU

CORPS ROYAL DE L'ARTILLERIE.

LE Corps Royal de l'Artillerie, felon l'Ordonnance du Roi du 3 Novembre 1776, eſt compoſé de ſept Régimens, le ſix Compagnies de Mineurs, & neuf d'Ouvriers. Chaque Régiment eſt compoſé de deux Bataillons de Canonniers & de Sapeurs, & de quatre Compagnies de Bombardiers. Chaque Bataillon eſt formé de deux Brigades, dont une de quatre Compagnies de Canonniers, & l'autre de trois Compagnies le Canonniers & d'une de Sapeurs. Les quatre Compagnies le Bombardiers forment une cinquieme Brigade.

L'Etat-Major de chaque Régiment eſt compoſé d'un Colonel, n Lieutenant-Colonel, cinq Chefs de Brigades, dont deux ommandent les deux Compagnies de Sapeurs, un Major, un ide-Major, un Quartier-Maître-Tréſorier, un Tambour-Major, n Aumônier, un Chirurgien & un Armurier.

Chaque Compagnie de Canonniers, de Bombardiers & de apeurs eſt compoſée de 71 hommes, y compris le Fourrier, ui ne doit exiſter qu'en tems de guerre ; & commandée en ut tems, ſavoir : les Compagnies de Canonniers & de Bom- ardiers, par un Capitaine en premier, un Lieutenant en pre- ier, un Lieutenant en ſecond & un en troiſieme; celle de apeurs par un Chef de Brigade, un Capitaine en ſecond, n Lieutenant en premier, un Lieutenant en ſecond & un en roiſieme, tiré des Sergens-Majors ou Sergens.

Les Compagnies de Mineurs & d'Ouvriers ne ſont point ttachées aux Régimens, mais ſont toujours partie du Corps oyal; celles des Mineurs forment un Corps particulier. Celles 'Ouvriers ſont diſtribuées dans les Arſenaux de conſtruction. haque Compagnie de Mineurs eſt compoſée de 82 hommes, commandée par un Capitaine en premier, un Capitaine en cond, un Lieutenant en premier, un Lieutenant en ſecond un en troiſieme, tiré des Sergens-Majors ou Sergens. L'Etat- lajor du Corps des Mineurs eſt compoſé d'un Commandant Chef, d'un Commandant particulier & d'un Aide-Major. haque Compagnie d'Ouvriers eſt compoſée de 71 hommes, commandée par un Capitaine en premier, un Capitaine en cond, un Lieutenant en premier, un Lieutenant en ſecond un en troiſieme, tiré des Sergens-Majors ou Sergens.

Il y a de plus dix Inſpecteurs Généraux, dont un ſous le titre premier Inſpecteur du Corps Royal de l'Artillerie, ſix ommandans en Chef des Ecoles, vingt-deux Colonels-Direc- urs, vingt-ſept Lieutenans-Colonels, dont vingt-trois Sous-

1778. * H h

Directeurs & quatre Infpecteurs de Manufactures d'Armes
foixante-deux Capitaines en premier, réfidens dans les Places
& foixante-dix Capitaines en fecond, dont dix font attaché
à chaque Régiment.

Premier Infpecteur du Corps Royal de l'Artillerie.

M. De Gribeauval, Lieutenant Général, Commandeur d'
l'Ordre de Saint Louis, Commandant en chef le Corps de
Mineurs, rue de Richelieu.

Infpecteurs Généraux dudit Corps, Messieurs,

D'Inviliiers, Maréchal de Camp, à Strafbourg.
Taboureau de Villepatour, Maréchal de Camp, Commandeu
de l'Ordre de Saint Louis, rue de Bourbon Villeneuve
De Loyauté, Maréchal de Camp, à Metz.
De Gréaume, Maréchal de Camp, à Perpignan.
Defmazis Defbrieres, Maréchal de Camp, rue des Juifs.
De la Pelouze, Brigadier d'Infanterie, à Nantes.
Chevalier de Hault de Malavillers, Brigadier d'Infanteri,
à Malavillers, près Thionville.
Le Baron de Lamy de Châtel, Brigadier d'Infanterie, à Met.
Le Marquis de Thiboutot, Brigadier d'Infanterie, à l'Arfer
de Paris.

Commandans des Ecoles, Messieurs,

De Chateaufer, Brigadier d'Infanterie,	à *Valence.*
Chevalier de Gomer, Brigadier d'Infanterie,	à *Douay.*
Comte de Roftaing, Brigadier d'Infanterie,	à *Auxonn*
Varel de Beauvoir, Brigadier d'Infanterie.	à *la Fere.*
Perrin des Almons, Brigadier d'Infanterie,	à *Metz.*
De Marry, Colonel,	à *Strafbou*

Régimens. Messieurs,

Chevalier de Saint-Mars, Brigadier d'Infanterie, *Colonel.*
Faure de Lilatte, *Lieutenant-Co-*
 lonel.
De Saillac, *Major.*

} Régiment de Strafbou
  à Auxonne.

De la Mortierre, Brigadier d'In-
 fanterie, *Colonel.*
D'Hangeft, *Lieutenant-Colonel.*
De Sinceny, *Major.*

} Régiment d'Auxonr
  à la Fere.

De Bouchard , *Colonel.*
Dyvoley , *Lieutenant-Colonel.*
Chevalier de la Douchamp, *Major.*

} Régiment de Toul , à Valence.

Chevalier de Fredy , *Colonel.*
D'Héliot , *Lieutenant-Colonel.*
Riverieulx , *Major.*

} Régiment de Befançon , à Metz.

Montrequienne , *Colonel.*
Toifins , *Lieutenant-Colonel.*
Ravel de Puy-Contat , *Major.*

} Régiment de Grenoble , à Strafbourg.

Du Teil , *Colonel.*
Cirfontaine , *Lieutenant-Colonel.*
Chevalier du Teil , *Major.*

} Régiment de la Fere , à Metz.

De Prefle , *Colonel.*
De Faultrier , *Lieutenant-Colonel.*
Taboureau d'Argenville , *Major.*

} Régiment de Metz , 1er bataillon à Douay , deuxième bataillon en Amérique.

CORPS DES MINEURS A VERDUN.

État Major, *Meffieurs.*

De Gribeauval , Lieutenant Général , Commandant en chef.
Goulet de Rugy , Lieutenant Colonel , Commandant particulier de l'Ecole & du Corps.
Defchanges , Capitaine-Aide-Major.

Tréforiers *Généraux.*

M. de Chaftel , *ancien* , rue des Franc-Bourgeois, *en exercice pair.*
M. Préaudeau , *alternatif*, rue Bafte , porte Saint Denis.

Officiers employés à l'Arfenal de Paris , *Meffieurs ,*

Boyer, *Contrôleur*, à l'Arfenal.
Micault de Courbeton , *Commiffaire Général des Poudres & Salpêtres* , à l'Arfenal , cour des Salpêtres.
Mazurier , *Garde principal de l'Artillerie* , à l'Arfenal.
Ninnin , *Médecin ordinaire de l'Artillerie à la fuite de l'Arfenal de Paris* , rue Guénégaud.
Perral , *Chirurgien de l'Artillerie à la fuite de l'Arfenal* , rue de Richelieu.

*H h ij

BAILLIAGE DE L'ARTILLERIE DE FRANCE.

Meſſieurs,

Le Marquis de Paulmy, *Bailly d'Epée, avec honneurs & fonctions de Gouverneur à l'Arſenal de Paris.*

Loizerolles, *Lieutenant Général*, à l'Arſenal, cour des Céleſtins.

Courtin, *Avocat du Roi*, rue d'Enfer au Luxembourg.

Texier, *Procureur du Roi*, rue de la Ceriſaie.

Fournier, *Subſtitut*, rue du Cimetiere Saint André des Arts.

Soyer, *Receveur des Conſignations & Garde-Scel*, à l'Arſenal.

Le Go, *Greffier*, rue Clocheperche.

Delaizé, *Huiſſier-Priſeur*, Quai de la Mégiſſerie.

Curtat, *Huiſſier-Audiencier*, rue des Nonaïndieres, près le quai des Ormes.

INTENDANS généraux des. Postes, Messageries & Relais.

M. Rigoley, Baron d'Oigny, Grand-Croix, Prevôt, Maître des Cérémonies de l'Ordre royal & Militaire de Saint-Louis.

La Cour, la police générale des Postes aux Lettres, des Messageries & Diligences, ainsi que la direction des Postes aux Chevaux, à l'Intendance des Postes, rue Coqhéron.

M. Thiroux de Monregard, Conseiller d'État, rue de Bourbon, Fauxbourg Saint Germain.

M. Mesnard de Conichard, *Adjoint* à M. Thiroux de Monregard, rue neuve des petits Champs.

Contrôleurs Généraux des Postes.

M. Marie, à la Cour.

M. Richard, rue Saint Honoré, vis-à-vis Saint Roch.

M. Enguehar, rue Montmartre, vis-à-vis Saint Joseph.

Secrétaire des Postes.

M. De la Ponce,
M. de la Ponce fils, *Adjoint,* } à l'hôtel Royal des Invalides.

Trésorier Général.

M. de Caze, rue des Champs Elifées, fauxbourg St Honoré.

Visiteur & Inspecteur général, à la suite de la Cour.

M. Toulon, rue du fauxbourg Saint Denis.

Visiteurs Généraux.

M. Dupleffis, rue de l'Echelle Saint Honoré.
M. Le Brun, rue Meflé.
M. Jacqueffon de la Forest, à Verfailles.

Adminiftrateurs généraux, Meffieurs;

Thiroux de Monregard, rue de Bourbon, fauxbourg Saint Germain.

Thiroux de Montfauge, rue Baſſe du Rempart, n° 9 *bis.*
Grimod de la Reyniere, rue Grange-Bateliere.
Dubut de Longchamp, rue Coqhéron.
Richard, rue Saint Honoré, vis-à-vis Saint Roch.
D'Arboulin de Richebourg, rue Poiſſonniere, près le Bou-
levart.

Caiſſier général de la Ferme.

M. Laborde, rue Coqhéron.

Secrétaires généraux de l'Adminiſtration des Poſtes ;

Meſſieurs,

De Lorme, rue de la Juſſienne, *pour la correſpondance étrangere*
& celle relative au ſervice des Diligences & Meſſageries.
D'Iſſautier, à l'hôtel des Poſtes, *pour la correſpondance de l'in-*
térieur du Royaume.

Diſtribution des Paſſeports pour courre la Poſte.

M. Soldini, Premier Commis, à l'hôtel des Poſtes. Son Bureau
eſt ouvert jour & nuit.

Caiſſiers des Envois d'argent.

M. Delorme des Petit-francs, à l'hôtel des Poſtes, rue Plâtriere.

M. Challaye, Avocat ès Conſeils du Roi *& de l'Adminiſtration*
des Poſtes, rue du Roi de Sicile, près la rue Pavée.

Il y a tous les jours un de Meſſieurs les Adminiſtrateurs qui e
depuis ſept heures du matin juſqu'à une heure, à l'hôtel d
Poſtes, pour veiller au ſervice, & écouter différentes deman
des ou plaintes du Public.

Diſtribution générale des Lettres qui arrivent des Provinces pour Paris.

Chefs des Bureaux de diſtribution.

Meſſieurs ;	Quartiers.
Dugin.	Le Faurbourg Saint-Germain.
Collignon.	Le Louvre, Saint Honoré, & Saint Roch.
Malzard.	Montmartre, Montorgueil, & les Halles.

David.   *Saint Antoine & le Marais.*

Prudhomme.   { *La Place Maubert, Saint Victor, Saint Mar-*
                  { *ceau, & l'Isle Saint Louis.*

Coffon.   *Saint André-des-Arts, & Saint Jacques.*

De Mauroy.   *Le Palais, la Cité, la Grève, & Saint Paul.*

Fortin.   *Saint Denis, Saint Martin, & le Temple.*

Defmaffes.   *Les Lettres chargées & la Poste restante.*

MONT DE PIÉTÉ.

Établi par Lettres Patentes du 9 Décembre 1777.

CHEF DE L'ADMINISTRATION.

M. le Lieutenant général de Police.

Adminiftrateurs. Meffieurs,

Joffon, *Auditeur des Comptes,* rue des Lions Saint Paul.

Bafly, *Contrôleur général des reftes de la Chambre des Comptes & des bons d'état du Confeil, ancien Echevin,* rue du Jardinet.

Vieillard, *ancien Payeur des Rentes,* rue Grange-Bateliere.

Henry, *Secrétaire du Roi, Greffier en chef de la Chambre des Comptes,* quai de la Tournelle, vis-à-vis le pont.

Adminiftrateurs de l'Hôpital général.

M. Martin, *Secrétaire-Greffier.*

Direction du Mont de Piété.

MESSIEURS,

Frambroifier de Beaunay, *Directeur général,* rue Saint Martin, vis-à-vis Saint Julien des Ménétriers.

Framboifier pere, *Garde-magafin.*

Maillet, *Caiffier.*

Beaufils, *premier Commis.*

Officiers de l'Adminiftration.

MESSIEURS,

Prevoft de Saint Lucien, *Avocat au Parlement,* rue Sainte Apolline.

Piquet, *Notaire,* rue de la Monnoie.

RECEVEURS

RECEVEURS GÉNÉRAUX DES FINANCES

des vingt Généralités & Pays d'Élections.

Les I^rs font de l'exercice pair, les feconds de l'exercice impair.

MESSIEURS,   Généralités.

1773 DE Mauffion, rue de Richelieu. ⎫
De Cullant du Ronceray, *Commis aux* ⎪
exercices, même demeure.   ⎬ *Alençon.*
1761 Harvoin, rue de Paradis, au Marais. ⎪
1773 Harvoin fils, *en furviv.* même demeure. ⎭

1754 Bernard de Marville, rue du Sentier, près ⎫
la rue des Jeûneurs.   ⎪ *Amiens.*
1768 Le Normand de Chamflay, vieille rue du ⎬
Temple, vis-à-vis la rue du Roi de Sicile. ⎭

1766 Taillepied de Bondy, rue de Richelieu, ⎫
près le Boulevart.   ⎬ *Auch.*
1771 Chanorier, rue d'Antin.   ⎭

1773 Marquet, fils, rue Saint Honoré, près la ⎫
Place Vendôme.   ⎪
1755 Marquet, pere, *en furvivance*, rue Saint ⎬ *Bordeaux.*
Pierre, près le Pont-aux-Choux.   ⎪
1750 Choart, rue Croix des Petits-Champs.   ⎭

1773 Rouffeau de Pantigny, rue de Richelieu, ⎫
vis-à-vis la Bibliotheque du Roi.   ⎪ *Bourges.*
1768 Barbaut de Glatigny, rue des Jeûneurs, au ⎬
coin de la rue Saint Fiacre.   ⎭

1771 Ourfin de Montchevreil, rue de Boucherat, ⎫
au Marais.   ⎪ *Caen.*
1763 Le Preftre de Neubourg neveu, rue des ⎬
Foffés Montmartre.   ⎭

1740 Mouchard, r^e Montmartre, près St Jofeph. ⎫
1776 De Boubié de Bronquens, *en furvivance*, ⎬ *Châlons.*
même demeure.   ⎪
1773 Gigot d'Orcy, rue & vis-à-vis les Capucines. ⎭

1773 Perrinet de Tauveñay, rue d'Anjou, faux- ⎫ *Flandre,*
bourg Sàint Honoré; M. Guilliot, *Com-* ⎬ *Hainaut,*
mis par Arrêt aux exercices, rue du faux- ⎪ *& Artois.*
bourg St Honoré, vis-à-vis celle d'Anjou. ⎭

1727 De Launay, r^e Richelieu, près le Boulevart. ⎫
1762 Fougeret, r^e Bourtibourg, H^el d'Argouges. ⎬ *Franche-*
1762 Véron, place Louis XV, près la rue des ⎪ *Comté.*
Champs Elifées.   ⎭

1778.   I i

1760 Marquet de Montbreton , Pl. de Vendôme.
1759 Fayard de Bourdeil , rue du Chemin du
    Rempart , porte Saint Honoré. — *Grenoble.*
1726 Gautier de Beauvais, *en furvivance*, même
    demeure.

1756 De Beaujon , grande rue du Fauxb. Saint
    Honoré près la rue Verte. — *LaRochelle.*
1758 Leger , rue de Cléry , au coin de la rue
    du gros Chenet.

1775 Tourteau, rue neuve des Petits Champs ,
    vis-à-vis les écuries d'Orléans.
1774 Huet de Thoriny , rue Couture Sainte Ca- — *Limoges.*
    therine, vis-à-vis l'hôtel St Fargeau.

1768 Parat de Chalandray , rue de l'Univerfité ,
    vis-à-vis l'Hôtel de Noailles. — *Lorraine.*
1756 Guillot de Lorme , cloître Notre-Dame.

1777 Olivier , place de Louis le Grand. — *Lyon.*
1769 Millon d'Ainval , place de Louis le Grand.

1746 De Foiffy , rue de Cléry.
1738 Dupin, rue du Roi de Sicile, au Marais. — *Metz & Alsface.*
1768 Vallet de Villeneuve , *en furvivance*, rue
    Plâtriere.

1741 Bergeret , rue du Temple , au coin du Bou- — *Montauban.*
    levart.
1771 Mel de Saint-Ceran , rue Porte-Foin.

1744 Millet', rue Vivienne , près les Filles Saint — *Moulins.*
    Thomas.
1769 Lamouroux , rue de Surene , F. S. Honoré.

1777 Legendre de la Ferriere , rue de Paradis.
    M. Voilerault, *commis* par arrêt aux exer-
    cices de feu M. Dumas, rue de Paradis, — *Orléans.*
    au Marais.
1741 Watelet, cour du vieux Louvre, au pavillon
    du bout du Périftile donnant fur le quai.

1760 Meulan, rue & près les Capucines.
1772 Thiroux de Montfauge , rue baffe du Rem-
    part , n° 9 bis. — *Paris.*
1767 Burband, *Contrôleur*, rue des Nonaindieres.

1763 Desbreft , rue Montmartre, vis-à-vis la rue
    Saint Pierre. — *Poitiers.*
1768 Randon d'Hannucourt,r^e neuve St Auguftin.

1762 Rolland de Villarceau , rue de Richelieu ,
    près le boulevart.
1752 Landry , fils , rue & Croix des Petits- — *Riom.*
    Champs.
1742 Landry , pere , *en furviv.* même demeure.

766 Millin du Perreux, rue Vivienne , près la ⎞
    Compagnie des Indes. ⎟
776 Paris des Gayeres,rue des Francs-Bourgeois. ⎟
    M. le Beuf, *Commis par Arrêt* aux exercices⎬ *Rouen.*
    de feu M. de Treffonds , *& à l'année 1775,* ⎟
    rue S. Louis au Marais, hôtel de Joyeufe. ⎠
768 Randon de Pommery, rue Royale, place ⎞
    de Louis XV. ⎟
                            ⎬ *Soiſſons.*
750 Batailhe de Frances, rue baſſe du Rempart, ⎟
    près la chauſſée d'Antin. ⎠
741 Richard , rue du fauxbourg Saint Honoré. ⎞
751 Richard de la Breteche, *en ſurvivance.* ⎬ *Tours.*
752 Boutin, rue de Richelieu , près la rue de⎟
    Menars. ⎠

Caiſſier général pour le ROI, chargé des recettes générales des Fi-
nances, des Rembourſemens à faire au Public , & du payement
des Reconnoiſſances de M. d'Harvelay.

767 M. Geoffroy d'Aſſy , rue Sainte Avoye', hôtel de Mefme.
- L'on paye les intérêts des renouvellemens les lundis & mer-
redis, depuis neuf heures du matin jufqu'à une heure ; & les
embourſemens les jeudis & famedis à la même heure.

Caiſſe commune du Vingtieme & Deux Sols pour livre du Dixieme.
I. Darras, place de Vendôme.

    Receveurs généraux des Pays d'Etats , Meſſieurs ,

757 Vaſſal , à Montpellier.   { *Languedoc , Rouſſil-*
                               { *lon, & Pays de Foix.*

776 Defvaux de Saint Maurice, rue { *Dijon & Bourgogne.*
    Sainte Croix de la Bretonnerie. {

766 De Varenne, rue de Bondi.   *Bretagne.*

Tréſoriers , Receveurs généraux des Finances de Navarre , du
Béarn, & de l'ancien Domaine.
770 M. Péne, *ancien*, petite rue Saint Roch.
766 M. Lauſſat , *alternatif*, à Pau.

RECEVEURS DES IMPOSITIONS
DE LA VILLE DE PARIS,
Créés par Edit, Officiers des Finances, tenus de verſer directement
au tréſor royal les fonds de leur recette.

ECEVEURS. *MM.*   *Quartiers.*

uſſaye , rue cha- { Cité , ⎞
on au Marais , { Louvre, ⎬ Ier *département.*
         { Palais Royal , ⎠

Pillon , rue du {S^t Euſtache, Halles, SS. Innocens,} }IIe départemement.

Cozette de St Armand, rue Bourbon Villeneuve, {S^t Denis, St Martin, Marais,} }IIIe département.

Courmontagne , rue des Prêtres Saint Paul, {Place Royale, Fauxbourg St Antoine , Hôtel-de-Ville ,} }IVe département.

Germain à l'Eſtrapade, {île Notre-Dame, St Marcel , Sorbonne ,} }V^e département.

Lefeigneur _fils , rue des Foſſés M. le Prince , Lefeigneur pere, *Adj. & ſurvivan.* même demeure. {Luxembourg , St Germain , 1re partie , Saint Germain , 2e partie.} }VIe département.

Comité.

Par Réglement du Conſeil , les ſix Receveurs ci-deſſus forment entr'eux un *comité*, où s'examinent toutes les ré-ponſes qui ſont faites aux repréſentations des contribuables. Il y a à la tête du *comité* deux ſyndics perpétuels qui font le rapport, aux Commiſſaires du Conſeil , de toutes les affaires qui intéreſſent les particuliers , & qui rendent compte à l'Intendant des Finances de tout ce qui regarde l'adminiſ-tration des impoſitions de la Ville. Le premier Syndic, chez qui ſe tient le *comité*, eſt chargé du recouvrement des ving-tiémes des Offices & Droits, & eſt nommé par Arrêt du Con-ſeil & Lettres patentes enregiſtrées en Chambre des Comptes le deuxieme Syndic eſt nommé par commiſſion particuliere de M. le Contrôleur général.

M. Sauſſaye, *premier Syndic*, rue Chapon au Marais.

M. Cozette, *deuxieme Syndic*, rue de Bourbon-Villeneuve.

M. Felix, *premier Commis du Comité*, rue de Beaujolois.

Directeurs des Vingtiémes dans les Provinces & Villes de leur réſidence.

M. Dailly, Directeur général des Vingtiémes du Royaume rue St Antoine , au coin de la rue Royale.

Paris. Généralité. Paris. Ville. } M. Mabille, rue Pavée au Marais.

VILLES.	Meſſieurs.	VILLES.	Meſſieurs.
Alençon.....	Brun.	Amiens.......	Chamont.

Aufch . . . . . Trubert.   *Metz.* . . . . . . Menneffier.
Bordeaux. . . . de Fontenay.   *Montauban.* . . Dubu.
Bourges. . . . . Rappin.   *Moulins.* . . . . Jacqueffon.
Caën. . . . . . de Séry.   *Orléans.* . . . . Laurent.
Châlons. . . . . Duclos.   *Poitiers.* . . . . Gremion.
Grenoble . . . . Cormon.   *Riom.* . . . . . . Campagne.
La Rochelle. . . Marchand.   *Rouen.* . . . . Sevrey.
Limoges. . . . - Charpentier.   *Soiffons.* . . . . Daminois.
Lyon. . . . . . Bonnetat.   *Tours.* . . . . . Courtalon.

Le Comité des Receveurs des Impofitions remplace la Direction de la Ville de Paris.

CONSULS DE FRANCE,

Réfidens dans les Villes & Ports d'Efpagne, de Portugal, d'Italie,
du Nord, de Barbarie & dans les Echelles du Levant.

Réfidences. **EN ESPAGNE.** *Confuls, Meffieurs,*

M*adrid,*

Boyetet, chargé des Affaires de la
Marine & du Commerce de France.

Cadix,
{ Dupleffis de Mongelas, *Conful général.*
{ Poyrel, *Vice-Conful.*
{ Dirandats, *Chancelier.*

Séville & San Lucar, De Villars, *Vice-Conful.*
Malaga, Humbourg, *Conful.*
Carthagene, De Bertellet, *Conful.*
Alicant, De Puyabry, *Conful.*
Valence, Faure, *Vice-Conful.*
Gijon, L'Efparda, *Conful.*
La Corogne, Detournelle, *Conful.*
Barcelone, Aubert, *Conful.*
Bilbao, D'Abadie, *Député de la Nation.*
Oran, Prat, *Conful.*
Mayorque, Oyon, *Conful.*
Ifles Canaries, Le Comte, *Conful.*

EN PORTUGAL.

Lifbonne,
{ Brochier, *Conful général.*
{ D'Hermand, *Vice-Conful.*
Porto, Clamoufe, *Conful honoraire.*
Madere, De la Tuelliere, *Conful.*

EN ITALIE.

Nice, Le Seurre, *Conful.*
Cailleri, Durand de Las Bordas, *Conful.*

Génes,	{ Raulin, *Conful.* { Ribiés, *Chancelier.*
Savone,	Garibaldo, *Vice-Conful.*
Port-Maurice,	Imbert, *Vice-Conful.*
Livourne,	Le Chevalier de Bertellet, *Conful.*
Porto-Ferraio,	Lambardy, *Vice-Conful.*
Ancone,	Le Marquis de Benincafa, *Conful.*
Port-Fano,	Ginuti, *Vice-Conful.*
Pezaro,	Billy, *Vice-Conful.*
Rome,	{ Digne, *Conful.* { Moutte, *Agent du Commerce.*
L'Etat Eccléfiaftique,	Dominique Pietro, *Agent du Commeice.*
Port d'Anzo & Nettuno,	Pamphile de Pietro, *Vice-Conful.*
Civita Vecchia,	Vidau, *Conful.*
Sinigaglia,	Le Comte de Beliardi, *Conful.*
Naples & Sicile,	{ Le Chevalier de Saint-Didier, Capi- { taine d'Artillerie, *Conful général.*
Meffine,	L'Allemant, *Vice-Conful.*
Palerme,	Gamelin, *Vice-Conful.*
Venife,	Le Blond, *Conful.*
Ifles Vénitiennes,	Cavelier, *Conful général.*
Ragufe,	{ Defrivaux, *Conful général & chargé des* { *Affaires du Roi.*

PAYS DE LA DOMINATION DE L'IMPÉRATRICE-REINE.

Triefte,	{ De Saint-Sauveur, *Conful.* { De Saint-Sauveur fils, *Vice-Conful.*
Oftende,	Garnier, *Conful.*

PAYS DU NORD.

Amfterdam,	{ Le Chevalier de Lironcourt, Lieute- { nant de Vaiffeau, *Commiffaire du Roi* { *pour la Marine & le Commerce.*
Rotterdam,	Caftagny, *Agent de la Marine de France.*
Hambourg,	Coquebert de Montbret, *Conful général.*
Dantzich,	De Pons, *Conful général.*
Stockolm,	Delifle, *Conful.*
Berghen,	De Chezaulx, *Conful.*
Chriftianfandt,	De Chezaulx Defprez, *Vice-Conful.*
Elfeneur.	De Brofferoude, *Conful.*
Drontheim,	Framery, *Conful.*
Saint Péterfbourg,	{ De Leffeps, *Conful général.*
Ports de Ruffie,	{ Raimbert, *Vice-Conful.*

EN BARBARIE ET EN LEVANT.

Confuls, Vices-Confuls, MESSIEURS,

L'Empire de Maroc, { Chenier, chargé des affaires du Roi auprès de l'Empereur.
Mille, Vice-Conful.

Royaume d'Alger, { Langoiffeur de la Vallée, Conful.général & chargé des affaires du Roi auprès du Dey.
Renaudot, Vice-Conful.

Royaume de Tunis, { De Saizieu, Chevalier de l'Ordre du Roi, Conful général & chargé des affaires du Roi auprès du Bey.
De Voize-Voiron, Lieutenant de Cavalerie, Vice-Conful.

Royaume de Tripoly de Barbarie, { Du Rocher, Conful général & chargé des affaires du Roi auprès du Pacha Bey.
Defparon, Vice-Conful.

Smyrne & dans les îles de l'Archipel, { De Peyffonel, Conful général.
De Chateauneuf, Capitaine d'Infanterie, Vice-Conful.

Vice-Confuls dont les départemens dépendent du Conful général de Smyrne & de l'Archipel.

Dardanelles, Guy de Villeneuve, Vice-Conful.
Metelin, Dumefnil, Vice-Conful.
Scio, Jouvin, Vice-Conful,
Rhodes, De Pothonier, Vice-Conful.
Naxie & Paros, De Grimaldi, Conful.
En Morée, { Amoreux, Conful général.
De Jonville, Vice-Conful.

Vice-Confuls dont les départemens dépendent du Conful général de la Morée.
Amé, Capitaine d'Infanterie.
De Saint Marcel.

Syrie & Paleftine, { Le Chev de Taulès, Capitaine de Dragons, Conful général, réfident à Seyde.
Dauthier, Vice-Conful.

Vice-Confuls dont les départemens dépendent du Conful général de la Syrie & de la Paleftine.
Tripoly de Syrie, Chaillan, Vice-Conful.
Saint-Jean d'Acre, Pellegrin, Vice-Conful.
En Égypte, { Mure, Conful général.
Du Trony, Vice-Conful.

Vice-Confuls dont les départemens dépendent du Conful général de l'Égypte.
Alexandrie, Taitbout de Marigny, Vice-Conful.

Roſſette, De Kercy, *Vice-Conſul.*

Bagdad & ſes dépen. Miroudot, Év. de Babylone, *Conſul génér.*

Salonique, { Azazy, *Conſul.*
{ Couſinery, *Vice-Conſul.*

La Canée, { D'André, *Conſul.*
{ De Bourville, *Vice-Conſul.*

Vice-Conſuls dont le département dépend du Conſul de la Canée.

Candie, De Vaugrigneuſe.

Chypre, { Aſtier, *Conſul*, réſident à *l'Arnaca.*
{ Le Chevalier de Laydet, Capitaine d'In-
{ fanterie, *Vice-Conſul.*

Alep, { De Perdriau, *Conſul.*
{ Beauſſier, *Vice-Conſul.*

Vice-Conſul dont le département dépend du Conſul d'Alep.

Alexandrette, David, Capitaine d'Infanterie.

Nota. Les Drogmans rempliſſent, dans les Echelles du Levant, les fonctions de Chancelier.

Chanceliers des Conſulats Généraux de Barbarie.

Maroc, Berrin.

Alger, Meifrun.

Tunis, Laudon.

Tripoly de Barbarie, Pinatel.

Surate, { Anquetil de Briancourt, *Conſul.*
{ Demontcrif, *Chancelier.*

CONSULS ET VICE-CONSULS des Nations étrangeres, réſidens dans les Ports de France.

Réſidences. MESSIEURS,

De l'État Eccléſiaſtique.

Marſeille, P. P. Rangoni, *Conſul.*

Toulon, Marie Bianchi, *Vice-Conſul.*

Cette & Agde, Jean Bapt. Roux, *Vice-Conſul.*

De S. M. l'Impératrice Reine de Hongrie & de Bohême, & de Son Alteſſe Royale le Grand Duc de Toſcane.

Marſeille, Jean-Jacob Kick, *Conſul.*

Toulon, Louis Fauchier, *Vice-Conſul.*

De S. M. l'Impér. Reine de Hongrie & de Bohême & de l'Empereur.

Bordeaux, Jean Jac. Bethman, *Conſul.*

Dunkerque, Joſeph Delaſtre, *Conſul.*

D'Eſpagne.

Antibes, Louis-Mich. Badin, *Conſul.*

Marfeille,	Jean de la Rofa,	*Conful.*
	Jof. Compodonico,	*Vice-Conful.*
Agde,	J. C. Belliere,	*Vice-Conful.*
Cette,	Marquez.	*Conful.*
	Touret,	*Vice-Conful.*
Port, Vendre & Collioure,	Narcifo Montener,	*Vice-Conful.*
Corfe,	Olivier Cardi,	*Conful.*
Saint Jean de Luz,	Martin Pagez,	*Vice-Conful.*
Bayonne,	Eftevan Gazan,	*Conful.*
	Raphael Florenfa,	*Vice Conful.*
Bordeaux,	De Las Heras,	*Conful.*
	Hugues Pedefelo,	*Vice-Conful.*
Port-Louis, l'Orient & Hennebon.	Pierre Montleger,	*Conful.*
La Rochelle,	Pierre Carrel,	*Vice-Conful.*
Nantes,	Louis Landaluce,	*Vice-Conful.*
Morlaix,	Jean David,	*Vice-Conful.*
Saint-Malo,	J. B. Dulaurent,	*Vice-Conful.*
Honfleur,	Jean - Baptifte Piquefeu de Bermont,	*Vice-Conful.*
Caen,	Collet Duval,	*Vice-Conful.*
Rouen,	Pierre Planter,	*Vice-Conful.*
Le Havre,	Jofeph Paulo,	*Conful.*
	P. Jufte la Larme.	*Vice-Conful.*
Montreuil,	Louis Havet,	*Vice-Conful.*
Fefcamp,	Guill. Cavillier,	*Vice-Conful.*
Boulogne,	Louis-Marie Belle.	*Vice-Conful.*
Calais,	P. Robert Tellier,	*Vice-Conful.*
Dunkerque,	Ignace d'Affo.	*Conful.*
	De Clerck,	*Vice-Conful.*

Des Deux Siciles.

Marfeille,	Matthieu Stella,	*Conful.*
	Philippe Girialdi,	*Vice-Conful.*
Agde,	Jean Char. Belliere,	*Vice-Conful.*
Cette,	Domini. Contaldo,	*Vice-Conful.*
Corfe,	Jofeph Rozaguti,	*Conful.*

De Sardaigne.

Marfeille,	Paul Righiny.	*Conful.*

De Suede.

Dunkerque,	Fr. Jofeph Emery.	*Conful.*
	Jean Arnaud Emery fils,	*Adjoint.*

Rouen,	Pierre L. Lazurier,	} Consuls.
Le Havre,	Chauvel,	
Honfleur,	{ Wilhelmun la Cou-drair.,	}
Au Croisic,	Henri Gardeman,	} Consuls.
Nantes,	Pierre Babut,	
L'Isle de Ré,	Antoine Favre,	
Bordeaux,	{ Mich. Harmenfen, Chevalier de l'Ordre de Vafa,	} Consul Général.
	Jérof. Harmenfen,	Adjoint.
Bayonne,	Jean Miramon,	} Consuls.
Montpell. & Cette,	Barthold Paulin,	
Marseille,	Henry Jac. Folfch,	

De Pruffe.

Rouen,	Abbel Mietz,	Consul.
Nantes,	J. Ulric Pelloutier,	Consul.
Bordeaux,	{ Jean Georg. Streickeifen,	} Consul.

De Danemarck.

Dunkerque,	Nic. Fr. Donquer,	} Consuls.
Rouen,	Ifaac Compigné,	
Saint-Malo,	Juftigny Bedault,	
Breft,	Jean Marie Lorans,	} Vice-Consuls.
Nantes,	Jean Struyckman,	
Belle Ifle,	Jacques Aubert,	Vice-Consul.
La Rochelle & Nantes,	{ Pierre Cafimir Nortdingh de Witt,	} Consul.
La Rochelle,	P. J. Vanhoogwerf,	Vice-Consul.
Bordeaux,	{ Frédéric Hanffen, Frédéric Fritz de Liliendalh,	Consul. } Adjoint.
Bayonne,	Léon Batbedal.	} Consuls.
Marseille,	Lars Laffen,	

Ruffie.

| Bordeaux, | Arvid Vitfort, | Consul. |

Pologne.

Nantes,	Laurent Hoys,	} Consuls.
Bayonne,	{ Paul Jufte Harmenfen,	
Bordeaux,	Michel Zimbert,	

Ifle De Malte.

| Toulon, | Louis Jullien, | Consul. |
| Marseille, | Louis de Ricart, Agent de la Marine & du Comr. | |

République de Venife.

Marfeille,   Bortolo Cornet,   *Conful.*

République de Génes.

Antibes, Cannes, &	Marc Philippe Au-	
golphe Jouan,	barnone.	
Marfeille,	Nicolas Pagano,	*Confuls.*
Toulon,	Louis Juliani,	
Collioure,	Antoine Roffi,	
Bordeaux,	Pier. Louis Ravina,	

République de Ragufe.

Marfeille,   { Joachim Marie de Pavola, } *Conful.*

INSPECTEUR GÉNÉRAL du Commerce du Levant & de Bar-barie & Préfident de la Compagnie royale d'Afrique.

M. de la Tour, Intendant & premier Préfident du Parlement de Provence.

INSPECTEURS DES MANUFACTURES.

M^{rs} { Holker, *pour les Manufactures étrangeres, à Rouen.* Holker fils, *Adjoint.*

M^{rs} { Abeille, rue de la Feuillade, près la place des Victoires. Cliquot de Blervache, rue neuve Saint Merry, au coin de la rue du Renard. Dupont, rue de l'Univerfité, hôtel Turgot.

Infpecteurs des Provinces,

Provinces ou Généralités.	*Infpecteurs, Meffieurs,*	Réfidences.
Alençon,	Brunet, *Draperies & Toileries.*	*Alençon.*
Amiens,	{ Roland de la Platiere.	*Amiens.*
	{ Tribert, *pour les Toiles & Batiftes.*	*S. Quentin.*
Auch,	Lauvergnat.	*S. Gaudens.*
Auvergne,	Jubié.	*Clermont.*
Bordeaux,	Latapie.	*Bordeaux.*
Bourges,	Taillarda, pere.	*Bourges.*
Bourgogne,	De Vercy,	*Dijon.*
Bretagne,	{ Guillotou, *Infp. de la Province.*	*Rennes.*
	{ Watier,	*Nantes.*
	{ Le Marchant, *pour les Toiles.*	*Saint-Malo.*
	{ Libour, *Sous-Infpecteur.*	*Morlaix.*

Caen ,	{ Godinot de Ferrieres , *Inspec-* teur.	*Caen.*
Champagne ,	Defmaretz.	*Châlons.*
Dauphiné ,	{ Dubu de la Plonniere , *pour les* *Draperies & Toiles.*	*Romans.*
Hainault ,	{ Crommelin , *Sous-Infpecteur* *pour les Toiles.*	*Valenciennes*
	Le Blanc , *Infp. de la Province.*	*Montpellier.*
	Cazaban.	{ *Carcaffonne ,* *Limoux , &* *Saiffac.*
	De la Geniere.	*Caftres.*
Languedoc ,	Tricou fils.	{ *S. Chinian* *S. Pons.*
	Imbert de Saint-Paul.	*Nifmes.*
	Huet fils.	*Touloufe.*
	Taillarda , fils , *Sous-Infpecteur.*	{ *Clermont de* *Lodeve.*
Limoges ,	Cornuau ,	*Limoges.*

Lyonnois &
Beaujolois ,
	{ Briffon , *Infpecteur de la Géné-*
	  ralité.
	 Le Marchant fils , *Sous-Inf-*
	  pecteur.
	 De Coify , *Sous-Infpecteur.*
		Lyon.
		 S. Simphorie
		 de Lay.
		Charlieu.

Metz ,	{ Delo Defaunois. Demontault , *Adjoint.*	*Metz.*
Montauban ,	Bruté.	*Montauban.*
Moulins ,	De Châteaufavier.	*Aubuffon.*
Orléans ,	Taillarda de Vaucelles.	*Orléans.*
Pau ,	Carget.	*Bayonne.*
Paris ,	{ Gromaire de la Bapaumerie , *Infpect. pour la Librairie & pour* *la Bonneterie* , à la Douanne. Watier de la Conté , *Infpecteur* *de la Généralité.*	*Paris.*
Poitiers ,	Vaugelade.	*Niort.*
Provence ,	{ Artaud. De la Geniere.	*Marfeille.* *Aix.*
	Pemartin.	*Aumale.*
	De Boifroger.	*Elbœuf.*
Rouen ,	{ Godinot , *Infpecteur principal* *des Toiles & Toileries.* Goy , *Adjoint & à la Halle fo-* raine. Fontenoy , *Sous-Infpecteur.* Coprez.	*Rouen.*

Vital de Mitheme,　　　　　　*A S. Georges.*
〈Briffet , *pour les Toiles.*　　*Laval.*
〈Aubry.　　　　　　　　　　*Tours.*
burs ,　〈Nioche de Tournai.　　*Le Mans.*
〈Regnault.　　　　　　　　*Amboife.*

DIRECTEUR de la Balance du Commerce.

756 M. Bruyard, rue S. Louis, au coin de celle S. Gilles.

BOURSE POUR LES NÉGOCIANS.

L A Négociation de toutes fortes de Billets, Lettres de Change , Effets Royaux & Effets Commerçables, autorifée par -
Arrêt du Confeil du 24 Septembre 1724, fe fait journellement
depuis dix heures jufqu'à une heure après midi, dans la cour
de la Compagnie des Indes, rue Vivienne.

M. le Lieutenant Général de Police connoît de toutes les
conteftations qui peuvent s'élever fur le négoce defdits Effets ,
& généralement de tout ce qui regarde la Bourfe.

Officiers prépofés pour y maintenir le bon ordre.

M. le Commiffaire Girard, rue Saint Roch, près Saint Jofeph.
M. Buhot, rue de Seine, Fauxbourg Saint Germain.

---

*Confeillers du Roi , Agens de Change , Banque , Commerce &
Finance ,* MESSIEURS,

724 　Allée, *Doyen ,* rue des Prouvaires.
743 　D Dumaine, rue des petits Carreaux, vis-à-vis celle
　　　Thevenot.
747 De Vaudichon, rue neuve Saint Merry.
751 Dallée de Chavincourt, rue des Prouvaires.
751 Atger, rue du Renard Saint Sauveur.
753 Chapelain, rue des Foffés Montmartre.
757 Bergier, rue Poiffonniere, près la rue Bergere.
758 Genevey, rue Feydeau, près celle Montmartre.
759 Mehaignery de la Richardiere, rue Coquilliere, vis-à-
　　　vis la rue des vieux Auguftins.
762 Mallet, cour de la vieille Pofte, vis-à-vis la place Ste
　　　Opportune.
763 Prevoft, L. rue neuve Saint Euftache.
763 Rodollet, *Syndic.,* rue Michel-le-Comte, près celle
　　　Beaubourg.

1763 Bonneval , *adjoint* , rue neuve des petits Peres de la place des Victoires.

1763 Girardot , rue Quincampoix.

1763 Boudin , rue Saint Martin , près celle des Ménétriers.

1764 Prevoft Defpreaux , rue des Gravilliers , au coin de la rue des Vertus.

1765 Moreau , rue Traverfiere Saint Honoré.

1766 Page , rue Thevenot , près celle des petits Carreaux.

1766 Grimprel , rue Montmartre , vis-à-vis la rue Saint Pierre.

1768 Defvaulx , Ecuyer , rue Saint Martin , vis-à-vis S. Julien.

1769 Barral , rue Croix des petits Champs , près celle Baillif.

1769 Autran , place des Victoires.

1770 Lavenant , rue du Four St Honoré , près St Euftache.

1770 Bréant de la Neuville , rue neuve Saint Euftache.

1770 Charpentier , rue de Gèvres , maifon de M. de St Paul , Notaire.

1770 Bofcary , rue du Cimetiere Saint Nicolas des Champs.

1771 Goujon , rue Tiétonne.

1771 Duruey , rue Montmartre , au coin de la rue Joquelet.

1772 Atger de Penniffon , rue du Renard Saint Sauveur.

1773 Le Long , rue de la grande Truanderie.

1774 Coulón Deftouches , rue Dauphine , chez M. Jombert , Libraire.

1775 Le Fevre , rue Therefe , Saint Roch.

1775 {
Bugarel , rue du Renard Saint Sauveur.
Le Gouffat , rue Saint Pierre Montmartre.
Piau , rue des Bourdonnois.
Fourny , rue Bardubec , à la Lance.
Offeman , rue de Cléry , vis-à-vis celle du gros Chenet.
Le Gendre , rue Saint Marc , près celle de Richelieu.
Malpeyre , rue Plâtriere , près celle Verdelet.
Chaboüillé de St Paul , rue St Denis , près St Chaumont.
Hervieu , rue Michel-le-Comte.
Le Rat de Chavanne , rue Notre-Dame-des-Victoires.
}

1776 Mehegnery de la Richardiere fils , rue Coquilliere.

1776 Fournet , rue Beaurepaire.

1776 Perroud , rue de la Feuillade , près la place des Victoires.

1777 Brunot , rue St Thomas du Louvre , du côté du Palais R.

1777 Gérin Rofe , rue Mauconfeil.

1777 Guedon , rue Saint Denis , vis-à-vis la Trinité.

1777 Trevillier , rue de la grande Truanderie , vis-à-vis celle Réale.

1777 Barmont , rue Montmartre , près celle de la Juffienne.

Leur *Bureau* eft au Palais , dans la cour du Mai.

Banquiers pour les Traites & Remises de Place en Place.

MESSIEURS.

A Dam, rue Phelippeaux.

Alexandre & Compagnie, rue Saint Martin, vis-à-vis la rue de Montmorency.

miot (Louis Afpais), rue neuve des petits-Champs vis-à-vis la rue Vivienne.

arbeu Dubourg, rue Copeau fauxbourg Saint Victor.

atbedat (Jean-François), rue des Moulins, butte Saint Roch.

ayard & Compagnie, cloître Sainte Opportune.

edeau, rue de la Chanverrerie.

idault, rue des Marmouzets, en la Cité.

oggiano (Nicolas), place des Victoires.

oissiere (Jean), rue de Cléry.

ouffé & Fils, rue d'Orléans Saint Honoré.

ourgeois (Jean-François), rue du petit Bourbon, S. Sulpice.

richeau & Compagnie, rue de Clery, au coin de la rue Poiffonniere.

accia, rue Saint Martin, prefque vis-à-vis la rue aux Ours.

ottin (Jean) l'aîné, & fils, place de Louis le Grand.

andiran, rue Michel-le-Comte.

angirard, (freres) rue neuve Saint Auguftin.

e Boiflandry, (veuve & fils) rue Comteffe d'Artois.

e Bout & Compagnie, rue Thevenot.

e Bury, (François & Compagnie,) Saint Martin, vis-à-vis celle des petits-Champs.

e Neuilly, (Jean-Franç. Sales) rue Grenier Saint Lazare.

uclos, rue Grenier Saint Lazare, au coin de la rue Tranfnonain.

upont, (Arnoult) rue Beaubourg.

oreftier (Auguftin), rue Bourglabbé.

rin, (Jean-François), & Compagnie, rue du Carroufel.

aillard, Malibran & Compagnie, rue neuve Grange-Bateliere, près le boulevart.

irard, rue des Poulies, Hôtel de Conti.

iambonne (Octave), rue de Bondi, près le Boulevart.

irauld des Noyers, rue Tictonne.

rand (Ferdinand), rue Montmartre, vis-à-vis Saint Jofeph.

aume, & Compagnie, rue Thérefe, butte Saint Roch.

aufier, rue Sainte Avoye, vis-à-vis la rue de Braque.

ulien (Louis), rue Simon-le-Franc.

ornmann, & Compagnie, rue Saint Martin, vis-à-vis la rue Grenier Saint Lazare.

Lambert (P. C.) rue Aumaire, vis-à-vis la porte Saint Nicolas
Lavabre, Doerner & Compagnie, rue du Mail.
Le Couteulx, & Compagnie, rue Montorgeuil.
Lefebvre, rue Beaubourg.
Le Maiftre (Ifaac), rue & vis-à-vis l'Hôtel de Montmorency
Leroy (Pierre), rue Pavée, vis-à-vis la rue des deux Portes
Le Vacher de Perla, rue Mauconfeil.
Mallet & le Royer, rue Montmartre, au coin de la rue du Jour
Millon & de la Foffe pere & fils, rue Bourglabbé, vis-à
vis la rue du Grand Hurleur.
Monteffuy, rue St Martin, vis-à-vis la rue de Montmorency
Pache, (Freres & Compagnie) cul-de-fac de l'Etoile.
Panchaud (Ifaac & J. F.), rue Saint Sauveur.
Payelle, rue Saint Sauveur.
Pourrat (Freres), rue des Foffés Montmartre.
Pradel, rue des Poulies, vis-à-vis la Colonnade.
Pichault, rue des Blancs-Manteaux.
Puech (Jean), rue de Louis le Grand.
Rilliet, Lullin & Compagnie, rue Montmartre, vis-à-vis le
rues Feydeau & St Marc.
Rimberge & Compagnie, rue du Temple, près celle des Gra
villiers.
Roger de Fréville, rue Beaubourg, vis-à-vis le jeu de Paume
Rougemont, L. rue de la Croix des petits-Champs, hôtel d
Beaupreaux.
Rouland, rue Beaubourg.
Rouffeau & fils, rue Notre-Dame des Victoires.
Sellonf & Compagnie, rue du Mail.
Sepolina (Freres), rue de Cléry, au coin de celle St Claud
Sponton, Bufoni & Compagnie, rue Thévenot, près le cu
de-fac de l'Étoile.
Taffin, (veuve & fils), rue neuve des petits-Champs, près l
écuries de M. le Duc d'Orléans, ancien hôtel de Reyne
Teiffier, fils ainé, rue des petits-Champs Saint-Martin.
Thiérin, (Ph. Fr.) rue du Caroufel, coin de celle de l'Echell
Tonnellier le jeune & fils, rue Bourglabbé.
Tourton & Baur, rue des Deux-Portes Saint-Sauveur, vis-
vis la rue Beaurepaire.
Turot, rue & près Saint Sauveur.
Valette, rue Saint Thomas du Louvre.
Vallienne, rue Montmartre, près le cul-de-fac Saint Pierre.
Vanden-Yver, freres & Compagnie, rue Royale, butte Sai
Roch.
Vaudé, rue Beaubourg, à l'hôtel de Fer.
Veron (Paul), rue Saint Martin, vis-à-vis la rue aux Ours.
Vincens, rue Vivienne.

MÉDECIN

MÉDECINS DU ROI.

Premier Médecin.

1774 **M** Eſſire Lieutaud, Conſeiller d'État, Doċteur en Médecine en l'Univerſité d'Aix, & Aggrégé de la Faculté de Médecine de Paris, en Cour.

1774 M. De Laſſone, Conſeiller' d'État, de la Faculté de Paris, *premier Médecin en ſurvivance*, en Cour ; à Paris, aux Tuileries.

Premier Médecin ordinaire.

M. Le Monnier, Médecin de la Faċulté de Paris, en Cour.

Médecins ſervans par Quartier en Cour.

Les Médecins ordinaires du Roi ſervant par quartier, don-nent au Louvre des Conſultations gratuites, les Mardis de chaque Semaine, excepté les jours de fêtes, depuis trois heures de l'après-midi juſqu'à cinq.

MM.

Janvier, { De Choiſy, Ecuyer, Médecin de l'Univerſité de Montpellier, cour des Princes, aux Tuileries.
Michel, Doċteur en Médecine, de la Faculté de Montpellier, rue S. Dominique, près la rue du Bacq.

Avril, { Delon de Laſſaigne, Médecin de l'Univerſité de Montpellier, Médecin du Palais des Tuileries & du Louvre, rue des Marais, fauxb. S. Germain.
De Seehy, Doċteur en Médecine, rue Guénégaud.

Juillet, { Daniel des Varennes, Doċteur en Médecine, & Doyen du Collége de Limoges, rue de Seine.
Thibault, Médecin de l'Univerſité de Montpellier, rue de Richelieu, près la rue Vildot.

Oċtobre, { Raulin, Membre de la Société Royale de Londres, rue de Bourbon Ville-neuve.
Raulin fils, Doċteur en Médecine, *en ſurvivance*, même demeure.
Mollerat de Souheÿ, Écuyer, Médecin de l'Uni-niverſité de Montpellier, rue du Temple.

Honoraire, Meſſieurs.

Poiſſonnier des Perrieres, rue de la Verrerie.
Garnier, rue S. Joſeph, Montmartre.

Médecin du Roi n'ayant quartier.

M. Seguy, Doċteur en Médecine, rue d'Artois.

1778.   K k

Médecins confultans DU ROI, *Meffieurs*,

Poiffonnier, Confeiller d'État, Médecin de la Faculté de Paris, rue des deux Portes Saint Sauveur.

Richard d'Uberherrn, Ecuyer, Chevalier de l'Ordre du Roi, premier Médecin des Camps & Armées du Roi, de l'Académie Royale de Gottingen, rue Saint Honoré, vis à-vis Saint Roch, aux Ecuries du Roi.

Gatti, Profeffeur en Médecine en l'Univerfité de Pife, rue de la Planche, Fauxbourg Saint Germain.

Ninnin, Docteur en Médecine de Reims, rue Guénégaud.

Thierry, Ecuyer, Docteur en Médecine de la Faculté de Paris, rue Saint Honoré, vis-à-vis l'hôtel de Noailles.

Pomme, de l'Univerfité de Montpellier, Médecin de la grande Fauconnerie, rue Saint Benoît, hôtel Duglas.

Le Comte de Carbury, des Academies Royales de Londre & d'Edimbourg, rue de Bracq, au Marais.

Médecin Oeulifte ordinaire du Roi.

M. Demours, Docteur en Médecine, rue Mazarine.

Médecins de LA REINE.

M. de Laffone, Confeiller d'État, Médecin de la Faculté de Paris, *Premier Médecin*, en Cour.

M. Malouin, Médecin de la Faculté de Paris, *Médecin ordinaire & du Commun*, au Louvre.

Médecin des Enfans de France.

M. Lieutaud, Docteur en Médecine en l'Univerfité d'Aix, en Cour.

Médecins de MONSIEUR.

M. Lieutaud, *Premier Médecin*, en Cour.

M. Delon de Laffaigne, *Médecin ordinaire*, rue des Marais.

Médecins confultans.

M. Portal, Profeffeur de Médecine au College Royal, de l'A-cadémie des Sciences, rue du Cimetiere Saint André.

M. Brunyer, Médecin de l'Infirmerie Royale & de la Charité de Verfailles, en Cour.

Médecins de quartier, Meffieurs,

Guinot, Docteur en Médecine, rue Montmartre ou en Cour.

Le Roi, Docteur en Médecine, Aggrégé honoraire du Collége Royal de Nancy, de l'Académie Impériale des Curieux de la Nature, de celle de Heffe & de Mayence, cloître Saint Honoré.

Gerbier, Docteur en Médecine, rue Saint Victor.

Albert, rue St Dominique, fauxbourg St Germain, hôtel Molé.
Buchoz, *Médecin Botaniste & de quartier en survivance* de M. Guinot, rue de la Harpe, vis-à-vis la Sorbonne.
Caullet de Vaumorel, Docteur en Médecine, *ordinaire* de la Compagnie Suisse de la Garde de MONSIEUR, rue des Deux-Écus.
Faure, *Médecin de l'Ecurie*, rue Chriftine.

Médecins de feu MONSEIGNEUR LE DAUPHIN, *de feu* MADAME LA DAUPHINE, & *de* MADAME. *Messieurs*,

Pautier de la Breüille, de la Faculté de Paris; *Premier Medecin*, rue des Capucines, chez M. Bertin, Ministre.
Audirac, de l'Univerfité de Montpellier, *Médecin ordinaire*, en Cour.
Le Comte de Carbury, *Médecin confultant*, rue de Bracq, au Marais.

Médecins de Monfeigneur LE COMTE D'ARTOIS. *Messieurs*,

Lieutaud, *Premier Médecin*, en Cour.
De la Bordere, *en furvivance*, en Cour.
Deflon, de la Faculté de Paris, *Médecin ordinaire*, rue du Mail.

Médecins confultans.

Vic d'Azyr, de la Faculté de Paris, de l'Académie des Sciences, rue du Sépulcre.
De la Servolle, de l'Univerfité de Montpellier, en Cour.

Médecins par quartier., *Messieurs*,

Triofon, Docteur en Médecine de la Faculté de Montpellier; Médecin des Armées du Roi, rue des Sts Peres près la rue de Verneuil.
Bellofte, Docteur en Médecine de l'Univerfité de Montpellier, Carrefour de la Croix Rouge.
Du Planil, Docteur de la Faculté de Montpellier, rue de Bourbon, fauxbourg Saint Germain.
De Baffeville fils, Docteur de Montpellier, rue Saint Martin près celle des Méneftriers.
Millard, *Médecin de l'Écurie*, rue de Varenne.

Médecins de MADAME LA COMTESSE D'ARTOIS. *Messieurs*,

Buffon, *Premier Médecin*, en Cour.
Dehorne, *Médecin ordinaire*, au Palais Royal.
Le Comte de Carbury, *Médecin confultant*, rue de Bracq, au Marais.

Médecin de MADAME ADÉLAÏDE.

M. Laffone, en Cour.
M. . . . .

Kk ij

Médecin de Mesdames VICTOIRE & SOPHIE.

M. Maloët, rue de Menars.

Médecins de M. LE DUC D'ORLÉANS. *Messieurs,*

Tronchin, *Premier Médecin*, au Palais Royal.

De Torrès, ci-devant Médecin de la Famille Royale du Rc
d'Efpagne, rue Tireboudin, près la Comédie Italienne.

Fautrier, Médecin ordinaire du feu Roi Staniflas, rue de Jouy

Herrenchwand, rue de Seine, au pavillon des Quatre-Nation:

Rebillé de Grandmaifon, rue de Jouy.

Duchemin, rue Pavée, au Marais, Hôtel de Lamoignon.

Dehorne, au Palais Royal.

Petit, *vétéran*, rue des Bons Enfans.

Médecin du Roi ordinaire pour les Analyfes.

M. Piot, de la Faculté de Reims.

Médecins de la grande & petite Ecuries, Messieurs,

Michelon, de l'Univerfité de Montpellier, & Médecin de
Camps & Armées du Roi, rue St Honoré, aux Ecuries du Ro

Gaullard, *vétéran & en furvivance*, rue Tiron Saint Antoine

Richard d'Uberherrn, Ecuyer, rue Saint Honoré, vis-à-vi
Saint Roch, aux Ecuries du Roi.

Médecins de la Compagnie des Cent-Suiffes, Messieurs,

Arnoult, Médecin de la Faculté de Montpellier, de l'Acadé
mie des Sciences de cette ville & de celle de Marfeille, ru
Sainte Avoye, au coin de celle Geoffroy-Langevin.

Caumont, Doâeur en Médecine, rue du Cocq Saint Jean
près la rue de la Tifferanderie, *vétéran.*

Chevalier, Médecin de S. A. E. Madame l'Éleârice de Ba
viere, Fauxbourg Saint Denis, n°. 29, *en furvivance.*

Médecin ordinaire de la Maifon du Roi & du grand Commun.

M. Deshayes, rue de l'Orangerie à Verfailles.

Médecins de l'Infirmerie Royale & de la Charité de Verfailles.

M. Brunyer, en Cour.

M. Laffone, fils, *Adjoint*, en Cour.

*Médecin du Roi pour les Bâtimens, & de l'Infirmerie Royale
de Fontainebleau.*

M. Ducholet, à Fontainebleau.

*Médecin ordinaire du Roi pour les Maifons Royales de Meudon
Choify, & Bellevue.*

M. Bruna, Doâeur en Médecine, rue des Poulies, au pet
hôtel de Conti.

Médecin ordinaire des Bâtimens du Roi.

M. Trucy, rue Froidmanteau, Baffe-Cour du Louvre.

Médecin des Écuries du Roi, & de la Vennerie.

M. Audirac, de l'Univerfité de Montpellier, en Cour.

Médecin de la Maifon Royale de Saint Cyr.

M. Audirac de Scieurat, Médecin de l'Univerfité de Mont‑pellier, en Cour.

Médecin ordinaire du Roi pour le Château de la Muette.

M. Weifs, ci-devant Médecin ordinaire du feu Roi de Polo‑gne, rue Porte-Foin.

Médecin ordinaire de la Cavalerie de France & Etrangere.

M. Geille de Saint-Leger, de la Faculté de Paris, rue Saint Sauveur, près le Bureau des Décimes.

Médecin des Haras du Roi.

M. Valmont de Bomare, Doƈteur de la Faculté de Caen, rue Comteffe d'Artois, vis-à-vis la rue Mauconfeil.

Médecin du Régiment des Gardes Françoifes.

M. Le Ragois, rue Sainte Croix de la Bretonnerie, au coin de celle du Puits.

Médecin du Garde-Meuble de la Couronne.

M. Carere, rue Dauphine, ancien hôtel de Genlis.

CHIRURGIENS DU ROI.

1747 M. Pichault de la Martiniere, Confeiller d'État, *Pre‑mier Chirurgien*, en Cour.

1760 M. Andouillé, Confeiller d'État, Premier Chirurgien *en furvivance*, en Cour.

1752 M. Boifcaillaud, *premier Chirurgien ordinaire*, en Cour.

1768 M. Lamarque, ancien Chirurgien des Camps & Armées du Roi, *en furvivance*, en Cour.

Chirurgiens par Quartier, Meffieurs,

Janvier, { Chaupin, en Cour.
Bouclier, en Cour, ou rue des Grands-Auguftins.
Léonard, *en furvivance*, en Cour.

Avril, { Lamarque, en Cour.
Colon, rue de Montmorency, près la rue du Temple.

Juillet. { Nollin, en Cour.
Ters, hôtel de Duras, fauxbourg Saint Honoré.
Dureige, *en furvivanee*, en Cour, & rue Saint Marc, près la rue de Richelieu.

K k iij

Octobre , { Daran , Ecuyer, rue Montmartre , vis-à-vis celle du Croiſſant.
Dailliez , rue des Boucheries , Fauxbourg Saint Germain , *en ſurvivance.*
Teſtart , rue de Varenne.

Chirurgiens des Grande & Petite Ecuries , Meſſieurs ,

Garte , rue de Bourbon , près les Théatins.
Coſſon , rue des Juifs , derriere le petit Saint Antoine.
Dupont , rue Sainte Anne , butte Saint Roch.
Traverſe , rue Saint Jacques , près le Collége du Pleſſis.
Lamy , *Vétéran ,* à l'hôtel d'Armagnac.

Chirurgien du Haras.

M. de Lage de Salvert , rue du petit Lion , Fauxbourg St Germ

Chirurgien de la Vennerie.

M. Sarbourg , en Cour.

Chirurgiens Renoueurs ordinaires. Meſſieurs ,

Vafor , rue de la grande Truanderie.
Dupont , à Verſailles.
Couſin , rue neuve Saint Euſtache.

Chirurgiens Oculiſtes ordinaires.

M. Grandjean , L. rue Galande , près la place Maubert.
M. Grandjean , J. même demeure.

Chirurgien Dentiſte DU ROI , *de* LA REINE , *de* MONSIEUR , *de* MADAME , *& de Monſeigneur le Comte* D'ARTOIS.

M. Bourdet , rue Croix des Petits-Champs près la place des Victoires.

Chirurgiens de LA REINE. *Meſſieurs ,*

Chavignat , *Premier Chirurgien ,* en Cour.
Leger pere , *Chirurgien ordinaire ,* en Cour.
Leger , fils , *en ſurvivance & Chirurgien du Commun.*
Silvy , *Chirurgien ordinaire des Ecuries ,* rue Saint Benoît , Fauxbourg Saint Germain.
De Morlane , *Chirurgien des Ecuries ,* à Paris , rue de Bourgogne , près le Palais Bourbon.

Chirurgien DES ENFANS DE FRANCE.

M. Louſtonau , à Verſailles.
M. Louſtonau fils , *en ſurvivance.*

Chirurgiens de MONSIEUR. *Meſſieurs ,*

Louſtonau fils , *Premier Chirurgien ,* en Cour.
Gauthier , Chevalier de l'Ordre du Roi , *Chirurgien ordinaire ,* en Cour.

Chirurgiens fervans par quartier, Meſſieurs,

Janvier. Marchais, rue de l'Arbre ſec près la rue Baillette.
Avril. Coffinié, rue Montmartre près la rue du Jour.
Juillet. Beauregard, en Cour.
Octobre. Marmouget de la Coſte, rue neuve de Luxembourg.
Delage de Salvaire, *ſurvivancier*, rue du Petit-Lion, faux-bourg Saint Germain.
M. Millot, *Chirurgien de l'Ecurie*, rue de Richelieu, vis-à-vis l'hôtel Royal.
M. Dumont de Valdagou, *Renoueur & Herniaire*, rue du Four, Fauxbourg Saint Germain.
M. Boullart, *Chirurgien Major des deux Compagnies des Gardes du Corps*, en Cour.
M. Greuzard, *Honoraire*, Baſſe-Cour du Louvre.
M. Thion, *Chirurgien odinaire des Suiſſes de la Garde*, rue Pavée Saint Sauveur.
M. Giraud, *Chirurgien des Haras de l'Apanage*, rue de Seine, vis-à-vis la rue du Colombier.

Chirurgiens de MADAME, *de feu Monſeigneur le Dauphin & de feu Madame la Dauphine, Meſſieurs,*

Levin, *Premier Chirurgien*, en Cour.
Duval, *Chirurgien ordinaire*, en Cour.
Levret, *Chirurgien-Accoucheur de feu Madame la Dauphine*, rue des Foſſés Montmartre.
Leger pere, *Chirurgien ordinaire des Ecuries*, en Cour.

Chirurgiens de Monſeigneur LE COMTE D'ARTOIS, *Meſſieurs;*

Louſtonau, fils, *Premier Chirurgien*, en Cour.
Jobart, *Chirurgien ordinaire*, en Cour.

Chirurgiens par quartier, Meſſieurs,

Clairac, rue Saint Nicaiſe, près le magaſin de l'Opéra.
Gauthier de Clambry, rue de Grenelle Saint Honoré.
Cuquel, rue de Cléry, vis-à-vis celle du Gros Chenet.
Girard, rue des Noyers, près Saint Yves.
Quique, *Chirurgien de l'Ecurie*, rue de là Calandre.
De Guet, *Chirurgien Major des Gardes du Corps*, rue de Fourcy.
Rapau, *Chirurgien ordinaire des Suiſſes de la Garde*, rue de la Comédie Françoiſe.
Adema, *Chirurgien des Ecuries*, rue de Seine Saint Germain.
Mediamole, *Renoueur*, en Cour.

Chirurgiens de Madame LA COMTESSE D'ARTOIS, *Meſſieurs,*

Majault, *Premier Chirurgien*, en Cour.
Guillermont, *Chirurgien ordinaire*, à Choiſy-le-Roi.
Levret, *Chirurgien Accoucheur*, rue des Foſſés Montmartre.

Boyer, *Chirurgien de l'Ecurie*, rue St Dominique, hôtel de Conti.
Dauvers, *Chirurgien Dentiste*, rue de l'Arbrefec.

Chirurgien de MADAME ADÉLAÏDE.

M. Louftonau fils, à Verfailles.

Chirurgiens de Mefdames VICTOIRE & SOPHIE.

M. Laffus, en Cour, ou rue Saint Dominique, Saint Germain.
M. Dauvers, *Chirurgien Dentiste*, rue de l'Arbrefec.

Chirurgiens DE M. LE DUC D'ORLÉANS, *Meſſieurs*,
Marfolan, *Premier Chirurgien*, au Palais Royal.
Piquet, rue des Foffés Saint Germain
  l'Auxerrois.
Sorbier, rue de Condé.   } *Chirurgiens ordinaires.*
Coquart, rue de Tournon.
Saint-Martin, au Palais Royal.
Bourdet, J. *Chirurgien Dentiste*, rue Saint Honoré.

*Chirurgiens Majors des quatre Compagnies des Gardes du Corps du
  Roi , Meſſieurs ,*
Bouquot, *à Troyes ,*   } Compagnie
Bouquot fils, Docteur de Montpellier *en furv.* } de Beauveau.
Faguer, *à Châlons ,* Compagnie de Villeroi, ou hôtel de
  Villeroi, rue de Bourbon.
Vignes, *à Amiens ,* Compagnie de Luxembourg.
Laborie , *à Beauvais ,* Compagnie de Noailles.

Chirurgiens Majors de la Compagnie des Cent-Suiffes , Meſſieurs,
Dibon , rue du Four Saint Honoré, près Saint Euftache.
Dibon fon neveu , *en furvivance ,* même maifon.

*Chirurgien Major des Chevaux-Legers de la Garde ordinaire
  du Roi.*
M. Gauthier, Chevalier de l'Ordre du Roi, à Verfailles, à l'hôtel.

Chirurgien Major des Gendarmes de la Garde ordinaire du Roi.
M. Colon, Ier , rue du Mail.

Chirurgiens Majors des Gardes Françoifes.
Mrs { Dufouart, L. rue de l'Univerfité , près la rue des Sts Peres.
     { Dufouart, J. rue de Varennes, hôtel de Biron.

Chirurgiens Majors des Gardes Suiffes.
M. . . . . . , IV. *Bataillon ,* à Courbevoie.
M. Koëniq , I. *Bataillon ,* à Paris , rue . . . .
M. Paffinges , III. *Bataillon ,* à Courbevoie.
M. Blum , II. *Bataillon ,* à Ruel.

Chirurgien Major de la Compagnie générale des Gardes Suiffes.
M. Jarry , rue des Prouvaires , vis-à-vis la rue des deux Ecus.

Chirurgiens Majors de la Gendarmerie.

M. Sorbier, rue de Condé, vis-à-vis la rue du petit Lion.

M. Saucérotte, à Lunéville.

Chirurgien Major de la Cavalerie Françoife & Etrangère.

M. Rabuffier Dulattié, hôtel de Bouillon, quai des Théatins.

Chirurgien du Roi pour la vifite des Déferteurs & Soldats détenus dans les Prifons de Paris pour difcipline Militaire.

M. Louis, rue des Cordeliers, aux Ecoles de Chirurgie.

Chirurgien Major des Hôtels de la Guerre, de la Marine, & des Affaires Etrangeres.

M. Gauthier, Ch⁅ʳ⁆ de l'Ordre du Roi, rue Satory, à Verfailles.

Chirurgien des Bâtimens du Roi.

M. Greuzard, baffe cour du Louvre.

Chirurgien du Palais des Tuileries.

M. Cagnard, rue Montmartre, vis-à-vis la rue Joquelet.

Chirurgien Major de l'Infirmerie Royale & de la Charité à Verfailles.

M. Marigues, en Cour.

M. Duclos, Chirurgien du Garde-Meuble de la Couronne, rue de Richelieu.

MÉDECINS ET CHIRURGIENS,

tant Infpecteurs des Hôpitaux militaires, que Confultans des Camps & Armées du Roi.

Infpecteur Général.

M. Richard, Chevalier de l'Ordre du Roi, l'un de fes Médecins confultans, premier Médecin retenu des Camps & Armées du Roi, rue St Honoré, vis-à-vis St Roch.

Infpecteurs Particuliers.

M. Imbert, Chancelier de l'Univerfité de Médecine & Intendant du Jardin Royal de Montpellier, rue de Grammont.

M. de la Chapelle, Ecuyer, ancien premier Médecin des Armées de Corfe, à Châtillon en Bugey.

M. Renaudin, ancien Médecin en fecond des Armées du Roi en Allemagne & Infpecteur des Hôpitaux militaires, des Médecins, Chirurgiens, Apothicaires & Sages=Femmes de la Province d'Alface, à Strafbourg.

Médecins Confultans.

M. Brugnier, ancien premier Médecin de l'Hopital militaire

de Metz & des Camps & Armées du Roi en Allemagne, à Verſailles.

M. Rambaud, Médecin de l'Hôpital militaire de Sedan, à Sedan.

M. Bonafos, Médecin de l'Hôpital militaire de Perpignan & Profeſſeur de la Faculté de Médecine de la même ville, à Perpignan.

M. Daignau, Médecin de l'Hôpital de Bergues, & ancien Médecin ordinaire des Armées du Roi à Minorque, à Bergues.

Chirurgien Inſpecteur.

M. Louis, Secrétaire perpétuel de l'Académie Royale de Chirurgie & ancien Conſultant des Armées du Roi en Allemagne, aux Ecoles de Chirurgie à Paris.

Chirurgiens Conſultans.

M. Déſoteux, Chirurgien major du Régiment du Roi, à ſon Régiment.

M. Ravaton ancien premier Chirurgien des Armées du Roi en Bretagne & Chirurgien Major de l'Hôpital militaire de Landau, à Landau.

M. Bourienne, Chirurgien Major des Armées du Roi en Corſe & ancien Aide-Major des Armées, à Baſtia.

M. Majault, Chirurgien Major de l'Hôpital militaire de Douay, à Douay.

Apothicaire Major.

M. Bayen, ancien Apothicaire Major de l'Armée du Roi en Allemagne, rue des Boucheries, fauxbourg Saint Germain.

Inſpecteur & Directeur général de la Médecine des Ports & des Colonies.

M. Poiſſonnier, Conſeiller d'État, ci-devant Médecin en Chef de l'Armée, rue des Deux Portes Saint Sauveur.

M. Poiſſonnier des Perrieres, Adjoint, rue de la Verrerie.

M. Hevin, Inſpecteur de la Chirurgie des Colonies, en Cour.

COMMISSION ROYALE DE MÉDECINE,

Pour l'examen des Remedes particuliers, & Surintendance des Eaux Minérales.

Membres de la Commiſſion Royale de Médecine, ſuivant l'ordre dans lequel ils ſont dénommés par la Déclaration du Roi du 25 Avril 1772, regiſtrée en Parlement le 28 Août ſuivant.

M. Lieutaud, Conſeiller d'État, premier Médecin du Roi, Préſident, en Cour.

M. de Laſſone, Conſeiller d'État, Premier Médecin du Roi, en *furvivance*, de la Reine, & de Madame Adélaïde, en Cour.

M. de la Martiniere, Conseiller d'État, Premier Chirurgien du Roi, en Cour.

M. Andouillé, Conseiller d'État, Premier Chirurgien du Roi *en furvivance*, en Cour.

M. le Monnier, Médecin de la Faculté de Paris, & Médecin ordinaire du Roi, en Cour.

M. Boifcaillaud, premier Chirurgien ordinaire du Roi, en Cour.

M. de Laffaigne, Médecin du Roi fervant par quartier, rue des Marais, près la rue de Seine.

M. Raulin, Médecin du Roi fervant par quartier, rue de Bourbon Ville-neuve, près la rue des Filles-Dieu.

M. le Doyen de la Faculté de Médecine de Paris, *Préfident* de la Commiffion en l'abfence de M. le Premier Médecin du Roi.

M. De Lépine, Docteur-Régent de la Faculté de Médecine, rue de Cléry.

M. Belletefte, Docteur-Régent de la Faculté, au Collége de Louis le Grand, rue Saint Jacques.

M. Gourfaud, Lieutenant de M. le Premier Chirurgien du Roi, aux Petites Maifons.

M. Leger, Prevôt du College de Chirurgie, rue St Jacques, près la rue des Noyers.

M. Bordenave, Directeur de l'Académie Royale de Chirurgie, rue de Touraine.

M. Du Fouart, Vice-Directeur de l'Académie Royale de Chirurgie, rue de l'Univerfité, près celle des Saints Peres.

M. Louis, Secrétaire perpétuel de l'Académie Royale de Chirurgie, rue des Cordeliers, aux Écoles de Chirurgie.

M. Sabatier, Commiffaire pour les Correfpondances de l'Académie Royale de Chirurgie, à l'Hôtel Royal des Invalides.

M. Habert, Apoticaire du Corps du Roi, en Cour.

M. Jamart, Apoticaire du Corps du Roi, en Cour.

M. Trevez, rue Neuve des Petits-Champs.

Greffier de la Commiffion.

M. Nogaret, rue de Grammont.

Les Affemblées ordinaires fe tiennent au vieux Louvre, appartement de l'Infante, le premier Lundi du mois, à quatre heures de relevée.

MAISTRES EN L'ART ET SCIENCE DE CHIRURGIE

de la Ville de Paris.

M Effire Germain PICHAULT DE LA MARTINIERE, Confeiller d'État, Premier Chirurgien du Roi, Chevalier de Saint Michel, *Chef & Garde des Chartres, Statuts & Privi-*

léges de la Chirurgie du Royaume, en Cour; à Paris, aux Tuileries.

Meffire ANDOUILLÉ, Confeiller d'État, Premier Chirurgien du Roi en furvivance ; Affocié libre de l'Académie Royale des Sciences, en Cour; à Paris, rue Traverfiere, butte Saint Roch.

M. GOURSAUD, *Lieutenant* de M. le Premier Chirurgien du Roi, & *Prévôt perpétuel*, aux Petites-Maifons.

Prevôts en Charge, Meffieurs,

Leger, rue Saint Jacques, près la rue des Noyers.
Arrachard, rue des Foffés Saint Germain-des-Prés.
Didier, rue Neuve Saint Euftache.
Dubertrand, Ier, rue & vis-à-vis le Temple.
Delaporte, *Receveur en Charge*, rue des Petits Champs, vis-à vis la rue du Bouloi.

Profeffeurs & Démonftrateurs Royaux en Chirurgie, Meffieurs,
Le matin. De relevée.

Phyfiologie.
Louis, rue des Cordeliers, aux Bordenave, rue de Touraine, Écoles de Chirurgie. près les Cordeliers.

Pathologie.
Fabre, rue des Noyers, vis-à-vis la rue des Carmes. Tenon, rue du Jardinet, près le nouveau college de Chirurgie.

Thérapeutique.
Hevin, en Cour. { Brafdor, rue du Hafard-Richelieu.

Anatomie.
Sabatier, aux Invalides. { J. Jofeph. Suë, rue des Foffés Saint Germain l'Auxerrois.

Opérations.
De la Faye, rue Saint Roch, près la rue d'Argenteuil. Gourfaud, aux Petites Maifons.
Ferrand, *en furvivance*, rue Mazarine ou à l'Hôtel Dieu.

Démonftrateurs, Meffieurs.
Accouchemens { Barbaut, rue Regratiere, *pour les Etudians & les Sages-femmes.*
Le Bas, *en furvivance* de M. Barbaut, rue Chriftine.
Deleurye, 2e, quai d'Orléans.

Maladies des yeux, Becquet, rue de la grande Truanderie, près celle Comteffe d'Artois.

1734.
Laffite, rue Serpente.
Deffoumaignes, rue de la Joaillerie.

1735.
Marcel, rue des Foffés Saint Bernard.
Neble, rue des Enfans-Rouges.
Didier, Ier, rue & porte Montmartre.

1736.
Dupouy, *Dentifle*, *abfent*.
Bajet, rue Michel-Comte, du côté de la rue du Temple.
Taftet, rue Saint Dominique, près la rue Taranne, Fauxbourg Saint Germain.

1737.
Caignard, rue Montmartre, près Saint Jofeph.
Bourru, rue Saint Victor, vis-à-vis la rue du Paon.
Hevin, Ier Chirurgien de Madame, en Cour.
Planés ; *abfent*.

1738.
Botentuit-Langlois, rue Montmartre, vis-à-vis la rue du Jour.
Dubertrand, Ier, rue & vis-à-vis le Temple.
Delamalle, rue du Dauphin, vis-à-vis Saint Roch.
Garrigues, rue Saint Germain, près le Fort-l'Evêque.
Buiffon, Pont Saint Michel.

1739.
Daunis, rue des Tournelles.
Sorbet, Ecuyer, rue de l'Univerfité, Fauxbourg Saint Germain, vis-à-vis l'Hôtel d'Aligre.
J. Arrachart, rue & île Saint Louis.

Refclauze, rue des Lavandieres, près celle des deux Boules.

Bourbelain, rue Bailleul.

Lefpinard, *abfent*.

1740.

Debuffac, place du quai de l'Ecole.

Bofcher, rue Saint-Antoine, près la Vifitation.

Ribadeau Duclos, rue de Richelieu, près la rue des Filles Saint Thomas.

Marlot, rue de l'Univerfité, près la rue de Beaune.

Rouffeau, *abfent*.

1741.

Perron, rue du Four, près Saint Euftache.

La Cathon de la Foreft, Ier, rue d'Anjou, près la rue Dauphine.

Debaig, rue Poiffonniere, vis-à-vis la rue Beauregard.

Sauré, *abfent*.

1742.

Levret, rue des Foffés Montmartre, près la rue Montmartre.

Caixonnet Dumouret, rue de Grenelle Saint Germain, près la Fontaine.

Allouel, Ier, *abfent*.

Bouquot, *à Troyes*.

1743.

Baudot, au Palais de Bourbon.

Dieuzayde, rue Poiffonniere, N^{o}. V.

Delaporte, rue des Petits-Champs, vis-à-vis la rue du Bouloi.

1749.

Veyret, rue de la Sourdiere, près le cul-de-fac S. Hyacinthe.

Potron, rue de la Licorne.

Dufouart, Ier, rue de l'Univerfité, près la rue des Saints Peres.

Louis, rue des Cordeliers, aux Écoles de Chirurgie.

Recolin, rue des Bons-Enfans, près celle Baillif.

De Villeneuve, rue de Bievre.

Pean, premier Chirurgien du Roi de Naples.

Pujol, aux Quinze-Vingts.

Daran, Ecuyer, rue Montmartre, près celle du Croiffant.

De Marlat, en Cour.

Claufau, rue Saint Honoré, hôtel de Noailles.

1750.

Bordenave, rue de Touraine, près les Cordeliers.

Duval, en Cour.

Pipelet, Ier, quai & près les Théatins, hôtel de Saint Severin.

Berdolin, rue Plâtriere.

Difdier, rue des Poftes, place de l'Eftrapade.

De la Roche, rue & près la Croix des petits Champs.

1751.

Amy, aux Incurables.

Vermond, rue Beaurepaire.

Suë, rue des Foffés Saint Germain, près la rue de l'Arbrefec.

Pelletan, Ier, rue & vis-à-vis St Jacques de la Boucherie.

Fabre, rue des Noyers, vis-à-vis la rue des Carmes.

Sereis, rue des Rofiers, vis-à-vis la rue des Ecouffes.

1752.

Gabon, rue Mauconfeil.

Sabatier, aux Invalides.

Sorbier, rue de Condé, vis-à-vis la rue du petit Lion.

Fry, rue du Bacq, vis-à-vis les Moufquetaires.

Cadet, rue du Mail, vis-à-vis à l'hôtel des Chiens.

Thevenot, rue Mauconfeil, vis-à-vis la rue Verderet.

Bufnel, rue de Cléry.

Tournay, rue Guénégaud, près la rue Mazarine.

Berard, rue du Puits.

Dupuid, au coin du quai des Orfévres, près le Pont-neuf.

Brafdor, rue du Hafard.

1753.

Souque, rue de la vieille Monnoie.

Ruffel, abfent.

L. P. Ledoux, rue Grenier Saint Lazare.

Brailliet, au milieu de la rue de Bievre, place Maubert.

Louftonau, en Cour.

Lefne, rue du petit Bourbon, près Saint Sulpice.

Lagrave, 2ᵉ, rue l'Evêque, Butte Saint Roch.

1754.

Dumont, 2ᵉ, rue Saint Martin, près la rue de Venife.

Depenne, rue des Gravilliers.

Dfmon, rue des Mathurins, vis-à-vis la rue des Maçons.

1755.

Herardin, rue de la Harpe, porte Saint Michel.

Chaupin, rue de Seine, vis-à-vis l'Hôtel de la Rochefoucaud.

Sourgarel, rue du Four, vis-à-vis la rue de l'Egoût.

1756.

Le Bas, rue de Vaugirard, du côté de la rue des Foffés de M. le Prince.

Sallay, rue des Deux Boules.

1757.

Tenon, rue du Jardinet, près le nouveau college de Chirurgie.

Cofte, 2ᵉ, à l'entrée du Fauxbourg Saint Honoré, près la rue de la Madeleine.

Pipelet, 2ᵉ, Herniaire, rue Mazarine, près la rue Guénégaud.

1758.

Bertholet, rue Thibotodé.

Camus, rue des Deux-Portes, île Saint Louis.

Garre, rue de Bourbon, près les Théatins.

La Tafte, rue de Grenelle, près celle des Rofiers.

Deleurye, 2ᵉ, quai d'Orléans, près la rue Saint Louis.

1759.

Coffon, rue des Juifs, près le petit Saint Antoine.

Mertrud, rue & près la Couture Sainte Catherine.

1760.

Beaupreau, Dentifte, rue des Foffés Saint Germain, près la rue Saint André.

Piet, rue des Deux-Portes Sᵗ Sauveur, près celle du Petit-Lion.

Gilles, rue du Foin Saint Jacques.

De Cheverry, rue de Poitou, au Marais.

Levacher, à Parme.

1761.

Bonnaud, grande rue du Fauxbourg Saint Antoine, au coin de la rue Sᵗ Nicolas.

Picquet, rue des Foffés Saint Germain-l'Auxerrois, près la Pofte aux Chevaux.

Debalz, rue des Lavandieres Sainte Opportune.

Leger, Ier, rue Saint Jacques, près la rue des Noyers.

1762.

Sautereau, hôtel de Soubife.

Maïault, en Cour, & rue Traverfiere, butte Saint Roch.

Dupont, rue Sainte Anne Butte Saint Roch.

De Bauve, rue Coquilliere.

Cervenon, rue des vieilles Audriettes.

1763.

Valentin, rue Traverfiere, près la rue Clos-Georgeot.

Rojare, rue Montmartre, près la rue du Jour.

Allouel, 2e, à Senlis.

Ferrand, rue Mazarine, près la rue Guénégaud & à l'Hôtel-Dieu.

Cofte, 3e, rue Mauconfeil, près la Comédie Italienne.

Dufouart, 2e, rue de l'Université, près la rue des Saints Peres.

Suë, 2e, rue de Jouy, hôtel de Fourcy.

Deftremeau, rue neuve Saint Euftache.

Capdeville, rue de Richelieu, près la rue neuve des petits Champs.

Fromont, cloître Saint Jean en Grève.

1764.

De Saint-Julien, rue Saint Louis, près le Palais.

Arrachart, 2e, Oculifte, rue des Foffés Saint Germain des Prés.

Defnoues, rue de Seine, Faux-

bourg Saint Germain, vis-à-vis l'Égoût.

Guyenot, rue Serpente.

Burgaliere, rue Saint Louis a Marais.

David, à Rouen.

1765.

Laffus, en Cour ou rue Sair Dominique.

Lamblot, abfent.

Bafeilhac, rue Saint Honoré près la rue du Dauphin.

Lemonnier, à Bourges.

Didier, 2e, rue neuve Sair Euftache.

Tallandier Delabuffiere, îl Saint Louis.

Robin, rue Saint André, vis à-vis la rue Mâcon.

Courtin, rue Saint Victor.

1766.

Dubertrand, 2e, rue & vis-à-vis le Temple.

Moreau, 2e, abfent.

Fargeix, rue Montorgueil près celle Beaurepaire.

Coutouly, rue Sallé-au-Comt

Papillion, rue Quincampoix près l'Hôtel de Beaufort.

De Villiers, rue & Montagr Sainte Genevieve, au Co lege de l'Avé Maria.

Cabany, rue de la granc Truanderie, place du Pui d'Amour.

Gafcq, rue Quincampoix près la rue aux Ours.

1767.

Brun, à la Pitié.

Babel, rue Saint Martin, vi à-vis la rue de Montmorenc

1768.

Peyrilhe, rue Saint Benoît près la rue des deux Ange:

Leger

Leger, 2ᵉ, en Cour.

1769.
Faguer, à *Châlons-fur-Marne*, & à l'Hôtel Villeroi.

1770.
Colon, Iᵉʳ, rue du Mail, près la rue Notre Dame des Victoires.

Allan, rue Montmartre, vis-à-vis la rue des Vieux Auguftins.

Gouillart, Fauxbourg St Antoine, près la rue de Reuilly.

Streck, rue des Petits-Champs, près la rue Sainte-Anne.

Chopart, rue Saint Martin, entre celles des Méneftriers & des Vieilles Etuves.

Cofme d'Angerville, rue des Poulies.

Colon, 2ᵉ, rue de Montmorency.

1771.
Ruffin, rue de Louis le Grand, près la place Vendôme.

Tiany, rue de Verneuil, près la rue du Bacq.

oufleaume, rue Saint Louis, près la rue Saint Honoré.

Millot, rue de Richelieu, près la rue nᵉ des petits-Champs.

1772.
Dufour, rue du Monceau Sᵗ Gervais.

otentuit - Langlois, 2ᵉ, rue Montmartre, vis-à-vis la rue du Jour.

Defchamps, rue de Seve, près la Croix rouge.

1773.
Jaron, Fauxbourg Saint Jacques, vis-à-vis la rue Saint Dominique.

a Cathon de la Forêt, 2ᵉ, rue d'Anjou - Dauphine.

1778.

1774.
Lauverjat, rue Beaubourg, cul-de-fac des Anglois.

Delaizé, rue du Bacq, près la rue de Séve.

Favier, rue Sᵗ Roch, près la rue des petits Champs.

Noël, rue Saint Martin, près la rue Oignard.

1775.
Boufquet, rue Montmartre, près la rue du Jour.

Baget, 2ᵉ, rue Michel-le-Comte.

Didier de Lontoy, 3ᵉ, rue Saint Denis près celle du Ponceau.

Dubois Foucou, *Dentifte*, rue Sᵗᵉ Marguerite, près l'Abbaye.

Moulard Martin, rue Montmartre, près celle du Mail.

Becquet, rue de la Grande Truanderie, près celle Comtefle d'Artois.

Pelletan, 2ᵉ, rue Sᵗ Honoré, vis-à-vis l'Oratoire.

Naury, vieille rue du Temple près celle des Rofiers.

Deformeaux, rue des Mathurins.

1776.
De Sault, rue des Lavandieres, près celle des Noyers.

Robert, rue des Jeûneurs.

Mazure, rue Aubry-Boucher, près celle Saint Martin.

Maret, aux Petites-Maifons.

Baudelocque, rue de la Harpe près celle Percée.

Traifnel, *Herniáire*, rue Saint Germain, près l'Arche Marion.

L

Oculiftes reçus à Saint Côme, Meffieurs,

Babelin, rue Tiçtonne, chez M. Bergier, Chapelier.
Beffon, rue des vieux Auguftins, près la place des Viçtoires.
Grandjean, L. Chirurgien Oculifte ordinaire du Roi, rue Ga-
lande, près la place Maubert. ..
Grandjean, J. *en furvivance*, même demeure.
Le Baron de Wenzel, rue Charlot, au Marais.
Janin, à Lyon, rue Saint Dominique.

MAITRES EN PHARMACIE DE PARIS.

Déclaration du Roi du 25 Avril 1777.

PRÉVÔTS HONORAIRES PERPÉTUELS,
Meffieurs.

HABERT,   Jamart,   Martin,   Forgeot, en Cour.

PRÉVÔTS GÉRENS, Meffieurs,

Trevez, rue neuve des Petits-   Simonnet, Chauffée d'Antin.
  Champs.   Becqueret, rue de Condé.
Brun, rue de Richelieu.

DÉPUTÉS DU COLLEGE, Meffieurs,

Chenimard, rue Saint Domi-   Bataille, rue & Montagne
  nique, fauxbourg Saint Ger-   Sainte Genevieve.
  main.   Laborie, rue S. Antoine.
Defprez, rue Sainte Avoye.   Taffart, vieille rue du Temple
Gillet, rue Saint Bon.   Rouelle, rue Jacob.
Richard, rue de la Juiverie.   De la Cour, rue de la Barillerie
Vaffou, à l'Hôtel-Dieu.   Charlar, rue Baffe, porte Sain:
Demoret, rue Saint Martin.   Denis.
Th. N. Pia, rue des Grands   Bayeu, rue des Boucheries
  Auguftins, Hôtel Saint Cyr.   fauxbourg Saint Germain.

Clément, rue du Four Saint   Morel, à la Croix rouge.
  Germain.   Ceffac, à l'Inftitution de l'O
Poullain, Echelle du Temple.   ratoire, barriere Saint Mi
Hennique, rue du petit Bour-   chel.
  bon, fauxbourg Saint Ger-   Lebel, rue Saint Antoine.
  main.   Terrier, rue Phelipeaux.

juindre, à Verſailles.

.. R. Bailly, rue Sainte Croix de la Bretonnerie.

Jruley, rue de Sorbonne.

Ch. F. Bailly, rue Sainte Croix de la Bretonnerie.

De la Riviere, rue de Richelieu.

Mayol, rue de la Juiverie.

'icard, rue Saint Honoré.

juliot, rue Sainte Marguerite, Fauxbourg Saint Germain.

Deſchauvin, rue St Honoré.

Bert, rue de Beaune.

Lapierre, rue Saint Antoine.

Marcé, fauxbourg Saint Martin.

Cozette, rue & porte Saint Jacques.

Hériſſant, rue neuve Notre-Dame.

Charas (Adrien-Henri), rue des Boucheries, Fauxbourg Saint Germain.

Roulx, cloître Saint Opportune.

Gorſſe, à Lyon.

Baumé, rue Coquilliere.

Azema, rue . . . .

Delome, rue Beaubourg.

Borie, au Palais Bourbon.

Gillan, rue Saint Louis, près le Palais.

Panterre, rue Saint Martin.

Le Pin, rue des Lombards.

Fr. Am. Lapierre, rue Montmartre.

Lebel, rue du petit Lion, fauxbourg Saint Germain.

Brocot, rue Montmartre.

Hubert, rue Sainte Marguerite, fauxbourg Saint Germain.

Taxil, rue Montmartre.

Grongniard, rue de la Harpe.

Cadet, rue Saint Honoré.

Clerambourg, rue Saint Honoré.

Gaultier, à l'Orient.

Guyart, fauxbourg Saint Honoré.

Coſtel, rue de la Vrilliere.

Aupreſtre, rue de Seine, fauxbourg Saint Germain.

Mitouard, rue de Beaune.

Machy, rue du Bacq, fauxbourg Saint Germain.

Dufour, marché aux Poirées.

Marin, rue Saint André-des-Arts.

Seguin, rue Saint Honoré.

Vercureur, rue neuve Sainte Catherine.

Chelé, rue du Four, Fauxbourg Saint Germain.

De la Caſſeigne, rue du Bacq, fauxbourg Saint Germain.

Le Maire, à Fontainebleau.

Léjean, rue d'Anjou au Marais.

Solomé, rue Saint Paul.

Liege, rue Saint Honoré.

Carere, à Vérſailles.

Prat, à Verſailles.

Du Cor, à Saint Germain.

Valmont de Bomare, rue de la Verrerie.

Vaſſal, rue de Gêvres.

Lainé, place Maubert.

Goupil, rue Sainte Anne.

Cadet, rue Saint Antoine.

J. B. Pia, Cimetiere Saint Jean.

Folope, Fauxbourg Saint Honoré.

Lauron, rue neuve des petits Champs.

Le Houx de Clermont, rue Saint Honoré.

Merceron, rue des Prouvaires.

Détis, rue Comteſſe d'Artois.

Buiſſon, au Marché neuf.

Bailleau, rue Saint Severin.

Challe , rue du Bacq , Faux-
bourg Saint Germain.
Fourcy , rue aux Ours.
Deyeux , rue du Four , faux-
bourg Saint Germain.
François , rue de la Harpe.
Crohaté , au coin de la rue des
Cordeliers.
Riſſouan, aux Petits Carreaux.
Junot , rue Saint Jacques de
la Boucherie.
Parmantier , aux Invalides.
Pluvinet , rue des Lombards.
Lefguillier , rue des Lombards.
Levaſſeur , marché Saint Mar-
tin.
Le Bel , rue Saint Antoine.
Rouelle , jeune , *abſent.*
Cheradame , rue Saint Denis.
Pourrat , rue Beauregard.

Bacoffe , rue & vis-à-vis le
Temple.
Pierron , rue du Cherche Midi.
Morie , à Verſailles.
Clay , rue Saint Antoine.
Pequet , fauxbourg Saint Jac-
ques.
Roblaſte , rue Saint Honoré.
Defchamps , rue des Lom-
bards.
Le Cour , rue Saint Martin.
Galien , rue Saint André des
Arts.
Chiquet , rue neuve Saint
Roch.
Quatremére , Cimetiere Saint
Jean.
Forcroy.
Le Lievre , rue de Seine ,
fauxbourg Saint Germain.

MESSAGERIES ROYALES , *Diligences & Coches d'eau.*

Meſſieurs. — **Départemens.**

Doyen de Mondeville , rue St Denis au grand Cerf.
{ Straſbourg & l'Alſace , Nancy & la Lorraine , Bar & Duché de Bar , Métz , Pays Meſſin & trois Evêchés, Sainte Menehould , Joinville , Saint Dizier , Vitry , Châlons , Epernay, Dormans & cette partie de la Cham-pagne , Meaux , la Ferté - ſous-Jouarre & Château-Thierry.

De Nanteuil , à l'entrée de la rue d'Enfer , Place Saint Michel.
{ Limoges , tout le Limouſin & route , le Quercy , le haut Languedoc & route , Perpignan & toutes les villes du Rouſſillon , le Maine , l'Anjou , Nantes & routes.

De Vouges de Chante-clair pere & fils , quai des Céleſtins.
{ Les Provinces de Lyonnois , Dauphi-né , Provence , bas Languedoc , Bourgogne , Franche-Comté , Au-vergne & Bourbonnois. Les Coches de la Saone , ceux d'Auxerre , Sens, Nogent & Corbeil.

Huet, rue Saint Denis, au grand Cerf.
{ La route de Paris à Caën, Evreux, Lizieux, Orbec, Honfleur, Pont-l'Evêque, Caën, Bayeux, Saint Lo, Ifigny, Coutances, Granville, Cherbourg, Valogne & Carentan, la Picardie, la Flandre & le Haynaut.

Angot, rue Pavée Saint André, vis-à-vis la rue de Savoie.
{ La Normandie, à la réserve de Paris à Caën & le Cotantin, la route de Paris à Rennes & la Province de Bretagne.

De la Combe, rue Contrefcarpe, près la rue Saint André des Arts.
{ L'Orléanois, le Berry, le Pays Chartrain, le Vendômois, la Touraine, le Poitou, l'Aunis, l'Angoumois, la Guyenne, Bayonne & la Gafcogne.

Barbereux, rue du Ponceau.
{ Crefpy & le Valois, le Soiffonnois, le Lanois, la Tiérache, Reims, Rethel, Sedan, Givet & les frontieres du Pays de Liege, Charleville & Mezieres.

Doyen, rue de Bracq.
{ Lagny, Coulommiers, Rofay, Brie, Nangis, Provins, Troyes, Bar-fur-Aube, Chaumont & Langres.

Le Bureau des Voitures de la Cour & de Saint Germain-en-Laye, quai d'Orfay.

MESSAGERIES ROYALES, DILIGENCES,

Coches & Carroffes, avec le jour de leur départ,

ABBEVILLE, & route, logent les Meffageries & Diligences, rue Saint Denis, vis-à-vis les Filles-Dieu : *la Diligence* part le vendredi au foir à 11 heures & demie, va en un jour un quart, paffe par Saint-Denis, Luzarche, Chantilli, Creil, Clermont Breteuil, Amiens, Péquigny & Flixecourt. Place dans la *Diligence* 32 l. 16 f.; au Cabriolet, 21 liv. 10 f.; port des

effets 2 f. Repart d'Abbeville le Dimanche à midi.
Agdes, *Voyez* Lyon.
Agen, *Voyez* Bergerac.
Aigremont, *Voy.* Dijon par la Bourgogne.
Aifay-le-Duc, *Voyez* Dijon par la Champagne.
Aify-fous-Rougemont, *Voyez* Dijon par la Bourgogne.

L l iij

Aix en Provence, *Voyez* Lyon.

Albi, *Voyez* Toulouse.

Alençon , le Mefle-fur-Sarthe , Verneuil , Beaumont-le-Vicomte , les Carrofles & Mefîageries , rue Pavée Saint André , à l'hôtel Saint François , partent le jeudi matin & arrivent le lundi. Pla e, 20 livres ; par livre pefant, 2 fols. On peut encore trouver des places le lundi matin par le Carrofîe de Rennes, & le mercredi à midi par le Charriot.

Allemagne , & toutes les Villes qui en dépendent, *Voyez* Strafbourg.

Alface , & toutes les Villes qui en dépendent , *Voyez* Strafbourg.

Amboife, *Voyez* Tours.

Ambrieres , *Voyez* Laval.

Amiens & route , logent *les Diligences* & Mefîageries rue Saint Denis , vis-à-vis les Filles-Dieu. *Les Diligences* partent les dimanches , mardis & vendredis au foir à 11 heures & demie , vont en un jour , fuit la même route qu'Abbeville. Prix des places dedans 24 liv. 16 f. , au Cabriolet 15 liv. 10 f. port des effets 1 f. 6 d. Repartent d'Amiens les dimanches , lundis & jeudis au foir à 10 heures & demie.

Anceny, *Voyez* Nantes.

Andelot , *Voyez* Langres & Chaumont : place , 28 livres 10 fols ; port 3 fols.

Angers, la Fleche, Beaufort, Beaugé , Briffac , Candé , Château-Gontier , Chollet , Châtillon - Mauléon , Cremillé , Craon , Conneré , Duretal , Fouletourte , la Ferté-Bernard , Malicornes , Maulévrier , Nogent-le-Rotrou , Pouancé , Sablé , Segré , Vefin , Vihiez , rue d'Enfer , porte Saint Michel ; le Fourgon part de Paris le mardi à fix heures du matin , & arrive à Angers le lundi au matin , d'où il repart le dimanche matin pour arriver à Paris le famedi matin ; le Carrofîe part de Paris le vendredi à fix heures du matin , arrive à Angers le jeudi au foir , d'où il repart le mercredi matin , pour arriver à Paris le mardi au foir en été ; & le mercredi matin en hiver. On fournit pour ces routes *Chaifes & Berlines.* On a établi nouvellement un Fourgon de Nantes à Angers , qui repart d'Angers pour Nantes fi-tôt après l'arrivée de ce ui de Paris , pour conduire les Voyageurs & les gros bagages. Il s'y trouve auffi des bidets pour les Cavaliers , & des Chaifes. On fait fur les gros envois des compofitions raifonnables & proportionnées à la conféquence & à la répétition des objets.

Angoulême , *Diligence* , rue Contrefcarpe , *Voyez* Bordeaux.

Anfpach , Augfbourg , Afchaffenbourg , *Voyez* Strafbourg.

Antibes , Arles , *Voyez* Lyon.

Arc en Barrois , rue de Bracq , au Marais · place , 28 livres 10 fols ; port 3 fols , *Voyez* le Carrofîe de Langres.

Arcy-fur-Aube , *Voyez* Troyes.

Argentan , Séez & Falaife ; les Carrofles & Mefîageries , rue Pavée Saint André , à l'hôtel Saint François , partent le jeudi matin , & arrivent le lundi. *Voyez* Alençon.

Argentat , *Voyez* Aurillac.

Argenton en Berri , rue d'Enfer Saint Michel , *Voyez* Touloufe. Port 3 fols. On fait fur les gros envois des compofitions raifonnables & proportionnées à la conféquence & à la répétition des objets. Il faut une *Déclaration.*

Arnay-le-Duc , *Voyez* Lyon. A Arnay-le-Duc il y a un Mefîager qui fe charge de ce qui fe trouve deftiné pour Autun.

Arpajon , Montlhéry , Linas & Dourdan , rue & Fauxbourg Saint Jacques , près la rue Saint Dominique , part une Charrette les mardis , jeudis & famedis à 8 heures du matin , repart d'Arpajon les lundis , mercredis & vendredis à 10 heures du matin. Il y a auffi une Chaife , qui depuis le premier Décembre jufqu'au premier Avril , part les lundis , mercredis & vendredis , & repart d'Arpajon les mardis , jeudis & famedis à midi : elle part en été tous les jours à 7 heures du matin , & d'Arpajon à 2 heures après-midi.

Arras, Aire, Béthune, Dunkerque, Saint-Omer , rue Saint Denis , vis-à-vis les Filles-Dieu ; paffe par Senlis , Pont , Gournav , Roye , Omiécourt , Peronne , Bapaume ; *Voyez Diligence* de Valenciennes , *Déclaration.*

Aubuffon , *Voyez* Limoges.

Avefne , *Voyez* Maubeuge.

Augfbourg , *Voyez* Strafbourg.

Auoufte , *Voyez* Strafbourg , Porte Saint-Denis.

Avignon , *Voyez* Lyon.

Aumale (Duché d') , *Voyez* Eu.

Avranches & route , rue des Deux

eus ; la Meſſagerie part les mardis à udi, va en ſept jours.

Auray, Autrain, *Voyez* Rennes.

Aurillac, Argental, Aubuſſon, Boz, Ieinac, Trignal, Uſſel, rue d'Enfer, tès la place Saint Michel. *Voyez* rives.

Auch, *Voyez* Touloufe.

Autun, *Voyez* Arnay-le-Duc.

Auvergne, le Puy, Mende, Saint-Iour, Iſſoire, Brioude, Saint-Pourain, Gannat, Aigueperſe, Riom, lermont, & route, logent les Carroſſes e ces lieux, quai des Céleſtins, au ureau de la Diligence, qui partent de ars à 6 heures préciſes du matin le 'udi en hiver, & le lundi en été; & e Clermont le ſamedi, pour arriver à aris le huitieme jour.

Auxerre par terre, *Voyez* la *Dili*-ence de Lyon.

' Auxerre par eau ; les Coches d'eau 'Auxerre à Paris, Joigny & Moneſteau éunis, partent de Paris les mercredis z ſamedis, à 7 heures du matin en été, z à 8 heures en hiver. Le Carroſſe 'Auxerre à Châlons qui correſpond vec ces Coches, eſt interrompu de la ſouſſaint à Pâques ; leur Bureau eſt uai des Céleſtins, à la Diligence de Lyon.

Auxonne, *Voyez* Dijon par la Bourogne, & Dijon par la Champagne.

Bagnieres de Bigorre, *Voyez* Touufe.

Bains en Lorraine (Eaux minérales ouvellement établies), à quatre lieues e Plombieres. Il y a Poſte trois fois femaine, pendant la ſaiſon des Eaux ; l'on y va par la route de Nancy.

Barbeſieux, *Voyez* Blaye.

Bar-le-Duc & villes du Barrois, *Voyez* traſbourg, Porte Saint Denis.

Barrege, *Voyez* Touloufe.

Bar-ſur-Aube, Clairvaux, *Voy.* Lanres : il part de Bar-ſur-Aube un Carroſſe pour venir à Paris, le mercredi. l'adreſſer au Directeur du lieu.

Bar-ſur-Seine, *Voyez* Dijon par la Champagne.

Barcith par Straſbourg, *Voyez* Straſourg.

Baſſou, *Voyez* Lyon & Dijon par la Bourgogne, & le Coche d'eau d'Auerre.

Bayeux, Iſſigny, Carentan, Vaognes, Montebourg, Bricquebec, Cher-

bourg, & autres lieux du Cotantin, les Carroſſes & Meſſageries, rue Saint Denis, vis-à-vis les Filles-Dieu, partent le Lundi à 5 heures du matin. Port, 2 ſols 6 deniers la livre. Il part de Caen une Berline pour Bayeux & le Cotantin.

Beaucaire, *Voyez* Lyon.

Beaugé, Beaufort, *Voyez* Angers.

Beaulieu, *Voy.z* Loches.

Beaumont - le - Vicomte, *Voyez* le Mans.

Beaumont-ſur-Oiſe, Merloux, Ercuis, Noyentelle, Mouchy, Precy, Preſle, Moſſelle, & route ; Meſſagerie & Carroſſe, rue Montorgueil, à l'Image Saint Chriſtophe, part les mercredis & ſamedis, à 9 heures du matin.

Beaune, *Voyez* Dijon par la Bourgogne, par la Champagne, & par la Diligence de Lyon.

Beauvais, le Bureau rue Saint Denis, vis-à-vis les Filles-Dieu ; *la Diligence* part les lundis & jeudis matin à 6 heures, va en un jour, repart de Beauvais les mercredis & ſamedis à ſix heures du matin. Prix des places 12 l. 16 ſ., au Cabriolet 8 liv., port des hardes 1 ſ.

Befort, *Voyez* Beſançon & Langres.

Bellefme, Regmalard, Mamers, Nogent-le-Rotrou, Chateauneuf, Nogent-le-Roi, rue d'Enfer Saint Michel ; le Fourgon part le mardi à ſix heures du matin. Le Carroſſe d'Angers, qui part le vendredi à ſix heures du matin, prend pour tous les lieux ci-deſſus. *Voyez* Angers.

Belifle en mer, Belifle en terre, Becherel, *Voyez* Rennes.

Bergerac, Villemblar, Grignolle, Sarlat, Lauſun, Agen, Laforce, Mucidant & autres, rue Contreſcarpe, part le chariot de Meſſagerie le vendredi à dix heures du matin, va en dix jours, prix, 6 ſols de la livre. Les cavaliers de Bergerac, pourront prendre à Angoulême la Diligence, s'il y a place, ou continueront à Paris, en bidet ; prix 105 livres portés & nourris.

Berlin par Straſbourg, *Voyez* Straſbourg, Porte-Saint-Denis.

Beſançon par Dijon, quai des Céleſtins, à la Diligence de Lyon; la *Dili*gence part à trois heures du matin le Vendredi, va en quatre jours en été, & quatre jours & demi en hiver ;

elle paſſe par la route de Bourgogne juſqu'à Joigny , & enſuite par Saint Florentin , Tonnerre , Aiſy-ſous-Rougemont , Montbard , Lucenay-le-Duc, Villeneuve , Chanceaux , Saint-Seine , Valſuſon , Dijon , Genlis , Auxonne , Dole , & Beſançon on prend pour Gray , Montbelliard , Beffort , Veſoul , Pontarlier , Neufchâtel , & autres villes de Franche-Comté ; il y a à Beſançon une correſpondance de Carroſſes pour ces différens endroits. *Nota.* Il part auſſi dudit Beſançon une *Diligence* le Dimanche , pour Colmar & autres villes de la haute Alſace , & le même jour une, autre *Diligence* pour Bâle & Huningue. Il faut une *déclaration* par écrit ſignée & datée, pour les effets que l'on envoie , à commencer par la ſortie de Dijon , & eſtimer leſdits effets ſuivant leur juſte valeur.

Beſançon par la Champagne , la *Diligence* part le Mardi à quatre heures du matin , va en été en quatre jours & en quatre jours & demi en hiver.

Il a été auſſi établi un Coche d'eau de Châlons-ſur-Saone à Auxonne, lequel part tous les quatre jours , & communique , tant en allant qu'en venant , avec les Diligences de Lyon.

Biel , Blamont en Lorraine , *Voyez* Straſbourg , Porte Saint-Denis.

Blaye , *Voyez* Bordeaux.

Bleré , *Voyez* Loches.

Blois , *Voyez* Tours.

Il part auſſi pour Blois , tous les Dimanches un Charriot. On trouve Berlines & Chaiſes extraordinaires au Bureau , pour la commodité du Public.

Boiſſy - Saint - Leger , *Voyez* Brie-Comte-Robert.

Bolbec , *Voyez* Rouen.

Bonneſtable & route du Mans. *Voyez* le Mans.

Bonneval , *Voyez* Châteaudun.

Bordeaux , rue Contreſcarpe , quartier Saint André ; *deux Diligences à huit places* , qui vont en cinq jours & demi ; elles deſſervent d'aller & de retour, Angoulême , de chacune deux places ; paſſent par Etampes , Orléans , Blois , Amboiſe , Tours , les Ormes , Châtelleraut , Poitiers , Ruffec , Angoulême , Barbezieux , Saint André & route ; partent de Paris les Dimanches & Jeudis à minuit.

Le Carroſſe à huit places à journées

reglées , rue Contreſcarpe ; part les Mercredis à midi , paſſe par Orléans , Blois , Amboiſe , Tours , les Ormes , Châtelleraut , Poitiers , Luſignan , Saint-Leger de Meſle , Brioude , Aulnay , Saint. Jean-d'Angely , Saintes , Pont , Mirabaut , Blaye & route. Ce Carroſſe revient de même.

Bordeaux , rue Contreſcarpe. L'on trouve , *par extraordinaire* , à ce Bureau , pour les Villes & route de ſon département , des *Diligences* à quatre places , allant & revenant en poſte , pour la commodité des Voyageurs.

Nota. Le Fermier de Bordeaux & route , ſort & rentre toutes *ſes Diligences* avec ſes chevaux , de Paris à Lonjumeau , & de Lonjumeau à Paris.

Boulogne , *Voyez* Calais ; c'eſt le même Carroſſe.

Bourbon-Larchambault, dit *les Bains,* *Voyez* le Carroſſe de Moulins , où l'on trouve des Chaiſes & Berlines pour Bourbon-Larchambault.

Bourbonne-les-Bains , *Voyez* le Carroſſe de Langres. Le lendemain de l'arrivée à Langres , on trouve le Meſſager de Bourbonne , qui repart le dimanche pour venir rejoindre le Carroſſe de Langres.

Bourbonnois , paſſant par Briarre, Neuvy, Bonny, Coſne, la Charité, Saint-Pierre-le-Moutier, Bourbon-les-Bains ; Vichy, &c. *Voyez* Moulins.

Bourganeuf, *Voyez* Limoges.

Bourg-en-Breſſe, *Voyez* Lyon.

Bourges, rue Contreſcarpe , quartier Saint André , *Diligence* à huit places juſqu'à Orléans & d'Orléans à Bourges par les chevaux du Fermier , part les ſamedis à minuit , va en trois jours en été & en quatre en hiver, paſſant par Orléans , Salbris , Vierzou ; elle deſſert auſſi Iſſoudun & Château-Roux, Le retour eſt de même.

Bourgogne, Pont , Auxerre , Sens, Montbart, Noyers , & route , quai des Céleſtins.

Bourgueil , *Voyez* Saumur.

Boz , *Voyez* Aurillac.

Bralay, *Voyez* Loches.

Breſt , Broóns , & Province de Bretagne , *Voyez* Rennes.

Breteuil , *Voyez* Amiens.

Breteuil , *Voyez* Evreux.

Brezolles , Saint-Maurice, Mortagne, rue du Jour , à la Croix de Lorraine.

La Meſſagerie part le mardi & le vendredi, à 9 heures du matin.

| Briarre, Bellegarde, Châteauneuf, quai des Céleſtins.

Bricquebec, *Voyez* Bayeux.

Brie-Comte-Robert, paſſant par Charenton, Creteil, Boiſſy-Saint-Leger, Groſbois, & route ; les Carroſſes rampe du rempart, porte S. Antoine.

Briſſac, *Voyez* Angers.

Brives & Aurillac, rue d'Enfer Saint Michel; le Meſſager part de Paris les mercredis à dix heures du matin, & arrive à Brives le onzieme jour ; repart de Brives le dimanche pour arriver à Paris auſſi le onzieme jour. On fait ſur les gros envois des compoſitions raiſonnables & proportionnées à la conſéquence & à la répétition des objets. Il faut une *Déclaration*.

Broons, *Voyez* Rennes.

Bruges, *Voyez* Lille.

Bruxelles & la Hoilande, *Voyez* la Diligence de Valenciennes.

Caen ; le Bureau rue Saint-Denis, vis-à-vis les Filles-Dieu. *Les Diligentes* partent de Paris les mardis & vendredis à onze heures & demie du ſoir, vont en deux jours à Caen, paſſent par Mantes, Pacy, Evreux, Riviere-Thibouville & Lizieux. Prix des places 41 liv. 12 ſ. & au Cabriolet 26 liv. Port des effets 2 ſ. 9 d. de la livre.

Nota. La *Diligence* qui part de Paris les mardis correſpond avec les voitures qui partent de Caen pour Bayeux, Coutances, Valogne, Carentan, Iſigny, St Lo, Granville, Cherbourg & autres villes de la Baſſe Normandie.

Il par en outre de Paris tous les dimanches à midi en été & les lundis en hiver à cinq heures du matin, un Fourgon qui prend du monde, les effets & marchandiſes, le prix eſt de 12 liv., le port des effets 2 ſ. Ce Fourgon ſe rend à Caen en été en quatre jours & demi & en hiver cinq jours. Il repart de Caen tous les ma dis & arrive à Paris le ſamedi.

Cahors, Sarlat, Souillac, Caſtelnau de Monraier, Figeac, rue d'Enfer, près la place Saint Michel : le Meſſager part le mercredi à 10 heures du matin, pour arriver à Cahors le treizieme jour ; repart de Cahors le jeudi, pour arriver à Paris auſſi le treizieme jour. On fait ſur

les gros envois des compoſitions raiſonnables & proportionnées à la conſéquence & à la répétition des objets. Il faut une *déclaration*.

Calais, le Bureau rue Saint Denis, vis-à-vis les Filles-Dieu, la *Diligence* part les lundis & jeudis au ſoir à 11 heures & demie, va en deux jours & demi, paſſe par Amiens, Abbeville, Montreuil, & Boulogne. Prix de la place 54 liv. 8 ſ. au Cabriolet 34 liv. Port des effets 3 ſ. 6 d. Repart de Calais les lundis & jeudis à huit heures du matin.

Nota. A l'arrivée des *Diligences* à Calais, il y a toujours un Paquebot prêt à partir.

On trouve au même Bureau des Berlines à quatre places, très-commodes & bien ſuſpendues, pour partir quand on veut, avertiſſant néanmoins un jour d'avance. Le prix des places dans ces Berlines 78 liv. 4 ſ., & le port du bagage avec 10 liv., *gratis*, par place eſt à 3 ſ. 6 d.

Il part auſſi pour Calais un Carroſſe à 12 places tous les vendredis matin, pour porter le caſuel & les gros bagages, va en ſept jours ; le prix de chaque place dans le Carroſſe eſt de 30 liv. & au panier 20 liv., le port des effets 3 ſ. Repart de Calais tous les lundis, & arrive à la Douanne à Paris le dimanche, ſuit la même route que la Diligence.

Cambray, *Voyez* la Diligence de Lille ou Valenciennes. *Déclaration*.

Candé, *Voyez* Angers.

Carcaſſonne, *Voyez* Touloufe.

Carentan, *Voyez* Bayeux.

Carlsrouche par Strasbourg, *Voyez* Strasbourg.

Caſtelnau de Monratier, *Voyez* Cahors.

Caſtelnaudary, Caſtres, *Voyez* Touloufe.

Caudebec, *Voyez* Rouen.

Cauſſade, Rhodez, Villefranche de Rouergue, Saint - Antonin, *Voyez* Montauban.

Chagny, *Voyez* Lyon.

Chailly, *Voyez* Lyon.

Châlons en Champagne, porte Saint Denis ; il part le vendredi à 10 heures du matin une *Diligence* qui va en vingt-quatre heures, laquelle repart de Châlons le dimanche & arrive à Paris le lundi. Elle paſſe par Ville - Pariſis . Meaux , la Ferté-ſous-Jouare , Château-Thierry , Dormans , Epernay , & Jalons. Il faut envoyer les équipages la veille du départ. L'on fournit pour toutes ces routes, des Berlines tres-commodes pour partir quand on veut.

Châlons-ſur-Saone, *Voy.* Lyon & Dijon par la Champagne & la Bourgogne.

Châlons-ſur-Saone ; il part de cette Ville pour Lyon, les mercredis & ſamedis , un Coche d'eau , dans lequel les Voyageurs arrivés par les Carroſſes d'Auxerre & Dijon , s'embarquent avec leurs hardes, à raiſon de 5 livres par perſonne.

Nota que les Carroſſes de Châlons à Auxerre ne vont que depuis le premier Avril juſqu'au premier Octobre.

Ces mêmes Carroſſes repartent , auſſitôt l'arrivée deſdits Coches de Lyon , Dijon & Auxerre, pour tranſporter les Voyageurs & hardes dans leſdites Villes, & de Dijon en droiture par terre. *Voyez* Lyon & Dijon , par la Champagne & la Bourgogne.

Chambort, *Voyez* Blois.

Champigny, *Voyez* Lyon & Dijon par la Bourgogne.

Chanceaux , *Voyez* Dijon par la Champagne & la Bourgogne.

Chanteloup, *Voyez* Tours.

Chantilly, rue Montorgueil à Saint-Chriſtophe ; part une Voiture les dimanches & jeudis à ſix heures du matin , arrive à une heure après midi ; repart de Chantilly les mercredis & ſamedis à 6 heures du matin, pour arriver à Paris à 1 heure après midi. Par place , 4 livres, & 30 ſols pour celles de derriere la Voiture. En avertiſſant deux jours auparavant, on peut avoir des Voitures pour les autres jours. Place , 5 livres.

Chantouy, *Voyez* Nantes.

Charente, *Voyez* la Rochelle.

Charenton · il part de Paris juſqu'à trois fois par jour, une Voiture ſuſpendue, pour laquelle on paye 20 ſols par place. On la prend rue du Pas- de la Mule, près les boulevarts de la Porte Saint Antoine. *Voyez* les Meſſageries , *page* 552.

Charleville, Mézieres , Rocroy, Philippeville, Charlemont, les deux Givet , Dinan , Namur, Pays de Cologne, Mariembourg, Huy, & route par eau juſ-

qu'à Maſtricht ; logent les Carroſſes, Coches , Meſſageries, rue du Ponceau. Les Coches de ces lieux partent les lundis à ſix heures du matin. Place , 15 liv. juſqu'à Charleville ; le Carroſſe part le mercredi. Place , 24 livres. On fournit Chaiſes & Berlines pour tous ces endroits. On ſe charge de toutes ſortes d'équipages avec *Déclarations* ou acquits. On fait des compoſitions raiſonnables ſur les envois conſidérables.

Chartres, rue Contreſcarpe, quartier Saint-André ; en été trois *Diligences* à huit places & en hiver deux ſeulement , menées par les chevaux du Fermier, au moyen de trois relais de ſix chevaux, partent les mardis , jeudis & ſamedis à minuit, vont en douze heures, paſſent par Verfailles , Rambouillet , Epernon , Maintenon & route , reviennent de même ; ces *Diligences* deſſervent d'aller & de retour Bonneſtable , Châteaudun , Cloye, Vendôme & bas Vendômois juſqu'à Chartres où on trouve des Chaiſes qui vont à journées réglées , ou en relais tels que les voyageurs le deſirent.

Chartres, rue Contreſcarpe, quartier Saint-André , part les lundis à cinq heures du matin un Charriot couvert, conduiſant monde & Meſſagerie à journées réglées, paſſant par Verſailles Rambouillet , Epernon & Maintenon ; il deſſert auſſi Bonneſtable , Châteaudun , Cloye, Vendôme , Montcir , la Châtre , Château du Loir juſqu'à Chartres où eſt une Meſſagerie établie pour ces endroits , revient de même.

* Pendant l'hiver que la troiſieme Diligence eſt ſupprimée, on ſupprime le Charriot, mais on ſupplée en Carroſſe à huit places pour meier plus commodément les Voyageurs.

Châteaudun , *Diligence* , *Voyez* Chartres.

· Château du Loir, Trot, Quehouent, la Châtre , Bonlieu & autres, rue Contreſcarpe ; *Voyez* Chartres , *Diligence.*

Château-Gonthier, Châtilon-Mauléon, Chemillé, Chollet, Conneré, Craon , *Voyez* Angers.

Château-neuf en Timerais & route , *Voyez* Bellefme.

Château-Roux, *Voyez* Bourges.

Château-Thierry, *Voyez* Châlons en Champagne.

Château-Villain, *Voyez* Chaumont-en-Baſſigny.

Châtelleraut, *Voyez* Poitiers.

Châtillon-ſur-Indre , *Voyez* Loches.

Châtillon-ſur-Seine , en Bourgogne , *Voyez* Dijon par la Champagne.

Chaumont en Baſſigny, *Voyez* le Cartoſſe de Langres.

Chenets , *Voyez* Bordeaux.

Cherbourg , *Voyez* Caën.

Chinon , *Voyez* Tours.

Clairvaux , *Voyez* Bar-ſur-Aube.

Claye , *Voyez* Meaux en Brie , porte Saint Denis.

Clermont en Argonne, *Voyez* Metz, porte Saint-Denis.

Clermont en Beauvoiſis , *Voyez* Amiens ou Montdidier.

Clermont-Ferrand en Auvergne , le Puy, Mende , Saint-Flour, Brioude , Saint-Pourçain , Gannat , Aigueperſe , Riom , Montpellier , &c. logent les Meſſagers & les Carroſſes de ces lieux, quai des Céleſtins, qui partent de Paris le jeudi en hiver & le lundi en été , à 6 heures préciſes du matin , & repartent de Clermont le ſamedi , pour arriver à Paris le huitieme jour. Il faut une *Déclaration* des Marchandiſes deſtinées pour les endroits ci-deſſus & de leur valeur. Par place, 40 livres ; port , 4 ſols. On vient d'établir à Clermont-Ferrand un Carroſſe de correſpondance pour le Puy en Velay, tant en allant qu'en revenant. On peut envoyer pour ce dernier endroit le mercredi. Il vient auſſi d'être établi un nouveau Carroſſe de Clermont à Limoges , paſſant par Pontgibaut, Pontaumur , Saint-Avit , la Viileteble , Aubuſſon , Saint-Hilaire , Bourg. neuf , Sauviat , Saint-Léonard & Limoges, Place , 18 liv. 10 ſ. port, 2 ſ. la livre.

Cléry, *Voyez* Blois.

Cognac , *Voyez* Angoulême.

Colmart , *Voyez* Straſbourg , porte Saint-Denis.

Cologne par Straſbourg, *Voyez* Straſbourg, porte Saint-Denis.

Commercy , *Voyez* Straſbourg, porte Saint-Denis.

Compiégne , *Voyez* Saint-Quentin & Noyon.

Conche , *Voyez* Evreux.

Condé par la *Diligence* de Valenciennes , *Voyez* Valenciennes.

Condé ſur Nereau , *Voyez* Vire.

Condom , *Voyez* Bordeaux.

Corbeil , Villeneuve-le-Roi , Melun, Valvin , Moret , Montereau , Sens , Nemours , Joigny, Montargis ; & route , *Voyez* les Coches d'eau.

Corbeil , Melun , Valvin , Moret , Montereau, Sens , Joigny, *Voyez* Dijon , paſſant par la Bourgogne ; & le Carroſſe de Tonnerre , à la *Diligence* de Lyon , quai des Céleſtins.

Coulommiers , en Brie , rue de Bracq, au Marais , le Carroſſe paſſant par Vincennes, Nogent - ſur - Marne , Lagny, Crecy , la Chapelle, part les mercredis & ſamedis en été, les ſamedis ſeulement en hiver , à 4 heures du matin ; & repart de Coulommiers pour Paris, en été les lundis & jeudis à 3 h. du matin, & en hiver les lundis ſeulement , à la même heure.

Coutances , *Voyez* Saint-Lô.

Craon , *Voyez* Angers.

Crecy , *Voyez* Coulommiers.

Creil , paſſant par Saint-Denis , Pierrefite , Ecouen , Luzarches , Chantilly, &c. loge le Meſſager rue Montorgueil, au Compas d'or , & part le mardi & le ſamedi , à 8 heures du matin. Lors du ſéjour du Roi à Compiegne , on trouve aſſez de Voitures pour les différens Coches qui deſcendent de Compiegne.

Creſpy en Valois, Nanteuil-Audouin, Saudouin , Villers-Cotterets , & route , rue du Ponceau ; part un Carroſſe tous les lundis à 6 heures du matin.

Creſſenvile , *Voyez* le Carroſſe de Caen.

Cuſſy-les-Forges , *Voyez* Lyon.

Dammartin, rue du Ponceau, on fournira pour cet endroit toutes ſortes de voitures commodes. Il y a en outre un Meſſager qui loge rue Saint Martin , au petit Saint Martin, qui part le mercredi & le ſamedi , & arrive le mardi & le vendredi.

Darmſtat, *Voyez* Straſbourg , porte Saint-Denis.

Deux - Ponts *Voyez* Metz , porte Saint-Denis.

Die , *Voyez* Lyon.

Dieppe , rue Pavée Saint André , part le vendredi par le Carroſſe de Rouen, Port, 2 fols 3 deniers.

Dijon & Beſançon ; la *Diligence* de Dijon par la Champagne , quai des Céleſtins, part de Paris le mardi à 4 heures préciſes du matin, & paſſe par

Fouchere, Bar-fur-Seine, Muffy-Lévê-que, Aifay-le-Duc, Châtillon-fur-Seine en Bourgogne, Saint Marc, Chanceaux, Saint Seine, le Val de Suzon, & Dijon, va en trois jours en été, & en trois jours & demi en hiver.

Dijon & Befançon ; la *Diligence* de Dijon par la Bourgogne, quai des Céleftins, part de Paris à trois heures précifes du matin.· favoir, le vendredi, & va en trois jours en été & trois jours & demi en hiver , paffe par Villejuif, Effone, Ponthierry, Chail-ly, Fontainebleau, Moret, Foffard , Ville-neuve-la-Guiare, Champigny, Pont-fur-Yonne, Sens, Villeneuve-le-Roi, Villevallier, Joigny, Saint-Floren-tin, Tonnerre, Ancy-le-Franc, Aify-fous-Rougemont, Montbard, Leigne, Lucenay-le-Duc, Lavilleneuve, Chan-ceaux, Saint-Seine, le Val de Suzon, & Dijon.

Nota. A l'arrivée de ces Diligences à Dijon, l'on en trouve une autre qui part le lendemain pour Befançon en deux jours, en paffant par Auxonne & Dole, & pour toute la Franche-Comté.

Nota. On trouve encore à Dijon une *Diligence* qui part pour Châlons tous les deux jours, & qui paffe par Nuys, Beau-ne, Chagny, & Châlons, où l'on trouve la *Diligence* & le Coche pour Lyon par eau.

Dinan & Dole, *Voyez* Rennes.

Dindlingue, Dourlach, Drefde, Duf-feldorf, *Voyez* Strafbourg.

Dole en Franche-Comté, *Voyez* Di-jon par la Bourgogne & la Champagne

Domfront, *Voyez* Avranches.

Dormans, *Voyez* Châlons en Cham-pagne.

Douay, & route, rue Saint Denis, par la *Diligence* d'Arras. *Déclara-tion. Voyez* Arras. Par la *Diligence* de Lille, place, 50 livres, port, 3 fols 6 deniers, & pour les voyageurs, 3 f. la livre. *Déclaration* pour les mar-chandifes, *Voyez* Lille.

Douchy. *Voyez* Valenciennes, ou la *Diligence* de Lille.

Dourdan, paffant par Rochefort, rue & Fauxbourg Saint-Jacques ; part une Charrette les mercredis & famedis à 6 heures du matin ; repart de Dourdan le lundi & le vendredi à 4 heures du ma-tin. Part tous les jours une Chaife paffant par Linas, en été à fept

heures du matin, & en hiver à huit heures.

Dreux, Saint-Cyr, Neauphe, Laqueue, Houdan, Nonancourt, Tillieres, Ver-neúil, & Laigle ; les Carroffes & Mef-fageries, rue Pavée Saint André, à l'hôtel Saint François, partent le di-manche matin, & arrivent le mardi à midi ; repartent de Laigle le mercredi, pour arriver à Paris le vendredi matin. On peut encore trouver des places le dimanche pour le lundi par le Carroffe ; & le mercredi à midi par le Charriot de Rennes. On trouve encore des Cabrio-lets, Chaifes ou Berlines, pour les en-droits à partir, pour la commodité du Public.

Ducé, *Voyez* Avranches.

Dunkerque par Lille, *Voyez* la *Diligence* de Lille. *Déclaration.*

Duranville, *Voyez* Caen.

Duretal, *Voyez* Angers.

Ecouché, *Voyez* Avranches.

Ecouy, *Voyez* Magny.

Elbeuf, rue du Jour Saint-Euftache à la Croix de Lorraine.

Epernay, *Voyez* Châlons en Cham-pagne, porte Saint-Denis.

Epernon, *Voyez* Chartres.

Ercuis, *Voyez* Beaumont-fur-Oyfe.

Ernée, *Voyez* Laval.

Effonne, *Voyez* Lyon.

Etampes, rue Contrefcarpe, quartier Saint André ; part deux Berlines à quatre ou huit places, menées par les chevaux du Fermier, paffent par Bonne & Etrechy ; elles deffervent Peti-viers jufqu'à Etampes, vont à journées réglées & reviennent de même.

Etrichy, *Voyez* Orléans.

Eu ; le Meffager pour cette Ville & le Duché d'Aumale, loge rue du Jour près Saint Euftache ; le Carroffe de ces lieux ne marche que depuis Pâques juf qu'à la Touffaint ; il arrive le vendred & repart le dimanche, de 15 en 15 jours l'hiver, ce n'eft qu'une Cariole qui re vient le famedi. On prend de Paris à Aumale, 12 livres ; à Eu, 15 livres

Evreux, le Bureau rue Saint Denis vis-à-vis les Filles-Dieu ; *la Diligence* part de Paris tous les jeudis à cin heures du matin, & va en un jour. prix de la place 20 liv. au Cabriol 12 liv. 10 fols, le port des effets 3 den. la livre, repart d'Evreux le Mardis à 4 heures du matin & arri

Paris le même jour entre cinq & six
ures du foir.

Nota. On donne auffi des places &
1 prend des marchandifes dans le
ourgon de Caen, qui paffe par Evreux.

Falaife, rue Pavée Saint André, par
aigle, le Meflerau, Argentan ; part
: Paris les Mardis à 4 heures du ma-
n, arrive à Falaife les Vendredis,
part les Mardis & arrive à Paris les
endredis au foir.

• *Paffé cinq heures du foir de la vieille
u départ, on ne recevra les paquets ôu
alles, que pour l'ordinaire prochain.

Fécamp, *Voyez* Rouen.

Fere (la) en Tartenois, rue Bourg-
bbé ; il part de Paris le vendredi à 11
eures du matin, un Coche paffant par
: Mefnil, Nanteuil-Audouin, Betz,
r Ferté-Milon, Neuilly-Saint-Front &
uchy, qui arrive à la Fere le famédi,
'où il repart le lundi, pour arriver à
aris le mercredi à midi. On paye 6 liv.
ar place, & 1 fol du port.

Figeac, *Voyez* Cahors.

Fontainebleau & Melun, à la *Dili-
ence* de Lyon; part de Paris les mar-
is, jeudis & famedis à fix heures du
atin pour fe rendre le même jour à
ontainebleau ; & partira de même de
ontainebleau pour Paris un Carroffe
es dimanches, mardis & vendredis à
a même heure & arrivera en un jour.
✻ Outre les Carroffes ordinaires, dans
fquels on donnera des places pour
Melun & route, on trouvera, tant à
aris, qu'à Fontainebleau, des Chai-
s, Cabriolets & autres Voitures.

Fontenay en Brie, *Voyez* Rozoy.

Fontenay-le-Comte, rue Contref-
arpe, *Voyez* la Rochelle.

Fort-Louis, Gerbeville, Haguéneau,
lambourg, Huningue, Herbeviller,
Voyez Strafbourg, porte Saint-Denis.

Foffard, *Voyez* Lyon & Dijon par
Bourgogne.

Fouchere, *Voyez* Dijon par la Cham-
agne.

Fougeres, *Voyez* Rennes.

Fouletourte, *Voyez* Angers.

Francfort, Fribourg en Brifgau,
ort-Louis du Rhin, *Voy.* Strafbourg.

Frejus, *Voyez* Lyon.

Fremantel, *Voyez* Avranches.

• Frefnay, *Voyez* le Mans.

Freffinet, *Voyez* Limoges.

• Gaillon, *Voyez* Rouen.

Gand & route, *Voyez* Lille. *Deux
déclarations.*

Gaffé, le Sap, Vimoutiers, Saint-
Pierre-fur-Dive ; le Meffager rue Pavée
Saint André, à l'hôtel Saint François,
part le mercredi à midi, & arrive le
dimanche au foir.

Gavray, *Voyez* Saint-Lô.

Gauron, *Voyez* Laval.

Geneve & route, *Voyez* Lyon.

Gerbeviller, *Voyez* Strafbourg.

Gien-fur-Loire ; le Carroffe quai des
Céleftins, part le jeudi à 4 h. du matin.

Gifors, Gournay, Forges, & autres,
le Carroffe rue Montorgueil, au Compas. Il part le vendredi à midi en hiver, & arrive le famedi à Gifors, & le
dimanche à Gournay. En été, le vendredi à 4 heures du matin, & va en un
jour. De Paris à Gifors, 7 livres 10
fols. Et de Forges à Gournay, il part
le mardi & arrive le jeudi.

Givet, *Voyez* Charleville.

Goufnay par Arras. Par la *Diligence*
de Lille, place, 19 livres ; port, 1 fol
3 deniers. *Voyez* Lille *ou* Valenciennes.

Grandville, *Voyez* Saint-Lô.

Gramat, Gueret, *Voyez* Limoges.

Grenoble & Villes du Dauphiné,
Voyez Lyon.

Grofbois, *Voyez* Brie-Comte-Robert.
Place, 2 livres 10 fols.

Guemené, Guer, Guerrande, Gui-
chen & Guingamp, *Voyez* Rennes.

Guigne en Brie, *Voyez* le Carroffe
de Provins.

Guife : *Voyez* Maubeuge.

Hagueneau, Hambourg, Huningue,
Voyez Strafbourg.

Ham, *Voyez* Saint-Quentin.

Harfleurs, *Voyez* Rouen.

Hédé, Hennebond, *Voyez* Rennes.

Hollande (tout le pays de), par
terre, rue du Ponceau, *Voyez* Liége.

Honfleurs & Pont-Levêque : la Meffagerie rue Saint Denis, vis-à-vis les
Filles-Dieu, part les lundis à 5 heures
du matin. Port, 2 fols 6 deniers. Pour
Pont-Levêque, 2 fols 3 deniers.

Houdan, *Voyez* Dreux.

Huningue, *Voyez* Strafbourg.

Huy & route par eau jufqu'à Maftricht, *Voyez* Charleville.

Jarnac, *Voyez* Angoulême.

Ifle de Ré, île d'Oléron, *Voyez* la Rochelle.

Ingrande, *Voyez* Nantes.

Joigny, *Voyez* Lyon & Dijon par la Bourgogne, & Tonnerre ; *Voyez aussi* Coche d'eau d'Auxerre.

Joinville, Saint-Dizier & route, porte Saint-Denis ; ce font des Berlines bien douces, bien fermées & bien!suspendues, qui deffervent cette route : elles partent les vendredis à dix heures du matin.

Joffelin, *Voyez* Rennes.

Ifigny, *Voyez* Bayeux.

Iffoudun, Maffé & autres, par le Carroffe de Bourges, rue Contrefcarpe.

La Chapelle, *Voyez* Saumur.

La Châtre, *Voyez* Chartres.

La Commanderie, *Voyez* Caen.

La Ferté-Bernard. Il n'y a qu'un Fourgon qui charge directement ; on peut prendre le Caroffe d'Angers jufqu'à Bellefme. *Voyez* Bellefme.

La Ferté-Gaucher. On y va par le Carroffe de Coulommiers, où l'on trouve des commodités pour ce lieu.

La Ferté-Milon, rue du Ponceau ; on fournira pour cet endroit toutes fortes de Voitures commodes. Il y a un Meffager qui loge rue Bourglabbé, au Lion d'or, qui part le vendredi & arrive le jeudi à Paris.

La Ferté-fous-Jouare, *Voyez* Châlons en Champagne.

La Ferté-Vidame, Lonlay, & autres lieux en dépendans ; le Meffager loge rue du Jour, part le mardi & le vendredi.

La Fleche, *Voyez* Angers.

Lagny, rue de Bracq, au Marais ; part un Carroffe les mardis, jeudis & famedis à 7 heures & demie du matin. L'on peut partir par le Carroffe de Coulommiers, qui eft dans le même Bureau, lorfqu'il y a des places vacantes.

La Guierche, *Voyez* Rennes.

La Haye, *Voyez* Loches.

La Hollande par Bruxelles, *Voyez* la *Diligence* de Bruxelles ou de Valenciennes & Lille. *Deux déclarations,* ou *un acquit avec une déclaration.*

Laigle, *Voyez* Dreux.

La Louppe, *Voyez* Nogent-le-Rotrou.

La Maifon-rouge, *Voyez* Troyes & Langres.

La Marche en Lorraine, *Voyez* Langres.

Lamballe, Landerneau, Landevinec ; Landivifiau, Lanmeur, Lannion, Lauveau, la Roche-Bernard, Leon, Lefnever, Léominé, *Voyez* Rennes.

Landeau, Leipfich, Ligny en Barrois. *Voyez* Strafbourg, porte Saint-Denis.

Landelin, *Voyez* Saint-Lô.

Landrecy : *Déclaration. Voy.* Maubeuge.

Langeais, *Voyez* Saumur.

Langres, paffant par Brie-Comte-Robert, Guignes, Mormans, Nangis, Provins, Nogent-fur-Seine, les Granges, Troyes, Lufigny, Vandœuvre, Bar-fur-Aube, Suzennecourt, Chaumont en Baffigny, & route ; le Carroffe de ces lieux, rue de Bracq, part le famedi à cinq heures du matin, pour arriver à Langres le vendredi. Repart de Langres le lundi, pour arriver à Paris le famedi.

Languedoc & route : logent les Carroffes quai des Céleftins, & vont à Montpellier, Nifmes, Frontignan, Milhau, Lodeve, Pezenas, Beziers, Narbonne, & toute la Province de Languedoc, &c. comme auffi les Meffagers de ces lieux, qui partent le mercredi à 6 heures du matin. Il faut apporter les paquets & ballots la veille du départ. *Nota* que le Meffager ne conduit point de voyageurs.

Lanion, *Voyez* Rennes.

Laon, Notre-Dame de Lieffe, Aubenton, Marle, Vervins, Montcornet, & autres lieux du Thiérache, rue du Ponceau ; le Carroffe part le lundi à 6 heures. Prix des places, 14 l. Il repart de Laon le jeudi, charge à Soiffons le vendredi pour Paris, où il revient le famedi. Il y a en outre un Coche pour tous les lieux de cette route, qui part de Paris les jeudis à 6 heures du matin. Place, 8 livres. On fournit Chaifes & Voitures commodes, & l'on fait des compofitions raifonnables pour les envois un peu confidérables.

La Queue, *Voyez* Dreux.

La Riviere-Thibouville, *Voyez* Caen.

La Roche-Bernard, *Voyez* Rennes.

La Roche en Berny, *Voyez* Lyon.

La Rochelle, rue Contrefcarpe, quartier Saint André, *Diligence* à huit places, va en quatre jours & demi.

art les vendredis à minuit. Cette Di-
gence deffert Poitiers de quatre places
'aller & de retour ; paffe par Etampes,
)rléans, Blois, Amboife, Tours, les
)rmes, Châtelleraut, Poitiers, Lufi-
nan, Saint-Maixent, Niort, Marle,
Rochefort & route.

La Rochepot, *Voyez* Lyon.

Laffay, *Voyez* Laval.

Laval, Martigny, Mayenne, Ernée,
Imbrieres, Craon, Sainte-Suzanne,
Laffay, Goron, le Ribay & Préampail,
ue Pavée, près les grands Auguftins,
l'hôtel Saint François ; part le Caroffe le lundi à 5 heures du matin, &
rrive le jeudi. La Meffagerie part le
mercredi à midi, & arrive le dimanche
natin. Place par Cheval de felle, 30
ivres ; port, 3 fols.

Lavaur, Lectoure, *Voyez* Touloufe.

La Villeneuve : *Voyez* Dijon par la
Bourgogne ; on difpofe à la Villeneuve
e qui eft deftiné pour Sainte-Reine.

Launoy, *Voyez* Charleville.

Le Fort-Louis du Rhin, *Voyez* Strafbourg.

Le Croific, *Voyez* Rennes.

Le Havre, rue Pavée Saint André,
)art les lundis & vendredis par le Caroffe de Rouen. Port, 2 fols 6 deniers.

Lergne, *Voyez* Dijon par la Bourgogne.

Le Haras, Laigle & le Mefleraux
Voyez Avranches.

Le Mans, la Fleche, Angers, Bonneftable, Frefnay, Sillé-le-Guillau-
me, & route ; le Carroffe, rue d'Enfer,
place Saint Michel, part le vendredi à 6
heures du matin, & arrive à Paris le
mardi au foir, en hiver le mercredi main. Il y a auffi un Fourgon pour toutes
es Villes, qui part tous les mardis à 6
heures du matin.

Le Maupas, *Voyez* Lyon.

Le Mefle-fur-Sarthe, *Voyez* Alençon.

Le Neubourg, *Voyez* Caen.

Léominé, *Voyez* Rennes.

Le Pont de Cé, *Voyez* Nantes.

Le Port de Pille, *Voyez* Poitiers.

Le Port-Louis, *Voyez* Rennes.

Le Quefnoy par Valenciennes, *Voyez*
la *Diligence* de Lille *ou* Valenciennes.
Déclarations.

Le Ribay, *Voyez* Laval.

Les Granges, *Voyez* Troyes & Langes.

Les Ormes - Saint - Martin, *Voyez*
la Rochelle.

Les Sables d'Olonne, *Voyez* Poitiers.

Leffay, *Voyez* Saint-Lô.

Lefvenen, *Voyez* Rennes.

Le Val de Suzon, *Voyez* Dijon par la
Champagne & par la Bourgogne.

Leipfick, *Voyez* Strafbourg.

Liége, *Voyez* Sedan.

Ligny, *Voyez* Nancy.

Ligneuil, *Voyez* Loches.

Lille, le Bureau, rue Saint Denis ;
vis-à-vis les Filles-Dieu. La *Diligence*
part de Paris les lundis, mercredis &
vendredis à onze heures & demie du
foir, va en deux jours, paffe par Louvres, Senlis, Pont, Roye, Péronne,
Cambrai & Douay. Le prix de la place
45 livres 12 fols, dans le Cabriolet
28 livres 10 fols. Le port des effets eft
de 3 fols de la livre.

La même Diligence repart de Lille
les lundis, jeudis & famedis au matin.

Limoges, Bourganeuf, Aubuffon,
Creffenfac, Freffinet, Gramat, Gueret,
la Soufterraine, Martel, Peyrat, Pierre-
Buffiere, Pont-de-Rhodès, Sarlat, Saint-
Ceré, Souillac, Teraffon, Tulles, Tu-
renne, Uzerche, rue d'Enfer, près la
place Saint Michel ; le Meffager part le
mercredi à 10 heures du matin, pour
arriver à Limoges le neuvieme jour ;
repart de Limoges le mercredi, pour
arriver à Paris auffi le neuvieme jour.
Chaifes ou Litieres, par place & nourri,
150 liv. En Charrette, auffi nourri, 80
livres. On fait fur les gros envois des
compofitions raifonnables & proportionnées à la conféquence & à la
répétition des objets. Il faut une déclaration. Pour la *Diligence*, *Voyez* Touloufe.

Limoges, rue d'Enfer Saint Michel ;
part les jeudis une *Diligence*, pour
arriver à Limoges le quatrieme jour,
qui repart de Limoges les mardis pour
arriver à Paris les vendredis au foir.
L'on paye par place 73 livres 12 fols,
au Cabriolet 46 livres.

Limoux, *Voyez* Rochefort près Paris.

Lizieux & route, *Voyez* Caen &
Evreux.

Loches, rue Contrefcarpe, *Voyez*
Tours.

Longwy, Luxembourg, *Voyez* Metz,
porte Saint-Denis.

L'Orient, *Voyez* Rennes.

Lorraine, & Villes de la Lorraine, *Voyez* Strasbourg.

Loudun, *Voyez* Saumur.

Louviers, *Voyez* Vernon.

Lucenay-le-Duc, *Voyez* Dijon par la Bourgogne.

Luçon, *Voyez* la Rochelle.

Lucy-le-Bois, *Voyez* Lyon. L'on dépose à Lucy-le-Bois ce qui est destiné pour Avalon.

Lunéville & route, *Voyez* Strasbourg.

Luxembourg, *Voyez* Metz.

Lusignan, *Voyez* la Rochelle.

Lyon, quai des Célestins, où l'on trouve la *Diligence* qui part de Paris de 2 jours en 2 jours, à 4 heures précises du matin, passant par Villejuif, Juvisy, Essonne, Ponthierry, Chailly, Fontainebleau, Moret, Fossars, Villeneuve-la-Guyard, Champigny, Pont-sur-Yonne, Sens, Villeneuve-le-Roi, Ville-vallier, Joigny, Bassou, Auxerre, Saint-Bris, Vermanton, Lucy-le-Bois, Cussy-les-Forges, la Roche en Berny, Saulieu, le Maupas, Arnay-le-Duc, Ivry, la Rochepot, Chagny, Châlons; & par eau de Châlons à Lyon, passant par Tournus, Mâcon, Montmerle, Riotfier, Trévoux, & Lyon; vont l'hiver en 6 jours, & l'été en 5 jours. Elles contiennent dix personnes, & elles sont suspendues sur des ressorts qui les rendent au moins aussi douces que les Chaises de poste & les Berlines, ainsi qu'en conviennent ceux qui les ont éprouvées.

Nota. Toutes les marchandises & paquets qui passent Lyon, doivent être accompagnés d'une déclaration ou acquit; ceux pour Lyon, d'une lettre de Voiture.

On paye 100 livres par place de Paris à Lyon nourri, & 80 livres sans nourriture, & 6 sols de port par livre. On trouve à Châlons une Diligence d'eau dans laquelle on paye 8 livres 10 sols. Par le Coche, on paye 5 livres.

Les Guimbardes ou Charriots de Paris pour Lyon, partent les mercredis & samedis à 5 heures du matin, & se rendent à Lyon en tout tems en 16 jours; à moins qu'il ne survienne des dérangemens, comme glaces & débordemens de rivieres; dans ce cas, ils mettent 11 à 12 jours, & repartent de Lyon les lundis & jeudis, & reviennent de même.

Ces Voitures sont destinées principa-

lement pour le transport de gros ballots, comme effets de Messieurs les Ambassadeurs & Négocians. On entreprend aussi de voiturer les Carrosses d'Ambassades & autres, & toute sorte d'effets, en droiture, pour Marseille, & autres endroits de la Provence, Languedoc & Dauphiné. Pour tous ces lieux, *déclarations datées & signées, & estimation des effets.*

* L'Entrepreneur des Messageries de Lyon, pour faciliter le Public, a établi un Carrosse de Paris à Lyon par le Bourbonnois, qui partira le lundi : il passe par Moulins, Besset, Varenne, la Palisse, la Pacaudiere, Roanne, Saint-Symphorien, la Tararre, Bresse & Lyon. Prix, 60 livres; port, 5 sols la livre, & est dix jours en route été & hiver. *Voyez* Moulins.

Les Diligences de Dijon conduisent aussi à Lyon deux fois la semaine les personnes, & les ballots & paquets. *Voyez* Dijon.

L'on trouve encore au même Bureau des Berlines & des Chaises pour la commodité du Public.

Machecou, *Voyez* Nantes.

Mâcon, *Voyez* Lyon & Dijon.

Magny, Andely & Ecouy : la Cariole rue Bourglabbé, au Dauphin, part le mercredi, arrive en un jour & l'hiver en deux.

Maintenon & route, rue Contrefcarpé, *Voyez* Chartres.

Malétroit, Moncontour, *Voyez* Rennes.

Malicornes, *Voyez* Angers.

Mamers, *Voyez* Bellesme.

Manheim, *Voyez* Strasbourg.

Mantes, Triel & Meulan, *Voyez* les Carrosses de la Cour, quai d'Orsay.

Matennes, *Voyez* la Rochelle. Sont actuellement établis deux départs d'huitres par semaine, les mardis & samedis, pour faciliter les Envoyeurs.

Marjembourg, *Voyez* Charleville.

Marouelle, *Voyez* Maubeuge.

Marseille, *Voyez* Lyon.

Martel, *Voyez* Limoges.

Martigny, *Voyez* Laval.

Mastricht, *Voyez* Valenciennes.

Maubeuge, rue Saint-Denis, vis-à-vis les Filles-Dieu; le Carrosse part

tous

heures du matin. Place, 3 livres 15 fols,
Mézieres, *Voyez* Charleville.
Milhau, *Voyez* Touloufe.
Mirande , Mirepoix , *Voyez* Tou-
loufe.
Mirebeau, *Voyez* Bordeaux.
Mondidier, Luzerche , Chantilly,
Creil, Clermont, Saint-Juft, & roûte,
rue Saint Denis , vis-à-vis les Filles-
Dieu; part un Coche le vendredi à cinq
heures du matin. On trouve auffi à ce
Bureau des Chaifes & Berlines pour les
lieux de cette roûte. On paye par place
6 livres 10 fols , & 1 fol du port.
Mondoubleau, *Voyez* Vendôme.
Mons, rue Saint Denis , vis-à-vis les
Filles-Dieu, *Voyez* la *Diligence* de
Lille : *deux déclarations. Voyez auffi*
la *Diligence* de Bruxelles.
Montargis, Nemours, & roûte, quai
des Céleftins, au Bureau des Carroffes
d'Auvergne ; part le Carroffe le jeudi à
4 heures précifes du matin, hiver & été,
& on y prend place pour Gien & route.
Il y a encore les Carroffes d'Auvergne
& de Moulins, qui paffent par ces premiers endroits. (*Voyez* les Carroffes de
Moulins & d'Auvergne). On y donne
place le jour du départ. De Paris à Montargis, 8 livres, & 1 fol du port ; & à
Gien, 10 livres , port , 1 fol 6 deniers.
On trouve place pour Fontainebleau la
veille du départ.
Montauban, Cauffade, &c. Milhau,
Vabres, rue d'Enfer, près la place Saint
Michel; le Meffager part le mercredi à
10 heures du matin, pour arriver à
Montauban le quinzieme jour ; repart
de Montauban le mercredi, pour arriver à Paris auffi le quinzieme jour. On
fait fur les gros envois des compofitions raifonnables & proportionnées à
la conféquence & à la répétition des
objets. Pour le prix des places, *Voyez*
Touloufe. Il faut une *déclaration.*
Montbard, *Voyez* Dijon par la Bourgogne.
Montereau, Nemours, Sens, Bray,
Nogent-fur-Seine , & Troyes. *Voyez*
les Coches d'eau.
Montierander, *Voyez* Bar-fur-Aube.
Montfort-Lamaury, & roûte, loge le
Carroffe rue du Jour Saint Euftache, à
la Croix de Lorraine ; il part le mardi
& le famedi. On paye par place 5 livres,
à raifon de 10 fols par lieue.
Montivilliers, *Voyez* Rouen,

M m

Montmirel , porte Saint-Denis *Voy.* Metz.

Montpellier , *Voyez* Lyon.

Montreuil, Boulogne, & route. *Voyez* Calais.

Morlaix, *Voyez* Rennes.

Mormans , *Voyez* Provins.

Mortagne , *Voyez* Brezolles.

Mortain , *Voyez* Avranches.

Mouhy, *Voyez* Beaumont-fur-Oife , rue Montorgueil, à Saint Chriftophe.

Moulins en Bourbonnois , paffant par V llejuif,Ris, Effonne, Ponthierry, Fontainebleau, Nemours , Montargis, Briarre , Neuvy , Bonny , Cofne , Pouilly , la Charité , Nevers , Saint-Pierre-le-Moutier, &c. logent les Carroffes quai des Céleftins , & partent en hiver le mardi & le jeudi à 6 heures précifes du matin, & du premier Avril au premier Octobre le lundi ; celui du lundi contient douze places, & celui du jeudi en contient huit. Prix , 32 livres ; port, 3 fols. (*Voyez* pour ce dernier le Carroffe de Clermont) ; & repartent de Moulins les lundis & jeudis , pour arriver à Paris les mardis & famedis. On trouve auffi dans ce Bureau des Chaifes & Berlines pour Vichy , Bourbon - les - Bains , & route. On ne donne des places pour la route que le jour du départ même , à 5 heures du matin.

* Il vient d'être établi un Carroffe de Paris à Lyon par le Bourbonnois. *Voyez* Lyon.

Munich, Moyenvich , *Voyez* Strafbourg & toute la Lorraine.

Muffy-Lévêque , *Voyez* le Carroffe de Dijon par la Champagne.

Namur , *Voyez* Charleville.

Nancy , *Voyez* Strafbourg , porte Saint-Denis.

Nangis, & route de Bric, rue de Bracq, au Marais. *Voyez* le Carroffe de Provins, Troyes & Langres. Au retour pour Paris , les Carroffes fuivans y paffent , fçavoir , celui de Provins hiver & été le jeudi à 8 heures du matin , & celui de Langres en été le vendredi, & en hiver le famedi à la même heure.

Nantes, Ancenis, Cliffon, Chantouy, Ingrande, le Pont-de-Cé , Machecou, Painbeuf, Saint-Florent, rue d'Enfer, près la place Saint Michel ; la Meffagerie part le mardi à 6 heures du matin , & fe rend en huit jours : repart de Nantes le vendredi , pour arriver à

Paris le famedi matin huitieme jour. Le Carroffe d'Angers prend pour toutes ces Villes , *Voyez* Angers. On trouve pour Nantes des Chaifes & Berlines, ainfi qu'un Fourgon nouvellement établi à Nantes pour les voyageurs & les gros bagages. Par cet établiffement l'on arrive de Paris à Nantes en huit jours. On fait fur les gros envois des compofitions raifonnables & proportionnées à la quantité ou à la répétition des objets. Il faut *déclaration* datée & fignée pour tout ce qui paffe en Bretagne , excepté pour les vieilles hardes.

Nanteuil-Audouin , rue du Ponceau, *Voyez auffi* Crefpy en Valois.

Neaufle , *Voyez* Dreux.

Neufchâteau , Nuremberg , *Voyez* Strafbourg.

Neufchatel , *Voyez* Rouen.

Neufchatel en Suiffe , *Voyez* Befançon.

Nice , *Voyez* Lyon.

Niort en Poitou , Lufignan , Saint-Maixant , *Voyez* la *Diligence* de la Rochelle.

Noaillé , *Voyez* la Rochelle.

Nogent-le-Rotrou , il n'y a qu'un Fourgon qui rend directement ; on peut prendre le Carroffe d'Angers jufqu'à Regmalard. *Voyez* Belleime.

Nogent-fur-Seine, rue de Bracq, au Marais. *Voyez* Langres & Troyes.

Nogent-fur-Marne, *Voyez* Lagny & Coulommiers.

Nonancourt, *Voyez* Dreux.

Noyentel , *Voyez* Beaumont - fur - Oife.

Noyon, rue Saint Denis, vis-à-vis les Filles-Dieu. *Une Diligence* à quatre places part de Paris tous les mercredis à fix heures du matin , & va en un jour : elle paffe par Louvres, Senlis , Verberie , Compiegne , &c. Le prix des places eft de 20 livres ; dan le Cabriolet 12 livres 10 fols. Cett Diligence repart de Noyon tous le famedis à cinq heures du matin.

Nota. Cette *Diligence* n'a point lie pendant la faifon d'hiver.

Nuremberg par Strafbourg, *Voye* Strafbourg.

Nuys, *Voyez* Dijon.

Offenbourg par Strafbourg , *Voye* Strafbourg.

Oleron, *Voyez* Touloufe.

Orléans , rue Contrefcarpe, quarti

aint André, *trois Diligences* à huit laces, vont en un jour ; partent les imanches & vendredis à quatre heures u matin, & les mardis à minuit ; affent par Arpajon, Etampes, Toury & autres endroits de la route. Elles eviennent de même.

Othon, *Voyez* Nogent-le-Rotrou.

Oulmes, *Voyez* Fontenay.

Pacy, route d'Evreux, *Voyez* Evreux.

Painbeuf, *Voyez* Nantes.

Pamiers, Pau, *Voyez* Bordeaux.

Périgueux & route, *Voyez* Poitiers, ue Contrefcarpe.

Péronne, *Voyez* la *Diligence* de Lille.

Perpignan & les autres Villes du Roussillon ; la Messagerie rue d'Enfer Saint Michel, part le mercredi à 10 heures, & arrive à Paris à pareil jour. On fournira pour ces lieux, Litieres, Chaifes & Berlines.

Petiviers, rue Contrefcarpe, *Voyez* la *Diligence* de Chartres.

Phalfbourg, Philifbourg, *Voyez* Strafbourg.

Philippeville, *Voyez* Charleville.

Ploermel, *Voyez* Rennes.

Plombieres, porte Saint-Denis, où l'on fournit des Chaifes & Berlines très-commodes pour aller aux eaux, & partir quand on veut.

Poiffy, Coche à 19 perfonnes, quai d'Orçay, aux Voitures de la Cour, part tous les jours à deux heures après midi. On prend par perfonne 30 fols. Il y a aussi des Chaifes ou Carroffes qui partent à toute heure, à raifon de 4 livres 15 fols par place.

Poitiers, *Diligence*, *Voyez* la Rochelle.

Poitiers, rue Contrefcarpe, quartier Saint André ; part les vendredis à midi, un Charriot couvert, conduifant monde & meffageries à journées télées, paffant par Orléans, Blois, Tours, Châtelleraut, Poitiers, où il everfe dans d'autres Meffageries dépendantes du Fermier ; pour Ruffec, Angoulême, Périgueux, Bergerac, Lufignan, Saint-Maixant, Niort, Mauzé, la Rochelle, Rochefort, Marenne, Soubife, Fontenay-le-Comte, es Sables d'Olonne & autres endroits e la route ; & ledit Charriot rapporte outes fes meffageries départies à Paris.

Pontamouffon, *Voyez* Metz, porte Saint-Denis.

Pontarlier, *Voyez* Befançon.

Pont-de-Larche, *Voyez* Rouen.

Pont-de-Rhodez, Peyrat, Pierfe-Buffiere, *Voyez* Limoges.

Ponteau-de-mer, *Voyez* Rouen.

Pontivy, Port-Louis, *Voyez* Rennes.

Pont-Lévêque, *Voyez* Honfleurs.

Pontoife, Saint-Clair, Chaudray, & route, rue Montorgueil, au Compas d'or ; part un Carroffe les mardis, jeudis & famedis, à 10 heures du matin. On paye 3 livres par place.

Pontorfon, *Voyez* Avranches.

Pont-Saint-Efprit, *Voyez* Lyon.

Pont-Sainte-Mexance, paffant par le Bourget, Vaudeflan, Louvre, la Chapelle en Servol, Senlis, Fleuronné ; le Meffager rue Montorgueil, à Saint-Chriftophe, part de Paris les mercredis & famedis à fix heures du matin en tout tems.

Pont-fur-Yonne, *Voyez* Lyon & Dijon par la Bourgogne.

Pouancé, *Voyez* Angers.

Préampail, *Voyez* Laval.

Precy, Prefle, *Voyez* Beaumont-fur-Oife.

Preuilly, *Voyez* Tours.

Provins & route ; loge le Carroffe rue de Bracq au Marais ; qui part le mardi à cinq heures & demie du matin, pour arriver le mercredi à midi à Provins, & repart de Provins le jeudi à 11 heures du matin pour arriver à Paris le vendredi. On donne auffi des places pour Provins dans la *Diligence* de Troyes, lorfqu'il y en a de vacantes, ou dans le Carroffe de Langres. *Voyez* Troyes & Langres.

Puy (le), en Velay, partant de Clermont-Ferrand, paffant par Condé, Iffoire, Saint-Germain, Pont-de-Temps, Brioude, Aurac, Villeneuve, Fix, Combaldour, le Puy.. *Voyez* Clermont-Ferrand. Place, 12 livres ; port, 1 fol 6 deniers la livre.

Quimper, Quimpercorentin, Quimperlé, Quintin, *Voyez* Rennes.

Rambouillet, *Voyez* Chartres.

Ratifbonne, Remiremont, Ramberviller, Rozieres aux Salines, Ravonl'Etape, *Voyez* Strafbourg.

Rebais en Brie, *Voyez* Coulommiers,

M m ij

où l'on trouve au Carroffe de ce lieu des occafions pour ledit Rebais.

Redon, *Voyez* Rennes.

Regnalard, *Voyez* Bellefme.

Reims, rue du Ponceau ; il y a pour cette Ville une *Diligence* qui part le vendredi à onze heures du foir, & va en un jour. Place, 30 liv. 8 f. Cette Voiture repart de Reims pour Paris le mardi à la même heure, & arrive le même jour. Apporter les hardes la veille jufqu'à fix heures du foir, fans quoi elles refteront pour le départ fuivant. Il y a en outre un Coche tous les lundis à fix heures du matin, place, 9 liv. On fournit Chaifes & Berlines ; & on fe charge de toutes fortes de bagages à compofition raifonnable fur les envois un peu confidérables. Il part de Paris tous les mercredis, pour les frontieres, un Carroffe dans lequel on peut donner place pour Reims, la veille, lorfqu'il en refte, au prix de 16 livres.

Remiremont, Rozieres, *Voyez* Strafbourg.

Rennes, Vitré, Saint-Malo, Dinan, Nantes, l'Orient, Port-Louis, Hennebon, Vannes, Saint-Brieus, Lamballe, Dol, Guingamp, Carhaix, Quimper, Merlaix, Lanion, Quimperlé, Treguier, Rofperden, Saint-Pol de Léon, Lefneven, Landivifiau, Quintin, Auray, Léominé, Rofternin, Belifle en terre & en mer, Redon, la Roche-Bernard, Guerrande, le Croific, Pontivy, Château-Landrin, Guémené, Ploermel, Maletroit, Joffelin, Broon, Saint-Jouan, la Guierche, Landernau, Breft, Fougeres, & toutes les Villes en général de la haute & baffe Bretagne : le Bureau eft rue Pavée, près les grands Auguftins, à l'hôtel Saint François. Le Carroffe part tous les lundis à 5 heures du matin, & arrive le lundi fuivant ; part de Rennes le jeudi, & arrive à Paris le jeudi fuivant. La Meffagerie ou Fourgon part de Paris le mercredi à midi précife, arrive à Rennes le mercredi fuivant, repart de Rennes le dimanche à midi, & arrive à Paris le lundi de la femaine fuivante à midi.

* On prévient ceux qui ne voudront point faire plomber à la Douane, qu'il faut donner des *Déclarations* datées & fignées, contenant les quantité, qualité, poids brut & net, & auffi l'évaluation des marchandifes quelconques,

bourg, pour plus grande indication.

Saarlouis, Saarbruck, Saint-Avold, *Voyez* Metz, porte Saint-Denis.

Sablé, *Voyez* Angers.

Saint-Antonin, *Voyez* Cauffade.

Saint-Calais, Saint-Chriftophe en Touraine, le Lude & Lucé, &c. Le Meffager loge rue Contrefcarpe, *Voyez* Vendôme.

Saint-Ceré, *Voyez* Limoges.

Saint-Cyr, *Voyez* Dreux.

Saint-Dié, *Voyez* Blois.

Saint-Dizier, & route, porte Saint-Denis. *Voyez* Strafbourg.

Sainte-Menehould, *Voyez* Metz (c'eft la même Voiture), porte Saint-Denis.

Sainte-Reine, *Voyez* Dijon par la Bourgogne.

Saint-Florent, *Voyez* Nantes.

Saint-Germain en Laye, & route; les Carroffes logent quai d'Orçay, aux Voitures de la Cour, partent tous les jours deux fois, & donnent au befoin des voitures à toute heure; Coches, 1 livre 5 fols par place. Chaifes, 3 liv. 10 fols par place.

Saint-Jean d'Angely, *V.* Bordeaux.

Saint-Juft, *Voyez* la *Diligence* d'Amiens.

Sainte-Suzanne, *Voyez* Laval.

Saint-Hilaire du Harcouet, *Voyez* Avranches.

Saint-Léger, *Voyez*, Nogent-le-Rotrou, Meffagerie.

Saint-Léger de Merle, *Voyez* Bordeaux.

Saint-Lo, Coutances, *Voyez* Caen.

Saint-Maixant, *Voyez* la Rochelle.

Saint-Malo, Saint-Pol de Léon, Saint-Aubin du Cormier, *V.* Rennes.

Saint-Marc, *Voyez* Dijon par la Champagne.

Saint-Maur, *Voyez* la Meffagerie des environs de Paris, *page 552*.

Saint-Maurice, *Voyez* Brezolles.

Saint-Nicolas en Lorraine, Saverne, Spire par Strafbourg, *Voyez* Strafbourg.

Saint-Omer, le Bureau rue Saint Denis, vis-à-vis les Filles-Dieu; part un Carroffe le mardi de chaque femaine à cinq heures du matin, va en cinq jours, paffe par Senlis, Pont-Saint-Maxance, Roye, Péronne, Bapaume, Arras, Béthune & Aire. Le prix de chaque place eft de 30 livres & 20 livres dans le panier; port des effets 3

fols & pour Arras 2 fols 6 deniers. Les Voyageurs qui veulent aller à Arras, peuvent prendre la *Diligence* d'Amiens le dimanche au foir, & feront rendus le mardi au foir à Arras, y ayant un Meffager d'Amiens à Arras, qui part tous les mardis matin, qui va en un jour.

Le prix des places pour Arras, par le Carroffe de Saint-Omer, 21 livres.

Nota. Il faut une *déclaration* pour toutes les villes au-deffus de Péronne.

Saint-Papoul, *Voyez* Touloufe.

Saint-Pierre-fur-Dives, *Voyez* Gaffé.

Saint-Quentin, rue Saint Denis, vis-à-vis les Filles-Dieu. La *Diligence* part de Paris les dimanches à onze heures & demie du foir, paffe par Louvres, Senlis, Verberie, Compiegne, Noyon & Ham; va en un jour. Le prix des places 28 livres, dans le Cabriolet 17 livres 10 fols, repart les mercredis à onze heures & demie & tient la même route.

Le Carroffe part le jeudi à fix heures du matin, va en trois jours par la même route que la Diligence. Le prix des places eft de, favoir

Compiegne,	8 l.	dans le panier 5 l.
Noyon, . . 10		dans le panier 6
Ham, . . . 12		dans le panier 8
S. Quentin, 15		dans le panier 10

il repart de Saint-Quentin le dimanche à fix heures du matin, & revient en trois jours, tenant la même route qu'en allant.

Saint-Sauveur-le-Vicomte, *V.* Caen.

Saint-Seine, *Voyez* Dijon par la Bourgogne & la Champagne.

Sarlat, Souilhac, *Voyez* Cahors.

Saumur, *Diligence*, *Voyez* Tours.

Saulieu, *Voyez* Lyon.

Sceaux du Maine, *Voyez* Meffagerie des environs de Paris, *page 552*.

Sedan, Donchery, Bouillon, Carlgnan, Montmidy, Stenay, Mouzon, le Chefne, le Montdieu, Saint-Hubert, pour les perfonnes mordues de bêtes enragées, Liége, Cologne, Namur, les Eaux de Spa, Aix-la-Chapelle, Maftrich, & autres Villes par terre pour la Hollande: on prend pour ces endroits, rue du Ponceau, une *Diligence* qui part le mercredi à onze heures du foir: l'on paye 48 livres 16 fols. On fournit Chaifes & Voitures commodes; & on fe charge de toutes fortes de bagages,

M m iij

à compofition fur les envois un peu confiderables. Il faut des *Acquits* ou *Déclarations* pour tous les lieux de cette route.

Séez, *Voyez* Argentan.

Senlis, rue Saint Denis, vis-à-vis les Filles-Dieu; le Carroffe part les mardis & vendredis à fept heures du matin; il paffe par le Bourget & Louvres, & va en un jour. Le prix des places eft de 4 livres, & dans le Cabriolet 2 livres 10 fols · il repart de Senlis les lundis & jeudis à la même heure.

Sens, *Voyez* Lyon & Dijon par la Bourgogne, & Tonnerre.

Sens encore, *Voy.* les Coches d'eau,

Sezanne, rue de Montmorency.

Silley-le-Guillaume, Frefnay, & Beaumont, *Voyez* le Mans.

Soiffons, Villers-Cotterets, Vefly, Prémontré & route, rue du Ponceau, part une *Diligence* les lundis à onze heures du foir. Place 20 livres. Il y a de plus pour Soiffons un Coche qui part tous les jeudis à fix heures du matin. Place, 6 livres. On apportera les hardes la veille jufqu'a 6 heures du foir, fans quoi elles refteront pour le départ fuivant. On fournit Chaifes & Voitures commodes pour ces lieux; & on fe charge de toutes fortes de bagages, à compofition fur les envois un peu confidérables.

Sommevoir, Suzennecourt, *Voyez* Langres.

Sorigny, *Voyez* Poitiers.

Soubife, *Voyez* La Rochelle.

Stoutgard, Spire, Saint-Nicolas, *Voyez* Strafbourg, porte Saint-Denis.

Strafbourg, porte Saint-Denis, une *Diligence* bien douce, bien fermée & bien fufpendue, qui deffert cette route; elle part les lundis à minuit, & arrive à Strasbourg le cinquieme jour. Elle paffe par Ville-Parifis, Meaux, la Ferté-fous-Jouare, Château-Thierry, Dormans, Epernay, Jalons, Châlons, Pogny, Vitry-le-François, Saint-Dizier, Bar-le-Duc, Ligny, Saint-Aubin, Void, Toul, Nancy, Lunéville, Herbeviller, Blamont, Heming, Saarbourg, Phalfbourg, Saverne & Viltem. On fe charge de tout ce qu'on veut envoyer généralement dans toute l'Allemagne, la haute & baffe Alface, toute la Lorraine & le Barrois, où il y a des Carroffes établis dans

toutes les Villes qui correfpondent les unes aux autres. On prévient que ceux qui ne voudront point aller faire plomber, donneront des *Déclarations* fignées, contenant la qualité, quantité, poids, ou valeur des marchandifes. Il faut envoyer les effets la veille du dépait jufqu'à huit heures du foir au plus tard. L'on fournit pour toutes les routes ci-deffus, des Berlines très-commodes, pour partir quand on veut.

* Il y a auffi un Carroffe audit Bureau de Strafbourg & route, qui part les famedis à quatre heures du matin & fe rend en dix jours.

Surgeres, *Voyez* la Rochelle.

Talmon, *Voyez* la Rochelle.

Tarafcon en Foix, Tonneins, *Voyez* Touloufe.

Teraffon, Tulles, Turennes, *Voyez* Brives.

Thiberville, *Voyez* Caen.

Thouars, *Voyez* Saumur.

Thionville, *Voyez* Metz, porte Saint-Denis.

Tillard, *Voyez* Beauvais.

Tilliers, *Voyez* Dreux.

Tinchebray, *Voyez* Avranches.

Tonnerre, *Voyez* la Diligence de Lyon, & le Carroffe de Dijon par la Bourgogne.

Torigny, *Voyez* Caen.

Toul & route, *Voyez* Strafbourg.

Toulon, *Voyez* Lyon.

Touloufe & route, rue d'Enfer Saint Michel, part une *Diligence* les jeudis à quatre heures du matin, qui arrive le huitieme jour au matin; repart de Touloufe les vendredis & arrive à Paris les vendredis au foir; le Meffager part les mercredis à dix heures du matin, pour arriver à Touloufe le feizieme jour; repart de Touloufe les mardis, pour arriver auffi à Paris le feizieme jour. Chaifes & Berlines, par place & nourri, 180 livres. En Charrette, auffi nourri, 100 livres. On fait fur les gros envois des compofitions raifonnables & proportionnées à la conféquence & à la répétition des objets. Il faut une *Déclaration*.

Tournant, *Voy.* le Carroffe de Rozoy.

Tournay, Ypres, & route, *Voyez* la *Diligence* de Lille.

Tournus, *Voyez* Lyon & Dijon.

Tours , Saumur , Blois ; rue Con-trefcarpe , quartier ·Saint André :
Partent les lundis & mercredis à minuit , deux *Diligences* à huit pla-ces , qui vont en deux jours à Tours. L'une eſt deſtinée ponr Blois , Tours & Saumur ; pour le Service de Tours & Saumur , cette derniere eſt relevée à Tours par une Chaiſe à quatre pla-ces , menée par les chevaux du Fer-mier : elle va en un jour à Saumur. Ces Diligences paſſent par Orléans , Blois , Amboiſe , Tours , Langey & route, & reviennent de même.

Tours , rue Contrefcarpe ; part les lundis à midi un Charriot couvert , conduiſant monde & meſſagerie à jour-nées réglées , paſſant par Etampes , Blois , Amboiſe. Ce même Charriot ſert Saumur , Thouars , Loudun , Bour-gueil, Richelieu, Loches juſqu'à Tours.

Ce Charriot fait encore le ſervice de Paris à Bourges , juſqu'à Orléans , où eſt un autre Charriot pour Bourges.

Toury , *Voyez* Orléans.

Trape , *Voyez* Chartres.

Tréguier , *Voyez* Rennes.

Trévoux , *Voyez* Lyon & Dijon.

Treignac , *Voyez* Aurillac.

Triel , *Voyez* Mantes.

Troyes en Champagne , & route , rue de Bracq , au Marais ; part de Paris les mardis à dix heures du ſoir en Eté , une *Diligence* , qui arrive à Troyes les mercredis ; & en Hiver , part de Paris les mercredis matin , arrive à Troyes les jeudis matin ; repart en tout tems de Troyes les dimanches & arrive à Paris les lundis matin : paſſe par Brie , Guigne , Nangis , la Maiſon-Rouge , Provins , Nogent-ſur-Seine , les Gran-ges. Il part encore de ce Bureau , pour la même ville & pour Langres , un Car-roſſe à huit places , les ſamedis à cinq heures du matin.

Vabres , *Voyez* Touloufe.

Valence en Dauphiné , *Voyez* Lyon.

Valenciennes , rue Saint Denis , vis-à-vis les Filles-Dieu. La *Diligence* part les mardis , jeudis & ſamedis à onze heures & demie du ſoir ; paſſant par Senlis , Pont , Roye , Péronne , Cam-bray & Bouchain : va en deux jours. Le prix de la place 40 livres , dans le Cabriolet 25 livres.

Repart de Valenciennes les mardis ,

vendredis & dimanches le matin & tient la même route qu'en allant.

Valogne ; *Voyez* Caen.

Vandeuvres , *Voyez* Langres.

Vannes , *Voyez* Rennes.

Vatan , *Voyez* Touloufe.

Vendôme , *Voyez* Tours.

Verberie ; *Voyez* Saint-Quentin.

Verdun & route , *Voyez* Metz , porte Saint-Denis.

Vermenton , *Voyez* Lyon.

Verneuil , *Voyez* Dreux.

Vernon , *Voyez* Rouen.

Verſailles , Marly , Meudon & autres endroits où ſéjourne la Cour , quai d'Or-çay , près le Pont Royal ; les Carroſſes partent tous les jours. On y trouve des Voitures à toute heure de jour & de nuit.

Vezoul , *Voyez* Befançon.

Vichy & route , *Voyez* le Carroſſe de Moulins ; l'on y fournit des Chaiſes pour ce lieu.

Vienne en Autriche , Vic , Ulm , Vezelize , Void , Vaucouleur , Worms , *Voyez* Straſbourg , porte Saint-Denis.

Vierzon , Salbris , *Voyez* Bourges , *Diligence* ; rue Contrefcarpe , quartier Saint André.

Villefranche , *Voyez* Lyon & Dijon.

Villefranche en Rouergue , *Voyez* Touloufe.

Villenauxe , *Voyez* Provins.

Villeneuve-la-Guiarre , Villeneuve-le-Roi , *Voyez* Lyon & Dijon par la Bourgogne , & Tonnerre.

Villers-Cotterets & route , rue du Ponceau , *Voyez* Soiſſons.

Vimouﬔers , *Voyez* Gaſſé.

Vincennes , *Voyez* Meſſagerie des environs de Paris , *page* 552.

Vire , Condé-ſur-Nereau , Torigny , Teſſy , Villedieu , Pont-Farcy , & autres lieux de la baſſe Normandie ; le Meſſa-ger loge rue des deux Ecus , à la Ville de Rennes ; part de Paris le vendredi à midi , arrive le mercredi à Vire ; monté & nourri , 30 livres ; port , 3 ſols.

Vitré , *Voyez* Rennes.

Vitry - le - François , porte S int-Denis ; part les ſamedis à quatre heu-reures du matin , *Voyez* Joinville.

Uzerche , *Voyez* Touloufe.

Xaintes *ou* Saintes , *Voyez* Bordeaux.

Ypres , *Voyez* Lille.

Le Bureau général des Litieres , rue d'Enfer , près la place Saint Michel , où

M m iv

on en fournit tous les jours & pour tout le Royaume. Pour Touloufe on prend par place, nourriture comprife, 180 livres; pour Limoges, 150 livres.

On trouve encore pour tous les lieux ci-deffus des Litieres, rue de la Harpe, à la Croix de Fer.

MESSAGERIES ROYALES

DES ENVIRONS DE PARIS,

Avec indication des Bureaux Généraux.

MESSIEURS,

Preveraud Dumeray, *Directeur Général.*
Rodene, *Caiffier, l'un d'eux.* } rue du fauxbourg St Denis.

De Saint-Romain, rue du fauxbourg Saint-Honoré, à l'ancien Bureau des Coches.

Charmat, rue de Vaugirard, à l'ancienne Académie de la Gueriniere.

Mercier, rue du Pas de la Mule, près les Boulevarts de la porte Saint Antoine‑

Départ des Coches d'eau en Eté ; ils retardent d'une heure depuis le premier Octobre jusqu'au premier Avril.

Jours.	Départ de Paris.	Passe à Choify en montant.	Repasse à Choify en descendant.
Dimanche.	{ Châlons en Champagne, à 7 heures du matin. { Nogent à 7 heures du matin. }	à 9 heures.	jeudi à 4 h. du f.
Lundi.	Sens , à 7 heures du matin.	à 9 heures.	le vendr. à midi.
Mardi.	Briare , Montargis & Nemours réunis, à 7 heur. du matin.	à 9 heures.	dim. à 4 h. du f.
Mercredi.	{ Auxerre, à 7 heures du matin. { Corbeil , à dix heur. du matin. { Villeuve-S.-Georges , à 3 heur. { du foir , de Pâques à la S. Re- { mi , où il cesse tout service.	à 10 heures. à midi. à 5 heures.	le mercr. à 1 h. le mardi à midi. le mercr. à 10 h.
Jeudi.	{ Montereau , à 7 heur. du mat. { Châlons en Champagne , à 7 { heures du matin.	à 9 heures.	le lundi à 4 heur.
Vendredi.	Melun , à 7 heures du matin.	à 9 heures.	le mardi à 2 heur.
Samedi.	{ Auxerre , à 7 heures du matin. { Corbeil , à 10 heures du matin. { Villeneuve-Saint-Georges , { à 3 heures du foir.	à 10 heures. à midi. à 5 heures.	le famedi à 1 h. le dim. à 9 heur. le vendr. à midi. le fam. à 10 h.

Les passages de ces Coches à Choify retardent en hiver environ d'une heure.

Tous les jours , le Coche Royal , la Cour à Fontainebleau. } à 7 heures. à 5 heures.

Adresses des Bureaux à Paris.

Montereau,
Briare ,
Melun ,
Nemours ,
Montargis ,
Châlons , porte Saint Bernard.
Le Coche Royal , Quai hors Tournelle.

Corbeil,
Auxerre ,
Sens ,
Nogent ,
Villeneuve-Saint-Georges , } A la Diligence de Lyon.

On a rendu la liberté générale des Carrioles qui conduifent en un jour e Montereau à Auxerre, les voyageurs , leurs hardes & paquets , à un prix très-1odique & de gré à gré : enforte qu'on peut aller en tout tems à Auxerre en n jour & demi, en partant de Paris les lundis , mercredis , jeudis & famedis par 's Coches de Montereau, d'Auxerre & de Sens ; on arrive à Paris à cinq heures u foir en été , & environ une heure plus tard en hiver.

En conféquence des Articles 29 & 30, lefdits Coches arriveront aux jours dé-ommés par le Réglement , fans qu'ils puiffent fouffrir aucun retardement , ne ouvant lefdits Bateaux être furchargés de marchandifes ni d'alleges , & encore u moyen des relais diftribués de quatre en quatre lieues ; ce qui fera un fervice gal en tout tems.

Le Coche Royal de Fontainebleau part de Paris tous les jours à 7 heures pré-ifes du matin , & arrive le même jour & à pareille heure à Valvin ; 2 livres 10 ols. On le prend quai hors Tournelle, à l'enfeigne du Coche Royal. Il repart de alvin un pareil Coche à 8 heures précifes, qui arrive à Paris à 7 heures du foir. e fervice fe fait exactement tant que la Cour eft à Fontainebleau.

Il a été établi un nombre de Voitures couvertes pour conduire journellement de Valvin à Fontainebleau & de Fontainebleau à Valvin, ceux qui fuivent la Cour, & qui vont par le Coche Royal : elles partent de Fontainebleau à Valvin tous les jours à 6 heures du matin, & de Valvin à Fontainebleau tous les foirs à l'arrivée du Coche. Le Bureau de ces Voitures à Valvin eft *au Bureau des Coches d'eau*, & à Fontainebleau, *dans la grande rue*, près de l'Etoile, au grand Louis.

Lois du féjour du Roi à *Compiegne*, il y a deux Coches d'eau, dont l'un va & l'autre revient. Ces Coches vont & viennent alternativement de Compiegne à *Pont-Sainte-Mexence*.

Le Bureau de Correfpondance des Voitures par eau pour les gros ballots & équipages par les bateaux de Paris à Rouen, eft toujours chez M. J. Freret, cloître Saint Nicolas du Louvre, auquel il faut s'adreffer, ou aux fieurs Bertaux, freres, audit Bureau, ou au Port de la Conférence ; & à Rouen, chez M. Héroult, rue aux Ours.

Diligence par eau de Paris à Rouen, & de Rouen à Paris, pour toutes fortes de Marchandifes. Les Bureaux des fieurs Janffe & Guérard, port Saint Nicolas & port du Racueillage.

Il y a actuellement des Coches établis à l'inftar de ceux de la riviere de Seine, fur la riviere de Marne ; ils partent tous les dimanches & jeudis à fept heures du matin en tout tems, & reviennent pareillement deux fois par femaine. On tranfporte par ces Coches les Voyageurs & leurs effets de Paris à Châlons & à tous les lieux fitués fur la route. On charge de plus toutes fortes de marchandifes pour la Lorraine, l'Alface & l'Allemagne. Le Bureau eft au bas du pont de la Tournelle, près la porte Saint Bernard.

Commiffionnaires Entrepreneurs de groffes voitures par la voie des Rouliers, pour toutes les Villes du Royaume.

Le fieur *Abraham*, Entrepreneur de Voitures pour le Roi & pour les Fermes générales, rue Saint Denis, à la Croix blanche, entreprend auffi pour le Public, pour les routes de l'Orléanois, le Berry, le Poitou, la Touraine, le Limoufin, l'Auvergne, le Languedoc, la Guyenne, Gafcogne, Béarn, l'Efpagne, la Bretagne, la Normandie, Troyes, Langres, la Bourgogne, la Comté, la Suiffe, le Lyonnois, le Dauphiné, la Provence. Il a fuccédé aux fieurs *Corroyer & le François*, ci-devant à la ville de Strafbourg rue Saint Denis, pour toutes les routes de Flandre, Picardie, le Haynaut, l'Allemagne & la Lorraine, & généralement pour tout le Royaume. Il reçoit auffi les Malles & Marchandifes de Province, pour ceux qui n'ont point d'adreffe à Paris, comme pour ceux qui defirent les faire paffer plus loin.

La Dame veuve *Glot & fils*, Entrepreneurs de Voitures pour le Roi, pour les Fermes Générales & pour le Public, rue Saint Denis à l'ancien Grand Cerf, pour les routes de l'Orléanois, le Berry, le Poitou, la Touraine, le Limoufin, l'Auvergne, le Languedoc, la Guyenne, Gafcogne, Béarn, l'Efpagne, la Bretagne, la Normandie, Troyes, Langres, la Bourgogne, la Comté, la Suiffe, le Lyonnois, la Provence, la Flandre, la Picardie, le Haynaut, l'Allemagne & la Lorraine, & généralement pour tout le Royaume. Elle reçoit auffi les malles & marchandifes de Province, pour ceux qui n'ont point d'adreffe à Paris, comme pour ceux qui defirent les faire paffer plus loin.

Le fieur *Ronceray*, petit-fils de feu Mahuet, ancien Commiffionnaire, où l'on trouve journellement des Rouliers pour toute l'Allemagne, la Lorraine, la Champagne, la Flandre, l'Artois, la Picardie, l'Efpagne, la Guyenne, la Gafcogne, le Béarn, la Bretagne, le Lyonnois, la Provence, le Languedoc, la Savoie, la Suiffe, la Franche-Comté, la Bourgogne, Rouen, le Havre, la Normandie, & toutes les autres Villes de France, étrangeres, & Châteaux du Royaume ; au Charriot d'or, rue Grenéta.

Les fieurs *le Fevre & Hemery*, pour la Picardie, la Flandre, le Brabant, la Thiérache, le Haynaut, la Champagne, la Lorraine, l'Allemagne, la Bourgogne,

le Lyonnois, la Provence, la Gafcogne, l'Orléanois, la Rochelle, la Normandie, &-pour toutes les Villes & Châteaux du Royaume, rue Saint Denis,
au Renard rouge.

le fieur *Brebion*, pour Châlons en Champagne, Sainte-Menehould, Clermont,
Verdun, Metz, Thionville, Nancy, Luneville, & autres Villes de Lorraine,
Strafbourg, Munick, Francfort, Mayence, & autres Villes de l'Empire &
d'Allemagne, Pays de Luxembourg, de la Sarre & de Trèves; comme auffi
les Villes de Reims, Réthel-Mazarin, Mezieres, Charleville, Sedan, Namur,
Dinan, Liége, Maftricht, Cologne & route, & tout le Royaume, rue de la
Verrerie, à l'hôtel Notre-Dame.

le fieur *Guillen*, pour Caen, Bayeux, Falaife, Valogne, Argentan, Séez, Bre-
folles, la haute & bafle Normandie, la Bretagne, & pour tout le Royaume,
rue Montorgueil, au Compas.

le fieur *Chatria*, pour la Champagne, Orléans, la Touraine, l'Anjou, Bordeaux,
la Rochelle, la Bretagne, le Limoufin, le Bourbonnois, le Berry, Lyon, Nevers,
Moulins, l'Auvergne, le Poitou, l'Allemagne, les Pays-Bas & tout le Royaume,
rue d'Enfer Saint Michel, à l'image Saint Louis.

le fieur *Lechenne*, pour Rennes & toutes les Provinces du Royaume, rue des
deux Ecus, au coin de la rue d'Orléans, à la ville de Rennes; & entreprend
pour la Compagnie des Indes.

le fieur *Legret*, pour toutes les Provinces, Villes & Châteaux du Royaume,
rue Tireboudin, au bon Conducteur.

le fieur *Bugey*, rue & près l'Abbaye Saint Martin, au grand Saint Martin, pour
toutes les Villes d'Allemagne, Lorraine, Alface, les trois Evêchés, la Flandre, la Bourgogne, la Suiffe, & toutes les Provinces du Royaume, Villes &
Châteaux, pour l'Angleterre & pour les Ifles.

le fieur *Pitra*, rue Beaurepaire, attenant la rue Montorgueil, à la Garde
de Dieu, pour toutes les Provinces, Villes, Châteaux & Bourgs du Royaume,
& pour les pays étrangers.

le fieur *Penant*, rue Geoffroy-Lafnier, à la Clef d'argent, pour la Champagne,
la Lorraine, l'Alface, la Bourgogne, & toutes les Villes & Provinces du
Royaume.

e fieur *Prefle*, rue Thevenot, vis-à-vis le cul-de-fac de l'Etoile, au Charriot
rouge, pour toutes les Provinces, Villes & Châteaux du Royaume. Il reçoit
auffi les marchandifes de ceux qui n'ont point d'adreffe à Paris, ou en paffe-
debout.

e fieur *Broyart*, Commiffionnaire ordinaire du Roi, pour les Châteaux, Villes
& Provinces du Royaume, Ports de mer & Pays étrangers. Reçoit les marchandifes & effets en paffe-debout d'une Province à l'autre, ou en entrepôt
pour les Particuliers qui n'ont point d'adreffe à Paris, & fait le rembourfement
des frais de route. Il avance aux Voyageurs, fans aucun intérêt, l'argent qu'ils
defirent, à proportion de la valeur des effets qu'on remet chez lui. Les Bureaux
font rue du Ponceau Saint Denis, à l'enfeigne de la Ville de Lyon, où logent
les Rouliers & le fieur Broyart; & rue du petit Lion Fauxbourg Saint Germain, à la même enfeigne.

e fieur *Viot*, rue & vis-à-vis le petit Saint Antoine, pour toutes les Villes &
Châteaux, & pour les Pays étrangers; reçoit les envois à Paris pour faire
paffer où l'on defire.

es fieurs *Bernier* & *le Tellier*, rue du Bouloy, vis-à-vis la Douanne, pour les
envois de Caiffes, Malles, Ballots, Carroffes, &c. dans tout le Royaume &
chez l'Etranger. Ils reçoivent de toutes les Provinces pour les Perfonnes qui
n'ont point d'adreffe à Paris.

e fieur *Pitra* (Hubert), rue Coqheron, maifon du Notaire, pour toutes les
Villes & Provinces, & Pays Étrangers.

ÉTAT DES PLUS CONSIDÉRABLES FOIRES
du Royaume.

TOus les lundis de l'année, marché franc à Mamers au Maine, au Mans, à Couterne, Mondoubleau, la Ferté-Bernard, Mayenne, Sablé, Saint Denis de Gaftine, Vilennes, Saint Hilaire, Chemeré-le-Roi, Landivi & Beffé, à Saint-Pierre-fur-Dive, à Chervais, piès Bar-fur-Seine, à Tilly d'Orceau en baffe Normandie.

Tous les mardis de l'année, marché franc à Arnouville près Goneffe, à Crofne, près Villeneuve Saint-Georges, à Paioifel, près Maffy, à Méréville en Beauce, Bonnétable au Maine, Beaumont, Sainte-Suzanne, Couprains, Ernée, Luard, Monfeurs, Malicorne, Bouloiré, Ecommoy, Laval, Loiron, Mancigny, Juvigné & Loué le même jour, marché franc de chevaux, bœufs & autres beftiaux à Rennes en Bretagne, & à Maligny près Chablis en Champagne. Le même jour, marché à Hardivilliers près Breteuil en Picardie, à Beaumont en Gatinois, & marché franc à Rouvray-Saint-Florentin, ainfi qu'à Saint Clémentin en Poitou.

Tous les mercredis de l'année, marché franc à Chelles en Brie, Saint Frajou en Comminges, Yenville en Beauce, Querhoent, ci-devant Montoire, à Lucé, Saint-Ouen, Montoire, Gorron, Sillé, Dollon, Bellon, Paulier, Carrouge, Conneré, la Pauté & Laffay dans le bas Maine, à Varaiffe en Saintonge, & à la Fleche. Le même jour, à Enghien, ci-devant Montmorency, marché franc très-confidérable de beftiaux, de comeftibles, & de toutes autres marchandifes quelconques.

Tous les jeudis de l'année, marché franc à Bellefme & Trien, Saint-Calais, Conlie, Vâlon, la Suze, la Chartre, Thorigné, Ballée, Coffé, Laval, Tuffée, Grez, Evron, Sauffay, Pontvallain, Meflé, la Ferté - Macé, René & Vaucé : les mêmes jours, marché à Champchevrier en Touraine, frontiere d'Anjou, & à Tuffé, à cinq lieues & demie du Mans, vers l'orient d'été. Les mêmes jours, marché

franc à Choify-le-Roi, pour toutes fortes de denrées, comme bled, farine, orge & autres. Le même jour, jeudi, marché à Sain=Port, près Melun.

Tous les vendredis, marché à Angerville en Beauce, au Mans, à Vihraye, Sougé, Sablé, Monthaudin, Beaumont & Coulonche.

Tous les derniers vendredis de chaque mois, marché franc à Cambray.

Tous les famedis de l'année, marché franc à Provins : le même jour, marché franc de beftiaux à Pré-en-Pail, au bas Maine, Laval, Brulon, Ambriere, Montfort, le Lude, Frefnay, Bais, Châteauduloir, Saint-Cofme, Domfront & Fougerole ; marché confidérable à Etampes. Le même jour, au Comté de Laric.

Tous les premiers lundis du mois, marché franc à Genlis en Picardie ; & foire à Tilly d'Orceau en baffe Normandie.

Le premier lundi de chaque mois, excepté Juillet & Septembre, marché franc au Mefnil en France, portant exemption des droits de gros des Aides fur les vins qui fe vendent pour l'étape lefdits jours de foire.

Tous les premiers mardis du mois, foire de beftiaux à Chenerailles en la haute Marche ; & tous les mardis, depuis le fecond mardi de l'Avent jufqu'au mardi gras, marché de beftiaux à Auzance en Combraille, frontiere de la haute Marche. Si le mardi eft Fête, ce marché fe tient la veille : à l'égard des autres jours de Foire, quand ils arrivent le Dimanche ou jour de Fête, la Foire eft remife au lendemain.

Tous les premiers mercredis du mois, marché franc à Coulommiers en Brie, à Fere en Tardenois, & à Crépy en Valois, portant exemption des droits de gros des Aides fur les vins qui fe vendent pour l'étape. Le même jour, marché à Hardivilliers, près Breteuil en Picardie.

Tous les premiers famedis du mois, marché franc à Mondidier, où il fe trouve beaucoup de chevaux.

Ormes, Cherveux entre Niort & Saint-
Mexent en Poitou, & Lépaud en Combraille, frontiere de la haute Marche.

Le 18, à Landrecy.

Le mardi le plus proche du 18, à
Ballon.

Le 20, fête de S. Sébaftien, à Né-
mours, Châtillon-fur-Seine, Lille en
Flandre, Gençay & Seneçay en Poitou,
Connéré au Maine, & Saint-Calais.

Le 22, S. Vincent, à Saumur & Grenoble, & dure trois jours · le même
jour, foire de beftiaux à Auzance en
Combraille, à Argentan, à Maligny
près Chablis en Champagne, & à Milly
en Gâtinois.

Le 23, à Muffi-Léveque.

Le 28, foire de S. Julien, près le
Mefle-fur-Sarthe, & à Evron au Maine.

Le 30, jour de Sainte Batilde, Reine
de France, à Chelles en Brie.

Tous les derniers jeudis de ce mois,
Foire affez confidérable à Châteaudun.

FÉVRIER.

Le deuxieme mardi, à Angers,
franche.

Le premier vendredi à Bouchain.

Le lundi de devant la Chandeleur,
foire à Auxerre.

Le lundi d'après la Chandeleur,
Foire confidérable au Bourg d'Ablis en
Beauce, de toutes natures de marchandifes, de chevaux & autres fortes de beftiaux.

Le mardi d'après la Purification, à
Bonnétable, foire confidérable de beftiaux, marchandifes & denrées; le
famedi à Fougerole & au Luart.

Le mercredi qui précéde le mercredi
des Cendres, Foire franche à la Fleche.

Le 2, foire franche à Nantes, &
dure 15 jours; le même jour, à Condé.

Le 3, la foire S. Germain à Paris,
qui finit au Dimanche de la Paffion; le
même jour, à Lagny, Goneffe, Nonan,
Rouen, & dure 15 jours; à Alençon,
Montmorillon, Egue en Poitou, Châteauroux, Châteauneuf-fur-Cher, Vierzon & Paloifeau, le jour de S. Blaife.

Le lundi d'après la Chandeleur, à
Befançon.

Le mercredi d'après la Chandeleur,
à Monceny.

Le 5, à Villenauxe en Brie; le 6,
Sainte Agathe de Niort en Poitou.

Le 6, à Maubeuge.

Le 8, à Avefne.

Le 10, marché franc à Valenciennes.

Le 13 , à Langres , & finit le 22 ; le 22, à Sainte-Menehould , & à Bourmont en Baffigny-Barrois.

Le 14, foire de chevaux & beftiaux de toute efpece , marchandifes & denrées , à Arles en Provence.

Le 15 , à Bavay.

Le 17 , à Domfront en Paffais.

Le 18 , à Landrecy.

Le 22 , au Câteau-Cambrefis.

Le 24 , à la Fontaine Saint-Martin , à Longny , Foire de S. Matthias , & à Beaumont en Gâtinois : le même jour, à Paris : le Pardon Saint Denis, à Verfailles, à Vitry-le-François , à Varaife en Saintonge , Niort en Poitou , & dure huit jours.

Le 25 , à Lucé ; le 27 , à Coulanche ; le 28 , à Domfront en Paffais.

Depuis le premier lundi de devant le dimanche gras jufqu'au premier lundi de Carême , foire de marchandifes à Rennes en Bretagne.

Le mercredi de devant le Carême , à Mont-Ferrand.

Le jeudi gras , à Montargis ; à Conlie au Maine , & la Suze.

Le lundi gras , à Tonnerre , Mâcon , Mont-Ferrand , & Champchevrier en Touraine, frontiere d'Anjou.

Le lundi & le mardi gras , à Ponteau-de-mer.

Le mercredi des Cendres , foire graffe à Ahun en la haute Marche : le même jour , foire de chevaux à Séez.

Le premier jeudi de Carême, à Coffé au Maine.

Le premier vendredi de Carême , foire franche à Verneuil au Perche.

Le premier famedi de Carême , foire franche à Rouvray-Saint-Florentin.

M A R S.

Le premier , à Bordeaux & Bayonne , & dure quinze jours.

Le 2 , à Condé.

Le deuxieme mardi , à Angers.

Le premier lundi de Carême , la foire des Brandons à Nevers : le même jour , foire à Caen pour les beftiaux ; & quelques jours avant la foire, il fe fait une vente confidérable de chevaux, le même jour , à Domfront , à Montfeurs.

Le premier mardi de Carême , à Marmande , à Bourgnouvel , au Maine.

Le premier mercredi , à Querhoent &tMontoire.

Le premier vendredi , à Bouchain?

Le deuxieme mardi du mois , foire à Hardivilliers, près Breteuil en Picardie.

Le premier famedi de Carême , à Senlis & Saint-Florentin. A commencer du famedi de la premiere femaine de Carême jufqu'à la faint Jean , il y a à Cholet en Anjou , marché affez confidérable de quinze en quinze jours.

Le fecond lundi de Carême , foire franche à Troyes & à Gien-fur-Loire, & dure huit jours ; le même jour , foire graffe à Auzance en Combraille ; & à Alençon, foire confidérable de chevaux , beftiaux de toute efpece , de toiles , lins , chanvres & vins.

Le mardi d'avant la mi-Carême , à Bonnétable , foire confidérable de beftiaux , marchandifes & denrées.

Le mercredi , à Ecommoy au Maine.

Le lundi de la femaine de la mi-Carême , à Saint-Clémentin en Poitou.

Le jeudi de la mi-Carême , à S. Calais , à S. Lô en baffe Normandie,à Compiegne & Epernay , & dure quinze jours : le même jour , foire de chevaux & beftiaux à Fere en Tardenois ; foire de chevaux à Morange ; foire le même jour à la Ferté-Aleps & Châteaudun , à Châteaudüloir , Ernée au Maine & Evron.

Le mardi d'après la mi - Carême , à Laval ; le vendredi , au Mans.

Le famedi d'après la mi-Carême , foire à Mortagne.

Vers la mi-Carême , à Cliffon , Poitiers , Civray - Poitevine, Dinan, & Carhaix en Bretagne , & dure 15 jours.

Le quatrieme lundi de Carême , à Mamers.

Le 6 , à Maubeuge.

Le 8 , à Avefne , & à Montceaux près Charolles , dans le Charolois.

Le 10 , marché franc à Valenciennes.

Le 12 , au Quefnoy.

Le 14 , foire franche à Méréville en Beauce.

Le 15 , à Chaffant au Perche , foire de chevaux & beftiaux , & ne dure qu'un jour. Le même jour , à Bavay.

Le vendredi de devant le Dimanche de la Paffion , la foire Fleury à Nonan en Normandie.

Le lundi de devant le Dimanche des Rameaux , à Auxerre.

Le mercredi de la Paffion , foire à Lonjumeau , nommée *la foire aux œufs*.

Le vendredi de devant les Rameaux, à Châlons-fur-Marne.

Le famedi de devant les Rameaux, la foire dite *Lauʒanne* à Cholet en Anjou.

Le jour des Rameaux, à Grenoble & Romanez.

Le 18, à Autun & à Landrecy : le 21, à Sens.

Le 19, à Ambretére au Maine, la Chartre & Monthaudin.

Le mardi de la Paſſion, la foire aux œufs, à Chaulme en Brie.

Le Mercredi, à Goron.

Le jeudi de la Paſſion, foire franche à Mormans en Brie.

Le Samedi, à Frefnay.

Le lundi faint, à Domfront.

Le Mardi faint, à Saint-Clémentin en Poitou.

Le Mercredi faint, foire de chevaux à Séez.

Le Jeudi faint, à Arpajon & Clermont-Ferrand en Auvergne.

Le 21, foire à Perrecy en Charolois.

Le 22, au Câteau-Cambrefis.

Le 24, à Saint-Farjou en Comminges.

Le mardi le plus proche du 25, à Beaumont au Maine.

Le famedi d'apiès l'Annonciation, à Fougerole.

Le 26, à Villenauxe.

Le lendemain de la Notre-Dame de Mars, foire franche nouvellement rétablie pour le commerce des beſtiaux à Beaufort en Anjou.

Le lendemain de la *Quaſimodo*, foire franche à Verneuil au Perche.

Le Mercredi d'après la *Quaſimodo*, foire franche à la Fleche ; le jeudi, à la Suze.

AVRIL.

Le deuxieme mardi, franche à Angers.

Le premier vendredi, à Bouchain.

Le 2, marché franc à Condé.

Le 3, à Lyon, fête de Saint Nizier, Evêque de Lyon, & dure huit jours.

Les payemens de Pâques commencent le premier Juin.

Le 8, à Avefnes.

Le 9, à Paimbeuf.

Le 10, à Valenciennes.

Le 12, foire franche à Genlis en Picardie & au Quefnoy.

Le 15, à Montceaux près Charolles, dans le Charolois.

Le lundi de Pâques, à Varaiſſe en

Saintonge ; le mercredi, à Sablé ; & le jeudi, à Evron.

Le lundi d'après Pâques, à Reims, & dure huit jours ; & pour les priviléges, quinze jours après francs de tous droits.

Le premier mardi d'après Pâques, à Bourgnouvel au Maine, & à Suvigny.

Le premier vendredi d'après Pâques, à Boulon au Maine & Melay.

Le lendemain des Fêtes de Pâques, foire graſſe à Chaumont en Baſſigny, Saint-Pierre-le-Moutier, & Ahun en la haute Marche.

Le mercredi d'après Pâques, à Bouloire au Maine, & Ecommoy.

Le jeudi d'après Pâques, foire de moutons à Buſſiere nouvelle, près Chartrain en Combraille : le même jour à Francfort, à Saint-Denis de Gaſtures.

Le famedi de Pâques, à Fleury & Montfort.

Le lendemain de *Quaſimodo*, à Mortagne & Roye · le même jour, foire franche de chevaux & beſtiaux à Argentan, qui dure trois jours ; le même jour, à Châteauduloir, à Montfeurs.

Le jeudi d'après la *Quaſimodo*, foire de beſtiaux à Champchevrier en Touraine, frontiere d'Anjou.

Huit jours après la *Quaſimodo*, foire franche à Caen, & dure quinze jours.

Le 17, à Lunéville en Lorraine.

Le 22, à Cateau-Cambrefis.

Le 23, à Cholet en Anjou, Bais au Maine, Saint-Ouen près Laval, & à Sauſſay.

Le mardi d'après la Saint George, à Bouloire au Maine, & Loiron.

Le 25, au Meſlerault : le même jour, à Troyes en Champagne, & finit à la Pentecôte.

Le 30, à Crofne, près Villeneuve Saint-Georges, foire franche, à Saint-Martin-des-Ormes en Poitou, à Sainte-Suzanne.

Le dernier mercredi du mois, à Laval.

MAI.

Le premier, à Louvres en Parifis, Arpajon, Neubourg & Nonan en Normandie, Cruſſy-le-Cnâtel proche Tonnerre, & Châtellerault, & dure huit jours : le même jour, à Angers & Longny ; pour les chevaux, bœufs & beſtiaux à Guillain, gros bourg près Coutances. Le même jour, à Saint-Clémentin en Poitou, & au Lude.

Le 2, à Senlis, à Condé, à Beaumont en Gâtinois, & à Châteauduloir, Ernée & Sillé.

Le 3, à Villedieu-les-Poëfles, Branfle proche Nemours, Paimbeuf, Coulonche, Mamers, Saint - Frajou en Comminges, Milly en Gâtinois, & Vere en Brie. Le même jour, foire à Perrecy en Charolois, & à Chaource en Champagne, confidérable pour les beftiaux & les grains.

Le 4, foite à Chervay en Champagne, près Bar-fur-Seine.

Le premier jeudi du mois, à Torcy en Brie, & à Châteaudun : la veille, à Lucé.

Le premier vendredi à Bouchain.

Le 6, à Maubeuge, à Trun en Normandie, Bâlée au Maine, & Niort en Poitou : le même jour, foire de beftiaux à Brayne près Soiffons, où il y a aüffi un marché franc confidérable le troifieme mercredi de chaque mois.

Le fecond mardi de ce mois, foire de beftiaux à Mondidier. Autre foire à Harvilliers, près Breteuil en Picardie.

Le mardi des Rogations, à Provins, & dure fix femaines.

La veille de l'Afcenfion, à Châtel-Chinon, à Conneré au Maine ; & à Domfront.

Le lundi d'après l'Afcenfion, à Frefnay, à Monthaudin.

Le vendredi d'après l'Afcenfion, à Sainte-Honorine,& Creffy en Bretagne.

Le 8, à Saint Cloud · le même jour, à Tarafcon en Foix, foire confidérable de mulets & autres beftiaux, de laine d'Efpagne & de fer : cette foire dure trois jours francs, pendant lefquels on dit qu'on ne peut arrêter perfonne pour dettes. Le même jour, à Mêlay & à Avefne.

Le 9, à Méréville en Beauce, Amiens, & Clermont en Auvergne. Le même jour, foire franche à Rouvray-Saint-Florentin & la Châtre.

Le 10, à Valenciennes.

Le 11, foire franche des Barricades à Chartres en Beauce, & dure huit jours francs. : le même jour, à Château-Thierry.

Le 12, au Quefnoy.

La mi-Mai, à Meaux : à Laffay au bas Maine, elle dure fix jours, & eft confidérable pour les beftiaux & marchandifes de fil, laine & plumes.

Les fêtes de la Pentecôte, à Flagy près Montereau.

Le lundi avant la Pentecôte, à Auxerre, & à Choify-le-Roi, foire franche jufqu'au famedi fuivant.

Le mercredi qui précede la Pentecôte, foire franche à la Fléche ; le jeudi, à Evron au Maine.

Le lendemain de la Pentecôte, à Rouen, & dure quinze jours : le même jour, foire franche de chevaux & beftiaux à Argentan.

Le mardi des fêtes de la Pentecôte, à Marmande : le même jour, foire confidérable à Bourmont en Baffigny-Barrois.

Le lendemain des fêtes de la Pentecôte, foire de beftiaux au Mans.

Le mardi d'après la Pentecôte, au Mans.

Le jeudi d'après la Pentecôte, à Coffé au Maine, & la Suze.

Le vendredi d'après la Pentecôte, à Châlons-fur-Marne.

Le fecond mardi d'après la Pentecôte, à Bonnetable foire confidérable de beftiaux, marchandifes & denrées.

Le premier mercredi d'après la Pentecôte, à Querboent ci-devant Montoire.

Le 15, à Bavay, à Châteauduloir, à Chemeré-le-Roi & à Laffay.

Le 16, à Mâcon, S. Agnan & Senlis.

Le 17, foite graffe à Chambon en Combraille.

Le 18, à Landrecy & à Montceaux, près Charolles dans le Charolois.

Le 21, à Compans-la-ville, entre le Mefnil & Dammartin, fort confidérable, commode & abondante en toute forte de bétail & de denrées ; elle fe remet au lendemain quand le 21 eft fête : le Seigneur, le jour de cette fête, fait tirer un prix qui eft une écuelle d'argent.

Le 22, à Limoges, & dure huit jours. Le même jour, foire au Comté de La-ric, & au Cateau-Cambrefis.

Le 24, à Nantes, & dure quinze jours.

Le 25, foire de beftiaux à Ahun en la haute Marche, & à Brion en Auvergne.

Le mardi le plus proche du 25, à Beaumont au Maine.

Le 28, à Varaiffe en Saintonge à Boulogne en Comminges.

Le 30, à Mêlay. · ·

JUIN.

JUIN.

Le premier, foire royale à Meudon, à Grez en Bouere, au Lude, & Viez en Poitou, & dure trois jours.

Le premier mardi, à Juvigné & Loiron.

Le premier vendredi à Bouchain.

Le 2, à Abbeville, & à Condé.

Le 6, foire à Perrecy en Charolois, à Maubeuge, & à Saint-Clémentin en Poitou.

Le 8, jour de S. Médard, à Messe, près Etampes, & à Avesne.

Le 9, foire franche à Château-Thierry; & foire de bestiaux à Champchevrier en Touraine, frontiere d'Anjou.

Le lendemain de la Trinité à Fontainebleau, & dure trois jours francs, & à Mayenne.

Le 10, à Valenciennes.

Le 11, jour de S. Barnabé, à Châtillon-sur-Seine, Bourges, Bais au Maine, & Saint-Calais.

Le lundi d'après la S. Barnabé, foire du Landi à Saint Denis en France, & dure huit jours.

Le lendemain de la Fête-Dieu, à Angers, grosse foire de bestiaux durant trois jours, & pour les autres marchandises huit jours.

Le lundi d'après la Fête-Dieu, à Tréguier en Bretagne, & Loué au Maine.

Le jour de l'Octave du Saint Sacrement, à Beaulieu & Châteauduloir.

Le 11, à Saint-Denis de Gastines.

Le 12, au Quesnoy.

Le 15, foire franche à Genlis en Picardie, & à Bavay.

Le 16, à Nevers, & à Nonan en Normandie.

Le 17, à Brives, foire franche pendant trois jours.

Le 18, à Landrecy, & Ecommoy au Maine.

Le 19, fête de S. Gervais, grande foire de bestiaux au Mans, à Balée au Maine, à Domfront & Saint-Ouen; & le même jour, foire à Dormelle près le Château Saint-Ange, à Ernay & Montfort.

Le mardi d'après la Saint Gervais, à Bonnétable, foire considérable en bestiaux, mais remise au mercredi, si celle du Mans tient le même mardi, la Saint Gervais avenant un lundi.

Le 20, foire de S. Sébastien, à Pé-

rier, en basse Normandie, & dure deux jours.

Le 21, à Sablé au Maine.

Le 22, au Cateau-Cambresis.

Le 23, foire de chevaux & bestiaux à Falaise.

Le 23, foire de bestiaux à Ahun en la haute Marche.

Le lundi d'avant la Saint Jean, à Charabatas, & dure trois jours.

Le mardi avant la Saint Jean, à Laval.

Le 24, foire de Saint Jean à Mortagne, Montfeurs & Couvé; le même jour, foire de chevaux & bestiaux à Fere en Tardenois.

Le jour de Saint Jean, foire franche nouvellement rétablie pour le commerce des bestiaux à Beaufort en Anjou.

Le lendemain de Saint Jean, foire & étape de vin à Arnouville près Gonesse, trois jours consécutifs, & au Luart.

Le mercredi d'après la Saint Jean, foire à Boulogne en Comminges.

Le 25, à Amiens, Rozoy en Brie, la Fleche, Balée au Maine, Domfront & S. Ouen, Bellay en Anjou, & Châlons-sur-Saone le même jour, foire fameuse de bestiaux à Fontenay en Poitou, & à Brion en Auvergne; le même jour, foire franche à Lonjumeau & Senlis.

Le 26, à Dijon, & à Févrol près Montereau. Le même jour, à Arnouville près Gonesse, foire de bestiaux, vins en gros, autres denrées & marchandises : elle dure trois jours.

La surveille de la Saint Pierre, à Brulon au Maine.

Le 28, veille de la Saint Pierre, à Tuffé au Maine grande assemblée.

Le 30, lendemain de la S. Pierre, à Tessy en basse Normandie, à Montaudin. Le même jour, à Hardivilliers, près Breteuil en Picardie; à Montceaux, près Charollés dans le Charolois. Le même jour, foire franche à Rouvray-S. Florentin.

Le mardi d'après la Saint Pierre, à Chaulme en Brie.

JUILLET.

Le premier mardi, à Juvigné.

Le second mardi, à Angers.

Le premier jeudi, à Châteaudun. Le même jour foire franche à Verneuil au Perche.

Le premier vendredi, à Bouchain.

Le 2, à Condé; Evron & la Charité

Le 3 , foire de Noyelle en Bretagne , à Pontivy , & dure huit jours.

Le 4 , foire de chevaux à Nangis , Saint Martin proche Bellefme , & Formigny , près Bayeux , foire de beftiaux à Auzance en Combraille : le même jour , foire à Efgreuilly près Nemours.

Le lundi d'après le 4 , à Châteaudu-loir , à Chemeré-le-Roi au Maine , & à Landivi.

Le 5 & le 6 , foire au Mefnil en France. Le même jour 6 à Maubeuge.

Le fecond Dimanche du mois , foire renommée de chevaux à la Martyre , Paroiffe de Ploudivy en baffe Bretagne , & dure quatre jours.

Le fecond Mardi du mois , foire à Hardivilliers , près Breteuil en Picardie.

Le 8 , à Avefne.

Le 9 , foire à la Baronnie d'Oze , province de Dauphiné.

Le 10 , à Valenciennes.

Le 11 , foire à S. Benoît de Laigle.

Le même jour , foire à Perrecy en Charolois.

Le 12 , au Quefnoy.

Le 14 , à Saint Denis de Gaftines.

Le 15 , à Varaiffe en Saintonge , & à Bavay.

Le 18 , jour de Saint Clair , à Caen , & à Landrecy.

Le 20 , à Angerville-la-Gafte en Beauce , & à Bais au Maine.

Le 22 , au Cateau-Cambrefis , la Suze , Lucé & Mayenne.

Le lundi avant la Madeleine , à Reims , & dure trois jours ; & pour les privileges , encore quinze jours francs de tous droits.

Le jour de la Madeleine , foire franche à Auxerre , Châteaudun , Epernay , Vitry-le-François , & Chelles · le même jour , à Sainte-Pazanne en Bretagne , Beaucaire en Languedoc , Saint-Lo en baffe Normandie , Saint-Frajou en Comminges , Marmande , Briou en Auvergne , & Chevreufe : foire confidérable au Puifay en Beauce , & à Tilly d'Orceau.

Le lendemain de la Madeleine , à Mont rgis & Saint Malo.

Le 25 , jour de S. Jacques , la foire Saint Laurent à Paris , qui dure jufqu'au 20 Septembre ; & eft fouvent prorogée. : , le même jour , à Valence proche Montereau , Villenauxe , Mor-

tagne au Perche , Houdan , & Saint Jacques de Breffuire en Poitou.

Le mardi d'après , à Loiron au Maine.

Le 26 , à Aix & à Frefnay.

Le 28 , jour de Sainte Anne , à Auxerre , Viteaux , & Bourbon-les-Bains.

Le 29 , lendemain de Sainte Anne , à Tarafcon.

AOUST.

Le premier à Ambreterre au Maine ; à Bayonne , & dure quinze jours ; à Fontenay en Poitou , & dure huit jours.

Le premier lundi , foire franche à Mormans en Brie & Domfront en Paffais.

Le premier mardi , à Bourgnouvel au Maine , & à Juvigné.

Le premier mercredi , foire à Perrecy en Charolois.

Le premier vendredi , à Bouchain.

Le 2 , à Condé.

Le 3 , à Montceaux près Charolles , dans le Charolois , & à Sillé.

Le 4 , à Lyon , & dure quinze jours ouvriers. *Les payemens fe font le premier Septembre.*

Le 6 , à Meaubeuge , à Clermont-Ferrand en Auvergne , Donnemarie en Montoire , Raillé , Petit-Mars , Boulogne en Comminges , & Bourgneuf en Bretagne.

Le 9 , à Avefne.

Le 10 , foire de S. Laurent à Belleffme , à Ballon , Beaulieu , près Châteauduloir , Montfeurs & Montaudin : le même jour commence la foire de Guibray , pour les chevaux feulement , & à Villiers-les-Nonains près la Ferté-A'eps , & à Valenciennes.

Le 11 , foire de chevaux à Nogent fur-Seine , & Saint-Laurent-fur-mer en baffe Normandie , foire de beftiaux à Auzance en Combraille : le même jour , foire à Querhoent , ci-devant Montoire.

Le 11 & le 12 , à Cerify , & Montpinfon en baffe Normandie. Le même jour 12 , au Quefnoy.

Le 13 , à Saint-Florentin & à Bourmont en Baffigny-Barrois.

Le 14 , à Coulonche au Maine.

Le 15 , à Bavay , à Grenoble , & dure trois jours · le même jour , grande affemblée à Tuffé au Maine.

Le lundi d'après l'Affomption , à-

Mamers ; le famedi, à Fougerole.

Le 16, à Evron au Maine, Torcy en Brie, à Guibray près Falaife, & dure quinze jours : le même jour, grande foire à Pellerin en Bretagne ; & marché franc de chevaux, bœufs, moutons, & autres beftiaux, à Valenciennes.

Le 17, à Cruffy-le-Châtel proche Tonnerre, & à Maligny près Chablis en Champagne.

Le 18, à Landrecy.

Le 22, à Cateau-Cambrefis.

Le 23, à Loué au Maine.

Le 24, jour de S. Barthelemy, à Arpajon, Vauhallant près Verfailles, Gerfy en Brie, Alais, Port-fur-Seine, la Fleche, Baugy & la Châtre : le même jour, à Chartres, & dure trois jours francs. Le même jour, à Saint-Clémentin en Poitou, à Ernée au Maine, & à Lucé.

Le 25, à Sainte-Menehoult, à Châteauduloir, Nomeny en Lorraine & Francfort.

Le 26, à Querhoent, ci-devant Montoire, Saint-Ouen près Laval.

Le premier Dimanche après la Saint Fiacre, à Bezons.

Le lundi d'après la S. Barthelemy, à Befançon.

Le 28, à Paimbeuf & Saint-Julien de Vovante.

Le jeudi d'après le 28, à Coffé au Maine.

Le lundi avant la Commémoration de la Décolation de S. Jean, qui eft le 27, foire confidérable en beftiaux & en grains à Chaource en Champagne.

Le mardi, veille de la S. Fiacre, à Beaumont en Gâtinois.

Le 29, à Blois, & dure dix jours : le même jour, à Mamers, au Mans, à Lonlay-l'Abbé, à Tournon près Grenoble, qui dure 3 jours, & à Mayenne.

Le 30, foire franche à Rouvray-Saint-Florentin & Châteauduloir.

Le 31, foire confidérable de beftiaux de toute efpece, près le Château de la Grange du Milieu, Paroiffe d'Yeres en Brie, & continue les 1, 2 & 3 Septembre.

Le dernier jeudi de ce mois, à Châteaudun.

SEPTEMBRE.

Depuis le premier de ce mois, jufqu'à Pâques, foire tous les lundis à Château-Chinon ; le mardi, à Juvigné.

Le premier, foire franche à Troves, & dure huit jours ouvriers : le même jour, à Briançon, Nevers, Pornic en Bretagne, Vitry-le-François, Saint-Gilles au Pont-Audemer, Autun, Montmaran, Saint-Loup-fur-Allier, Branfbes près Nemours, Raymond, en Berry, & Ville-franche. A Laffay au bas Maine & dure huit jours.

Le premier vendredi, à Bouchain.

Le 2, *Foire S. Gilles* à Ahun en la Haute Marche, Dreux, Heriffon, Etampes, au Mefnil en France, & à Condé.

Le premier lundi du mois, foire de Saint Germain des Foffés.

Le premier Dimanche d'après la Saint Leu, apport à Saint Loup, proche Crecy-les-Forges fur Acolin.

Le premier jeudi, foire à Rugle près Laigle.

Le premier vendredi, foire à Laigle.

Le deuxieme mardi du mois, foire à Hardivilliers, près Breteuil en Picardie & à Angers.

Le jeudi d'après la S. Gilles, à Saint Lo en Normandie, & dure trois jours : fi la fête arrive le jeudi, la foire s'ouvre le même jour.

Le 6, à la Houffaye en Bretagne & Pontivy, & dure huit jours · le même jour, foire de beftiaux à Champchevrier en Touraine, frontiere d'Anjou, & à Maubeuge.

Le 7, à Saint-Cloud, Montereau, Autun, la Paliffe, Malicorne & Evron.

Le lundi avant la Notre-Dame, à Auxerre.

Le mardi d'avant la Notre-Dame de Septembre, à Bonnétable foire confidérable de toutes fortes de beftiaux & marchandifes.

Les 8 & 9, foire de beftiaux à Montéty près Brie-Comte-Robert : le même jour affemblée à Longny. Le même jour 8, à Avefne.

Le mardi d'avant la Notre-Dame, à Bonnétable.

Le mardi d'après la Notre-Dame de Septembre, foire à Mondidier.

Le 9, à Bray fur Seine, Villedieu-les-Poëles, au Pal, Ambreterre au Maine, & Laval.

Le même jour, au Vigan dans les Cévennes. Cette Foire qui dure trois jours, abonde en beftiaux, comme en mules, mulets, chevaux & autres : il s'y vend des foires trame d'Alais, bas de foie, dits de Gauge & de coton, dont il y a dans les environs une manufacture confidérable; il s'y vend encore des étoffes de laine & de plufieurs fortes.

Le 10, à Joigny, à Valenciennes & à Sablé.

Le 11, au Mefnil en France.

Le 12, foire de beftiaux à Laffay au Maine & au Quefnoy.

Le 14, à Querhoent, ci-devant Montoire, foire de beftiaux à Sucy en Brie, Arpajon-le-Château, ci-devant la Bretonniere, & à Brayne près Soiffons. Il y a à Brayne marché franc le troifieme mercredi de chaque mois. Le même jour 14, à Saint Frajou en Comminges, Mamers, Bâlée au Maine, & Brie-Comte-Robert : à Provins. & Epernay, Gannait, Ponfac, & Aunay en Nivernois, auffi le 14, & dure jufqu'à la fin du mois · à Leffay, foire dite de Sainte-Croix, & dure trois jours. Le même jour, foire à Perrecy en Charolois, Domfront & Ernée.

Le 15, foire franche à Méréville en Beauce & à Bavay · le même jour, la petite Guibray qui dure feize jours ; elle eft cónfidérable pour les chevaux & la mercerie. Le même jour, à Chaífans, foire de beftiaux & de chevaux.

Le jeudi d'après la Notre-Dame, à Amiens & Sier en Lorraine.

Le lundi d'après le 14, à Chaftillon.

Le 17, à la Paliffe en Bourbonnois.

Le 18, à Landrecy.

Le lundi d'après le troifieme Dimanche, à Dourdan foire franche de Saint-Félicien, & dure trois jours.

Le 20, à Montfeurs.

Le 21, jour de S. Matthieu, à Saint-Lo, Longny; Blandy en Brie, Château-fur-Allier, Parçay-le-Frezy, Bangy en Berry, & Buftiere-la Grue : le même jour, au Melleraux en Normandie, foire de beftiaux, & à Bouloire au Maine.

Le même jour, foire graffe à Saint-Fargeau.

Le 23, à Nonan en Normandie, Gray, la Férté-Macé, Mayenne, Treteau, la Verdinè en Berry, Panferolles, Saint Claude, & Vefoul en Franche-Comté, & au Cateau-Cambrefis.

Le 25, jour de Saint Firmin, à la Ferté-Aleps.

Le 27 à Luzarches ; à Auneau en Beauce, foire de beftiaux, & à Chervay en Champagne, près Bar-fur-Seine. Le même jour à Saint Cofme, près Carentan, en Baffe-Normandie, foire de chevaux & beftiaux.

Le mardi d'avant la Saint Michel, à Bonnétable, foire confidérable de toutes fortes de marchandifes & denrées.

Le 29, jour de Saint Michel, à Lonjumeau, Etampes, Villenauxe, Mamers, Sillé, au Meflerault, à Crecy en Brie, Mont-Fermeil, & Saint Donat en Dauphiné : à Péronne en Picardie, foire franche auffi le 29, & dure quatre jours. ; comme à Moulins, au Mont, à Bourges-le-Comte, Saint-Saulge, Nervy-le-Barrais, Charenton, & Saint Clémentin en Poitou.

Le 30, à Huriel : à Tarafcon en Foix, foire confidérable de mulets & autres beftiaux, de laine d'Efpagne & de fer ; cette foire dure trois jours francs, pendant lefquels on dit qu'on ne peut arrêter perfonne pour dettes. L'octave de Saint Michel à Montluçon. Le même jour foire confidérable à l'Ifle en Dodon.

OCTOBRE.

Le premier lundi du mois, à Domfront.

Le premier mardi du mois, à Bourg-nouvel au Maine, & à Juvigné.

Le deuxieme mardi, à Angers.

Le premier mercredi du mois, foire à la Louppe au Perche.

Le premier vendredi à Bouchain.

Le premier, à Reims, dure trois jours, & pour les priviléges, quinze jours après, francs de tous droits : le même jour, foire de chevaux & beftiaux à Fere en Tardenois.

Le 2, à Condé.

Le 3, foire de chevaux & beftiaux, à Argentan.

Le 4, foire franche à Laubtiere au bas Anjou, le même jour, foire de beftiaux à Barmond en Berry.

Le mardi le plus proche du 4, à Beaumont au Maine & la Chartre.

Le 5, à Montceaux, près Charollès dans le Charolois.

Le 6, foire de chevaux & poulains à Calais, dure deux jours : fi le 6 arrive

Un Dimanche, la foire est remise au 7. Le même jour 6, à Maubeuge.

Le lundi d'après la Saint Remy, à Montargis.

Le 8, à Avefne.

Le 9, jour de Saint Denis, foire de chevaux & bestiaux à Mennecy près Corbeil · le même jour, à Verneuil au Perche, à Saint Denis en Gastines, Toury en Beauce, & Saint-Quentin : foire franche de jeunes poulains à Laigle, à, deux lieues d'Argentan, au Haras du Roi, sur le chemin de Bretagne.

Le jeudi d'après le 9, à Coffé au Maine.

Le 10, foire de bestiaux à Saint Denis en France & Coulommiers, qui dure huit jours ; le même jour à Valenciennes.

Le 11, foire dite *la Saint Venant*, à Fontenay en Poitou, & dure trois jours : le même jour, à Cholet en Anjou.

Le 12, au Quefnoy.

Le 13, foire de bestiaux à Auzance en Combraille.

Le vendredi d'après la Saint Denis, à Châlons-sur-Marne.

Le samedi d'après la Saint Denis, à Nevers.

Le 14, foire au Comté de Laric.

Le 15, à Bavay, & Ambreterre au Maine.

Le 16, à Bordeaux, & dure quinze jours, au Lude, à Lonlay-l'Abbé, & Lucé au Maine · le 17, à Sens.

Le 18, à Rouen, au Mesferault, à Toucquin en Brie, & Guérande · à Viez en Poitou, aussi le 18, & dure dix jours : le même jour à Gavray en basse Normandie, qui dure jusqu'au lendemain pour les bestiaux, & principalement pour les moutons.

Le même jour, à Sainte-Juste · foire grasse à Ahun en la haute Marche, à Landrecy, & à Chaource en Champagne, pour les bestiaux & pour les grains. Le même jour, foire franche à Choisy-le-Roi, & dure huit jours.

Le 19, la foire Saint Savinien, à Chaulme en Brie.

Le 20, à Montfeurs.

Le lundi d'après la Saint Luc, à Senlis.

Le 22, au Cateav-Cambrefis.

Le 23, jour de Saint Romain, foire

du Pardon à Rouen, & dure six jours.

Le 24, foire franche à Moimans en Brie.

Le 25, foire au Quefnoy en Haynaut, & dure huit jours ; à Brulon au Maine, & Gray.

Le 26, à Mélay.

Le 28, foire de Saint Simon - Saint Jude, à Châteaufort près Verfailles, Châtillon-les-Dombes, la Fleche, Saint Florentin, Conneré, la Maladrie près la Chartre, & Bellefine · le même jour, à Brie-Comte-Robert, Nogent-fur-Seine, Milly en Gâtinois, Luzarches, Verdun en Bourgogne, Bellefme hors la ville, & Champchevrier en Touraine, frontiere d'Anjou, & à Querhoent, ci-devant Montoire.

Le mercredi d'après la S. Simon à Laval, qui dure deux jours.

Le 29, à Bourmont en Baffigny-Barrois, foire confidérable. Le même jour, foire à Perrecy en Charolois, Le même jour, à la Ferté-Macé & à Coutances Baffe-Normandie, laquelle dure trois jours, & à Evron au Maine.

Le 30, foire franche à Rouvray-Saint-Florentin.

Le lundi de 'evant la Touffaint, à Fontenay en Brie, & Epernay.

Le mercredi qui précede la Touffaint, foire franche à la Fleche.

Le dernier jeudi de ce mois à Châteaudun.

NOVEMBRE.

Le premier, à Charlaix-en-Bretagne, & dure six jours.

Le premier vendredi, à Bouchain.

Le 2, jour des Morts, à Varaille, à Roiffy, à Angerville, à Auneau en Beauce, à Bayeux, & à Condé · le lendemain, à Meaux, & au Mans.

Le 3, fête de Saint Hubert, à Paimbeuf, & dure huit jours ouvriers · le même jour à Angerville-la-Gaffe en Beauce : à Lyon, le 3, & dure quinzaine. *Les payemens de la Touffaint fe font au premier Décembre.* Le même jour, à Crépy en Valois, foire confidérable de chevaux, bestiaux de toute espece, toiles, lins, chanvres & vins.

Le lundi d'après la Touffaint, à Saint-Martin des Ormes en Poitou.

Le premier mardi d'après la Touffaint, à Châteauduloir.

Le fecond mardi, foire à Hardivilliers , près Breteuil en Picardie.

Le mardi d'après la Touffaint , à Bonnétable foire confidérable de toutes fortes de beftiaux , marchandifes & denrées.

Le mercredi d'avant la Saint Martin , foire confidérable à Angers. Le même jour , foire-franche nouvellement rétablie à Beaufort en Anjou , confidérable principalement pour les beftiaux.

Le 6 , à Maubeuge.

Le 8 , à Avefne, à Domfront.

. Le 10, à Valenciennes.

Le 11 , foire de Saint Martin , à Auxerre , Pontoife , Rozoy en Brie , Meaux , Savigny près Juvify , Vendôme , Torigny en baffe Normandie , Boulogne-fur-mer, Amiens , Dijon & Laigle : le même jour , foire de beftiaux à Auzance en Combraille.

Le même jour , foire à Boulogne en Comminges , & dure trois jours.

Le premier mercredi d'après la Saint Martin , foire à Perrecy en Charolois.

Le premier jeudi d'après la S. Martin , à Conlie au Maine.

Le 12 , à Chevreufe , à Arnouville près Goneffe , & dure trois jours : le même jour , à Landivy au Maine , à Clermont en Auvergne, Sainte-Menehould , Vitri-le-François , Niort , Coué , Pomprou , Jouffe & Montlouis en Poitou , & au Quenoy.

Le 13 , à Saint Michel en Lorraine , & Civray en Poitou.

Le 14 , fête de Saint-Clémentin , à Saint-Clémentin en Poitou.

Le premier lundi d'après la Saint Martin , à Soiffons , & dure huit jours.

Le lundi d'après la Saint-Martin , à Marmande.

Le vendredi d'après la Saint Martin , à Châlons-fur-Marne.

Le troifieme lundi d'après la Touffaint , au Mans.

Le 15 , à Bavay.

Le 17 , à Ernay.

Le 18 , à Landrecy.

Le 19 , foire franche à Genlis en Picardie.

Le 21 , à Compans-la-Ville, foire confidérable, commode & abondante en toutes fortes de beftiaux & denrées; elle fe remet au lendemain quand le 21 eft fête.

Le 22 , au Cateau-Cambrefis. Le même jour, foire franche à Verneuil au Perche.

Le 23 , à Villedieu-les-Poéfles , à Colonche , à Mayenne.

Le 25 , jour de Sainte-Catherine , foire graffe à Louvre en Parifis , Lépaud en Combraille , Meffe près Etampes , & Paloifeau : le même jour, à Iffoudun & Neufvy : à Fontainebleau , auffi le 25 , & dure trois jours francs.

La foire de Sainte Catherine à Rugle en Normandie , & à Champchevrier en Lorraine , frontiere d'Anjou , ainfi qu'à Tuffé , à 5 lieues & demie du Mans, vers l'orient d'été , à Ecommoy & Frefnay.

Le 27 , à Evron au Maine.

Le 28 , foire franche à Rouvray-Saint-Florentin.

Le 29 , à Montferrand , Sainte-Cécile , Bellefme & Provins.

Le 30 , fête de Saint André , à Crofne , près Villeneuve-Saint-Georges , à Beaumont en Gâtinois , à la Fleche & Cruffy-le-Châtel, qui dure huit jours : le même jour , à Chàrtres , Brie-Comte-Robert , Lagny , Ancenis , Pornic en Bretagne , à Saint Frajou en Comminges , à Maligny près Chablis en Champagne , à Laffay & Montfort.

Le lendemain de Saint André , foire franche de chevaux à Niort en Poitou : le même jour , à Mortagne au Perche.

Foire confidérable de beftiaux pendant trois mardis confécutifs à Montaigu-les-Combrailles.

DECEMBRE.

Le premier , foire de poulains de lait à Grenoble , Vitry-le-François , Vinacourt près d'Amiens , Niort , & Laffay : le même jour , foire de beftiaux à Ahun en la haute Marche.

Le premier lundi de l'Avent , à Thouars.

Le fecond mardi , foire franche à Angers.

Le premier vendredi, à Bouchain.

Le 2 , à Bar-fur-Seine , & à Condé.

Le mardi d'avant la Saint Nicolas , à Bonnétable foire confidérable de toutes fortes de beftiaux , marchandifes & denrées.

Le 4 , à la Ferté-Bernard.

Le 6 , à Saint Nicolas en Lorraine, Poitiers , Bievre près Iffy , Maubeuge & Viez, la Chartre, Mamers & Montfeurs.

Le 8 , à Avefne.

Le 9 , à Torcy en Brie : le même jour , foire de beftiaux à Chambon, petite ville de Combraille , à Ambreterre au Maine , & Evron.

Le même jour , à Montceaux près Charolles dans le Charolois.

Le 10 , à ,Valenciennes.

Le 12 , au Quefnoy.

Le 13 , à Sainte-Luce , à Montfort & Montmirail.

Le 14, foire de beftiaux à Brayne, près Soiffons.

Le 15 , à Bavay.

Le 18 , à Landrecy , & à Saint-Oueh près Laval.

Le 20, foire à Hardivilliers , près Breteuil en Picardie.

Le 21 , jour de Saint Thomas , à Pont-fur-Seine , Mereville en Beauce , Lonjumeau , Epernon , Longny , Saint Fargeau , Lucé au Maine , Sablé , & Saint Clémentin en Poitou.

Le 22 , au Cateau-Cambrefis.

Le 26 , à Varaife en Saintonge.

Le 27 , à Bourges ; & dure onze jours, Le dernier jour du mois , à Chablis.

Le dernier jour de l'an , à Laffay , au bas Maine.

En Poitou , toutes les foires doivent tenir trois jours francs ; c'eft pourquoi fi ces foires arrivent le vendredi , on les remet au lundi fuivant ; fi elles arrivent auffi le Dimanche ou quelque fête , elles font remifes au lendemain.

CHANCELIERS GARDES DES SCEAUX

DE FRANCE,

Sous la troifieme Race de nos Rois.

A Dalberon . . .	988	Adelric.	
Renaut.		Hugues de Chamfleuri.	1175
Gerbert.	1003	Hugues de Puifeaux. .	1185
Abbon.	1004	Hugues de Bethifi. . .	1186
Arnoult, *viv. en.* . .	1019	Guerin, Evêq. de Senlis.	1230
Roger, *viv. en.*	1024	Jean Allegrin, *viv. en.*	1240
Francon, *viv. en.* . .	1028	J. de là Cour d'Auber-	
Baudoin Ier. . . .	1059	genville.	1256
Gervais	1084	Pierre le Bafcle , dit	
Baudoin II. *viv. en.* .	1063	Barbet, Archevêque,	
Pierre Loifeleve. . .	1082	Duc de Reims. . .	1272
Guillaume , *viv. en.* .	1074	Simon de Brion. . .	1285
Roger.	1095	Henri de Vezelai. . .	1279
Godefroi de Boulogne.	1092	Pierre Challon. . . .	1283
Urfion, *viv. en.* . . .	1090	Jean de Vaffoigne. . .	1300
Hubert de Boulogne ,		Guillaume de Crefpy. .	1300
viv. en.	1092	Pierre Flotte. . . .	1302
Etienne de Senlis. . .	1140	Etienne de Suicy. . .	1311
Etienne de Garlande. .	1150	Pierre Mornai. .	1306
Simon , *viv. en.* . . .	1130	Pierre Belleperche. . .	1307
Algrin, *viv. en.* . . .	1137	Pierre de Grets. . . .	1325
Noël, *viv. en.* . . .	1120	Pierre de Corbeil. . .	1300
Cadurc.	1198	Guill. de Nogaret ,	
Barthélemi, *viv. en.* .	1147	*Garde des Sceaux en*	1307
Simon , *viv. en.* . . .	1152	*& Chancelier en.* .	1313

N n ij

Gilles Aicelin de Mon-
- tagu. 1318
Pierre de La·illy. . . 1327
Pierre d'Arablai. . . 1346
Etienne de Mornai. . 1332
Pierre de Chappes. . . 1336
Jean de Cherchemont. 1328
Pierre Rodier , *viv. en* 1328
Matthieu Ferrand. . . 1329
Jean de Marigny , G.
des Sceaux. . . . 1351
Guillaume de Sainte
Maure. 1334
Pierre ·Rogier , *Garde*
des Sceaux. 1332
Guy Baudet. . . . 1337
Etienne de Viffac. . . 1350
Guillaume Flotte , *viv.*
en. 1352
Firmin de Coquerel. . 1349
Pierre de la Forêt. . . 1361
Gilles Aicelin. . . . 1378
Jean de Dormans. . . 1373
Guillaume de Dormans, 1373
Pierre d'Orgemont. . . 1389
Miles de Dormans. . . 1387
Pierre de Giac. . . 1407
Arnaud de Corbie. . . 1413
Nicolas Dubofc. . . . 1408
Montagu. 1415
Euftache Delaiftre. . . 1420
Henri de Marle. . . . 1418
Jean le Clerc. . . . 1418
Robert le Maçon. . . . 1442
Martin Gouge. . . . 1444
Louis de Luxembourg. . 1443
Thomas Hoo, *viv. en.* 1455
Ces deux ont été à la nomi-
nation du Roi d'Angleterre.
Renaud de Chartres. . 1443
Guillaume Juvénal des
Urfins. 1472
Pierre de Morvilliers. . 1476
Pierre Doriole. . . . 1485
Guill. de Rochefort. . 1492
Adam Fumée , *Garde*

des Sceaux. . . . 1494
Etienne Bertrand. . . 1483
Robert Briçonnet. . . 1497
Gui de Rochefort. . . 1507
Jean de Ganai. . . . 1512
Etienne Poncher. . . . 1524
Antoine Duprat. . . 1535
Antoine Dubourg . . . 1538
Matth. de Longuejou ,
Garde des Sceaux ,
puis Chancelier. . . 1558
Guillaume Poyet. . . . 1548
Franç. de Montholon ,
Garde des Sceaux. . 1543
François Errault, *Garde*
des Sceaux. . . . 1544
François Olivet de Leu-
ville. 1560
Jean Bertrand , *Garde*
des Sceaux , eft le pre-
mier *Garde des Sceaux*
en titre d'Office , *puis*
Chancelier 1560
Franç Olivier de Leu-
ville. 1560
Michel de l'Hôpital . 1573
Jean de Morvilliers ,
Garde des Sceaux . 1577
René de Birague. . . . 1583
Phil. Hurault de Che-
verny. 1599
Franç. de Montholon ,
Garde des Sceaux. . . 1590
Phil. Hurault de Che-
verny 1599
Fr. de Montholon. . . 1590
Ch. de Bourbon , Card.
Garde des Sceaux. . 1594
Pomponne de Bellie-
vre. 1607
Nicolas Brulart de Sil-
lery. 1624
Guill. Duvair , *Garde*
des Sceaux. . . . 1621
Claude Mangot, *Garde*
des Sceaux. . . . 1617

Ch. d'Albert de Luy-
nes, *Garde des Sc.* . 1621
Merri de Vic , *Garde
des Sceaux.* 1622
L. Lefevre de Caumar-
tin , *G. des Sc.* . . . 1623
Étienne d'Aligre. . . . 1635
Mic. de Marillac, *Garde
des Sceaux.* 1632
Ch. de Laubefpine, *G.
des Sceaux.* 1653
Pierre Seguier, *Garde
des Sceaux, Chanc.* . 1672
Ch. de Laubefpine, *G.
des Sceaux.* 1657
Pierre Seguier. 1672
Matthieu Molé , *Garde
des Sceaux.* 1656
Étienne d'Aligre. . . . 1677
Michel le Tellier. . . . 1685
Louis Boucherat. . . . 1699
Louis Phelyppeaux de
Ponchartrain. 1714
Daniel Fr. Voifin. . . . 1717
Henri Fr. d'Aguefleau. 1751
Marc René de Voyer
d'Argenfon , *Garde*

des Sceaux. 1721
Jofeph - Jean -Baptifte
d'Armenonville , *G.
des Sceaux.* 1728
Germ. Louis Chauve-
lin , *G. des Sceaux.* . 1737
Guillaume de Lamoi-
gnon , *en.* 1750
J. B. de Machault , *G.
des Sceaux , en.* . . . 1750
LE ROI , depuis le 14
Mars 1757 , jufqu'au
15 Octobre 1761.
Nicolas René Berryer,
Garde des Sceaux. . . 1761
Paul Efprit Feydeau de
Brou, *Garde des Sc.* . 1762
René-Charles de Mau-
peou, *Vice - Chance-
lier & Garde des Sc.*
puis *Chancelier en.* . 1768
Nicolas René Charles
Auguftin de Mau-
peou. 1768
Armand Thomas Huë
de Miromefnil, *Garde
des Sceaux.* 1774

SECRÉTAIRES D'ÉTAT,

Depuis que ce titre leur a été accordé en 1547.

Premiere Charge créée en 1547.

Département de la Guerre.

558 **G** Uil. Bochetel.
67 **G** Jacques Bourdin.
70 Claude de Laubefpine.
88 Claude Pinart.
94 Louis de Revol.
16 Pierre Brulart.
16 Claude Mangot.
17 N. de Neuville Villeroi.
17 Armand Dupleffis Richelieu.
24 Pierre Brulart.

1630 Charles le Beauclerc.
1636 Abel Servien.
1643 François Defnoyers.
1666 Michel le Tellier.
1691 François-Michel le Tellier.
1701 Louis Marie le Tellier.
1707 Michel Chamillard.
1715 Daniel François Voifin.
1718 Claude le Blanc.
1726 François Victor de Breteuil.
1728 Claude le Blanc.
1740 Nic. Profper Bauyn.

1743 Fr. Victor de Breteuil , pour la feconde fois.

1743 Marc Pierre René de Voyer d'Argenfon.

1751 Antoine René de Voyer de Paulmy.

1758 Charles Louis Augufte Fouquet de Belle-Ifle.

1761 Etienne - François de Choifeul, *& partie de la Marine jufqu'en 1765 , & en 1766 a réuni les Affaires Etrangeres au département de la Guerre jufqu'en 1770.*

1771 N. de Monteynard.

1774 Louis Nicolas Victor de Felix du Muy.

1775 N. le Comte de Saint Germain.

Seconde Charge créée en 1547. Département de la Marine.

1558 Cofme Clauffe.

1567 Florimond Robertet de Frefne.

1579 Simon Fizes de Sauves.

1613 Martin Ruzé.

1638 Antoine de Loménie.

1643 H. Augufte de Loménie.

1669 Henri de Guénégaud.

1683 Jean-Baptifte Colbert.

1690 Jean-Baptifte Colbert de Seignelai.

1699 L. Phelyppeaux de Pontchartrain.

1715 Jerôme Phelyppeaux.

1749 Jean Fréd. Phelyppeaux Comte de Maurepas.

1754 Antoine Louis Rouillé.

1754 Jean-Bapt. de Machault.

1756 François Marie Peirenc de Moras.

1758 Claude-Louis de Maffiac.

1758 Nicolas René Berryer.

1761 Etienne - François de Choifeul.

1763 Henri - Léonard - Jean-Baptifte Bertin.

1764 Céfar Gabriel de Praflin

1771 Pierre Étienne Bourgeoii de Boynes.

1774 Antoine Raymond Jeai Gualbert Gabriel di Sartine.

III. Charge créée en 1547. Département des Affaires Etrangeres.

1567 Claude de Laubefpine.

1588 N. de Neuville Villeroi

1621 Louis Potier de Gefvres

1622 Antoine Potier.

1628 Nic. Potier d'Ocquere.

1632 Claude Bouthillier.

1643 Léon Bouthillier.

1663 Henri Aug. de Loménie

1663 Henri Louis de Loménie

1671 Hugues de Lionne.

1671 Louis Hugues de Lionne

1679 Sim. Arn. de Pomponne

1696 Ch. Colbert de Croiffy.

1715 J. B. Colbert de Torcy.

1722 Jof. Jean-Bapt. Fleuria d'Armenonville.

1723 Guill. Dubois, Cardina

1727 Ch. J. Bapt. Fleuriau d. Morville.

1737 Germ. Louis Chauvelii

1737 Jean-Jacques Amelot.

1744 René-Louis de Voyer Marquis d'Argenfon.

1751 Louis Philogene Brula de Puyfieux.

1754 Fr. Dominique Barber de Saint-Conteft.

1754 Ant.-Louis Rouillé.

1757 Jean Joachim de Pierre de Bernis , puis Card nal.

1761 Céfar-Gabriel de Praffi *avec partie de la Ma rine.*

1771 N. Duc d'Aiguillon.

774 N. de Vergennes.

IV. Charge créée en 1547.
*Département de la Maison
du Roi.*

559 Jean du Thier.
569 Flor. Robertet d'Alluye.
588 Pierre Brulart de Genlis.
510 Pierre Forget.
521 Paul Phelyppeaux de
Ponchartrain.

1629 Raimond Phelyppeaux
d'Herbaut.
1676 Louis Phelyppeaux de la
Vrilliere.
1669 L. Phelyppeaux d'Her-
vy.
1700 Balh. Phelyppeaux de la
Vrilliere.
1725 Louis Phelyppeaux, Duc
de la Vrilliere.
1774 N. Amelot.

SURINTENDANS DES FINANCES.

ENguerrand de Ma-
rigny, Comte de
Longueville, en . . 1315
erard de la Guette, 1322
erre Remi de Mon-
tigny, ... 1328
errin Macé, *ou* Macé
de Mache , ... 1358
uis de France, Duc
d'Orléans , commis
par Lettres du 25
Juin , ... 1402
an de France , Duc
de Berry, & Philippe
de France , Duc de
Bourgogne, par Let-
tres du 19 Mai, . . . 1403
an de Montagu , Sei-
gneur de Marcouffy, 1409
erre des Effarts, . . . 1413
uis de France, Dau-
hin de Viennois, par
ettres du 22 Sep-
tembre, ... 1414
cques Cœur de Saint-
Fargeau, ... 1452
cques de Baune-Sam-
blançay, ... 1497
ilibert Babou , . . . 1524
aude d'Annebaut ,

Maréchal & Amiral
de France , ... 1546
Artus de Coffé, Grand-
Pannetier , depuis
Maréchal de France , 1567
Pomponne de Bellié-
vre , depuis Chance-
lier de France , . . . 1575
François d'O , Marquis
de Maillebois , . . . 1577
Maximilien de Bethu-
ne , Marquis de Rof-
ni, puis Duc de Sul-
ly , ... 1598 *à* 1610
Nicolas de Harlai, Co-
lonel Général des
Suiffes fous la mino-
rité de Louis XIII. .
Pierre Jeannin de Mont-
jean , fous Louis
XIII.
Henri de Schomberg ,
puis Maréchal de
France , ... 1619
Jean Bochart de Cham-
pigny, Premier Pré-
fident , ... 1620
Charles , Duc de la
Vieuville, ... 1623
Michel de Marillac, puis

Garde des Sceaux, 1624
François Sublet, avec
M. de Marillac, ...
Antoine Coeffier, *dit*
Ruzé, puis Maréchal
de France, ... 1626
Claude de Bullion, ... 1632
Claude Bouthillier de
Chavigny, Adjoint à
M. de Bullion, ... 1632
Claude de Mefme,
Comte d'Avaux, .. 1643
Nic. Bailleul, Adjoint
au Comte d'Avaux, 1643
Michel Particelli, dit
Emery, ... 1647
Ch. de la Porte, Duc
de la Meilleraye, 1648
René de Longueil de
Maifons, ... 1650
Charles Duc de la Vieu-
ville, rétabli & mort
dans l'année. 1653
Abel Servien, Seigneur
de Meudon, ... 1653
Nicolas Fouquet, Mar-
quis de Belle-Ifle, . 1653

Contrôleurs Généraux

Guillaume de Marillac,
mort en 1573
Robert Miron, avant.. 1584
Michel Sublet, mort.. 1599
Pierre de Caftille.
Dreux Barbin, fous la
Régence de Marie de
Médicis.
Gilles Maupeou, Sei-
gneur d'Ableiges.
Charles Durèt, vers l'an. 1619
Jean Bochart, avant . , 1620
François Sublet, vers 1624

Simon Marion, Baron
de Druy, ... 1620
Michel Particelli, dit
Emery, ... 1643
Antoine le Càmus, vers 1648
Claude Menardeau.
N. le Tellier, au lieu
des Sieurs le Camus
& Menardeau, fe dé-
met dans l'année.
Barthelemi Hervart, . 1651
Louis le Tonnelier de.
Breteuil, Adjoint.
Séraphin de Mauroy,
vers. 1651
Jean Baptifte Colbert, 1661
mort en 1683.
Claude le Pelletier, .
à 1689, mort en 1711 168?
Louis Phelipeaux,
Comte de Pontchar-
train, par brevet du
20 Septembre, ... 168?
depuis Chancelier.
Michel Chamillart, par
brevet du 5 Sept. .. 169?
à 1708, mort en 1721.
Nicolas Defmareft, par
brevet du 20 Février 170?
jufqu'en 1715, * mort
en 1721.
Marc René de Voyer
de Paulmy d'Argen-
fon. .... 171?
Jean Law, le 5 Janvier 172?
jufqu'en Juin, mort
en 1729.
Felix le Pelletier de la
Houffaye, fin de. . . 172?
à 1722, mort en 1723.
Charl. Gafpard Dodun, 172?
à 1726, mort en 1736.

* La place de Contrôleur Général demeure fupprimée depuis 1715 à 172c
les Finances font régies pendant cet intervalle par un Confeil particulie.
N. Rouillé du Coudray eft fimplement nommé Directeur des Finances & .
Contrôle général en 1715.

chel Robert le Pel-	Henri - Léonard-Jean-
letier des Forts , . . 1726	Baptifte Bertin , . . 1759
à 1730 , mort en 1740.	à 1763.
ilbert Orry , ... 1730	Clément-Charles-Fran-
à 1745 , mort en 1747.	çois de l'Averdy , 1763
an Baptifte de Ma-	à 1768.
chault d'Arnouville , 1745	Et. Maynon d'Invau , 1768
à 1754.	à 1769.
an Moreau de Sei-	Jofeph-Marie Terray , 1769
chelles , ... 1754	à 1774.
à 1756 , mort en 1760.	Anne Robert Jacques
ançois-Marie Peirenc	Turgot , ... 1774
de Moras , ... 1756	à 1776.
à 1757 , mort en 1771.	Jean Etienne Bernard
an de Boullongne , 1757	de Clugny , Mai . . . 1776
à 1759 , mort en 1769.	mort 18 Octob. 1776.
tienne de Silhouette ,	Louis - Gabriel Tabou-
Mars 1759	reau , ... 1776
Novem. mort en 1767.	à 1777.

PREMIERS PRÉSIDENS DU PARLEMENT

DE PARIS, depuis 1344.

Imon de Buci eft le		Pierre Mondot de la	
premier qui ait por-		Marthonie , ...	1517
té ce titre (en 1344),		J. Olivier de Leuville ,	1519
mort en.	1369	Jean de Selve , ...	1529
uillaume de Sens Ier..	1373	Pierre Lizet , ...	1554
ierre d'Orgemont , .	1389	J. Bertrand , ...	1550
rnaud de Corbie , . .	1413	Gilles le Maître , . . .	1562
uillaume de Sens, II.	1399	Chrift. de Thou , . . .	1582
ean de Popincourt , . .	1403	Achilles de Harlai , . .	1616
enri de Marle , ...	1418	Nic. de Verdun , . . .	1627
obert Mauger , . . .	1418	Ger. de Hacqueville , .	1628
hilippe de Morvilliers,	1438	Jean Bochart , ...	1630
dam de Cambray , .	1456	Nicolas le Jai , ...	1640
ves de Scepeaux , . .	1461	Matthieu Molé , ...	1656
elie de Torrete , . . .	1461	Pomponne de Bellievre	1657
latth. de Nanterre , .	1467	Guill. de Lamoignon ,	1677
ean Dauvet , ...	1471	Nic. Potier de Novion ,	1693
ean le Boulanger , . .	1481	Achilles de Harlai , . .	1712
ean de la Vacquerie ,	1497	Louis le Peletier , Ier.	1712
ierre de Courtardi , .	1505	Jean Ant. de Mefme , .	1723
ean de Ganai , ...	1512	And. Potier de Novion,	1724
ntoine Duprat , . . .	1535	Antoine Portail , . .	1736

Louis le Peletier II. . 1743
René Charles de Mau-
peou , *puis Chance-*
lier , ... 1743
Matth. François Molé , 1757

René-Nicolas-Charles-
Auguft. de Maupeou,
aujourd'hui Chance-
lier , ... 1763
Etienne-Fr. d'Aligre , . 1768

AVOCATS ET PROCUREURS GÉNÉRAUX

DU PARLEMENT DE PARIS.

Avocats Généraux.
1300 **J**Ean de Vaffoigne.
1300 **J** Jean Dubois *exerçoit.*
1301 Jean Paftoureau.
1315 Paul de Bruyeres.
1315 Raoul de Prefles.
1329 Pierres de Cugnieres.
1340 Pierre de la Foreft , *de-*
puis Chanc. de France.
1344 Jean de Fourcy.
1347 Robert le Cocq.
1351 Gerard de Montagu.
Renaud de Aci , *maffacré*
en 1357.
1357 Guillaume de Dormans,
depuis Chancelier.
1364 Jean Defmarets , *déca-*
pité aux Halles en 1382.
Raoul de Prefles, *fils na-*
turel du premier , *mort*
en 1382.
1374 Jean Daillois.
1375 Jean d'Ay.
1387 Jean Canart.
1389 Jean de Ceffieres.
Pierre le Fevre , *mort en*
1411.
1392 Jean le Cocq.
1398 Clément de Reilhac.
1400 Denis de Mauroy.
1403 Jean de Popincourt.
Jean Perrier , *mort en*
1413.
Jean Jouvenel , *en* 1406.
1408 Henri Boileau.

1410 Jean Barbin.
1414 Guillaume le Tur.
1415 Guillaume le Clerc.
1418 André Cotin.
Pierre de Marigny , *Maî-*
tre des Requétes , *en*
1421.
Nicolas Raoullin , *com-*
mis en 1420.
Jean Rapiout.
1421 Jean Rabateau *ou* Raba-
telli, *reçu Avocat Cri-*
minel en 1428.
Jean Jouvenel.
Jean Morand.
1433 Jacques Jouvenel des Urfins , *depuis Archevêqu*
de Reims, mort en 1457
Pierre Simon.
1440 Nicolas Thieffart.
1442 Jean Rapiout.
1444 Nicolas Joci.
1445 Jean Luillier , *mort e.*
1468.
Henri Boiflefve.
1450 Jean Simon.
1459 Guillaume de Ganai.
1461 Nicolas Calepeau.
1464 Renaud de Dormans
mort en 1472.
1470 François Hallé.
1471 Phil. Luillier , *extraord.*
naire.
1482 Jean le Maître.
1483 Robert Thibouft.

Antoine Loifel, *nommé
lors de la réduction de
Paris en* 1594.
1597 Simon Marion.
1604 Cardin le Bret.
1621 Jacques Talon.
1626 Jérôme Bignon.
1632 Omer Talon.
1641 Etienne Etienne Briquet.
1652 Denis Talon.
1656 Jérôme Bignon, *fils du
précédent.*
1673 Chrétien François de
Lamoignon.
1691 Achille de Harlay.
1691 Henri François d'Agueffeau, *puis Chancelier.*
1697 Jofeph Omer Joly de
Fleury.
1698 Antoine Portail.
1700 Jean le Nain.
1704 Guillaume François Joly
de Fleury.
1707 Guill. de Lamoignon,
puis Chancelier.
1709 Louis Chauvelin.
1715 Germain Louis Chauvelin.
1718 Pierre Gilbert de Voyfins.
1721 Henri François de Paule
d'Aguefleau.
1724 Louis-Denis Talon.
1729 Louis Chauvelin.
1731 Louis-François Joly de
Fleury, *aujourd'hui
Procureur Général.*
1739 Pierre-Paul Gilbert de
Voyfins.
1741 Louis François de Paule
le Févre d'Ormeffon
de Noifeau.
1746 Omer Joly de Fleury.
1746 Cardin François Xavier
le Bret.
1753 Elie Bochart de Saron.

1755 Antoine Louis Seguier.
1757 Michel Etienne le Peletier de Saint Fargeau.
1764 Charles Louis François
de Paule Barentin.

Procureurs Généraux.

1319 **G**Uill. de la Magdeleine.
1368 Guillaume de Saint Germain.
1385 Jean Ancier.
1389 Pierre le Cerf.
1404 Denis de Mauroy.
1412 Jean Aguenin.
Guillaume le Tur, *com-*
mis en 1417, *pendant*
l'absence de Jean Ague-
nin.
Gautier Jayer , *destitué*
en 1421.
1422 Guillaume Barthelemy.
1456 Pierre Cousinot.
1458 Jean Dauvet, *depuis Pre-*
mier Préfident.
1461 Jean de Saint-Romain.
1479 Michel de Pons.
1485 Jean de Nanterre.
1489 Chriftophe de Carmeôn.
1496 Jean Luillier.

1498 Jean Burdelot.
1508 Guillaume Rogier.
François Rogier , *mo)*
en 1532.
1533 Nicolas Thibault.
1541 Noël Brulart.
1557 Gilles Bourdin.
1570 Jean de la Guefle.
1583 Jacques de la Guefle
fils du précédent.
Pierre Pithon , *nomm*
lors de la réduction d
Paris.
Euftache de Mefgrigny
exerçoit à Châlons.
1612 Nicolas de Bellievre.
1614 Matthieu Molé , *depui*
Premier Préfident.
1641 Blaife Méliand.
1650 Nic. Fouquet fon frere
reçu en furviv. n'exerç
point.
1661 Achilles de Harlay.
1667 Achilles, *fils du précéden.*
1689 Jean Arnaud de la Briffe
1700 Henri François d'Ague:
feau , *puis Chancelier.*
1717 Guillaume François Jol
de Fleury.
1740 Louis GuillaumeFranço
Joly de Fleury.

MAIRES, COMTES, CONCIERGES ET BAILLIS.

DU PALAIS.

Maires du Palais.
LAndry de la Tour,en   576
Gondebaldus , . . .   588
Eleuther de Mozelan-
ne , Chancelier de
France , ...   593
Pepin , depuis Roi de
France , a changé la
qualité de *Maire* en

celle de *Comte* du
Palais.

Comtes du Palais.

Carloman , ...   6
Anfeaume.
Milles d'Anglure.
Raulus d'Anglure.
Alard pere.

Ala

814   Nicolas Berthreau , . .   1547
       Guillaume de Montmo-
       rency , Seigneur &
884   Baron de Thoré , . .   1563
       Bernard de Nogaret ,
967   Seigneur de la Val-
       lette , ...   1587
       Robert de Harlay , . .   1594
       Chriftophe de Harlay ,   1596
       Achilles-de Harlay , . .   1616
       Charles de Harlay , . .
       Charles de Fite ,   1617
       Hôtel du Bailli du Pa-
       lais réuni au Domai-
       ne , & donné pour le
       logement du Premier
       Préfident.
       Hercules de Rohan ,
       Duc & Pair , ...   1624
1358   Jean Damon , ...   1636
       Nicolas le Normand de
       Beaumont , ...   1651
       Nicolas le Normand de
       Beaumont , fils du
       précédent , ...   1658
1411   Claude Belot , Cheva-
       lier , Seigneur de Fer-
       reux , ...   1678
       Denis Belot fils , Che-
       valier, *en furvivance ,*   1678
1461   Claude Antoine Belot ,
       fils de Claude , Che-
       valier , Seigneur de
1482   Ferreux , ...   1710
       Claude Jofeph Belot ,
       fils du précédent ,
1485   Chevalier , Seigneur
1515   de Ferreux , & Che-
       valier de Saint Louis,
       nommé & reçu en . .   1745

PREMIERS PRÉSIDENS
DE LA CHAMBRE DES COMPTES.

Cette Chambre, depuis fa fixation à Paris, avoit anciennement deux Préfidens, l'un clerc, qui étoit Archevêque ou
Evêque, & l'autre laïque, qui étoit ou Chevalier, ou Baron.

Premiers Préfidens laïques.

1316	HEnri de Sully.	1491	Jean Bourré.
1346	Miles de Noyers.	1494	Robert Briçonnet.
1350	Jean de Châlons.	1495	Denis Bidault.
1365	Jean de Saarbruck.	1506	Jean Nicolay.
1384	Enguerrand de Couci.	1518	Aimar Nicolay.
1397	Jacques de Bourbon.	1537	Dreux Hennequin, *reçu*
1402	Guillaume de Melun.		*feulement en furvivance,*
1410	Pierre des Eſſarts.		*mort en* 1550.
1411	Valeran de Luxem-	1553	Antoine Nicolay.
	bourg.	1554	Michel de l'Hôpital, *fur-*
1411	Jean de Croi.		*numéraire.*
1413	Robert de Bar.	1587	Jean Nicolay.
1415	Jean d'Eſtouteville.	1624	Antoine Nicolay.
1418	Jean de Neufchatel.	1656	Nicolas Nicolay.
1462	Bertrand de Beauvau.	1686	Jean Aimar Nicolay.
1467	Jean de la Drieche.	1717	Antoine - Nicolas Nico-
1474	Antoine de Beauvau.		lay, *reçu feulement en*
1480	Pierre Doriole.		*furviv. mort en* 1731.
1482	Etienne de Vefc.	1731	Aymar Jean Nicolay.

Premiers Préfidens clercs.

1319	FOuques.		** *Ces deux furent nom-*
1334	Hugues de Pomart.		*més par la Faction de*
1343	Jean de Marigny.		Bourgogne.
1346	Hugues d'Arcy.	1421	M. Gouge de Charpei-
1360	Jean d'Augeran.		gne.
1375	Nicolas d'Arcy.	1422	Guillaume de Cham-
1376	Miles de Dormans.		peaux.
1380	Pierre d'Orgemont.	1422	Alain de Coitivi.
1388	Jean Patourel.	1443	Jean Jacques Juvenal
1392	Oudard de Moulins.		des Urſins.
1397	Nicolas du Bofc.	1451	Richard Olivier.
1408	Jean de Montagu.	1466	Bertrand de Beauvau.
1409	Euſtache Delaiſtre.	1466	Jean de Popincourt.
1413	Gerard de Montagu.	1482	Jacques Cottier.
1418	* Louis de Luxembourg.	1485	Geoffroi de Pompadour,
1424	* Jean de Mailly.		*dernier Préfident clerc.*

AVOCATS ET PROCUREURS GÉNÉRAUX

DE LA CHAMBRE DES COMPTES DE PARIS.

Avocats Généraux.

D Enis de Mauroy.
Jean de Paris.
Gerard Lalocq , *pendant la Faction de Bourgogne.*
Robert de la Haye.
Jean de Popincourt.
Pierre Fretel.
Jean Beauliard.
Louis Seguier. .
Jean Berziau.
Jean de Habilles.
François le Fevre.
Antoine Minard , *vers* 1539.
Etienne Bouchard , *vers* 1542.
Guy Dauffeure , *en* 1549.
Jean le Prevoft.
Jean Bertrand.
Etienne Pafquier , 1585.
Théodore Pafquier *fils* , 1604.
Simon Dreux , 1607.
Guillaume Dreux *fils* , 1650.
Jean Aymar Nicolay , 1680.
depuis Premier Préfident.
Ch. Jacques de Vaffan , 1687.
Jean de Maffol , 1691.
de Fourqueux.
Antoine Bernard de Maffol *fils* , 1729.

Procureurs Généraux.

1349 J Acques Heaume.
1392 Pierre du Bourgel.
1393 Robert le Carrelier.
1414 Guillaume de Vaux.
1420 Etienne de Noviant.
1438 Girard de Cofflans.
1439 Etienne de Noviant *fils*.
1459 Jean Egret.
1492 Guillaume du Moulinet.
1522 Gervais du Moulinet *fils*.
1551 Guillaume du Moulinet , *fils de Gervais.*
1582 Jacques Mangot.
1585 Jean Dreux.
1596 Jerôme Luillier.
1619 Henri Girard du Tillay
1625 Louis Girard de Villetaneufe , *fon frere.*
1649 Antoine Girard , *fils de Louis.*
1686 Hilaire Rouillé du Coudray.
1701 Charles Michel Bouvard
1716 Michel Bouvard de Fourqueux *fils*.
1743 Michel Bouvard de Fourqueux , *fils du précédent.* .

PREMIERS PRÉSIDENS

DE LA COUR DES AIDES DE PARIS.

1370 J Ean de la Grange, Evêque d'Amiens,. puis Cardinal.
1374 Guillau. d'Eftouteville , Evêque d'Evreux.

1383 Philippe de Moulins ; Evêque d'Evreux, puis de Noyon-
1389 Guillaume de Dormans, Evêque de Meaux

O o ij

puis Archevêque de Sens.

1391 Gerard d'Athies, Archevêque de Befançon.

1401 Charles d'Albret.

1402 Louis Duc d'Orléans.

1402 Philippe de France, Duc de Bourgogne.

1402 Jean de France, Duc de Berry.

1403 Guillaume de Dormans & Gerard d'Athies, *conjointement.*

1404 Hug. de Maignac, Evêque de Saint Flour, puis de Limoges.

1405 Pierre de Beaublé, Evêque de Séez.

1409 Martin Gouge, Evêque de Chartres, puis de Clermont.

1411 Jean Maletroit, Evêque de Saint Brieux.

1411 Pierre de Savoify, Evêque de Beauvais.

1412 Jean de Vailly.

1412 Henri de Savoify, Archevêque de Sens.

1415 Jean Jouvenel.

1425 Hugues de Combarel, Evêque de Poitiers.

1436 Jean le Maunier, Evêque de Meaux.

1444 Robert de Rouvres, Evêque de Maguelonne, *aujourd'hui* Montpellier.

1446 Jean Dudrac, Evêque de Meaux.

1457 Louis Raguier, Evêque de Troyes.

1461 Jean de Lefcun, *dit* d'Ar-

magnac, Archevêque d'Auch.

1465 Louis Raguier, pour la deuxieme fois.

1483 Jean de la Groflaye, Evêque de Lombez, puis Cardinal.

1485 Geoffroy de Pompadour, Evêque de Périgueux.

1485 Jean Defpinay, Evêque de Mirepoix.

1489 Jean le Vifte.

1500 Jean Hùrault.

1505 Pierre de Cerifay.

1510 Charles de Hautbois, Ev. de Tournay.

1513 Louis Picot. *Nota.* Ce fut lui qui prit le premier le titre de *Premier Préfident.*

1545 Jacques l'Huillier.

1550 Euftache l'Huillier.

1553 Pierre de la Place.

1569 Etienne de Nully.

1570 Pierre de la Place.

1572 Etienne de Nully.

1492 Jean Chandon.

1597 Chriftophe de Séves.

1610 Nicolas Chevalier.

1630 René de Longueil.

1643 Jacques Amelot.

1656 Jacques Charles Amelot.

1672 Nicolas le Camus.

1707 Nicolas le Camus.

1714 Nicolas le Camus.

1746 Guillaume de Lamoignon.

1749 Chrétien Guillaume de Lamoignon de Malefherbes.

1775 Charles-Louis-François de Paule de Barentin.

AVOCATS ET PROCUREURS GÉNÉRAUX
de la Cour des Aides de Paris.

Avocats Généraux.

1386 Pierre le Cerf.
1389 Jean Jouvenel des Urſins.
1399 Jean de Vailly.
1405 Jean Vivien, *par commiſſion.*
1412 Julien le Févre.
1412 Jean Dolé.
1415 Denis du Molin.
1418 Robert de la Haye.
1425 Jean Morant, *à Poitiers.*
1433 Jean Barbin, *à Poitiers.*
1440 Aignan Viole.
1466 Jean du Freſnoy, *créé extraordinaire.*
1472 Jacques de Thou.
1504 Jean Viole.
1516 Pierre Viole.
1522 Jean Gilbert.
1535 Pierre Seguier.
1543 Pierre de la Place, *depuis Premier Préſident de-la même Cour.*
1543 Jacques Berruyer.
1547 Nicole du Gué.
1553 Raoul Favier.
1571 Roger Robineau.
1578 Louis Galloppe.
1580 Guillaume Aubert.
1584 Pierre du Gué.
1590 Cardin le Bret.
1592 Pierre du Lac, *par commiſſion à Tours.*
1596 Henri Aubert.
1602 Charles du Lis.
1605 René de Maupeou.
1608 Silveſtre le Normand.
1613 Jacques le Carpentier.
1616 Guillaume Halley.

1620 Jean Tiraqueau.
1629 Jean le Boſſu.
1632 Hiérôme Merault.
1635 Nicolas Fardoil.
1638 Nicolas de Meſgrigny.
1640 Jean - Baptiſte Ravot d'Ombreval.
1641 Etienne Bonneau.
1643 Henri Chapellier.
1664 André Jubert de Bouville.
1671 J. B. Ravot d'Ombreval, *fils du précédent.*
1671 Nicolas du Bois de Menillet.
1680 Char. Louis de Monchal.
1686 Jean François le Haguais.
1689 Roland Armand Bignon.
1691 Nicolas Ant. le Haguais, *frere du précédent.*
1693 Pier. Delpech de Cailly.
1700 Guillaume-François Joly de Fleury.
1704 Louis Paul Bellanger.
1705 Nicolas - Jean - Baptiſte Ravot d'Ombreval, *fils du précédent.*
1722 Jean le Nain.
1726 Jean Nicolas Megret de Serilly.
1732 Pier. Delpech de Cailly, *fils du précédent.*
1733 Marguerite Hug. Charles Marie Huchet de la Bedoyere.
1733 François Pierre Martin de Vaucreſſon.
1738 Antoine Louis Bellanger, *fils du précédent.*

O o iij

1745 Alexandre Jean Boula de Mareuil.
1752 Jean-Chryfoſtome-Antoine Clément de Barville.
1776 Germain-François Faure de Rochefort.

Procureurs Généraux.

1384 JEan Riole.
    Jean Aguenin.
1404 Iſambert de Franchomme, eſt le premier à qui l'on donna la qualité de *Procureur Général.*
1410 Jean Luillier.
1412 Guillaume du Val.
1425 Pierre Couſinot, *à Poitiers.*
    Gilles Joulain, *à Poitiers.*
1433 Pierre Alant, *à Poitiers.*
1436 Etienne de Noviant, *après la réduction de Paris.*
1438 Etienne de Noviant le jeune, *par commiſſion.*

1439 Pierre des Friches.
1462 Mathurin Baudet.
1478 Jean de Chaumont.
1494 Nicole Chevalier.
1504 Pierre Leſcot.
1533 Jean le Clerc.
1551 Claude Boucheron.
1568 Jean du Vair.
1573 Jean Danquechin.
1587 Antoine Danquechin, *fils du précédent.*
1591 François de Machault.
1611 Charles du Monceau.
1617 Claude le Tonnelier.
1623 Chriſt. Hector de Marle.
1631 Nicolas le Camus.
1635 Edouard le Camus, *frere du précédent.*
1643 André Girard le Camus, *frere du précédent.*
1648 Nicolas le Camus, *fils de Nicolas.*
1672 Claude Boſc.
1702 Jean-Baptiſte Boſc, *fils du précédent.*
1749 Pierre Terray de Roſieres.

PREMIERS-PRÉSIDÉNS,

DE LA COUR DES MONNOIES.

1359 JEan le Flament.
1361 J Nicolas Braques.
1367 Etienne Berenger.
1371 Antoine Maillard.
1376 Michel Cadoë.
1388 Raoul Maillard.
1394 Jean Hazard.
1400 Louis Duldonc.
1406 Pierre Gentien.
1422 Jean Jarze.
1426 Nicole le Comte.
1436 Pierre Deſlandes.

1443 Philippe Bracque.
1461 Guillaume le Maçon.
1474 Germain de Marle.
1482 Etienne Enjorrant.
1498 Gilles Accarie.
1522 Charles le Cocq, fut le premier qui prit la qualité de. *Préſident.*
1547 Louis Vachot.
1554 Claude Bourgeois; ce fut le premier qui prit le titre de *Pr. Préſident.*

1558 Jean Lelieur.
1575 François du Lyon.
1590 Claude Fauchet.
1599 Guillaume le Clerc.
1610 Guillaume Luſſon.
1637 Jacques Poitectevin.

1642 André Pajot.
1662 Nicolas Cotignon.
1664 Jacques Hoſdier.
1715 Louis Hoſdier.
1727 Etienne-Alex. Choppin
    de Gouzandré.

AVOCATS ET PROCUREURS GÉNÉRAUX

DE LA COUR DES MONNOIES.

Avocats Généraux.

1406 Pierre de Bo.
1436 Philippes Bracque,
    depuis Premier Préſi-
    dent.
1461 Raynault de Dormans.
1465 Denis le Mercier.
1472 Etienne Enjorrant,*depuis*
    Premier Préſident.
1485 François Reverend.
1498 Louis Enjorrant.
1547 François Benenaud.
1549 Jean Bezanier.
1551 Roher Dufour.
1554 Jean Benenaud.
1557 Jean David.
    Jean de Lahaye.
1561 Thevenin Favier.
1569 Gervais Memin.
1587 Jean de Murat.
1599 Jean le Beſgue.
1617 François le Beſgue.
1632 Pierre de la Cour.
1637 Charles - François Du-
    duit, *depuis Procureur*
    Général.
1640 Louis Cartais.
1646 Giraud le Roux.
1654 Nicolas Choppin.
1661 Gabriel Perlan.
1678 Nicolas le Vacher.
1681 Louis Guilloire.
1686 Dominique Huret.
1694 Nicolas Poulain.

1698 Jacques Roberthon.
1708 Claude Poulain.
1717 Guillaume Gouault, *de-*
    puis Procureur Génér.
1730 Antoine Poulain.
1745 Henri-François de Gra-
    verolles.
1748 Alexandre - Gabriel le
    Febvre.

Procureurs Généraux.

1413 Pierre de la Porte.
1418 Girard le Cocq, *de-*
    puis Préſident.
1427 Barthelemi Morgal.
1436 Emery Martineau.
1441 Pierre Ravenel.
1445 Jean Fourcaut.
1478 Thomas Parent.
1482 Pierre Parent.
1498 Jean Parent.
1558 Nicolas Favier.
1573 Louis Hennequin.
1588 Denis Godefroi.
1594 Antoine Godefroi.
1617 Jean de Gorris.
1638 Char- François Duduit.
1652 Denis Godefroy.
1674 Jean-Baptiſte de Selves.
16.. N. ..... Peſtalozi.
1694 François de la Fons.
1714 Barthelemi- Chriſtophe
    de Segonzac.
1744 Guillaume Gouault.

TABLE CHRONOLOGIQUE des Préfets, Comtes, Vicomtes, & Prévôts de Paris, Lieutenans Civils, de Police & Criminels ; Avocats & Procureurs du Roi au Châtelet. Voyez l'Édition de 1774, page 525 & suiv.

TABLE chronologique des Prévôts des Marchands de la Ville de Paris, depuis le tems qu'il a été possible de les découvrir, jusqu'à présent. Voyez l'Édition 1774, page 535 & suiv.

Jurifdiclions & Tribunaux de Paris.

DAns l'Enclos du Palais, font le Parlement, la Chambre des Comptes, la Cour des Monnoies, la Chambre Souveraine des Décimes, les Requêtes de l'Hôtel, le Bureau des Tréforiers de France, & la Chambre du Tréfor & Domaine, la Connétablie & Maréchauffée de France, le Bailliage du Palais, l'Election, la Maîtrife particuliere des Eaux & Forêts, la Maçonnerie, celle du Prévôt général des Monnoies & Maréchauffées de France, & la Bazoche, qui eft la Jurifdiction des Clercs du Parlement, & le haut & fouverain Empire de Galilée, qui eft la Jurifdiction des Clercs de la Chambre des Comptes. Sous le nom-de Châtelet, on comprend le Siége de la Prévôté & Vicomté de Paris; & le Siége Préfidial où Meffieurs donnent Audience tous les jours de la Semaine excepté le Lundi. La Chambre Civile, où M. le Lieutenant Civil donne Audience le Mercredi & le Samedi : au Greffe de cette Chambre fe font les Actes de Tutelles & les Clôtures d'Inventaires. Les Chambres de Police & Criminelle, où fe donne Audience le Mardi & le Vendredi. Il y a encore l'Audience de la grande Police, qui fe tient le Vendredi de relevée; & la Chambre de M. le Procureur du Roi, premier Juge & Confervateur des Arts & Métiers, qui donne Audience le Mardi & le Vendredi.

Il y a une Chambre pour les Affaires de peu de conféquence, & où il ne s'agit que de cinquante livres & au-deffous, appellée les Auditeurs; l'appel des Sentence qui s'y rendent, fe porte au Préfidial du Châtelet, & s'y juge en dernier reffort.

JOURNAL DU PARLEMENT.

LA rentrée du Parlement fe fait annuellement le lendemain de la Saint Martin 12 Novembre, auquel jour Meffieurs-les Préfidens en robes rouges & fourrures, tenant leur Mortier, qui eft un grand bonnet rond de velours noir, bordé dé galons d'or; Meffieurs les Confeillers en robes rouges & chaperons fourrés, & Meffieurs les Gens du Roi, vêtus de même que Meffieurs les Confeillers, après avoir affifté à la Meffe folemnelle du Saint-Efprit, qui fe dit ordinairement dans la Grand'Salle du Palais, reçoivent les Sermens des Avocats & l'rocureurs.

L'ouverture des grandes Audiences se fait en la Grand'Chambre le premier Lundi d'après la semaine franche de la Saint Martin, pár un discours que M. le Premier Préfident, & un de Messieurs les Avocats-Généraux font aux Avocats & Procureurs, après lesquels on appelle les Causes des Rôles des Provinces.

Le Mercredi ou Vendredi suivant se font les Mercuriales par M. le Premier Préfident, & par l'ancien de Messieurs les Avocats Généraux, ou par M. le Procureur Général alternativement. Il y a une Mercuriale le Mercredi ou Vendredi d'après la Quasimodo.

Les Audiences de la Grand'Chambre, où Messieurs les Préfidens sont en robes rouges & fourrures avec leur Mortier, commencent depuis la Saint Martin jusqu'à la Notre-Dame de Mars, & en robes rouges sans fourrures depuis la Notre-Dame de Mars jusqu'à la mi-Août; mais celles de relevée, c'est-à-dire de l'après-midi, ne commencent qu'au premier Vendredi d'après les Mercuriales : & depuis la Notre-Dame d'Août jusqu'à la fin du Parlement, les Audiences se tiennent à huis clos & en robes noires.

M. le Premier Préfident fait l'ouverture des Audiences de relevée ; elles sont continuées par M. le second Préfident, & se closent à la Notre-Dame d'Août par M. le Premier Préfident qui affiste & préfide à la derniere de ces Audiences.

Le Mardi & le Vendredi sont appellés *jours ordinaires ;* ces jours-là Messieurs entrent le matin & l'après-midi jusqu'au 14 Août; & ce jour Messieurs vont à la Séance des Prisonniers, comme aux autres fêtes annuelles.

Pendant le Carême, la Cour n'ouvre la grande Audience qu'à neuf heures, & la Jeve à onze : après Pâques, elle ouvre à huit heures, & elle leve l'Audience à dix. De relevée, depuis la Saint Martin jusqu'à la Notre-Dame d'Août, elle entre à trois heures, & se leve à cinq.

Avant les grandes Audiences, il est donné une Audience à huis clos, par Placets, pour les matieres provisoires, à sept heures.

Messieurs de la Grand'Chambre de Parlement tiennent les grandes Audiences en robes rouges sur les hauts Siéges le Lundi, Mardi & Jeudi; & celles de relevée en robes noires, le Mardi pour les Causes de Rôle, & le Vendredi pour celles des Placets : on ne laisse pas d'appeler le Mardi de relevée des Placets avant le Rôle.

Les Audiences ordinaires de la Grand'Chambre se tiennent les Mercredis, Vendredis & Samedis ; mais avec cette différence, que le Mercredi & le Samedi on plaide de petits Rôles, dans lesquels on ne met que des *Réglemens de Juges, les Appels des Sentences de Police ,* &c. au lieu que le Vendredi ce sont ordinairement des Causes confidérables.

Les Audiences de la Tournelle sont le Mercredi pour les Causes dans lesquelles le ministere de Messieurs les Gens du Roi est nécessaire · le Vendredi pour les Causes d'instruction sans Gens du Roi; & le Samedi pour les Causes du grand Rôle, aux mêmes heures que se tiennent les Audiences de la Grand'Chambre.

Messieurs les Gens du Roi tiennent tous les matins leurs Audiences au Parquet, où ils jugent les Conflits d'entre les Chambres de Parlement, les Incompétences, &c. & Messieurs les Avocats Généraux prennent communication par les Avocats, & M. le Procureur Général par ses Subftituts, de toutes les Affaires dans lesquelles ils doivent donner leurs Conclusions.

Le premier Rôle qui se plaide est pour la Province de Vermandois ; ensuite le Rôle du Bailliage d'Amiens, & celui du Bailliage de Senlis.

Le Rôle de Paris commence après la Chandeleur ; il continue tout le Carême, & quelquefois même après Pâques.

On plaide ensuite le Rôle de Champagne & Brie, le Rôle de Poitou, le Rôle de Lyon, de Chartres, & celui d'Angoumois.

Après ces Rôles, il s'en fait un des Causes qui se plaident les Lundis, Mardis,

& Jeudis matin, depuis la Notre-Dame d'Août, jufqu'à la Notre-Dame de Septembre, Meffieurs féant les bas fiéges en robes noires.

Les Audiences de la Tournelle durent pendant tout le cours du Parlement, & pendant la Chambre des Vacations.

VACATIONS.

L A Cour vaque depuis le 7 Septembre jufqu'au lendemain de la Saint Martin; c'eft-à-dire, jufqu'au 12 Novembre inclufivement, du moins fi on excepte la Chambre des Vacations, laquelle eft principalement établie pour les matieres provifoires & autres qui demandent expédition & célérité. Elle ne dure que depuis le 9 Septembre jufqu'au 27 Octobre veille de Saint Simon, Saint Jude; de forte que depuis ce jour-là jufqu'au 12 Novembre, tout ceffe au Palais, & il ne fe fait aucun Acte de Judicature.

En Octobre, la Chambre vaque le 18 jour de Saint Luc; & un jour au choix du Préfident de la Chambre des Vacations, pour la Foire Saint Denis; & pendant les Vacances, tous les lundis.

Dans le refte de l'année, la Cour, outre les Dimanche & Fêtes folemnelles, n'entre point encore les jours fuivans.

En Décembre le 6, Fête de Saint Nicolas, & la veille de Noël.

En Janvier le 13, auquel on fait la Fête de Saint Hilaire, & le 28, jour de la mort du Saint Empereur Charlemagne. L'on entre néanmoins la veille defdits jours à l'ordinaire de relevée.

En Mars, le 22, pour la Proceffion générale de la Réduction de Paris, que l'on remet le Vendredi d'après la Quafimodo, quand le 22 du mois arrive depuis le Mardi de la Semaine-Sainte, jufqu'au jour de Pâques; l'on entre néanmoins la veille à l'ordinaire.

En Mai, le 2, Fête de la Tranflation de Saint Gatien, premier Evêque de Tours.

En Juin, un jour de choix pour le Landi ou Foire Saint Denis.

En Août, le 14, on va aux prifonniers; le 16, Fête de Saint Roch.

Lorfque le Dimanche ou l'une des Fêtes mobiles arrive un des jours marqués ci-deffus, la Vacation de la Cour eft remife au lendemain, parce que la Cour ne perd point les Fêtes qui lui font particulieres.

La Cour n'entre point pareillement les jours de Lundi-gras, Mardi-gras, & des Cendres, & depuis le Mardi-Saint de relevée jufqu'au lendemain de Quafimodo.

La Cour n'entre point depuis le Samedi veille de la Pentecôte, jufqu'au lendemain de la Trinité.

Depuis Pâques jufqu'aux Vacations, lorfqu'une Fête arrive le Jeudi, l'on plaide le Vendredi matin à la Grand'Chambre.

VACATIONS DE LA CHAMBRE DES COMPTES.

L A Chambre des Comptes vaque les Jeudis & Samedis, & les veilles de Fêtes de relevée.

En Janvier, le 5, veille des Rois; le 13, jour de Saint Hilaire; & le 28, jour de la mort du Saint Empereur Charlemagne: ce jour eft la fête des Clercs de la Chambre.

En Février, depuis le Jeudi-gras jufqu'au Mercredi des Cendres inclufivement, & le Jeudi de la mi-Carême.

En Mars, le 22, la Chambre affifte en robes de Cour à la Meffe qui fe célebre aux grands Auguftins pour la Réduction de Paris, fous l'obéiffance d'Henri IV, arrivée l'an 1594.

Le Samedi de la Paffion, la Chambre affifte à la Meffe qui fe célébre à la ainte Chapelle, enfuite aux Vêpres & à l'adoration de la vraie Croix.
La Chambre vaque depuis le Mardi-Saint de relevée, jufqu'au lendemain de luafimodo.
En Avril, le 25, Fête de Saint Marc.
En Mai, le 2, jour de Saint Gatien de Tours; le 9, Saint Nicolas.
En Juin, le 11, jour de Saint Barnabé; & un jour de choix pour le Landi.
Le Samedi de la Pentecôte, jufqu'au lendemain de la Trinité.
En Juillet, le 22, jour de la Madeleine; & le 28, jour de Sainte Anne.
En Août, le 14, veille de l'Affomption. Le lendemain, fête de l'Affomption, Chambre affifte en robes de cérémonie à la Proceffion folemnelle qui fe fait près Vêpres à Notre-Dame pour le vœu de Louis XIII.
En Septembre, le 14, jour de l'Exaltation de Sainte Croix.
La Chambre prend encore fes vacations le 21, jour de Saint Matthieu, jufl'au lendemain de Saint Denis, 10 Octobre.
En Octobre, le 18, Fête de Saint Luc; & le 31, veille de la Touffaint.
En Novembre, le 25, jour de Sainte Catherine.
En Décembre, le 6, jour de Saint Nicolas; & le 24, veille de Noël.
Quand les Fêtes de la Chambre arrivent un Dimanche, on les remet au len-main.

JOURNAL DE LA COUR DES AIDES.

A rentrée de cette Cour fe fait le lendemain de la Saint Martin, 11 Novembre, auquel jour, après la Meffe célébrée à l'ordinaire dans la faile de late Cour, les trois Chambres s'affemblent en la premiere, les Préfidens en robe velours & Meffieurs les Confeillers en robe rouge, où l'on fait la lecture des donnances & Reglemens; les Greffiers & Huiffiers prêtent ferment, & M. le emier Préfident fait un difcours qui eft fuivi d'un autre prononcé par un de officers les Gens du Roi.
'ouverture des grandes Audiences fe fait à la premiere Chambre, le premier credi d'après la femaine franche de la Saint-Martin.
es grandes Audiences qui fe tiennent fur les hauts fiéges, font celles des ellations, tant du Rôle ordinaire que de l'extraordinaire.
es Plaidoiries du Rôle ordinaire font les Mercredis & Vendredis, depuis f heures jufqu'à onze, &. depuis l'Afcenfion jufqu'au premier Septembre, qu'il y a une fête le Teudi, l'audience du Vendredi eft remife au Samedi.
our ce qui eft du Rôle extraordinaire, il fe plaide les Mardis de relevée, uis trois heures jufqu'à fix, à commencer après la Saint-Martin jufqu'à la nt-Jean: ces Audiences de relevée fe tiennent par M. le fecond Préfident, à ception de la premiere & de la derniere que M. le Premier Préfident a droit enir.
es Audiences qui fe tiennent fur les bas fiéges, font celles des Demandes: la iere Chambre tient les fiennes les Mardis matin depuis dix heures jufqu'à i, & les Vendredis après midi depuis trois heures jufqu'à fix; pour ce qui le la feconde & de la troifieme Chambres, elles tiennent les leurs les Mercre-& Vendredis matin, depuis onze heures jufqu'à midi.
epuis le premier Septembre jufqu'à la Saint-Simon, qui eft le tems des Va-ons, les trois Chambres n'en compofent qu'une feule, laquelle commence fes iences fur les bas fiéges, les Mercredis & Vendredis matin, depuis dix es jufqu'à midi.
uoique les jours foient marqués pour les Audiences, cela n'empêche pas que eurs les Préfidens ne continuent quelquefois les Audiences les autres jours, ême qu'ils n'en accordent d'extraordinaires lorfqu'ils le jugent à propos.
es jours qu'il n'y a point d'Audience, on travaille dans les Chambres à juger atin les Requêtes & les Procès de rapport, tant civils que criminels, & l'a-

près midi ceux de grands Commiſſaires. On expédie auſſi des Requêtes avant, après les Audiences, & même on rapporte les Procès & Affaires qui requiere célérité.

Les veilles & ſurveilles des cinq fêtes annuelles, Meſſieurs de la Cour d Aides deſcendent au Préau de la Conciergerie du Palais, pour y donner audien de grace aux Priſonniers.

Ils aſſiſtent en robes rouges à la Meſſe qui ſe célebre aux grands Auguſtins, 22 Mais, pour la Réduction de Paris ſous l'obéiſſance d'Henri IV, comme au à la Proceſſion ſolennelle qui ſe fait à Notre Dame le 15 Août pour le Vœu Louis XIII.

VACATIONS.

*M*ESSIEURS *de la Cour des Aides* vaquent les mêmes jours que le Pa lement. On ne plaide à huis ouvert que juſqu'à la veille de la Notre Dam de Septembre, auquel jour finiſſent les plaidoiries ſur les hauts ſiéges.

Outre les jours de Vacations du Parlement, Meſſieurs de la Cour des Aid prennent, en Février, un jour pour la Foire Saint-Germain : ils n'entrent poi auſſi les Lundi & Mardi Gras, Mercredi des Cendres, Jeudi ni la veille & le demain de Saint Jean-Baptiſte.

En Juin, un jour de choix pour le Landi.

Ils n'entrent point encore la veille, le jour ni le lendemain de la Madelain la veille & le lendemain de Saint Jacques & Saint Chriſtophe, & encore de jours après ladite fête, le lendemain de Saint Laurent, 11 Août, la veille & lendemain de la Nativité de la Vierge, le jour de Saint Côme & Saint Damie 27 Septembre juſqu'au 4 Octobre incluſivement, dans lequel mois ils prennent jour de choix pour la foire Saint Denis, & entrent juſqu'à la veille de Sai Simon Saint Jude.

JOURNAL DE LA COUR DES MONNOIE

*C*Ette Cour eſt ſeule & unique dans le Royaume ; les appels de tous 1 Siéges des Monnoies s'y relevent. Son ſervice eſt ordinaire depuis l'E du mois de Septembre 1771. Ses Vacances commencent au 8 Septembre. Chambre des Vacations s'ouvre le 9 Septembre, elle eſt compoſée d'un Pré dent & de ſept Conſeillers ; elle connoît des Affaires ſommaires ou proviſoi & des Affaires criminélles ; elle finit à la Saint Simon, Saint Jude. La rentr de la Cour ſe fait le lendemain de la Saint Martin 12 Novembre, auquel jou après la Meſſe célébrée à l'ordinaire dans la Chapelle de la Cour, la Comp gnie aſſemblée, ſe fait la lecture des Ordonnances & Réglemens. M. le Prem Préſident fait un diſcours qui eſt ſuivi d'un autre prononcé par un de Meſſieu les Gens du Roi.

Conformément à la Déclaration du premier Septembre 1775, il y a Audien les Lundis & Jeudis à la deuxieme Chambre ; les Mardis & Samedis à la tr fieme Chambre, à huit heures du matin l'on y juge les appellations verbal L'Audience de relevée ſe tient à la premiere, les Mardis & Vendredis de ch que ſemaine.

Les Audiences qui ſe tiennent ſur les bas ſiéges, ſont celles des deman des Parties ; & ſur les hauts ſiéges, ſont celles des appellations.

Quoique les jours d'Audience ſoient marqués, il y en a d'extraordinaire lorſqu'il plaît à M. le Premier Préſident d'en accorder, & que les Affaires demandent.

Les Officiers de cette Cour ont droit d'aſſiſter à toutes les Proceſſions & C rémonies publiques, ainſi que les deux autres Compagnies ſupérieures : ils ſ

és après la Chambre des Comptes. Leurs robes de cérémonie font de velours
pour les Préfidens, & de fatin pour les Confeillers & Gens du Roi.

VACATIONS.

N Janvier, le 5, veille des Rois ; le 13, Saint Hilaire, & le 28 Saint
Charlemagne.
n Février, un jour pour la Foire Saint Germain ; pendant cette Foire, &
es du Landi, de Saint Laurent & de Saint Denis, la Cour vaque le mardi
e vendredi après midi. Depuis le jeudi-gras jufqu'au mercredi des Cendres,
le premier famedi de Carême.
n Mars, le jeudi de la mi-Carême ; le 22, la Réduction de Paris ; & depuis
mercredi de la Semaine-Sainte, jufqu'au lendemain de Quafimodo.
n Mai, le 2, Saint Gatien ; le 9, Tranflation de Saint Nicolas ; la veille de
fcenfion ; & la veille de la Pentecôte, jufqu'au lendemain de la Trinité.
En Juin, un jour pour la Foire du Landi, & la veille de Saint Jean.
En Août, un jour pour la Foire Saint Laurent ; le 11, *Sufceptio coronæ ;* &
14, celle de la Notre-Dame.
En Octobre, depuis la Saint Remi, jufqu'au jour de Saint Denis ; un jour
ir la Foire Saint Denis ; & depuis la Saint Simon - Saint Jude, jufqu'au
demain de Saint Martin.
En Novembre, le 25, Sainte Catherine.
En Décembre, le jour de Saint Nicolas, & la veille de Noël.

Féries & Vacations de Meffieurs de l'Election de Paris.

A Chambre vaque en Janvier le 13, fête de Saint Hilaire, & le 28, fête
 de Saint Charlemagne.
En Février, le Lundi, Jeudi & Mardi-gras & le jour des Cendres. Meffieurs
nnent un jour plaidoyable dans le mois, pour aller tenir l'Audience à la
ire Saint Germain.
En Mars, le Jeudi de la mi-Carême, & le 22, pour la Proceffion de la Ré-
ction de Paris, que l'on remet, ainfi que le Parlement, lorfqu'elle fe rencon-
dans la quinzaine de Pâques.
En Avril, le Jeudi-Saint, jufqu'au Samedi de Quafimodo, & le 25 fête de
int Marc.
En Mai, le 2, fête de la Tranflation de Saint Gatien de Tours ; le 9, fête
la Tranflation de Saint Nicolas, & la veille de la Pentecôte jufqu'au Samedi
ivant.
En Juin, le 11, fête de Saint Barnabé.
Meffieurs prennent un jour dans ce mois pour le Landi, & vont tenir leur
fife à Saint Denis en France.
En Juillet, le 22, jour de la Madeleine.
En Août, le 14, veille de l'Affomption ; & le 16, fête de Saint Roch.
Meffieurs prennent un jour plaidoyable dans le cours de ce mois, pour aller
ir l'Audience à la Foire Saint Laurent.
A moiffon ouverte, les Vacations commencent trois jours de la femaine, fça-
ir le Lundi, Mardi & Mercredi, jufqu'au dernier jour d'Août.
En Septembre, le 14, fête de l'Exaltation de Sainte Croix.
Les vendanges ouvertes & publiées à l'Audience, les vacations commencent
 mêmes jours qu'aux mois de Juillet & Août.
En Octobre, la veille de la Touffaint.
Les vacations continuent tout le mois d'Octobre, & ne finiffent qu'après la
int Martin.
En Novembre, le 25, fête de Sainte Catherine.
En Décembre, le 6, fête de Saint Nicolas ; & la veille de Noël.

JOURNAL DU CHASTELET.

LA Prévôté & Vicomté de Paris, connue fous le nom de *Châtelet*, qui eſt le lieu où cette Jurifdiction tient fes féances, renferme plufieûrs Siéges de Juſtice où l'on plaide ordinairement en premiere Inſtance, à l'exception dı Lundi, comme il a été expliqué en la féance des Tribunauʒ.

Meſſieurs du Parlement viennent tenir leur féance au Châtelet pour les Prifon-niers, cinq fois l'année ; favoir, le Mardi de la Semaine-Saiſte, le Vendredi dɛ devant la Pentecôte, la veille de la Notre-Dame d'Août, la veille de Saint Simon-Saint Jude, & la furveille de Noel.

Les Sermens fe font deux fois l'année ; favoir, le Lundi d'avant la Sainı Simon - Saint Jude & le lendemain de *Quafimodo*. Les jours fuivans, on recommence les Plaidoiries.

VACATIONS.

LEs Vacations du Châtelet commencent le Lundi d'après la Nativité de la Vierge de Septembre : mais quand cette Fête arrive le Lundi, elles com-mencent le mardi lendemain de la Fête.

On plaide pendant la premiere quinzaine, le Mercredi & le Samedi, des Caufes provifoires & fommaires ; on fait les Baux judiciaires & Adjudications par Decret, on prononce les Sentences fur production, & on juge les Défauts faute de comparoır ; & le reſte des Vacations, on ne plaide que le Vendredi & le Samedi. Les Samedis on fait les Baux judiciaires.

Les Audiences de la Chambre Civile tiennent aux jours ordinaires : & l'Au-dience Criminelle, les jours que tient la grande Audience.

Les Dimanches & Fêtes folemnelles au Diocèfe de Paris, & les jours de Va-cations qui font communes à tous les Tribunaux, & particuliérement au Par-lement, l'on n'entre point au Châtelet.

En Janvier, le 13, S. Hilaire ; le 22, S. Vincent ; le 28, S. Charlemagne.

En Février, Mars & Avril, le Jeudi-gras, le Mardi-gras, le Mercredi des Cendres, le Jeudi de la mi-Carême ; & un jour pour la Foire Saint Germain, au choix de M. le Lieutenant Civil.

Le 22 Mars, la Réduction de Paris.

La quinzaine de Pâques, excepté le Mardi & le Mercredi de la Semaine-Sain-te, & le Samedi veille de Quafimodo.

Le lendemain de Quafimodo, on fait les Sermens au Châtelet : lorfque l'Annon-ciation eſt remife au lendemain de Quafimodo, on fait les Sermens le Mardi.

Le 2 Mai, Saint Gatien ; le 9, la Tranſlation de Saint Nicolas, & le len-demain, auquel jour fe dit un Service pour les Trépaſſés. Le 19, Saint Yves.

La veille de la Pentecôte, & le Mercredi fuivant.

En Juin, un jour pour la Foire du Landi, au choix de M. le Lieutenant Civil.

En Juillet, le 31, Fête de Saint Germain-l'Auxerrois.

En Octobre, le premier, Saint Remi. Le Lundi qui précéde la Fête de Saint Simon - Saint Jude, on entre au Châtelet, & on y fait les Sermens ac-coutumés ; mais quand cette Fête arrive le Mardi, on rentre le Lundi 20. L'on ne plaide point la veille de la Touſſaint, ni la furveille, lorfqu'elle arrive le Lundi.

En Décembre, le 6 Saint Nicolas & la veille de Noel, & la furveille lorf-qu'elle arrive le Lundi.

Meſſieurs du Parlement viennent tenir leurs féances pour les Prifonniers, cinq fois l'année, le Mardi de la Semaine-Sainte, la furveille de la Pente-côte, la veille de la Notre-Dame d'Août, la veille de Saint Simon - Saint ude & la furveille de Noël. Mais lorfque Noël arrive un Lundi ou un Mardi, left le Vendredi ou Samedi qui précéde.

Bailliages, *Prévôtés*, & *Châtellenies Royales qui reffortiffent au Châtelet,* Montlhéry, Montlignon, Saint Germain-en-Laye. Corbeil. Gournay. Torcy. Brie-Comte-Robert. Poiffy. Triel. Levis. Chaillot. Fauxbourg de la Conférence.

BANLIEUE DE PARIS.

Extrait des Regiftres du Châtelet de Paris.

V Augirard.
Iffy.
æ moulin des Chartreux, & la premiere maifon de Clamard.
Tanves (*Venvres.*)
Mont-Rouge.
Châtillon.
Baigneux (*Bagneux*) jufqu'au ruiffeau du Bourg-la-Reine.
Gentilly.
l'Hôtel de Saint Martin.
La Villette.
La Chapelle (*de Saint Denis.*)
Aubervilliers , jufqu'au ruiffeau de la Cour neuve.
Saint Ouen.
Saint Denis , jufqu'au Gris.
La Maifon de Seine.
Montmartre.
Clichy-la-Garenne.

Arcueil & Cachant jufqu'à la rue de Lay, dont il y a quatre ou cinq maifons audit village de Lay qui en font.
Villeneuve (*Villejuive* ,)
la Sauffaye , jufqu'au chemin du moulin-à-vent.
Yvry.
Le Pont de Charenton.
Saint Mandé.
Villiers-la-Garenne.
Le Port de Nully (*Neuilly.*)
Le Roule.
Menus (*Menus-lès-Saint-Cloud.*)
Boulogne , jufqu'au Pont de Saint Cloud , & jufqu'à la Croix dudit Pont.
Il faut obferver que Menus & Boulogne , c'eft le même endroit.

Confians.
Charonne.
Baignollet (*Bagnollet.*)
Romainville jufqu'au grand chemin de Noify-le-fec.
Pantin & le Pré Saint Gervais.
Patrouville (*Paterville*) dit Belleville.
Les Oftes Saint Merry.
L'Hôtel de Savy , dit Auteuil.
Paffy.
Challeau (*Chaillot.*)
La Ville-Levêque.
Vitry , jufqu'à la Fontaine.
La Piffotte , jufqu'à la planche du ruiffeau.
Montreuil jufqu'à la premiere rue , venant à Paris du côté du bois de Vincennes.

Collationné & extrait du Regiftre appellé le grand Livre jaune , *folio* 24, *verfo & recto, & de celui appellé le* treizieme Volume des Bannieres, *folio* 1 recto & verfo.

Juridiction de la Barre du Chapitre de Paris quant à l'étendue de fon Reffort.

Les Juftices de Rozoy en Brie , l'Archaut , Andrezy , Jouy-le-Moutier , Epinay & Mezieres , Aubergenville , la Grande Paroiffe , Vernon , Corberieufe , Bagneux, Fontenay-aux-Rofes , le Bourg-la-Reine en partie , Rungis , Orly , Lay , Cheilly, Sucy en Brie , Herbelay , Outrebois , Viri en Vermandois , Grandfontaine, Valleroche , Mons , Agencourt , Beloy en Franc , Fontenelles & autres , apparteantes au Chapitre , reffortiffant par appel au Bailliage dudit Chapitre.

ETABLISSEMENT des Académies à Paris.

L'ACADÉMIE FRANÇOISE eft la premiere & la plus anciende. Les Lettres-Patentes de fon établiffement font de 1635, vérifiées au Parlement en 1637. M. le Cardinal de Richelieu en a jeté les fondemens, & a été fon premier Protecteur; il décéda à Paris le 4 Décembre 1642; M. le Chancelier Seguier lui fuccéda; & après fa mort, arrivée le 28 Janvier 1672, le feu Roi Louis XIV. voulut bien en être le Protecteur. Elle eft compofée de quarante Académiciens, tous gens diftingués par leur dignité & par leur érudition, qui s'appliquent una-nimement à mettre la Langue Françoife dans toute la pureté qu'on peut fouhai-ter; ils s'affemblent dans une Salle du vieux Louvre, le Lundi, le Jeudi & le Samedi. L'Académie Françoife diftribue annuellement, le jour & fête de Saint Louis, un prix fondé en cette Académie, de la valeur de 600 liv.

L'Académie Royale des Infcriptions & Belles-Lettres eft établie pour l'accroiffement des Belles-Lettres, expliquer les anciens monumens, & confa-crer les événemens & l'hiftoire de la Monarchie par des Infcriptions, des Mé-dailles, &c. Son érection eft de 1663. Cette Académie a deux prix à diftri-buer; le premier fondé en 1733, par M. Durey de Noinville, Maître des Re-quêtes honoraire, & Préfident honoraire au Grand-Confeil, de la valeur de 400 livres, à la rentrée après les fêtes de Pâques; le fecond eft celui que M. le Comte de Caylus a fondé en 1754, qui eft une Médaille d'or de 500 liv. l'ob-jet de ce dernier fera l'éclairciffement des Antiquités, & les queftions relatives aux arts & aux ufages des Anciens; il fe diftribue le premier Mardi ou Ven-dredi après la Saint-Martin. Elle s'affemble le Mardi & le Vendredi dans une Salle du Louvre.

L'Académie Royale des Sciences fut établie en 1666, par les ordres du Roi, mais fans aucun acte émané de l'autorité Royale. Le Roi lui donna une nouvelle forme par le Réglement du 26 Janvier 1699. Le fecond du 3 Janvier 1716 changea quelques articles au premier, & en interpréta quelques autres. En vertu de ces Réglemens, l'Académie eft compofée de quatre fortes d'Académi-ciens: douze Honoraires, vingt Penfionnaires, trente-deux Affociés, treize Adjoints. Des trente-deux Affociés, il y en a huit Etrangers, douze qui ne font attachés à aucun genre de Science, & qui compofent la claffe des Affo-ciés libres, les douze autres, ainfi que les vingt Penfionnaires & les treize Ad-joints, doivent être établis à Paris. Les Affemblées fe tiennent au Louvre les Mercredis & Samedis.

L'Académie Royale d'Architecture a été établie en 1671, & confirmée par Lettres-Patentes de Sa Majefté, regiftrées en Parlement le 18 Juin 1717. Le Roi en eft le Protecteur. Cette Académie s'affemble le Lundi de chaque femaine dans une Salle qui lui eft deftinée au Louvre.

Les motifs de l'établiffement de cette Académie font de perpétuer & même d'augmenter les regles & le bon goût de l'Architecture ancienne & moderne, de perfectionner la diftribution, la décoration & la folidité des Edifices, & de former des Eleves dans cet Art fi utile aux hommes.

L'Académie Royale de Peinture & Sculpture a été établie en 1698, & con-firmée par Lettres-Patentes regiftrées en 1663. Le Roi en eft le Protecteur. Elle s'affemble au Louvre, les premiers & derniers Samédis de chaque mois. Elle tient tous les jours école publique de deffein.

L'Académie Royale de Chirurgie, établie en 1731, confirmée par Lettres-Patentes de Sa Majefté du 8 Juillet 1748, fous la direction du Secrétaire d'Etat de la Maifon du Roi.

Le Premier Chirurgien de Sa Majefté y préfide; les Affemblées fe tiennent le Jeudi, dans la grande Salle du Collége de Chirurgie. Le Jeudi d'après la Quafi-modo, il y a une Affemblée publique, dans laquelle l'Académie déclare le

Mémoire

Mémoire auquel elle a adjugé le Prix fondé par feu M. de la Peyronnie, premier Chirurgien du Roi. Ce Prix eft une Médaille d'or de la valeur de 500 livres, & cette Médaille repréfentera, dans quelque tems que la diftribution s'en faffe, le bufte de Louis le Bien-Aimé.

La même Académie a fondé, pour un prix d'émulation, une Médaille d'or de 200 liv. qu'elle adjuge à un Mémoire intéreffant, & cinq Médailles d'or de 100 livres chacune, pour trois Obfervations.

Autres Académies Françoifes & des Sciences établies dans les Provinces.

L'Académie Royale de Soiffons, érigée en 1674.
En 1689, le Roi établit à Arles une Académie Royale de vingt Gentils-hommes originaires & habitans de cette Ville, avec pareils Priviléges que l'Académie Françoife de Paris. M. le Duc de Saint-Aignan, de l'Académie Françoife, en eft le Protecteur. Elle a été augmentée de dix autres perfonnes peu de tems après.

Celle de Villefranche en Beaujolois, a été établie en 1679, & confirmée par Lettres-Patentes du mois de Décembre 1695; elle eft fous la protection de Monfeigneur le Duc d'Orléans.

Celle de Nîmes fut ouverte en 1682.

En 1685, a été établie celle d'Angers.

Le Roi, par Lettres-Patentes du mois de Septembre 1694, érigea les Jeux Floraux de Touloufe en Académie; le nombre, quoique fixé à trente-fix, eft augmenté de fix par d'autres Lettres-Patentes. M. le Chancelier en eft le Protecteur. Le 3 Mai, il s'y diftribue cinq Prix confidérables. Le premier eft une Amarante d'or de la valeur de 400 liv. qui s'adjuge à une Ode. Le fecond eft une Violette d'argent, de la valeur de 250 liv. qui eft deftinée à un Poëme de foixante vers au moins, & de cent vers au plus, tous Alexandrins fuivis, dont le fujet doit être héroïque. Le troifieme eft une Eglantine d'argent de 250 liv. qui s'accorde à une Piece de Profe d'un quart-d'heure ou d'une petite demi-heure de lecture. Le quatrieme, un Soucy d'argent de la valeur de 200 liv. on le donne à une Elégie, à une Eglogue, ou à une Idyle. Feu M. de Malpeire en a fondé un cinquieme, qui eft un Lys d'argent de la valeur de 60 liv. deftiné à un Sonnet fait en l'honneur de la Vierge. Les fujets des Piéces de vers font libres aux Auteurs; mais celui de Profe eft annoncé par un Programme. Les Réglemens de cette Compagnie ne permettent pas à M. le Secrétaire de préfenter à l'Académie les ouvrages qu'on lui adreffe par la pofte · les Auteurs chargeront de leurs productions des perfonnes domiciliées à Touloufe, à qui M. le Secrétaire donnera des reconnoiffances. Il y a dans la même Ville une Académie Royale de Peinture, Sculpture & Architecture, établie par Lettres-Patentes de 1750, compofée de 72 fujets; elle diftribue chaque année dix Prix de la valeur totale de 550 liv. à fes éleves, le fecond Dimanche de Juillet, pour les différens Ouvrages des trois Arts · l'inftruction y eft gratuite. Il y a nombre de Profeffeurs qui dirigent tour à tour chaque École féparée. Le Corps de Ville & la Province ont fondé les revenus néceffaires pour cet établiffement. Il y a encore dans la même ville de Touloufe une Académie Royale des Sciences, Infcriptions & Belles-Lettres, qui entretient un très-grand Jardin de Botanique; & une École Royale de Chirurgie, où il y a fept Profeffeurs.

Par Lettres-Patentes du mois de Janvier 1706, il a été établi à Caën une Académie des Arts & Belles-Lettres. Dans la féance publique qui fe tient le premier Jeudi de Décembre, on y diftribue une médaille d'or de la valeur de 300 livres. Ce Prix, qui a pour objet le progrès des Sciences utiles, & la perfection des Arts les plus importans & les plus néceffaires, a été fondé en 1759 par M. d'Orceau de Fontette, Intendant à Caën, & Chancelier de Monsieur.

Une auffi à Montpellier, établie par Lettres-Patentes du mois de Février 1778.

1706, fous le nom de *Société Royale des Sciences*. Le Roi l'a mife pour tou- jours fous fa protection , & a voulu qu'elle ne fît qu'un feul & même Corps avec l'Académie des Sciences de Paris. Ces deux Académies ont à-peu-près les mêmes Statuts. Celle de Montpellier eft compofée de fix Honoraires & quinze autres Académiciens ; fçavoir , trois Aftronomes , trois Mathématiciens , trois Chimiftes , trois Botaniftes & trois Phyficiens pour la Phyfique expérimenta- le ; chacun de ces Académiciens peut avoir un Eleve. Elle s'affemble une fois la femaine ; & tous les ans après la Saint Martin , elle fait une Affemblée publique.

Plufieurs Citoyens de la ville de *Lyon* formerent en cette ville dès 1700, une Société littéraire , fous le nom d'*Académie des Sciences & Belles-Lettres ;* elle fut autorifée en 1724 , de Lettres-Patentes , & confirmée par d'autres en 1752 , enregistrées en 1753. Le goût des Beaux Arts infpira à d'autres perfon- nes le deffein de les cultiver, fous la même autorité; mais avec la dénomi- nation d'Académie des Beaux-Arts : par d'autres Lettres de 1750 , enregif- trées en 1756 , ces deux Compagnies furent réunies. Cette Académie eft com- pofée de quarante. Académiciens ordinaires établis à Lyon , & d'un nombre illimité d'Affociés réfidans en d'autres lieux. L'Académie s'affemble le Mardi de chaque femaine ; elle a trois Affemblées publiques dans l'année. Ses exer- cices font divifés en deux claffes ; ils ont pour objet les Sciences , les Belles- Lettres & les Arts. Cette Academie diftribue chaque année une Médaille d'or de la valeur de 300 livres , fondée par M. Chriftin , en faveur de l'Auteur qui traite le mieux le fujet donné , & qui fe propofe alternativement fur les Ma- thématiques , la Phyfique & les Arts.

Elle diftribue auffi , tous les deux ans , un prix , fur des fujets relatifs à l'Hiftoire Naturelle ; il a été fondé par M. P. Adamoli , qui a légué en même tems à l'Académie , une très-belle bibliotheque très-confidérable , par le nombre & le choix des livres , concernant principalement les Arts , les Anti- quités & l'Hiftoire Naturelle : elle eft ouverte les Mercredis non fêtés.

A l'Académie des Belles-Lettres , Sciences & Arts établie à *Bordeaux* , feu M. le Duc de la Force , en 1703 , a fondé pour prix une Médaille d'or de 300 liv.

L'Académie des Belles-Lettres de *Marfeille* , établie en 1726 , par Lettres-Pa- tentes du Roi , adoptée par l'Académie Françoife , s'affemble le Mercredi. Feu M. le Maréchal de Villars fon fondateur & fon premier Protecteur , y a fondé pour Prix une Médaille d'or de la valeur de 300 liv. elle porte d'un côté le bufte de M. de Villars , & au revers cette légende ; *Præmium Academiæ Maffilienfis.* Ce Prix s'adjuge alternativement à un Ouvrage en profe & en vers , dans la feule Affemblée publique qui fe tient le jour de Saint Louis. Cette Compagnie eft compofée de vingt Académiciens domiciliés à Marfeille , & de vingt Affo- ciés externes. Les Affociés externes font obligés d'envoyer tous les ans un Ou- vrage , & il leur eft permis de concourir au Prix , ce que ne peuvent ceux qui deviennent ou qui font domiciliés à Marfeille. La devife de cette Académie eft un Phénix renaiffant de fa cendre fur fon bucher aux rayons d'un foleil naif- fant , avec ces mots pour ame , *primis renafcor radiis ,* par allufion à l'ancienne Académie de Marfeille , qui eft reffufcitée au commencement du Regne de Sa Majefté , dont le foleil eft , comme on fçait , l'emblême. Feu M. le Duc de Villars , de l'Académie Françoife , Protecteur , vient d'être remplacé , du choix de l'Académie , par S. E. M. le Cardinal de Bernis.

Celle de la *Rochelle* , établie en Juillet 1734 , eft fous la protection de S. A. S. Monfeigneur le Prince de Conti.

Feu M. Pouffier , Doyen du Parlement de Bourgogne , a établi une Académie des Sciences à *Dijon;* les Lettres-Patentes du Roi font de Juin 1740. Elle a pour objet la Phyfique , la Morale & la Médecine. Elle diftribue tous les ans , au mois d'Août une Médaille d'or de 300 liv. qui s'adjuge à celui qui a le mieux traité le fujet donné alternativement fur l'une de ces Sciences. Les Académi- ciens ne peuvent concourir.

Il y a auffi une Academie des Sciences & Beaux Arts à *Pau en Bearn* , éta- .

blie par Lettres-Patentes du 20 Août 1721. Elle donne tous les ans en Février, une Médaille d'or, qu'elle accorde au meilleur Ouvrage qu'on lui envoie fur e fujet qu'elle a propofé.

L'Académie Royale des Sciences & Belles-Lettres établie à *Beziers* au mois d'Août 1723, comme Société Royale, & confirmée par Lettres Patentes de 1766, comme Académie. Elle eft compofée d'un Préfident, de huit Académiciens honoraires, de vingt ordinaires, & de vingt Affociés. Le Roi lui a donné pour Protecteur M. le Duc de la Vrilliere.

L'Académie des Belles-Lettres à *Montauban*, établie par les Lettres-Patentes datées de Dunkerque, du mois de Juillet 1744, compofée de trente Académiciens ordinaires, & de dix Affociés étrangers : le Roi lui a donné pour Protecteur M. le Duc de la Vrilliere. Elle a tous les ans à diftribuer un Prix d'Eloquence qu'elle convertit en Prix de Poëfie, lorfqu'elle eft obligée de le réferver.

Par Lettres-Patentes de 1750, il a été établi à *Amiens* une Académie des Sciences, Belles-Lettres & Arts : elle comprend *vingt-cinq* Académiciens honoraires, *trente-fix* réfidens : elle eft fous la protection de M. le Comte de Périgord, Gouverneur Général de la Province.

M. Baron, Avocat, Secrétaire perpétuel.

Il en a été établi une à *Befançon*, par Lettres-Patentes de Juin 1752, fous le titre d'*Académie des Sciences, Belles-Lettres & Arts*. M. le Duc de Tallard, premier Protecteur & Bienfaiteur, y a fondé deux Prix : le premier, de la valeur de 350 liv. pour un Difcours d'Eloquence : le fecond, de la valeur de 250 liv. pour une Differtation hiftorique ou critique.

Une Société des Sciences & des Arts a été établie à *Metz* par Lettres-Patentes. Son objet eft l'Agriculture & les Arts utiles à l'Economie ruftique & au Commerce. Feu M. le Maréchal Duc de Belle-Ifle, Fondateur, l'a dotée de 3000 liv. de revenu · elle diftribuera annuellement pour Prix une Médaille d'or de la valeur de 400 liv. portant l'effigie de fon Protecteur. Elle a tenu la première Affemblée publique à la fin de l'année 1760.

Les Etats de *Bretagne* ont auffi formé pour cette Province une Société d'Agriculture, de Commerce & des Arts. Cette Société autorifée par un Brevet du Roi, eft compofée de ce qu'il y a de refpectable dans le Clergé, dans la Nobleffe, la Magiftrature & le Tiers-Etat.

Par Lettres-Patentes données à Lille en Juin 1744, il a été établi à *Rouen* une Académie Royale des Sciences, Belles-Lettres & Arts. Elle diftribue auffi plufieurs prix, par la générofité de M. le Duc d'Harcourt, Gouverneur de la Province de Normandie, Protecteur de l'Académie.

La Société Littéraire d'Arras ; autorifée depuis 1738, eft érigée en Académie Royale des Belles-Lettres depuis Juillet 1773.

Il exiftoit à Châlons-fur-Marne une Société Littéraire depuis vingt-cinq ans : le Roi, par des Lettres-Patentes du 18 Mars 1775, vient d'ériger cette Société en Académie des Sciences, Arts & Belles-Lettres *.

* *Voyez* au furplus la France Littéraire

BIBLIOTHEQUES PUBLIQUES.

L A premiere & la plus confidérable eft fans contredit la Bibliothéque du Roi. Elle eft ouverte au Public les Mardis & Vendredis matin. Ses vacances font les mêmes que celles de la Cour de Parlement. *Voyez* les Perfonnes qui y font attachées, à fon article.

M. du Bouchet de Bournonville eft un des premiers Bienfaiteurs de la *Bibliothéque de Saint Victor*, fameufe par le choix des Livres dont elle eft compofée. Elle a auffi été enrichie par les libéralités de M. de Tralage, neveu de M. de la Reynie , & par celles de M. Coufin , Préfident de la Cour des Monnoies , deux Sçavans des plus célébres de leur fiécle. On y entre les Lundis , Mercredis & Samedis, à l'exception des Fêtes. Ses vacances font depuis le 15 d'Août juf-qu'à la Saint luc.

La *Bibliothéque Mazarine* eft dans un des Pavillons du Collége des Quatre Nations. Elle eft publique depuis 1688 , on y entre le Lundi & le Jeudi. Ses vacances font depuis le premier Août jufqu'à la Touffaint.

M. de Riparfond, célébre Avocat au Parlement de Paris, a laiffé fa *Bibliothéque à l'Ordre des Avocats*, à condition que le Public en jouira pendant quelques jours de la femaine. Elle eft publique depuis 1708, & eft dans une des Salles de l'Archevêché ; Meffieurs les Avocats & autres Sçavans ont la li-berté d'y entrer les Mardis & Vendredis, l'après-midi feulement. M. Drouet, *Bibliothécaire*.

En 1718, les Prêtres de la *Doctrine Chrétienne* firent dans leur Maifon de Saint Charles, l'ouverture folemnelle de leur *Bibliothéque*, rendue publique par la fondation de M. Miron, Doéteur en Théologie de la Faculté de Paris. On y entre le Mardi & le Vendredi, depuis la Saint Martin jufqu'à la Saint Louis.

En 1763, la Ville de Paris a rendu publique la *Bibliothéque* que lui a légué M. Moriau, Procureur du Roi & de la Ville, décédé le 20 Mai 1759. Ce Ma-giftrat, refpeétable par fa probité , fon goût pour les Sciences, & fon attention continuelle au bien public , a voulu être encore utile à fes Concitoyens après fa mort.

Il avoit toujours defiré qu'il y eût à l'Hôtel-de-Ville une Bibliothéque publi-que à l'inftar de celle de Lyon, & il s'eft efforcé toute fa vie à faire acquifi-tion d'un grand nombre de Volumes en tout genre de Littérature , beaucoup de Manufcrits curieux , Portefeuilles remplis de Cartes géographiques, Plans de Villes, Eftampes , Médailles & Jetons. MM. les Prévôt des Marchands & Echevins fentant combien un pareil établiffement formé fous leur autorité , étoit glorieux pour eux & digne de leur amôur pour les Lettres, fe font empreffés de concourir aux vues de feu M. Moriau ; mais n'y ayant pas de vaiffeau à l'Hô-tel-de-Ville capable de contenir cette Bibliothéque, & ce qui y fera ajouté par la fuite, elle vient d'être tranfportée de l'Hôtel de Lamoignon, rue Pavée, à la Maifon de Saint Louis , rue Saint Antoine , & a été ouverte pour la première fois au nouvel établiffement le Mercredi 16 Juin 1773 après midi, & continue de s'ouvrir tous les Mercredis & Samedis après-midi, depuis deux heures juf-qu'à cinq pendant l'été , & depuis deux heures jufqu'à quatre pendant l'hiver, à l'exception des Fêtes qui arrivent ces jours-là. Les vacances commencent au premier Septembre, & finiffent à la Saint Martin. M. Bouquet, Avocat au Par-lement, & M. Ameilhon, Cenfeur Royal, de l'Académie Royale des Infcrip-tions & Belles-Lettres , *Hiftoriographes & Bibliothécaires de la Ville*.

La Bibliothéque de l'Univerfité, au Collége de Louis le Grand , eft ouverte trois jours par femaine, les Lundis , Mercredis & Samedis , depuis neuf heures du matin jufqu'à midi, & depuis deux heures & demie après midi jufqu'à cinq heures.

La Faculté de Médecine a auffi une Bibliothéque publique, qui eft ouverte les Jeudis après-midi.

Meffieurs les Gens du Roi ont infpeétion fur ces Bibliothéques , pour en faire obferver les Statuts , & maintenir le bon ordre : elles ont chacune des fonds pour l'entretien de ceux qui y fervent, & pour l'achat des Livres dont elles doi-vent être enrichies de tems en tems.

BIBLIOTHEQUES PARTICULIERES.

La *Bibliotheque de Saint Germain-des-Prés*, qui eft une des plus con-fidérables , tant par le nombre des Livres & anciennes Editions , que par les anciens Manufcrits , a été enrichie en 1718 de la Bibliothéque de M. l'Abbé d'Eftrées, nommé à l'Archevêché de Cambrai, & en 1720, de celle de M. l'Abbé Renaudot, fi connu parmi les Sçavans. M. le Cardinal de Gêvres a légué à la même Abbaye fa Bibliotheque entiere, dans le deffein que le Public en jouit une fois la femaine, le matin & de relevée. M. l'Evêque' de Metz, Duc de Coaflin, a légué à ces mêmes Religieux un nombre de Manufcrits qui appartenoient ci-devant à M. le Chancelier Seguier, &'qu'ils avoient en dépôt depuis 1715. Cette Bibliothéque eft auffi enrichie d'un Cabinet d'Antiquités, formé par feu Dom Bernard de Montfaucon. L'on augmente journellement cette Bibliothéque ; quoiqu'elle ne foit pas abfolument deftinée à l'utilité ou à l'ufage du Public, elle eft auffi fréquentée qu'aucune autre, par le libre accès qu'y trouvent les Gens de Lettres.

La *Bibliothéque de Sainte Geneviéve du Mont* eft une des plus belles de Paris ; elle renferme un grand nombre d'anciennes éditions, dont plufieurs font extrêmement rares. Elle a été enrichie en 1710 ; de celle de M. le Tellier, Archevêque de Reims, comprenant 16000 volumes. Il y a plufieurs Manufcrits curieux, & plufieurs Portefeuilles originaux des grands Maîtres d'Italie & d'autres Ecoles. Le Cabinet de Curiofités joint la Bibliothéque. Outre plufieurs Morceaux d'Hiftoire Naturelle, il renferme une Collection d'Antiquités Egyptiennes, Etrufques, Grecques & Romaines. Il y a auffi un Médailler que feu M. le Duc d'Orléans a enrichi d'une fuite de Médailles d'or. Quoique cette Bibliothéque ne foit pas publique, MM. de Sainte Géneviéve fe font un honneur & un devoir d'en partager les richeffes avec les Sçavans. Ceux qui veulent y étudier, la trouveront ouverte l'après-midi feulement, les Lundis, Mercredis & Vendredis, depuis deux heures jufqu'à cinq, excepté les Fêtes & le tems des Vacances. Meffieurs Pingré & Viallon, Chanoines Réguliers, *Bibliothécaires.*

La *Bibliothéque de Sorbonne*, riche en Manufcrits authentiques.

La *Bibliothéque du Collége de Navarre*, confidérable par d'anciens Manufcrits.

La *Bibliothéque des Céleftins*, confidérable par les anciens Manufcrits & les anciennes Editions.

La *Bibliothéque des Auguftins Déchauffés*, Place des Victoires ; il y a dans la Maifon un Cabinet curieux par une belle fuite de Médailles & d'Antiques.

La *Bibliothéque de feu M. le Cardinal de Soubife*, augmentée de celle de M. le Préfident de Menars, laquelle appartenoit autrefois à M. de Thou, eftimée pour les belles Relieures & les bonnes Editions.

JURÉS-CRIEURS. *Meffieurs,*

1731.

FOurnier, *Doyen*, rue Saint Antoine, vis-à-vis la rue Geoffroi Lafnier.

1736.

Jacques, rue Salle-au-Comte, au coin de la Fontaine.

1739.

Carbonnet, rue Regratiere, Ifle Saint Louis.

1741.

Benard, rue neuve St Merry.

1742.

Harouard, rue du Fauxbourg Saint Jacques, vis-à-vis la rue Saint Dominique.

1744.

Jacquet, rue de Condé, vis-à-vis la rue des Foffés M. le Prince.

1750.

Beaumont, vieille rue du Temple, près la rue Saint Antoine.

1754.
Le Preftre, rue Royale, place de Louis XV.

1755.
Fortin, rue Montmartre, près la rue de Cléry.

1757.
Dailly, pont Marie.
Doucet, rue Saint Thomas du Louvre.
Candeau, rue de la Féronnerie.

1759.
Choconin Delaunay, Pont-au-Change.

1761.
Pignon, rue neuve Saint Paul.

1765.
Deperey Delaunay, rue des Saints Peres, hôtel de Saint-Preft.

1766.
Premiat, rue Honoré-Chevalier.
Fournier, J. *Syndic*, rue Thibotodé.
Gely, *Procureur-Syndic*, rue St

Honoré près celle du Cocq.

1768.
Quatremere, rue Saint Honoré, près la rue des Prouvaires.

1771.
Auger, rue de la Huchette.

1773.
Carré, rue Traifnée, vis-à-vis le cadran de Saint Euftache.

1774.
Geoffroy, rue Montmartre au coin de la rue du Mail.
Chevalier, porte Saint Martin, au coin du Boulevart.

1775.
Richon, rue Saint Denis, vis-à-vis Saint Sauveur.
Olivier, rue de Seine, vis-à-vis l'hôtel de la Rochefoucaud.
Chibout, rue de la Ferronnerie.

1776.
Cordier, rue des Jardins.
Arnoult, rue du Sentier.
Le Roux, rue de Tournon.

Le Bureau eft rue neuve Saint Merry.

POMPES PUBLIQUES DU ROI,
Pour Remédier aux Incendies,

☞ *Sans que le Public ni les Particuliers dans la maifon defquels le feu aura été, foient tenus de rien payer.*

M. Morat, Ecuyer, *Directeur général des Pompes du Roi*, Commandant de la Compagnie des Gardes-Pompes, rue de la Juffienne.

M. Deville, *Ingénieur, Lieutenant de la Compagnie*, même demeure.

On a établi, pour procurer au Public un prompt fecours, feize Corps-de-gardes, dans lefquels on trouvera jour & nuit des Gardes-Pompes, prêts à partir au premier avertiffement.

Lieux où font placés les feize Corps-de-gardes.

Le premier, rue neuve Saint Auguftin, au petit Hôtel de M. le Lieutenant-Général de Police.

Le fecond, rue de Marigny, Fauxbourg Saint Honoré.

Le troifieme , rue Saint Honoré , à la nouvelle Salle de l'Opéra.

Le quatrieme, rue de la Juffienne , chez le Directeur des Pompes.

Le cinquieme , cul-de-fac de la Planchette , porte Saint Martin.

Le fixieme , grande rue du Fauxbourg Saint Denis , au coin de la rue Saint Laurent.

Le feptieme , rue de Paradis , attenant la porte de l'Hôtel Soubife.

Le huitieme , rue de la Cerifaie , au coin de celle du petit Mufc.

Le neuvieme , grande rue du fauxbourg Saint Antoine, près la rue de Reuilly.

Le dixieme , au Palais , Cour du Mai.

Le onzieme , rue des Foffés Saint Bernard.

Le douzieme , Place de l'Eftrapade.

Le treizieme , rue Mouffetard , prefque vis-à-vis la rue Fer-à-Moulin.

Le quatorzieme , rue des Mauvais Garçons , Fauxbourg Saint Germain.

Le quinzieme, rue des Vieilles Tuileries , vis-à-vis la rue Saint Maur.

Le feizieme , rue du Bacq, vis-à-vis les Jacobins.

Indépendamment des feize Corps-de-gardes ci-deffus , il y a dans Paris plufieurs dépôts de Pompes & de voitures d'eau , & dans lefquels , ou à côté defquels dépôts logent au moins deux Gardes-Pompes. La lifte ci-après les indiquera au Public.

Dépôts des Pompes , dans lefquels , ou à côté defquels logent les Pompiers.

Le premier , rue de Saint Florentin , à côté de la Fontaine.

Le fecond , à côté de la Fontaine des Capuçins Saint Honoré.

Le troifieme , à la Bibliothéque du Roi.

Le quatrieme , à la Halle aux Draps , rue de la Lingerie.

Le cinquieme , rue Saint Denis , attenant l'Eglife de Saint Jacques de l'Hôpital.

Le fixieme , porte Saint Denis , du côté du Fauxbourg.

Le feptieme , dans la premiere cour de la Baftille.

Le huitieme , fauxbourg Saint Antoine , près le Corps-de-Garde.

Le neuvieme , près l'Archevêché , attenant l'Eglife Notre-Dame.

Le dixieme , à l'Hôtel de M. le Premier Préfident.

Le onzieme , à la Place de l'Eftrapade , attenant le Corps-de-Garde du Guet.

Le douzieme , à la Foire Saint Germain.

Le treizieme , a la Barriere de Vaugirard.

Le quatorzieme , aux Coches de Verfailles.

Dépôts des Voitures d'eau pour les Incendies.

Le premier , rue de Marigny , au Corps-de-Garde.

Le fecond , rue Saint Honoré , au Dépôt de la Pompe.

Le troifieme , rue de la Juffienne , chez le Directeur général des Pompes.

Le quatrieme , grande rue du Fauxbourg Saint Denis , au Corps-de-Garde.

Le cinquieme , cul-de-fac de la Planchette , au Corps-de-Garde.

Le fixieme , grande rue du Fauxbourg Saint Antoine, au Corps-de-Garde.

Le feptieme , rue de la Cérifaie , au Corps-de-Garde.

Le huitieme , rue des Foffés Saint Bernard , au Corps-de-Garde.

Le neuvieme , rue Mouffetard , Fauxbourg Saint Marcel , au Corps-de-Garde.

Le dixieme , place de l'Eftrapade , au Corps-de-Garde.

Le onzieme , Barriere de Vaugirard , au Dépôt de la Pompe.

M. Arnaud , *Chirurgien-Major* de la Compagnie , rue des Vieilles Etuves Saint Honoré.

INSPECTEURS DE POLICE *chargés du Nettoye-ment & de l'Illumination de la Ville & Fauxbourgs de Paris.*

Messieurs.   Quartiers.

Vannier, *Doyen*, rue du Ponceau , } *Pour tout ce qui concerne*
près l'égoût, à l'entrepôt général. } *l'Illumination.*

Champy , rue du Monceau , près } *Saint Jacques de la Bou-*
l'orme Saint-Gervais. } *cherie. Sainte Oppor-*
} *tune. La Grève.*

} *Le Marais. Sainte Avoye.*
Julien , rue de la Perle au Marais. } *Saint Antoine & le*
} *Fauxbourg.*

D'Amour , rue neuve de Grammont , } *Le Louvre. Le Palais*
vis-à-vis la rue de Menars. } *Royal.*

Goupy , rue Aubri-Boucher , chez } *Saint Denis. Saint Mar-*
le Serrurier. } *tin.*

Devaure, rue de Seve , vis-à-vis } *Le Luxembourg. S. Ger-*
l'Abbaye aux Bois. } *main des Prés.*

Guerrier, rue des Noyers, vis-à-vis } *La place Maubert. Saint*
celle des Lavandieres. } *Benoît.*

Bidault , rue Regratiere , Ifle No- } *Saint Paul. La Cité. Saint*
tre-Dame. } *André-des-Arts.*

Freville, rue neuve Saint Laurent , } *Saint Euftache. Mont-*
à l'étoile d'or. } *martre.*

Chantepie , *Penfionnaire* , rue de Harlay , près le Boulevart. ·

ILLUMINATION *de la Ville & Fauxbourgs de Paris ;*
en nouvelles Lanternes à réverberes , établies en l'année 1769.

Entrepreneurs , Messieurs ,

Tourtille Sangrain , *chargé du détail* , rue du Ponceau.
Desforges, Fauxbourg du Temple.

Infpecteurs , Messieurs ,

Befnard , rue Saint Honoré , près les Capucins.
Beaulieu , rue du Ponceau , au Dépôt Général des Lanternes. ■ ·

On a établi cinq Dépôts indiqués par des tableaux ; dans cha-que Dépôt il y a deux Commis, & toujours un de garde ; on peut s'y adréffer en cas de néceffité, pour faire rallumer les Lanternes qui feroient éteintes avant les heures ordonnées.

Lieux où font placés les cinq Dépôts.

Le premier, rue du Ponceau, porte Saint Denis.

Le deuxieme, aux Capucins de la rue Saint Honoré.

Le troifieme, rue de Bourgogne, près celle de Grenelle.

Le quatrieme, rue Saint Nicolas du Chardonnet.

Le cinquieme, rue de la Cerifaie, près l'Arfenal.

Meffieurs les Entrepreneurs s'affemblent tous les lundis ; depuis dix heures du matin jufqu'à midi, en leur Bureau, rue du Ponceau, où l'on trouve toujours un Commis, pour répondre aux affaires relatives à l'Illumination, & dont l'Entrepreneur chargé du détail, va tous les jours prendre connoiffance.

BUREAU GÉNÉRAL DES PRIVILÉGIÉS.

CE Bureau a été établi par Arrêt du Confeil du 13 Octobre 1769, à l'Hôtel de Bretonvilliers, par Arrêt du Confeil du 2 Octobre 1774.

Ce Bureau eft le feul où on délivre les Exemptions accor-dées aux Bourgeois de Paris fur les Denrées provenant de leur crû.

M. Roquain de Vienne, *Chef dudit Bureau*, hôtel de Breton-villiers.

BUREAU ROYAL DE CORRESPONDANCE GÉNÉRALE.

CE Bureau, établi par Arrêt du Confeil du 12 Décembre 1766, fous l'infpection de M. le Lieutenant Général de Police, eft le feul autorifé à fe charger de toutes fortes de commiffions, recettes de rentes, fuite d'affaires, & autres commodités réciproques, fous un cautionnement de cinq cens mille livres dépofés, pour la fûreté du Public, chez Me Poul-tier, Notaire.

On peut également charger ce Bureau des Commiffions en achat & vente de marchandifes.

S'adreffer à M. Comynet, *Directeur général dudit Bureau*, rue des deux Portes Saint Sauveur.

SOCIÉTÉ & Correspondance Royale de Médecine.

CETTE Société établie par Arrêt du Conseil, du 29 Avril 1776, eft deftinée à entretenir fur tous les objets de Médecine-Pratique, une Correfpondance fuivie avec les Médecins les plus habiles du Royaume & même des pays étrangers, & à porter dans les cas d'épidémies & épizooties, des fecours dans les différens endroits où elles regnent. Ses affemblées fe tiennent les mardis & vendredis de chaque femaine. Tous les ans elle diftribuera un prix. Les Médecins qui compofent cette Société font divifés en neuf claffes, fous les noms de Médecins Confultans, de Médecins Ordinaires & Correfpondans, d'Affociés Régnicoles, d'Affociés Étrangers, d'Adjoints à Paris, d'Adjoints Régnicoles, d'Adjoints Étrangers, de Correfpondans Régnicoles & de Correfpondans Étrangers. Nous donnerons feulement la lifte des Membres de cette Société, réfidens à Paris :

MESSIEURS,

De Laffone, *Préfident perpétuel, Directeur*, en Cour.
Vicq d'Azyr, *Premier Correfpondant*, rue du Sépulcre.

Médecins Confultans, Meffieurs,

Bouvart, rue de Richelieu, vis-à-vis la Bibliotheque du Roi.
Poiffonnier, rue des Deux-Portes Saint Sauveur.
Geoffroy, rue des Singes.
Lorry, rue Hautefeuille.
Maloet, rue de Menars.
Poiffonnier Defpeirieres, rue de la Verrerie.

Médecins Ordinaires & Correfpondans, Meffieurs

De Juffieu, rue des Bernardins.
Caille, rue des Cordeliers.
Paulet, rue Hautefeuille.
De Lalouette, rue Jacob.
Jeanroi, rue neuve des petits Champs.
Thouret, rue de la grande Truanderie.

Adjoints, Meffieurs,

Mauduit de la Varenne, rue des Ecouffes.
Andry, rue des Ecouffes.

Rouffille de Chamferu, rue Sainte Anne, près celle de Vil-
ledot.
Saillant, rue de Bievre.
De la Porte, rue Croix des petits Champs.
Teffier, cloître Notre-Dame.
De Réad, Médécin de l'Hôpital Militaire de Metz, à Metz.

SOCIÉTÉ ROYALE D'AGRICULTURE,

Autorifée par Arrêt du Confeil d'Etat du Roi, du premier Mars
1761, & compofée de quatre Bureaux établis à Meaux,
Beauvais, Sens & Paris.

Membres du Bureau de Paris, Meffieurs,

L'Abbé Lucas, Chanoine de l'Eglife de Paris, cloître Notre-
Dame.
Le Comte d'Hérouville, Lieutenant Général des Armées du
Roi, rue de la Planche, Fauxbourg Saint Germain.
Roland de Challerange, Confeiller de Grand'Chambre, rue
des Maçons, près la Sorbonne.
De Garfaut, rue Saint Dominique, près la rue d'Enfer.
Pepin, à Montreuil.
Thiroux, Maître des Requêtes honoraire, rue de Montmo-
rency.
Dailly, Affocié de celle de Rouen, rue Saint Antoine, au
Marais.
Le Bailly de Bar, enclos du Temple.
Parent, premier Commis de M. Bertin, Fauxbourg Mont-
martre.
De Sutieres, rue Aubri-Boucher.
L'Abbé de Conty-Hargicourt, Chanoine de la Sainte Cha-
pelle, cour du Palais.
Le Rebours, Contrôleur Provincial des Poftes, rue Guéné-
gaud.
Paris de Mezieu, rue Saint Louis au Marais.
De Palerne, Secrétaire de la Chambre & du Cabinet de Sa
Majefté, *Secrétaire perpétuel de la Société pour le Bureau de
Paris*, rue Montmartre, vis-à-vis la Juffienne.

Affociés, Meffieurs,

Le Prince de Tingry, Capitaine d'une des Compagnies des
Gardes du Roi, Lieutenant Général des Armées du Roi,
rue d'Anjou, Fauxbourg Saint Honoré.

Bertin, Miniftre & Secrétaire d'Etat, rue neuve des Capucines.

L'Abbé Bertin, Confeiller d'Etat ordinaire, rue neuve des Capucines.

Le Marquis Turgot, Brigadier des Armées du Roi, de l'Académie des Sciences, quai d'Orléans.

L'Abbé Farjonel, Confeiller de Grand'Chambre, Chanoine de l'Eglife de Paris, cloître Notre-Dame.

Le Duc d'Ayen, rue Saint Honoré, à l'hôtel de Noailles.

Le Marquis de Marigny, Confeiller d'Etat ordinaire, Commandeur des Ordres du Roi, *Adjoint*, Directeur & Ordonnateur des Bâtimens du Roi, Jardins, Arts, Académies & Manufactures Royales, petite place du Louvre.

Moreau de Beaumont, Confeiller d'Etat, & ordinaire au Confeil Royal, & au Confeil Royal de Commerce, rue Vivienne.

Le Comte de Buffon, Intendant du Jardin Royal des Plantes, de l'Académie Françoife, de l'Académie Royale des Sciences, au Jardin du Roi.

De Montigny, Tréforier de France, de l'Académie Royale des Sciences, rue de Montmorency.

Duhamel, Infpecteur général des Arfenaux de la Marine, de l'Académie Royale des Sciences, quai d'Anjou, île Saint Louis.

De Juffieu, Docteur-Régent de la Faculté de Médecine de Paris, Démonftrateur au Jardin du Roi, de l'Académie Royale des Sciences, rue des Bernardins.

Tillet, de l'Académie Royale des Sciences, hôtel de la Monnoie.

De Monthyon, Confeiller d'État, rue des Francs-Bourgeois au Marais.

Patullo, rue Jacob.

De Dangeul, Gentilhomme ordinaire de la Chambre du Roi, Secrétaire *Honoraire* des Commandemens & Cabinet de MONSIEUR, des Académies des Sciences de Stockolm, Nancy & Parme, de la Société des Arts, Sciences & Agriculture, rue S. André-des-Arts.

Rigoley d'Ogny, Grand'Croix, Prévôt, Maître des Cérémonies de l'Ordre de Saint Louis, rue Coqhéron.

Defmareft, Correfpondant de l'Académie des Sciences, cloître S. Germain-l'Auxerrois.

Tenon, de l'Académie Royale des Sciences, Profeffeur de Chirurgie, rue du Jardinet, près le nouveau College de Chirurgie.

Genet, Secrétaire-Interprete du Roi, aux Affaires Etrangeres, à Verfailles.

Abeille, Secrétaire du Bureau du Commerce, rue de la Feuil-
lade, près la place des Victoires.
Bertrand, Secrétaire de la Société économique de Berne en
Suisse, à Berne.
Petit, Médecin de la Faculté de Paris, de l'Académie Royale
des Sciences, rue Saint Victor, près la rue des Fossés Saint
Bernard.
Le Comte François Ginanni, Patrice de Ravenne, à Ravenne.
Guéau de Reverseaux, Maître des Requêtes, rue du Parc
Royal, au Marais.
Millin du Perreux, Receveur Général des Finances, rue Vi-
vienne, près la Compagnie des Indes.
Le Baron de Caupeine, rue du Croissant.
Bertier, Maître des Requêtes, Intendant de la Généralité
de Paris, rue de Vendôme.
L'Abbé Béliardy, à Versailles.
De France, en Champagne dans sa Terre.
De la Coudraye, Ecuyer, Conseiller au Conseil Supérieur de
l'Isle de France, en Afrique.
De Gribeauval, Lieutenant Général des Armées du Roi,
rue Bergere.
Bourgelat, Commissaire général des Haras du Royaume, Di-
recteur en Chef & Inspecteur général des Ecoles Vétéri-
naires, de l'Académie Royale des Sciences & Belles-Let-
tres de Prusse, Correspondant de l'Académie Royale des
Sciences, rue Sainte Apolline, porte Saint Denis.
Mills, à Londres.
Le Comte de Montboissier, place Royale.
Guerier, Inspecteur des Haras.
Fréon, Conseiller au Conseil Supérieur, à l'Isle de Bourbon.
Valmont de Bomare, Démonstrateur d'Histoire naturelle, rue
de la Verrerie.
Delpech de Montereau, rue des Saints Pères.

COMPAGNIE DES INDES.

M. De Leffart, Maître des Requêtes, rue du Sentier.
M. du Vaudier, Officier-Commandeur *Honoraire* de l'Ordre Royal & Militaire de Saint Louis, rue de la Verrerie, vis-à-vis la rue du Coq.

Directeurs.

M. de Méry d'Arcy, rue Poiffonnière après le boulevart.
M. Derabec, rue neuve des petits Champs, attenant le Palais Royal.
M. De Sainte-Catherine, rue Notre-Dame des Victoires, près la rue Saint Pierre.

Secrétariat général.

M. Coftar, *Secrétaire général*, à l'hôtel de la Compagnie.
M. De Varigny le J. *Chef du Bureau du Secrétariat général*, rue Saint Honoré, près Saint Roch.

Département des Caiffes.

M. de Mory, L. *Caiffier général*, à l'hôtel de la Compagnie.
M. Foffau, *Caiffier du Comptant*, rue des Vieux Auguftins.
M. de Mory, J. *pour le renouvellement des Actions & Billets d'emprunt*, cloître Saint Honoré.

Chef des Bureaux.

M. Dorez, rue des Mauvais Garçons Saint Jean, *l'infpection des Livres & du Bureau de l'Inde.*
M. Robert d'Affay, rue de Bourbon - Villeneuve, au coin de la rue Saint Philippe, *la confection des Livres, la Correfpondance & la fuite des liquidations.*
M. Meuniez, Avocat en Parlement, rue Tictonne, près la rue Montorgueil, *les Affaires contentieufes.*
M. Vieilh, rue de la Cerifaie, *les Archives.*

CAISSE D'ESCOMPTE,

Établie par Arrêts du Confeil, des 24 Mars & 22 Septembre 1776

Les Bureaux pour les opérations de cette Caiffe, font établi rue neuve des petits Champs, dans la troifieme cour de l'hôte de la Compagnie des Indes.

M. de Mory L., *Caiffier général*, audit hôtel.

r.
I.
M. de N.
M. de V.
M. Gob
Avocat :
Procure:
- En l'E.
M. le Lo
M. Maré

RÉGI
Lefauche:
Clouet,
Lavoifier,
Deglatg:
GARDI
d.
Grand-C
la Draperi:
cerie.
Gard.
Adjoir

DROITS de Marque & Contrôle fur les Ouvrages d'Or & d'Argent, régis dans tout le Royaume, pour le compte du Roi.

M INGOCENTI, Régiffeur Correfpondant, rue de Bourbon, à la Ville-neuve.

M. de Neufville, Directeur Général, rue neuve Saint Euftache.

M. de Ville, Receveur du grand Bureau, au Bureau des Orfevres.

M. Godefroy, Receveur du Bureau de Largue, rue Saint Denis, vis-à-vis Saint Chaumont.

Avocat au Parlement, M. Boudet, rue Guénégaud.

Procureur au Parlement, M. Mâlot, cul-de-fac Sourdis.

— En l'Election, M. Bercher, rue du Plâtre Saint Jacques.

M. le Lorrain, Graveur, cour de Lamoignon, au Palais.

M. Maréchal, Adjoint, même demeure.

RÉGIE DES POUDRES POUR LE COMPTE DU ROI.

Régiffeurs. Meffieurs.

Lefaucheux, à l'Arfenal.
Clouet, à l'Arfenal.
Lavoifier, à l'Arfenal.
Deglatigny, rue des Jeûneurs.

GARDES ET ADJOINTS en Charge des fix Corps des Marchands de Paris. MESSIEURS,

Grand-Garde de la Draperie & Mercerie. } Du Caurroy, rue des Mauvaifes Paroles.

Gardes. { Boullanger, rue des Cinq Diamans.
Gruguelu, rue Saint Denis.
Le Camus, rue & porte Saint Jacques.
Robert, rue de la vieille Draperie.

Adjoints. { Maffon, quai de Conti.
Lefevre des Nouettes, rue Saint Honoré.

Bureau, rue des Déchargeurs.

Gardes de l'Epi-
cerie.
{ Petit, rue Quincampoix.
Jourdain, Porte Montmartre.
Prignet, rue neuve Saint Roch.

Adjoints.
{ Prevoft, rue Saint Antoine.
Demachy, rue des Foflés Saint Germain-l'Auxerrois.
Guillemin, rue de Richelieu.

Bureau rue de l'Aiguillerie, près Sainte Opportune.

Gardes de la Pel-
leterie, Bonnete-
rie, Chapelerie.
{ Léger, rue Saint Honoré, près l'Oratoire.
Cahours l'aîné, rue Montorgueil, près le paffage du Saumon.
Chol, rue du Cimetiere Saint Nicolas.

Lagrenée,
Décharg

Adjoints.
{ Bourgeois, cloître Sainte Opportune.
Onfroy, rue Gille-Cœur.
Roufleau, rue Saint Martin, vis-à-vis la rue aux Ours.

Bureau rue Quincampoix.

Grands - Gardes
des Orfévres, Bat-
teurs d'Or, Ti-
reurs d'Or.
{ Lenhendrick, Pont Notre-Dame.
Formey, Pont-au-Change.
Cheret, rue du Battoir.

Couriers

Gardes.
{ Deffemet, rue Saint Antoine.
Beckers, rue du Harlay.
Delion, Cour de Lamoignon.
Magimel, Pont Saint Michel.

Le Public e
nt les ......
l'Hôtel des

Boîtes qui
obíerver qu......
du matin.....
Cour à C...
plutôt, ...

Bureau rue des Orfèvres.

Gardes des Fa-
bricans d'Etoffes &
de Gazes, Tiffu-
tiers, Rubanniers.
{ Duclerc, rue neuve Saint Denis.
Vaillant, rue du Roule.
Santilly, rue des Prouvaires.
Elie, rue Saint Denis, vis-à-vis Saint Chaumont.

d ns les I
doivent r
nière ...
Lettres ...
ront que ...

Nota.....

Adjoints.
{ Cercelot, rue du Fauxbourg Saint Denis.
Thierry, rue Saint Denis, vis-à-vis la Fontaine du Ponceau.

DÉPA1

Bureau, rue des Ecrivains.

Gardes   1.

Gardes des Marchands de Vin. { Vaché, rue de la Tifferanderie.
Serve, rue & porte Saint Honoré.
Pfalmon, rue Sainte Anne, butte Saint Roch.
Rapeau, rue Grenetal.

Adjoints. { Lefebvre, à la Buvette du Châtelet.
Daridan, rue de Charenton.

Leur Bureau rue de la Chanverrerie.

Lagrenée, *Agent des fix Corps*, au Bureau général, rue des Déchargeurs.

❀❀❀❀❀❀❀❀❀❀❀❀❀❀❀❀❀❀❀❀❀❀❀❀❀❀❀❀❀❀

POSTE AUX LETTRES.

Ordre général contenant les jours & les heures du départ des Couriers de la Poste aux Lettres, tant pour les principales Villes de la France que pour les Pays étrangers.

Le Public eft averti que les heures du départ des Poftes indiquées ci-deffous, font les heures précifes auxquelles les Lettres doivent être mifes dans la Boîte de l'Hôtel des Poftes, rue Plâtriere; & que lefdites heures étant paffées, il ne fera plus poffible de faire partir les Lettres que par l'ordinaire fuivant. A l'égard des Boîtes qui font répandues dans la Ville pour la commodité du Public, il faut obferver qu'elles font levées exactement trois fois par jour; favoir, à 8 heures du matin, à midi, & à 7 heures du foir; & pendant le féjour du Roi & de la Cour à Compiegne & à Fontainebleau, elles font levées le foir une heure plutôt, c'eft-à-dire à 6 heures. Toutes les Lettres, dont le départ eft indiqué à 10 heures du matin & à midi, doivent être mifes avant 8 heures du matin dans les Boîtes de la Ville : celles qui font indiquées à 2 heures après-midi, doivent y être mifes avant midi; & celles qui font pour la Cour, avant la derniere levée du foir. Lorfque lefdites heures feront paffées, il faudra envoyer les Lettres à la Boîte de l'Hôtel des Poftes, rue Plâtriere, autrement elles ne partiront que par l'ordinaire fuivant.

Nota. 10 h. fignifie dix heures du matin, & 2 h. fignifie deux heures après midi.

DÉPART POUR LES VILLES DE FRANCE.

A

Abbeville, tous les jours à midi.
Agde, mard. jeud. fam. à 2 h.
Agen, * mard. fam. à midi.
Ahun, mard. fam. à 2 h.

Aignay-le-Duc, lundi, vendr. à 2 h.
Aigre, mard. fam. à midi.
Aigues-Mortes, jeud. fam. à 2 h.
Aigueperfe, mard. jeud. fam. à 2 h.
Aiguillon, mard. fam. à midi.
Aire en Artois, tous les jours à midi.

Airvaux,   mard. fam. à midi.
Aix en Provence,   mard. jeud. fam.
    à 2 heures.
Alais,   mard. jeud. fam. à 2 h.
Albert,   lund. merc. fam. à midi.
Alby,   dim. mard. à 2 h.
Alençon,   lund. mard. merc.
    vend. & fam. à 2 h.
Aligre, ci-devant Marans,   mer. dim.
    à 2 h.
Altkirck,   lundi, merc. vend. à midi.
Ambericux,   mard. jeud. fam. à 2 h.
Ambert,   mard. fam. à 2 h.
Amboife,   tous les jours à 2 h.
Amiens,   tous les jours à midi.
Ancenis,   dim. merc. jeud. fam. à 2 h.
Anci-le-Franc,lund. merc. vend. à 2 h.
Andufe,   mard. fam. à 2 h.
Angers,   dim. merc. jeud. fam. à 2 h.
Angerville,   tous les jours à 2 h.
Angoulême,   mard. fam. à midi.
Annonay,   mard. jeud. fam. à 2 h.
Antibes,   mard. fam. à 2 h.
Antony,   tous les jours à 2 h.
Apt,   mard. fam. à 2 h.
Arcis-fur-Aube,   mard. jeud. & dim.
    à midi.
Ardes en Auvergne,   fam. à 2 h.
Ardres en Picardie,   tous les jours
    à midi.
Argentan en Normandie,   lund. merc.
    fam. à 2 h.
Argenteuil,   tous les jours à 2 h.
Argenton en Berri,   dim. à 2 h.
Argenton-Château,   dim. jeud. à 2 h.
Arles en Provence,   mard. jeud. fam.
    à 2 h.
Arles en Rouffillon,   mard. fam. à 2 h.
Armentieres,   tous les jours à midi.
Arnac,   dim. à 2 h.
Arnay-le-Duc, lund. merc. vend. à 2 h.
Amouville,   tous les jours à midi.
Arpajon, ci-devant Châtres,   tous les
    jours à 2 h.
Arras,   tous les jours à midi.
Arreau,   dim. à 2 h.
Artenay,   tous les jours à 2 h.
Attigny,   lund. merc. fam. à midi.
Avalon,   lund. merc. vend. à 2 h.
Aubagne,   mard. jeud. fam. à 2 h.
Aubenas,   mard. fam. à 2 h.
Aubigny,   mard. fam. à 2 h.
Aubuffon,   mard. fam. à 2 h.
Auch,   dim. à 2 h. mard. à midi.
Auchy-le-Château, tous les jours à midi.
Avefnes,   mard. jeud. fam. à midi.
Avignon,   mard. jeud. fam. à 2 h.

Aumale,   tous les jours à 2 h.
Aunay en Normandie, merc. fam. à 2 h.
Avranches,   merc. fam à 2 h.
Auray,   lund. merc. fam. à 2 h.
Aurillac,   mard. dim. à 2 h.
Auterive,   dim. mard à 2 h.
Autun,   lund. merc. vend. à 2 h.
Auxerre,   lund. merc. vend. à 2 h.
Auxonne,   lund. merc. vend. à 2 h.
Auzance,   mardi, famedi, à 2 h.
Azille en Languedoc, mard. fam. à 2 h.

B

BAgneres en Bigorre,   mard. fam.
    à midi.
Bignols,   mard. jeud. fam. à 2 h.
Bailleul,   tous les jours à midi.
Bain,   lund. merc. fam. à 2 h.
Bapaume,   tous les jours à midi.
Berbezieux,   mard. fam. à midi.
Barcelonette,   mard. fam. à 2 h.
Barjols,   mard. fam. à 2 h.
Bar-le-Duc,   lund. fam. à midi.
Bar-fur-Aube, lund. merc. vend. à midi.
Bar-fur-Seine, lund. merc. fam. à midi.
Bavay,   tous les jours à midi.
Beaugé,   merc. fam. à 2 h.
Bayeux,   tous les jours à 2 h.
Bayonne,   mard. fam. à midi.
Bazas,   mard. fam. à midi.
Beaucaire,   mard. jeud. fam. à 2 h.
Beaufort en Anjou, merc. fam. à 2 h.
Beaugency,   tous les jours à 2 h.
Beaulieu en Poitou, mard. fam. à midi.
Beaume-les-Dames, lund. merc. vend.
    à 2 h.
Beaumont de Loumagne, mard. dim.
    à 2 h.
Beaumont-le-Roger, mard. vend. à 2 h.
Beaumont-le-Vicomte, mer. fam. à 2 h.
Beaumont-fur-Oife, mard. jeud. dim.
    à midi.
Beaune,   lund. merc. vend. à 2 h.
Beauvais,   tous les jours à midi.
Beauvoir-fur-mer, merc. fam. à 2 h.
Becherel,   lund. merc. fam. à 2 h.
Befort,   lund. merc. vend. à midi.
Bellac,   mard. à midi.
Bellemarre,   tous les jours à 2 h.
Belleime,   lund. merc. fam. à 2 h.
Belleville en Beaujolois,   lund. merc.
    vend. à 2 h.
Bellay en Bugey, mard. jeud. fam. à 2 h.
Benfeld,   lund. merc. vend. à midi.
Bergerac,   mard. fam. à midi.
Berg-Saint-Vinox,   tous les jours
    à midi.

Bernay, mard. merc. vend. dim. à 2 h.
Befançon, lund. merc. vend. à 2 h.
Bethune, tous les jours à midi.
Beziers, mard. jeud. fam. à 2 h.
Billon, mard. fam. à 2 h.
Blanzac, mar. fam. à midi.
Blaye, mard. fam. à midi. merc. à 2 h.
Blois, tous les jours à 2 h.
Boifcommun, mard. jeud. fam. à 2 h.
Boiffy Saint-Léger, tous les jours à midi.
Bolbec, tous les jours à 2 h.
Bondy, tous les jours à midi.
Bonneftable, merc. fam. à 2 h.
Bonneval, dim. mard. jeud. à 2 h.
Bonniere, tous les jous à 2 h.
Bonny, mard. jeud. fam. à 2 h.
Bort, mard. à 2 h.
Boucairam, mard. jeud. fam. à 2 h.
Bouchain, tous les jours à midi.
Boulogne-fur-mer, tous les jours à midi.
Boulogne en Comminges, mard. dim. à 2 h.
Bourbon-Lancy, mard. fam. à 2 h.
Bourbon-l'Archambault, mard. fam. à 2 h.
& pendant les mois de Mai, Juin, Juillet, Août, Septembre & Octobre, mardi, jeudi, famedi à 2 h.
Bourbonne-les-Bains, lund. merc. vend. à midi.
Bordeaux mard. fam. à midi, & merc. dim. à 2 h.
Bourdeille, mard. fam. à midi.
Bourganeuf, mard. à midi.
Bourg-en-Breffe, lund. merc. vend. à 2 h.
Bourg en Guyenne, mard. fam. à midi.
Bourges, mard. jeud. fam. & dim. à 2 h.
Bourg-la-Reine, tous les jours à 2 h.
Bourg-neuf-en-Retz, merc. fam. à 2 h.
Bourgeuil en Anjou, jeud. dim. à 2 h.
Bourgoin, mard. jeud. fam. à 2 h.
Bourmont en Lorraine, lund. vend. à midi.
Boynes, mard. jeud. fam. à 2 h.
Braine, tous les jours à midi.
Bray-fur-Seine, tous les jours à midi.
Breffuire, mard. fam. à midi.
Breft, lund. merc. fam. à 2 h.
Breteuil en Picardie, tous les jours à midi.
Brezolles, lund. merc. fam. à 2 h.
Briançon, mard. fam. à 2 h.
Briarre, mard. jeud. fam. à 2 h.

Brie-Comte-Robert, tous les jours à midi.
Brienne, mard. jeud. fam. à midi.
Brienon-l'Archevêque, lund. merc. vend. à 2 h.
Brignolles, mard. jeud. fam. à 2 h.
Brionne, tous les jours à 2 h.
Brioude, mard. fam. à 2 h.
Briffac, merc. fam. à 2 h.
Brive la Gaillarde, dim. à 2 h.
Broglio, mard. vend. à 2 h.
Broon, lund. merc. fam. à 2 h.
Brouage, merc. & dim. à 2 h. à midi.
Brunoy, tous les jours à midi.
Buzançois, mard. dim. à 2 h.
Buzancy, lund. merc. fam. à midi.

C

Cadillac, mard. fam. à midi.
Caen, tous les jours à 2 h.
Cahors, dim. à 2 h.
Calais, tous les jours à midi.
Calviffon, mar. jeud. fam. à 2 h.
Cambrai, tous les jours à midi.
Cannes, mard. fam. à 2 h.
Cany, lund. merc. fam. à 2 h.
Carcaffonne, mard. jeud. fam. à 2 h.
Carentan, lundi, merc. fam. à 2 h.
Carhaix, merc. fam. à 2 h.
Carouge, merc. fam. à 2 h.
Caffel en Flandre, tous les jours à midi.
Caftelane, mard. jeud. fam. à 2 h.
Cafteljaloux, mard. fam. à midi.
Caftelnaudari mard. jeud. fam. à 2 h.
Caftelnau de Magnoac, dim. mard. à 2 h.
Caftelnau de Médoc, mard. fam. à midi.
Caftelnau de Montratier, dim. à 2 h.
Caftel-Sarrazin, mard. fam. à midi.
Caftillon en Guienne, mard. fam. à midi.
Caftres en Languedoc, dim. mar. à 2 h.
Caftres en Guienne, mard. fam. à midi.
Caudebec, tous les jours à 2 h.
Cauffade, mard. à midi, dim. à 2 h.
Cerdon, lund. mard. jeud. fam. à 2 h.
Cernai en Alface, lund. merc. vend. à midi.
Cette, mard. jeud. fam. à 2 h.
Chabanois, mard. à midi.
Chablis, lund. merc. vend. à 2 h.
Chagny, lund. merc. vend. à 2 h.
Challans, mard. fam. à midi.

Châlons-fur-Saône , lund. merc. vend.
à 2 h.
Châlons en Champagne , lund. mard.
jeud. vend. fam. dim. à midi.
Chalus , dim. à 2 h. mard. à midi.
Chambly, dim. mard. jeud. à midi.
Chambon , mard. fam. à 2 h.
Champigny-fur-Veude, jeud. dim. à 2 h.
Champrond , merc. fam. à 2 h.
Chantilly , tous les jours à midi.
Chantonay , merc. dim. à 2 h.
Charente , mard. fam. à midi.
Dim. merc. à 2 h.
Charenton, tous les jours à midi.
Charlemont , mard. jeud. fam. à midi.
Charly , lund. jeud. fam. à midi.
Charolles, lund. merc. vend. à 2 h.
Chartres, tous les jours à 2 h.
Châteaubriant, lund. merc. à 2 h.
Château-Chinon , fam. à 2 h.
Château-du-Loir , dim. jeud. à 2 h.
Châteaudun , dim. mard. jeud. à 2 h.
Château-Gontier , merc. fam. à 2 h.
Château-Landon , mard. jeud. fam.
à 2 h.
Château-Laudrin , lund. merc. fam.
à 2 h.
Châteauneuf en Angoumois , mard. &
fam. à midi.
Châteauneuf en Bretagne, lund. merc.
fam. à 2 h.
Châteauneuf en Timerais , merc. dim.
à 2 h.
Château-Roux, dim. mard. à 2 h.
Château-Renaud, mard. jeud. fam. à 2 h.
Château-Thiery , tous les jours à midi.
Châteauvillain , lund. merc. vend. à
midi.
Châtelleraut,, mard. fam. à midi.
Châtillon-de-Michailles , lund. mard.
jeud. fam. à 2 h.
Châtillon-fur-Indre , mard. fam. à 2 h.
Châtillon-fur-Loing , mard. jeud. fam.
à 2 h.
Châtillon-fur-Seine, lund. merc. fam.
à midi, & vend. à 2 h.
Châtillon-fur-Seure , mard. fam. à
midi, & merc. à 2 h.
Chatou , tous les jours à 2 h.
Chaumes , lund. merc. fam. à midi.
Chaumont en Baffigni , lund. merc.
vend. à midi.
Chaumont en Vexin, tous les jours à 2 h.
Chaunay , mard. fam. à midi.
Chauny , lund. merc. fam. à midi.
Chauvigny, mard. à midi.
Chazelle , mard. jeud. fam. à 2 h.

Chef boutonne , mar. fam. à midi.
Chelles , lund. merc. fam. à midi.
Chemillé, merc. fam. à 2 h.
Chencrailles , mard. fam. à 2 h.
Cherbourg , lund. merc. fam. à 2 h.
Chevilly , tous les jours à 2 h.
Chevreufe , tous les jours à 2 h.
Chezy , lund. jeud. fam. à midi.
Chinon , jeud. dim. à 2 h.
Choify-le-Roi , tous les jours à 2 h.
Cholet , mard. fam. à midi, & merc.
à 2 h.
Cintrai , lund. mercr. vendr. à midi.
Cizai , mard. vend. à 2 h.
Clamecy, lund. vend. à 2 h.
Claye , tous les jours à midi.
Clerac, mard. fam. à midi.
Clermont de Lodève , mard. jeud. fam.
à 2 h.
Clermont en Argonne , dim. mard.
vend. à midi.
Clermont en Beauvoifis , tous les jours
à midi,
Clermont-Ferrand en Auvergne , mard.
jeud. fam. à 2 h.
Clery , tous les jours à 2 h.
Cliffon , merc. fam. à 2 h.
Cluny , lund. mercr. vendr. à 2 h.
Coignac , mard. fam. à midi, & dim.
merc. à 2 h.
Coincy , tous les jours à midi.
Collioure , mard. fam. à 2 h.
Colmar en Alface , lund. merc. vend.
à midi.
Colonges , lund. mard. jeud. fam.
à 2 h.
Combourg , lund. fam. à 2 h.
Commercy , lund. jeud. fam. à midi.
Compiegne , tous les jours à midi ; pendant le féjour du Roi , tous les
jours à 8 heures du foir.
Conchés , tous les jours à 2 h.
Condé en Hainaut , tous les jours
à midi.
Condé-fur-Noireau , merc. fam. à 2 h.
Condom , mard. fam. à midi.
Confolens , mard. à midi.
Conneré , merc. fam. à 2 h.
Corbeil , lund. mard. jeud. fam. à 2 h.
Corbie , lund. merc. fam. à midi.
Corbigni , lund. & jeud. à 2 h.
Cofne , mard. jeud. fam. à 2 h.
Coubert , tous les jours à midi.
Couhé , mard. fam. à midi.
Coulange-fur-Yonne, lund. vend. à 2 h.
Coulomiers , tous les jours à midi.
Courville , merc. fam. à 2 h.

Coutances , lund. merc. fam. à 2 h.
Coutras , mard. à midi , dim. à 2 h.
Cozés , mard. fam. à midi.
Craon en Anjou, merc. fam. à 2 h.
Crecy en Brie , tous les jours à midi.
Creil , tous les jours à midi.
Cre.nieu , mard. fam. à 2 h.
Crépy en Valois , tous les jours à midi.
Creffenfac, dim. à 2 h.
Creft , mard. jeud. fam. à 2 h.
Croïffenville , tous les jours à 2 h.

D

D Aligre , ci-devant Marans , merc.
dim. à 2 h.
Dammartin , tous les jours à midi.
Dax , mard. fam. à midi.
Decife , fam. à 2 h.
Delle , lund. merc. vend. à midi.
Derval, lund. merc. fam. à 2 h.
Die , mard. fam. à 2 h.
Dieppe, tous les jours à 2 h.
Dieufe, lund. jeud. fam. à midi.
Digne, mard. fam. à 2 h.
Dijon , lund. merc. vend. à 2 h.
Dinan en Bretagne , lund. merc. fam.
à 2 h.
Dol en Bretagne, lund. merc. fam. à 2 h.
Dole en Franche-Comté , lund. merc.
vend. à 2 h.
Domfront , merc. fam. à 2 h.
Donchery , tous les jours à midi.
Donnemarie , tous les jours à midi.
Dormans , tous les jours , excepté l.
merc. à midie
Douai , tous les jours à midi.
Doulans , tous les jours à midi.
Doullevant en Champagne , lund.
jeud. fam. à midi.
Dourdan , tous les jours à 2 h.
Dozulé , tous les jours à 2 h.
Draguignan , mard. fam. à 2 h.
Dreux , lund. merc. fam. à 2 h.
Dunkerque , tous les jours à midi.
Dun-le-Roi , mard. fam. à 2 h.
Durtal , merc. fam. à 2 h.

E

E Couën, tous les jours à midi.
Ecouy, tous les jours à 2 h.
Ecure , tous les jours à 2 h.
Embrun , mard. fam. à 2 h.
Enghien-les-Paris , tous les jours à 2 h.
Enfisheim, lund. merc. vend. à midi.
Epernai, tous les jours , excepté le
merc. à midi.
Epernon , tous les jours à 2 h.

Epinal, lund. jeud. fam. à midi.
Efpalion, dim. à 2 h.
Effonne, lund. mard. jeud. fam. à 2 h.
Etaire , mard. merc. fam. dim. à midi.
Etampes , tous les jours à 2 h.
Etrechy, tous les jours à 2 h.
Eu , dim. mard. jeud. fam. à 2 h.
Evran , lund. merc. fam. à 2 h.
Evreux , tous les jours à 2 h.

F

F Alaife , lund. merc. fam. à 2 h.
Foire de Guibray, tous les jours
à 2 h.
Farmoutiers , tous les jours à midi.
Fauville , tous les jours à 2 h.
Fécamp , tous les jours à 2 h.
Fere Champenoife , dim. mard. jeud.
à midi.
Fere en Tardenois , tous les jours
à midi.
Feuilletin , mard. fam. à 2 h.
Feurs , mard. jeud. fam. à 2 h.
Figeac , mardi à midi, dim. à 2 h.
Fifmes , tous les jours à midi.
Fleurance , mard. fam. à midi.
Florac , mard. fam. à 2 h.
Foix , dim. mard. à 2 h.
Fontainebleau , lund. mard. mercr.
jeud. vendr. fam. à 2 h. & dans
le féjour du Roi, tous les
jours à huit heures du foir.
Fontenay en Brie , lund. merc. fam.
à midi.
Fontenay-le-Comté , mard. fam.
à midi, dim. & merc. à 2 h.
Forcalquier , mard. fam. à 2 h.
Fougeres , lund. merc. fam. à 2 h.
Foulletourre , merc. fam. à 2 h.
Franconville , tous les jours à 2 h.
Fréjus , mard. fam. à 2 h.
Frefnay-le-Vicomte , lund. merc. fam.
à 2 h.
Fronton , dim. à 2 h.

G

G Aillac, dim. mard. à 2 h.
Gaillon , tous les jours à 2 h.
Gallardon , lund. merc. vend. à 2 h.
Gandelu , tous les jours à midi.
Ganges , mard. jeud. fam. à 2 h.
Gannat , mard. jeud. fam. à 2 h.
Gap , fam. à 2 h.
Genouillac , mard. fam. à 2 h.
Gex , mard. jeud. fam. à 2 h.
Gien , mard. jeud. fam. à 2 h.

Gignac, maid. jeud. fem. à 2 h.
Gimont, dim. mard. à 2 h.
Gizors, tous les jours à 2 h.
Goneffe, tous les jours à midi.
Gournay en Bray, tous les jours à 2 h.
Giancey-le-Château, merc. vend. à 2 h.
Grand-Pré, lund. mer. fam. à midi.
Grandville, lund. merc. fam. à 2 h.
Graffe, mard. fam. à 2 h.
Gravelines, tous les jours à midi.
Gray, lund. merc. vend. à 2 h.
Grenade-fur-Garonne, dim. mard. à 2 h.
Grenoble, mard. jeud. fam. à 2 h.
Grignols, mard. à midi, dim. à 2 h.
Grizolles, mard. à midi & dim. à 2 h.
Guerande, lund. merc. fam. à 2 h.
Gueret, mard. fam. à 2 h.
Guigne en Brie, tous les jours à midi.
Guingamp, lund. merc. fam. à 2 h.
Guife, mard. jeud. fam. à midi.
Gy en Comté, lund. vend. à 2 h.

H

Absheim, lund. merc. vend. à midi.
Haguenau, lund. jeud. fam. à midi.
Ham en Picardie, tous les jours à midi.
Harcourt en Normandie, tous les jours à 2 h.
Harfleur, tous les jours à 2 h.
Hazebrouck, tous les jours à midi.
Hedé, lund. merc. fam. à 2 h.
Hennebon, lund. merc. fam. à 2 h.
Hériffon, mard. fam. à 2 h.
Hefdin, lund. merc. jeud. fam. à midi.
Honfleur, tous les jours à 2 h.
Houdan, lund. merc. fam. à 2 h.
Huningue, lund. merc. vend. à midi.

I

Lliers, lundi, merc. vend. à 2 h.
Ingrande, dim. merc. jeud. fam. à 2 h.
Joigni, lund. merc. vend. à 2 h.
Joinville, lund. jeud. fam. à midi.
Jonci, lund. merc. vend. à 2 h.
Jonfac, merc. dim. à 2 h.
Joyeufe, mard. fem. à 2 h.
Ifigni, lund. merc. fam à 2 h.
Iffoire, mard. fam. à 2 h.
Iffoudun, mard. fam. à 2 h.
Is-fur-Thil, lund. merc. vend. à 2 h.

L

Abaffée, mardi, jeud. fam. & dim à midi.
La Brefle, mard. jeud. fam. à 2 h.
La Buffiere, mard. jeud. fam. à 2 h.
La Charité-fur-Loire, mard. jeud. fam. à 2 h.
La Châtre en Berri, mard. à 2 h.
La Châtaigneraye, mard. fam. à midi.
La Ciotat, mard. jeud. fam. à 2 h.
La Clayette, merc. vend. à 2 h.
La Côte-Saint-André, mar. fam. à 2 h.
La Fère, lund. merc. fam. à midi.
La Ferté-Allais, mard. jeud. dim. à 2 h.
La Ferté-Bernard, merc. fam. à 2 h.
La Ferté-Gaucher, tous les jours à midi.
La Ferté-Lowendalh, mard. dim. à 2 h.
La Ferté-Milon, tous les jours à midi.
La Ferté-fous-Jouarre, tous les jours excepté le mercredi, à midi.
La Fleche, dim. merc. jeud. fam. à 2 h.
La Floceliere, mard. fam. à midi.
La Flote, mard. fam. à midi, & merc. dim. à h.
Lagny, tous les jours à midi.
La Grolle, mard. fam. à midi.
La Haye en Touraine, mar. fam. à midi.
Laigle, lund. merc. fam. à 2 h.
Laignes, lund. vend. à 2 h.
La Linde, mard. à midi.
La Maifon-Neuve, lund. merc. vend. à 2 h.
Lamballe, lund. merc. fam. à 2 h.
Lambefc, mard. jeud. fam. à 2 h.
La Mothe-Achard, mard. fam. à midi.
La Mothe-Sainte-Heraye, mard. fam. à midi.
Landaw, lund. jeud. fam. à midi.
Landernau, lund. merc. fam. à 2 h.
Landrecy, mard. jeud. fam. à midi.
Langeac, mard. fam. à 2 h.
Langeais, jeud. dim. à 2 h.
Langogne, mard. fam. à 2 h.
Langres, lund. merc. vend. à midi.
Laon, tous les jours à midi.
La Pacaudiere, mard. jeud. fam. à 2 h.
La Paliffe, mard. jeud. fam. à 2 h.
La Queue, lund. merc. fam. à 2 h.
La Réolle, mard. fam. à midi.
La Roche-Bernard, lund. merc. fam. à 2 h.
La Rochefoucaud, mard. fam. à midi.
La Rochelle, mard. fam. à midi, merc. & dim. à 2 h.
La Roche-Serviere, mard. fam. à midi.

La Roche-fur-Yon, mard. fam. à midi.
La Souterraine, dim. à 2 h.
Lafpeyres en Agenois, mard. fam. à midi.
La Tour-du-Pin, mard. fam. à 2 h.
Laval, lund. merc. fam. à 2 h.
Lavaur, dim. mard. à 2 h.
La Verpilliere, mard. jeud. fam. à 2 h.
La Ville-aux-Clercs, jeud. dim. à 2 h.
Launoy, tous les jours à midi.
La Voulte, jeud. fam à 2 h.
Lauterbourg, lund. jeud. fam. à midi.
Leblanc, mard. à midi, & dim. à midi.
Le Bolhard, tous les jours a 2 h.
Le Bordeaux de Vigny, tous les jours à 2 h.
Le Bourgachard, tous les jours à 2 h.
Le Bourgtheroude, tous les jours à 2 h.
Le Bourget, tous les jours à midi.
Le Bugue en Périgord, mard. à midi.
Le Buys, mard. fam. à 2 h.
Le Caftelet en Picardie, tous les jours à midi.
Le Châtelet en Brie, merc. vend. à 2 h.
Lectoure, mard. fam. à midi.
Ledignan, mard. fam. à 2 h.
Le Dorat, mard. à midi.
Le Fort l'Eclufe, lund. mard. jeud. fam. à 2 h.
Le Fort-Louis, lund. jeud. fam. à midi.
Le Havre, tous les jours à 2 h.
Le Luc, mard. fam. à 2 h.
Le Lude, merc. fam. à 2 h.
Le Mans, dim. merc. jeud. fam. à 2 h.
Le Mas-d'Afil, dim. mard. à 2 h.
Le Mellerault, mard. & vend. à 2 h.
Le Mefle-fur-Sarte, lund. merc. fam. à 2 h.
Le Neubourg, dim. jeud. à 2 h.
Le Noyers-Menard, mard. vend. à 2 h.
Lens en Artois, tous les jours à midi.
Le Péage de Rouffillon, mard. jeud. fam. à 2 h.
Le Pont de Beauvoifin, mard. fam. à 2 h.
Le Pont de l'Arche, tous les jours à 2 h.
Le Pont de Neuilly, tous les jours à 2 h.
Le Port-Louis, lund. merc. fam. à 2 h.
Le Port-Sainte-Marie, mard. fam. à midi.
Le Port-Saint-Pere, merc. fam. à 2 h.
Le Puy en Velay, mard. jeud. fam. à 2 h.
Le Quefnoy, tous les jours à midi.
Le Ribay, lund. merc. fam. à 2 h.
Le Sap, mard. vend. à 2 h.
Les Effarts en Poitou, mard. fam. à midi.

Les Granges, tous les jours à midi.
Les Herbiers, mard. fam. à midi.
Les Ormes, mard. fam. à midi.
Lefpard, mard. fam. à midi.
Les Rofiers en Anjou, jeud. dim. à 2 h.
Les Sables d'Olonne, mard. fam. à midi, dim. & merc. à 2 h.
Les Vans, mard. fam. à 2 h.
Le Vaudreuil, tous les jours à 2 h.
Le Vigan, mard. jeud. fam. à 2 h.
Les Tilliers en Vexin, tous les jours à 2 h.
Levroux, mard. dim. à 2 h.
Lezat, dim. mard. à 2 h.
Libourne, mard. fam. à midi, dim. à 2 h.
Ligniere en Berri, mard. à 2 h.
Ligni en Barrois, lund. jeud. fam. à midi.
Lille en Flandre, tous les jours à midi.
L'Illebonne, tous les jours à 2 h.
Limoges, mard. à midi, & dim. à 2 h.
Limours, tous les jours à 2 h.
Limoux, mard. jeud. fam. à 2 h.
Linas, tous les jours à 2 h.
Lifieux, tous les jours à 2 h.
L'Ifle-Adam, dim. mard. jeud. à midi.
L'Ifle-Bouchard, jeud. dim. à 2 h.
L'Ifle d'Albi, dim. mard. à 2 h.
L'Ifle de Corfe, mard. fam. à 2 h.
L'Ifle d'Oleron, merc. dim. à 2 h. & fam. à midi.
L'Ifle en Dodon, mard. dim. à 2 h.
L'Ifle-Jourdain, dim. mard à 2 h.
L'Ifle-fur-le-Doux, lund. vend. à 2 h.
Livri, tous les jours à midi.
Lizy, tous les jours à midi.
Loches, mard. & fam. à 2 h.
Lodève, mard. jeud. fam. à 2 h.
Lombez, dim. mard. à 2 h.
Lominé, merc. fam. à 2 h.
Longny au Perche, lund. mer. fam. 12 h.
Longjumeau, tous les jours à 2 h.
Longwy, dim. mard. vend. à midi.
Lons-le-Saunier, lund. merc. vend. à 2 h.
L'Orient, lund. merc. fam. à 2 h.
Loriol, mard. jeud. fam. à 2 h.
Lorme en Nivernois, lund. merc. jeud. à 2 h.
Louans, lund. merc. vend. à 2 h.
Loudeac, lund. merc. fam. à 2 h.
Loudun, mard. à midi, jeud. dim. à 2 h.
Louviers, tous les jours à 2 h.
Louvres, tous les jours à midi.
Luçon, merc. dim. à 2 h.

Q q iiij

Lucy-le-Bois, lund. merc. vend. à 2 h.
Lunel, mard. jeud. fam. à 2 h.
Lunéville, lund. jeud. fam. à midi.
Lure, lund. merc. vend à midi.
Luzarche, tous les jours à midi.
Luzygnan, mard. fam. à midi.
Lyon, mard. à 1c h. du mat. & lund.
merc. jeud. vend. fam. à midi.

M

MAchecoul, merc. fam. à 2 h.
Mâcon, lund. merc. vend. à 2 h.
Magny en Vexin, tous les jours à 2 h.
Magny Guiscard, tous les jours à midi.
Mailly - le - Château , lund. vend.
à 2 h.
Maintenon, tous les jours à 2 h.
Malesherbes , dim. mard. jeud. à 2 h.
Malicorne , merc. fam. à 2 h.
Manle en Angoumois, mard. fam.
à midi.
Manosque , mard. fam. à 2 h.
Mantes-sur-Seine, tous les jours à 2 h.
Marcigny-sur-Loir, lund. merc. vend.
à 2 h.
Marennes , fam. à midi, dim. & merc.
à 2 h.
Marienbourg , mard. jeud. samed.
à midi.
Marigny, tous les jours à midi.
Marle , dim. merc. vend. à midi.
Marmande, mard. fam. à midi.
Marnay, merc. à 2 h.
Marsal, lund. jeud. fam. à midi.
Marseille, mard. jeud. fam. à 2 h.
Martigue, mard. & fam. à 2 h.
Martres en Comminges , mard. dim.
à 2 h.
Marvejols, mard. fam. à 2 h.
Matour, merc. vend. à 2 h.
Maubeuge, tous les jours à midi.
Maupertuis , tous les jours à midi.
Mauriac, mard. à 2 h.
Mauzé en Aunis , mard. fam, à midi.
May en Mulcien , tous les jours à midi.
Mayenne, lund. merc. fam. à 2 h.
Mazeres, dim. mard. à 2 h.
Meaux , tous les jours à midi.
Melun, tous les jours, excepté le dim.
à 2 h.
Menars-le-Château , tous les jours
à 2 h.
Mende , mard. fam. à 2 h.
Mer , tous les jours à 2 h.
Meru, mard. jeud. dim. à midi.
Merville, mard. merc. fam. dim. à midi.

Mery-sur-Seine , lund. merc. fam.
à midi.
Metz , tous les jours , excepté le merc.
à midi.
Meulan, tous les jours à 2 h.
Meun-sur-Loir, tous les jours à 2 h.
Meximieux , lund. mard. jeud. fam.
à 2 h.
Meze , mard. jeud. fam. à 2 h.
Mezieres , tous les jours à midi.
Mielan , dim. mard. à 2 h.
Milhaud, mard. fam. à 2 h.
Milly en Gatinois , dim. mard. jeud.
à 2 h.
Mirambeau, dim. merc. à 2 h.
Mirande , mard. dim. à 2 h.
Mirebeau en Bourgogne , lund. merc.
à 2 h.
Mirebeau en Poitou, mard. fam. à midi.
Mirecourt, lund. jeud. fam. à midi.
Mirepoix, mard. jeud. dim. à 2 h.
Morrans, mard. jeud. fam. à 2 h.
Moissac, mard. fam. à midi.
Molsheim, dim. mard. vend. à midi.
Monaco mard. fam. à 2 h.
Moncornet, dim. merc. vend. à midi.
Mondidier , tous les jours à midi.
Monistrol , mard. jeud. fam. à 2 h.
Mon-Doubleau, jeud. dim. à 2 h.
Monnerville, tous les jours à 2 h.
Montaigu en Poitou , mard. fam.
à midi.
Montargis, mard. jeud. fam. à 2 h.
Montauban en Querci, mard. à midi ,
& dim. à 2 h.
Montauban en Bretagne , lund. merc.
fam. à 2 h.
Montbart, lund. merc. vend. à 2 h.
Montbazon , mard. fam. à midi.
Montbrison , mard. jeud. fam. à 2 h.
Mont-Cenis , lund. merc. vend. à 2 h.
Mont-Dauphin , mard. fam. à 2 h.
Mont-de-Marsan , mard. fam. à midi.
Montelimart , mard. jeud. fam. à 2 h.
Montendre , merc. dim. à 2 h.
Montfort-Lamaury , tous les jours
à 2 h.
Montignac, mard. à midi.
Montlieu, mard. fam. à midi.
Mont-Louis, mard. jeud. fam. à 2 h.
Montluçon , mard. fam. à 2 h.
Montluel, lund. mard. jeud. fam.
à 2 h.
Montmarault , mard. fam. à 2 h.
Montmedi, lund. merc. fam. à midi.
Montmirel, mard. vend. dim. à midi.
Montmorillon, mard. à midi,

Montpellier, mard. jeud. fam. à 2 h.
Montpont, mard. à midi, dim à 2 h.
Montereau-faut-Yonne , lund. merc.
vend. à 2 h.
Montrejeau, mard. dim. à 2 h.
Montreuil-Largille, mard. vend. à 2 h.
Montreuil-fur-Mer , tous les jours
à midi,
Montrichard, mard. fam. à 2 h.
Mont-Segur, mard. fam. à midi.
Moret, lund. merc. & vend. à 2 h.
Morlaix , lund. merc. fam. à 2 h.
Mormans, tous les jours à midi.
Mortagne au Perche, lund. merc. fam.
à 2 h.
Mortagne en Poitou, mard. fam.
à midi.
Mortain, merc. fam. à 2 h.
Morterolle, dim. à 2 h.
Mortrée, lund. merc. fam. à 2 h.
Moulins en Bourbonnois, mard. jeud.
fam. à 2 h.
Mouzon, lund. merc. fam. à midi.
Muret , dim. mard. à 2 h.
Mufidan , mard. à midi, dim. à 2 h.
Muffillac, merc. fam. à 2 h.
Muffy-l'Evêque, lund. merc. fam.
à midi.

N

NAncy, lund. mard. jeud. & fam.
à midi.
Nangis, tous les jours à midi.
Nanterre, tous les jours à 2 h.
Nantes, dim. lund. merc. jeud. fam.
à 2 h.
Nanteuil-Audouin, tous les jours
à midi.
Nanteuil-fur-Marne, lund. jeud. fam.
à midi.
Nantua ,. lund. mard. jeud. fam.
à 2 h.
Narbonne, mard. jeud. fam. à 2 h.
Neaufle-le-Château, lund. merc. fam.
à 2 h.
Nemours, mard. jeud. fam. à 2 h.
Nerac, mard. fam. à midi.
Neuf-Brifac, lund. merc. & vend.
à midi.
Neufchâteau, lund. jeud. fam. à midi.
Neufchâtel en Bray, tous les jours
à 2 h.
Nevers, mard. jeud. fam. à 2 h.
Neuilly Saint Front, tous les jours
à midi.
Neuvy-fur-Loire, mard. jeud. fam.
à 2 h.

Nîmes , mard. jeud. fam. à 2 h.
Niort, mard. fam. à midi.
Noé , mard. dim. à 2 h.
Nogaro, dim. mard. à 2 h.
Nogent-le-Roy en Beauce, tous les jours
à 2 h.
Nogent-le-Rotrou , merc. fam. à 2 h.
Nogent-fur-Seine, tous les jours à midi.
Nogent-fur-Verniffon , mard. jeud.
fam. à 2 h.
Nolay en Bourgogne, lund. merc. vend.
à 2 h.
Nonancourt , lund. merc. fam. à 2 h.
Noyers en Bourgogne , lund. merc.
vend. à 2 h.
Noyon, tous les jours à midi.
Nozay en Bretagne , merc. fam. à 2 h.
Nuaillé en Aunis, mard. fam. à midi.
Nuits , lund. merc. vend. à 2 h.
Nyons en Dauphiné, mard. fam.
à 2 h.

O

OLeron en Béarn , mard. fam.
à midi.
Olioules, mard. jeud. fam. à 2 h.
Omonville, tous les jours à 2 h.
Orange , mard. jeud. fam. à 2 h.
Orbec, mard. vend. à 2 h.
Orchies, tous les jours à midi.
Orgon, mard. jeud. fam. à 2 h.
Orléans, tous les jours à 2 h.
Ornans, lund. merc. vend. à 2 h.
Orthez, mard. fam. à midi.
Oudon, merc. fam. à 2 h.
Ouffon-fur-Loire, mard. jeud. fam.
à 2 h.

P

PAcy-fur-l'Eure , tous les jours
à 2 h.
Painbeuf, merc. fam. à 2 h.
Palluau, mard. fam. à midi.
Pamiers, dim. mard. à 2 h.
Paray-le-Monial , lund. merc. vend.
à 2 h.
Parthenay, mard. fam. à midi.
Peyrac en Quercy , dim. à 2 l.
Pau en Béarn , mard. fam. à midi.
Perrecy en Bourgogne , merc. vend.
a 2 h.
Perigueux , mard. fam. à midi , dim.
à 2 l.
Peronne, tous les jours à midi.
Perpignan, mard. jeud. fam. à 2 h.
Pertuis, mard. fam. à 2 h.
Pezenas, mard. jeud. fam. à 2 h.

Phalfbourg, tous les jours , excepté le
    mercredi , à midi.
Philippeville, mard. jeud. fam. à midi.
Pierre-Buffiere,   dim. à 2 h.
Pierrelatte ,   mard. jeud. fam. à 2 h.
Pinon ,   tous les jours à midi.
Pitiviers ,   mard. jeud. fam. à 2 h.
Plelan ,   lund. merc. fam. à 2 h.
Ploermel ,   lund. merc. fam. à 2 h.
Poiſſy ,   tous les jours à 2 h.
Poitiers,   mard. fam. à midi.
Pompidou ,   mard. fam. à 2 h.
Pons en Saintonge , merc. dim. à 2 h.
Pontarlier ,   lund. merc. vend. à 2 h.
Ponteaudemer ,   tous les jours à 2 h.
Pont-à-Mouſſon ,   lund. jeud. fam.
     à midi.
Pontchartrain, lund. merc. fam. à 2 h.
Pont-Château ,   merc. fam. à 2 h.
Ponthierry ,   mard. jeud. fam. à 2 h.
Pontivi ,   lund. merc. fam. à 2 h.
Pont-l'Evêque ,   tous les jours à 2 h.
Pontoiſe ,   tous les jours à 2 h.
Pontorſon,   merc. fam. à 2 h.
Pont-Sainte-Maixance , tous les jours
     à midi.
Pont-ſur-Yonne, lund. merc. vend. à 2 h.
Pornic   merc. fam. à 2 h.
Pouilly-ſur-Loire , mar. jeu. fam. à 2 h.
Pouſſauge ,   mard. fam. à midi.
Preignac ,   mard. fam. à midi.
Preuilly   mard. fam. à 2 h.
Prez-en-Pail , lund. merc. fam. à 2 h.
Privas en Vivarais , jeud. fam. à 2 h.
Provins,   tous les jours à midi.
Puy-Laurens , mard. jeud. fam. à 2 h.

Q

Querhoent ,   jeud. dim. à 2 h.
Quimpercorentin, lund. merc. fam.
     à 2 h.
Quimperlé ,   lund. merc. fam. à 2 h.
Quingey,   lund. merc. vend. à 2 h.

R

Abafteins ,   dim. mard. à 2 h.
Rambouillet, tous les jours à 2 h.
Raon-l'Etape, lund. jeud. fam. à midi.
Razez ,   mard. à midi , dim. à 2 h.
Rebais en Brie , tous les jours à midi.
Redon,   lund. merc. fam. à 2 h.
Regmalard ,   lund. merc. fam. à 2 h.
Reims ,   tous les jours à midi.
Remiremont , lund. jeud. fam. à midi.
Remoulins ,   mard. jeud. fam. à 2 h.
Rennes,   lund. merc. fam. à 2 h.

Rethel Mazarin , tous les jours à midi.
Revel ,   mard. ieud. fam. à 2 h.
Ribeyrac ,   mard. à midi , dim. à 2 h.
Richelieu ,   mard. jeud. dim. à 2 h.
Rieux ,   dim. mard. à 2 h.
Riez ,   mard. fam. à 2 h.
Riom,   mard. jeud. fam. à 2 h.
Rioz en Comté , lund. merc. vend.
     à midi.
Ris ,   lund. mard. jeud. fam. à 2 h.
Rivedegié ,   mard. jeud. fam. à 2 h.
Roanne en Forez , mard. jeud. fam.
     à 2 h.
Rochechouart ,   mard. fam.
Rochefort en Aunis , mard. fam. à midi.
     dim. merc. à 2 h.
Rochefort en Beauce ,   tous les jours
     à 2 h.
Rocroy,   lund. merc. fam. à midi.
Rodez,   mard. à midi , dim. à 2 h.
Romans ,   mard. jeud. fam. à 2 h.
Romorantin,   mard. dim. à 2 h .
Roquevaire ,   jeud. fam. à 2 h.
Roſoy-ſur-Serre ,   dim. merc. vend.
     à midi.
Roſporden ,   lund. merc. fam. à 2 h.
Rouen ,   tous les jours à 2 h.
Rouffac ,   lund. merc. vend. à midi.
Rouvray ,   lund. merc. vend. à 2 h.
Roye ,   tous les jours à midi.
Rozay en Brie , lund. merc. vend. fam.
     à midi.
Ruffec ,   mard. fam. à midi.

S

Ablé dans le Maine , mer. fam. à 2 h.
Saint-Afrique ,   dim. mard. à 2 h.
Saint-Agnan en Berri ,   lund. merc.
     fam. à 2 h.
Saint-Amand en Berri, mard. fam. à 2 h.
Saint-Amand en Flandre ,   tous les
     jours à midi.
Saint-Ambroix ,   mard. fam. à 2 h.
Saint-Amour , lund. merc. vend. à 2 h.
Saint-Beat,   dim. à 2 h.
Saint-Benoît du Sault ,   dim. à 2 h.
Saint-Bonnet de Joux , lund. merc.
     vend. à 2 h.
Saint-Brieux , lund. merc. fam. à 2 h.
Saint-Chamont , mar. jeud. fam. à 2 h.
Saint-Cibardeaux , mard. fam. à midi.
Saint-Clar en Armagnac , mard. fam.
     à midi.
Saint-Claude , lund. merc. vend. à 2 h.
Saint-Côme ,   merc. fam. à 2 h.
Saint-Denis ,   tous les jours à 2 h.

Saint-Dié en Lorraine, lund. jeud. fam.
à midi.
Saint-Dié-fur-Loir, tous les jours à 2 h.
Saint-Dizier, lund. jeud. fam. à midi.
Saint-Efprit, mard. jeud. fam. à 2 h.
Saint-Étienne en Forez, mard. jeud.
fam. à 2 h.
Saint-Fargeau, mard. jeud. fam. à 2 h.
Saint-Florentin en Bourgogne, lund.
merc. vend. à 2 h.
Saint-Florent-le-Vieux, merc. fam. à 2 h.
Saint-Flour, mard. fam. à 2 h.
Sainte-Foy en Agenois, mard. fam.
à midi,
Saint-Fulgent, merc. dim. à 2 h.
Saint-Gaudens, mard. dim. à 2 h,
Saint Génis en Saintonge, merc. dim.
à 2 h.
Saint-Georges-fur-Loire, merc. jeud.
fam. dim. à 2 h.
Saint-Gérant, mard. jeud. fam. à 2 h.
Saint-Germain en Laye, tous les jours
à 2 h.
Saint-Gilles en Languedoc, jeud.
fam. à 2 h.
Saint-Gilles-fur-Vic, merc. fam. à 2 h,
Saint-Giron, dim. mard. à 2 h.
Saint-Hilaire du Harcouet, merc. fam.
à 2 h.
Saint-Hyppolite en Languedoc, mard.
jeud. fam. a 2 h.
Saint-Hubert-le-Roi, tous les jours
à 2 h.
Sainte-James, merc. fam. à 2 h.
Saint-Jean d'Angely, mard. fam. à
midi, merc. dim. à 2 h.
Saint-Jean de Gardoningue, mard.
fam. à 2 h.
Saint - Jean - de - Laune, lund. merc.
vend. à 2 h.
Saint-Jean-Lutz, mard. fam. à midi.
Saint-Jean-le-Vieux, lund. mard.
jeud. fam, à 2 h.
Saint-Junien, mard. à midi.
Saint-Juft, tous les jours à midi.
Sainte-Livrade, mard. fam. à midi.
Saint-Laurent des Eaux, tous les jours
à 2 h.
Saint-Laurent de Médoc, mard. fam,
à midi.
Saint-Léonard, mard. à midi.
Saint-Lis, dim, mard. à 2 h.
Saint-Lo, lund. merc. fam. à 2 h.
Sainte-Marie-aux-Mines, lund. jeud.
fam, à midi.
Saint-Macaire, mard. fam. à midi,
Saint-Maixant, mard. fam. à midi.

Saint-Malo, lund. merc. fam. à 2 h.
Saint-Marcellin, mard. jeud. fam. à 2 h.
Saint-Martin de Rhé, mard. fam. à
midi, merc. dim. à 2 h.
Saint-Martin de Valmeroux, mard.
à 2 h.
Sainte-Maure, mard. fam. à midi.
Saint-Martory-en-Comminages, mard.
dim. à 2 h.
Saint-Maurice au Perche, lund. merc.
fam. à 2 h.
Saint-Maximin, mard. fam. à 2 h.
Sainte-Menehould, dim. mard. fam.
à midi.
Saint-Michel, lund. jeud. fam. à midi.
Saint-Nicolas en Lorraine, lund. jeud.
fam. à midi.
Saint-Nicolas de la Grave, mard. fam.
à midi.
Saint-Omer, tous les jours à midi.
Saint-Pepay, mard. jeud. fam. à 2 h.
Saint-Pere-en-Retz, merc. fam. à 2 h.
Saint-Pierre-le-Moutier, mard. jeud.
fam. à 2 h.
Saint-Pol en Artois, lund. merc. jeud.
& fam. à midi.
Saint-Pourçain, mard. jeud. fam. à 2 h.
Saint-Privas en Périgord, mard. à midi,
dim. à 2 h.
Saint-Quentin tous les jours à midi.
Saint-Rambert, mard. jeud. vend. fam.
à 2 h.
Sainte-Reine, lund. merc. vend. à 2 h.
Saint-Remi en Provence, mard. jeud.
fam. à 2 h.
Saint-Romain en Caux, tous les jours
à 2 h.
Saint-Saën, tous les jours à 2 h.
Saint-Savin, mard. à midi.
Saint-Savinien du Port, dim. merc.
à 2 h.
Saint-Seine, lund. vend. à 2 h.
Saint-Sernin, mard. dim. à 2 h.
Saint-Séver en Gafcogne, mard. fam.
Saint-Symphorien de Lay, mard. jeud.
fam. à 2 h.
Saint-Valier, mard. jeud. fam. à 2 h.
Saint-Vallery-fur-Somme, tous les jours
à midi.
Saint-Vallery en Caux, lund. mard.
fam. à 2 h.
Saint-Venant, tous les jours à midi.
Saint-Yrier de la Perche, mard. à midi,
dim. à 2 h.
Saintes, mard. fam, à midi, merc. &
dim. à 2 h.

bris,	dim. mard. à 2 h.
ins,	lund. merc. vend. à 2 h.
on,	mard. jeud. fam. à 2 h.
matan,	dim. mard. à 2 h.
ncerre,	mard. jeud. fam. à 2 h.
tlat,	dim. à 2 h.
rtebourg,	tous les jours, excepté le merc. à midi.
rre-Louis, mard. vend. dim. à midi.	
venay,	merc. fam. à 2 h.
verdun,	dim. mard. à 2 h.
verne, tous les jours, excepté le merc. à midi.	
ujon, en Saintonge,	mard. fam. à midi.
ulieu,	lund. merc. vend. à 2 h.
umur,	mard. jeud. dim. à 2 h.
uves,	mard. jeud. fam. à 2 h.
uzé,	mard. fam. à midi.
heleftat, lund. merc. & vend. à midi.	
dan,	tous les jours à midi.
es,	lund. merc. fam. à 2 h.
longé,	lund. merc. vend. à 2 h.
mur,	lund. merc. vend. à 2 h.
nlis,	tous les jours à midi.
nnecey,	lund. merc. vend. à 2 h.
ris,	mard. jeud. fam. à midi, & lund. merc. vend. à 2 h.
ve,	tous les jours à 2 h.
ure en Bourgogne, lund. merc. vend. à 2 h.	
ffel,	mard. vend. fam. à 2 h.
zanhe,	lund. merc. fam. à midi.
irentz,	lund. merc. vend. à midi.
llery,	lund. jeud. fam. à midi.
fteron,	mard. fam. à 2 h.
iffons,	tous les jours à midi.
lre-le-Château,	mard. jeud. fam. à midi.
ribernon,	lund. merc. vend. à 2 h.
mmieres,	mard. jeud. fam. à 2 h.
ubife, fam. à midi, dim. merc. à 2 h.	
uillac,	dim. à 2 h.
uvigny,	mard. fam. à 2 h.
nay,	lund. merc. fam. à midi.
rafbourg,	tous les jours, excepté le merc. à midi.
mefne,	mard. jeud. fam. à 2 h.

T

Aillebourg,	dim. merc. à 2 h.
Tain,	mard. jeud. fam. à 2 h.
are,	mard. jeud. fam. à 2 h.
afcon en Provence,	mard. jeud. fam. à 2 h.
rafcon en Foix,	mard. dim. à 2 h.

Tarbes,	mard. fam. à midi.
Tartas,	mard. fam. à midi.
Tauves,	mard. à 2 h.
Terraffon,	dim. à 2 h.
Thann,	lund. merc. vend. à midi.
Thiers,	mard. fam. à 2 h.
Thionville,	lund. jeud. fam. à midi.
Tiré,	merc. dim. à 2 h.
Thiviers,	mard. à midi. dim. à 2 h.
Thouars en Poitou,	jeud. dim. à 2 h.
Tiffauge,	mard. fam. à midi.
Tillieres,	lund. merc. fam. à 2 h.
Tilly d'Orceau,	tous les jours à 2 h.
Tonnai-Boutonne,	tous les jours à 2 h.
Tonneins,	mard. fam. à midi.
Tonnerre,	lund. merc. vend. à 2 h.
Toftes,	tous les jours à 2 h.
Toul,	lund. jeud. fam. à midi.
Toulon,	mard. jeud. fam. à 2 h.
Toulon-fur-Aroux, merc. vend. à 2 h.	
Touloufe,	dim. mard. jeud. à 2 h.
Tournans,	lund. merc. fam. à midi.
Tournus,	lund. merc. vend. à 2 h.
Tours,	tous les jours à 2 h.
Toury,	tous les jours à 2 h.
Trappe,	tous les jours à 2 h.
Trie en Armagnac,	mard. dim. à 2 h.
Triel,	tous les jours à 2 h.
Ttouard en Normandie, tous les jours à 2 h.	
Troyes,	tous les jours à midi.
Tulles,	dim. à 2 h.
Turcoin,	tous les jours à midi.

V

Valancey en Berri,	lund. merc. fam. à 2 h.
Valence en Dauphiné,	mard. jeud. fam. à 2 h.
Valence d'Agénois,	mard. & fam. à midi.
Valenciennes,	tous les jours à midi.
Vallemont,	tous les jours à 2 h.
Valogne,	lund. merc. fam. à 2 h.
Vandeuvres, lund. merc. vend. à midi.	
Vannes,	lund. merc. fam. à 2 h.
Varades,	merc. fam. à 2 h.
Varenne en Bourbonnois, mard. jeud. fam. à 2 h.	
Varenne en Argonne, dim. mard. vend. à midi.	
Vaffy en Champagne, lund. jeud. fam. à midi.	
Vatan,	mard. dim. à 2 h.
Vaureas,	mard. fam. à 2 h.
Vendôme,	dim. mard. jeud. à 2 h.

Verberie, tous les jours à midi.
Verdun-fur-le-Doux, lund. merc.
vend. à 2 h.
Verdun, Trois Evêchés, dim. mard.
vend. à midi.
Vermenton, lund. merc. vend. à 2 h.
Verneuil au Perche, lund. merc. fam.
à 2 h.
Vernon, tous les jours à 2 h.
Vernoux, jeud. fam. à 2 h.
Verfaillés, tous les jours à 9 heures du
foir ; & pendant les voyages de la
Cour, tous les jours à 2 h.
Verfoix, lund. mard. jeud. fam. à 2 h.
Vertus en Champagne, lund. jeud. fam.
à midi.
Vervins, dim. merc. vend. à midi.
Vézelay, lund. vend. à 2 h.
Vezoul, lund. merc. & vend à midi.
Vic en Lorraine, tous les jours à midi,
excepté le merc.
Vicfezenfac, dim. mard. à 2 h.
Vienne en Dauphiné, mard. jeud. fam.
à 2 h.
Vierzon, mard. dim. à 2 h.
Vignory, lund. vend. à midi.
Villedieu-les-Poëles, merc. fam. à 2 h.
Villefort en Languedoc, mard. fam.
à 2 h.
Ville-Franche en Rouffillon, mard.
lund. à 2 h.
Ville-Franche en Beaujolois, lund.
merc. vend. à 2 h.
Ville-Franche de Lauragais, mard.
jeud. fam. à 2 h.

Ville-Franche en Rouergue, mard. midi,
dim. à 2 h.
Villejuif, mard. jeud. fam, à 2 h.
Villenauxe, lund. merc. fam. à midi.
Villeneuve d'Agenois, mard. fam. à midi.
Villeneuve d'Avignon, mard. jeud.
fam. à 2 h.
Villeneuve de Berg, mard. fam, à 2 h.
Villeneuve-la-Guyard, lund. merc.
vend. à 2 h.
Villeneuve-le-Roi, lund. merc. vend.
à 2 h.
Villeneuve-Saint-Georges, tous les
jours à 2 h.
Villers-Cotterets, tous les jours à midi.
Vincennes, tous les jours à midi.
Vire, merc. fam. à 2 h.
Vitaux, lund. merc. vend. à 2 h.
Vitré, lund. merc. fam. à 2 h.
Vitry-le-François, lund. jeud. fam.
à midi.
Vitry-fur-Seine, tous les jours à 2 h.
Viviers, mard. jeud. fam. à 2 h.
Vivonne, mard. fam. à midi.
Void, lund. jeud. fam, à midi.
Vouzières, lund. merc. fam. à midi.
Uzerche, dim. à 2 h.
Uzès, mard. jeud. fam. à 2 h.
Weiffembourg en Alface, lund. jeud.
fam, à midi.

Y

Y Erville, lund. jeud. à 2 h.
Yvetot, tous les jours à 2 h.

DÉPART POUR LES PAYS ÉTRANGERS.

ESPAGNE ET PORTUGAL.

LEs Lettres pour Madrid & toute l'Efpagne, Lifbonne & tout le Portugal,
partent les mardis & famedis à 10 heures du matin. *On ne peut point affranchir les
Lettres pour l'Efpagne & pour le Portugal.*

ANGLETERRE.

Les Lettres pour Londres & l'Angleterre, l'Écoffe & l'Irlande, partent les
lundis & jeudis à 10 heures du matin. *On ne peut point affranchir les Lettres
qui partent de Paris pour l'Angleterre. Mais il faut avoir foin d'affranchir jufqu'à Paris les Lettres qui partent des Provinces de la France qui ne font point
fur les routes de Paris à Calais, Lille & Valenciennes : autrement elles feront
renvoyées dans les endroits d'où elles feront parties, pour y refter au rebut
jufqu'à ce que le port en ait été payé jufqu'à Paris.*

Les Lettres pour Mahon & l'Iſle Minorque, partent les mardis, jeudis & ſamedis à 10 heures du matin. *Il faut en payer le port juſqu'à Marſeille.*

Les Lettres pour Gibraltar partent les mardis & ſamedis à dix heures du matin. *Il faut les affranchir juſqu'à Bayonne.*

PAYS BAS AUTRICHIENS ET HOLLANDOIS.

Les Lettres pour Bruxelles, Anvers, Bruges, Charleroy, Courtray, Gand, Nivelles, Oſtende, Termonde, Mons, Ath, Ypres, Menin, Furnes, Nieuport, Warneton & tout le Brabant & le Hainaut Autrichien, partent tous les jours à 10 heures du matin. *On ne peut point affranchir.*

Pour le Duché de Luxembourg, les lundis, jeudis & ſamedis à 10 heures du matin. *On ne peut point affranchir.*

Pour Ruremonde, Gueldre, Arnheim, Grave & Nimegue, les lundis, mardis, vendredis & ſamedis à 10 heures du matin. *On ne peut point affranchir.*

Pour Maſtricht & Tongres, les lundis, mardis, jeudis & vendredis à 10 heures du matin. *On ne peut point affranchir.*

Pour le Duché de Limbourg, tous les jours à 10 h. du m. *On ne peut point affranch.*

Pour Amſterdam, Rotterdam, la Haye, Leyde, Harlem, Delft, Dort, Middelbourg, Fleſſingue, Utrecht, Groningue, Breda, Bois-le-Duc, Berg-op-Zoom & autres Villes de la Hollande & de la Zélande, les lundis & vendredis à 10 heures du matin. *On ne peut point affranchir.*

/ **ALLEMAGNE.**

Les Lettres pour Auſbourg, Canſtat, Kell, Ulm, Rinhauſen, Francfort-ſur-le-Mein & Nuremberg, l'Achevêché de Mayence, les Evêchés de Spire & de Worms, Mannheim & tout le Palatinat du Rhin, Vienne en Autriche, la Styrie, la Carinthie, la Carniole, le Tirol, les Evêchés de Trente & de Brixen, la Bohême, la Moravie, la Hongrie, l'Eſclavonie, la Tranſilvanie & la Siléſie Autrichienne, Munich, l'Archevêché de Salſbourg, les Evêchés de Freyſingen, de Ratiſbonne, de Paſſau & de toute la Baviere, le Duché de Wirtemberg, le Marquiſat de Baden, Fribourg en Briſgaw & toute la Souabe, les Evêchés de Bamberg, de Wurtzbourg & d'Aichtet, le Margraviat de Bareith, le Marquiſat d'Anſpach, Altorfi & toute la Franconie, Darmſtat, Erfurt & Mulhauſen en Thuringe, Hanau, Wetzlaer & toute la Wétéravie, partent les lundis, mardis, jeudis, vendredis, ſamedis & dimanches à 10 heures du matin. *Il faut abſolument affranchir juſqu'à la frontiere de France toutes les Lettres pour tous ces endroits; autrement elles reſteront au rebut.*

Pour le Duché de Deux-Ponts, les mardis, vendredis & dimanches à 10 heures du matin. *Il faut affranchir.*

Pour Treves, Coblentz, Andernach, les lundis, jeudis & ſamedis à 10 heures du matin. *On ne peut point affranchir.*

Pour Aix-la-Chapelle, Cologne, Bonn, Liege, Huy, Spa, le Duché de Bremen & l'Électorat d'Hanovre, tous les jours à 10 heures du matin. *On ne peut point affranchir.*

Pour Maſeick, le Duché de Juliers, Duſſeldorff & les Duchés de Berg, de Weſtphalie & de Cleves, le Comté de la Marck, les Evêchés de Paderborn & d'Oſnabruck, Minden, Embdem, Dreſde, Deipſick, Weimar, Gotha, la Principauté d'Anhalt & toute la Saxe, Caſſel & la Heſſe, Berlin, Francfort-ſur-l'Oder & toute la marche de Brandebourg, Stetin & la Poméranie Pruſſienne, Konigſberg & le Royaume de Pruſſe, Breſlaw & la Siléſie Pruſſienne, les Duchés de Brunſwick, de Magdebourg, de Mecklembourg & de Curlande, la haute & baſſe Luſace, les lundis, mardis, vendredis & ſamedis à 10 heures du matin. *On ne peut point affranchir.*

Pour Hambourg & le Duché d'Holſtein, Lubeck, Stralſund & la Poméranie Suédoiſe, les lundis & vendredis à 10 h. du matin. *On ne peut point affranchir.*

LA POLOGNE ET ÉTATS DU NORD.

Les Lettres pour Dantzick, Varfovie & toute la Pologne, Copenhague & tout le Danemarck, la Norwege & l'Iflande, Stockolm & toute la Suede, Saint-Péterfbourg, Revel, Riga, Mofcou & toure la Ruffie, partent les lundis & vendredis à 10 heures du matin. *On ne peut point affranchir.*

LA SUISSE.

Les Lettres pour les Cantons de Berne & de Fribourg, Laufanne & le Pays de Vaud, le Comté de Neufchâtel & le Valais, partent les lundis, mercredis & vendredis à 2 heures. *Il faut affranchir jufqu'à Pontarlier.*

Pour Bafle & les Cantons d'Uri, Undervald, Schwitz, Zug, Soleure, Lucerne, Glaris, Appenzel & Schaffoufe, ainfi que pour Saint-Gal & le Pays des Grifons, les lundis, mercredis & vendredis à midi. *On affranchit fi l'on veut.*

Pour Geneve, les lundis, mardis, jeudis & famedis à 10 heures du matin. *On affranchit fi l'on veut.*

L' I T A L I E.

Les Lettres pour Chamberry & la Savoie, Turin & le Piémont, & pour tout le Royaume de Sardaigne, partent les mardis & famedis à 10 heures du matin. *Il faut abfolument les affranchir.*

Pour Oneille, Villefranche & le Comté de Nice, les mardis, jeudis & famedis à 2 heures après-midi. *Il faut les affranchir.*

Pour Milan, Pavie, Crémone & tout le Milanois, les mardis & famedis à 10 heures du matin. *Il faut abfolument les affranchir, autrement elles refteront au rebut.*

Pour le Duché de Mantoue, les Etats de la République de Venife, Florence, Pife, Sienne, Livourne & toute la Tofcane, le mardi à 10 heures du matin. *Il faut néceffairement affranchir. Cependant les Lettres pour la République de Lucques en Tofcane, peuvent partir fans être affranchies.*

Pour Parme, Plaifance, Modène, Bologne, Ferrare, Gênes & Rome, le mardi à 10 heures du matin. *On affranchit fi l'on veut.*

Pour Naples, Meffine, Palerme, & toute la Sicile, le mardi à 10 h. du matin.

Pour l'Ifle de Malte, Conftantinople & toute la Turquie, & pour les Echelles du Levant. *Il faut affranchir jufqu'à Marfeille.*

Cependant le Public eft averti que les Lettres pour Conftantinople paffent très-réguliérement par Vienne en Autriche, en les affranchiffant jufqu'à Rhinhaufen.

OBSERVATIONS ESSENTIELLES.

Il eft très-défendu de mettre de l'or & de l'argent dans les Lettres. Il y a un Bureau à l'Hôtel des Poftes où l'on reçoit l'argent que l'on veut envoyer dans les Provinces.

Il y a auffi un Bureau pour recevoir tous les paquets qui contiennent des effets de conféquence.

Il faut que toutes les Lettres pour les Colonies Françoifes de l'Amérique & pour les Indes foient affranchies jufqu'au Port de Mer par lequel elle doivent paffer ; autrement elles refteront au rebut,

Il eft bon d'affranchir toutes les Lettres pour *Meffieurs* les Majors des Régimens & *Meffieurs* les Curés, les Procureurs & autres perfonnes publiques, parce qu'ils les refufent, lorfque le port n'en eft pas payé.

Les perfonnes qui écriront dans des villages ou des Châteaux qui ne font pas connus, font averties de mettre au bas des adreffes de leurs Lettres le nom de la Ville la plus proche de ces endroits.

Il y a plufieurs Villes qui portent le même nom ; il faut avoir grand foin de les diftinguer en mettant au bas des adreffes le nom de la Province,

Pour les Lettres des Soldats & Gens de Guerre, il faut mettre exactement le nom du Régiment & celui de la Compagnie.

Il faut apporter au Bureau Général des Postes, rue Plâtriere, toutes les Lettres qui font fujettes à l'affranchiffement. Les autres peuvent être mifes dans les t ôîtes qui font placées dans les différens quartiers de la Ville.

SÇAVOIR:

Au fauxbourg Montmartre près la rue Cadet.

Rue Chauffée d'Antin, vis-à-vis la rue neuve des Mathurins.

Au faûxbourg Saint Honoré, vis-à-vis l'hôtel d'Evreux.

A la porte Saint Honoré.

Rue S. Honoré, vis-à-vis la rue neuve de Luxembourg.

Rue des Petits-Champs, au coin de la rue Gaillon.

Au gros Caillou.

Rue de Bourgogne, près la barriere S. Dominique.

Rue du Bacq, près la rue de Grenelle.

Rue du Bacq aux Moufquetaires Gris.

Rue S. Honoré aux Quinze-Vingts.

Rue S. Jacques, vis-à-vis S. Magloire.

Rue S. Jacques, au coin de la rue des Cordiers.

A la place S. Michel.

Rue de Tournon.

Rue des foffés S. Germain l'Auxerrois.

Rue Mouffetard, vis-à-vis la rue de l'Arbalêtre.

A la place Maubert.

Rue S. Severin, près la rue de la Harpe.

Place du Palais, cour du Mai.

Au coin de la rue S. Victor, vis-à-vis la rue des Foffés Saint Bernard.

Ifle S. Louis, rue des Deux Ponts.

A la Greve, au coin de la rue de la Vannerie.

A la porte du grand Châtelet, quai de la Mégifferie.

Cloître S. Opportune.

Fauxbourg S. Antoine, vis-à-vis les Enfans Trouvés.

Fauxbourg S. Antoine, vis-à-vis les Moufquetaires.

Place de la Baftille.

Rue S. Antoine, au coin de la rue Tiron.

Rue des Blancs-Manteaux, au coin de la rue de l'Homme Armé.

Rue aux Ours, au coin de la rue S. Martin.

Rue S. Louis au Marais, au coin de la rue S. François.

Rue du Temple, vis-à-vis le Temple.

Fauxbourg S. Martin, entre la grille & la porte.

Rue des Petits Carreaux.

Rue de Sève, au coin de la rue des Brodeurs.

Au carrefour de la Croix Rouge.

Rue de Buffy, au coin de la petite rue de Bourbon.

Au College des Quatre Nations, fous le paffage de la rue de Seine.

Nota. Le Public eft averti de ne point mettre dans les Boîtes de la grande Pofte des Lettres pour la ville de Paris, parce qu'elles ne font jamais rendues à leurs adreffes.

Il y a en outre en cette Ville une Pofte intérieure. Elle eft fi connue, & les Bureaux fi multipliés pour le fervice, que nous nous bornons à mettre fous les yeux fes objets d'utilité & le peu de dépenfe dont elle eft.

On ne paye que *deux fols* pour le port de toutes Lettres, Cartes, Billets & Paquets qui n'excéderont pas le poids de *deux onces*, & *un fol* de plus pour les Paquets qui feroient de *trois* ou *quâtre onces*.

La taxe des Envois pour les maifons hors de l'enceinte des Barrieres de la Ville & Fauxbourgs de Paris, eft d'*un fol* plus forte.

Le Bureau général de la régie, rue des Déchargeurs.

Pages   * *Avis touchant le Calendrier général de la préfente*
8 à 30.   *Edition* 1778.

Les jours défignés comme chomés, fupprimés par
Mandement de Monfeigneur l'Archevêque de Paris du
12 Décembre 1777, rentrent dans la claffe des jours
ordinaires non fêtés.

25 Février, *Saint Mathias.*	21 Septembre, *Saint Mat-*
1 Mai, *Saint Jacques*, S.	*thieu.*
Philippe.	28 Octo. *S. Simon, S. Jude.*
25 Juillet, *S. Jacques &*	11 Novembre, *S. Martin.*
Saint Chriftophe.	30 Novembre, *S. André.*
10 Août, *Saint Laurent.*	21 Décembre, *S. Thomas.*
24 Août, *S. Barthelemy.*	28 Décemb. *Sts Innocens.*

OBSERVATIONS, *Changemens*, *Corrections*, *&.*
Avis tardifs furvenus pendant l'Impreffion.

Cette marque ⊏ fignifie *au lieu de.*

	Pag.	
Archev. & Evéc.	58	**L**E *Mans*, *fuppléez* 1777 M l'Evê- que de Gap.
	53	*Gap*, ⊏ Gouvans, *lifez* 1777·M. de Maillé.
Abbayes & Abbés Commendataires.	78	*Notre-Dame de Landeve*, M. de Saint Didier, *mort.*
	83	*Saint Nicolas des Bois*, le même titu- laire.
Abbayes de Filles.	92	*Sainte Claire d'Annonay*, *lifez*, 1777 De la Roche Peyrins.
Maréchaux de Camp.	125	M. le Comte de Loftange, *mort.*
Maifon de Mgr le Comte d'AR- TOIS.	177	⊏ M. le Chevalier de la Billarderie, *Chambellan*, *lifez*, M. le Comte de Saint Sauveur.
Maîtres Requêtes	213	M. Coupart de la Bloterie, *lifez*, rue de Savoie.
Premier Commis de M. de Bon- naire de Forge.	229	Après M. Defbœufs, *fuppléez*, M. Mortier le Contieux, *omis.*

1778.   R r

	Pag.	
Grande Chancellerie.	238	M. Florée, Contrôleur général, *lifez*, rue Bertin-Poirée.
Secrétaires du Roi.	248	M. Fouache *au Havre*, *lifez* Foache, à Paris, place des Victoires.
Avocats aux Conseils.	252	Après M. Aufonne, *honoraire*, *fuppl.* 1738 M. Bocquet de Tilliere, rue Sainte Croix de la Bretonnerie.
	Ibid.	1744 M. le Chevalier de la Berthelothais, *mort.*
Grand Confeil. Confeillers.	253	M. Bilheu, *lifez*, rue de Montmorency.
Cour de Parlement. Confeiller honoraire.	267	Après M. Albert, *fuppléez*, 1758 5 Septembre, M. Abbadie, Préfident à Mortier au Parlement de Pau. 1765 31 Août, M. Blondel, Maître des Requêtes, Intendant du Commerce, rue de Varenne.
Receveurs des Confignations.	271	...... Procureur, *fuppléez*, M. Saullet, rue de la Monnoie.
Premiere Chambre des Enquêtes.	273	Après M. Perthuis de Laillevault, *fup.* 1777 19 Décembre, M. Roger de Berville, rue Geoffroy-Lafnier. 1777 19 Décembre, M. Huguet de Semonville, rue Vivienne, près les Filles S. Thomas. *Ici* attendant que ces Meffieurs foient *diflribués.*
Chambre des Comptes.	280	M. le Préfident de Chavaudon de Ste Maure, *lif.* quai Malaquais, au coin de la rue des Petits Auguftins.
	284	M. Moreau de Breville, *Doyen* des Auditeurs, *mort.*
	286	1777 M. Mufnier de l'Hérable, rue des Lions, Saint Paul, hôtel de Chevrier, dernier reçu.

M. Mathon, *lifez*, rue Villedot.

Suppléez, après M. Chevalier,
1777 M. Corbie, rue Galande, place
Maubert.

Secrétaires du Roi Audienciers, cor-
rigez les fervices ainfi :
Janvier, *bon*.
Avril, *lifez*, M. Lienard.
Juillet, *lifez*, M. Lefebvre.
Octobre, *lifez*, M. Orient.

Suppléez à la ligne de points.
1777... Décembre, M. Denis, premier
Préfident, rue des deux Portes S.
Sauveur.

Suppléez, ou, M. Janfon de Bermond,
rue neuve Saint Euftache.

1723 M. Benoift, *lifez*, rue du Cimetiere Saint André.
1755 *Suppléez*, comme dernier de cette
matricule, M. Trumeau de Vozelle,
cour du vieux Louvre, *déplacé en*
1777.
1768 après M. de Boiffy, *fuppléez*,
M. Martin de Marivaux, rue des
Bernardins, hôtel de Bracq, *déplacé en* 1777.
1768 M. Montigny, *lifez* rue de la
Harpe, près celle de la Parcheminerie.
1768 M. Maignan de Champ-Romain,
lifez, rue du Foin, vis-à-vis les
Mathurins.
1769 M. le Bon, *lifez*, le Bon de la
Boutfaye.
M. Briffe, *lifez*, rue des Noyers, près
Saint Yves.

	Pag.	
Avocats au Parlement.	332	1770 Après Gueret, *suppléez* . . . : M. Rudel, rue des Poſtes, à l'Eſtrapade.
		1774 M. Hocquet de Blaſſy, *liſez*, rue du Foarre.
		Ibid. Suppléez, pour dernier de la colonne, M. Bernier, rue . . .
	Ibid.	1777 M. Petit, rue . . . *suppléez*, rue de la Parcheminerie, près la rüe Saint Jacques.
		1777 M. Fournel, rue . . . *suppléez*, rue Surpenţe.
Procureurs en la Cour.	333	1727 M. Laurent, *mort.*
	337	1756 M. Bruflé, *mort.*
	338	1759 M. Monnaye de Choify, *liſez* rue Saint Martin, vis-à-vis Saint Merry.
	Ibid.	1760 M. Texier Olivier, *liſez* rue de Tournon.
	341	1764 M. Colmet, *suppléez*, au premier Avril, rue des Roſiers, au coin de celle des Ecouffes.
	343	1768 M. le Bas J. *liſez*, rue du Petit Bourbon, vis-à-vis la rue Garanciere.
	344	1769 M. Colmet de Santerre, *suppléez*, au premier Avril, rue des Roſiers, au coin de celle des Ecouffes.
	Ibid.	1770 M. Aucante, *liſez*, rue de Jouy.
	345	1776 M. Petit, *liſez*, rue des Noyers, vis-à-vis celle des Anglois.
Le Châtelet. Conſeillers honoraires.	349	1740 M. de Villiers, *liſez*, rue de la Corderie, vis-à-vis celle de la Sourdiere, ou à Verſailles.
Gens du Roi au Châtelet.	352	= M. Dedelay d'Acheres, Après M. Talon, *suppléez* . . . . 1777 . . . M. Hérault, Avocat du Roi, rue baſſe du Rempart Saint Honoré, nᵒ. 14.
Subſtituts de M. le Procureur du Roi.	353	= M. Sellier de 1767, *suppléez* comme dernier reçu, 1777 M. Havart, rue Simon-le-Franc.

	Pag.	La Greve. M. Ninnin, lisez, M. Fou-
Département de MM. les Commissaires.	354	cault, rue du Coq Saint Jean, à Pâques, rue Saint Antoine, vis-à-vis celle des Barres. Sainte Avoye, ═ M. Foucault, lisez, M. Ninnin.
Notaires au Châtelet.	364	Notaires dernier reçu. 1777 M. Michelin, ═ Jarry, au Marché-Neuf. 1777 M. Margantin, ═ Giraudeau, rue Saint Honoré, près la rue de l'Echelle.
	365	Receveurs de la Bourse commune, au premier Mai 1778. ═ M. Dumoulin, suppléez, M. le Clerc. ═ M. Beviere, suppléez, M. le Pot d'Auteuil.
	Ibid.	Ligne sixieme, deuxieme colonne, Delage, lisez, de Lage du Chaillou, rue des Fossés du Temple, près le Boulevart.
Procureurs au Châtelet.	366	1743 M. Barbery, mort. 1744 M. Grandpierre, mort.
Huissiers Priseurs.	376	M. Fichon, lisez, rue des Bernardins, vis-à-vis l'hôtel Torpane.
	Ibid.	M. de la Marche, rue Saint Benoît, la quatrieme porte cochere après la rue de Taranne.
Hôtel-de-Ville. Anciens Echevins.	385	1759 M. le Blocteur, lisez, rue des vieux Augustins.
	386	Après 1775, M. Angelesme . . . . . suppléez, M. Pajon de Moncets, Médecin ordinaire, rue Beaubourg, près celle des petits Champs.
Payeurs des Rentes.	Ibid.	1727 M. le Bas de Courmont, mort.
Varenne du Louvre.	399	M. Mazade de Bresson, Inspecteur, Lieutenant, mort.

	Pag.	
Capitainerie de Sénart.	402	M. Savart, *lifez*, rue des deux Porte Saint Jean.
Faculté de Médecine.	419	M. Pathiot, *mort.*
	422	M. Tauraux, *lifez*, Thauraux, rue Regrattiere, près le quai Bourbon.
Académie Françoife.	430	*Suppléez* à la ligne de points, M. l'Abbé Millot, rue de Grammont, maifon de M. le Clerc.
Académie des Sciences.	435	Après M. de Courtivon, *fuppléez*, 1772 M. le Comte d'Angiviller, ci-devant Affocié ordinaire.
	436	Après M. Macquer, *fuppléez*, 1766 M. Cadet de Gafficourt, Maître de Pharmacie, ci-devant Affocié ordinaire.
Académie de Peinture & de Sculpture.	443	*Suppléez* comme *honoraire*, dernier élu, M. l'Abbé Richard de Saint-Non, hôtel de Montbafon, fauxbourg Saint Honoré.
	446	M. Perronet, Huiffier de l'Académie, *lifez*, rue Saint Denis, près la rue de la Tabletterie.
Académie d'Architecture.	447	A la ligne de points, *fuppléez*, M. Belicard, le premier de la deuxieme claffe.
	448	A la ligne de points, *fuppléez* comme *honoraire*, dernier élu, M. de Cotte, Maître des Requêtes. Pour dernier reçu de la feconde claffe, *fuppléez*, 1777 M. Peyre J. rue Champ-Fleury.
Cenfeurs royaux.	452	M. Cofte, *lifez*, rue du Cherchemidi.
Banquiers pour les traites & remifes.	511	*Otez* M. Barbeu-du-Bourg, *qui a demandé à être rayé, fuppl.*, à fa lettre, M. Calme, rue Saint Martin; vis-à-vis la rue de Venife. M. Dubois & Thierrin, place du Chevalier du Guet.

Pag	
512	M. Sellouf & Compagnie, *lifez* la raifon de Sellouf & Perrouteau.
Chirurgiens du Roi. 520	M. Dibon, oncle, *mort.* M. Dibon devenu titulaire, a pour furvivancier, M. Pinfon, rue de Richelieu, hôtel Louvois.
Meffageries, Carroffes & Diligences. 533	Sedan, Reims, Soiffons, Laon & Crépy. *Voyez*, à caufe des changemens furvenus, le fupplément page 632.
Procureurs Généraux du Parlement depuis 1319. 576	Pierre Pithon, *lifez*, Pierre Pitou.
Journal de la Cour des Aides. 587	Deuxieme alinéa, *lifez*, l'ouverture des audiences fe . . . . . *le premier mardi.* Septieme alinéa, *lifez, Le 8 Septembre.*
Vacations. 588	Deuxieme alinéa, après le mercredi des Cendres, *fupprimez jeudi.*
Journal de la Cour des Monnoies. Ibid.	Derniere ligne, *lifez*, ainfi que les *trois autres Compagnies.*
589	Premiere ligne, *lifez*, après la Cour des Aides.
Illumination. 600	Au bas de la page, après des Forges, Entrepreneur, *fuppléez*, Bourgeois de Château-Blanc, rue du Marché-Pallu, près le Marché-Neuf.
Société d'Agriculture. 603	M. le Comte d'Herouville, *lifez*, grande rue du fauxbourg St Honoré.
604	M. de Dangeul, *mort.*
Droits de Marque & Contrôle fur les ouvrages d'or & d'argent, & Régie des Poudres. 607	*Voyez* Régie Générale à la Table. Ces deux articles forment cette année un double emploi.

S·UPPLÉMENT.

MESSAGERIES ROYALES.

Département de Monſieur BARBEREUX.

Reims. Rue du Ponceau Saint Denis ; il y a pour cette ville une *Diligence* qui part les vendredis à onze heures du ſoir , & va en un jour. Place 30 livres 8 ſols. Cette *Voiture* repart de Reims les mardis à la même heure , arrive à Paris le merc. Apporter les hardes la veille juſqu'à ſix heures du loir , ſans quoi elles reſteront pour le départ ſuivant.

Il y a en outre pour cette ville un *Coche* tous les mardis à ſix heures du matin. Place 9 livres.

On fournit Chaiſes & Berlines commodes ; & on ſe charge de toutes ſortes. de bagages , à compoſition ſur les envois un peu conſidérables.

Sedan, Donchery, Bouillon , Carignan , Montmidy, Stenay, Mouzon , le Cheſne, le Montdieu, Saint-Hubert , pour les perſonnes mordues des bêtes enragées , Liége , Cologne , les eaux de Spa , Aix-la-Chapelle , Maëſtrich , Namur & autres villes par terre , pour la Hollande ; on prend pour ces endroits rue du Ponceau Saint Denis , une *Diligence* qui part les mercredis à onze heures du ſoir. L'un paye 48 livres 16 ſols par place.

Sedan ; il y a en outre pour cette ville & autres d'autres part , un Coche tous les mardis à ſix heures du matin. Place 16 livres.

On fournit Chaiſes & Berlines commodes pour toutes ces Villes ; & on ſe charge de toutes ſortes de bagages ſur les envois un peu conſidérables.

Il faut des acquits & déclarations pour tous lieux de cette route.

Charleville , Mézieres & Réthel, Charlemont, les deux Givets, Philippeville & Rocroix. } *Voy.* Sedan.

Soissons , Villers-Cotterets , Veſly , Prémontré & route , rue du Ponceau Saint Denis ; part une *Diligence* les lundis à onze heures du ſoir. Place 20 livres. Cette Voiture repart de Soiſſons les vendredis à cinq heures du matin , arrive le même jour à Paris.

Il y a en outre pour cette ville un Coche qui part les jeudis à ſix heures du matin. Place , 6 livres.

De plus , un Carroſſe bien ſuſpendu , les ſamedis à ſix heures du matin. Place 12 livres.

On fournit Chaiſes & Berlines pour ces lieux ; & on ſe charge de toutes ſortes de bagages à compoſition.

Laon , Notre-Dame de Lieſſe , Aubenton , Hirſſon , la Capelle , Marie , Vervins , Montcornet & autres Villes de la Thierarche , rue du Ponceau Saint Denis ; part un Coche les jeudis à ſix heures du matin. Place , 8 livres ; repart de Laon les dimanches , charge à Soiſſons pour Paris , où il arrive les mardis.

Il y a en outre , pour toutes ces villes , un Carroſſe bien ſuſpendu , qui part les ſamedis à ſix heures du matin. Place , 15 livres. Repart de Laon les mardis , charge également à Soiſſons les mercredis , pour arriver à Paris les jeudis.

On apportera les hardes la veille , juſqu'à ſix heures du ſoir , ſans quoi elles reſteront pour le départ ſuivant.

On fournit Chaiſes & Berlines commodes pour tous les lieux de cette route ; & on ſe charge de toutes ſortes de bagages à compoſition ſur les envois un peu conſidérables.

Crépy en Valois , loge le Carroſſe , rue & porte Saint Martin , au Mouton d'argent.

CONSEIL SOUVERAIN DE BOUILLON.

S. A. Monfeigneur le Duc DE BOUILLON.
Chancelier Garde des Sceaux.
Meffire Etienne Gafpard Perrault de Bruel.

Confeillers. Meffieurs.

Marchand, rue Michel-Lecomte.
Gerbier de la Maffilaye, quai des Théatins.
Tennefon, rue Serpente.
Ferey, cloître Notre-Dame.
Boucher d'Argis, quai des Miramionnes, hôtel de Nefmond.
Carré de Saint Pierre, rue des Foffés M. le Prince.
Target, rue Sainte Croix de la Brétonnerie.
Pauly, rue Bourtibourg.

Tréforier.

M. Efcallard de la Bellangerie, à l'hôtel de Bouillon.

Secrétaire & Greffier du Confeil.

M. Chambette, quai d'Orléans au coin de la rue Saint Louis.

Procureurs, Meffieurs.

Dorigny, rue des deux Portes Saint Severin.
Forgeot, rue du Battoir.
Huiffier. Simon, rue Saint André des Arts.

M. Dorival, Ecuyer, Préfident, à Bouillon.
M. Linotte, Procureur Général.

Ce Confeil fe tient à l'hôtel de Bouillon; il connoît de l'ad-miffion des Requêtes en révifion & caffation des Arrêts de la Cour Souveraine de Bouillon : fi les Requêtes font admifes, le Confeil procede aux révifions & caffations.

ÉCOLE ROYALE GRATUITE DE DESSEIN,
Établie par le Roi en 1767.

L E R O I, Proteéteur.
Bureau d'Adminiftration.
P R É S I D E N T,
1776 M. Lenoir, Confeiller d'État, Lieutenant Général de Police, rue neuve Saint Auguftin.

Direêteurs & Adminiftrateurs, MESSIEURS,

1767 Bachelier, Peintre du Roi, Profeffeur de l'Académie Royale de Peinture, *Direêteur*, cour Royale aux Tuileries, fous le grand veftibule, au n° 1er.

1767 De Meulan, Receveur Général des Finances, rue des Capucines.

1767 Huguet de Montaran, Secrétaire du Confeil & des Finances, rue Vivienne, près les Filles Saint Thomas.

1767 Le Comte de Braflac, rue Saint Dominique.

1767 Parceval des Chefnes, Secrétaire du Roi, quai de la Tournelle.

1776 Le Duc d'Harcourt, rue de l'Univerfité.

1776 L'Abbé Pommyer, Confeiller de Grand'Chambre, rue de Bracq au Marais.

Fontane, *Caiffier*, rue de la Monnoie au Château de Vincennes.

Étude.

1767 M. Malhortie, *Infpeêteur des Études pour la partie des Mathématiques & de l'Architeêture*, rue des Mathurins. Affifté de trois Profeffeurs & d'un pareil nombre d'Adjoints.

Cette École eft ouverte rue des Cordeliers, en faveur des Métiers, pour quinze cens Éleves, à qui l'on enfeigne les principes élémentaires de la Géométrie-Pratique, de l'Architeêture, de la Coupe des Pierres, de la Perfpeêtive, & des différentes parties du Deffein, comme figures, animaux, fleurs & ornemens.

TABLEAU DES INSPECTEURS DE POLICE,

Chargé du nétoiement & de l'illumination de la ville de Paris.

Meffieurs,	Quartiers.
Vannier, *Doyen*, rue du Ponceau, près l'égoût.	*Pour tout ce qui concerne l'Illumination.*
Champy, rue du Monceau Saint Gervais.	*La Gréve. S. Jacques de la Boucherie. Ste Opportune.*
Julien, rue de la Perle, au Marais.	*Le Marais. Ste Avoye. S. Antoine & le fauxbourg.*
* Damour, rue de Grammont ..	*Le Louvre. Le Palais royal.*
Goupy, rue Aubry-le-Boncher ..	*Saint Denis. St Martin.*
* De Vaure, rue de Seve.	*Le Luxembourg. S. Germain des Prês.*
Guerrier, rue des Noyers.	*La Place Maubert. Saint Benoît.*
Bidault, rue Regratiere, île Notre-Dame.	*S. Paul. La Cité. Saint André des Arts.*

Chantepie, *Penfionnaire*, rue de Harlay, près le Boulevart.

Département des Inspecteurs à cheval, pour la partie générale du Balayage public. Messieurs,

* Damour eft chargé, indépendamment du nétoiement des quartiers du Louvre & du Palais royal, de l'infpeétion générale du balayage public dans les quartiers de la Grève, Saint Jacques de la Boucherie, Sainte Opportune, le Marais, Ste Avoye, Saint Antoine & le fauxbourg, le Louvre & le Palais royal, Saint Denis, Saint Martin & Saint Paul.

* De Vaure eft aufli chargé, indépendamment du nétoiement des quartiers du Luxembourg & de Saint Germain des Prés, de l'infpeétion générale du balayage public dans les quartiers de la Cité, Saint André des Arts, la place Maubert, Saint Benoît, le Luxembourg & Saint Germain des Prés.

Nota. Indépendammeut des deux Infpeéteurs ci-deffus, les autres font aufli chargés de veiller à cette partie chacun dans leur département.

Le Bureau principàl pour l'abonnement du Balayage eft rue des foffés Saint Germain l'Auxerrois, près la Pofte aux Chevaux.

RÉGIE GÉNÉRALE.

Régiffeurs Généraux, Messieurs,

BAtaille de Tancarville, rue Traverfiere.

Blandin, rue Saint Martin.

Bonnefin, rue des Bons Enfans.

Chardon, rue Montmartre, vis-à-vis la rue du Jour.

Couftard de Villiers, rue Saint Honoré, près les Feuillans.

De Bry, rue Sainte Anne, près la rue Thérefe.

De Floiffac, rue Sainte Anne, près les Nouv. Catholiques.

De Nyau, cloître Saint Germain l'Auxerrois.

Dureville, rue du fauxbourg Saint Denis.

Forceville, hôtel de Soubife.

Gigot de Garville, place de Louis le Grand.

Innocenti, rue de Bourbon-Villeneuve.

Le Noir de Balay, rue de Bourbon-Villeneuve, au coin de la rue Saint Philippe.

Leroy, *Sécretaire du Roi,* rue Montmartre, près Saint Jofeph.

Leroy de Petitval, rue Saint Honoré, vis-à-vis là rue Saint Florentin.

Maubert de Neuilly, rue des Filles S. Thomas, au coin de la rue Vivienne.

Maupetit, rue Saint Jofeph, quartier Montmartre.

Mirey, rue de la Juffienne.

Montmerqué, rue Boucherat, au Marais.

Noüette, rue des Fossés Mont- Robert, rue Beauregard, près
martre.   le boulevart.
Nyel, rue de la Croix des Pe- Roëttiers de la Chauvinerie,
tits Champs.   rue des Blanc - Manteaux,
Périé, rue de la Juffienne.   près celle de l'Homme armé.

DÉPARTEMENS

DE MESSIEURS LES RÉGISSEURS GÉNÉRAUX.

DROITS RÉUNIS.

L'adminiftration générale de   M. Le Noir de   *Directeurs de Correfpon-
    la Régie,*   Balay.   dance.*
*Et la Ville & Election de
    Paris.*   M. Périé.   M. Lenoir du Gamereau,
                                                   Directeur général, hôtel
                                                   Leblanc, rue de Cléry.

Premier Département.

Génér. de { Paris. / Roüen. / Caen. / Alençon. / Bretagne. / Tours. }

M. Dureville.
M. Chardon.

M. Monginot, Directeur,
MM. { Olivier de / Corancé, / Morel, } Chefs,
hôtel Leblanc, rue de Cléry.

Deuxieme Département.

Génér. de { Dijon. / Lyon. / Bourges. / Moulins. / Orléans. }

M. Mirey.
M. Bonnefin.

M. de Montfirmin, Direc-
teur,
M. Leblanc, Chef,
hôtel Leblanc, rue dé
Clery.

Troifieme Département.

Génér. de { Poitiers. / La Rochelle. / Bordeaux. / Auch & Pau. / Limoges. / Riom. }

M. Nyel.
M. Robert.

M. de Villeneuve, Direc-
teur,
M. Hegron, Chef,
hôtel Leblanc, rue de
Clery.

Quatrieme Département.

Génér. de { Touloufe. / Aix. / Grenoble. / Montauban. / Rouffillon & / pays de Foix. }

M. de Floiffac.
M. Blandin.

M. Allain, Directeur,
M. Raoult, Chef,
hôtel Leblanc, rue de
Cléry.

Cinquieme Département.

Génér. de { Lorraine. / Metz. / Alface. / Franche-Comté. / Champagne. }

M. Innocenti.
M. de Tancar-
ville.,

M. Patry, Directeur,
MM. { Maillot, / Lamiral, } Chefs,
hôtel Leblanc, rue de Cléry.

Sixieme Département.

Génér. de { Amiens.
Soiffons.
Artois.
Flandre.
Haynaut.
Cambrefis. } { M. Leroi de Petitval.

M. Forceville. } M. de Saint Phal, Directeur.
MM. { Moreau, Romet, } Chefs.
hôtel Leblanc, rue de Cléry,

Septieme Département.

Le droit fur les papiers & cartons dans tout le Royaume. } M. de Neuilly.

Le droit de contrôle & marque d'or & d'argent dans tout le Royaume. } M. Innocenti.

M. Bourgeois, Directeur,
MM. { Thurin, Dubois de Préville. } Chefs,
hôtel Leblanc, rue de Cléry.

Huitieme Département.

Les fols pour livre des octrois & droits des villes & communautés, les offices domaniaux fupprimés par l'Edit du mois d'Avril 1768 & la Déclaration du 15 Décembre 1770, dans tout le Royaume. } M. Périé.

Les abonnemens des droits réfervés. } M. de la Chauvinerie.

M. Raclet, Directeur,
M. Jacquemin, Chef,
hôtel Leblanc, rue de Cléry.

GREFFES, DROITS RÉSERVÉS, HYPOTHEQUES

ET QUATRE DENIERS POUR LIVRE DES VENTES.

Premier Département.

Les gages intermédiaires dans tout le Royaume & les Généralités de Paris, Rouen, Caen, Alençon, Bretagne, Amiens, Soiffons, Orléans, Tours, Poitiers, La Rochelle, Bourges, Moulins, } M. Denyau.
M.Maupetit.

M. Gentil, Directeur,
MM. { Barbot de Lifle, L'Hofte, } Chefs,
rue Saint Roch, derriere l'hôtel Leblanc.

Deuxieme Département.

Les Chancelleries non aliénées & les Généralités de Dijon, Châlons, Metz, Lorraine, Franche-Comté, Lyon, Grenoble, Aix, Touloufe. Montpellier, Montauban, Rouffillon. Auch & Pau, Bordeaux, Riom. Limoges, Flandre & Artois. Hainault. Cambrefis, Alface.

M. Couftard de Villiers.

M. de Neuil- ly.

M. Bourgoin, Directeur ;

MM. { Alexan- dre, Girard, } Chefs ;

rue Saint Roch, derriere l'hôtel Leblanc.

Troifieme Départemens.

Les droits des hy- potheques & qua- tre deniers pour li- vre des ventes de biens meubles dans tout le Royaume.

M. Lenoir de Balay.

M. Maupetit.

M. Anthoine, Directeur ;
M. Geneft, Chef.

Confervateur des hypothèques fur les immeubles réels de la ville Prévôté & Vicomté de Paris.

M. Monnot, rue Saint Roch, derriere l'hôtel Leblanc.

Receveur des amendes & du contrôle dès dépens des Confeils du Roi, chargé du recouvrement des amendes de condamnation des Cours & Jurifdictions royales de la ville de Paris, autres que celles de Police & de la Voirie, enfemble de celui des gages intermédiaires des Offices vacans.

M. Trudon du Tilleul, même demeure.

Recette générale de la Régie à Paris.

M. Baron, Receveur général, { Correfpondant pour toutes les Provinces; hôtel Le- blanc, rue de Cléry.

Tous les Particuliers qui ont de l'argent à faire toucher en Province peuvent aller le matin depuis neuf heures jufqu'à midi, & depuis quatre heures après midi jufqu'à fix heures du foir, excepté les famedis, à l'hôtel Leblanc, au Bureau de M. Baron, Receveur général de la Régie, qui délivrera des refcriptions pour quelque fomme que ce foit, excepté celles au-deffous de 150 livres.

TABLE DES MATIERES.

A

Abayes en commende & Abbés Commendataires, *pages* 67 & *fuiv.*
Abbayes de Filles, à la nomination du Roi, p. 87.
Académie Françoife, 428.
—Royale des Infcriptions & Belles-Lettres, 430.
—Royale des Sciences, 434.
Académies Françoifes & des Sciences établies en différentes villes du Royaume, 593.
Académie Royale de Peinture & Sculpture, 442.
—Royale d'Architecture, 446.
Académie Royale de Chirurgie, 449.
Académie Royale, ou Ecole d'Equitation, 456.
Adminiftrateurs de l'Hôtel-Dieu & des Incurables, 107.
—des Petites Maifons, 109.
—de la Trinité, 110.
—de l'Hôpital Royal des Quinze-Vingts, 111.
—de l'Hôpital général, 111.
—de l'Hôpital de la Miféricorde, 113.
Adminiftrateurs généraux des Poftes de France, 493 *bis.*
Adminiftrateurs généraux de la Loterie Royale de France & de celles y réunies, 210
Agens de Change, Banque & Finances, 509.
Agens Généraux du Clergé, 66.
Agent général des Etats de Provence à Paris, 469.
—De la ville de Dion, 469.
Amiral de France, & Vice-Amiraux, 132.
Archevêchés de France, leur taxe en Cour de Rome, leur revenu & le

nombre des Cures de chaque Diocèfe, 56 & *fuiv.*
Archevêques & Evêques de France, leur naiffance, 56 & *fuiv.*
Architectes Experts des Bâtimens, 457.
Artillerie (Corps Royal de l'), 489 *bis* & *fuiv.*
Audience du Parc Civil au Châtelet de Paris, 350.
Audience du Préfidial, 350.
Audienciers (grands) en la Chancellerie, 238 & 239.
Auditeurs des Comptes, 284.
Auditeur, Jurifdiction, 353.
Avis aux perfonnes Charitables, 113.
Avis aux Particuliers qui ont de l'argent à faire toucher dans les Villes où il y a des Receveurs des Fermes, au moyen de refcriptions prifes à l'hôtel des Fermes, 493. Même facilité à la caiffe de la Régie générale. *Voyez page 639.*
—pour les Oppofitions au Sceau, 195 & 241.
Avocats du Clergé, 66.
Avocats aux Confeils du Roi, 250.
—au Parlement, 321 & *fuiv.*
Avocats Généraux du Grand Confeil 256.
Avocats & Procureur généraux du Parlement, 267.
Avocats & Procureurs Généraux du Parlement, depuis 1300, jufqu'à préfent, 574.
—Général de la Chambre des Comptes, 287.
Avocats & Procureurs Généraux de la Chambre des Comptes, avant 1539, jufqu'à préfent 579.
Avocats Généraux de la Cour des Aides, 293.

Avocats & Procureurs Généraux de la Cour des Aides depuis 1386 jufqu'à préfent, 581.

—Généraux de la Cour des Monnoies de Paris. 297.

Avocats & Procureurs Généraux de la Cour des Monnoies, depuis 1406 jufqu'à préfent, 583.

—Général des Requêtes de l'Hôtel, 215.

Avocats du Roi à la Chambre du Domaine, 306.

—au Bureau des Finances, 306.

—du Roi au Châtelet, 352.

Avocat & Procureur du Roi de l'Election de Paris, 318 *bis* & 319.

—du Roi du Bureau de l'Hôtel-de-Ville, 381.

Avocats du Roi, *Voyez la Jurifdiction.*

Avocats du Roi de l'ancien Châtelet, jufqu'au Châtelet actuel, *voy. l'Edit.* 1774, 532.

B

BAilliage de la Duché-Pairie de l'Archevêché de Paris, 101.

—de la Barre du Chapitre 102.

—du Palais, 278.

—& Capitainerie Royale des Chaffes de la Varenne du Louvre, grande Vennerie & Fauconnerie de France. 397.

—& Capitainerie Royale des Chaffes de la Varenne des Tuileries, 399.

—& Capitainerie Royale des Chaffes de Vincennes, 401.

—& Capitainerie de Senart, 402.

—& Capitainerie de Saint Germain, *Voyez l'Edition* 1777, à défaut d'inftruction pour 1778. 402.

—& Capitainerie de Montceaux, comme ci-deffus. 402.

—& Capitainerie Royale des Chaffes Bailliâge de Meudon, comme ci-deffus. 403.

—du Temple, 403.

—de Saint Jean de Latran, 403.

—de l'Abbaye de Saint Germain-des-Prés, 403.

—de Saint Martin-des-Champs, 404.

—de Sainte Géneviéve, 404.

—de Saint Marcel, 404.

Banquiers pour les Traites & Remifes de Place en Place, 511.

Bâtimens du Roi (Directeurs & Tréforiers des) 470.

—Premiers Commis des Bâtimens 471.

Bâtimens de la Ville. 393.

Bibliothéque du Roi, 459.

Bibliothéques publiques & particulieres, 595-596.

Bourfe pour les Négocians, 509.

Brigadiers d'Infanterie, 125.

—de Cavalerie, 129.

—de Dragons, 131.

Bureaux.

Bureaux Eccléfiaftiques, généraux & particuliers, 102.

—des Greffe & Contrôle des biens des Gens de main-morte pour les Cómmunautés, 105.

—des Economats & Régie des biens des Religionnaires fugitifs, 105.

Voyez les Commiffions extraordinaires du Confeil, *Bureau IV.* 203.

—de l'Hôtel-Dieu de Paris, 108.

—des Pauvres (Grand) 108.

Bureau du Confeil.

Bureau des Confeillers d'Etat pour la communication des Requêtes & Inftances, 195.

—pour les Affaires Eccléfiaftiques, 195.

—pour la communication des Inftances, I, II & III, 196.

—pour les demandes en caffation de Jugemens de compétence, 197.

—pour les Affaires de Chancellerie & Librairie, 196.

—pour les Poftes & Meffageries, 197.

Bureau des Commiffions ordinaires des Finances.

Bureau de la grande & petite Direction des Finances, 197-198.

—pour les Affaires des Domaines & Aides, 199.

—pour les Gabelles, cinq Groffes Fermes, Tailles & autres Affaires de Finances, 200.

Bureau des Commiffions extraordinaires du Confeil.

Bureau pour les Affaires du Commerce, 202.

—pour l'aliénation des Domaines réunis, 202.

—pour les Économats & comptes de Commis à la régie des biens des R ligionnaires fugitifs, 203.

Bureau des Affaires particulieres.

Ces Bureaux font départis dans l Commiffions extraordinaires du Co feil : *voyez* les Bureaux cotés depu le n. I. jufqu'au num. XIII. ou depu la page 202 jufqu'à 208.

Bureau ou Commiffion établi en 176 pour la vérification des Etats au v

qui s'arrêtent au Conseil Royal. 209.
Bureau pour la législation des Hypo-
thèques. 208.
Bureau général des Conservateurs des
Hypothèques pour les Oppofitions au
Sceau , 239.
Bureau de l'Hôtel-de-Ville , 380.
—des Commiffaires Généraux aux Sai-
fies Réelles , 271.
Bureau général des Confignations ,
271.
Bureau des Infinuations ; 492.
—des Finances , Chambre du Domai-
ne & Tréfor , 305.
—de la Voyerie , 308.
Bureau général de la Régie de la petite
Pofte établie à Paris ; 624.
Bureau général des Privilégiés , 601.
Bureau Royal de Correfpondance géné-
rale , 601.
Bureaux de M. le Lieutenant général
de Police ; 378.
Bureau de la Direction des Nourrices ,
379.

C

Caiffe générale d'Efcompte. 606.
Caiffier général pour le Roi , des Re-
cettes générales des Finances , 499.
—du Vingtieme & Deux fols pour li-
vre du Dixieme , 499.
Caiffier général de la Ferme des Pof-
tes ; 608.
Capitation (Receveurs de la) , ou Re-
ceveurs des Impofitions de la Ville de
Paris , page 499.
Cardinaux qui compofent le Sacré Col-
lége , 54 & fuiv.
Carroffes , Diligences & Meffageries
Royales & leurs départs , 533.
Cenfeurs Royaux , 450 & fuiv.
Certificateurs des Criées ; 355.
Chambre aux Deniers , 463.
Chambre des Bâtimens ; Jurifdiction ,
319 bis.
Chambre de la Marée , 277.
Chambre des Comptes , 279.
Chambres des Énquêtes , 273-276.
Chambre des Requêtes , 276.
Chambre du Domaine , 305.
Chambre Eccléfiaftique du Diocéfe de
Paris ; 103.
—Souveraine du Clergé de Paris , 103.
Chambre du Confeil au Châtelet de
Paris , 351.
Chambre Criminelle au Châtelet de
Paris , 352.

Chambre Royale & Syndicale de la Li-
braitie & Imprimerie , 454.
Chancelier de France , 238.
Chanceliers-Gardes des Sceaux de Fran-
ce ; depuis la troifieme Race de nos
Rois , jufqu'à préfent , 567.
Chancelier de l'Univerfité , 413.
Chancellerie de France (Grande) 238,
—du Palais , 303.
Chanoines de l'Eglife de Paris , 94.
—de la Sainte Chapelle de Paris , 96.
—de la Sainte Chapelle de Vincennes ,
97.
Chapitre de l'Eglife de Paris 94.
Châtelet , 347.
Chefs de l'adminiftration du Tempu-
rel des Hôpitaux de Paris , 107.
Chefs d'Efcadre , 132.
Chefs d'Ordre. Voyez les Abbayes ,
67 & fuiv.
Chefs & premiers Commis des Bureaux
des Miniftres. 219 & fuiv.
— De M. le Directeur Général des Fi-
nances , 227.
— De Meffieurs Intendans du Com-
merce , 228 à 231.
Chevaliers , Commandeurs & Officiers
de l'Ordre du Saint-Efprit, 145 à 150.
Chevaliers de la Toifon d'Or. qui font
en France , 155.
Chevaliers de Saint Michel, 150.
Chirurgiens du Roi , 517.
—des Princes & Princeffes , 518-521.
Chirurgiens du Parlement , 271.
—du Châtelet , 377.
Coches d'eau , 553.
Collége Royal , 426.
Colléges , l'année de leur fondation ,
& les Principaux & autres Supé-
rieurs qui y réfident , 422.
Colonel général des Suiffes & Gri-
fons ; 144.
Colonel général de la Cavalerie lé-
gere ; 144.
—Général des Dragons ; 144.
Commandeurs, Grands-Croix de l'Or-
dre Royal & Militaire de Saint
Louis , 155.
—Grands-Croix de l'Ordre du mérite
Militaire , 160.
Commerce & Manufactures , 507.
Commis à la délivrance des Arrêts
du Parlement , 270.
Commiffaire général de la Cavalerie ,
144.
—général des Suiffes & Grifons , 469.
Commiffaires du Châtelet , & leurs

642   TABLE

Départemens , 353.

Commissaires du Conseil pour le Pavé de Paris , 306.

—pour les Ponts & Chaussées, 306.

—pour le Département des Tailles , 307.

—pour les Bâtimens dépendans du Domaine du Roi , 307.

Commissaires de la Voyerie , 307.

Commissaire général aux Saisies-Réclles , 271.

Commissaires des Guerres, 306 & *suiv*.

Commissaire du Roi , Inspecteur des Monnoies de France , 299.

Commissionnaires - Entrepreneurs des grosses Voitures par la voie des Rouliers , pour toutes les Villes du Royaume , 554.

Commission Royale de Médecine , 522.

Commissions du Conseil pour les Commissions ordinaires des Finances , 197.

—Extraordinaires du Conseil 202 & *suiv*.

Commission établie pour l'examen des Réguliers , 208.

Compagnie des Gardes de la Prévôté de l'Hôtel du Roi , 258.

Compagnie des Indes , 606.

Compagnie de Robe-Courte , 406.

—du Guet , 410.

Connétablie & Maréchaussée de France , ou Siége général de la Connétablie , 205.

Conseil d'Etat , 186

—des Dépêches , 186.

—Royal des Finances , 187.

—Royal du Commerce , 187.

Conseil pour la Maison de S. Cyr, 210.

Conseil de la Reine, 170.

Conseil de Monsieur , 173.

Conseil de M. le Comte d'Artois , 178.

Conseil de la Maison & Finance de M. le Duc d'Orléans , 185.

Conseil de la Ferme , 486.

Conseillers-Commissaires-Députés des Diocèses , 103.

Conseillers d'Etat ordinaires & Semestres , 192.

Conseillers d'Honneur nés, en la Cour de Parlement, 262.

Conseillers d'Honneur au Parlem. 262.

—de la Grand'Chambre , Clercs & Lais , 263.

—aux Chambres des Enquêtes , 273 & *suiv*.

—à la Chambre des Requêtes , 276.

—du Grand Conseil , 253 & *suiv*.

—de la Cour des Aides , 290 & *suiv*.

—de la Cour des Monnoies, 296.

—de l'Election de Paris , * 317 *bis*.

—du Châtelet , suivant leur service , 347 & *suiv*.

—en l'Hôtel-de-Ville , 382.

—du Grenier à Sel , 393.

Conservateurs des Hypothèques sur les Rentes , 238-239.

—des Saisies & Oppositions faites au Trésor Royal , 463.

Consuls , Jurisdiction Consulaire , 395.

Consuls de France dans les Ports d'Espagne , de Portugal , d'Italie , le Nord , dans les Echelles du Levant , & de Barbarie , 501.

Consuls Etrangers dans les Ports de France , 504.

Conseiller, des Arrêts , & Commis à la communication des Registres & Minutes du Parlement , 270.

Contrôleurs des Restes & des Bons d'Etat du Conseil , 209 & 288.

—des dépens du Parlement , & Receveur des amendes , 272.

—des Receveurs généraux de la Généralité de Paris , 498.

Contrôleurs Généraux des Finances , depuis 1573 jusqu'à présent, 571.

Contrôleurs des Payeurs des Rentes de l'Hôtel-de-Ville 387.

—des Rentes sur le Clergé , 391.

Contrôleurs des Trésoriers des Deniers Royaux. *Voyez* Trésoriers des Deniers Royaux , 462 à 469.

Contrôleurs du Greffe de la Chambre des Comptes , 288.

Contrôleurs des Guerres , 313.

Correcteurs des Comptes , 283.

Cour de Parlement , 261.

Cour des Aides , 290.

—des Monnoies , 295.

Courier du Clergé , 66. du Parlement , 279. de la Chambre des Comptes , 289. de l'Université , 425.

Curés de la Ville & Fauxbourgs de Paris , 98.

—de la Banlieue , 99.

D

Départemens des Secrétaires d'Etat , 188.

—du Directeur général des Finances , 189.

—des Intendans du Commerce pour le Commerce de l'Intérieur du Royaume , & extérieur par Terre , 191.

—des Fermiers Généraux , 476.

Départ des Couriers pour les Lettres , 609.

Dépôts des anciennes Minutes du Conseil des Finances , & Commissions extraordinaires , 201.

Dépôt des Minutes du Secrétaire d'Etat de la Maison du Roi , 200.

Dépôt des anciennes Minutes du Conseil d'Etat-Privé , 201.

Dépôt des Minutes des Confeils de Lorraine , 201.

Députés-Commissaires des Diocèses ; 103.

Députés des Villes & des Colonies pour le Commerce 213.

Détail de l'Administration des Finances , 190.

Directeurs Entrepreneurs des Messageries royales , 532.

Directeur & Ordonnateur général des Bâtimens du Roi, 470.

Directeur & Contrôleur de la Monnoie des Médailles , 299.

Directeur de l'Hôtel-Royal des Invalides , 141.

—Général des Économats , 105.

—Général des Ponts & Chauſſées de France , 471.

Directeurs de la Compagnie des Indes , 606.

—des Fermes , pour les Traites , Gabelles & Tabac, 487.

Directeurs des Domaines réſidans dans les Provinces, & ceux de la Correspondance de Paris , 491.

Directeur & noms des Villes où l'on bat Monnoie , 300.

Docteurs aggrégés ès Droits , 419.

Docteurs Régens de la Faculté de Médecine de l'Univerſité de Paris , 418.

Ducs & Pairs Eccléſiaſtiques , 114.

Ducs & Pairs laïques ſuivant leur ſéance au Parlement , & leurs Naiſſances , 114.

Ducs Héréditaires non Pairs , vérifiés au Parlement , 116.

Ducs à Brevets ou Brevets d'honneur , 117.

E

Eaux & Forêts de France, 318.

—de Paris , 320.

—de Saint Germain en Laye , 320.

Echevins, 382, anciens Echevins,385.

Ecole Royale Militaire , 142. .

Ecole d'Equitation , 456.

Ecole Royale de Deſſein , 633.

Ecole Royale Vétérinaire , 456.

Egliſe de Paris , 94.

Election de Paris , 317 *bis*. _

Elections de la Généralité de Paris ; & des autres Généralités & Provinces du Royaume , réparties dans chaque Intendance , 231.

Enquêtes du Parlement (Chambres des), 273 à 275.

Eſſayeur Général des Monnoies de. Fiance , 299.

Eveques & Archevêques de France, & leurs Naiſſances , 56 & ſuiv.

Exempts de la Prévôté & Maréchauſſée Générale de l'Iſle de France , 407.

—de la Compagnie de Robe-Courte,406.

—de la Compagnie d'Infanterie du Guet , 411.

Expéditionnaires de Cour de Rome & des Légations , 106.

Experts-Jurés pour les Rapports , Viſites , Priſées & Eſtimations des Ouvrages de Maçonnerie , Charpenterie , Menuiſerie , &c. 457.

F

Faculté de Théologie , 413.

—des Droits, 415.

—de Médecine , 419.

—des Arts , 422.

Fermiers Généraux , 473 ; leurs Départemens , 476 ; leur Service & Correspondance des Provinces, 483.

Filles de M. l'Archevêque , 96 , les quatre Filles de Notre-Dame , 96.

Foires les plus confiderables du Royaume , 556 & ſuiv.

G

Garde des Archives du Clergé , 66.

Garde-meubles de la Couronne , 140.

—des Livres de la Chambre des Comptes, 287.

—des Decrets des Officiers du Châtelet, & Scelleur des Sentences, 378.

Garde de Paris , 411.

Gardes des Rôles en la grande Chancellerie , 238-239.

Gardes des Regiſtres du Contrôle Général des Finances , 463.

Gardes-Minutes , & Contrôleurs des Expéditions de la Grande Chancellerie , 240.

Gardes-Minutes de la Chancellerie du Palais , 305.

Gardes du Tréſor Royal , 462.

Gardes du Commerce , 397.

Gazettes (Auteur des) des Tribunaux, 454;
Gens du Roi des Requêtes de l'Hôtel, 215.
—du Grand Conseil, 256.
—du Parlement, 267.
—de la Chambre des Comptes, 287.
—de la Cour des Aides, 293.
—de la Cour des Monnoies, 297.
—à la Chambre du Domaine & Bureau des Finances, 306.
Gens du Roi du Châtelet, 352.
—au Bureau de l'Hôtel-de-Ville, 381.
—au Grenier à Sel, 394.
Gouvernement de l'Hôtel Royal des Invalides, 141.
Gouvernement du Château Royal de la Bastille, 143.
Gouverneurs des Maisons Royales, 139.
Gouverneurs & Lieutenans Généraux des Provinces du Royaume, 135 à 139.
Gouverneurs Généraux & Commandans particuliers dans les Colonies, 133;
Grand Conseil, 252.
Grands d'Espagne, 154.
Grand Prevôt de France, 258.
Grands-Maîtres des Eaux & Forêts, & leurs Départemens, 313 bis.
Greffier du Bureau des Insinuations, voyez Bureau des Insinuations, 357.
Greffier des Insinuations Ecclésiastiques, 103.
Greffier du Domaine des Gens-de-Mainmorte, 105.
Greffiers, Secrétaires & autres Officiers du Conseil, 215.
Greffiers des Commissions extraordinaires du Conseil, 209.
—Gardes-Sacs, 215.
Greffiers de la Prévôté de l'Hôtel du Roi, 260.
Greffiers du Grand Conseil, 256.
Greffiers du Parlement.
Greffier en Chef Civil, 268.
—en Chef des Présentations, 268.
—en Chef Criminel, 268.
—des Affirmations, 268.
Greffiers de la Grand'Chambre, 269.
Greffiers de la Tournelle & des Dépôts du Grand Criminel, 269.
—Garde-Sacs de la Grand'Chambre, 269.
—Garde-Sacs Criminel, 269.
—Commis au Greffe Civil, 269.
—Commis au Greffe Criminel, 270.

—des Dépôts civils de la Grand'Chambre & des Enquêtes, 269.
—des Présentations criminelles, 269.
—des Enquêtes, Voyez à la fin de chaque Chambre.
Greffiers en Chef de la Chambre des Comptes, 287.
Greffier Plumitif, 287.
Greffier en chef de la Cour des Aides, 293.
Greffiers Civil & Criminel de la Cour des Aides, 294.
Greffier en chef de la Cour des Monnoies, 298.
—du Bureau des Finances & Chambre du Domaine, 306.
—de la Connétablie & Maréchaussée de France, 308;
—des Eaux & Forêts de la Maîtrise de Paris, & de celle de Saint Germain-en-Laye, 319-320.
Greffier de l'Amirauté, 318;
—en chef de l'Election de Paris, 318 * bis.
Greffiers du Châtelet.
Greffiers en Chef, 355.
—des Audiences du Parc Civil & du Présidial, 355.
—des Dépôts & des Sentences sur productions, 356.
Greffier pour l'expédition des Sentences sur productions, 356.
—des Défauts faute de comparoir, 356.
—des Chambres Civile & de Police, & de la Chambre de M. le Procureur Roi, 356.
— du Criminel, 357.
—des Geoles du grand Châtelet, du Petit Châtelet, & du Fort-l'Evêque, 358.
Greffiers des Decrets, 357.
—du Lieutenant Criminel de Robe-Courte, 357.
— du Prévôt de l'Isle, 358.
—en Chef du Bureau de l'Hôtel-de-Ville, 381.
—du Grenier à Sel, 394.
—en Chef des Consuls, 396.
Greffiers, Voyez la Jurisdiction.
Greffiers des Bâtimens de Paris, pour recevoir le rapport des Experts, 459.
Grenier à Sel de Paris, Jurisdiction, 393.

H

Hôpital de l'Hôtel-Dieu & des Incurables, 106.
—des Petites-Maisons, 109.

—de la Trinité, 110.
—Général, 111.
—des Quinze-Vingts, 111.
—de la Miséricorde, 112.
Hôtel des Monnoies,(Officiers de l')299.
Hôtel-de-Ville, 380.

Huiffiers.

Huiffiers ordinaires du Conseil d'Etat & Privé du Roi, 194.
—ordinaires du Roi en sa grande Chancellerie, 241.
Huiffiers du Grand Conseil, 257.
—de la Prévôté de l'Hôtel, 260.
—du Roi au Parlement, 270.
—de la Chambre des Comptes & du Tréfor, 288.
—de la Cour des Aides, 294.
—de la Cour des Monnoies, 298.
—de la Chancellerie du Palais, 305.
—du Bureau des Finances & Chambre du Domaine, 307.
—de la Connétablie & Maréchauffée de France, 306.
Huiffier de l'Amirauté, 318.
—des Eaux & Forêts de Paris, 319.
Huiffiers-Audienciers du Châtelet, 359.
Huiffiers-Prifeurs, 373.
Huiffiers, *Voyez* la Jurifdiction.

J

Jardin Royal des Plantes, 461.
Illumination de la ville & Fauxbourgs de Paris, 600.
Imprimerie Royale & Directeur, 461.
Imprimeurs du Roi, 455.
Ingénieurs des Turcies & Levées, 472.
Ingénieurs des Ponts & Chauffées de France, employés dans les différentes Provinces du Royaume, 472.
Infpecteur du Collége Royal, 426.
—Généraux du Domaine, 199.
Infpecteur des Monnoies de France, 299.
Infpecteurs des Bâtimens de la Ville, & Infpecteurs des Fontaines publiques, 393.
—des Manufactures du Royaume, 507.
—Généraux des Ponts & Chauffées, 471.
—de Police, 409.
—de Police, chargés du Nettoyement & Illumination, 600.
Infpecteur de Police pour fûreté des maifons & alignemens des encoignures, 459.
Infpecteur des Droits de Greffe & amendes dans toutes les Cours & Jurifdictions, 272.

Infpecteur du Pavé de Paris, 472.
Infpecteurs de la Librairie, 454.
Infpecteurs des Hôpitaux Militaires, Médecins & Chirurgiens, 521.
Intendans du Commerce, & leurs Départemens, 191.
—des Généralités & Provinces du Royaume, & villes de leur réfidence ordinaire, 231 à 237.
—de la Marine, & leurs départemens, 133.
Intendans dans les Colonies, 134.
Intendans & Contrôleurs Généraux de l'Argenterie & menus-Plaifirs & Affaires de la Chambre du Roi, 464.
Intendant & Controleur Général des Ecuries & Livrées de Sa Majefté, tant d'ancienne que de nouvelle création, 464.
Intendans Généraux des Poftes, Meffageries & Relais, 493 *bis*.
Interpretes pour les Langues, *Voyez* la Bibliotheque du Roi, 459.
—autres Interpretes du Roi pour diverfes Langues, 461.
Introducteurs des Ambaffadeurs, 164.
Journal du Parlement, 584.
—de la Cour des Aides, 587.
—de la Cour des Monnoies, 588.
—du Châtelet, 590.
Journal Périodique (Auteur du) pour les Affaires du Palais, 454.
Juré-Crieur ordinaire du Roi & de la Ville, 360.
Jurés-Crieurs, 597.
Jurifdiction de M. le Chantre, 102.
—des Auditeurs, 353.
—du Bureau de l'Hôtel-de-Ville, 380.
—du Grenier à Sel de Paris, 393.
Jurifdiction Confulaire, 395.
Jurifdictions & Tribunaux de Paris, 584.

L

Lecteurs & Profeffeurs Royaux au Collége Royal, 426.
Lieutenans Généraux des Armées du Roi, 119.
—Généraux des Armées Navales, 132.
—Généraux des Provinces du Royaume, 135-139.
Lieutenans Civil & Criminel de la Prévôté de l'Hôtel, 259.
—Général du Bailliage du palais, 278.
—de la Connétablie & Maréchauffée de France, 308.
—de l'Amirauté, 317.
—de la Maîtrife particuliere des Eaux

& Forêts de Paris, 320.

—de la Maîtrife des Eaux & Forêts de Saint Germain-en-Laye, 320.

—de l'Election de Paris, 317 *bis* *.

Lieutenans Civil, de Police, Criminel & Particulier au Châtelet, .347.

—de la Varenne des Tuileries, 399.

Lieutenant de la Compagnie de Robe-Courte, 406.

—de la Prévôté Générale des Monnoies & Maréchauffées de France, *Voyez l'Edition* 1777, 409.

M

MAires, Comtes, Concierges & Bailiis du Palais, depuis 576 jufqu'à préfent, 576.

Maifons Hofpitalieres de Femmes, 112.

Maifon du Roi, 165.

Maifon de la Reine, 168.

Maifon de Monfieur, 171.

Maifon de Madame, 175.

Maifon de Monfeigneur le Comte d'Artois, 176.

Maifon de Madame la Comteffe d'Artois, 180.

Maifon de Madame Elifabeth de France, 182.

Maifon de Madame Adélaïde de France, 182.

Maifon de Madame Victoire de France, 182.

Maifon de Madame Sophie de France, 184.

Maifon de M. le Duc d'Orléans, 185.

Maîtres des Requêtes, fuivant l'ordre de réception, 210.

—Suivant leur fervice au Confeil Privé du Roi & aux Requêtes de l'Hôtel, 212.

Maîtres des Requêtes Honoraires, 216.

Maîtres des Comptes, 280.

Maîtres généraux des Bâtimens, 320 * *bis.*

Maîtres en charge de la Communauté des Huiffiers à verge, 376. L'on n'a pu avoir à tems les inftruétions de cet article.

—de la Communauté des Huiffiers à cheval, 377.

Maîtres en Chirurgie de la Ville de Paris, 523.

Maîtres en Pharmacie de Paris, 530.

Maîtres Particuliers des Eaux & Forêts de Paris, 319.

—des Eaux & Forêts de Saint Germain-en-Laye, 320.

Manufactures & Commerce, 507.

Manufacture de Porcelaine, 471. Sup. primez faute d'inftruétions, *deman. dées.*

Maréchaux de France, 118.

—de Camp, 121.

Maréchaux généraux des logis des Camps & Armées du Roi, 144.

Marguilliers Lais de Notre-Dame, 96.

Marine, 132.

Marque & Contrôle des Ouvrages d'or & d'argent, 607. Cet article doit être confidéré comme un double emploi, étant fondu dans la Régie, *Voyez* Régie générale, 635.

Matrone Jurée-Sage-Femme, choifie ordinairement par la Cour, 272.

—choifies ordinairement par MM. du Châtelet, 377.

Medecins & Chirurgiens du Roi, près la Cour de Parlement, 272.

—au Châtelet, 377.

Médecins de la Faculté de Paris, 418.

—du Roi, 513.

—de la Reine, 514.

Médecins des Princes & Princeffes, 515 & *fuiv.*

Médecin Oculifte ordinaire du Roi, 514.

Meffageries Royales, Diligences & Carroffes, 533 à 552.

Meftre de Camp Général de Cavalerie, 144.

Meftre de Camp Général de Dragons, 144.

Miniftres du Roi en pays étrangers, 161.

—des Cours étrangeres en France, & leurs demeures, 163.

Mont de Piété, 496 *bis.*

N

NAiffances & Alliances des Rois, Reines & principaux Princes & Princeffes de l'Europe, 33 à 53.

Navarre (Maifon & Collége de) 414.

Notaires au Châtelet de Paris, 360.

O

OCuliftes reçus à Saint Côme, 530.

Oecovomats (Bureau du Confeil), *Bureau IV*. 203.

Oeconome général du Clergé, 105.

Officialité Métropolitaine & Diocéfaine de Pati, 100-101.

Oppofition aux immeubles, voyez Bureau général des Confervateurs des Hypcthèques, 238-241.

Ordres Royaux & Militaires de Saint

Lazare, de Jérufalem, & Hofpita-
liers de Notre-Dame du Mont-Carmel, 159.
Ordre du Mérite Militaire, 160,

P

PAirs Eccléfiatiques & Prélats,
114.
Parties Cafuelles, (Receveur des) 467.
Payeur des Epices, & Receveur des
Amendes de la Chambre des Comp-
tes, 287.
Payeur des Gages du Parlement, 272.
—de la Cour des Aides, 294.
Payeurs des Gages & Augmentations
de Gages de la Chambre des Com-
ptes, 287.
—des Epices du Châtelet, 356.
Payeurs & Contrôleurs des Rentes de
l'Hôtel-de-Ville de Paris, 386.
—des Rentes affignées fur le Clergé,391.
—Sur les Tailles, 392.
—Sur le Domaine de la Ville & Rentes
viageres fur la Compagnie des Indes,
392.
Pompes du Roi, publiques, 598.
Ponts & Chauffées, 471.
Porte-Coffre, en la Chancellerie de
France, 241.
Pofte aux Lettres, départ des Lettres,
609 à 624.
Préfidens des Requêtes de l'Hôtel,214.
Préfidens du Grand Confeil, 252.
Préfidens (Premiers) du Parlement de
Paris, depuis 1344, jufqu'à pré-
lent, 573.
Préfiders à Mortier, 262.
Préfidens des Enquêtes.
—des Requêtes du Palais, Voyez la
Chambre.
Préfidens (Premiers) de la Chambre
des Comptes de Paris, depuis 1316
jufqu'à préfent, 578.
—de la Chambre des Comptes, 279.
Préfidens (Premiers) de la Cour des
Aides de Paris, depuis 1370 jufqu'à
préfent, 579.
Préfidens de la Cour des Aides, 290.
Préfidens (Premiers) de la Cour des
Monnoies depuis 1359 jufqu'à pré-
fent, 582.
—de la Cour des Monnoies, 295.
Premiers Préfidens, Avocats & Procureurs généraux des Cours de Parlement du Royaume, 300 à 303.
—au Bureau des Finances & Chambre du Domaire, 305.
Préfidens Honoraires, Voyez la Cour.

Préfident de l'Election, * 317 bis.
Préfets, Prévots, Comtes & Vicomtes de Paris, de-l'ancien Châtelet
jufqu'à celui de nos jours, voyez
l'Edition 1774, 525.
Prévôt de Paris, 347.
Prévôt des Marchands, 381.
Prévôts des Marchands depuis 1268,
jufqu'à ce jour, voyez l'Edition
1774, 535.
—de l'Ifle de France, 407.
—de la Généralité de Paris, fupprimez cette année faute d'inftructions demandées, voyez l'Edition
1777, 410.
Prévôt de la Cavalerie, 144.
Prévôts & Lieutenans des Ajufteurs
& Monnoyeurs de la Monnoie. de
Paris, 299.
Prévôté de l'Hôtel du Roi, 258.
—des Monnoies & Maré hauffées de
France, fupprimez cette année faute
d'inftructions demandées, voy. l'E-
dition 1777, 400.
—Générale de la Connétablie, Gendarmerie, Maréchauffée de France,
& des Camps & Armées du Roi,405.
Prévôtés Royales qui reffortiffent au
Châtelet, 591.
Princes, Seigneurs & Pairs de France, fuivant le rang qu'ils ont au Parlement, 114.
Procureurs du Grand Confeil, 257.
Procureurs de la Préôté de l'Hôtel,260.
Procureurs au Parlement, 333.
—de la Chambre des Comptes, 289.
—de l'Election, * 318 bis.
—au Châtelet, 365.
—au Bureau de l'Hôtel-de-Ville, 381.
Procureur Général des Requêtes de
l'Hôtel, 215.
—du Grand Confeil, 256.
—Général du Parlement, 267.
—de la Chambre des Comptes, 287.
—de la Cour des Aides, 293.
—de la Cour des Monnoies, 297.
Procureurs généraux du Parlement, depuis 1300 jufqu'à préfent, 574.
Procureurs généraux de la Chambre
des Comptes, avant 1539 jufqu'à
prefent, 579.
Procureurs généraux de la Cour des
Aides, depuis 1386, jufqu'à préfent, 581.
Procureurs Généraux de la Cour des
Monnoies, depuis 1413 jufqu'à préfent, 583.

Procureurs du Roi de la Prévôté de l'Hôtel , 259.

—du Bailliage du Palais , 278.

—du Bureau des Finances & Chambre du Domaine , 306.

—de la Connétablie & Maréchauſſée de France , 308.

—de la Maîtriſe Particuliere des Eaux & Forêts de Paris , 320.

—de la Maîtriſe Particuliere de Saint Germain-en-Laye , 320.

—de l'Election de Paris , * 318 bis.

Procureur du Roi au Châtelet , 352.

—de la Capitainerie des Chaſſes de la Varenne des Tuileries , 400.

—de la Prévôté & Maréchauſſée générale de l'Iſle de France , 409.

—au Bureau de l'Hôtel-de-Ville , 381.

—du Grenier à Sel , 394.

Profeſſeurs en Théologie de la Maiſon de Sorbonne , 414.

—de la Maiſon de Navarre , 414.

Profeſſeurs ès Droits , 416.

Profeſſeurs Royaux au College Royal , 426.

Profeſſeurs Royaux en Chirurgie , 524.

Promoteur de l'Officialité , 100.

Q

Quartiniers de la Ville de Paris 383.

R

Eférendaires en la Chancellerie du Palais , 304.

Receveur des Amendes du Parlement , 272.

—du Châtelet , 359.

—des Cens & Rentes du Domaine , * 317 bis.

Receveur général du Clergé , 66.

—des Décimes & autres Impoſitions du Clergé du Diocèſe de Paris , 103.

Receveur général des Boîtes des Monnoies de France , & Payeur des Gages de la Monnoie de Paris , & ſes Contrôleurs , 298.

Receveurs des Conſignations pour toutes les Juriſdictions de Paris , 271.

Receveurs & Contrôleurs des Tailles de la Généralité de Paris , * 319 bis.

Receveurs des Impoſitions de la ville de Paris , Edit de Janvier 1775 , 499.

Receveurs des Vingtiémes , Paris , villes & généralités du royaume , 499.

Receveurs généraux des Domaines & Bois , 313 bis. Voyez la note portée à la fin de cette page.

—des Fermes en Province , qui re-

mettent à la Recette générale de Paris , 493.

—généraux des Finances , 497.

Régie des poudres pour le compte du Roi , 607.

Régie pour le compte du Roi , Droits réſervés & Amendes , 637.

Reſcriptions ſur les Fermes , 493.

Requêtes de l'Hôtel , 214.

S

Saiſies Réelles (Commiſſaires aux) 271.

Séances pour les Priſonniers , Voyez Journal du Châtelet , 590.

Secrétaire général de la Marine , 133.

—général des Suiſſes & Griſons , 144.

—ordinaire du Roi , à la conduite des Ambaſſadeurs , 164.

Secrétaires d'Etat , & leurs Départemens , 188.

Secrétaires des Finances , 215.

Secrétaire (premier) de la Chancellerie & du Sceau , 240.

—de M. le Garde des Sceaux , 241.

Secrétaire du Bureau du Commerce , 201.

Secrétaires du Roi , 242.

—du Roi Honoraires , 249.

—Notaires de la Cour de Parlement , 269.

Secrétaires de M. le Premier Préſident , 271.

—de Meſſieurs les Gens du Roi , 271.

—de M. le Premier Préſident de la Cour des Aides & de MM. les Gens du Roi , 295.

—du Roi , Gardes-minutes & Contrôleurs en la Chancellerie de France , 240.

Secrétaires du Roi Audienciers de la Chancellerie du Palais , 304.

—du Roi , Contrôleurs en la même Chancellerie , 304.

Secrétaires des Poſtes , 493 bis.

Secrétaires de M. le Prévôt des Marchands , 392.

Société Royale d'Agriculture , 603.

Société & Correſpondance Royale de Médecine , 602.

Sorbonne (Maiſon de) 413.

Subſtitut du Procureur Général des Requêtes de l'Hôtel , 215.

—du Grand Conſeil , 256.

—du Procureur Général du Parlement, 268.

—de la Chambre des Comptes , 287.

—de la Cour des Aides , 293.

—de la Cour des Monnoies , 298.

—du Procureur du Roi au Châtelet,352.

Supérieurs des Séminaires de Paris , 105.

Surintendans des Finances depuis 1315 jufqu'en 1653 , 571.

T

TRéforier-Secrétaire de la Vennerie & Louveterie , 464.

Tréforiers de France, au Bureau des Finances & Chambre du Domaine , 306.

Tréforiers des Deniers Royaux , 462 & *fuiv.*

Tréforier de la Vennerie & fes Contrôleurs , 464.

—des Aumônes , Offrandes & bonnes-œuvres du Roi , 463.

—général du Sceau de la grande Chancellerie de France , 240.

—des Emolumens du Sceau de la Chancellerie du Palais , 305.

—général des Monnoies de France,299.

—Receveur général des Revenus Cafuels & Deniers extraordinaires de Sa Majefté , 463.

—général dés Invalides de la Marine , & fon Contrôleur , 466.

—général des Gratifications des Troupes , 467.

—de l'Artillerie & du Génie , 465.

—général des Ecuries & Livrées de Sa Majefté , 464.

Tréforiers ou Intendans & Contrôleurs de l'Argenterie , des Menus-Plaifirs & Affaires de la Chambre du Roi , 464.

—du Marc d'or , & leurs Contrôleurs , 150 & 240.

—généraux de la Marine , des Galéres , Fortifications , Réparations des Ports , Havres, Places Maritimes 466.

—généraux des Pays d'Etats , 469.

—général de la Maifon du Roi , & Contrôleur, 463.

—généraux des Ligues Suiffes & Grifons , & Contrôleurs , 469.

—généraux des Ponts & Chauffées & Colonies dans l'Amérique, 466.

—de France , Turcies , Levées des Ponts & Chauffées & Pavé de Paris, 472.

—généraux de l'Ordinaire des guerres , de la Gendarmerie & des Troupes de la Maifon du Roi , & leurs Contrôleurs, 465.

—de l'Extraordinaire des Guerres , & leurs Contrôleurs , 465.

—des Maréchauffées de France , & leurs Contrôleurs , 466.

—de la Caiffe générale des Amortiffemens , 467.

—Payeurs des Gages des Secrétaires du Roi , 249.

—Payeur des Gages de la Prévôté de l'Hôtel , 464.

—Payeurs des Charges affignées fur les Fermes , 469.

V

VAcations du Parlement , 586.

—de la Chambre des Comptes, 586.

Vacations de la Cour des Aides , 588.

—de la Cour des Monnoies , 589.

—de l'Election , 589.

—du Châtelet , 590.

Vice-Confuls & Chanceliers dans les Echelles du Levant , 501.

Villes où il y a Jurifdiction des Monnoies , & où l'on bat Monnoie , & leurs Directeurs , 300.

Vifiteurs généraux des Poftes , 607.

Univerfité & fes Officiers , 412.

FIN DE LA TABLE.

AVIS DE L'ÉDITEUR.

NOUS renouvelons ici la même priere que nous avons faite au *verf.* de la premiere page , qui eft de faire attention que l'on commence les inftructions & l'impreffion de cet Ouvrage le premier jour d'Octobre.

Les événemens de cette époque à celle du 24 Décembre

670

fuivant, qu'elle doit être terminée, donnant lieu, à la vérité, à nombre d'obfervations, on les donne très fcrupuleufement, pour fatisfaire à tous les avis & demandes défirées, & pour l'utilité du Livre. Ces demandes & avis tardifs font employés dans un ordre qui les rend utiles, & n'ont point l'incommodité d'une recherche pénible, étant par ordre de matieres.

APPROBATION.

J'AI lu par ordre de Monfeigneur le Garde des Sceaux, l'*Al-manach Royal,pour l'Année* 1778, & je n'y ai rien trouvé qui puiffe empêcher l'impreffion de cet Ouvrage, devenu d'une utilité journaliere pour le Public. A Paris, ce 23 Décembre 1777.

PIDANSAT DE MAIROBERT.

AVIS AUX RELIEURS.

Les Relieurs ont à placer deux cartons :

Le premier, page 455. ⎰ Ils fe levent de la feuille Sf & font
Le deuxieme, page 613. ⎱ marqué d'une ☞.

Lightning Source UK Ltd.
Milton Keynes UK
UKHW020114220119
335965UK00008B/458/P